民法과 民事執行法의 關係

— 理論·事例·分析 —

全將憲·著

법률정보센터

머 리 말

당사자간에 재산상의 분쟁은 궁극적으로 법원경매(민사집행)를 통하여 만족을 얻을 수밖에 없을 것이다. 따라서 경매(입찰)[1]에 관한 법리는 상당히 복잡하고 그 집행방법도 다양하다. 경매 종류만 하더라도 부동산에 관한 경매, 동산 및 금전채권에 대한 강제집행, 한국자산관리공사에 의한 공매로 크게 분류할 수 있다. 그 중 부동산경매는 상당히 복잡하고 원만히 진행되지 않은 때 이해관계인의 대립은 극한 상황까지 가게 된다. 부동산경매로 진행되는 물건이 한해 약 35만 여 건이나 되고 그 금액이 약 11조 5천억 원에 낙찰되는 금액만 약 8조 1천억 원이나 된다.[2] 그런데 위와 같은 부동산 경매관계에서 제일 첨예하게 대립하고 분쟁의 소지가 많은 내용은 민법과 민사집행법의 관계에서 발생하는 법적인 권리분석이 될 것이다. 경매와 법정지상권의 관계, 경매와 유치권, 경매와 임차인, 경매경매절차와 민법, 이외에도 민법과 민사집행법의 관계에서 발생하는 각종의 법적인 권리분석은

---

1) 서면입찰은 응찰자가 다른 응찰자의 조건을 알지 못하고 참여한다는 점에서 구술주의와 구별된다고 할 수 있다. 경매질서의 문란등으로 경매의 공정성이 보장되지 않자 1992년경부터 대법원은 점차로 부동산등에 환가절차를 입찰방법으로 전환하여, 1993. 2. 25. 송무심의 제14호로 부동산등에 관한 입찰실시에 관한 처리지침에 관한 지침(송민 93-2)를 제정하여 입찰방식이 구술주의에서 서면입찰방식으로 전환하는 계기가 되었다. 이 경우 "경매"는 "입찰"로 '경락기일'은 '낙찰기일'로 '최고가 매수신고인'은 '최고가 입찰자'로 '차순위 매수신고인'은 '차순위 입찰신고인'으로 '경락허부결정'은 '낙찰허부결정'으로 본다고 규정하고 있다. 경매는 구술로 하고 입찰은 입찰표라는 서면으로 매수 신청하는 것이므로 경매는 타인의 매수가격을 알 수 있으나 후자는 동시에 개찰하므로 매수가격을 알 수 없다. 따라서 입찰은 공정한 입찰을 보장할 수 있는 장점이 있다고 할 수 있다. 본 저서에서는 편의상 "입찰"이나 "경매"를 일괄하여 "경매"라고 칭한다.

2) <表 1> 2000年 全國 法院競賣物件總計(元)

상당히 중요하고 첨혜하게 대립하고 있다. 예컨대 임차부동산이 경매되었을 때 발생하는 임차권자의 대항력과 우선변제권에 관한 문제는 경락인에게 대항할 수 있는가 여부에 따라 경락인이 임차인의 보증금을 낙찰대금 이외에 추가로 인수할 수 있을 뿐만 아니라 경락인과 담보물권자 또는 일반채권자 등에게 불측의 손해를 가할 수도 있어 일상활에서 자기 재산권을 지키는 차원에서도 상당히 중요하다.

저자는 그간 대학과 광고서 또는 외국인금융회사에서 다년간 강의와 실무를 하여 오면서 이러한 문제점을 수없이 부딪히게 되었다. 부동산을 소유하고 있는 사람이나 매수인(경락인)이 부동산을 자신의 전재산으로 생각하고 있듯이 임차인 역시 전세보증금이 자신의 전 재산이나 마찬가지이다. 그런데 이러한 이해관계인들이 실정법의 무지와 소홀로 민사집행의 단계에서 권리를 제대로 행사 못해 전재산을 날리는 경우가 많이 발생하고 있다. 채무자나 채권자가 민법과 민사집행법의 법적인 권리분석을 제대로 하지 못해 권리를 상실 당하는 경우나 경락인이 임차인의 보증금을 낙찰대금외에 추가로 물어주는 경우, 경락인이 가장임차인을 깨뜨리고 수억원을 경매로 돈 번 사례 등을 처리하여 오면서 안타까운 마음을 금치 못하였다. 그래서 저자는 임차인과 경락인, 채무자 모두가 공평하게 보호받을 수 있는 관계를 그동안 연구해 왔는데 본서는 그동안 연구한 민법과 민사집행법중 한 연구서로 그 중 중요한 내용을 일부 변경하여 탄생하게 되었다. 앞으로도 민법과 민사집행법의 관계에서 발생할 수 있는 중요 내용을 증보하고자 한다.

유형 / 지역	종류	속행	신건	유찰	낙찰	감정가총액	낙찰가총액	낙찰가율(%)
전국	주택	38,350	17,279	28,118	1,3149	1,947,131,186,209	1,450,517,051,251	74
	아파트	45,596	25,923	27,163	21,438	1,744,454,765,272	1,399,575,164,407	76
	연립	11,985	5,095	6,777	7,998	355,575,196,209	246,710,936,250	69
	상가	39,592	19,291	22,294	18,725	1,869,332,654,750	1,375,694.052,254	73
	다세대	36,013	15,863	22,322	14,184	784,562,194,030	500,744,514,205	63
	대지	14,691	6,041	8,990	3,648	869,302,369,725	535,434,794,697	62
	기타	64,675	34,070	36,972	31,275	3,972,452,274,205	2,547,992,752,724	64

본서는 다음과 같은 점에 주안을 두고 집필을 하였다.

첫째, 경매의 법적성질을 살펴보므로써 민법과 민사집행법 관계의 이론적 근거를 살펴보았다. 그리고 부동산경매의 진행절차와 핵심적인 권리분석을 기술하였다.

둘째, 경매에서는 법정지상권과 유치권이 큰 문제점이라고 할 수 있는데 이러한 법정지상권과 유치권이 민사집행법의 단계에서 어떻게 법리가 적용되며, 법정지상권과 유치권의 제한을 받는 부동산을 낙찰받은 경우 매수인(경락인)이 보호받을 수 있는 방안이 있는지 살펴보았다.

셋째, 경락인에게 대항할 수 있는 임차권자의 범위와 그에 따른 대항력의 기준권리, 대위변제로 경락인이 임차인보증금을 낙찰대금 이외 불의로 물어주어야 하는 경우, 경매와 임차권의 법률관계로 손해가 발생한 경우 임차인이나 경락인 또는 채무자가 매도인의 담보책임과 부당이득, 민사집행법에 의하여 보호받을 수 있는 방법을 구체적으로 서술하였다.

넷째, 소액임차인 최우선변제권과 확정일자에 따른 우선변제권 제도의 성립요건과 행사상 실무상 문제점은 없는지 살펴본다. 특히 주택임차인이나 상가건물임차인은 대항요건과 확정일자를 갖추고 있으면 안심하고 후순위 담보권자보다 우선배당을 받을 수 있는 줄 알고 있지만 민사집행법 제84조 제1항과 제88조 제1항에 따라 배당요구를 제 때 하지 않은 경우에는 보호를 받지 못하고 쫓겨 나는 경우도 많이 발생하고 있다.

다섯째, 상가건물임대차보호법은 주택임대차보호법의 내용을 그대로 따라 제정하였기 때문에 동 법에 관한 내용은 따로 저술하지 않고 차별적으로 중요한 내용만을 심층적으로 집필하였다. 그 중 경락에 의한 상가건물임차인의 권리금 문제인데 상가임차인은 임차보증금보다 오히려 권리금액이 고액인 경우가 많기 때문에 상가건물이 경매로 넘어간 경우 임차인들은 상당히 불안해 하고 있다. 본서에서는 상가건물이 경매로 넘어 갔을 때 임차인이 권리금을 보호받을 수 있는 방법을 서술하였다.

여섯째, 경락인에게 대항력 있는 임차인이 확정일자의 요건도 갖추고 있는 경우 임차인이 두가지 권리를 선택적 및 반복적 행사를 할 수 있는지, 배당절차 종료 후의 배당이의소와 부당이득반환청구는 실무적으로도 상당히 중요하다.

일곱째, 핵심사례분석과 실무 및 예규 등을 살펴보므로써 실무능력의 함양을 도모하고자 하였다.

이외에도 본서는 민법과 민사집행법의 관계에서 발생할 수 있는 중요한 내용과 판례등을 구체적으로 연구하였다.

저서가 완성되기까지는 오랜 시간이 소요되었다. 여러차례의 수정과 내용의 조절이 반복되었음을 고백하지 않을 수 없다. 이 책이 나오기까지 나를 도와 주신 분들께 감사한 마음을 전하고 싶다

우선 저자의 은사이신 단국대학교 전 임정평 교수님, 권용우 교수님 그리고 전 건국대학교 총장님이셨던 김용한 총장님, Pro, Neilson, Jessica과 주위의 모든 분께 깊은 감사를 드린다. 그리고 본서가 나올 수 있도록 간행을 맡아 주신 법률정보센타 사장님, 편집직원들에게도 감사한 마음을 전한다

2005. 5.

전 장 헌

개정판 머리말

우리가 살아가는 사회구조는 혼자는 살아갈 수 없고 여러 사람들이 모여 살아가기 때문에 좋은 일도 있지만 다양하고 복잡한 분쟁 속에 살아갈 수밖에 없다.

이러한 사회구조에서 많은 사람들이 가능한 평화롭고 공정하게 살아가기 위해서는 법(Law)이라는 규범을 제정하여 따라야 할 필요가 있는데, 이러한 법 중에 시민사회에서 제일 비중을 많이 차지하고 작용하는 법이 민법(Civil Law)이라고 할 수 있다. 그런데 민법은 실체법으로 법률관계에 대한 권리와 의무의 존부를 규율하는 것을 목적으로 하기 때문에 이러한 민법을 실현하기 위한 민사집행법이 없으면 아무리 수천억원의 판결을 받았더라도 휴지조각에 불과하게 된다.

또한 아무리 민사소송이나 민사집행의 절차법을 알고 있다고 하더라도 절차법을 실현할 수 있는 근본적인 민법 등을 제대로 알지 못하면 민사집행을 제대로 실현할 수 없는 그야말로 민법과 민사집행법은 바늘과 실의 관계와 같이 필연적인 존재로 상호 유기적이면 조화롭게 작용을 하면서 perfection하게 law이라는 규범으로 작용을 하게 된다.

본서는 이러한 민법과 민사집행법의 관계에서 이루어지는 복잡하고 다양한 법리적인 관계를 실무적인 차원에서 연구·분석하고 개선방안 등을 제시함으로써 법의 결여와 무지 등으로 권리를 상실당하는 일들이 없도록 조금 이나만 도움이 되었으면 하는 바램이다.

본서는 기존의 민법과 민사집행법의 관계에서 이루어지는 법률관계를 대폭적으로 개편하여 핵심사례분석에 대한 내용을 보강하고 민법과 민사집행법의 실무 관계에서 주요문제로 등장하고 있는 구분소유자의 대지사용권, 대지사용권의 존재를 모르는 제3자의 의미, 법정 지상권이 성립하기 이전에 건물을 부합(합체)시킨 경우에 대하여 조문과 판례 등을 심층적으로 분석하여 대처방안을 제시하였다. 그리고 학설과 판례의 변경에 따른 삭제 및 수정 ,기일입찰방법, 상가건물임대차보호법의 적용범위와 실무상의 효력, 강제집행실무, 권리금, 실무 및 선례에 대한 내용 중 그간 삭제되거나 변경된 내용을 많이 변경 및 삭제하였다. 막상 탈고를 하고 보니 아쉬운 부분이 많이 있다. 앞으로 계속 연구·분석하여 나아가기로 한다.

이 책이 나올 수 있도록 주위에서 나를 도와주신 많은 분들에게 감사한 마음을 전하고 싶다. 그리고 세심한 편집과 교정을 전담하여 주신 법률정보센터 편집부 한세연 편집장 님과 안재회 사장님께도 감사를 드린다.

2018년 8월

파란하늘과 천호지 호수가 바라보이는
단국대학교 연구실에서
전 장헌

목 차

제1편 민법과 민사집행법

제1장 민법과 경매의 이론적 기초

제1절 경매의 법적요건

Ⅰ. 경매의 의의 ········· 3

Ⅱ. 경매의 법적 요건 ········· 4

1. 강제경매 ········· 4
   (1) 의의 ········· 4
   (2) 실체적인 요건 ········· 5
   (3) 절차적인 요건 ········· 5
2. 임의경매 ········· 6
   (1) 의의 ········· 6
   (2) 실체적요건 ········· 6
   (3) 절차적인 요건 ········· 7
3. 임의경매에 강제경매의 규정을 준용 ········· 8

제2절 경매의 법적 성질

Ⅰ. 법적 성질 ········· 9

Ⅱ. 학설양태 ········· 11

1. 사법상의 매매설 ········· 11

2. 대리인행위설 ······ 13
(1) 학설의 성질 ······ 13
(2) 대리에 있어서의 삼면관계 ······ 15
1) 채무자와 집행기관 ······ 15
2) 집행기관과 경락인 ······ 16
3) 경락인과 채무자 ······ 18
3. 공법설 ······ 18
4. 절충설 ······ 19

제3절 부동산 경매의 진행절차와 권리분석

Ⅰ. 진행절차 ······ 21

1. 압류 ······ 22
(1) 경매절차의 개시 ······ 22
1) 강제경매개시결정 ······ 22
2) 임의경매개시결정 ······ 22
(2) 경매개시결정에 대한 이의 ······ 23
1) 이의사유 ······ 23
2) 이의절차 ······ 23
3) 즉시항고 ······ 24
4) 경매개시결정에 대한 이의와 집행정지 ······ 24
(3) 경매기일 및 경락기일의 지정·공고 및 통지 ······ 24
1) 경매기일 ······ 24
2) 경락기일 ······ 24
(4) 경매절차의 정지 취소 ······ 25
1) 강제경매정지 및 취소 ······ 25
2) 임의경매정지 및 취소 ······ 26
2. 환가 ······ 26
(1) 기일입찰 ······ 27

(2) 기간입찰 ········· 28
(가) 의의 ········· 28
(나) 기간입찰절차 ········· 29
1) 매각실시전 절차 ········· 29
• 매각명령 ········· 31
• 매각기일공고 ········· 33
• 신문공고(기간입찰) ········· 35
2) 매수의 신청 ········· 42
• 경매보증보험증권 ········· 44
• 기간입찰봉투(황색 봉투) ········· 47
3) 매각(개찰)기일의 진행 ········· 48
4) 매수신청보증의 반환 ········· 49
5) 보증서의 현금화 ········· 50
(다) 기간입찰시 유의사항 ········· 51
※ 기일입찰과 기간입찰의 차이점 ········· 60
(라) 기간입찰제의 장 · 단점 ········· 61
(3) 낙찰허가 ········· 62
1) 낙찰허부에 대한 재판 ········· 62
2) 낙찰허부에 대한 불복 ········· 62
(4) 잔금납부 ········· 62
1) 낙찰대금의 납부시기 ········· 62
2) 낙찰자의 대금지급의무와 법원의 조치 ········· 63
3) 낙찰자의 잔금납부의 후의 지위 ········· 63
(5) 매각조건(일괄경매와 합의 및 직권에 의한 매각조건) ········· 64
3. 배당 ········· 65
(1) 배당요구채권자 ········· 65
(2) 배당요구시 제출할 서류 ········· 66
(3) 배당이의신청 ········· 66
(4) 배당순위 ········· 67

(5) 배당분석 …… 69
4. 강제집행 실무 …… 70
(1) 인도 및 명도 …… 70
1) 인도명령 …… 70
• 표 2-2 인도명령서 …… 72
2) 명도소송 …… 73
3) 인도 및 명도의 유형 …… 74
(2) 채권자와 채무자의 출석 …… 76
(3) 강제집행의 목적이 아닌 동산의 처리방법 …… 77
1) 채무자 등에게 인도 …… 77
2) 집행관의 보관 …… 77
3) 보관동산의 매각 …… 78
4) 집행조서의 작성 …… 79
(4) 노무자 사용 …… 81
(5) 집행현장에서의 절차 …… 81
(6) 저항 집행 …… 81

Ⅱ. 권리분석 …… 83

1. 인수주의 …… 83
2. 인수주의 사례분석 …… 84
3. 소제주의 …… 85
4. 소제주의 사례분석 …… 86
5. 잉여주의 …… 86

제2장 법정지상권 · 유치권

제1절 손해의 발생

Ⅰ. 법정지상권에 의한 손해의 발생 ········· 90

Ⅱ. 유치권에 의한 손해의 발생 ········· 92

제2절 담보책임에 의한 구제 ········· 94

Ⅰ. 계약해제 및 감액청구의 인정 ········· 94

1. 민법 제578조의 담보책임 ········· 94
   (1) 적용 ········· 94
   (2) 민법 제575조와 제578조의 관계 ········· 96
2. 판례의 경향 ········· 98
   (1) 법정지상권을 인정한 판례 ········· 98
   (2) 법정지상권을 부정한 판례 ········· 99
3. 계약해제 및 감액청구의 인정 ········· 103

Ⅱ. 유치권 성립의 제한 ········· 106

1. 유치권 관련 법률 ········· 106
   (1) 민법 제 575조 1항 ········· 106
   (2) 민사집행법 제91조 제5항 ········· 106
   (3) 민법 제575조와 제578조의 관계 ········· 108
2. 판례의 경향 ········· 109
   (1) 유치권을 인정한 판례 ········· 110
   (2) 유치권을 부정한 판례 ········· 112
3. 유치권 성립의 제한 ········· 113

제2편 민사특별법과 민사집행법의 관계

제1장 임차인의 대항력

제1절 임차부동산의 경매와 임차인의 대항력 인정

I. 대항력의 범위 ········· 120

1. 대항력의 인정범위와 말소기준권리 ········· 120
   (1) 인정범위 ········· 120
   (2) 말소기준권리 ········· 121
2. 소제주의와 잉여주의의 이해 ········· 126
   (1) 소제주의와 담보권의 관계 ········· 126
      1) 저당권과 소제주의 ········· 126
      2) 유치권과 소제주의 ········· 127
      3) 잉여주의와 담보권의 관계 ········· 129
         • 채권자우선매수신청서 ········· 132
         • 결정문 ········· 132
   (2) 용익권과 잉여주의의 관계 ········· 135
      1) 용익권의 인수와 소멸의 결정기준 ········· 135
      2) 잉여주의와 용익권의 범위 ········· 136
3. 종전 임대인의 지위 ········· 139
   (1) 외국의 입법예 ········· 139
   (2) 학설의 대립 ········· 141
      1) 면책적 채무승계설 ········· 141
      2) 병존적 채무승계설 ········· 141
      3) 절충설 ········· 142
   (3) 판례의 태도 ········· 142
   (4) 검토 ········· 143

Ⅱ. 중간임차권자의 지위 ······ 144

1. 외국의 입법예 ······ 145
   (1) 독일 ······ 145
   (2) 프랑스 ······ 151
   (3) 영국 ······ 153
   (4) 일본 ······ 155
2. 학설의 대립 ······ 160
   (1) 대항력 부정설 ······ 160
   (2) 우선변제권인정설 ······ 162
   (3) 대항력 긍정설 ······ 163
      1) 잉여주의 ······ 163
      2) 이용권에 근거한 존속보장 ······ 164
3. 판례의 태도 ······ 165
4. 검토 ······ 168

Ⅲ. 대위변제로 인한 대항력의 발생 ······ 168

1. 학설의 대립 ······ 170
   (1) 최고가 매수신고일설 ······ 170
   (2) 경락허가일설 ······ 170
   (3) 경락대금 납부일설 ······ 171
   (4) 배당기일설 ······ 172
2. 판례의 태도 ······ 172

Ⅳ. 담보목적의 임차권과 대항력 ······ 174

1. 학설의 경향 ······ 175
   (1) 담보물권설 ······ 175
   (2) 동격설(용익물권인 동시에 담보물권이라는 설) ······ 176

(3) 특수용익물권설(용익물권 위주설) ……… 176
2. 판례의 태도 ……… 177
(1) 긍정설 ……… 177
(2) 부정설 ……… 179
3. 검토 ……… 180

제2절 임차인의 대항력 행사와 매도인의 담보책임

Ⅰ. 경락인의 임차보증금 반환의무 ……… 182

1. 학설의 대립 ……… 182
(1) 다수설 ……… 182
(2) 소수설 ……… 183
2. 판례의 태도 ……… 184

Ⅱ. 매도인의 담보책임 ……… 185

1. 경매에서 담보책임의 요건과 내용 ……… 185
(1) 담보책임의 요건 ……… 185
(2) 담보책임의 내용 ……… 187
1) 채무자의 담보책임 ……… 187
2) 채권자의 담보책임 ……… 191
3) 채권자와 채무자의 담보책임 ……… 196
2. 담보책임의 행사와 한계 ……… 198
(1) 담보책임의 행사방법 ……… 198
(2) 담보책임행사의 한계와 적용 ……… 199
1) 부당이득반환청구 ……… 200
2) 위험부담 ……… 201
3) 민사집행법에 의한 행사 ……… 202

제2장 경락인에게 대항력 없는 임차인의 보증금 우선변제권

제1절 임차보증금 우선변제청구권 제도의 도입

Ⅰ. 소액임차인의 최우선변제권 ············ 206

1. 소액임차인 최우선 변제권제도의 신설 경위 ············ 206
2. 주택임차인의 최우선변제권 제도의 타당성 여부 ············ 207
   (1) 학설대립 ············ 208
      1) 긍정설 ············ 208
      2) 부정설 ············ 208
   (2) 헌법재판소의 결정 ············ 209
   (3) 검토 ············ 210
3. 상가건물 임대차보호법 第14조의 평가 ············ 211

Ⅱ. 확정일자에 의한 우선변제권 ············ 212

1. 확정일자에 의한 우선변제권 제도의 신설경위 ············ 212
   (1) 우선변제권 제도의 신설 ············ 212
   (2) 대항력 없는 임차권자의 우선변제권 인정 ············ 213
   (2) 전세권자의 우선변제권 ············ 214
2. 주택임대차보호법 第3조의 2 신설에 대한 평가 ············ 215
   (1) 비판론 ············ 215
   (2) 찬성론 ············ 216
   (3) 검토 ············ 216
3. 상가건물임대차보호법 第5조 第2항의 제정에 대한 평가 ············ 217

제2절 임차보증금 우선변제청구권의 성립요건과 행사

Ⅰ. 우선변제권의 성립요건 218

1. 소액임차인 최우선변제권 218
(1) 대항요건의 구비 218
(2) 소액임차인에 해당할 것 221
(3) 이법 시행당시의 담보권자에게 소액변제권의 효력을 주장할 수 있는 대항요건을 구비할 것 223
(4) 경매개시결정 기입등기 이전에 대항요건을 구비할 것 226
2. 확정일자에 의한 우선변제권 228
(1) 대항요건의 구비 228
(2) 확정일자를 구비할 것 228

Ⅱ. 대항요건의 구비와 존속 232

1. 학설의 대립 232
(1) 존속필요설 232
(2) 존속 불요설 233
2. 판례의 태도 233
(1) 사실관계 233
(2) 판결 요지 235

Ⅲ. 우선변제권 행사와 배당순위 237

1. 우선변제권 행사 237
(1) 배당요구신청의 법적성질과 근거 237
1) 법적성질 237
2) 근거 239
(2) 배당요구신청의 행사 여부 240

1) 배당요구신청을 행사하여야 배당을 받는 자 ······ 240
2) 배당요구신청을 행사하지 않아도 배당을 받는 자 ······ 242
(3) 배당요구신청의 종기와 제출하지 않은 경우의 효력 ······ 243
1) 배당요구신청 종기 ······ 243
2) 배당요구신청의 부 제출에 따른 효과 ······ 245
2. 우선변제권과 저당권의 배당순위 ······ 246
(1) 문제의 제기 ······ 246
(2) 학설과 실무 ······ 247
(3) 판례의 태도 ······ 247
1) 주민등록전입 및 확정일자가 근저당권 설정일자와 동일 날자인 경우 ······ 248
2) 주민등록전입과 확정일자를 근저당권보다 이전에 요건을 갖추었을 때 ······ 250
3) 확정일자와 근저당권이 동일날자이고 주민등록 전입일자는 근저당권설정일 전일에 한 경우 ······ 251
3. 검토 ······ 253

제3절 배당절차 종료 후 배당이의소와 부당이득반환청구

Ⅰ. 배당이의소의 기판력 ······ 256

1. 성질 ······ 256
2. 배당이의소송판결의 기판력 ······ 257
(1) 학설의 상황 ······ 257
(2) 배당이의소송의 소송물 ······ 258
(3) 판례의 태도 ······ 259

Ⅱ. 배당이의소와 부당이득반환청구 관계 ······ 259

1. 배당이의 패소판결 후의 부당이득반환청구 ······ 259

(1) 학설의 대립 ······ 260
1) 적극설 ······ 260
2) 소극설 ······ 260
(2) 판례의 태도 ······ 261
1) 사건의 개요 ······ 261
2) 판결요지 ······ 262
2. 배당절차종료 후 부당이득반환청구 ······ 264
(1) 학설대립 ······ 264
1) 긍정설 ······ 264
2) 부정설 ······ 265
(2) 판례의 태도 ······ 265
1) 부당이득반환청구를 배척한 대법원판결 ······ 265
2) 부당이득반환청구를 인정한 대법원 판결 ······ 269
3. 검토 ······ 272

제4절 우선변제권과 대항력 없는 임차인의 입법론적 과제

Ⅰ. 상가임대차보호법 제8조에 의한 임차권의 소멸 ······ 277

1. 권리금 인정의 문제 ······ 277
2. 우선매수권과 우선변제권 행사의 제한 ······ 279
(1) 우선매수권 행사의 제한 ······ 279
(2) 우선변제권 인정의 문제 ······ 280

Ⅱ. 권리금의 보장 ······ 281

1. 권리금 반환 ······ 281
(1) 권리금의 개념과 그 반환의 법률관계 ······ 281
(2) 권리금의 반환 ······ 283
1) 권리금 반환의 당사자 ······ 283

2) 권리금과 부속물매수청구권 ······ 284
3) 권리금 반환금액과 반환시기 ······ 285
2. 판례의 태도 ······ 287
(1) 우리나라 판례 ······ 287
(2) 일본의 판례 ······ 291
3. 입법적인 방안 ······ 292
(1) 계약갱신요구권과 존속기간연장에 의한 입법적 방안 ······ 292
(2) 임차인의 우선매수권에 의한 입법적 제시 ······ 295
4. 신법하에서의 권리금에 대한 문제 ······ 296
(1) 개요 ······ 296
(2) 방해금지의무와 손해배상 ······ 297
1) 의의 ······ 297
2) 방해금지의부 사항 ······ 297
(3) 방해금지의무 면제사유 ······ 298
1) 의의 ······ 298
2) 갱신거절사유(제10조제1항: 계약갱신 요구 등) ······ 298
3) 계약거절사유 ······ 299

Ⅲ. 우선변제권 행사방법의 입법론적 과제 ······ 299

제3장 경락인에게 대항력 있는 임차인의 보증금 우선변제권

제1절 대항력 있는 임차인의 우선변제청구권 병존 여부

Ⅰ. 개설 ······ 303

Ⅱ. 학설의 대립 ······ 303

1. 긍정설 ··· 303
2. 부정설 ··· 306
(1) 우선변제권 부정설 ··· 306
(2) 신 우선변제권 부정설 ··· 307

Ⅲ. 판례의 태도 ··· 310

Ⅳ. 검토 ··· 312

제2절 대항력 있는 임대차의 종료요건

Ⅰ. 개설 ··· 315

Ⅱ. 학설의 대립 ··· 316

1. 해지권긍정설 ··· 316
2. 해지권부정설 ··· 317
3. 절충설 ··· 318
4. 대항력 포기설 ··· 319

Ⅲ. 판례의 태도 ··· 319

Ⅳ. 주택임대차보호법 제3차 개정후의 논의 및 검토 ··· 322

제3절 우선변제권의 행사와 대항력의 관계

Ⅰ. 우선변제권 행사와 대항력의 소멸 ··· 325

1. 학설대립 ··· 326
(1) 소멸설 ··· 326
(2) 존속설 ··· 328
2. 판례태도 ··· 329

3. 학설의 검토 ······ 330
4. 입법론적 제안 ······ 331

Ⅱ. 우선변제권의 반복적 행사 ······ 334

1. 학설의 대립 ······ 335
(1) 부정설 ······ 335
(2) 긍정설 ······ 336
2. 판례의 태도 ······ 338
3. 검토 ······ 339

Ⅲ. 배당요구 철회의 규제 ······ 341

1. 구 민사소송법 시행당시의 학설과 판례 ······ 341
(1) 학설의 대립 ······ 341
1) 긍정설 ······ 341
2) 부정설 ······ 342
3) 해제조건 성취설 ······ 343
(2) 판례의 태도 ······ 343
2. 민사집행법 제84조 제1항 ······ 343
3. 검토 ······ 346

Ⅳ. 상임법상의 대항력과 우선변제권의 적용범위 ······ 346

1. 개요 ······ 346
2. 상가건물임차인의 보증금액 상한선 ······ 347
3. 사례분석 ······ 348

제3편 핵심 사례분석

1. 가장임차인과 경락인의 관계 ··· 353
(1) 사건개요 ··· 353
(2) 등기부상 권리분석 ··· 354
(3) 임차인 권리분석 ··· 354
1) 사건개요 ··· 354
2) 인도명령과 명도소송의 차이 ··· 356
3) 부동산인도명령신청서 제출 ··· 357
• 부동산인도명령신청서 ··· 358
• 부동산인도명령신청서 ··· 360
4) 법원으로부터 보정명령서 받음 ··· 373
• 보정서 ··· 373
• 보정서 ··· 374
5) 임차인의 준비서면 ··· 380
• 준비서면 ··· 380
• 확인서 ··· 388
• 입주자 카드 ··· 389
6) 경락인이 임차인의 준비서면을 받고 답변서를 제출 ··· 390
• 답변서 ··· 390
• 답변서 ··· 391
7) 경락인이 임차인의 2차 준비서면을 받고 답변서를 제출 ··· 397
• 답변서 ··· 397
8) 경락인이 임차인을 상대로 고소장을 제출 ··· 400
• 고소장 ··· 400
9) 인도명령결정문을 받다. ··· 411
• 결정문 ··· 411

(4) 배당관계 ········· 412
1) 등기부상의 내용 ········· 412
2) 배당분석 ········· 412
(5) 종합분석 ········· 412
2. 소유자 동생의 처가 임차인으로 인정받을 수 있는지 ········· 414
(1) 사건개요 ········· 414
(2) 등기부상 권리분석 ········· 415
(3) 임차인 권리분석 ········· 416
1) 인도명령신청서 ········· 417
• 인도명령신청 ········· 417
• 건물도면표시 ········· 421
2) 인도명령심문에 대한 답변서 ········· 427
• 인도명령심문에 대한 답변서 ········· 427
3) 항고장 ········· 429
• 항고장 ········· 429
4) 즉시항고에 따른 집행정지신청 ········· 435
• 즉시항고에 따른 집행정지 신청 ········· 435
• 부동산의 표시 ········· 437
5) 즉시항고기각 ········· 438
• 정본 ········· 438
• 결정문 ········· 439
(4) 종합분석 ········· 440
3. 전유부분과 대지 사용권의 관계 ········· 441
(1) 구분소유자의 대지사용권 ········· 441
• 사례정리 ········· 443
(2) 대지사용권의 존재를 모르는 제3자의 의미 ········· 446
(3) 대지사용권에 기한 임료산정과 구분소유권의 매도청구권 ········· 451
(4) 토지별도등기 ········· 456
4. 법정지상권이 성립하기 이전에 건물을 부합(합체)시킨 경우 ········· 459

제4편 실무 및 예규·선례

제1절 압류신청

◉ 이중경매개시결정과 경매신청의 취하 ············ 463
◉ 미등기 건물의 처분제한등기에 관한 업무처리지침 ············ 463
◉ 부동산의 명도·인도와 임료 등을 병합하여 청구하는 경우의 소가 산정에 관한 업무처리지침 ············ 465
◉ 수개의 집행권원에 기하여 1건으로 채권압류 및 전부명령을 신청할 경우 첩부할 인지액 ············ 465

제2절 환 가

◉ 금융기관의 임의경매 신청시 발송송달에 관한 예규 ············ 466
◉ 부동산 경매·입찰 절차에서 현황조사시 유의사항 ············ 467
◉ 과수원의 평가 방법 ············ 469
◉ 유치권에 기한 동산 경매시 채무자 표시등 ············ 469
◉ 매각장소의 질서유지에 관한 예규 ············ 470
◉ 부동산에 대한 경매절차에서 기일 및 기간입찰 기일에 집행관의 개찰업무 처리지침 ············ 473
◉ 수회 매각 및 매각결정기일 일괄 지정방식에 의한 부동산매각절차 진행시 유의사항 ············ 473
◉ 매각허가결정에 대하여 보증의 제공이 있음을 증명하는 서류를 첨부하지 아니하고 항고를 한 경우의 업무처리요령 ···· 476
◉ 경매절차완결후 매각허가결정이 취소되고 매각불허가결정이 확정된 이후의 처리절차 ············ 481

제3절 배 당

◉ 집행사건에 있어서 배당액등의 공탁 및 공탁배당액등의 관리절차에 관한 예규 ········ 482
◉ 채권등에 대한 배당절차사건의 처리기간 및 간이 배당절차에 관한 예규 ········ 484
◉ 부동산경매에서 우선채권간의 배당순위 ········ 486
◉ 임의경매절차에 있어 경락대금의 납부 전에 경매부동산이 수용되었다면 수용완료 후에 경락대금을 납부한 경락인은 수용보상금인 공탁금에 대하여 직접 권리행사를 할 수 없음 ···· 487
◉ 제3취득자의 채권자가 신청한 경매절차에 의한 소유권 이전등기촉탁시 전 소유자에 대한 가압류등기가 말소 촉탁대상인지 여부 ········ 488

제4절 등 기

◉ 경락을 원인으로 한 부동산 소유권이전등기촉탁시 등록세납부 ········ 489
◉ 공동저당에 있어서의 차순위저당권자가 선순위자를 대위하여 하는 부기등기의 요건 ········ 489
◉ 구분건물의 전유부분에 설정된 근저당권의 실행으로 경락된 경우 건물대지에 대한 소유권이전등기 등에 대한 사무처리지침 ········ 490
◉ 농지의 소유권이전등기에 관한 사무처리지침 ········ 493
◉ 농지법상 농지가 아님을 증명하는 서면 ········ 496
◉ 농지법 주요내용 ········ 497
◉ 강제경매로 경락된 부동산에 관하여 강제경매등기 전에 경료된 가등기의 말소촉탁 가부 등 ········ 500
◉ 가처분등기 이후에 경료된 경매신청등기의 말소 여부 ········ 501

제5절 비금전집행

◉ 민사소송법 제496조 제2항(민사집행법 제5조)에 의한
집행관의 경찰에 대한 원조요청시 업무처리요령 ······ 502

제6절 민사집행절차 요약

◉ 부동산경매사건의 진행기간 등에 관한 예규 ······ 504
◉ 부동산등에 대한 경매절차 처리지침 ······ 507

제7절 민사법과 민사집행법의 권리관계

◉ 주택임대차보호법 제8조 ······ 547
◉ 저당권실행으로 인하여 경락한 부동산의 소유권
이전등기와 가처분등기의 말소 ······ 549

＊ 사항색인 ······ 551

第 1 編

民法과 民事執行法

第1章　民法과 競賣의 理論的 基礎
第2章　法定地上權 · 留置權

第1章　民法과 競賣의 理論的 基礎

第1節　競賣의 法的要件

Ⅰ. 競賣의 意義

채권자가 권리의 실행으로서 채무자의 재산을 경매한 경우에, 그 경매한 목적물에 하자가 있었던 때에는 경락인을 보호할 필요가 있다. 그러나 경락인에 대한 보호는 경매의 특수성이라는 이유 때문에 일반매매와 같이 보호를 받지 못하고 있다. 여기서 민법은 제578조의 매도인의 담보책임에 관한 규정을 두어 경매의 특수성에 따른 담보책임을 정하고 있다. 경매에는 공경매와 사경매가 있으나, 여기에서 말하는 경매에는 사경매는 포함하지 않는다(민법 제578조 2항). 공경매는 국가기관이 법률에 기하여 행하는 경매로서 민사소송법에 의한 통상의 강제경매(민집법제80조이하)와 담보권실행에 의한 경매(민집법제264조이하)가 있다. 그리고 민법의 담보책임에 대한 규정이 이들 각 경우의 공경매에 적용된다는 데 이설이 없으며 담보책임에 관한 한 일종의 매매로 보는 설이 민법의 다수설이다.[1)]

다시 말해서 경매에 대해서는 민법상 매도인의 담보책임에 관한 규정을 준용하여 채무자를 매도인으로 한 일종의 매매로 인정할 수 있다.

---

1) 林正平, 債權各論, 서울: 法志社, 1995, 287面; 郭潤直, 債權各論, 서울: 博英社, 1988, 227面; 權龍雨, 債權各論, 서울: 法文社, 1996, 197面; 金疇洙, 債權各論, 서울: 三英社, 1994, 202面; 金曾漢, 債權各論, 서울: 博英社, 1988, 180面.

Ⅱ. 競賣의 法的 要件

1. 强制競賣

(1) 意義

경매는 강제경매와 임의경매로 크게 나눌 수가 있는데 그중 강제경매는 반드시 집행권원이 있어야 경매를 신청할 수가 있다. 집행권원은 그 종류가 다양한데 개인간의 이행계약에 따른 사문서에 대하여 집행권원을 인정하고 있는 공증문서(금전, 유가증권의 채무이행에 관한 문서)나 본인이 내용증명을 발송 후 해당법원에서 그 내용증명에 따른 채권관계를 이행하라는 이행판결문[2], 법원에서 지급명령결정을 한 후 채무자가 2주 이내에 이의신청이 없는 경우에 확정된 지급명령결정문 등이 강제경매를 신청할 수 있는 집행권원이 된다.[3] 이외에도 종국판결, 가집행, 외국판결, 화해권고결정, 강제조정,화해조서 등이 집행권원에 해당한다.

집행권원이란 실체법상의 청구권의 존재와 범위를 표시하고 법률상 집행력을 인정한 공문서를 말한다. 그리고 집행문이란 집행권원에 집행력이 현재 누가 집행당사자인가를 집행권원의 끝에 덧붙여 적는 문서를 말한다. 강제경매를 신청하기 위해서는 원칙적으로 집행권원에 집행문을 부여받은 집행권원에 의하여 강제경매를 신청할 수 있다.

---

2) 强制執行의 대상이 되는 것은 履行請求權에 한한다. 確認判決이나 形成判決은 그 확정 에 의하여 旣判力이나 形成力이 발생하여 그 判決을 구하는 目的이 달성되었으므로 새삼스럽게 强制執行을 할 필요가 생기지 아니한다.

3) 法院行政處, 法院實務提要 强制執行(上), 서울: 法院行政處, 1992, 24面.

(2) 實體的인 要件

집행력 있는 정본(집행력있는 집행권원)이 전혀 존재하지 않거나 무효인 집행권원에 의하여 실시된 경매는 절대적 무효이므로 그 競落許可決定을 원인으로 한 소유권이전등기는 원인무효로서 말소를 면치 못한다[4]

그러나 채무자가 집행권원의 채권액을 변제하였는데도 채권자가 이러한 무효인 집행권원에 기하여 강제경매를 신청하여 최고가 매수신고가 이루어지고 지고 낙찰허가가 확정된 경우에는 강제경매 신청권자의 채권액을 변제하고 경매를 취소시킬 수가 없다[5]

(3) 節次的인 要件

경매절차상에 하자로 인한 경우는 경락인[6]의 소유권변동에 영향을 미칠 수가 없다. 일단 경락허가결정이 확정되고 경락대금을 완납한 이후에는 경매절차상의 문제로 경락허가결정의 무효를 주장할 수는 없다. 경매가 진행하는 과정 중에 절차상에 하자가 있을 경우에는 낙찰허가에 대한 항고라든가 이의신청을 할 수도 있는데 이를 해태한 자에게 까지 경락인의 소유권을 변동시키는 것은 경매절차의 확실성과 안정성을 해하는 결과가 되기 때문이다. 다만 확정된 종국판결이 재심소송으로 취소되기 전에 그 판결에 기한 경매절차에서 매각대금을 완납한 매수인은 소유권을 취득한다.[7]

4) 大判 1978. 6. 27, 78다 446.
5) 大判 1991. 10. 11, 91다 21640.
6) '경락인'이란 용어는 경매의 법률적인 용어로는 '매수인'으로 지칭하여야 하지만 본서에는 편의상 '경락인', '낙찰자' 등으로 호칭하기로 한다.
7) 大判 1996.12.20., 96다422628.

2. 任意競賣

(1) 意義

임의경매는 채무자나 물상보증인의 특정재산에 대하여 저당권이나 전세권, 질권, 담보가등기을 설정하고 이를 일정기간에 변제를 하지 않거나 계약의 해지, 해제사유가 발생하였을 경우에 신청할 수가 있다. 강제경매는 채무자의 특정되지 않은 일반재산에 대하여 인적책임을 구현하는 것임에 대하여 임의경매는 특정재산에 대한 물적책임을 구하는 것이다. 위와 같은 강제경매나 임의경매는 금전채권의 만족을 얻기 위하여 국가기관에 대해 행하는 경매라는 점에서 공통점이 있다. 이에 대한 요건으로는 실체적 요건과 절차적요건이 있는데 다음과 같다.

(2) 實體的要件

담보권 실행경매에 있어서는 그 신청의 실질적 요건으로서 실체상 유효한 저당권과 피담보채권이 존재함을 요한다. 따라서 경매개시결정이전에 이미 저당권이 부 존재하거나 또는 소멸하였는데도 불구하고 경매개시결정이 내려져 낙찰이 되었고 이에 따라 경락인이 잔금을 납부한 경우에는 소유권이전등기를 완료하였을 지라도 소유권을 인정받을 수 없다. 판례는 민사집행법 제267조를 해석하여 판시 하기를 “구 건물이 멸실된 후 신건물이 신축되었으나 구건물과 신건물사이에 동일성이 없어서 멸실된 구 건물에 대하여 설정된 무효의 근저당설정등기에 기하여 경매절차가 진행된 경우 경매자체가 무효가 되므로 경락인은 신건물에 대한 소유권을 취득할 수 없고 이에 따른 담보책임도도 인정하지 않는다고 판시하고 있다.[8]

한편 민사집행법 제267조는 "매수인의 부동산취득은 담보권의 소멸에 방해받지 않는다"고 규정하고 있어 실체적 하자는 예외적으로 치유되므로 소유권을 취득한다고 보고 있다. 다만 경락잔금 납부 이후에는 임의경매신청권자의 피담보채권액을 변제하고 경매를 취소할 수 없다. 따라서 경락인이 잔금을 납부하기 전에 경매신청채권자의 채권액을 변제한 경우는 설사 낙찰허가결정이 되었다고 하더라도 경락인이 잔금을 지불하지 못한다. 이에 따라 경락인은 소유권을 이전받지 못함으로 인하여 불의의 손해를 당하는 경우가 발생하게 되는데, 이때 경락인은 채무자를 상대로 경락잔금을 지불하여 소유권을 취득하였을 것이라고 믿었던 신뢰이익을 청구할 수 있을 것이다.[9]

(3) 節次的인 要件

경매절차상에 하자로 인한 경우는 강제경매와 동일하게 경락인의 소유권변동에 영향을 미칠 수는 없을 것이다. 일단 경락허가결정이 확정되고 경락대금을 완납한 이후에는 경매절차상의 문제로 경락허가결정의 무효를 주장하게 되면 경락인은 경매에 대한 공신력도 신뢰할 수 없고 불의의 손해를 당할 수 있는 여지가 생기기 때문이다. 또한 채권자나 채무자 및 이해관계인은 낙찰허가에 대한 항고라든가 이의신청을 하여 경락인이 잔금을 납부하기 이전까지 경매절차를 취하 시킬수 도 있는데 이를 해태한 자에게 경락인의 소유권을 변동시키는 것은 합당하지 않을 것이다.

---

8) 大判 1993. 5. 25, 92다 15574.

9) 이에 대해서는 賣渡人의 擔保責任을 法的責任으로 보아 競落人은 채무자를 상대로에게 信賴利益의 損害賠償을 청구할 수 있는 방안을 檢討할 수 있을 것이다.

3. 任意競賣에 强制競賣의 規定을 準用

1990.1.13일 법4201호로 민사소송법을 개정하면서 종래 임의경매에 관한 절차를 규율하던 경매법을 폐지하고 민사소송법의 강제집행편에 담보권의 실행을 위한 경매에 관한 새로운 장을 만들어 강제집행(집행력있는 판결이나 공정증서정본에 의한 경매)과 담보권(근저당권등에 기한 경매)의 실행 등을 위한 경매를 통일적으로 규율하였고 이후 2002. 7. 1일 민사집행법 제정으로 저당권실행을 위한 경매절차에도 강제경매에 관한 규정전부를 준용하고 그 담보권의 실행을 위한 부동산에 대한 경매도 원칙적으로 압류에서 배당에 이르기까지 강제경매와 동일한 절차에 의하여 실시하고 있다. 그리고 담보권의 실행 등을 위한 경매절차에는 그 성질에 반하지 아니한 강제집행편의 제1장 총칙규정을 준용하도록 하고 있다.

第2節　競賣의 法的 性質

Ⅰ. 法的 性質

경매의 법적 성질에 관한 여러 견해들 중에 다수설은 경매를 사법상의 매매[10]로 보고 있다. 즉 국가의 공권력에 의하여 채무자의 재산권을 강제적으로 박탈하고 이에 재산권을 환가 조치하는 권한이 있음을 의미하는 것이 아니고, 경매도 환가의 방법으로서 매매의 형식을 취하고 있을 뿐만 아니라 민법 제 578조에서 경매는 일반의 매매에 있어서처럼 담보책임을 인정하고 있는 이상 적어도 담보책임에 관한 한 일종의 사법상 매매라고 보아야 한다는 점이다.[11] 판례도 담보책임에 관한 한 경매를 매매계약[12] 또는 매매의 일종[13]이라고 하여 경매를 사법상의 매매로 보고 있다.[14]

그런데 경매를 사법상 매매라고 하여도 경매는 여러 주체가 관여하

---

10) 郭潤直, 前揭 債權各論, 227面 ; 金疇洙, 前揭書, 202面 ; 金曾漢, 前揭書, 180面; 林正平, 前揭 債權各論, 287面.

11) 上揭書, 227面; 金曾漢, 前揭書, 160面 ; 金疇洙, 前揭書, 202面 ; 李銀榮, 債權各論, 博英社, 1996, 225面; 林正平, 前揭 債權各論, 287面 ; Esser, E. J.: Schmidt, Schuldrecht, Allgemeiner Teil, Teilband, 5., Aufl., Heidelberg ; C. F. Müller, 1976, p.256; 獨逸의 通說은 "競賣를 통한 소유권 취득은 原始取得이며 公法的 行爲에 기하여 사법적 효과를 발생"시키는 것으로 보고 있다(Brox, Hans/Walker, Wolf-D., Zwangsvollstreckungsrecht, 4. Aufl., Carl Heymanns Verlag, Köln, Berlin, Bonn, München, 1993 § 27 Ⅲ; Blomeyer, Arwed, Zivilprozeßrecht, Vollstreckungsverfahren, Springer-Verlag, Berlin, Heidelberg 1975,§82Ⅱ;Steiner/Hagemann/Storz/,ZwangsversteigerungundZw-angsverwaltung,9. Aufl., 1986 §81Rz.31; Zeller/Stöber, Zwangsverseinger-ungsgecetz, 15. Aufl., C.H.Beck Verlag, München, 1996, §79 Rz. 3).

12) 大判 1964. 5. 12. 宣告, 63다 663 參照.

13) 대판 1991. 10. 11. 선고, 91다 21640 참조.

14) 南孝淳, 前揭書, 428面 ; 柚木聲・高木多喜男 編著・新版 註釋民法(14), 有裵閣 1992 ; 加藤正治 强制執行法 要論, 1975, 261面 ; Nussbaum, Die Zwangsversteigerung und Zwangsverwaltung, 1916, Neudruck 1969, S. 80.

므로 과연 누구를 매도인으로 볼 것이냐에 따라 여러 학설로 나누어지고 있다.15) 이는 매매계약의 매도인이 누구이냐에 따라 법적 효과가 달라지기 때문인데 이론상 채권자설, 채무자설, 집행기관설로 나뉘어져 있다.

연구자는 경매를 일종의 사법상 매매에 따른 대리행위라고 정의하고 매도인 또는 채무자를 본인으로 보고16) 집행기관은 대리인, 경락인은 상대방으로 보는 입장에서 매도인의 담보책임을 고찰하였다.17) 대리인 행위설을 주장하는 근거는 저당권 설정계약에서부터 살펴볼 수 있다. 저당권설정자는 저당권자에게 부동산을 담보로 제공하고 금전을 차용하는 저당권설정계약을 체결하면서 변제기일에 변제를 하지 못한다면 담보목적물을 처분해도 좋다는 명시적 또는 묵시적18) 처분권을 집행법원에 수여했다고 볼 수 있는 것이다. 따라서 집행기관은 채무자가 변제기일에 이행을 하지 않게 되면 그 때 수여 받은 수권행위에19) 따라 그 목적물을 매각하고, 본 목적물을 매수한 경락인은 집

15) 中野貞一朗, 換價としての 競賣法的性質, 强制執行・破産の硏究, 東京, 青林書院, 1994, 125面 ; McKenzie, Dennis J.・Lowell Anderson・Frank Battino & Cecilia Hopkins : California Real Estate Principles, New Jersey ; Prentice Hall Inc.,1994, p.197.

16) 金基善, 韓國債權法各論, 法文社 1982, 110面 ; 林正平, 賣渡人의 擔保責任, 高凰法學(第1卷創刊號), 高凰法學敎授會 1994. 1, 172面.

17) 全將憲, 前揭書, 699~700面.

18) Atiyah, P. S. : An Introduction to the Law of Contract. 3rd. Ed., New York ; Oxford University Press, 1981, p. 146.

19) 林正平, 代理의 3面關係小考, 仁齊法學論集, 仁齊回甲紀念論文集, 法律文化比較學會, 法元社, 2001, 123面 ; 郭潤直, 前揭 債權各論, 451~456面 ; 授權行爲의 特徵을 살펴보면 첫째, 授權行爲는 代理人이 될 자의 承諾을 필요로 않는다. 둘째, 基本的인 내부관계를 발생케하는 委任契約이나 雇傭契約과는 구분되는 單獨行爲로서 代理權만의 발생을 目的으로 한다. 셋째, 수권행위는 不要式행위로서 特別한 方式이 要求되지 않는다. 넷째, 授權行爲는 基礎的法律關係인 雇傭이나, 委任契約등이 無效인 경우에는 그 授權行爲도 영향을 받는다. 다섯째, 授權行爲는 默示的으로도 할 수 있다. 金龍漢, 前揭 不動産私法, 171面 ; 任意競賣는 私法上의 權利實行으로 財産權을 移轉시키기 위해 다만, 그 節次를 國家가 個人을 대신해서 행할 뿐이다.

행기관에 잔금을 지불하고 잔금을 지불하면 그에 따른 효과로 저당권자에게 배당금을 지급하고 남은 금액이 있을 때는 채무자에게 지급하는 관계로 해석할 수 있을 것이다.[20]

Ⅱ. 學說樣態

1. 私法上의 賣買說

경매의 본질이 사법상의 매매라고 보는 견해이다. 우리나라와 일본의 통설이다.[21] 그 근거로서는 경매가 그 환가방법으로서 매매의 형식을 이용하고 있을 뿐만 아니라 민법 제578조에서 담보책임을 규정히고 있는 것 등을 들고 있나[22] 즉 경매라고 하는 것은 청약과 승낙의 합치에 의한 매매계약의 성립이라고 하는데 부동산매각공고(부동산매각에 관한 신문공고)는 매매의 청약 유인이라 하고 최고가 매수신고는 청약이며 경락허가결정이 그에 대한 승낙으로서 계약이 성립한다는 해석으로서 현재 다수설[23] 이며 이설이 경매의 법적성질을 적절히 해석하고 있다고 본다.

경매도 환가의 방법으로 매매의 형식을 취하고 있을 뿐만 아니라 민법 제578조는 경매에 있어서 일반의 매매에서 처럼 담보책임을 인정하고 있는 이상 적어도 담보책임에 관한 한 경매를 사법상의 매매라고 보아야 한다.[24] 그런데 경매를 사법상 매매라고 보는 경우에도

20) Alfred, A.: Ring and Jerome Dasso, Real Estate Principl, Practices, Prentice-Hall, Inc., Englewood Cliffs, N. J., 1981, p.129.

21) 郭潤直, 前揭書, 227面; 金疇洙, 前揭書, 202面; 李銀英, 前揭書, 225面; 柚木馨・高木多喜男 編著・新版 註釋民法(14), 東京, 有裵閣, 248面.

22) 李 英燮 編, 註釋 强制執行法(中), 서울: 韓國司法行政學會, 1992, 206面 以下(李在性 執筆部分); 柚木馨・高木多喜男 編著・新版 註釋民法(14), 東京, 有裵閣, 248面.

23) 東京控訴院 明治 42. 12. 25 判 新聞 660號 11面; 加躝正治 强制執行法 要論, 1975, 261面.

경매에는 여러주체가 관여하므로 과연 누구를 매도인이라고 볼 것이냐가 문제된다. 이론상 채권자(담보권자)설, 채무자설, 국가기관설이 있다. 이렇게 학설이 나뉘어 지고 있는 이유는 담보책임을 누구에게 귀속시킬 것이냐의 문제와 관련성이 있기 때문이기도 하다.

첫째, 채권자(담보권자)설은 채권자가 담보계약에 기초하여 이 처분권에 기하여 경매를 신청하는 것으로 미루어 보면 이들을 매도인과 유사하게 취급할 수도 있다는 점에서는 설득력이 있다. 그러나 이에 대하여는 경매의 실제에 있어서 경매기관이 채권자나 담보권자의 이름으로 경매를 진행하지 않을 뿐 아니라 채권자 등도 경매인이 될 수도 있으므로 채권자설은 그 근거가 가장 빈약하다는 비판이 있다.[25]

둘째, 채무자설은 매도인이 채무자라고 하는 채무자매도인설이다. 이설이 사법설 중에서는 현재 다수설이다.[26] 그러나 이 說은 執行法院의 지위와 役割에 관하여 설명하는 바가 없다는 점이 批判되고[27] 있다. 실질적으로 채무자가 변제기일에 이행을 하지 못하면 담보물을 처분하여서 채권자에게 채무를 이행해야 하는데 이를 하지 않은 것에 대하여 집행법원이 대신하여 주고 그에 따른 효과로 경락인이 잔금을 지급하여, 소유권을 이전받게 되는데 이에대한 설명이 부족하다는 지적이 있다.

셋째, 집행기관설은 집행기관을 매도인이라고 보는 설이다. 이 설은 공법상의 처분설에 가까워 지고 있는 설로서 집행기관은 채권자 또는 채무자의 대리인이 아니라 국가기관으로서 독자적인 권능에 기하여 경매를 진행하고 있어서 이를 매도인으로 보는 것이 가장 사실에 부

---

24) 林正平, 前揭書, 287面; 郭潤直, 前揭書, 227面; 郭潤直代表執筆, 前揭書, 428面(南孝淳 執筆部分).

25) 郭潤直代表執筆, 前揭書,(南孝淳 執筆部分), 456面.

26) 郭潤直, 前揭書, 227面; 金疇洙, 前揭書, 202面; 金 曾漢, 前揭書, 180面; 李 銀榮,債權各論, 서울: 博英社, 1992, 225面.

27) 李 英燮, 前揭書, 387面.

합하다고 보는 설이다. 다만 집행기관은 법률에 기초하여 타인의 물건을 처분하고 이를 위하여 의사표시를 하는 것에 지나지 않으므로 집행기관에 담보책임을 부담시킬 이유가 없고 오히려 실질상으로 출현 또는 대금지급에 의하여 이익을 받을 자에게 담보책임을 부담하게 하된 이를 다른 경우에 비하여 경감하는 설[28]이다.

2. 代理人行爲說

(1) 學說의 性質

민법은 대리에 관한 규정으로 임의대리와 법정대리의 두가지를 규정하고 있는데(120조 · 122조 · 128조 등) 구민법(104조 · 111조)에서는 임의대리를 「위임에 의한 대리」라고 하고 있었으나, 현행 민법은 「법률행위에 의하여 수여된 대리권」이라고 함으로써[29] 구민법에서 와는 달리 일정한 형식을 요하지 않고 대리권을 부여할 수 있도록 하여 급속하고 다양한 현시대의 흐름에 보조를 같이하고 있다. 위와 같이 임의대리는 일정한 형식을 요하지 않는 불요식행위로서 상대방의 동의를 요하지 않는 단독행위이다.[30] 또한 묵시적[31]으로도 할 수 있는 특징을 가지고 있다.

여기서 우리는 채무자와 집행기관 그리고 경락인의 삼각관계를 규명하여 볼 필요가 있다. 즉 채무자와 경락인의 관계 또는 집행기관과 경락인의 관계등을 살펴보고 분석함으로써 민법 제578조에 따른 하자담보책임의 성질도 분석할 수 있기 때문이다. 그리고 경

---

28) 郭潤直代表執筆, 前揭書, 428面(南孝淳 執筆部分).
29) 郭潤直, 民法總則, 서울: 博英社, 1995,(以下 郭潤直, 民法總則이라 함), 448面.
30) 郭潤直, 民法總則, 452面; 金曾漢, 前揭書, 352面.
31) 郭潤直, 民法總則, 455面; 權龍雨, 民法總則, 서울: 法文社, 1996, 493面 ;金俊鎬, 民法講義, 서울: 法文社, 1995, 204面; 金玟中, 核心整理民法講義, 서울: 斗聖社, 151面

매에서의 담보책임의 성질이 결정되면, 그것은 담보책임의 내용과 인정범위 문제에서 제한적 또는 확장적 해석이 될 수 있기 때문에 상당히 중요하다.

강제집행중 담보권실행을 위한 경매의 성질을 고찰하여 보면 저당권자와 저당권설정자는 설정계약을 체결하면서, 저당권설정자는 일정한 기일에 피담보채권을 변제를 하지 못할 경우 본 담보물건을 임의경매 처분해도 좋다는 합의하에 담보물을 제공하고 저당권설정계약을 체결하게 된다.

즉 변제기일에 피담보채권액을 변제하지 못할 때는 담보물을 저당권실행하여 피담보채권을 변제해도 좋다는 정지조건부 법률행위에 따라 계약을 체결하게 된다는 것이다.

따라서 저당권설정자가 피담보채권을 변제기일에 이행하지 못했을 경우는 본 담보물을 집행기관이 처분하여 줄 것을 저당권와 합의하에 계약이 체결되는 것인데, 이때 저당권설정자는 묵시적으로[32] 경매처분권이라는 수권행위를[33] 집행기관에 수여하며 계약을 체결하게 된다.

원칙적으로 보면 본인이 목적물을 환가 처분하여 채권자에게 변제를 하여 주어야 하는데 이러한 법률행위를 집행기관에서 대행하여 주는 것이다. 따라서 집행기관은 채무자를 대리하여 경락인과 법률행위를 하고 그에 따른 법률효과로서 경락인은 법원에 잔금을 납부하게 된다. 소유권이전도 집행기관을 통하여 소유권이전을 촉탁 받게 된다.

저당권설정에 무효나 취소의 원인이 있게 되면 수권행위에도 영향을 받아 집행기관이 한 법률행위는 무효내지 취소가 된다.[34] 대

---

32) Atiyah, P. S. : An Introduction to the Law of Contract. 3rd. Ed., New York ; Oxford University Press, 1981. p.146.

33) 郭潤直, 前揭書, 451~456面; 梁彰洙, 獨逸民法典, 서울: 博英社 1999, 67~68面.

34) 郭潤直, 民法總則, 455面; 金俊鎬, 前揭書, 206面; 李英俊, 民法總則, 서울: 博

리인행위설은 강제경매에도 통용된다고 볼 수 있다. 경매는 사법상의 매매로 보지만 그 매매의 성질은 대리인 행위설로 파악하는 것이 타당하다. 채무자를 본인으로 보고 그에 따른 집행기관을 대리인, 경락인을 상대방으로 파악한다.

(2) 代理에 있어서의 三面關係

1) 債務者와 執行機關

부동산 경매로 진행되는 과정은 크게 임의경매와 강제경매로 볼 수 있는데 임의경매는 채무자가 일정한 금전을 차용하고 그에 대한 담보로 부동산을 채권자에게 제공하여 만약 채무자가 일정한 변제기일에 이행하지 않을 경우 저당권을 실행하는 것을 말한다.[35] 임의경매는 일반적으로 저당권에 의해 실행되는데 저당권은 채무자가 일정한 기일에 채무를 변제하겠다고 설정계약에 서명하고 만약 이기일에 변제를 하지 못할 경우 본 담보물건을 임의경매 처분해도 좋겠다는 명시적 또는 묵시적인 합의하에 저당권을 설정하게 된다. 즉 변제기일에 채무액을 변제하지 못할 때는 채무자가 제공한 담보물건에 대하여, 경매처분권이라는 수권행위를 집행기관에 수여하겠다는 정지조건부 법률행위를 하고 그에 대한 수권행위로 경매처분을 한다는 것이다.

英社, 1987, 343面; 金基善, 韓國民法總則, 서울: 法文社, 1985, 281面; 위와 같은 解釋은 授權行爲를 有人行爲로 파악하는 경우 가능하고 無因行爲로 파악하는 경우는 執行機關은 영향을 받지 않게 된다.

35) 法院行政處, 法院實務提要(上), 서울: 法院行政處, 1993,572面.; 金龍煥, 抵當權實行을 위한 競賣節次에서의 請求金額 擴張의 可否, 民事裁判의 諸問題(李時潤博士華甲紀念文集), 서울: 博英社, 1995. 542面.

2) 執行機關과 競落人

저당권을 설정할 때 변제기일에 이행을 하지 못할 때는 본 담보물건을 법원에 처분해도 좋다는 명시적 또는 묵시적인 대리권 수여에 따라 집행기관은 본 물건을 처분하기 위한 경매를 진행하게 되고 이에 따라 집행기관과 경락인은 법률행위를 하게 된다. 집행기관은 본 물건을 매각하기 위하여 신문에 공고를 하게 되는데 이때 청약의 유인이 있게 되고 입찰 당일날 입찰자는 청약을 하게 된다. 이에 따라 최고가 매수인으로 청약이 있게 되면 집행기관은 일주일이 되는 날에 낙찰허가라는 승낙을 하고 계약은 성립하게 된다. 물론 낙찰허가일 전까지는 계약이 성립하지 않았기 때문에 청약을 한 입찰자는 낙찰허가일 까지 민사집행법 제121조에 따라 경락허가에 대한 이의신청을 할 수 있고, 집행기관은 최저경매가격의 결정이나 물건명세서의 작성에 중대한 하자가 있는 때, 또는 일괄경매의 결정, 최고가매수신고인이 부동산을 매수할 능력이나 자격이 없는 때 그리고 경매기일공고가 법률의 규정에 위반한 때는 경락인이 이의신청을 하지 않더라도 직권으로 승낙이라는 허가를 하지 않고 불허가를 할 수 있게 된다. 이에 따라 경락인은 잔금일날 잔금을 지불하고 배당금을 지불하고 남는 금액이 있을 경우 채무자가 배당받게 된다. 경락인과 집행기관이 매매라는 법률행위를 하기 때문에 그에 따른 효과는 채무자와 경락인간에 귀속하는 대리관계가 성립하게 된다는 것이다. 한편 판례는 최우선순위에 해당하는 임차인과 대항력과 확정일자를 갖춘 임차인에 대해서 임대차 계약기간이 아직 남아있다고 하더라도 해지권을 인정하여[36] 그 전에라도 임대차계약 기간을 종료시킬 수

36) 大判 1996. 7. 12, 94다 37646; 賃借人에게 認定되는 解止權은 賃借人의 同意 없이 賃貸借目的物인 住宅이 競落으로 讓渡됨에 따라 賃借人이 이미 賃貸借

있다고 하고 있다. 이러한 임차인은 배당요구신청서를 배당요구종기일까지 제출해야 하고 법원은 배당요구신청서를 계약의 해지로 보아 배당을 하여 주고 있는데, 여기서 판례는 배당요구신청서를 제출하는 임차인의 행위를 계약의 해지로 보아 그 신청서가 채무자에게 송달하여 도달해야 임대차계약이 종료한 것으로 보고 있는데, 이는 경매절차의 신속성을 해하는 문제가 발생할 수 있었다. 경매법원이 임차인의 배당요구사실을 임대인에게 송부하였으나 이사불명 등으로 송달이 안된 경우 집행법원에서는 배당을 하여줄 수 없는 문제가 발생 하게 되고 이런 경우 경매절차의 신속성을 위하여 규정한 '경락인이 경락대금을 지급하면 3일이내에 배당기일을 지정하여 대금납부 후 2주일이내에 배당기일을 열도록' 한 부동산경매사건의 진행기간 등에 관한 예규(재민 91-5)의 의미도 반감되는 문제가 발생할 수 있다. 이에 따라 경매는 집행법원과 경락인 사이에 이루어지는 청약(최고가 매수신고)과 승낙(낙찰허가)에 의하여 계약은 성립되고 이에 따른 실체상의 권리관계와 절차상에 하자로[37] 인한 경우는 대리인관계설로 해석하여야 할 것이다. 그래서 경매진행에 관한 대리권을 부여받은 집행기관에 배당요구신청을 한 때 계약의 해지효력이 성립하고 그에 따른 임대차계약의 해지 효력은 임대인에게 귀속하는 것으로 해석해야 경매의 공정과 신속성에도 부합하리라고 볼 수 있을 것이다.

위와 같은 논리에 근거를 둔 주택임대차 보호법이 제3조의 5가 제3차 개정 때 입법되어 미완적이나마 해결을 보게 되었다.

의 承繼를 원하지 아니할 경우에는 스스로 賃貸借를 終了시킬 수 있어야 한다는, 公平의 原則 및 信義 誠實의 原則에 根據한 것이라고 判示하고 있다.

37) 入札物件明細書를 잘못 작성하였거나(民訴法 第633條 6項), 신문공고를 잘못 揭示하였을 경우는(民訴法 第621條2項),落札 不許可를 하여야 하는데 競賣를 進行하고 落札許可를 한 事由.

동법 제3조의 5 본문은 "임차권은 경락으로 소멸한다"라고 하여 경락인에게 대항할 수 있는 임차인이 배당요구종기일까지 배당요구신청을 한 경우에는 설사 존속기간이 남아 있다고 하더라도 임차권은 소멸하는 것으로 규정을 두고 있다.

3) 競落人과 債務者

집행기관과 경락인은 최고가매수신고와 낙찰허가 및 잔금납부에 따른 법률행위를 하고 그에 따른 효과로 채무자는 소유권을 이전하여 주고 경락인은 잔금을 납부함으로써 소유권을 취득한다.

여기서 민법 제578조의 규정이 채무자에게 발생하게 된다. 즉 법률행위는 집행기관과 경락인간에 하지만 그에 따른 하자문제는 채무자와 경락인 사이에 발생하기 때문에[38] 경락인은 계약해제를 집행기관에 하는 것이 아니고, 민법 제578조에 따라 채무자를 상대로 하고, 채무자가 자력이 없을 경우는 배당을 수령한 채권자를 상대로 반환 청구할 수 있다는 것이다.

3. 公法說

이 학설은 경매는 국가기관이 관여하여 진행하기 때문에 또한 경매목적물은 소유자의 의사를 묻지 않고 이를 처분한다는 점을 중시한다. 경매에 사법상의 매매로서의 성질을 부정하고 공법상 처분행위라고 보는 설로 현재 소수설이다. 채권자 및 채무자도 경매인이 될 수 있고 국가기관은 독자의 권능에 기하여 목적물을 환가할 수 있다는

---

38) 大判 1964. 5. 12, 63다 663; 판례 "競賣에 있어서의 擔保責任의 내용으로서의 손해배상은 債務不履行이나 不法行爲의 損害賠償의 경우와는 달리 法院의 過失은 채무자의 擔保責任에 영향을 주는 것은 아니다"라고하여 法院의 過失에 따른 法律效果로 民法 第578條의 擔保責任을 認定하고 있다.

점에 중점을 두어 경매는 국가기관과 경락인 사이에 성립하는 공용징수에 유사한 일종의 공법상 처분이라고 보는 설이다. 그러나 공법상의 처분설도 이를 사법상의 매매와 동일하게 취급함과 동시에 담보책임에 관하여는 특별한 규정을 두고 있다고 보고 있다[39]

공법설이 경매를 가리켜 공용징수이므로 공법상 처분이라고 하는 부분은 바람하지 않다고 본다. 이러한 주장을 하게 되면 경매에 의한 소유권취득이 승계취득이 아닌 원시취득이라는 결론[40]에 이르게 되는 것이고, 이러한 처분은 현행법을 무시하는 결과가 되기 때문이다. 그리고 채무자가 경락인인 경우에는 입찰에 참여할 수 없지만 물상보증인 인 경우에는 입찰에 참여할 수 있다.[41]

4. 折衷說

절충설은 한쪽으로는 공법상의 처분으로 파악하지만 다른 한쪽으로 사법상의 매매로서의 성질과 효과를 병유하고 있다고 보는 견해이다. 이 견해도 세부적인 차이는 있지만 경매절차의 면에서 사법적인 면과 공법적인면의 분석과 구성의 차이에서 오는 것이 많다. 이 설을 살펴보면 다음과 같다. 제1설은 경매라고 하는 것은 국가기관이 국가의 기관으로서 법률상 부여된 권능에 기하여 목적물을 환가하는 행위로서 그러한 면에서 공용징수 유사한 공법상의 처분이라고 한다. 그리고 제2설은 경매는 압류에 의하여 국가가 채무자로부터 징수한 처분권의 행사로서 행하는 매각이고 채무자의 의사에 의하지 아니하고 강제적으로 그 소유권의 이전을 생기게 하는 점에서 국가의 집행권력에 기한 집행처분이지만 이에 기하여 경락인이 채무자의 물건을 매수하

34) 郭潤直代表執筆, 前揭書, 456面(南孝淳 執筆部分).
35) 延光錫, 競賣에서의 擔保責任, 서울: 서울大學校學位論文, 1994, 16面.
41) 서울民支決 1994. 1. 12, 93 라 1342; 閔日榮, 不動産物權과 競賣에 관한 몇가지 問題, 民事判例硏究(XVII), 서울: 博英社 1996, 410面.

는 관계에서는 사법상의 매매라고 한다.

제 3설은 경매에서는 목적물의 소유권이 채무자로부터 경락인에게 이전하고 경락인은 그 대가로서 경락대금을 지급할 의무를 지는 것이므로 이러한 면에서는 실질적으로 매매와 거의 다를 바 없다고 한다. 그러나 경매는 집행절차의 일환을 이루는 것으로서 경매를 이루어 가는 각 행위는 당연히 절차의 목적과 구조에 의하여 그 형식과 내용이 결정된다는 것이다. 따라서 이러한 점들을 고려할 때 경매를 실체적 측면과 절차적 측면으로 구별할 수가 있게 되고, 전자에는 실체법의 법리가, 그리고 후자에는 절차법의 법리가 적용하게 되는 것이라고 설명한다.[42]

42) 中野貞一朗, 換價としての 競賣法的性質, 强制執行・破産の硏究, 東京, 靑林書院, 1994, 125面 以下; 延光錫, 前揭論文, 11面에서再引用; McKenzie, Dennis J.・Lowell Anderson・Frank Battino & Cecilia Hopkins : California Real Estate Principles, New Jersey ; Prentice Hall Inc., p.197, 1994.

第3節 不動產 競賣의 進行節次와 權利分析

Ⅰ. 進行節次

법원경매를 통한 압류 및 환가방법은 크게 나누어 강제경매와 담보권실행을 위한 경매로 나눌 수가 있다. 강제경매는 집행권원에 기한 경매를 의미하고 이에는 확정판결·가집행선고부 판결·집행판결·확정된 지급명령·화해조서·청구인낙조서·공증증서등이 있다. 담보권실행을 위한 경매는 저당권이나 전세권등에 기하여 하는 경매를 말한다. 실질적으로 담보권실행을 위한 경매는 강제경매의 절차를 준용한다고 되어 있어 구별의 실익이 크다고는 할 수 없지만 강제경매는 집행권원에 기하여 하는 것이기 때문에 경락산금을 납부한 이후에 집행권원의 취소나 변제는 경락인의 소유권효력에 영향을 미치지 않는다. 경매로 진행되는 물건중 약 70~80%는 저당권실행에 의하여 진행되고 있는데 저당권은 채무자 또는 제3자(물상보증인)가 점유를 이전하지 않고 채무의 담보로써 제공한 부동산으로부터 채권자가 우선적으로 변제를 받을 수 있는 물권이다.[43] 즉 채무자가 변제기일에 이행을 하지 않을 경우에 저당권자가 스스로의 발의에 의하여 저당물을 환가하고 그 대가로부터 피담보채권의 변제를 받는 절차를 신청하게 된다. 이러한 절차를 민사집행법에 의한 "담보권의 실행을 위한 경매"라 한다.

43) 全將憲, 法院競賣不動產의投資와陷穽, 서울: 東學社, 1997, 66面 ; 南基正, 强制執行法講義, 서울: 三湖社, 1995, 252面

1. 押留

(1) 競賣節次의 開始

1) 强制競賣開始決定

부동산에 관한 경매신청이 있으면 집행법원[44]이 신청서의 기재 및 첨부서류등을 심사하여 이상이 있으면 심문기일을 열어 변론을 개시한다. 그러나 특별한 이상이 없는 경우에는 일반적으로는 변론기일 없이 서류등을 심사하고 경매개시결정을 한다.

조사할 사항으로는 신청방식에 대한 조사, 관할, 집행력 있는 정본에 대한 조사이다. 관할 조사는 부동산소재지 관할 법원에 경매신청을 하였는지 심사를 한다.

경매법원은 경매신청의 요건이 구비되어 있으면 신청서 접수일로부터 2일이내에 강제경매개시결정을 한다(재민 91-5).

그리고 법원은 소재지 등기소에 경매개시결정에 대한 기입을 촉탁하게 된다.

2) 任意競賣開始決定

담보권실행을 위한 경매을 신청 하면 경매법원은 그 신청서의 기재 와 첨부서류가 제대로 갖추어 졌는지를 심사한다. 그리고 난 후 경매신청 기입등기의 촉탁을 하는데, 관할 부동산의 등기소에 법원이 기입촉탁을 하여 발생한다. 임의경매개시결에 대한 기입등기는[45] 임대차계약을 체결할 세입자와 이해관계인을 위하여 공시역할을 하기도 한다. 즉 경매개시결정 기입

44) 본서에서는 '경매법원' 또는 '집행법원'을 편의상 동일한 법원으로 본다.

45) 경매개시결정 기입등기를 일명 "압류"라고 하기도 한다. 경매개시결정 기입등기는 크게 임의경매와 강제경매로 구분할 수 있다. 따라서 압류는 임의경매와 강제경매를 압류라고 할 수 있다.

등기가 난 후 임대차계약을 체결한 임차인은 최우선변제와 대항력요건을 주장하여 경락인에게 대항할 수 없게 된다.

채무자에게 경매가 개시되었다는 송달을 하여야 한다. 이를 하지 않는 상태에서 낙찰이 된 경우에는 경락 불허가 사유가 되며, 설사 경락인이 잔금을 납부하였을 지라도 소유권을 인정하지 않는다.

(2) 競賣開始決定에 대한 異義

민사집행법 제86는 "이해관계인은 경락대금을 완납할 때 까지 법원에 경매개시결정에 대한 이의신청을 할수 있다"고 규정하고 있다. 그리고 이의신청을 받은 집행기관은 직권으로 집행정지등을 할 수 있으며 위 이의신청에 대한 재판에 관하여는 이해관계인이 즉시 항고를 할 수 있도록 하고 있다.

1) 異議事由

담보권의 실행의 실체적 요건 흠결사유인 담보권 및 피담보채권의 부존재 또는 소멸, 승계사실의 부존재 등이 실체상 이의사유가 된다. 구체적으로는 저당권설정등기의 무효사유, 피담보채권의 불성립, 무효, 변제등 은 이의사유가 된다.[46]

다만 실체적인 요건을 원인으로 무효를 주장할 수 있는 사유는 임의경매인 경우에 한하고 강제경매인 경우는 청구이의 소를 제기하여 집행권원의 무효 등을 주장하여야 한다.

2) 異議節次

이의신청서를 경매법원에 제출하면 법원은 결정으로 이에 대

---

46) 南基正, 新强制執行法(下), 서울: 法律文化院, 1997, 531面.

한 심판을 하게된다. 이의신청이 이유 있으면 경매개시결정을 취소하거나 각하 또는 기각을 하게 된다.

3) 卽時抗告

경매개시결정에 대한 이의신청이 각하 되거나 취소된 경우 즉시 항고를 할수 있다(제86조 제3항).

4) 競賣開始決定에 대한 異議와 執行停止

경매개시결정에 대한 이의신청은 집행정지의 효력이 없다. 민사집행법 제 86조 제1항은 경락대금을 완납할때까지 법원에 대하여 경매개시결정에 대한 이의신청을 할 수 있다고 규정하고 있으므로 대금납부설에 따르면 되면 절차상의 하자로 인한 이의신청은 경락잔금납부 이전까지 하는 것이 통설로 보고 있다.

(3) 競賣期日 및 競落期日의 指定·公告 및 通知

1) 競賣期日

경매기일은 경매 목적된 부동산에 대한 경매를 실시하는 기일을 말한다. 현황조사 보고서 및 평가서의 접수일로부터 3일 이내에 경매기일을 지정하도록 하고 있고, 신문공고는 의뢰일로부터 20일 이내로 정하도록 하고 있다. 실무상으로는 신문공고 의뢰일로부터 약15일내 공고를 한다. 그리고 신경매일에 허가할 매수가격의 신고가 없는 때에는 대략 30일 전후에 다시 경매기일을 지정하여 진행하고 있다.

2) 競落期日

경락기일은 경매기일에 최고가 매수신고인이 정하여진 경우 경매법원이 출석한 이해관계인의 진술을 듣고 경매절차의 적법 여부를 심사하여 경락허가 또는 불허가 결정을 선고하는 기일을 말하다. 이러한 경락기일은 최고가 매수신고일로부터 7일 이내로 정하고 있으나 이는 훈시 규정이므로 7일 이후라고 하더라도 관계없다.

경락기일에는 판사가 경매에 관한 절차상의 하자가 있는지 혹은 물건명세서의 중대한 하자가[47] 있어 불허가 사유가 되는지를 조사하여 허가여부를 결정하게 된다. 이외에도 농지취득자격증명이 제출되었는지 또는 경매개시결정이 채무자와 소유자에게 적법하게 송달이 되었는지 그리고 가등기에 기하여 본등기가 되었는지를 조사하여 허가 여부를 결정하게 된다.

(4) 競賣節次의 停止 取消

경매개시결정에 대한 이의신청은 집행정지의 효력이 없으나 경매법원은 이의에 대한 재판전의 잠정처분으로 일시 집행정지 처분을 명할 수 있다.(제86조 제2항, 제16조 2항) 경매절차에 대한 일시정지는 법원의 직권사항이므로 이의신청권자가 정지신청에 이의를 제기하더라도 이에 구속받지 않는다.

1) 强制競賣停止 및 取消

강제경매절차의 정지 및 취소는 경매법원이 법률상 1개의 집행권원에 기하여 전체로서의 강제경매의 개시 및 속행을 할 수 없는 경우를 말한다. 취소원인으로는 집행을 취소하는 취지나 강제집행을 허가하지 아니하는 명령을 기재한 집행력있는 재판

47) 閔日榮, 違法한 再競賣와 職權에 의한 競落不許可의 適否, 民事裁判의 諸問題(李時潤博士華甲紀念論文集), 博英社 1995, 451面.

의 정본등을 제출한 경우이다.

2) 任意競賣停止 및 取消

담보권등기의 말소를 명한 확정판결의 정본이나 담보권이 없거나 소멸되었다는 취지의 확정판결 또는 피담보채권의 변제를 받았다는 취지의 화해증서의 정본 또는 공정증서의 정본을 대금납부 이전에 제출한 경우에는 법원은 이미 실시한 경매절차을 취소하여야 한다. 그러나 담보권이 무효·부존재하는 경우에는 설사 경락인이 잔금을 지급하였더라도 효력을 상실한다.

2. 換價

부동산 매각기일에서 환가방법은 전적으로 집행관에게 맡겨져 있다. 매각기일 진행절차는 통상 매각기일의 진행준비->주재집행관의 입정-입찰방법 등의 주지사항 안내-> 입찰개시의 선언->특별매각조건 등의 고지->매수신청의 최고->입찰봉투의 접수 및 투함->입찰마감의 선언->개찰준비->개찰실시 및 사건별 입찰종결 고지->매각기일의 종료 선언->매수신청보증의 처리 순으로 이루어 진다.[48)]

그리고 민사집행법 제103조 제2항은 '부동산의 매각은 매각기일에 하는 호가경매, 매각기일에 입찰 및 개찰하는 기일입찰 또는 기간입찰의 세가지 방법으로 한다'고 규정하고 있다. 이는 입찰방식을 구술주의에 의해서는 공정한 입찰을 진행할 수 없기 때문에 발생한 규정이다.

공정한 입찰방식으로 최고가 매수인이 결정되어야 채권자가 원래 예상하였던 담보가치를 회수할 수 있는 것이다. 그런데 제일 중요한 단계인 입찰단계에서 높게 구술하는 입찰자에게 폭력을 행사하여 최

---

48) 법원행정처, 집행관감독 실무편람, 2018.3, 301면,

고가 입찰을 방해하고 낙찰대금을 크게 떨어 뜨려 실질적으로 채권액을 정상적으로 회수 할 수 없게 만드는 주요 주범으로 작용하고 있었던 것이다.

그래서 입찰방식을 구술주의에서 서면입찰 방식으로 전환하는 계기를 만들었고[49] 2002년 7월1일 민사집행법이 제정되면서는 입찰방식을을 서면주의(민사집행법 제62조~제67조) 기간입찰(제68조~제71조), 구술주의(제72조)로 세분화하는 규정을 두게 되었다. 그러나 90% 이상은 기일입찰로 진행하고 있다. 경매를 입찰표라는 서면으로 매수신청을 하는 제도로 변경하면서 다른 입찰자들이 얼마원 매수금액을 쓰는지 알 수 없게 되면서 공정한 입찰제도로 경매가 대중화가 이루어지고 채권자와 채무자 모두 보호하는 제도로 탈바꿈 하는 계기가 되었다. 그러나 기간입찰과 서면입찰은 정보의 유출과 거래의 안전에 만전을 기할 필요는 남기고 있다.[50]

(1) 기일입찰

입찰은 입찰의 시작을 알리는 종을 올린 후 집행관이 입찰표의 제출

49) 閔日榮, 競賣不動産의 入札賣却制度, 民事判例硏究(XVII), 서울: 博英社, 1996; 법원행정처에서는 1972. 7.부터 競賣不動産의 賣却方法을 呼價競賣에서 入札로 轉換하는 방안을 모색하게 되었고, 1992년 말에 입찰의 실시를 전제로 입찰방법을 전환하는 방법을 모색하게 되었고, 1992년 말에 입찰의 실시를 전제로 入札方法을 상세히 규정한 "민사소송규칙중개정규칙안"이 만들어져 1993. 2. 22. 大法官會員에서 통과되었다. 위 민사소송규칙중개정규칙(대법원규칙 제1251호, 이하 단순히"改正規則"이라고 한다)은 1993. 3. 3. 公布와 동시에 施行에 들어갔다. 아울러 法院行政處에서는 개정규칙의 시행에 대비하여 1993. 2. 25. "부동산 등에 대한 入札實施에 관한 처리지침"(대법원 재민 93-2 예규, 이하 단순히 "예규"라 한다)을 제정하여 전국법원에 시달함과 동시에, 서울민사법원에 시달함과 동시에, 서울민사지방법원을 시험실시 법원으로 지정하고 그 후 1993. 9. 법원행정처에서 서울민사지방법원의 入札方法에 관한 資料를 전국 법원에 배포하여 入札制度를 採擇하게 되었다.

50) 고액의 부동산을 입찰하는 경우 다른 가짜 입찰자를 내세워 근소한 차이로 낙찰을 받는 것처럼 꾸미는 행위는 근원적인 제도적 개선방안이 여전히 필요하다.

을 최고하고 입찰마감시간을 고지함으로써 시작한다(재민 93-2 제8조).

한편 신경매라 함은 입찰기일의 실시에도 불구하고 입찰자가 없어 당해 부동산이 매각되지 않는 경우를 의미한다. 이때에는 최저입찰금액을 저감하여 다음 입찰일에 진행한다. 약 20~30%의 저감을 한 상태에서 약 30일 후에 진행한다.

재경매는[51] 경락인이 대금지급기일에 그 의무를 이행하지 아니하고 차순위 매수신고인도 없을 때 재경매를 명할 수 있다. 이때는 20%을 저감하지 아니한 상태에서 다시 입찰을 실시한다.

(2) 期間入札

(가) 의의

경매방식이 1993년 5월 호가제에서 입찰제로 바뀐 후 11년 만에 법원이 기간입찰제를 도입하여 일대 변화를 예고하고 있다. 기간입찰제는 기일입찰제와는 달리 1주일이상 1개월 이하의 일정기간을 정하여 그 기간 내에 직접 또는 우편으로 입찰하게 하고, 입찰기간 종료 후 1주일 내에 매각기일을 정해 개찰하여 최고가 매수인을 정하는 입찰제도이다.

기간입찰은 2002년 7월 민사집행법 제정시 도입하였는데 부동산의 매각은 ① 매각기일에 하는 호가경매, ② 매각기일에 입찰 및 개찰하게 하는 기일입찰, ③ 입찰기간 내에 입찰하여 매각기일에 개찰하는 기간입찰 등 세가지 방법을 할 수 있도록 규정하고 있다(민집 103조 2항).

기간입찰은 특정한 매각기일에 입찰을 실시하는 기일입찰과 달리 일정한 입찰기간을 정하여 그 기간 내에 입찰표를 직접 또는 등기우편으로 집행관 사무실에 제출하게 하고 법원이 정

---

51) 法院行政處, 前揭書, 432面.

한 최저매각가격의 1할을 일률적으로 법원의 은행 계좌에 납입한 뒤 그 입금표를 입찰표에 첨부하거나 지급보증위탁계약체결증명서를 첨부하게 하며, 입찰기간 종료후 일정한 날짜 안에 별도로 정한 매각(개찰)기일에 개찰을 실시하여 최고가매수신고인, 차순위매수신고인을 정하는 매각방법이다.[52)]

(나) 期間入札節次

기간입찰이란 입찰기간내에 입찰하게 하여 매각기일에 개찰하는 매각방법으로서 법이 새로 도입한 부동산 매각방법의 하나이다(법제103조2항).

1) 賣却實施前 節次

가) 매각방법등의 지정

① 매각명령 - 집행법원은 호가경매, 기일입찰, 기간입찰 중 어느 방법으로 경매절차를 진행할 것인지를 정한다.(민집 103조 1항).[53)][54)] 집행법원은 기간입찰에 의한 경매절차를 진행할 경우 매각명령으로 기간입찰을 실시한다는 취지와 입찰기간, 매각기일, 매각결정기일을 지정한다.[55)]

② 입찰기간(민집규 68조) - 입찰기간은 경매법정 수, 경매물

---

52) 법원실무제요. 민사집행Ⅱ, 240이하

53) 법원실무제요, 민사집행Ⅱ, 188 ; 이해관계인은 매각방법 중 하나를 지정하여 시행하도록 신청할 수 있으나, 집행법원이 이에 구속되는 것은 아니다. 그러나 모든 이해관계인의 합의가 있으면 이를 존중하여 그 방법을 채택하는 것이 상당하다.

54) 부동산은 기일입찰 또는 기간입찰의 방법으로 매각하는 것을 원칙으로 한다(처리지침 3조 1항).

55) 집행관은 법원으로부터 인계받은 기록에 매각명령이 붙어 있는지를 확인하고, 기록에 매각명령이 붙어 있지 아니한 때에는 법원에 매각절차를 진행할지 여부를 확인하여야 한다(처리지침 12조).

건 수, 경매사건 수 등을 고려하여 1주 이상 1월 이하의 범위안에서 정한다. 집행관의 보관업무등을 감안하면, 특별한 경우를 제외하고는 7~8일로 정한다.

③ 매각(개찰)기일(민집규 68조) - 매각기일은 입찰기간이 끝난 후 1주 안의 날로 정한다. 우편으로 제출된 입찰봉투가 입찰기간 종료일 24:00까지 법원에 접수되면 유효[56]하고, 집행관이 근무하는 법원의 총무과 등을 거쳐 실제로 집행관의 수중에 들어가는 것은 입찰기간이 끝난 후인 경우도 생길 수 있으므로, 입찰기간 종료일로부터 2일이 경과한 날 이후로 정한다(진행기간예규).

매각기일에는 입찰법정에서 개찰을 실시하여 최고가로 매수한 자에게 최고가매수인으로 정하고 동일한 금액으로 2인 이상이 응찰한 경우에는 기일입찰방식으로 최고가매수인으를 결정한다.

---

56) 우편으로 제출된 기간입찰봉투의 접수시점은 집행관 접수시가 아니라 법원에 접수된 일시가 기준이 되므로, 법원에 입찰기간내에 접수되면 유효로 처리된다(처리지침 별지1의 12항).

○○ 법원
매각명령

○○법원 소속 집행관 ○○○ 귀하

사건 2004타경 부동산임의(강제)경매

별지기재 부동산에 대하여 아래 매각기일에 이 법원 안에서 기간입찰의 방법으로 매각할 것을 명한다. 다만, 제2회 이후의 매각기일은 선행매각기일에서 허가할 매수가격의 신고가 없어 매각기일이 최종적으로 마감된 때에 한하여 실시한다.

기일 순번	입찰기간	매각(개찰)기일	매각결정기일
제1회	200 . . .~200 . . .	200 . . . :	200 . . . :
제2회	200 . . .~200 . . .	200 . . . :	200 . . . :
제3회	200 . . .~200 . . .	200 . . . :	200 . . . :
제4회	200 . . .~200 . . .	200 . . . :	200 . . . :

200 . . .

판사 ○○○

④ 매각결정기일(민집 109조) - 매각결정기일은 매각기일로부터 1주 이내로 정하여야 하는데, 이는 훈시규정이다(대법원 1984. 8. 23.자 84마454 결정).

나) 매각기일의 공고등

① 매각기일공고 - 법원은 매각기일(기간입찰의 방법으로 진행하는 경우에는 입찰기간의 개시일)의 2주 전까지 법 제106조(매각기일의 공고내용)에 규정된 사항을 공고하여야 한다(민집 106조, 민집규 56조).

○○ 법원
매각기일공고

사 건 200타경 부동산임의(강제)경매
채권자
채무자
소유자

다음 기재와 같이 이 사건 부동산을 기간입찰의 방법으로 매각합니다. 등기부에 기입할 필요가 없는 부동산에 대한 권리를 가진 사람은 그 채권을 신고하여야 하며, 이해관계인은 매각기일에 출석할 수 있습니다. 매각물건명세서, 현황조사보고서, 평가서의 사본이 입찰기간 개시일 1주일전부터 법원에 비치되어 일반인의 열람에 제공됩니다.

200 . . .
○○ 지방법원

1. 매각기일

공고의 게시	
공고게시 기간	. . . ~ . . .
장 소	법 원 게 시 판
게 시 자	법원사무관○○○ (직인생략)

가. 제1회

입찰기간 200 . . . ~ 200 . . .

매각기일 200 . . . :

매각결정기일 200 . . . :

나. 제2회

입찰기간 200 . . . ~ 200 . . .

매각기일 200 . . . :

매각결정기일 200 . . . :

다. 제3회

입찰기간 200 . . . ~ 200 . . .

매각기일 200 . . . :

매각결정기일 200 . . . :

라. 제4회

입찰기간 200 . . . ~ 200 . . .

매각기일 200 . . . :

매각결정기일 200 . . . :

2. 매각 및 매각결정 장소 ○○지방법원 제 호 법정
3. 매각담당 집행관의 성명
4. 부동산의 점유자, 점유의 권원, 점유 사용할 수 있는 기간, 차임 또는 보증금의 약정 유무와 그 액수 및 최저매각가격 기타 : 민사집행과 사무실에 비치되어 있는 매각물건명세서와 같음

※ 제2회 이후의 매각기일은 선행매각기일에서 허가할 매수가격의 신고가 없이 매각기일의 최종적으로 마감된 때에 실시된다는 사실을 유의하시기 바랍니다.

신문공고(기간입찰)

1. 매각물건의 표시 및 매각조건

● 공고된 부동산의 면적 표시는 실제와 다소간의 차이가 있을 수 있습니다.

※ 특별매각조건
농지법상 농지취득자격증명을 제출해야 하는 최고가매수신고인이 매각결정기일까지 농지취득자격증명을 제출하지 아니함으로써 매각이 불허가될 때에는 매수신청보증금은 반환하지 않고 이를 배당시 매각대금에 산입한다.

2. 입찰기간 : 200 . . . ~ 200 . . .
3. 매각기일 : 200 . . . 10:00
4. 매각결정기일 : 200 . . . 10:00
5. 매각장소 : ○○지방법원 제 호 입찰법정
6. 매각방법
   ① 집행관 사무실에 비치된 기간입찰표에 사건번호 및 물건번호, 성명, 주소, 입찰가격, 보증금액 등을 기재한 후 기간입찰봉투에 입금증명서 또는 경매보증보험증권 기타 첨부서류 등과 함께 넣고 봉인한 후 집행관 사무실에 직접 제출하거나, 집행관을 수신인으로 하여 등기우편의 방법으로 부쳐야 합니다. 기간입찰봉투에는 매각기일을 반드시 기재하여야 하며, 미기재시에는 무효로 처리됩니다.

(앞면)

기 간 입 찰 표

지방법원 집행관 귀하 매각(개찰)기일 : 년 월 일

<table>
<tr><td>사 건
번 호</td><td colspan="3">타 경 호</td><td>물 건
번 호</td><td colspan="2">※물건번호가 여러개 있는 경우에는 꼭 기재</td></tr>
<tr><td rowspan="6">입
찰
자</td><td rowspan="3">본
인</td><td>성 명</td><td colspan="2">㊞</td><td>전화번호</td><td></td></tr>
<tr><td>주민(사업자)
등록번호</td><td></td><td>법인
등록
번호</td><td colspan="2"></td></tr>
<tr><td>주 소</td><td colspan="4"></td></tr>
<tr><td rowspan="3">대
리
인</td><td>성 명</td><td colspan="2">㊞</td><td>본인과의
관 계</td><td></td></tr>
<tr><td>주민등록
번 호</td><td colspan="2"></td><td>전화번호</td><td>−</td></tr>
<tr><td>주 소</td><td colspan="4"></td></tr>
</table>

입찰가격	천억	백억	십억	억	천만	백만	십만	만	천	백	십	일	원

보증금액	백억	십억	억	천만	백만	십만	만	천	백	십	일	원

보증의 제공방법	☐ 입금증명서 ☐ 보증서	보증을 반환 받았습니다. 입찰자 ㊞

<주의사항>

1. 입찰표는 물건마다 별도의 용지를 사용하십시오, 다만, 일괄입찰시에는 1매의 용지를 사용하십시오.
2. 한 사건에서 입찰물건이 여러개 있고 그 물건들이 개별적으로 입찰에 부쳐진 경우에는 사건번호외에 물건번호를 기재하십시오.
3. 입찰자가 법인인 경우에는 본인의 성명란에 법인의 명칭과 대표자의

지위 및 성명을, 주민등록란에는 입찰자가 개인인 경우에는 주민등록번호를, 법인인 경우에는 사업자등록번호를 기재하고, 대표자의 자격을 증명하는 서면(법인의 등기부 등·초본)을 제출하여야 합니다.

4. 주소는 주민등록상의 주소를, 법인은 등기부상의 본점소재지를 기재하시고, 신분확인상 필요하오니 주민등록등본이나 법인등기부등본을 동봉하십시오.
5. 입찰가격은 수정할 수 없으므로, 수정을 요하는 때에는 새 용지를 사용하십시오.
6. 대리인이 입찰하는 때에는 입찰자란에 본인과 대리인의 인적사항 및 본인과의 관계 등을 모두 기재하는 외에 본인의 위임장(입찰표 뒷면을 사용)과 인감증명을 제출하십시오.
7. 위임장, 인감증명 및 자격증명서는 이 입찰표에 첨부하십시오.
8. 입찰함에 투입된 후에는 입찰표의 취소, 변경이나 교환이 불가능합니다.
9. 공동으로 입찰하는 경우에는 공동입찰신고서를 입찰표와 함께 제출하되, 입찰표의 본인란에는"별첨 공동입찰자목록 기재와 같음"이라고 기재한 다음, 입찰표와 공동입찰신고서 사이에는 공동입찰자 전원이 간인하십시오.
10. 입찰자 본인 또는 대리인 누구나 보증을 반환 받을 수 있습니다(입금증명서에 의한 보증은 예금계좌로 반환됩니다).
11. 보증의 제공방법(입금증명서 또는 보증서)중 하나를 선택하여 ☑표를 기재 하십시오.

② 입찰보증은 최저매각대금의 1할에 해당하는 금원을 이 법원이 개설한 보관금계좌에 납부하거나 경매보증보험증권을 제출하는 방법으로 하여야 합니다(보관금계좌 입금은 입찰기간 동안에만 가능합니다).

③ 집행관 사무실에 접수하는 경우에는 근무시간(평일에는 09:00~12:00, 13:00~18:00, 토요일은 09:00~12:00까지, 공휴일 및 토요휴무일은 제외) 중에 접수하여야 하며, 우편으로 제출하는 경우에는 등기우편으로 입찰기간 종료일 24:00까지

법원에 도착할 수 있도록 하여야 합니다.

④ 2인 이상이 공동으로 입찰하고자 하는 경우에는 입찰표에 각자의 지분을 명확하게 표시하여야 합니다.

⑤ 기간입찰봉투가 투입된 이후에는 입찰의 철회, 입찰표의 정정・변경등을 할 수 없습니다.

⑥ 매각기일에 입찰법정에서 개찰을 실시하여 최고의 가격으로 응찰한 사람을 최고가매수인으로 정하고(차순위매수인으로 신고하는 경우에는 개찰기일에 출석하여 차순위매수신고를 하여야 함), 최고의 가격으로 입찰한 사람이 2인 이상인 경우에는 경매법정에 출석한 그 최고가매수신고인들만을 상대로 기일입찰방식으로 추가입찰을 실시합니다.

7. 매각허가 및 대금납부

① 최고의 가격으로 입찰한 사람에 대하여 매각결정기일에 매각허가 여부를 최종적으로 결정하고, 매각허가결정이 확정되면 대금지급기한까지 매각대금을 납부하여야 합니다. 대금지급기한은 통상 매각허가결정이 확정된 날로부터 1개월 이내로 지정됩니다.

② 지정된 대금지급기한까지 대금을 납부하지 아니하면 재매각을 실시합니다. 다만, 재매각기일로 지정된 날의 3일전까지 종전 매수인이 매각대금, 지연이자 및 비용을 납부하면 대금납부로서 유효하며, 따라서 이때에는 재매각은 실시하지 아니합니다.

8. 소유권이전 및 인도

① 매각대금을 납부함으로써 당해 부동산의 소유권이 매수인에게 이전되며, 각종 저당권, 가압류 등은 순위에 관계없이 원칙적으로 소멸됩니다. 소유권이전등기 및 저당권이나 가압류의 말소등기를 위해서는 국민주택채권매입필증 및 등록세와

교육세를 낸 영수증을 첨부하여 소유권이전등기 및 말소등기 신청서를 법원에 제출하하여야 하고, 그에 따라 법원이 위 등기를 촉탁하여 줍니다.

② 매각대금을 납부하였음에도 불구하고, 채무자, 소유자 또는 대항력 없는 부동산 점유자가 매수인에게 부동산을 인도하여 주지 아니하면 법원에 인도명령을 신청할 수 있습니다.

9. 주의사항

① 매각된 주택 또는 상가에 최선순위의 저당권이 설정된 날짜보다 먼저 주민등록전입신고를 마친 후 거주하고 있는 임차인이나, 사업자등록신청을 마친 임차인이 있을 때에는 그 임차보증금을 매수인이 인수하여야 하는 경우가 생길 수 있습니다.

② 일반인들의 열람에 제공하기 위하여 입찰기간 개시 1주 전부터 매각물건명세서, 현황조사보고서 및 평가서의 사본 등을 우리법원 민사집행과에 비치하여 열람에 제공하고 있으므로 미리 필요한 정보를 얻으신 후 입찰여부를 판단하시기 바랍니다.

③ 특별매각조건의 내용은 매각물건명세서의 열람을 통하여 확인할 수 있습니다.

④ 입금증명서에 의한 매수신청보증의 반환은 예금계좌로만 합니다. 경매보증보험증권의 반환을 구하는 경우에는 신분증과 도장을 가지고 오시기 바라며, 타인의 대리인으로 하는 사람은 인감증명을 첨부한 위임장을 반드시 제출하여야 합니다.

⑤ 소유권이전에 농지취득자격증명이 요구되는 농지의 경우에는 최고가매수신고인으로 결정된 후 매각결정기일까지 농지취득자격증명을 제출하여야 매각이 허가됩니다. 단, 도시계획확인원 등에 의하여 농지취득자격증명이 필요하지 않음이 소명된 경우에는 매각이 허가될 수 있습니다.

⑥ 공고된 물건 중에 매각기일전에 집행신청이 취하·정지된 경우 또는 매각기일이 변경된 경우에는 집행관사무실 게시와 인터넷 법원경매공고란에 게시되고, 별도의 공고 없이 입찰에서 제외됩니다.

⑦ 신문에 공고되는 물건은 최초의 매각기일에 해당되는 물건이며, 속행사건에 대해서는 별도로 신문공고를 하지 않으므로 우리법원 게시판의 공고나 법원에 비치된 매각물건명세서를 참조하시기 바랍니다.

⑧ 매각대금을 납부하기 전까지 채무자가 채무를 변제하면 입찰이 취소될 수도 있습니다.

⑨ 매수신고인이 제출한 매수신청보증은 매각기일 이후에 일괄반환되고, 매각기일이전에는 반환되지 않습니다.

매각기일 공고의 요지는 대법원 홈페이지에서 열람할 수 있습니다.
주소: http://www.courtauction.go.kr 〔법원공고→ 법원경매정보선택〕

※ 대법원 홈페이지에서 공고내용외의 열람 가능한 정보는 법률상 제공하도록 정하여져 있지 아니한 것을 국민편의를 위하여 따로 제공한 것으로서, 혹시 그 중에 사실과 다른 내용이 있더라도 이를 이유로 매각불허가 신청이나 항고, 대금감액신청이나 손해배상의 청구를 할 수 없으므로, 관심 있는 물건에 관하여는 반드시 법원에 나오셔서 게시된 매각기일의 공고나 비치된 매각물건명세서를 직접 확인하신 후 입찰하시기 바랍니다.

200 . . .

○○지방법원 판사 ○○○

② 매각물건명세서의 비치등 - 매각물건명세서는 입찰기간 개시일 1주 전까지 작성 비치한다(처리지침 8조).

③ 입찰기간등의 통지 - 법원사무관등은 보관금 취급점에 경매물건 및 매각기일등을 전송한다(처리지침 10조 2항).

④ 기간입찰표 견본과 주의사항 비치 - 기간입찰은 경매법정에서 입찰표 작성 및 주의사항을 고지하는 절차가 없다. 따라서 집행과 및 집행관 사무실에 기간입찰표 견본과 주의사항을 비치하여 오기등으로 인한 무효를 방지하여야 한다(처리지침 14조 3항).

⑤ 기간입찰표등의 비치 - 집행과 및 집행관 사무실에 기간입찰표, 기간입찰봉투, 입금증명서, 공동입찰신고서, 공동입찰자 목록등을 비치하여 입찰인들이 가져갈 수 있도록 한다(처리지침 14조 2항).

다) 매각기일의 연기

기일입찰에서는 경매신청채권자가 연기신청한 경우 1회의 연기기간을 2개월 이내로 하여 2회까지 허용한다. 연기신청이 입찰공고전에 이루어지고, 특별한 경우에는 인정된다(처리지침 17조).[57] 채무자나 소유자가 경매를 연기신청 한 경우에 채권자가 동의하지 않으면 허가하지 않는다.[58]

라) 경매신청 취하등의 조치

57) 법원실무제요, 민사집행Ⅱ, 242 ; 입찰기간이 개시된 후에는 매각기일의 변경, 연기가 허용되지 않는다고 기술되어 있으나, 처리지침에서는 매수신청인을 보호하기 위해 그보다 시기를 앞당겨 입찰공고전까지로 제한하였다. 그러므로 입찰공고후의 연기는 채무변제등 경매절차를 더 이상 진행시킬 필요가 없는 경우등 특별한 경우에 한하여 제한적으로 허용하여야 한다.

58) 법원실무제요, 민사집행Ⅱ, 192

경매신청의 취하 또는 경매절차의 취소, 집행정지등의 서면이 집행법원에 제출된 경우 법원사무관등은 매수신청인들의 피해를 보호하기 위해 즉시 집행관에게 경매신청의 취하등의 서면을 교부하고 인터넷 법원경매공고란에 게시한다.

2) 買受의 申請

매수신청인은 기간입찰표를 작성한 다음 입금증명서 또는 보증서, 자격증명등을 기간입찰봉투에 넣어 집행관에게 제출하거나 등기우편으로 집행관에게 송부하여 입찰을 한다. 그러나 차순위매수신청을 하려고 하는 자는 경매법정에 출석하여 차순위매수신청을 신청하여야 한다.

가) 기간입찰표

기간입찰에서는 기간입찰표를 작성하여야 한다. 입찰가격의 기재를 정정하거나 기재가 불명확한 경우에는 무효가 된다. 이때는 새로운 기간입찰표를 작성하여야 한다. 입찰가격을 제외한 나머지 부분에 대한 정정은 가능하다. 개인이 입찰하는 경우에는 본인의 주민등록등본, 법인의 대표자등이 입찰하는 경우에는 법인등기부등본, 법정대리인이 입찰하는 경우 호적등본, 임의대리인이 입찰하는 경우 대리위임장, 인감증명서, 2인 이상이 공동입찰하는 경우 공동입찰신고서 및 공동입찰자목록을 기간입찰봉투에 기간입찰표와 함께 넣어 제출한다(처리지침 19조).

나) 보증서에 의한 매수신청보증

보증서에 의한 매수신청보증은 은행법의 규정에 따른 금융기관이나 보험회사로 부터 보증서를 발급받아 제출할 수 있다[59]., 현재 서울보증보험 주식회사만이 보증서를 발행하고 있다. 보증서에 의한 매수신청보증을 제공하려고 하는 자는 서울보증보험 주식회사의 본·지점에서 소정의 보증료[60]를 지급하고 보증서를 발급받으면 된다.

법원이 특별한 제한을 정하지 않은 경우에는 다른 제공방법과 병용하는 것도 가능하다. 이때는 보증액의 일부에 상당하는 금액을 납부하는 것을 내용으로 하는 계약을 체결할 수 있다.[61] 그러나, 서울보증보험 주식회사는 매수신청보증의 일부에 대하여는 보증서를 발급하지 않고 있기 때문에 사실상 병용제공은 불가능하다.[62]

---

59) 민집규 64조 3호, 70조 2호, 72조 4항

60) 아파트 : 매수신청보증금의 0.5%(최저매각가격이 1억원인 경우 매수신청보증금은 최저매각가격의 10%인 1천만원이고, 보험료는 1천만원에 대한 0.5%인 5만원), 다세대주택, 연립주택, 단독주택, 근린주택 : 1%, 상가, 오피스텔, 빌딩, 공장, 기타 건물 : 1.8%, 대지, 임야, 과수원등 토지 : 2.9%

61) 법원실무제요, 민사집행Ⅱ, 182, 252, 258 참조

62) 법원실무제요, 민사집행Ⅱ, 255 참조

경매보증보험증권

증권번호 제　　　호

<table>
<tr><td>보험계약자</td><td></td><td>피보험자</td><td colspan="2">○○ 지방법원</td></tr>
<tr><td>보험가입금액</td><td colspan="2"></td><td>보험료</td><td></td></tr>
<tr><td>보 증 기 간</td><td colspan="2">*해당사항없음</td><td colspan="2" rowspan="4">대한민국정부
인 지 세
200 원
○○세무서
인쇄승인 호</td></tr>
<tr><td>보 증 내 용</td><td colspan="2">경매입찰의 매수신청 담보</td></tr>
<tr><td>특 별 약 관</td><td colspan="2">*해당사항없음</td></tr>
<tr><td>특 기 사 항</td><td colspan="2">*해당사항없음</td></tr>
<tr><td colspan="5">경매내용
집행 법원
사건 번호
물건 번호
매각 기일</td></tr>
</table>

우리 회사는 경매보증보험 보통약관, 특별약관 및 이 증권에 기재된 내용에 따라 경매보증보험계약을 체결하였음이 확실하므로 그 증으로 이 증권을 발행합니다.

※증권발급 사실 확인 안내
증권발급부점 :
부 서 장 :
담 당 자 :
전 화 번 호 :
주 소 :
취급 대리점 :

년　　월　　일
서울특별시 종로구 연지동 136-74
서울보증보험주식회사
대표이사
사　장

※ 대표이사 사장의 서명이 인쇄되지 아니하거나 보험증권상의 보험가입금액 및 보험기간이 정정된 것은 무효이며, 보험가입금액 및 보험기간 이외의 기재내용이 정정된 경우에는 증권발급부서에 사실여부를 반드시 확인하시기 바랍니다.

※ 본 증권의 내용이 주계약 내용과 일치하는지의 여부를 반드시 확인하시기 바라며, 내용이 일치하지 아니한 보험계약은 무효가 될 수도 있습니다.

다) 입금증명서에 의한 매수신청보증

"법원의 예금계좌에 일정액의 금전을 입금하였다는 내용으로 금융기관이 발행한 증명서"(민집규 70조 1호)를 매수신청보증으로 제공할 수 있다. 이때 사용하는 법원의 예금계좌는 법원보관금계좌이다. 법원보관금계좌를 이용할 경우 보관금 취급점에서만 입・출금이 가능하다(보관금업무처리지침), 그리고 보관금 취급점의 본・지점 또는 인터넷을 이용하여 납부할 수 있다(보관금업무처리지침 2조 3항). 조흥은행은 1997. 4. 22. 법원행정처와의 협의하에 취급점 이외에 본・지점 및 인터넷 뱅킹에서 보관금을 수납받고 있다. 다만 매각대금, 기일입찰에서의 매수신청보증금은 제외하고 있다. 통상의 보관금 입・출금 절차와 다른 입・출금절차를 거치도록 하고 있으며 매수신청보증금을 예금계좌로 반환되기 때문에 잔액환급계좌번호는 필수적으로 기재해야 한다(법보규 21조의2 4항). 보증금에 대한 이자는 기일입찰과 달리 지급하지 않는다.

라) 기타

공동입찰을 하는 때에는 기간입찰표에 각각의 지분을 표시하여 할 수 있다. 공유자는 집행관이 매각기일을 종결한다는 고지를 하기 전까지 매수신청보증을 제공하고 우선매수신고를 할 수 있다.

마) 제출

입찰표, 매수신청보증, 자격증명서를 동봉하고, 기간입찰봉투 겉면에 매각기일만 표기하고 집행관 또는 집행관을 보조하는 사무원에게 직접 제출한다(처리지침 20조).

접수시간은 집행관등의 근무시간에 따라 평일은 09:00부터 12:00까지, 13:00부터 18:00까지, 토요일은 09:20부터 12:00까지이고, 공휴일, 토요휴무일은 제외된다. 우편으로 입찰봉투를 제출하는 자는 등기우편에 의하여야 한다(민집규 69조; 처리지침 21조). 우편은 입찰기간내(입찰기간 개시일 00:00시부터 종료일인 24:00까지)에 법원에 접수되어야 한다. 집행관등은 등기우편으로 제출된 기간입찰봉투를 접수하면 기간입찰봉투에 접수인을 날인하고, 기간입찰접수부에 전산등록한다. 기간이 도과되었거나 매각기일 미기재한 경우, 미등기우편, 집행관등이외의 자에 대한 입찰표 제출은 빨간색 펜으로 표기하고 매각기일에 무효선언을 한다(처리지침 37조 5항) 기간입찰봉투가 입찰함에 투입된 후에는 입찰 철회, 입찰표의 정정 · 변경등이 허용되지 아니한다(처리지침 22조).[63]

63) 기일입찰에서도 입찰후 기일입찰표의 취소, 변경, 교환이 허용되지 아니한다(처리지침 31조 6호).

기간입찰봉투(황색 봉투)

기간입찰 봉투

우표

보내는 사람(제출자)

○○ 지방법원
매각(개찰)기일
200 . . . :

(앞면)

받는 사람

※집행관외에는 절대 개봉금지

○○지방법원 집행관 귀하
□□□ - □□□

135㎜

235㎜

1. 기간입찰표, 입금증명서 또는 보증서 기타 첨부서류를 이 봉투에 함께 넣고 봉한 후 날인의 표시가 있는 부분에 반드시 날인하시기 바랍니다.
2. 우편으로 접수하는 경우에는 반드시 등기우편으로 부쳐야 합니다.

인

(뒷면)

입찰표 재중

※집행관외에는 절대 개봉금지

135㎜

235㎜

3) 賣却(開札)期日의 進行

가) 입금내역 통지

보관금 취급점은 집행관의 요청에 따라 개찰기일 전날 입금내역서를 집행관에게 송부한다(처리지침 36조).

나) 매각기일 절차

① 입찰함의 개함 - 집행관은 입찰함을 개봉할 때에 입찰을 한 사람을 참여시켜야 한다. 입찰을 한 사람이 아무도 참여하지 아니하는 때에는 적당하다고 인정되는 사람을 참여시켜 입찰자의 면전에서 개함해야 한다(민집규 65조 2항). 다만, 매수신청인이 한 사람도 출석하지 아니한 경우에는 법원사무관등 상당하다고 인정되는 사람을 참여케 하여 실시한다(처리지침 37조 1항).

② 기간입찰봉투의 개봉등 - 매수신청인의 면전에서 기간입찰봉투를 개봉하여 사건번호, 입찰목적물, 입찰자의 이름 및 입찰가격을 부른다(처리지침 37조 2항).

③ 기간입찰표에 대한 유·무효 판단 - 집행관은 기간입찰표에 흠이 있을 경우 무효로 처리한다.

④ 최고가매수신고인등의 결정 - 최고의 가격으로 입찰한 사람을 최고가매수신고인으로 한다. 다만, 최고의 가격으로 입찰한 사람이 두 사람 이상일 경우에는 그 입찰자들만을 상대로 기일입찰의 방법과 동일하게 추가입찰을 실시한다(처리지침 38조 1항).

4) 買受申請保證의 返還

가) 보증의 반환[64)]

매각기일의 종결이 고지되면 최고가매수신고인과 차순위매수신고인을 제외한 다른 매수신고인은 즉시 매수신청보증을 돌려 줄 것을 신청할 수 있다(민집 115조 3항). 차순위매수신고인은 매수인이 대금을 모두 지급한 때 집행법원에 매수신청의 보증을 돌려 줄 것을 신청할 수 있다(민집 142조 6항).

나) 매수신청보증금의 반환청구

① 출급명령서(경매판사) ➡ 출급명령서 교부신청(경매계장) ➡ 출급지시서교부(출납공무원) ➡ 출급지시서에 따라 현금교부(취급점).

② 입금증명서 중 확인 란을 작성 · 송부(집행관등) ➡ 환급지시사항을 취급점에 전송(출납공무원) ➡ 예금계좌로 입금(취급점)[65)]

다) 보증서인 매수신청보증의 반환

집행관은 입찰절차의 종결후 최고가매수신고인이나 차순위매수신고인을 제외한 매수신고인으로부터 보증서의 반환요청을 받은 경우에는 주민등록증을 제시받아 보증의 제출자 본인인지 여부를 확인한 후 그 입찰자에게 보증서를 즉시 반환하고 기간입찰표 하단의 영수증란에 서명 또는 날인을 받아 매각조서(기간입찰조서)에 첨부한다(처리지침 44조 1항 2호, 민집 116조 3항).

64) 법원실무제요, 민사집행Ⅱ, 271 참조
65) 경매판사의 출급명령서와 출급지시서가 작성되지 않고, 예금계좌로 바로 환급된다.

5) 保證書의 現金化

① 최고시기

매수신청인이 매각대금을 납부하지 아니하면, 집행법원은 지급보증위탁계약에 의하여 금전지급의무를 부담하고 있는 은행 등에 정하여진 금액의 납부를 최고하는 방법으로 현금화한다(민집규 80조 5항).

최고시기는 매수신청인이 매각대금을 납부하지 아니한 것으로 확정되는 때인바, ① 차순위매수신고인이 있는 경우에는 그에 대한 매각허가결정이 있는 때[66]이고, ② 차순위매수신고인이 없는 경우에는 재매각기일 3일전까지 한다(처리지침 46조 1항).

② 최고의 방법

법원사무관등은 보증금납부최고서(별첨 18 참조, 전산양식 A3399)를 작성하여 경매판사로부터 기명날인을 받은 다음 보증서 사본과 함께 보증회사에 등기우편으로 발송한다(처리지침 46조 1항).

③ 보증회사의 납입

보증회사는 보증금 납입의 최고를 받은 날로부터 5일 이내에 법원보관금납부서를 작성하여 보관금 취급점에 보증금을 납부하여야 한다. (처리지침 48조) .

---

66) 차순위매수신고인에 대한 매각결정기일은 최초의 대금지급기한후 3일 안에 지정하고, 그 기간은 최초의 대금지급기한일로부터 2주 이내의 날로 정한다(진행기간예규).

(다) 期間入札시 留意事項

1. 입찰표 작성

기간입찰에서는 연두색 기간입찰표를 작성하여야 합니다.

○ 입찰가격의 기재를 정정하거나 기재가 불명확한 경우에는 입찰에서 제외됩니다(입찰가격을 정정하고자 할 경우 새로운 기간입찰표를 작성하여야 합니다).

○ 입찰가격을 제외한 나머지 부분에 대한 정정은 해당부분에 사선을 긋고 입찰인 이름 옆의 인장과 같은 인장으로 정정인을 찍어야 합니다.

2. 매수신청보증

다음 방법 중 하나에 의하여야 합니다.

○ 입금증명서 : 입찰기간 동안 법원보관금 취급점(취급점의 본·지점 은행에서의납부는 법원별로 달리 할 수 있음)에 매수신청보증금을 납입하고, 법원보관금취급규칙의 별지 3호 서식 법원보관금영수필통지서를 법원보관금취급규칙의 별지 제7-1호 서식(입금증명서, 집행과 또는 집행관 사무실에 비치되어 있음)에 첨부하여 기간입찰표와 함께 기간입찰봉투에 넣어 제출하여야 합니다.

○ 보증서 : 서울보증보험회사에서 발급받아 기간입찰표와 함께 기간입찰봉투에 넣어 제출하여야 합니다.

3. 첨부서류

본인임을 확인할 수 있는 서류를 첨부하여야 합니다(발행일은 3개월 내의 것).

○ 개인 : 주민등록등본 ○ 법인 : 법인등기부등본

○ 법정대리인 : 호적등본 ○ 임의대리인 : 대리위임장,

인감증명서

○ 공동입찰 : 공동입찰신고서, 공동입찰자목록

4. 입찰방법

입찰표, 매수신청보증(입금증명서 또는 보증서), 기타 첨부서류를 기간입찰봉투(집행과 또는 집행관 사무실에 비치)에 넣고, 매각기일을 적은 다음 아래 방법 중 하나에 의하여 제출하여야 합니다(매각기일 미기재시 입찰이 무효로 됩니다).

○ 직접 제출 : 평일은 09:00부터 12:00까지, 13:00부터 18:00까지 사이에, 토요일은 09:00부터 12:00까지 사이에 집행관 사무실에 출석하여 집행관 또는 그 사무원에게 제출하고, 입찰봉투접수증을 수령하여야 합니다(공휴일과 휴무토요일은 미접수, 집행관 또는 그 사무원 이외의 자에 대한 제출은 무효).

○ 등기우편 제출 : 입찰기간 개시일 00:00경부터 마감일 24:00까지 법원에 우편물이 도착하여야 합니다(보통우편, 마감일 이후의 접수는 무효처리됩니다).

5. 경매절차의 취소등

경매절차의 취소, 경매신청의 취하는 집행관 사무실 및 인터넷 법원경매공고란(www.courtauction.go.kr)에 게시되므로, 입찰전 반드시 확인하시기 바랍니다.

(뒷면)

6. 기간입찰표의 취소등

기간입찰봉투가 입찰함에 투입된 이후에는 기간입찰표의 취소, 변경, 교환은 허용되지 아니합니다.

7. 매수신청보증의 반환

○ 반환시기 : 매각기일 종료후 일괄반환됩니다(입찰후 경매절

차의 취소등에 의한 경우에도 중도에 반환되지 아니합니다).

○ 보증서 반환 : 주민등록증과 도장을 소지하여야 합니다.

○ 보증료(보험료) 환급을 위한 확인 : 입찰에 참가하지 않은 경우, 매각기일전 경매신청의 취하・취소, 입찰이 무효가 된 경우에 집행관 또는 법원사무관(집행기록이 있는 곳)에게 확인을 받아 서울보증보험회사에 제출하시기 바랍니다.

○ 입금증명서에 의한 매수신청보증의 반환 : 입금증명서에 의하여 현금등을 납부한 경우 매각기일 종료후 법원보관금납부서에 기재된 예금계좌로만 반환됩니다.

8. 매각기일의 참석등

○ 차순위매수신고를 하고자 하는 자는 매각기일에 반드시 참석하여 신고하여야 합니다.

○ 최고가매수신고인이 2인 이상인 경우에는 그 입찰자들만을 상대로 기일입찰 방식으로 추가입찰을 합니다. 만일 출석하지 아니한 사람에게는 추가입찰 자격을 부여하지 않고, 출석한 사람들로 하여금 추가입찰을 실시하며, 출석한 사람이 1인인 경우에는 출석자에게만 추가입찰을 실시합니다.

○ 최고가매수신고인 중 매각기일에 출석한 사람이 없는 경우, 출석한 전원이 추가입찰을 하지 않는 경우, 추가입찰가격이 동액인 경우, 추가입찰을 실시하였으나 그 입찰이 전부 무효인 경우에는 그들 중에서 추첨에 의하여 최고가매수신고인을 정합니다. 이때 입찰자 중 출석하지 아니한 사람 또는 추첨을 하지 아니한 사람이 있는 경우에는 법원사무관등 상당하다고 인정되는 사람이 추첨을 대신 합니다.

9. 기타

○ 공동입찰을 하는 때에는 기간입찰표에 각각의 지분을 분명하게 표시하여야 합니다.

○ 공유자는 집행관이 매각기일을 종결한다는 고지를 하기 전까지 매수신청보증을 제공하고 우선매수신고를 할 수 있으며, 우선매수신고에 따라 차순위매수인으로 간주되는 최고가매수신고인은 매각기일이 종결되기 전까지 그 지위를 포기할 수 있습니다.

○ <u>입찰자는 같은 물건에 관하여 동시에 다른 입찰자의 대리인이 될 수 없고, 한 사람이 공동입찰자의 대리인이 되는 경우 외에는 두 사람 이상의 다른 입찰자의 대리인으로 될 수 없으며, 이에 위반한 입찰은 무효입니다</u>.

※ 기간입찰시 유의하여야 할 점은 입찰기간내에 접수가 완료되어야 한다 기간입찰 마감일까지 입찰할 수 있는 것이 아니라 이 날까지 입찰서류가 등기우편으로 도달되거나 입찰자(본인 또는 대리인)가 직접 접수를 완료하여야 한다. 또한 기간입찰표 접수는 경매계가 아니라 집행관 사무실에 하여야 하며, 등기우편의 경우 집행관을 수취인으로 하여 기간입찰 마감일 24시까지 도달하여야 하고, 직접 입찰하는 경우에는 18시(근무하는 토요일은 12시)까지 제출하여야 한다.

기간입찰봉투에는 매각기일을 반드시 기재하여야 한다. 매각기일 미기재시는 무효로 처리된다. 또한 입찰표를 먼저 제출하고 입찰보증금을 법원이 개설한 보관금계좌에 입금하는 경우에 입금은 입찰기간 동안에만 가능한다. 기간입찰에서는 본인 또는 대리인의 주민등록등본이 첨부되어야 한다.

(앞면)

기 일 입 찰 표

지방법원 집행관 귀하 입찰기일 : 년 월 일

사 건 번 호	타 경 호	물건 번호	※ 물건번호가 여러개 있는 경우에는 꼭 기재

입찰자					
	본인	성 명	㊞	전화번호	
		주민(사업자)등록번호		법인등록 번 호	
		주 소			
	대리인	성 명	㊞	본인과의 관 계	
		주민등록 번 호		전화번호	–
		주 소			

입찰 가격	천억	백억	십억	억	천만	백만	십만	만	천	백	십	일	
													원

보증 금액	백억	십억	억	천만	백만	십만	만	천	백	십	일	
												원

보증의 제공방법	보증을 반환 받았습니다.
□ 현금·자기앞수표 □ 보증서	입찰자 ㊞

주의사항.

1. 입찰표는 물건마다 별도의 용지를 사용하십시오, 다만, 일괄입찰시에는 1매의 용지를 사용하십시오.
2. 한 사건에서 입찰물건이 여러개 있고 그 물건들이 개별적으로 입찰에 부쳐진 경우에는 사건번호외에 물건번호를 기재하십시오.
3. 입찰자가 법인인 경우에는 본인의 성명란에 법인의 명칭과 대표자의 지위 및 성명을, 주민등록란에는 입찰자가 개인인 경우에는 주민등록번호를, 법인인 경우에는 사업자등록번호를 기재하고, 대표자의 자격을 증명하는 서면(법인의 등기사항증명서)을 제출하여야 합니다.
4. 주소는 주민등록상의 주소를, 법인은 등기부상의 본점소재지를 기재하시고, 신분확인상 필요하오니 주민등록증을 꼭 지참하십시오.
5. **입찰가격은 수정할 수 없으므로, 수정을 요하는 때에는 새 용지를 사용하십시오.**
6. 대리인이 입찰하는 때에는 입찰자란에 본인과 대리인의 인적사항 및 본인과의 관계 등을 모두 기재하는 외에 본인의 **위임장(입찰표 뒷면을 사용)**과 인감증명을 제출하십시오.
7. 위임장, 인감증명 및 자격증명서는 이 입찰표에 첨부하십시오.
8. 일단 제출된 입찰표는 취소, 변경이나 교환이 불가능합니다.
9. 공동으로 입찰하는 경우에는 공동입찰신고서를 입찰표와 함께 제출하되, 입찰표의 본인란에는"별첨 공동입찰자목록 기재와 같음"이라고 기재한 다음, 입찰표와 공동입찰신고서 사이에는 공동입찰자 전원이 간인 하십시오.
10. 입찰자 본인 또는 대리인 누구나 보증을 반환 받을 수 있습니다.
11. 보증의 제공방법(현금·자기앞수표 또는 보증서)중 하나를 선택하여 ☑표를 기재하십시오.

(뒷면)

위 임 장

대리인	성 명		직업	
	주민등록번호	-	전화번호	
	주 소			

위 사람을 대리인으로 정하고 다음 사항을 위임함.

다 음

지방법원 타경 호 부동산

경매사건에 관한 입찰행위 일체

본인1	성 명	(인감인)	직 업	
	주민등록번호	-	전 화 번 호	
	주 소			
본인2	성 명	(인감인)	직 업	
	주민등록번호	-	전 화 번 호	
	주 소			
본인3	성 명	(인감인)	직 업	
	주민등록번호	-	전 화 번 호	
	주 소			

* 본인의 인감 증명서 첨부
* 본인이 법인인 경우에는 주민등록번호란에 사업자등록번호를 기재

지방법원 귀중

공 동 입 찰 신 고 서

법원 집행관 귀하

사건번호 20 타경 호

물건번호

공동입찰자 별지 목록과 같음

위 사건에 관하여 공동입찰을 신고합니다.

20 년 월 일

신청인 외 인(별지목록 기재와 같음)

※ 1. 공동입찰을 하는 때에는 입찰표에 각자의 지분을 분명하게 표시하여야 합니다.

2. 별지 공동입찰자 목록과 사이에 공동입찰자 전원이 간인하십시오.

공 동 입 찰 자 목 록

번호	성 명	주 소		지분
		주민등록번호	전화번호	
	(인)			
		-		
	(인)			
		-		
	(인)			
		-		
	(인)			
		-		
	(인)			
		-		
	(인)			
		-		
	(인)			
		-		
	(인)			
		-		
	(인)			
		-		
	(인)			
		-		

※ 기일입찰과 기간입찰의 차이점

	기일입찰제	기간입찰제
장점	· 한두시간안에 바로 결과를 확인하여 볼 수 있다 · 보증금은 바로 그 자리에서 돌려 받을 수 있다 · 다음 물건을 준비하는 시간이 빠르다 · 오늘 입찰이 안되었다면 익일 진행하는 다른 물건으로 바로 대처를 할 수가 있다 · 보증보험에 낼 수수료만 갖고 있어도 입찰에 참여할 보증금을 마련할 수 있다	· 어느 지역의 물건이든 입찰에 참여할 수 있다 · 입찰 당일 법원에 나가야 하는 번거로움이 없어졌다 · 상가건물과 같은 고액 물건의 입찰이 있을 경우 경매 브로커 및 조직폭력배 등이 입찰을 방해하는 행위 등을 할 수 없게 된다
단점	· 고액 사건의 경우 경매 브로커 등이 의도적으로 부정적인 영향을 줄 수 있다 · 입찰보증금을 입찰당일 내야 하므로 목돈을 가지고 있어야 한다 · 경매가 이루어지는 법정에서 입찰 시작부터 결과가 나올 때 까지 기다려야 하는 번거로움이 있다 · 보증보험을 이용할 경우 수수료 등의 부대비용이 발생한다	· 기일이 오래 걸린다 (한건의 물건에 입찰을 하는데 빠르면 일주일에서 길게는 한달이 걸린다. 그리고 최고가 매수인이 결정하는데 일주일 의 시간이 더 소요된다) · 자금이 묶이게 된다 입찰기간동안 현금으로 입금이 되어 있어야 하기 때문에 자금 회전에 에로사항이 있을 수 있다 · 입찰마감일을 반드시 확인하여야 한다 반드시 등기우편으로 발송을 해야 하며 입찰마감일을 넘어서 도착한 우편물에 대해서는 접수가 불가능하므로 우편 발송일을 반드시 확인하여야 한다 · 다른 물건의 입찰을 진행하고자 하는데 상당한 시간이 소요 된다

(라) 기간입찰제의 장·단점

① 장점

㉠ 어느 지역의 물건이든 입찰에 참여할 수 있다.

㉡ 입찰 당일 법원에 나가야 하는 번거로움이 없어졌다.

㉢ 상가건물과 같은 고액 물건의 입찰이 있을 경우 경매브로커 및 조직폭력배 등이 입찰을 방해하는 행위 등을 할 수 없게 된다.

② 단점

㉠ 입찰마감일을 반드시 확인하여야 한다.

㉡ 반드시 등기우편으로 발송을 해야 하며 입찰마감일을 넘어서 도착한 우편물에 대해서는 접수가 불가능하므로 우편 발송일을 반드시 확인하여야 한다.

㉢ 다른 물건의 입찰을 진행하고자 하는데 상당한 시간이 소요 된다.

㉣ 기일이 오래 걸린다(한건의 물건에 입찰을 하는데 빠르면 일주일에서 길게는 한달이 걸린다. 그리고 최고가 매수인을 결정하는데 일주일의 시간이 더 소요된다).

㉤ 자금이 묶이게 된다. 입찰기간동안 현금으로 입금이 되어 있어야 하기 때문에 자금회전에 애로사항이 있을 수 있다.

(3) 落札許可

1) 落札許否에 대한 裁判

최고가 매수신고를 한 후 약 7일 되는 날에 낙찰허가를 한다.

이때 낙찰허가를 함에 있어 다음과 같은 사유를 기준으로 삼아해 한다. 첫째 이해관계인의 이의가 정당한지, 둘째 입찰부동산이 양도할수 없는 것이나 집행정지 사유가 발생하여 경매절차를 중지 한 경우, 셋째 낙찰자의 매수능력이 부족할 때, 넷째 수개의 부동산을 입찰한 경우 1개의 부동산의 매득금으로 각 채권자의 채권을 변제함에 충분한 때, 다섯째 최고가 입찰자가 정하여진 후 책임질 수 없는 사유로 부동산이 훼손된 경우 낙찰대금 납부 때까지 매각허가결정의 취소를 신청할 수 있다.

2) 落札許否에 대한 不服

법원의 위법한 낙찰허가 또는 불허가로 손해를 입게 되는 이해관계인은 그 결정에 대하여 즉시 항고(제129조조 제1항)할 수 있다. 낙찰허가결정에 대한 이의 신청이라는 제목으로 제출된 항고는 이를 즉시항고로 보아 처리함이 타당하다고[67] 보고 있다. 즉 불허가 신청이나 허가신청을 구하는 즉시항고는 항고기간이 1주일내에 해야 하는 것으로 이 1주일의 기간은 낙찰허부결정 선고일로부터 일률적으로 결정한다. 따라서 낙찰허가결정이 확정된 이후에는 즉시항고를 할 수 없다.

(4) 殘金納付

1) 落札代金의 納付時期

---

67) 大判 1972. 8 .23, 72마 763.

민사집행규칙 제78조에 의하면 대금지급기한일은 "매각허가결정이 확정된 날로 부터(다만 경매사건기록이 상소법원에 있는 때에는 그 기록의 송부를 받을날) 1월이내의 날로 정하도록 되어 있다. 실무에서는 통상 경락허가결정이 확정된후 20~30일 정도의 간격을 두고 대금지급기한일을 지정한다.[68] 따라서 최고가 매수신고를 한 날로 부터는 30~45일 전후가 잔금기한일이 된다.[69]

2) 落札者의 代金支給義務와 法院의 措置

경락인이 대금지급기한일에 경락대금을 완납하면 이로써 경락 부동산의 소유권을 취득한다(제135조) 경락대금의 완납이 있는 경우 법원은 경락인의 소유권이전을 부동산 소재지 관할 등기소에 하게 되는데 이때 등기부상의 권리관계가 소제주의에 의하여 말소대상이 되는 권리이면 함께 말소 촉탁하게 된다.

3) 落札者의 殘金納付의 後의 地位

경락대금의 완납에 의한 경락인의 부동산소유권 취득(제268조, 제135조)은 담보권의 소멸에 의하여 방해받지 않는다.(제267조) 따라서 일단 유효하게 성립된 담보권이 경락잔금을 납부한 이후에 소멸한 경우에는 경매절차의 공신력을 위하여 경락인의

68) 法院行政處, 前揭書, 467面.

69) 구민사소송법에서는 경락인이 잔금기일에만 잔금을 납부할 수 있도록 하여 낙찰허가확정이 되었더라도 잔금일 사이에 경매신청권자의 채권액을 이해관계인이 변제하면 경락인은 소유권을 취득할 수 없었다. 그야말로 경락인에게 불안한 입찰방식이었다고 할 수 있다. 그러나 전국적으로 수많은 물건이 경매로 나오는 현시점에서 경락인 보호를 위한 입법적인 방안은 필요하였던 것이다. 그래서 새로운 민사집행법 체계에서는 경락인(매수인)을 보호하기 위한 방안으로 "이해관계인의 이유없는 즉시항고, 잔금기일, 배당요구철회 등을 규정하여 경락인(매수인)을 보호하게 되었다.

소유권변동에 영향을 미치지 않는다. 그러나 담보권이 당초부터 부존재한 경우에는 경락인의 소유권은 인정되지 않는다.[70)]

즉 저당권설정등기가 원인무효(담보권설정계약무효, 위조서류에 의한 등기)이거나 피담부채권이 부존재 한 경우 인데도 불구하고 경매가 진행되어 낙찰잔금을 납부하였다면 경매절차가 아무리 잘 이루어 졌다고 하더라도 경락인은 소유권을 취득할 수 없다.

낙찰자는 잔금을 납부한 시점부터 등기를 하지 않았더라도 민법 제187조에 따라 소유권을 주장할 수 있다.

(5) 賣却條件(一括競賣와 合意 및 職權에 의한 賣却條件)

법원은 수개의 부동산의 위치, 형태, 이용 관계등을 고려하여 동일인에게 일괄매수 시키는 것이 상당하다고 인정할때는 직권으로 일괄경매 할 것을 결정할 수 있다. 저당건물의 부속건물이나 종물로 볼 수 없는 별개 건물이 설사 일괄경매에 의하여 경락자에게 경락 되었다 하더라도 그 별개 건물에 대한 경락은 당연무효이다.[71)] 일괄경매은 법원의 직권사항이나 당사자의 신청에 의해서도 할 수가 있다.

법원은 공익상 필요에 의하여 최저경매가격의 변경을 직권으로 할 수 있다. 다만 경매의 본질적 . 근본적인 매각조건은 직권으로 변경하지 못한다.[72)]

---

70) 南基正, 前揭書, 535面.

71) 大判 1983. 8. 23, 83다 177.

72) 職權에 의한 最低競賣價格의 변경은 執行法院의 전단을 허용하는 것이 아 수긍할 만한 이유가 있는 경우에 한하여 허용되는 것이므로 채무자에 대한 기일통지의 送達不能을 이유로 競賣期日을 직권으로 각 연기하면서 최저경매가격을 低減하였음은 違法하다.

3. 配當

경매절차는 목적부동산을 입찰에 의하여 매각하여 그 매각대금으로 채권자의 채권의 변제에 충당하는 절차이므로 경락인이 매각대금을 납부하면 집행법원은 그 매각대금을 채권자에게 배당하여야 한다. 매각대금으로부터 변제 받을 채권자가 일인 뿐이거나 또는 채권자가 수인 경합되어 있더라도 매각대금이 집행비용 및 각 채권자의 채권을 만족시키기에 충분한 경우에는 집행법원은 채권액을 배당하고 잔액이 있으면 채무자에게 교부한다[73] 한편 변제 받을 채권자가 경합되어 있을 뿐만 아니라 매각대금으로써 위 채권자의 채권을 만족시키기에 충분하지 아니하는 경우에는 법원은 각 채권자에게 민・상법과 특별법의 규정에 의하여 그 우선 순위에 따라 매각대금을 배당하여야 한다. 경매에서의 배당요구의 종기는 경매개시결정에 따른 효력이 있는 때로부터 집행법원은 절차에 필요한 기간을 감안하여 첫매각기일 이전으로 하여야 한다(제84조 제1항).

(1) 配當要求債權者

각 채권자는 원칙적으로 배당요구종기일까지 배당요구 및 채권계산서를 제출해야 배당을 받을 수 있다. 채권계산서를 제출하지 아니 한때에는 경매신청서, 배당요구신청서. 등기부등본 및 기타서류에 의하여 배당을 정하게 된다. 배당요구는 집행력 있는 정본을 가진 채권자, 경매개시결정이 등기된 뒤에 가압류를 한 채권자, 민법・상법, 그 밖의 법률에 의하여 우선변제권청구권이 있는 채권자는 배당요구를 할 수 있다(민사집행법 제88조 제1항). 그리고 배방받을 채권자의 범위는 첫째, 배당요구의 종기까지 경매신청을

73) Alfred, A. : Ring and Jerome Dasso, Real Estate Principl Practices, Prentice-Hall, Inc., Englewood Cliffs, N. J., 1981, p.129.

한 압류채권자 둘째, 배당요구의 종기까지 배당요구를 한 채권자, 셋째 첫 경매개시결정등기 전에 등기된 가압류채권자, 넷째 저당권·전세권, 그 밖의 우선변제청구권으로서 첫 경매개시결정등기 전에 등기되었고 매각으로 소멸하는 것을 가진 채권자(민사집행법 제148조)이다.

(2) 配當要求시 提出할 書類는 다음과 같다.

집행력 있는 정본을 가진 채권자는 집행권원, 가압류권자는 가압류 결정문과 등기부 등본, 주택임차인은 임대차 계약서와 주민등록등본(전입일자), 근로기준법에 의한 근로채권자는 근로감청의 확인서와 회사경리장부 그리고 관할세무서의 근로소득세 원천징수한 서류등이 필요하다.

(3) 配當異議申請

배당기일의 지정은 경락인이 경락대금을 납부하면 법원은 직권으로 배당기일을 지정한다. 일반적으로 잔금납부 후 4주 이내에 배당기일을 정한다. 배당기일에 각 채권자는 참석하여 배당순위를 확인하고 배당에 불만이 있을 경우는 배당이의신청을 할 수 있다.

(4) 配當順位

배당순위는 민법과 상법, 기타 법률에 따라 우선 순위가 정하여 지는데 배당순위는 다음과 같다.

매각재산에 조세채권의 법정기일[74] 전에 설정된 저당권, 전세권 등에 의하여 담보되는 채권이 존재한 경우	
순위	내용
제1순위	집행비용(경매신청비용)
제2순위	저당물의 제취득자가 그 부동산의ㅏ 보존, 개량을 위하여 지출한 필요비, 유익비(민법 제367조)
제3순위	주택(상가)소액보증금중, 임금채권중 최종3개 월 분의 임금채권, 최종 3년간의 퇴직금 및 재해보상금.
제4순위	당해세[75]: 국세 (상속세 · 증여세 · 재평가세 · 토지초과이득세) ,지방세 (재산세 · 자동차세 · 종합토지세 · 도시계획세)
제5순위	전세권, 저당권, 담보가등기, 확정일자주택 및 상가 보증금 등
제6순위	제3순위 임금채권 이외의 임금 · 퇴직금 · 재해보상금 · 기타근로관계채권
제7순위	일반조세
제8순위	공과금(의료보험료채권 · 연금보험료채권 · 산업재해보험료채권 등)
제9순위	일반채권(가압류, 강제경매, 과태료 등)

74) 법정기일이란 국세기본법(제35조1항제3호)에서 정하고 있다. 국세기본법 제35조제1항제3호은 다음과 같은 경우를 법정기일로 보고 있다. 3. 다음 각 목의 어느 하나에 해당하는 기일(이하 "법정기일"이라 한다) 전에 전세권, 질권 또는 저당권 설정을 등기하거나 등록한 사실이나 「주택임대차보호법」 제3조의2제2항 또는 「상가건물 임대차보호법」 제5조제2항에 따른 대항요건과 확정일자를 갖춘 사실이 대통령령으로 정하는 바에 따라 증명되는 재산을 매각할 때 그 매각금액 중에서 국세 또는 가산금(그 재산에 대하여 부과된 국세와 가산금은 제외한다)을 징수하는 경우의 그 전세권, 질권 또는 저당권에 의하여 담보된 채권이나 확정일자를 갖춘 임대차계약증서 또는 임대차계약서상의 보증금.

가. 과세표준과 세액의 신고에 따라 납세의무가 확정되는 국세[중간예납하는 법인세와 예정신고납부하는 부가가치세 및 소득세(「소득세법」 제105조에 따라 신고하는 경우로 한정한다)를 포함한다]의 경우 신고한 해당 세액에 대해서는 그 신고일

나. 과세표준과 세액을 정부가 결정·경정 또는 수시부과 결정을 하는 경우 고지한 해당 세액에 대해서는 그 납세고지서의 발송일

매각재산에 조세채권의 법정기일[76] 이후에 설정된 저당권, 전세권 등에 의한 담보되는 채권이 존재한 경우	
순위	내용
제1,2,3 순위	앞에서 본 바와 같다
제4순위	조세 기타 이와 동순위 징수금(당해세 포함)
제5순위	조세 다음 순위의 공과금 중 납부기한이 저당권, 전세권 설정등기보다 앞서는 공과금(의료보험료채권 · 국민연금보험료채권 · 산업재해보험료채권 등)
제6순위	전세권, 저당권, 담보가등기, 확정일자주택 및 상가 보증금 등
제7순위	제3순위 임금채권 이외의 임금 · 퇴직금 · 재해보상금 · 기타근로관계채권
제8순위	조세 다음 순위의 공과금 중 납부기한이 저당권, 전세권 설정등기보다 이후인 공과금(의료보험료채권 · 국민연금보험료채권 · 산업재해보험료채권 등)
제9순위	일반채권(가압류, 강제경매, 과태료 등)

다. 원천징수의무자나 납세조합으로부터 징수하는 국세와 인지세의 경우에는 가목 및 나목에도 불구하고 그 납세의무의 확정일

라. 가산금의 경우 그 가산금을 가산하는 고지세액의 납부기한이 지난 날

마. 제2차 납세의무자(보증인을 포함한다)의 재산에서 국세를 징수하는 경우에는 「국세징수법」 제12조에 따른 납부통지서의 발송일

바. 양도담보재산에서 국세를 징수하는 경우에는 「국세징수법」 제13조에 따른 납부통지서의 발송일

사. 「국세징수법」 제24조제2항에 따라 납세자의 재산을 압류한 경우에 그 압류와 관련하여 확정된 세액에 대해서는 가목부터 마목까지의 규정에도 불구하고 그 압류등기일 또는 등록일

75) 당해세란 그 부동산에 부과된 국세, 지방세와 그 가산금을 말하는 것으로 이는 저당권, 전세권으로 담보되는 채권보다 우선하여 징수한다(국세기본법 제35조제1항 제3호)

76) 대법원 1999. 1. 26. 선고 98다54298 판결 [배당이의] >; 취득세 및 취득세를 본세로 하는 농어촌특별세는 신고납세방식의 조세로서 이러한 유형의 조세에 있어서는 원칙적으로 납세의무자가 스스로 과세표준과 세액을 정하여 신고하는 행위에 의하여 조세채무가 구체적으로 확정되고(과세관청은 납세의무자로부터 신고가 없는 경우에 한하여 비로소 부과처분에 의하여 이를 확정하게 되는 것이다.), 그 납부행위는 신고에 의하여 확정된 구체적 조세채무의 이행으로 하는 것이므로(대법원 1996. 4. 12. 선고 96다3807 판결 참조), 근저당권의 목적인 재산의 매각으로 인하여 생긴 금액에서 취득세 및 이에 대한

매각재산에 저당권 등에 의한 채권이 부 존재한 경우	
순위	내용
제1,2,3 순위	앞에서 본 바와 같다
제4순위	임금 기타 근로관계로 인한 채권
제5순위	조세 기타 이와 동순위의 징수금(당해세 포함)
제6순위	조세 다음 순위의 공과금
제7순위	일반채권(가압류, 강제경매, 과태료 등)

(5) 配當分析[77)]

아래 각주에 있는 배당 및 권리분석표의 분석을 하여 보면 다음과 같다.

본 사례에서 경매신청권자는 세화(주)이고 최초 근저당권자는 신한은행이다. 그리고 등기부상의 권리관계는 모두 말소 대상이

농어촌특별세를 징수하는 경우 그 세금과 근저당권에 의하여 담보된 채권의 우선순위를 정함에 있어서는, 설사 납세의무자가 위 세금에 관한 과세표준과 세액을 과세관청에 신고하기만 하고 이와 동시에 세금을 납부하지 아니하였다고 하더라도, 국세기본법 제35조 제1항 제3호 (가)목, 지방세법 제31조 제2항 제3호 (가)목에 의하여 각 세금의 신고일과 근저당권설정등기일을 비교하여 그 일자의 선후를 기준으로 우선순위 여부를 판단하여야 할 것이다.

77) <表 2-1> 配當 및 權利分析表

용도	사건번호 96-23214	소 재 지	면적 (평방)	권리분석	임차관계	결 과	감정평가액 최저경매가
연립	제화(주) 조대석	강북구 수유동 566-1 가경스위트빌라 A동 1층 102호 *인수중학북동측위치 *차량출입가능 *마을버스2분거리 *주거환경보통 *가스보일러 *도시가스 *일반주거지역 *주차정비지구 *최고고도지구	대26.18/671 건36.09-방3 지하실6.48 (12.88평) 동향 93.01.29준 공 4층	가압 95.10.25 대한보정 그외후순위가압 2건 압류 96.06.29밀양세무서 임의 96.09.12세화(주) 근저 93.07.09 신한은행 3000만 근저 95.06.05세화(주) 1억	조기동 3000 94.05.09 확정 94.05.10	96.11.25 유찰 97.01.13 유찰	65,000,000 41,600,000 동국감정

되지만 임차인 조기동은 94.05.09 전입신고를 하고 확정일자를 94.05.10 받았기 때문에 근저당 세화(주) 95.06.05 보다는 앞선 순위로 우선 배당 받게 된다.[78)]

여기서 6천만원에 낙찰되었다고 가정하고 배당순위를 살펴보면, 1순위 신한은행 3천만원, 2순위 확정일자를 필한 임차인 3천만원, 3순위 근저당 세화(주)는 낙찰잔액이 없어 못 받는다, 4순위 가압류 대한보정도 남은 배당금액이 없어 못 받는다.

그리고 등기부상의 모든 권리는 말소가 되기 때문에 경락인이 인수부담해야 할 권리는 없다. 그리고 임차인이 법원에서 보증금은 받아 갈 수 있기 때문에 명도하기가 수월하리라고 생각된다.

4. 강제집행 실무

(1) 인도 및 명도

1) 引渡命令

인도명령은 낙찰대금을 납부하였음에도 불구하고 채무자나 종전의 소유자가 낙찰자에게 부동산을 인도하여 주지 않는 경우에 한다. 대금납부 후 6개월이내에 낙찰받은 법원에 인도명령결정신청을 하게 된다. 이러한 인도명령의 대상자는 소유자·채무자·경매개시결정이후에 점유하고 있는 세입자·불법점유자와 경락인에게 대항할 수 없는 임차인 들이 인도명령의 상대방이 된다.

인도명령결정문이 나오면 낙찰자는 인도명령결정문에 집행문을 경매법원에서 발급받고 송달증명원을 첨부하여 집행관 사무실에 접수한다. 집행관 사무실에 제출할 때는 집행비용을 예납

78) 본서의 사례에 대한 년도는 배당분석이나 권리분석 등을 하는데 있어 영향이 없기 때문에 그대로 적용하여 권리분석 등을 하면 된다.

해야 하는데 목적물의 평수나 내용에 따라 다르다. 접수를 한 후에는 집행관과 집행과정, 집행일자 등을 협의하고 이후 집행을 실시한다. 집행을 할 때는 우선 계고명령 집행을 실시하고 그 이후에도 상대방이 이행을 하지 않는 경우 강제집행을 실시한다. 계고집행 때는 집행관이 현장에 가서 대화로 이사 갈 것을 권유하며 현장을 보면서 구체적인 집행비용을 산출한다. 따라서 계고집행할 때는 출장비용으로 10~20만원 정도만 소요된다. 강제집행하러 가는 날은 경락자나 대리인이 현장에 참석하여야 한다.

<表 2-2 引渡命令書>

수 원 지 방 법 원
부동산인도명령결정
사건번호 : 20타경 11111호 부동산인도명령결정 피신청인 : 채태환 주　　소 : 수원시 팔달구 매탄동주공5단지 602동102호 주　　소 : 군포시 산본동 을지아파트 625동 1305호 신 청 인 : 이 은 미(낙찰인)
주 문
피신청인은신청인에게별지목록기재부동산을인도하라
이 유
이 법원은 20타경 11111호 부동산임의 경매사건에 관하여 신청인의 인도명령신청이 이유있다고 인정되므로 주문과 같이 결정한다.
20 . 5. 1.
판사 (인)

계고장에 적혀 있는 날까지도 이사를 가지 않을 경우에는 부동산인도 집행을 실시한다. 인도명령결정을 받고 난 이후 부터 대략 1개월에서 2개월 정도가 지난 이후에 강제집행을 실시한다. 집행관은 전 소유주에게 집행하러 온 목적을 설명하고 집행을 개시한

다. 집행관은 경매 목적 부동산에 있는 물건과 점유자를 강제로 퇴출시키고 빈집을 경락인에게 인도하게 된다. 경매목적부동산에 점유자가 거주하고 있지 않고 동산만 있을 경우에는 집행관이 강제로 열쇠를 열고 들어가 안에 있는 동산들을 외부에 적재한다. 외부에 적재한 동산들은 경락자가 일정기간동안 보관하고 그 이후에도 계속 찾아가지 않 을때에는 동산경매를 실시하게 된다.

부동산집행비용은 집행관사무실에 예납을 하고 집행을 포기하였을 경우에는 예납금은 반환하여 준다. 그러나 집행기일에 집행을 하러 갔다가 못하고 올 경우는 예납금에 약 30%를 공제한다.

그리고 다시 집행하기 위해서는 그 30%를 충원해야 할 수 있다. 20평정도의 아파트를 집행하려면 대략 150만원 정도의 집행비용이 들어간다.

2) 明渡訴訟

명도소송의 대상자는 경락인에게 대항할 수 있는 주택이나 상가임차인 또는 주택이나 상가가 아닌 부동산을 사용하고 있는 임차인을 대상으로 한다. 명도소송의 기간은 통상 집중심리로 6개월이내에 결정되지만 피고에게 송달이 되지 않거나 재판부의 사정에 의해 기간이 연장될 수도 있다. 이때 경락인은 명도소송을 신청 하기 전 점유이전금지 가처분신청을 하는 것이 바람직하다. 왜냐하면 소송 중에 점유자가 바뀌게 되면 승소판결을 받더라도 다시 새로운 점유자를 상대로 명도소송을 제기해야 하기 때문이다. 따라서 점유이전금지 가처분결정이 난 후에는 점유자가 다른 사람으로 변동되어 있더라도 관계없이 현 점유자를 상대로 강제집행을 할 수 있다. 인도명령결정문과 달리 가옥명도청구소송은 양당사자가 법원에 출두하여 소송을 개시해야 하고 많은 시간과 비용이 든다. 이는 점유자가 정당한 권원에 의해서 점유하고 있는지를 심리하기 위한 목적과 그렇게 해야만 강제집행일에 분쟁의 소지가 없기 때문이기도 하다.

판결이 난 후 경락인은 그 집행권원에 따라 집행관과 집행일자를 협의하여 집행을 개시한다. 이 후 집행절차는 인도명령결정문에 의해 하는 방법과 동일하다.

3) 引渡 및 明渡의 類型

인도는 부동산이나 선박등을 직접지배하고 있는 점유자에게 대하여 강제적으로 집행을 하여 점유를 채권자에게 옮기는 것이고, 명도는 점유자를 퇴거시키고, 동산을 철거한 뒤에 인도하는 것이다. 따라서 명도는 인도의 한 형태라고 볼 수 있다. 인도 및 명도는 채권자의 위임에 의하여 집행관이 채무자로부터 강제적으로 점유를 수취하여 채권자에게 이전하는 것이다. 그러기 때문에 여기에 복종하지 않을 때에는 실력으로 강제할 수 있다. 그리고 집행관이 물리력으로 강제할 수 없을 때에는 경찰 또는 국군의 원조를 받을 수가 있다. 위와 같은 인도와 명도집행을 점유자가 순수히 응하지 않아 발생할 수 있는 몇가지 유형에 대하여 살펴보도록 하자.

① 閉門執行

인도 또는 명도집행은 채권자나 그 대리인이 출석 한 때에 한하여 집행할 수 있으며, 집행관이 채무자로부터 수취한 점유를 채권자에게 이전한때 집행이 완료된다. 또한 집행목적물이 아닌 동산은 집행관이 이를 제거하여 채무자나, 그 대리인 혹은 채무자의 성장한 동거친족 또는 고용인에게 인도해야 한다. 따라서 집행 목적물내에 동산이 있을 경우는 채무자에게 이전하여 주고 만약 집행목적물내에 채무자나 그 이해관계인이 없어 인도하여 줄 수 없을 경우는 경락인에게 보관케 하여야 한다. 이런 경우가 폐문부재로 빈집을 집행한 경우이다. 폐문 혹은 빈집을 집행하기 위해서는 성년자 2명이나, 동직원 1명 혹은 경찰관을 참석케 하여 집행할 수 있는데 이는 집행의 공정을 감시하고 후일에 증거를 남기게 하기 위해서이다. 위에서 규정된 공무원 들은 집행관으로부터 집행실시의 증인으로 참여하도록 요구받은 경우 정당한 이유없이 그 요구를 거절하여서는 아니된다(민집규 제5). 단 채무자가 일출 전이나 일몰 후에만 있는 경우는 법원의 허가를 얻어 강제집행을 할 수 있다.

② 抵抗執行

현 점유자의 완강한 저항으로 집행관이 강제집행을 할 수 없을 경우에는, 경찰 또는 국군의 원조를 청구할 수 있고 잠근 문을 열 수 있다. 다만 국군의 원조는 법원에 신청하여야 한다.

③ 夫婦共有의 有體動産에 대한 押留

우리나라는 부부간에도 부부별산제에 따라 부부의 동산이 누구에게 속한 것인지 분명하지 아니한 때는 부부의 공유로 추정한다. 따라서 배우자의 공유에 속하는 유체동산에 한해 강제집행을 할 수 있지 단독소유인 경우는 부부간의 재산이더라도 할 수가 없다.

④ 明渡完了 後 再 侵入時 法的對應 方法

집행이 종료되어 채권자에게 인도 혹은 명도를 하여

주였는데 또 다시 재침입하여 점유하고 있을 때는 경락인은 망막할 것이다. 왜냐하면 한번 집행이 종료된 집행권원으로는 다시 집행할 수가 없고 새로운 집행권원을 받아야 하기 때문이다. 강제집행이 완료된 후에 재침입한 경우는 집행권원의 집행력이 이미 소멸되었으므로 형법 제140조 공무상 비밀표시 무효죄는 성립하지 않는다고 판시하고 있다. 이러한 허점으로 힘들게 집행권원을 얻어 집행을 한 경락인은 상당한 허송시간을 보내고, 다시 집행권원을 얻기 위하여 많은 시간과 금전적 피해를 당하게 된다. 이에 따라 형법은 강제집행효용침해(형법 제 140조의 2)조항을 1995년도에 신설하게 되었는데, 그 내용은 "강제집행으로 명도 또는 인도된 부동산에 재 침입하거나 기타 방법으로 강제집행의 효용을 해한 자는 5년 이하의 징역 또는 700만원이하의 벌금에 처한다"고 규정하고 있다. 또한 주거침입죄(형법제 319조)도 성립될 수 있기 때문에 이제도는 집행이 완료되었다면 채무자가 다시 재침입할 것을 경락인은 염려하지 않아도 될 것이다.

(2) 채권자와 채무자의 출석

집행관이 부동산 등의 인도집행을 하기 위하여는 채권자 또는 대리인이 인도받기 위하여 철석할 것을 요건으로 한다(민집 제258조 제2항). 판례는 "채권자 또는 대리인의 출석이 없음에도 불구하고 집달리가 강제집행으로서 채무자로부터 그 점유를 완전히 수취하여 그 점유를 집달리 자신 또는 제3자에게 인도하였을 경우에는 그 집행은 하자있는 집행이라 아니할 수 없다. 그러나 채무자로서는 할 수 있는 일을 다 하였다 할 것이므로 그 하자를 채무자에게 돌릴 수 없고 따라서 같은 집행문에 의하여 또 다시 집행할 수 없다할 것인 바 본건에 있어서 원심이 적법히 확정한 사실에 의하면 채권자인 소외 국가는 원고에 대한 가옥 명도 등 청구 확정 판결에 의하여 국가의 위임에 의한 집달리는 그 강제집행으로서 채무자인 원고의 점유를 풀고 집달리가 점유를 수취하였으나 채권자 대리인의 출석이 없었던 관계로 집달리 자신이 점유 보관하고 있었다는 것이므로 이상의 강제 집행은 그 절차에 있어서 하자는 있다 할지라도 채무자인 원고로서는 그 점유가 해제되어 집달리에게 인도된 이상 원고의 입장으로서는 그 강제집행은 완료되었다고 아니할 수 없다"고 판시하여 채권자나 대리인이 출석없이 한 집행은 하자 있는 집행으로 보고 있다.[79]

그러나 채권자가 사전에 집행관에게 대리인의 선임을 위임한 경우에는 채권자 본인이 출석하지 않더라도 집행관은 집행을 할 수 있다. 그리고 퇴거집행에서는 채권자에게 점유의 이전을 필요로 하지 않으므로 채권자나 그 대리인의 출석을 요하지 않는다.[80]

(3) 강제집행의 목적이 아닌 동산의 처리방법

1) 채무자 등에게 인도

강제집행의 목적인 부동산이나 선박 등의 종물인 동산은 원칙적으로 집행권원에 기재되어 있지 않더라도 부동산 등과 함께 강제집행을 할 수 있다. 그러나 이외의 동산은 채무자에게 인도하여야 하며(민집 제258조) 채무자가 없는 때에는 친족 또는 채무자의 대리인이나 고용인에게 그 동산을 인도하여야 한다(민집 제258조 제4항).

2) 집행관의 보관

79) 대법원 1962. 2. 8. 선고 4293민상677 판결
80) 법원행정처, 집행관감독 실무편람, 2018.3, 241면,

동산을 인도받을 채무자나 그 대리인이 없는 때에는 집행관이 그 동산을 채무자의 비용으로 보관하여야 한다(민집 제258조 2항). 다만 채권자의 승낙이 있으면 채권자를 보관인으로 지정하거나 채권자가 신청한 보관인을 선임하여 보관하게 할 수 있다. 채권자의 승낙을 받아 채권자에게 보관시킬 경우에는 동산을 채권자에게 보관시킨다는 의사표시를 하고 그 건물에 동산을 남긴 상태에서 그대로 인도집행을 마칠 수 있다(실무상 '보관각서'를 받음).[81]

3) 보관동산의 매각

채무자나 그 밖에 동산을 수취할 권한이 있는 자가 그 동산의 수취를 게을리 한때에는 집행관은 집행법원의 허가를 받아 동산에 대한 강제집행의 매각절차에 따라 그 동산을 매각한다(민집 제258조 제6항). 동산매각에 대한 집행법원의 허가는 그 절차를 규율하는 규정이 없으나 집행관이나 채권자가 할 수 있는 것으로 보며 집행법원은 결정으로 허가의 여부를 결정한다. 집행법원의 허가결정여부 심리대상은 집행관이 적법한 절차에 따라 집행목적외의 동산을 반출 및 보관하였는지, 그리고 채무가 수취를 게을리 하였는지가 된다.[82]

이러한 동산 매각은 채무자의 소유인 경우뿐만 아니라 제3의 소유에 속하는 경우에도 원칙적으로 가능한다. 그리고 동산매각을 위하여는 별도의 압류를 할 필요는 없으며 동산에 대한 강제집행에 관한 절차를 준용하여 호가경매 또는 입찰에 의한다. 집행관은 동산을 매각한 대금에서 매각 및 보관에 필요한 비용을 빼고 그 나머지 대금을 공탁하여야 한다(민집 제258조

81) 법원행정처,전게서, 395면.
82) 법원행정처, 전게서, 261면.

제6항). 채권자는 동산의 매각대금에서 인도집행의 비용을 상환받을 수 없고 인도집행을 위하여 소요된 비용액확정결정을 얻어 채무자가 가지는 공탁금의 출급청구권을 압류하는 등 별도의 집행절차를 밟아야 한다.[83]

4) 집행조서의 작성

집행관은 집행조서(執行調書)를 작성하여야 한다(민집 제10조 제1항). 조서에 의하여 집행행위의 내용을 기록을 남겨 집행절차의 적법성을 명백히 하고, 직무집행의 공정성을 담보하기 위함이다. 압류를 한 때에는 압류조서를, 매각기일을 진행한때는 매각기일 조서, 부동산에 대한 인도명령의 집행(민법 제136조 제6항) 그밖에 집행관이 직무집행에 있어 강제력을 행사할 수 있는 사무는 모두 집행행위에 해당하므로 조서를 작성하여야 한다.

집행관이 집행조서를 작성하고자 조서(調書)에 다음 사항을 밝혀야 한다(민집제10조). 1. 집행한 날짜와 장소, 2. 집행의 목적물과 그 중요한 사정의 개요, 3. 집행참여자의 표시, 4. 집행참여자의 서명날인, 5. 집행참여자에게 조서를 읽어 주거나 보여 주고, 그가 이를 승인하고 서명날인한 사실, 6. 집행관의 기명날인 또는 서명, 그리고 집행조서에 서명날인할 수 없는 경우에는 그 이유를 적어야 한다. 이러한 집행조서는 나중에 승계집행문 등을 부여받을 때 필요한 서류에 해당한다.

집행조서의 작성은 집행행위의 유효요건이 아니며 증명력이 인정되지 않는다는 설이 있으나 판례는[84] "부동산강제경매(입찰)에 있어 경매절차가 진행중 채무자가 채권자에게 채무를 변

83) 법원행정처, 상게서,262면.
84) 대법원 1994. 8. 22. 자 94마1121 결정 [낙찰허가결정]

제하였다 하더라도 그와 같은 사정만으로는 경매절차가 정지되지 아니하고 그와 같은 취지를 기재한 증서가 매수의 신고가 있기 전까지 경매법원에 제출되어야만 비로소 경매절차가 정지된다 할 것인바, 입찰기일 전에 이미 채권자에게 채무전액과 이자 및 집행비용을 변제하였다 하더라도 그와 같은 취지를 기재한 증서가 경매법원에 제출된 바가 없고, 채권자가 경매부동산에 관하여 채무자와 원만히 해결을 보고 화해를 하였음을 이유로 경락허가결정 전에 경매법원에 제출한 취하서를 민사소송법 제510조 제4호 소정의 서류로 본다 할지라도, 그 취하서 역시 매수의 신고가 있은 후에 제출되었음이 명백하다면 경매절차를 정지시키는 효력을 가져 올 수 없다"고 하여, 부동산의 경매절차에 있어서의 절차가 적법히 행하여졌느냐의 여부는 경매조서의 기재만이 유일한 증명자료가 된다고 보고 있다(민사소송법 제147조 준용). 집행조서는 3년간 보존되며 이해관계인은 집행관에게 신청하여 이를 열람하고 등.초본의 교부를 받을 수 있다(민집제9조).

집행에 착수한 후 집행의 목적을 달성할 수 없을 경우에는 집행목적물의 부존재, 채무자의 소재불명, 매각불능, 무잉여 등의 사정을 구체적으로 기재하여야 한다. 이 경우 '집행불능'를 작성한다. 채권자 또는 대리인, 채무자 또는 사리를 분별할 지능이 있는 채무자의 친족이나 고용인 참여증인, 매수인 또는 최고매수신고인 등 집행관계인으로서 집행에 참여한 자를 표시하여야 한다. 집행관이 집행조서의 내용을 집행참여자에게 읽어 주거나 보여 준 다음 그의 승인을 얻어 서명날인을 받아야 한다. 집행참여자가 서명날인을 거부하는 경우 또는 서명날인을 받을려고 하는 무렵 현장을 떠난 경우에도 그러한 사유를 기재하여야 하며 집행현장에서 조서를 작성할 수 없기 때문에

열람 등을 하지 못한 때에는 그 사유를 기재하여야 한다.[85]

(4) 노무자 사용

집행관 사무소는 집행에 사용할 노무자 등의 수를 구체적으로 정한 기준표와 노무자 등의 수당 기준액 대하여 소속 지방법원장의 승인을 받아야 한다. 또한 30인 이상의 노무자 등을 사용하거나 사회적 이목을 끄는 집행사건의 경우에는 사전에 지방법원장에게 보고하여야 한다(행정예규 제112조 제4호 및 제8조).

(5) 집행현장에서의 절차

집행관이 그 직무를 집행할 때에는 지방법원장이 발급한 신분증을 지녀야 하며(민집제17조제1항), 명문의 규정은 없지만 처음에 집행할 때에는 집행현장에서 임의이행을 촉구한다. 그래서 제1회 집행기일에는 집행현장에서 채무자에게 일정기간의 인도 유예기간을 주는 방식으로 임의이행을 촉구함과 동시에 인도 집행 당일 반출하게 될 집행목적 외 동산의 규모를 살핀다.[86] 만약 인도유예기간 동안 임의이행이 없는 경우 채권자와 협의하여 부동산 인도집행을 실시한다.[87]

(6) 저항 집행

집행관은 집행을 하기 위하여 필요한 경우에는 채무자의 주거·창고 그 밖의 장소를 수색하고, 잠근 문과 기구를 여는 등 적절한 조치를 할 수 있다(민집 제5조). 위의 경우에 저항을 받으면 집행

85) 법원행정처, 전게서, 75면.
86) 실무상 "계고장 집행" 또는 "인도예고집행"이라고 한다.
87) 법원행정처, 전게서, 61면.

관은 경찰 또는 국군의 원조를 요청할 수 있다. 국군의 원조는 법원에 신청하여야 하며, 법원이 국군의 원조를 요청하는 절차는 집행할 일시와 장소, 원조가 필요한 사유와 원조의 내용을 작성한 서면을 법원장 또는 지원장과 법원행정처장을 거쳐 국방부장관에게 보내어야 한다.

만약 창고, 금고 또는 상자 등의 문이 잠겨져 있는 때에는 우선 채무자에게 이를 열도록 할 것이고 이를 불응한때에는 집행관 스스로 또는 제3자에게 명하여 실력으로 열어서 수색할 수 있다. 이때 자물쇠를 파손하지 않고서는 이를 열수 없는 경우에는 필요한 한도에서 파손이 있더라도 불가피하다.

저항에는 적극적 저항 뿐만 아니라 소극적 저항 또는 언어에 의한 저항 포함한다. 그러나 채무자 또는 그의 가족이 와병 중에 있어 퇴거로 인하여 현저히 악화될 우려가 있는 등의 사유가 있는 경우에는 소극적 저항이라고 볼 수 없을 것이다. 이때는 의사의 진단서 등의 제출을 요구할 수가 있으며 이를 거부한 때에는 질병을 가장한 저항으로 보아 이후의 절차를 취하여도 무방하다. 집행관이 경찰에 대한 원조를 받고자 할 때에는 사전에 경찰 원요청서에 의하여 받을 수 있다. 그러나 시간적 여유가 없는 긴급을 요하는 경우에는 가장 가까운 곳의 파출소, 경찰서의 경찰관에게 구두로 직접 원조를 구할 수 있다.[88)]

88) 법원행정처, 전게서, 66면.

Ⅱ. 權利分析

부동산경매에 있어서 권리관계는 그 부동산의 현재 가치와 장래의 발전가능성을 파악하는 물건분석과 법적인 하자유무를 파악하는 권리분석 등으로 구분하여 볼 수 있다. 이러한 권리분석을 입찰자가 잘못하였을 경우는 경락대금외에 추가로 그 하자부분을 부담해야 한다. 따라서 상당히 중요하다고 할 수 있다. 일부 일반인은 법원에서 실시하는 것이기 때문에 모든 권리관계는 법원에서 깨끗이 처리해 준다고 생각할 수 있는데 이는 잘못된 생각이다.

강제경매 절차에 있어서 부동산의 매각은 그것을 환가하여 그 매득금으로채권자의 채권변제에 충당하고자 하는 수단이다. 경매목적물에 다른 권리 등이 설정 없이 단일 경매신청권자의 채권만 있는 경우도 있겠지만, 대부분의 경우는 유치권·저당권 등의 담보물권, 지상권·지역권·전세권 등의 용익물권과 그외 가처분·가등기·예고등기·임대차등의 여러 가지 권리관계로 복잡하게 설정되어 있는 경우가 많다. 만약 권리분석을 잘 못 한 경우는 그 권리가 소멸되지 않아 경락인이 뜻 하지 않은 권리를 인수해야 하는 경우가 발생한다.

1. 引受主義

경락인이 경매신청채권자의 채권에 우선하는 부담을 현실적으로 인수하는 경우에 한하여 경락을 허가 한다는 주의이다. 민사집행법 제91조 제4항은 "지상권·지역권·전세권 및 등기된 임차권이 저당권·압류채권·가압류채권자에게 대항할 수 있는 경우에는 매수인이 인수한다"라고 하여 위의 권리에 대해서는 인수주의를 취하고 있다. 다만, 그중 전세권의 경우에는 "전세권자가 제88조에 따라 배당요구를 하면 매각으로 소멸된다"라고 하여 예외적으로 선순위 전세권자가 배당요구신청을 한 경우에는 소멸주의를 취하고 있다. 여기서 전세권은 존속기간이 만료하지 않은 전세권자라도 배당요구를 한 경우 매각으로 소멸하는 것으로 해석하는 것이 타당할 것으로 본다. 왜냐하면 경매개시결정기입등기 이전의 전세권은 배당요구를 하지 않더라도 배당을 실시하고 있기 때문이다.

다시 말해서 최선순위저당권·압류채권·가압류채권보다 앞선일자로 설정된 용익물권(전세권 · 지상권 · 지역권) · 가처분 · 소유권이전 의한 가등기 · 대항력 요건을 갖춘 임차인 등은 매각으로 소멸하지 않고 낙찰자가 인수해야 한다.

2. 引受主義 事例分析[89]

아래 각주에 있는 인수주의 사례표를 보면서 권리분석을 하여 본다.

제일은행는 채무자 임호식을 상대로 임의경매를 신청하였다. 최초 근저당 제일은행 96.07.16일 보다 앞선 일자로 설정되어 있는 용익물권(지상권 · 전세권)과 임차인의 권리는 경락이 되더라도 말소나 소멸이 되지 않고 경락 대금 외에 인수를 해야 한다. 그러기 때문에 입찰금액은 그 금액 만큼 삭감한 금액으로 입찰에 참여해야 한다. 그리고

89) <表 3-1> 引受主義 事例表

용도	사건번호 96-56987	소 재 지	면적 (평방)	권리분석	임차관계	결 과	감정평가액 최저경매가
다세대	제일은행 임호식	성북구 정릉동 716-45 두원아트 303호	대33.30/416 건63.41(19.2평) 4층 96.05.21준공	가등기 95.10.27 이가등 가처분 95.10.26 김처분 전세권 95.10..25 김미애 지상권 95.11.29 원복재 임의 97.01.04 제일은행 근저 96.07.16제일은행 4800만(미아역) 근저 96.08.25 상업은행 2600만(압구정동) 예고 96.08.26 김인식	김우선96.07.15(전입) 2000만원		83,000,000

1번 순위 근저당 보다 앞선 일자로 설정되어 있는 가처분·가등기도 경락이 되더라도 말소되지 않고 후에 가등기권리자가 본등기를 하면 경락인은 소유권을 상실하게 된다.

예고등기는[90] 1번순위 근저당보다 후에 설정되었더라도 예고등기권자가 본안소송에서 승소하게 되면 경락자는 소유권을 상실하게 된다. 위와 같이 설정되어 있는 부동산은 경락인이 잔금을 지불하고 소유권이전등기를 하더라도 그 권리들은 인수주의에 따라 부담해야 한다.

3. 掃除主義

경락인은 경락허가에 의하여 부동산의 모든 부담은 소멸하고 제한 없는 소유권을 취득케 하는 주의이다. 민사집행법 제91조 제3항은 "지상권·지역권·전세권 및 등기된 임차권은 저당권·압류채권·가압류채권에 대항할 수 없는 경우에는 매각으로 소멸한다"라고 규정하여 소제주의를 취하고 있다. 다음과 같은 경우는 모두 말소되어 경락자가 잔금지불 외에 추가로 인수부담 할 권리는 없다. 예컨대 최선순위 저당권·가압류·압류 보다 이후에 설정된 전세권·지역권·지상권·임차권·가압류·가등기·가처분등기·환매등기·대항요건을 갖춘 주택 및 상가 임차인 등은 소제주의에 따라 매각(경락)으로 소멸한다.

90) 예고등기는 우리나라에서 부등산 등기에 대하여 공신력을 인정하지 않는 방패 역할로서 선의의 제3자가 부동산등기를 신뢰하고 불의의 손해를 당하는 경우를 막는 경고적 효력을 해왔다. 그런데 경매에서 예고등기를 악용하여 고의로 유찰을 시켜 낮은 금액으로 매입하는 제도로 악용하는 현상이 많이 발생하여 삭제를 하였다. 쓸쓸한 마음이 든다.

4. 掃除主義 事例分析[91)]

아래 각주 소제주의 사례표를 분석하여 보면 다음과 같다.

최초 근저당권인 제일은행 보다 후 순위로 설정되어 있는 가처분·가등기·전세권·지상권은 모두 말소되어 경락자가 추가 인수부담 할 필요는 없다. 그리고 1번 순위인 근저당 보다 후에 대항력을 갖춘 임차인은 경락이 되더라도 경락인에게 대항할 수는 없다. 위와 같이 1번 근저당 보다 후에 설정된 각종 권리관계는 소제주의에 의하여 모두 말소대상이 되는 것이다.

5. 剩餘主義

경매대금이 경매신청채권자의 채권에 우선하는 부동산의 채권액과 경매비용을 완전히 변제할 수 있는 경우에만 경락을 허가 한다는 주의이다(민사집행법 제91조1항).[92)] 압류채권자의 채권에 우선하는 채권에 관한 부동산의 부담을 경락인이 인수하지 않는 경우 매각대금으로 그 부담을 변제함에 부족 없음이 인정되어야 경매부동산을 매각할 수 있다는 주의로서[93)] 채권자가 자기의 채권을 변제 받을 가망이 없는

---

91) <表3-2> 掃除主義 事例表

용도	사건번호 96-56987	소 재 지	면적 (평방)	권리분석	임차관계	결 과	감정평가액 최저경매가
아파트	제일은행 임호식	성북구정릉동 716-45 두원아트 303호	대33.30/416 건63.41(19.2평) 4층 96.05.21준공	가처분 96.01.25 김미애 가등기 96.11.29 원복재 임의 97.01.04 제일은행 근저 95.07.16 제일은행 4800만 (미아역) 전세 96.11.27 김복재 2000만 지상권96.11.28 최우주	김찬수 96.05.12(전입) 2500만		93,000,000

92) 金澤秀, 剩餘의可望이없을경우競賣의取消, 裁判資料 第36집, 强制執行·任意競賣에 관한 제문제, 서울: 法院行政處 1988, 392面.

93) 李時潤外3人, 註釋强制執行法(III), 서울: 韓國司法行政學會, 1993, 77面.

데도 경매를 실시하여 우선 채권자를 해하고 자기에게는 아무 이득이 없는 무익한 경매를 할 수 없게 하려는 취지이다. 본 조에서는 그 원칙을 천명하는데 그치는 것이고 그 구체적인 적용은 제102조에서 규정하고 있다. 즉 최저경매가격으로 압류채권자의 채권에 우선하는 부동산의 모든 부담과 절차비용을 변제하면 잉여가 없다고 인정할 때에는 압류채권자에게 이를 통지하여야 하고 압류채권자가 그 부담과 비용을 변제하고도 남는 가격을 정하여 그 가격에 의한 원매자가 없으면 자기가 인수하겠다는 신청을 하고 충분한 담보를 제공하면 경매절차를 진행하고 그렇지 않으면 경매절차를 취소하여야 한다는 것이다. 경매신청채권자는 이 통지를 받은 날로 부터 7일내에 우선하는 채권총액과 경매절차를 비용을 합한 금액을 보증으로 제공하지 아니하면 법원은 경매절차를 취소하여야 하고, 채권자가 위의 신청을 하여 경매가 다음기일에 진행되었을 경우 우선하는 채권총액과 경매절차 비용을 합한 금액으로 매수신고가 없을 때는 위 금액을 보증으로 제공한 경매신청채권자가 매수한 것으로 본다는 것이다. 여기서 압류채권에 우선하는 채권에 관한 부동산의 부담이라고 하는 것은 우선변제청구권이 있는 담보권자의 채권과 조세·공과금채권 그리고 절차비용등이 해당한다.

第2章 法定地上權 · 留置權

부동산경매의 담보책임은 당사자 쌍방간에 존재하는 견련성과 급부 상호간의 등가성의 유지에 따른 구제제도로서 무너진 대가적 균형의 복구를 목적으로 하여 인정하고 있는 담보책임이다. 즉 채권자가 권리의 실행으로서 채무자의 재산을 경매한 경우에 그 목적물에 하자가 있는 때는 경매에 관한 한 담보책임을 일종의 매매로 보고[94], 경락인을 보호하기 위해서 인정하고 있는 것이다.[95] 민법 제578조에서 "경락인은 전 8조의 규정에 의하여 채무자에게 계약의 해제 또는 대금감액의 청구를 할 수 있다"고 규정하고 있어 전 8조의 규정에 따라 제한을 받는 목적물을 경락 받는 경우에 담보책임을 부담시킬 수 있다고 해석할 수 있을 것이다.

따라서 민법 제575조에 규정하고 있는 제한물권을 경락 받은 경우도 본조의 적용을 받는다고 할 수 있는데, 민법 제575조는 "매매의 목적물이 지상권 또는 유치권의 목적이 된 경우에 매수인이 이를 알지 못하고, 이로 인하여 계약의 목적을 달성할 수 없는 경우에 한하여 매수인은 계약을 해제할 수 있다고 규정하고 있어, 그외의 경우는 계약을 해제할 수 없는 문제가 있다. 그러나 민법 제575조의 이런 문제점에 대해서는 민법 578조의 규정을 확대 해석하여 해결할 수 있다고 본다. 즉 민법 제578조1항은 "전8조의 규정에 의하여 대금감액청구를 할 수 있다고" 규정하고 있기 때문에 민법 제575조에 따라 계약을 해제할 수 없는 경우에는 민법 제578조를 확대 해석하여 대금감액

94) 林正平, 前揭書, 287面; 郭潤直, 前揭書, 227面; 金疇洙, 前揭書, 202面; 金曾漢, 前揭書, 180面.
95) 權龍雨, 債權各論, 서울: 法文社, 1996, 197面.

청구를 할 수 있다고 보는 것이다. 여기서 경락인이 대금을 납부한 이후라면 민법 제578조 2항에 따라 채권자를 상대로 반환청구도 할 수가 있을 것이다. 부동산경매 담보책임의 확대방안은 경매로 싸게 살려다 오히려 권리상의 하자로 인하여 소유권을 주장할 수 없는 경락인을 보호하기 위해서 필요한 실정법이라고 할 수 있다. 본서의 이론은 대항력있는 임대차[96]나 그외의 하자문제에 대해서도 개선 할 수 이론적 근거를 제시할 수 있어 상당히 중요하다고 볼 수 있다.

---

96) 權龍雨, 前揭書, 189面.

第1節 損害의 發生

Ⅰ. 法定地上權에 의한 損害의 發生

우리의 법제에 있어서는 서구제국의 법제에서와는 달라서, 토지와 건물을 각각 별개의 부동산으로 다루고 있다. 따라서 건물은 그 성질상 토지의 이용관계를 수반하지 않고서는 존립할 수 없으며, 건물을 독립한 부동산으로 인정하고 그의 유통을 인정하고 있다[97]. 그러한 전제로서 건물과 토지의 이용권간의 불가분의 관계를 인정하고 있는데, 경매에 의하여 건물과 토지가 각각 분리되어 양도될 경우에는 그 양도당시에 건물양수인이 토지양수인과 지상권설정계약을 작성할 기회가 없고 건물의 토지에 대한 용익권 보호를 위하여 법률의 규정에 의한 법정지상권을 인정할 수 밖에 없게 된다.[98] 이를 인정하지 않게 되면 건물소유자는 아무런 권원 없이 타인의 토지를 사용하는 것이 되어 건물을 철거하여야 입장에 놓이게 된다는 것이다. 민법은 이러한 불합리한 점을 피하기 위하여 법정지상권을 인정하고 있는데(민법 제366조)[99] 대지와 건물이 동일소유자에게 속하는 경우에 대지와 건물이 소유자를 달리하게 된 때에 건물소유자를 위하여 지상권을 설정한 것으로 보고 있다(민법 제305조 제306조)[100]. 이는 강행규정으로서 특약으로 배제할 수 없다고 규정하고 있다.[101] 그러나 관습법상의 법정지상권은 특약이 없는 경우에 한하여 예외적으로 인정을 하고 있고

97) 黃董龍, 法定地上權과 擔保管理(1), 서울: 月刊經營法務, 1995.6, 62面

98) 郭潤直, 前揭書, 384面; 趙誠民, 抵當權과 法定地上權의 調節, 서울: 考試硏究, 1994.8, 85면; 柚木馨, 註釋民法(9), 東京; 有裵閣, 1985. 181面.

99) 權龍雨, 民法演習, 서울: 法文社, 1994, 266~267面.

100) 大判 1994. 12. 2, 93다 52297; 大判 1996. 4. 26, 95다 52864; 李銀榮, 物權法, 서울: 博英社,1998, 598面; 金英煥.

101) 嗔悌 車, 擔保物權法, 東京; 有裵閣, 1981, 217面; 我妻 榮, 新版 擔保物權法, 東京; 岩波書店, 1971, 352面.

특약으로 관습법상의 법정지상권은 그 성립을 배제할 수 있도록 하고 있다.[102)][103)] 그리고 등기없이 취득한 법정지상권일 지라도 이를 새로운 취득자 앞으로 등기하기 위해서는 우선 자기명의로 그 지상권을 등기한 후 이전해야 하는데[104)], 판례는 이에 대해서 부정을 하고 지상권을 등기하지 않고 이전하였더라도 그 법정지상권을 인정하고 있다.[105)] 그러나 경매로 인하여 발생하는 법정지상권과 매매나 증여로 발생하는 관습법상의 법정지상권은 성립요건이 다르기 때문에 위의 판례를 일률적으로 적용하는 것은 검토해야 할 부분이 있다. 즉 경매로 인한 경우는 민법 제187조 단서 조항을 탄력적으로 응용하여 법정지상권을 인정해야 하겠지만, 매매나 증여등으로 취득하는 경우에는 그 성립을 부정해야 할 것으로 본다. 그러한 이유는 관습법상 법정지상권은 매매계약서상에 특약으로 제시할 수도 있는데도 불구하고 이러한 사전조치를 하지 않는 매수인에 대해서는 보호할 가치가 없기 때문이다.

위와 같이 법정지상권을 설정하여 주게 되는 토지를 경락 받는 자는 뜻하지 않게 손해를 당할 수 있는 반면 건물을 취득한 자는 토지를 당연히 사용·수익을 할 수 있기 때문에 양 당사자의 대가적 균형이 무너지게 된다. 여기서 양당사자의 형평을 위한 바람직한 관계설정이 필요하다고 본다. 이에 대해서 민법 제575조와 제576조 그리고 제578조와의 관계를 확대 해석하여 해결해야 할 것으로 본다.

---

102) 大判 1968. 1. 31, 87다카 1564; 大判 1968. 1. 31, 67다 2007面; 加黱一郎·林良平 編, 擔保法大系 第1.2 卷, 京都; 青林書院, 1991, 247面.

103) 大判 1979. 8. 29, 79다 1087; 大判 1968. 1. 31, 67다 20007; 柚木馨·高木多喜男 編著多喜男擔保物權法第3編,東京;有裵閣,1982,350面; 高木多喜男,擔保物權法, 東京; 有裵閣, 1987, 176~177面.

104) 權純一, 民法 第366條의 法定地上權의 成立要件, 서울: 韓國法學院, 1997. 7, 43面; 大判 1965. 1. 26, 64다 121; 徐敏, 法定地上權의 成立 및 讓渡, 서울: 考試硏究, 1998. 1, 122面.

105) 大判 1985. 4. 9, 84다카 1131; 黃董龍, 硬煤外 建物有(有)와 撤去與否, 서울; 月刊經營法務社, 1998.8, 57面.

II. 留置權에 의한 損害의 發生

유치권이라 함은 물건이나 유가증권을 점유한 자가 그 물건이나 유가증권에 관하여 생긴 채권이 변제기에 있는 경우에 그 변제를 받을 때까지 물건이나 유가증권을 유치하여 채무자의 변제를 간접으로 강제하는 법정담보물건이다(민법 제320조). 여기에서 주목되는 것은 임차인의 필요비와 유익비에 따른 유치권의 성립관계가 민법 제578조에 따른 담보책임과 관계가 될 수 있다. 경락인은 채무자와 협의하에 목적물을 매수하는 것이 아니므로 임차인이 유치권의 존재여부에 대해 법원에 신고하지 않고 있다가 경락인이 잔금을 지불한 후 주장을 하게 되면 불의의 손해를 당할 수 있다는 것이다. 이런 경우 임차인이 필요비와 유익비에 대한 유치권을 주장하여 경락인에게 대항할 수 있는가? 이에 대해서 판례는 임차인이 지출한 필요비와 유익비에 대해서 소유자에게 유치권을 주장할 수 있다고[106] 판시하고 있다.

민법 제325조 1항과 2항에서는 유치권자는 유치물에 관하여 지출한 필요비와 유익비에 대해서 소유자에게 청구할 수 있다고 규정하고 있고 민법 제322조 1항과[107], 민사집행법 제91조 제5항에서는 경락인은 유치권자에게 유치권으로 담보하는 채권을 변제할 책임이 있다고 규정하고 있어, 유치권 존재를 모르고 낙찰 받은 자에게는 그 권리를 제한해야 할 것으로 본다. 만약 이런 유치권이 성립할 수 있는 목적물을 경락받은 자에게 민법 제91조를 확대해석하여 주장할 수 있다면 경매의 공신력과 절차상에 많은 문제점을 남기데 될 것이다. 유치권의 성립을 주장하는 임차인이 낙찰허가가 되기 전까지 이에 대한 채권신고를 하지 않고 있다가 경락인이 잔금지불 후 명도를 요구할 때 위의 규정을 적용하여 주장하거나 임대인과 임차인간에 임대차계약을

---

106) 大判 1972. 1. 31, 71다 2414.

107) 민법제322조1항에서 '유치권자는 채권의 변제를 받기 위하여 유치물을 경매할 수 있다'고 규정하고 있다.

체결하면서 유치권의 성립을 배제하는 특약을 하지 않았을 경우에도 발생할 수 있지만, 아예 임대인과 임차인이 짜고 허위로 필요비와 유익비를 지출한 것으로 만들어 유치권의 성립을 주장할 수도 있을 것이다. 위와 같은 관계는 유치권 존부를 알 수 없는 경락인에게는 피해가 심할 뿐 아니라 나아가 신의성실과 형평의 원칙에도 어긋나는 처사라고 볼 수 있다. 따라서 이에 대한 면밀한 입법적인 방안이 필요하겠지만 그 보다는 기존에 있는 민법 제578조를 확대하여 유치권자와 경락인(매수인)을 보호하는 방안이 타당할 것으로 본다.

第2節 擔保責任에 의한 救濟

I. 契約解除 및 減額請求의 認定

1. 民法 第578條의 擔保責任

(1) 적용

입찰물건명세서에 경락인수의 대상이 되는 법정지상권의 존재를 명시하지 아니하였거나, 경락인이 경락대금을 완납함으로써 소유권을 취득한 후 경락인수의 대상이 되는 가등기권자의 본등기 또는 가처분권자의 권리회복으로 인하여 매수의 목적을 달성할 수 없는 경우에는 민법 제575조1항에 따라 전자의 경우 계약을 해제할 수 있을 것이고, 후자의 경우는 민법 제576조가 정하는 담보책임을 추궁할 수 있을 것이다.[108] 여기서 매수인의 과실은 불문에 붙인다. 매수인이 선의이었으나 과실로 인하여 부동산에 흠결이 존재함을 알지 못하였다는 사실은 매도인의 담보책임의 성립에 아무런 방해가 되지 않는다는 것이다.[109] [110]

다만 민법 제576조의 경우는 유치권이나 법정지상권자의 행사로 말미암아 경락인이 취득한 권리를 상실한 경우에도 악의의 매수인에 대하여 담보책임을 부담시킬 수 있다는 견해가 있다.[111] 즉 악의의 매수인이 유치권자나 법정지상권자의 행사로 말미암아 목적

---

108) 郭潤直代表執筆, 前揭書,(南孝淳集筆部分), 427面; 黃董龍, 競落引受와 賣渡人의 擔責任, 서울: 月刊經營法務社, 1997.10, 58面.

109) 郭潤直代表執筆, 前揭書,(南孝淳執筆部分), 427面.

110) 民事訴訟法 第633條에 "物件明細書의 作成에 重大한 瑕疵가 있는 경우 競落許可에 대한 異議申請을 할 수 있다고" 규정하고 있어 契約을 解除하지 않고 競落許可에 대한 異議申請을 할 수도 있을 것이다.

111) 金疇洙, 前揭書, 193面; 郭潤直代表執筆, 前揭書,(南孝淳執筆部分), 426面.

물을 사용하지 못하는 목적물을 경락받았다고 하더라도 민법 제576조가 정하는 담보책임에 따르면 계약을 해제할 수 있다는 것이다. 왜냐하면 민법 제575조는 매수인이 담보책임을 추궁하기 위해서 선의일 것을 요하나, 민법 제576조의 경우는 권리를 상실한 때에 악의의 매수인도 담보책임을 추궁할 수 있기 때문이라는 것이다. 여기서 민법 제575조의 "목적을 달성할 수 없는 경우"란 제3자인 입장에서도 "그러한 경우라면 본인도 하지 않았을 것"이라고 여길 정도의 객관적[112] 하자를 의미한다. 만약 경미한 사안의 문제인 경우는 계약을 해제할 수고 다만 배당기일 전에 민법 제578조에 따라 대금감액을 청구하여 치유하여야 할 것이다. 그리고 배당이 완료된 이후면 1차적으로 채무자를 상대로 반환청구를 하고 채무자가 자력이 없을 때에 한해 2차저으로 배당을 받아긴 채권자들을 상대로 반환청구를 한다. 이때 채권자들이 반환해야 할 금액은 낙찰대금보다 반환해야 할 총액이 적은 때에는 각 채권자들은 각자가 배당 받은 금액에서 채권금액의 비률에 따라 반환해야 할 것이다. 이에 따른 경락인의 소유권이전 말소의무와 채무자 또는 배당채권자의 배당금반환의무는 동시이행의 관계에 있다.[113] 그러나 낙찰대금보다 반환해야 할 금액이 더 많을 때에는 각 채권자는 채권금액에 관계없이 배당 받은 금액 전부를 반환해야 할 것이다.

이외 채무자 소유아닌 부동산에 대하여 경매가 이루어 진 경우 민법 제570조와 제578조를 적용하여 경락인을 보호할 수 있다. 판례는 갑 소유의 부동산이 을이 서류를 위조하여 자기 앞으로 소유권등기를 이전하고 다시 피고 앞으로 소유권이전등기를 경료하였는데, 피고가 병에게 근저당권을 설정하여 위 근저당권에 기하여 원고가 낙찰을 받은 사안에서 낙찰자가 소유권을 취득하지 못하자

112) 郭潤直代表執筆, 前揭書,(南孝淳執筆部分), 427面.
113) 大判 1995. 9. 15, 94다 55071.

피고를 상대로 민법 제578조, 제570조의 담보책임을 청구하였다. 대법원은 민법 제578조 제1항의 채무자에는 임의경매에 있어서의 물상보증인도 포함되는 것이므로 경락인이 그에 대하여 적법하게 계약해제권을 행사했을 때에는 물상보증인은 경락인에 대하여 원장회복의 의무를 진다고 판시하였다.114)

(2) 民法 第575條와 第578條의 關係

민법 제575조에 따른 하자있는 목적물을 경락 받더라도 민법 제578조을 확대해석 하여 매도인에게 담보책임을 물을 수 있을 것이다. 예컨대 법정지상권을 설정하여 주는 토지를 경락받더라도 민법 제578조에 따라 경락인이 보호받을 수 있을 것이다.

그러나 민법 제578조를 확대 해석하여 경락인을 보호하기 위해서는 일정한 요건에 해당하는 경우에 한정해야 하지 무한정으로 인정할 수 는 없을 것이다. 그에 대한 구체적인 예로 아래와 같은 조건을 충족해야 할 것이다.

첫째, 법정지상권에 대하여 집행기관은 법정지상권이 성립될 수 있다는 사실을 입찰물건명세서에 명시하여 경락인을 보호해야 하겠지만, 만약 채권자나 집행기관이 이를 해태하여 법정지상권을 설정하여 주는 토지를 경락인에게 인수케 하였다면115) 이는 민법 제575조 1항에 해당되어 본 계약을 해제하고 보증금을 반환해야 할 것이다. 이에 대하여 경락인은 "법정지상권이 성립될 수 있는 사실에 대하여 모르고 있어야 하고, 이로 인하여 계약의 목적을 달성할 수 없는 정도로 중대한 문제인 경우에 한하여 계약을 해제할 수" 있어야 할 것이다.(민법 제575조1항) 만약 법정지상권을 설정하여 주는 토지를 경락 받더라도 그 사안이 그다지 중요하지 않

114) 大判 1988.4.12, 87다카2641.
115) 黃董龍, 競賣外 建物有(有)와 撤去與否(2), 서울: 月刊經營法務社, 1998.3, 60面.

아 나머지 부분만으로도 계약의 목적을 달성할 수 있는 정도라면 계약을 해제할 수는 없고 민법 제578조1항에 따라 대금감액청구만을 청구할 수 있어야 하여야 할 것이다. 그러한 이유는 민법 제575조1항에서 "매수인은 계약을 해제할 수 있고 기타의 경우는 손해배상만을 청구할 수 있다고" 규정하고 있어, 본 조에 따른 손해배상을 청구하기 위해서는 민법 제578조에 3항에 따른 채권자와 채무자가 악의인 경우에 한하여 할 수 있기 때문에 결국 계약을 해제할 수 없는 중대한 사안이 아닌 경우는 그에 따른 손해배상을 청구할 수 없는 결과가 되는 것이다. 물론 민법 제575조에 따른 손해배상으로 해석할 수 도 있겠지만 그렇게 되면 토지소유권에 질적인 하자에 따른 손해액을 산정하기 어려운 부분도 있고[116], 또한 경락인과 그 상대방에 대하여 손해배상을 청구해야 할 문제에 대하여 경매의 공정성과 안정성 그리고 실효성이 저해될 수 있기 때문이다. 따라서 손해배상은 민법 제578조3항의 규정에 한정하여 해석하여야 할 것이다.

민법 제578조1항에 따른 감액청구의 상대방은 채무자에 한정하여 하여야 하고, 그 시기는 배당기일[117] 이전에 하는 것으로 해석하여야 할 것이다. 물론 잔금을 납부한 이후에도 감액청구를 할 수는 있겠지만 배당실시 한 이후에는 감액청구는 할 수 없고 채권자를 상대로 반환청구를 해야 할 것이다. 그러한 이유는 채무자나 물상보증인이 피담보채권을 변제하지 못해 결국 목적물까지 경매처분 당하는 상황에서 감액을 요구하는 것은 현실성이 없기 때문이다. 따라서 낙찰대금을 납부하여 채권자에게 배당이 완료된 상태라면 그 채권자들을 상대로 반환청구를 하여야 할 것이다. 이때 경락인은 채무자가 자력이 없음을 입증한 후 청구하여야 할 것이

---

116) 郭潤直代表執筆, 前揭書,(南孝淳執筆部分), 428面.

117) 民事訴訟法 第654條의 2 은 競落人은 競落代金을 지불하면 法院은 配當期日을 정하고 利害關係人과 配當을 요구한 債權者을 소환하여야 한다.

다. 그리고 법정지상권이 성립될 수 있다는 사실이 있음에도 불구하고 채무자가 이를 고지하지 하지 아니 하였거나 채권자가 이를 알고 경매를 청구한 때에는 경락인은 민법 제578조 3항에 따라 그러한 흠결을 안 채무자나 채권자에 대하여 손해배상을 청구할 수 있을 것이다.

2. 判例의 傾向

(1) 法定地上權을 認定한 判例

첫째, 지상권은 그 지상물의 소유를 위하여 토지를 사용할 수 있는 권리로서 량자가 결합하여 그 경제적 효용을 다하는 것이므로 달리 반대의 약정 등 특별한 사정이 없는 한 양자의 법률적 운명은 이를 동일하게 취급하는 것이 상당하고 지상권과 법정지상권 또는 관습상의 법정지상권을 달리 취급할 이유가 없으므로, 지상권과 그 지상물이 동일인에게 귀속되었다가 경매에 의하여 그 지상물만 양도된 경우에는 경락인은 경락 후 그 지상물을 철거한다는 등의 매각 조건하에서 경매되는 경우 등 특별히 지상권이 유보되었다는 반대사정이 없는 한 지상물의 경락취득과 함께 지상권이전등기청구권도 함께 취득한다고 보아야 한다(부산고법 1991. 12. 4, 91나 3734; 대결, 1991. 6. 28, 90다 16214).

둘째, 저당권은 법률에 특별한 규정이 있거나 설정행위에 다른 약정이 있는 경우를 제외하고 그 저당 부동산에 부합된 물건과 종물 이외에까지 그 효력이 미치는 것이 아니므로, 토지에 대한 경매절차에서 그 지상 건물을 토지의 부합물 내지 종물로 보아 경매법원에서 저당 토지와 함께 경매를 진행하고 경락허가를 하였다고 하여 그 건물의 소유권에 변동이 초래될 수 없다. 따라서 경락에 의하여 건물의 소유자와 그 토지의 소유자가 달라지게 되어 경매 당시의 건물의 소유자가 그 건물의 이용을 위한 법정지상권을 취득한 경우, 토지 소유자는 건물을 점유하는 자에 대하여 그 건물로부터의 퇴거를 구할 수 없다(대판 1997. 9. 26, 97다 10314).

셋째, 구민법 시행 당시에 토지를 기부체납받아 소유권을 취득하였고 그 지상에 건물을 축조하여 그 소유권을 취득함으로써 위 토지 및 그 지상 건물을 소유하고 있었으나 민법 시행 후 민법 부칙 제10조 제1항에 의하여 민법 시행일인 1960. 1. 1.부터 6년 내에 위 토지에 관하여 등기하지 아니함으로써 그 소유권을 상실하였다면, 이로써 위 토지에 대하여 건물의 소유를 위한 관습법상의 법정지상권을 취득한다(대판 1998. 11. 24, 98다28619).

(2) 法定地上權을 否定한 判例

첫째, 원래 채권을 담보하기 위하여 나대지상에 가등기가 경료되었고, 그 뒤 대지소유자가 그 지상에 건물을 신축하였는데, 그 후 그 가등기에 기한 본등기가 경료되어 대지와 건물의 소유자가 달라진 경우에 관습상 법정지상권을 인정하면 애초에 대지에 채권담보를 위하여 가등기를 경료한 사람의 이익을 크게 해하게 되기 때문에 특별한 사정이 없는 한 건물을 위한 관습상 법정지상권이 성립한다고 할 수 없다. 위의 건물에 강제경매가 개시되어 압류등기가 경료되었고, 강제경매절차가 진행 중에 그 이전에 각 대지에 관하여 설정된 채권담보를 위한 가등기에 기하여 그 본등기가 경료 되었으므로 건물경락인은 각 대지에 관하여 건물을 위한 관습상 법정지상권을 취득한다고 볼 수 없다(대결 1994. 11. 22, 94다 5458).

둘째, 건물 없는 토지에 저당권이 설정된 후 저당권설정자가 그 위에 건물을 건축하였다가 담보권의 실행을 위한 경매절차에서 경매로 인하여 그 토지와 지상 건물이 소유자를 달리하였을 경우에는, 민법 제366조의 법정지상권이 인정되지 아니할 뿐만 아니라 관습상의 법정지상권도 인정되지 아니한다. 그리고 등기부에 채무자의 소유로 등기되지 아니한 부동산에 대하여 경매신청을 할 때에는 즉시 채무자의 명의로 등기할 수 있음을 증명할 서류를 첨부하여야 하고(민사소송법 제602조 제1항 제2호, 제728조), 미등기건물의 소유권보존등기는 가옥대장등본에 의하여 자기 또는 피상속인이 가옥대장에 소유자로서 등록되어 있는 것을 증명하는 자나 판결 또는 기타 시·구·읍·면의 장의 서면에 의하여 자기의 소유권을 증명하는 자 및 수용으로 인하여 소유권을 취득하였음을 증명하는 자만이 이를 신청할 수 있는 것이므로(부동산등기법 제131조), 토지에 대한 저당권자가 민법 제365조에 의하여 그 지상의 미등기건물에 대하여 토지와 함께 경매를 청구하는 경우에는 지상건물이 채무자 또는 저당권설정자의 소유임을 증명하는 서류로서 부동산등기법 제131조 소정의 서면을 첨부하여야 한다 (대결 1995. 12. 11, 95마 1262). 이외 구건물 멸실 후에 신건물이 신축되었고 구건물과 신건물 사이에 동일성이 없는 경우 멸실된 구건물에 대한 근저당권설정등기는 무효이며 이에 기하여 진행된 임의경매절차에서 신건물을 경락받았다 하더라도 그 소유권을 취득할 수 없다. 민법 제578조 제1항,제2항은 매매의 일종인 경매에 있어서 목적물의 하자로 인하여 경락인이 경락의 목적인 재산권을 완전히 취득할 수 없을 때에 매매의 경우에 준하여 매도인의 위치에 있는 경매의 채무자나 채권자에게 담보책임을 부담시켜 경락인을 보호하기 위한 규정으로서 그 담보책임은 매매의 경우와 마찬가지로 경매절차는 유효하게 이루어졌으나 경매의 목적이 된 권리의 전부 또는 일부가 타인에게 속하는 등의 하자로 경락인이 완전한 소유권을 취득할 수 없거나 이를 잃게 되는 경우에 인정되는 것이고 경매절차 자체가 무효인 경우에는 경매의 채무자나 채권자의 담보책임은 인정될 여지가 없다(대판 1993.5.25. 선고 92다15574) .

셋째, 민법 제578조에 의하여 경매신청 채권자가 경락인에게 부담하는 손해배상책임은 반드시 신청채권자의 경매신청행위가 위법한 것임을 전제로 하는 것은 아니지만, 경매절차에서 소유권이전청구권 가등기가 경료된 부동산을 경락받았으나 가등기에 기한 본등기가 경료되지 않은 경우에는 아직 경락인이 그 부동산의 소유권을 상실한 것이 아니므로 민법 제578조에 의한 손해배상책임이 성립되었다고 볼 여지가 없다(대판 1999. 9. 17, 97다 54024).

넷째, 관습법상의 법정지상권의 성립 요건인 해당 토지와 건물의 소유권의 동일인에의 귀속과 그 후의 각기 다른 사람에의 귀속은 법의 보호를 받을 수 있는 권리변동으로 인한 것이어야 하므로, 원래 동일인에게의 소유권 귀속이 원인무효로 이루어졌다가 그 뒤 그 원인무효임이 밝혀져 그 등기가 말소됨으로써 그 건물과 토지의 소유자가 달라지게 된 경우에는 관습상의 법정지상권을 허용할 수 없다(대판 1999. 3. 26, 98다 64189).

다섯째, 미등기 건물을 그 대지와 함께 양수한 사람이 그 대지에 관하여서만 소유권 이전등기를 넘겨받고 건물에 대하여는 그 등기를 이전받지 못하고 있는 상태에서 그 대지가 경매되어 소유자가 달라지게 된 경우에는, 미등기 건물의 양수인은 미등기 건물을 처분할 수 있는 권리는 있을지언정 소유권은 가지고 있지 아니하므로 대지와 건물이 동일인의 소유에 속한 것이라고 볼 수 없어 법정지상권이 발생할 수 없다(대판1998. 4. 24, 98다 4798).

여섯째, 동일인 소유의 토지와 그 토지상에 건립되어 있는 건물 중 어느 하나만이 타에 처분되어 토지와 건물의 소유자를 각 달리하게 된 경우에는 관습상의 법정지상권이 성립한다고 할 것이나, 건물 소유자가 토지 소유자와 사이에 건물의 소유를 목적으로 하는 토지 임대차계약을 체결한 경우에는 관습상의 법정지상권을 포기한 것으로 봄이 상당하다(대판 1992.10.27. 선고 92다3984). 한편 판례는 "경락인이 강제경매절차를 통하여 부동산을 경락받아 대금을 완납하고 그 앞으로 소유권이전등기까지 마쳤으나, 그 후 강제경매절차의 기초가 된 채무자 명의의 소유권이전등기가 원인무효의 등기이어서 경매 부동산에 대한 소유권을 취득하지 못하게 된 경우, 이와 같은 강제경매는 무효라고 할 것이므로 경락인은 경매 채권자에게 경매대금 중 그가 배당받은 금액에 대하여 일반부당이득의 법리에 따라 반환을 청구할 수 있고, 민법 제578조 제1항, 제2항에 따른 경매의 채무자나 채권자의 담보책임은 인정될 여지가 없다"라고 판시하고 있다. 즉 채무자명의의 소유권이전등기가 무효인 경우에는 담보책임을 적용할 수 없고 부당이득의 법리에 따라 반환청구해야 한다고 판시하고 있지만 여러 사람의 이해관계가 착잡하게 뒤엉키는 '경매의 무효'(사실 그 의미도 명확한 것은 아니다)의 다양한 경우들에 있어서 이를 간명하고 형평에 맡게 처리할 방도를 어디서 찾을 것인가[118]와 경매절차의 안정성을

---

118) 梁彰洙, 판례평석요지(대판, 2004. 6. 24, 선고 2003다 59259) 「채무자 소유 아닌 부동산에 대한 경매와 담보책임」, 법률신문사 제 3296호, 2004년 9월 ; 채무자 앞으로 소유권등기가 된 부동산에 대하여 경매가 행하여져서 경락인이 경락대금을 납부하고 그에 관하여 소유권이전등기를 경료받았으나 원래 그 경매목적물이 채무자가 아닌 제3자의 소유이어서 경락인이 그 소유권을 취득하지 못하는 것으로....... 경매의 목적물이 채무자 아닌 타인에게 속한 경우로서 채무자가 이를 취득하여 경락인에게 이전할 수 없는 때에

중시하여 경매절차의 효력을 가능한 한 유지하려는 입장,실정법의 안정성과 양 당사자의 균형있는 보호를 위해서는 타당하지 않다고 본다.

3. 契約解除 및 減額請求의 認定

민법 제187조 단서가「등기하지 아니하면 이를 처분하지 못한다」고 규정하고 있음에도 불구하고 이를 하지 아니한 건물전득자에게 법정지상권을 인정함은 부동산공시제도에도 배척되는 것이라 타당하지 않다고 본다. 즉 건물양수인은 법정지상권을 유효하게 취득함으로써 건물을 보호받을 수 있는 법적수단을 가진 자이므로 이런 법적수단을 갖춘 경우에만 토지소유자이 토지용익권에 우선할 수 있고 그렇지 않는 한 토지소유자의 철거청구에 대항할 수 없다고 보는 것이 토지이용관계의 조정상 공평하고 합리적인 해석이라고 생각한다. 다만 경매

해당한다. ......타인 소유의 부동산이 매매된 경우에 진정한 소유자가 매수인 또는 매도인을 상대로 그 명의의 소유권등기의 말소를 청구하는 소송을 제기하여 그 승소의 확정판결을 받은 경우에는 민법 제570조에서 정하는 "매도인이 그 권리를 취득하여 매수인에게 이전할 수 없는 때"에 해당한다는 태도를 취하여 왔다. 대상판결이 "강제경매절차의 기초가 된 채무자 명의의 소유권이전등기가 원인무효의 등기이어서 경매 부동산에 대한 소유권을 취득하지 못하게 된 경우"라고 설시하고 있다고 해서, 이것이 경매목적물이 채무자 아닌 타인의 소유에 속한 경우와는 별개임을 의미하지는 않을 것이다. "경매가 무효"라고 하여서 경락인은 경매채권자에 대하여 그가 배당받은 금액의 반환을 일반 부당이득의 법리에 따라서 청구할 수 있을 뿐이고, 민법 제578조에 따른 경매의 채무자나 채권자의 담보책임은 인정될 여지가 없다면, 민법 제578조 제1항의 경매채무자의 책임을 인정하는 판결은 결코 나올 수 없는 것이다. 경매목적물이 채무자 아닌 제3자의 소유에 속하는 경우에 대하여 담보책임을 인정하더라도 실제 사건의 해결로서는 대상판결의 결론과 같이 배당채권자에 대하여 일반부당이득의 책임을 인정하는 것과 다르지 않은 경우가 많을 것이다. 1차적인 담보책임자로서의 '채무자'는 특히 그에 대하여 강제경매절차가 진행된 상황이라면 이미 무자력할 것이고, 따라서 결국은 제578조 제2항에 의하여 '대금의 배당을 받은 채권자'로부터 그가 배당받은 금전의 반환을 청구하여야 할 것이기 때문이다.

로 인하여 법정지상권이 설정되어 있는 건물을 낙찰받은 경우는 위의 규정을 적용하지 않고 판례의[119] 견해에 따르는 것이 합당할 것으로 본다. 그러한 이유는 매매와 달리 경매의 경우는 입찰물건명세서에 법정지상권의 설정유무에 대한 명시를 하지 않게 되면 그러한 사실관계를 파악하기가 곤란하다는 것이다. 특히 건물만에 대하여 법정지상권 설정되어 있고 그 토지만 경매로 나온 경우는 건물에 대해 법정지상권을 이미 설정하여 주고 있는 관계인지 아니면 임대차관계인지 어떤 권리관계가 설정되어 있는지를 경락인은 알 수 가 없기 때문이다. 결국 이런 토지를 경락 받은 자는 사용할 수 없는 토지를 경락 받음으로 인하여 불의의 손해를 당할 수 있다는 것이다. 이때 토지를 경락 받은 자는 목적물을 사용할 수 없는 관계로 민법 제575조 1항에 따라 계약를 해제[120]할 수 있어야 할 것이다. 다만 경락인이 사용할 수 없는 경우란 법정지상권이 설정되어 건물로 인하여 토지를 사용할 수 없는 중대한 사유가 있어야 한다는 것이다. 만약 그 사안이 경미하여 법정지상권을 용인하는 부분이 중요하지 않아 계약을 해제 할 수는 없는 경우면 민법 제578조 1항에 따라 채무자를 상대로 대금감액청구를 하여야 할 것이다. 이에 대한 청구시기는 배당기일 이전에 해야 하는 것으로 해석해야 합당 할 것이다. 그러한 이유는 변제를 하지 못해 목적물이 경매처분 당하는 입장이 있는 자에게 대금감액청구를 하는 것은 설득력이 없기 때문이다. 그리고 배당기일 이후에 해

119) 大判 1985. 4. 9, 84다카 1131.

120) 홍성지원, 1993. 12. 10, 93가합 309; 判例는 "他人의 權利 賣買시 賣渡人이 그 權利를 取得하여 買受人에게 이전할 수 없게 된 경우에 매수인은 그 담보책임의 效果로서 賣買契約을 解除할 수 있는데, 買受人이 취득한 解除權은 形成權의 일종으로서, 解除權 발생의 기초가 되는 賣買契約 이른바 債權的 權利로서 10年으로 時效消滅하게 되며, 아울러 形成權에 있어서는 그 性質上 權利의 불행사는 사실상태가 있을수 없다는 점에 비추어 볼 때, 위 賣買契約의 解除權도 10년의 기간 내에 행사하여야 하고, 그 期間의 性質은 除斥其間이라고 解釋된다"고 判示하여 擔保責任에 따른 解除權은 債權的請求權으로 보아 10年내에 행사하여야 할 것으로 보고 있다.

당하는 경우면 경락인은 민법 제578조2항에 따라 채권자를 상대로 반환청구를 행사하여야 할 것이다. 이때 경락인은 반환청구의 상대방인 채무자의 자력이 없음을 입증해야 하는데 물상보증인은 이 반환청구의 상대방에서 제외해야 한다고 본다.[121] 그러한 이유는 물상보증인은 이미 채무자의 물상보증을 하여 주는 관계로 목적물을 경매처분 당하였고 또한 그 설정계약에 따른 이행으로 목적물이 처분되어 채권자에게 배당까지 하여 주었는데 또다시 권리의 하자를 이유로 책임을 추궁하는 것은 물적 유한책임을 지는 물상보증인에게 과다한 책임을 지우는 것이 되기 때문에 인정하기 힘들다는 것이다. 오히려 물상보증인의 목적물이 처분되어 채권자에게 배당되었으므로 배당을 받은 채권자들을 상대로 반환청구를(민법 제578조 2항)행사하는 것이 합리적이라고 본다.

그리고 채무자나 채권자가 악의로 이런 사실을 고지 하지 않은 경우라면 손해배상을 청구할 수 있어야 할 것이고, 이때의 손해배상은 채무불이행설에 따른 이행리익의 배상을 해야 할 것이다. 한편 경매나 국세징수법에 의한 경우 또는 공매에 의한 경우는 그러한 법정지상권의 성립유무에 대해서 제대로 알 수 없기 때문에 법정지상권을 인정하는 것이 타당하지만, 매매등에 의해서 발생하는 관습법상 법정지상권에 대해서는 확대적용을 고려해야 할 것으로 본다. 담보책임의 목적은 대가적 견련관계가 실현되지 않는 경우에 그 구제제도로서 무너진 대가적 균형의 복구를 목적으로 하여[122] 인정되는 것이기 때문에 관습법상 법정지상권으로 손해를 보게 되는 토지소유자에 까지 무과실책임인 민법 제578조를 인정할 것은 아니라고 본다.

---

121) 大判 1998. 4. 12, 87다카2641; 判例와 多數說은 "民法 第578條 제1項의 債權者에는 任意競賣에 있어서의 物上保證人도 포함되는 것이므로 競落人이 그에 대하여 適法하게 契約 解除權을 행사했을 때에는 物上保證人은 競落人에 대하여 原狀回復의 義務를 진다"는 입장을 취하고 있다.

122) 金亨培, 賣渡人의 擔保責任, 서울: 考試界, 1997.1, 173面

II. 留置權 成立의 制限

1. 留置權 關聯 法律

(1) 民法 第 575條 1項

민법 제 575조 제1항은 "매매의 목적물에 유치권의 목적이 된 경우에 매수인이 이를 알지 못한 때에는 이로 인하여 계약의 목적을 달성할 수 없는 경우에 한해서 매수인은 계약을 해제할 수 있다"고 규정하고 있다. 여기서 매수인이 알지 못한 때란 선의인 경우에 한 하다고[123] 봄이 타당하다. 즉 선의의 매수인은 계약을 해제할 수 있어야 할 것이고, 그러한 계약을 해제하기 위해서는 계약의 목적을 달성할 수 없는 경우에 한하여 인정해야 할 것이다. 계약의 목적을 달성할 수 없는 정도란 당사자의 주관적 판단이 아니라 제3자의 객관적인 입장에서 파악해야 할 것이다. 제 3자도 그러한 입장이었더라면 하지 않았을 것이라고 생각될 정도가 될 것이다. 따라서 중요한 내용이 아닌 경우는 민법 제578조 1항을 적용하여 채무자에게 대금감액청구를 할 수 있어야 할 것이다.

여기서 대금감액청구권은 경락인이 잔금을 납부하기 전까지 해야 하는 것으로 해석해야 할 것이다. 그러한 이유는 잔금납부 하기 전이면 낙찰대금에서 그 제한 받는 피담보채권액 만큼 제한금액을 납부할 수 있도록 할 수 있기 때문이다.

(2) 민사집행법 제91조 제5항

민사집행법 제91조 제5항은 '매수인은 유치권자에게 그 유치권으로 담보하는 채권을 변제할 책임이 있다'[124]고 규정하고 있다.

123) 郭潤直, 前揭書, 217面.

이러한 규정을 적용하기 위해서는 민법 제575조에 따라 그러한 유치권의 존재사실에 대해서 알 수 있었는데도 불구하고 과실로 인하여 알지 못했던 매수인에 한정하여 해석하여야 할 것이다. 여기서 '알 수 없었던 경우란' 입찰당일 까지 유치권에 대해 채권신고를 하지 않아 경락인이 알 수 없었던 경우이다. 즉 임차인이 필요비와 유익비에 따른 유치권을 집행기관에 채권신고를 하지 않아 경락인이 알 수 없었던 경우이다.[125)]

민사집행법 제268조에 의하여 담보권의 실행을 위한 경매절차에 준용되는 동법 91조 제5항의 "경락인은 유치권자에게 그 유치권으로 담보하는 채권을 변제할 책임이 있다"에서 '변제할 책임이 있다'는 의미는 부동산상의 부담을 승계한다는 취지로서 인적 채무까지 인수한다는 취지는 아니므로, 유치권자는 경락인에 대하여 그 피담보채권의 변제가 있을 때까지 유치목적물인 부동산의 인도를 거절할 수 있을 뿐이고 그 피담보채권의 변제를 청구할 수는 없는 것이다.

---

124) 大判 1996. 8. 23, 95다 8713; 여기서 判例는 "民事訴訟法 第728條에 의하여 擔保權의 實行을 위한 競賣節次에 준용되는 같은 法 第608條 3項은 競落人은 留置權者에게 그 留置權으로 담보하는 채권을 변제할 책임이 있다고 규정하고 있는바, 여기에서 '변제할 責任이 있다'는 의미는 부동산상의 부담을 승계한다는 취지로서 인적 債務까지 인수한다는 취지는 아니므로, 留置權자는 競落人에 대하여 그 피담보채권의 변제가 있을 때까지 留置目的物인 부동산의 인도를 거절할 수 있을 뿐이고 그 피담보채권의 辨濟를 청구할 수는 없다".고 判示하고 있다. 즉 留置權자는 競落人에 대하여 그 피담보채권의 변제가 있을 때 까지 유치목적물인 부동산의 인도를 거절할 수 있을 뿐이고 피담보채권의 변제를 청구할 수는 없다고 하고 있다. 따라서 留置權者는 留置權에 의하여 擔保되는 채무가 변제될 때까지 목적물을 占有하여 변제를 간접적으로 강제하고 그래도 辨濟가 없을 때에는 목적물을 競賣하여 債權을 回收할 수 있을 것이다. 그러나 被擔保債權의 변제가 없게 되면 競落人은 目的物을 引渡 받을 수 없으므로 결국 契約의 목적을 달성할 수 없기 때문에 賣渡人의 擔保責任에 관한 規定을 適用해야 할 것이다.

125) 黃董龍, 競落引受와 賣渡人의 擔保責任, 서울: 月刊經營法務社, 1997.2, 60面.

(3) 民法 第575條와 第578條의 關係

채권자가 권리의 실행으로서 채무자의 재산을 경매한 경우에 그 경매한 목적물에 하자가 있었던 때에는 경락인을 보호할 필요가 있다 여기서 민법은 제578조와 제580조2항에서 특칙을 두어 경매에 따른 담보책임을 정하고 있다[126].

경락인은 매도인의 지위에 서는 매매목적물의 권리자인 채무자에 대하여 경매된 권리의 전부 또는 일부가 타인에게 속하거나, 그 권리가 부족하거나 또는 제한을 받고 있는 경우에는 계약을 해제하거나 또는 대금감액을 청구할 수 있다(민법 제578조 1항)고 규정하고 있는데, 여기서 경락인이 계약을 해제하거나 또는 대금감액을 청구할 수 있다는 경우란 경매된 권리의 전부 또는 일부 그리고 제한을 받고 있는 경우라고 할 수 있는데, 이는 민법 제578조 1항에서 '경락인은 전 8조의 규정에 의하여' 할 수 있다고 규정하고 있기 때문이다.

따라서 민법 제575조 1항의 제한을 받는 유치권의 경우는 제578조을 적용할 수 있을 것이다. 다만 계약의 목적을 달성할 수 없는 정도가 아닌 경미한 경우는 대금감액청구만를 법원을 통하여 채무자에게 청구할 수 있어야 할 것이다. 다만 대금감액청구은 경락인이 잔금 납부 전에 청구해야 가능할 것이고[127] 납부한 이후에는 채무자가 자력이 없다는 것을 경락인이 입증한 이후 채권자를 상대로 반환청구를 할 수 있을 것이다. 이때 채권자가 반환할 금액

126) 郭潤直, 前揭書, 227面.

127) 競落人이 殘金納付前에 減額請求를 해야 한다는 근거는 落札人이 잔금을 납부하고 난 이후에 채권자에게 配當이 끝난 상태에서 債務者나 物上保證人을 상대로 減額請求를 한다는 것은 채무자난 物上保證人이 자력이 없어 결국 競賣로 넘어가게 되었는데 이들을 상대로 減額請求를 한다는 것은 시간도 오래 걸리고 競落人이 保護 받지 못하는 결과가 된다. 따라서 殘金을 납부하기 이전에 그 殘金納付金額에 대해서 減額하여 달라는 식으로 請求해야 競賣의 迅速性과 安定性에 부합할 것이다.

은 배당 받은 금액의 한도가 될 것이다. 그렇지만 배당받은 금액이 채권자에게 따라 다를 수 있기 때문에 반환할 금액이 배당한 금액보다 적은 경우에 각 채권자는 채권액의 비률에 따른 배당액을 반환해야 할 것이다. 일부 설은 배당 받은 금액의 한도에서 반환해야 할 것이라고 하였는데 이렇게 되면 채권자에게 불평등한 결과를 발생할 수 있기 때문에 이는 인정할 수 없을 것이다. 그리고 경매의 목적물에 권리의 하자가 있더라도 손해배상은 청구할 수 없다는 것이 원칙이다. 이는 보통의 매매에 있어서와 같이 매도인의 손해배상 책임을 인정하는 것은 너무 가혹하기 때문이다[128]. 그러나 채무자가 권리의 흠결을 알고 고지하지 아니하거나 채권자가 이를 알고 경매한 경우를 청구한 때에는 경락인은 그 흠결을 한 채무자나 채권자에 대하여 손해배상을 청구할 수 있을 것이다(민법 제578조 3항). 그런데 이 경우에 채무자・채권자 양자에게 모두 과실이 있는 때에는 1차로 채무자가 손해배상책임을 지고, 채권자는 제2차로 책임을 질 뿐이라는 설과, 이는 민법 제578조 3항의 취지에 반하기 때문에 연대책임을[129] 부담해야 한다는 설로 나누어 지고 있는데, 물상보증인에게 손해배상책임까지 부담하게 하는 것은 이미 담보물을 경매처분 당하여 재산상의 손실을 당한 물상보증인에게 너무 가혹하기 때문에 인정하기 힘들 것이다. 또한 채무자가 자력이 없을 경우는 배당을 받아간 채권자들을 상대로 반환청구를 하여야 마땅한 처사일 것이다.

2. 判例의 傾向

유치권의 목적이 될 수 있는 것은 동산이나 부동산 또는 유가증권이

128) 郭潤直, 前揭書, 228面.
129) 郭潤直, 前揭書, 229面.

며, 목적물의 점유를 공시방법으로 하지 않기 때문에 등기를 요하지 않는다. 그리고 목적물로부터 발생한 채권이어야 하고 당사자간에 유치권의 발생을 배제하는 특약이 없어야 한다. 이러한 유치권은 피담보채권이 변제기가 도달할 때 주장할 수 있게 되는데, 필요비와 유익비에 대해 판례는 유치권을 인정하고 있어 경매의 경우 문제가 되고 있다.

(1) 留置權을 認定한 判例

첫째, 목적물이 경락 된 후 집행채권자가 유치권자인 집행채무자의 점유하에 있던 목적물을 단행가처분의 집행을 통하여 인도받은 후 제3자에게 처분·인도하고 그 목적물에 관하여 소유권이전등기까지 경료하여 그 제3자로 하여금 목적물에 관한 완전한 소유권을 취득하게 하여 버림으로써 목적물에 관한 소유권이나 점유를 환원시킬 수 없는 새로운 사태가 만들어진 경우, 그 때 비로소 가처분의 집행채권자로서 인도집행받은 목적물의 점유를 타에 이전하거나 점유명의를 변경하여서는 아니되는 가처분의 결정취지에 반하여 점유를 타에 이전하여 그 점유명의를 변경한 것이 되고 집행채무자의 점유를 침탈하여 유치권을 상실하게 하는 불법행위를 저지른 것이라고 보아야 한다(대결 1996. 12. 23, 95다 25770).

둘째, 점유라고 함은 물건이 사회통념상 그 사람의 사실적 지배에 속한다고 보여지는 객관적 관계에 있는 것을 말하고 사실상의 지배가 있다고 하기 위하여는 반드시 물건을 물리적, 현실적으로 지배하는 것만을 의미하는 것이 아니고 물건과 사람과의 시간적, 공간적 관계와 본권관계, 타인지배의 배제가능성 등을 고려하여 사회관념에 따라 합목적적으로 판단하여야 한다. 민사소송법 제728조에 의하여 담보권의 실행을 위한 경매절차에 준용되는 같은 법 제608조 제3항은 경락인은 유치권자에게 그 유치권으로 담보하는 채권을 변제할 책임이 있다고 규정하고 있는바, 여기에서 '변제할 책임이 있다'는 의미는 부동산상의 부담을 승계한다는 취지로서 인적 채무까지 인수한다는 취지는 아니므로 유치권자는 경락인에 대하여 그 피담보채권의 변제가 있을 때까지 유치목적물인 부동산의 인도를 거절할 수 있을 뿐이고 그 피담보채권의 변제를 청구할 수는 없다(대판1997. 1. 21, 96다 40080).

셋째, 소유권에 관한 가등기의 목적이 된 부동산을 낙찰받아 낙찰대금까지 납부하여 소유권을 취득한 낙찰인이 그 뒤 가등기에 기한 본등기가 경료됨으로써 일단 취득한 소유권을 상실하게 된 때에는 매각으로 인하여 소유권의 이전이 불가능하였던 것이 아니므로, 민사소송법 제613조에 따라 집행법원으로부터 그 경매절차의 취소결정을 받아 납부한 낙찰대금을 반환 받을 수는 없다고 할 것이나, 이는 매매의 목적 부동산에 설정된 저당권 또는 전세권의 행사로 인하여 매수인이 취득한 소유권을 상실한 경우와 유사하므로, 민법 제578조, 제576조를 류추 적용하여 담보책임을 추급할 수는 있다고 할 것인바, 이러한 담보책임은 낙찰인이 경매절차 밖에서 별소에 의하여 채무자 또는 채권자를 상대로 추급하는 것이 원칙이라고 할 것이나, 아직 배당이 실시되기 전이라면, 이러한 때에도 낙찰인으로 하여금 배당이 실시되는 것을 기다렸다가 경매절차 밖에서 별소에 의하여 담보책임을 추급하게 하는 것은 가혹하므로, 이 경우 낙찰인은 민사집행법 제96조를 류추적용하여 집행법원에 대하여 경매에 의한 매매계약을 해제하고 납부한 낙찰대금의 반환을 청구하는 방법으로 담보책임을 추급할 수 있다(대결 1997. 11. 11, 96그 64).

넷째, 기초공사 벽체공사 옥상스라브공사만이 완공된 건물에 전세금을 지급하고 입주한 후 소유자와 간에 위 건물을 매수하기로 합의하여 자기 자금으로 미완성 부분을 완성한 자는 위 건물에 들인 금액 상당의 변제를 때까지 위 건물의 제 3취득자에 대하여 유치권을 행사할 수 있다(대결 1967. 11. 28, 66다 2111).

다섯째, 유치권자의 점유하에있는 유치물의 소유자가 변동하더라도 유치권자의 점유는 유치물에 대한 보존행위로서 하는 것이므로 적법하고, 그 소유자 변동 후 유치권자가 유치물에 관하여 새로이 유익비를 지급하여 그 가격의 증가가 현존하는 경우에는 이 유익비에 대하여도 유치권을 행사할 수 있다(대판 1972. 1. 31, 71다 2414).

(2) 留置權을 否定한 判例

첫째, 경매의 목적물에 대항력 있는 임대차가 존재하는 경우에 경락인이 이를 알지 못한 때에는 경락인은 이로 인하여 계약의 목적을 달성할 수 없는 경우에 한하여 계약을 해제하고 채무자 또는 배당을 받은 채권자에게 그 대금의 전부나 일부의 반환을 구하거나, 그 계약해제와 함께 또는 그와 별도로 경매목적물에 위와 같은 흠결이 있음을 알고 고지하지 아니한 채무자나 이를 알고 경매를 신청한 채권자에게 손해배상을 청구할 수 있을 뿐, 계약을 해제함이 없이 채무자나 경락대금을 배당받은 채권자들을 상대로 경매목적물상의 대항력 있는 임차인에 대한 임대차보증금에 상당하는 경락대금의 전부나 일부를 부당이득하였다고 하여 바로 그 반환을 구할 수 있는 것은 아니다(대결 1996. 7. 12, 96다 7106; 참조조문, 주택임대차보호법 제3조 제3항, 민법 제575조 제1항 ,제578조, 제741조).

둘째, 건물임차인이 임대차계약 종료시에 건물을 원상으로 복구하여 임대인에게 명도하기로 약정한 경우에는, 이는 건물에 지출한 각종의 유익비또는 필요비의 상환청구권을 포기한 취지의 특약에 해당한다고 본다(대판 1975. 4. 22, 73다 2010).

셋째, 자기소유가옥에 지출한 수리비로는 유치권 행사할 수 없다. 즉 건물을 증여받은 자가 증여자로 하여금 그 앞으로 소유권 이전등기를 경료 하여 제3자에게 근저당권을 설정케하고 그 후 제3자가 그 건물을 경락 취득한 경우에는 증여 받은 자는 경매신청 전에 가옥을 수리하는데 비용을 지출하였다 하여도 이로써 유치권을 행사할 수 없다(대판 1959. 5. 14, 58다 302).

3. 留置權 成立의 制限

민사집행법 제91조 제5항에 따라 경락인은 유치권자에게 그 유치권으로 담보되는 채권을 변제할 책임이 있고, 이를 이행하지 않을 경우 유치권자는 유치물을 경매할 수 있다고 규정하고 있는데 이러한 규정은 민법 제575조와 민법 제578조에 따라 제한을 받을 수 있다. 즉 민법 제575조는 유치권의 존재사실을 알 수 없었고 이로 인하여 계약의 목적을 달성할 수 없는 경우에 본 계약을 해제할 수 있다고 규정하고 있기 때문에 입찰당일까지 그러한 유치권의 존재에 대하여 채권신고를 하지 않은 경우에는 적용할 수 없는 해석하여야 할 것이다. 왜냐하면 임차인이 필요비와 유익비를 지출하고 그에 따른 유치권의 존부를 법원에 채권신고하지 않게 되면 경락인 입장에서는 유치권의 존재를 알 수 없고 더구나 채무자나 물상보증인에게 이러한 사실을 조사할 수 있는 입장도 되지 않기 때문이다. 특히 임차인과 채무자가 짜고 허위의 유치권을 주장하게 되면 경락인은 속수무책으로 불의의 손해를 당할 수 밖에 없다. 따라서 유치권자 경락인에게 대항하기 위해서는 입찰당일 까지 채권신고를 한 경우에 한해서 민법 제322조와 민사집행법 제91조 제5항에 보호받을 수 있는 관계로 해석해야 할 것이다. 만약 정상적인 유치권인데도 배당요구종기일까지 채권신고를 하지 않아 경락인이 이를 알지 못하였고 유치권자가 명도를[130] 거부하는 경우 경락인(매수인)은 민법 제575조와 제578에 따라 보호받아야 할 것이다.

그리고 본 규정을 적용하여 계약을 해제하기 의해서는 그 내용이 중대한 내용이어야 하는데 그 중대한 내용이란 계약의 목적을 달성할 수 없는 정도의 내용이어야 할 것이다(민법 제575조 1항). 그렇지 않는 경우는 민법 제578조에 따라 대금감액청구를 잔금납부하기 전까지 집행기관을 통하여 채무자에게 하여야 할 것이다. 다만 채무자가 자력이 있을 경우에만 할 수 있는 것이지 없는 경우에는 낙찰대금에 대하여 감액청구를 하여야 할 것이고 채무자가 자력이 없다는 것을 경락인이 입증하였을 경우는 민법 제578조 2항에 따라 배당을 받아간 채권자를 상대로 반환청구를 할 수 있을 것이다. 그에 대한 반환액은 채권액의 비률에 따른 반환을 하여야 형평의 원칙에 합당할 것이다.

130) 大判 1996. 8. 23, 95다 8713.

第 2 編

民事特別法과 民事執行法의 關係

第1章　賃借人의 對抗力

第2章　競落人에게 對抗力 없는 賃借人의 保證金 優先辨濟權

第3章　競落人에게 對抗力 있는 賃借人의 保證金 優先辨濟權

第1章 賃借人의 對抗力

임대차제도는 개인주의 색채 및 소유권 절대주의에 입각한 로마법에서 타인의 물건을 사용·수익하기 위한 제도로서 발전한 것이다. 로마법에서의 임대차는 "매매는 임대차를 깨뜨린다" 또는 "매매에 의한 소유권의 양도는 임대차를 깨뜨린다"는 원칙, 즉 물권인 소유권은 채권인 임차권에 우월하다는 관념을 기초로 하여 임대차를 순수한 채권관계로 인식하였으며[1] 로마법을 계수한 서구의 근대법도 임대차를 단순한 채권관계로 규율하였다.[2] 그 결과 임차권은 목적물이 제3자에게 양도되는 경우 보호받지 못할 뿐만 아니라[3] 존속기간이 짧아 임차인이 안심하고 목적물을 이용할 수 없는 문제가 발생하게 되었다. 이러한 Roma법상의 임대차는 독일보통법에 이르러 수정을 겪게 되어 임차인은 일종의 물권인 Gewere를 취득한 권리자로서 보호를 받게 되었다. 즉 "매매는 임대차를 깨뜨리지 않는다(Kauf bricht nicht Miete)"는 원칙이 세워짐으로써 현대의 임대차에 있어서는 임차권은 채권이지만 물권화 과정에 있는 권리로 보는 물권화설이 다수설의 입장이다.[4] 이에 따라 우리 민법 제621조 제2항에서도 "임차인이 부동산임대차를 등기한 때에는 그 때부터 제3자에게 대항력을 가지며", "건물의 소유를 목적으로 하는 토지임대차는 이를 등기하지 아니한 때에도 임차인이 그 지상건물을 등기한 때에는 제3자에 대하여 대항력을 가진다"는 규정을 두게 되었다(제622조 제1항). 그러나 소유자에

---

1) 林正平, 韓國不動産民法과 統一後 法律政策, 法律文化比較學會 2003, 217面.
2) 林正平, 前揭 債權各論, 350面.
3) 上揭書, 350~351面.
4) 郭潤直, 債權各論(民法講義Ⅳ), 博英社 1992. 329~322面 ; 權龍雨, 債權各論(全訂版), 法文社 1996, 259~265面 ; 林正平, 前揭 韓國不動産民法과 統一後 法律政策, 502~503面.

비하여 열세의 지위에 있는 임차인 등이 소유자가 원하지 아니하는 임차권의 등기나 전세권의 등기를 한다는 것은 기대하기 어려운 것이 현실이므로, 결국에는 그 제정목적에도 불구하고 물권으로 구성된 전세권의 제 조항이나 등기에 의해 대항력을 취득하는 제621조의 규정은 임차인 등의 보호를 위한 조항으로서는 실익이 없었다. 오로지 임차인이 단독으로 대항력을 취득할 수 있는 제622조의 규정만이 그 제정 당시 기대한 기능을 다할 수 있었을 뿐이다. 위와 같이 현행 민법 하에서는 현실적으로 부동산 임차인의 보호가 유명무실하다는 인식아래 1981년 3월 5일 뒤늦게 나마 심각한 주택난을 배경으로 사회적으로 무주택 서민의 주거생활의 안정을 위하여 주거용 건물의 임대차에 관하여 민법에 대한 특례를 규정한 특별법으로서 주택임대차보호법을 제정 · 시행하게 되었다. 1981. 3. 5 제정된 최초의 주택임대차보호법(법률 제3379호)에서는 대항력에 관한 규정만을 두었고 우선변제권에 관하여는 규정을 두지 않았는데 "임대차는 등기가 없는 경우에도 임차인이 주택의 인도와 주민등록을 마친 때에는 그 익일부터 제3자에 대하여 효력이 생긴다"고 규정하여(법 제3조 제1항) 채권인 임차권에 물권성을 부여하게 되었다.[5] 그러나 대항력의 효력과 관련하여 임차주택의 양수인이 임대인의 권리의무를 승계하는가의 여부에 관하여는 규정을 두지 않아 의견의 대립이 있었다. 이에 1983. 12. 30. 제1차 개정에서 "임차주택의 양수인은 양도인의 지위를 승계한다"는 제3조 제2항을 신설함으로써 양수인이 양도인인 임대인의 지위를 당연 승계함을 명문화하게 되었다. 이에 따른 임대인의 승계는 법률상의 당연승계이므로 양도인이나 양수인에 의한 양도사실의 통지 혹은 임차인의 승낙등은 불필요하며, 양수인의 권리취득의 원인은 매매나 증여 등의 법률행위이든 상속, 경매, 체납처분 등의 법률의 규정에 의한 경우이

5) 權龍雨, 民法總則(第5全訂版), 法文社 2001, 78面 ; 金容漢, 財産法의 課題와 判例, 博英社 1989, 290面.

든 모두 포함하여 임차인은 최종 양수인에게 존속기간과 보증금의 인수를 당연히 주장할 수 있는 관계로 해석하였다.[6] 그러나 본 규정은 일반매매로 인한 경우는 해당되지만 경매로 진행되어 낙찰이 된 경우에는 위의 매매와는 다른 양상이 나타나 임차인 보호에 문제가 발생하게 되었다. 즉 임차인이 낙찰을 받은 양수인에게 본 법 제3조 제1항과 제3조 제2항을 적용하여 대항력을 주장할 수 있는지에 대해서는 여러 가지 견해와 판례가 대립하게 되었다. 본 장에서는 임차부동산이 경매로 진행되었을 때 발생하는 임차권자의 대항력을 중심으로 임차권자의 대항력 인정범위, 말소기준권리의 종류, 중간임차권의 법적 지위에 대하여 어떻게 해석해야 할 것인지를 살펴보고 말소기준권리를 임차인이 대위변제 한 경우와 그에 따른 담보책임에 관하여 학설과 판례의 견해를 살펴보고 그에 대한 개선방안을 제시하여 본다.

6) 林正平, 前揭 債權各論, 402面 ; 李範柱, 住宅賃借權의 對抗力, 民事法의 諸問題(온산 방순원 古稀 기념논문집), 博英社 1984, 170面.

第1節 賃借不動産의 競賣와 賃借人의 對抗力 認定

Ⅰ. 對抗力의 範圍

1. 對抗力의 認定範圍와 抹消基準權利

(1) 認定範圍

임차인의 대항력을 승계 받는 자는 대항력이 발생한 후에 매매·교환·증여·경매·상속·재산분할·공용징수 등을 원인으로 하여 임차주택을 양수하여 소유권이전등기를 마친 양수인을 원칙적으로 의미한다.[7] 임차주택의 양수인이 될 수 있는 경우는 주택을 임대할 권리나 이를 수반하는 권리를 종국적·확정적으로 이전받게 되는 경우라야 하므로 임차주택의 소유권을 취득한 자 등을 말한다. 그러나 매매 등으로 특정승계 하였으나 소유권이전등기를[8] 경료하지 아니한 경우에는 특별한 사정이 없는 한 임차주택을 임대할 권리나 이에 수반하는 권리를 종국적·확정적으로 이전받은 것이라고 할 수 없으므로 주택임대차보호법 제3조 제2항의

---

7) 林正平, 前揭 債權各論, 402面 ; 李範柱, 전게논문, 170面.

8) Theddore B.F. Ruoff & Robert B. Roper, The Law and Practice of Registered Conveyancing, 4th ed.: Property and Conveyancing Litrary, N. 5(London: Stevens & Sons, 1979, p.65; von Konrad, Gunter, Die Ersitzung im Liegenschaftsrechts der USA, Köln, 1963, S. 117; Douglas J. Whalan, The Torrens System in Australin, Sydney, Melbourne: the Law Book Company Limited, 1982, p.345; Gotthold Zeerlen, Englisches Grundbuchrecht, Bern, 1986, S.114; 美國法은 토렌스제도(Torrens system)에 의하여 不動産權原에 대한 確定節次가 이루어진 다음에 권리자로 확정되고 權原登記證書(Certicate of title)가 발행되면, 그 이후의 부동산거래에 있어서는 권원등기증서에 의한 새로운 登記證書가 교부된다. 최초등기에 의하여 권원이 창설되고 物權變動的 效力이 발생되는데 우리나라와 달리 有償取得인 경우에는 善意取得을 인정하고 있다.

양수인이라 할 수 없다.[9] 그리고 경매에 의하여 소유권을 취득한 경우에 경매목적물에 존재하는 권리 중에 경매신청인의 권리보다 뒤에 등기된 권리는 소멸하고, 경매목적물위에 존재하는 권리가 저당권인 경우에는 그 등기의 선후를 불문하고 모두 소멸한다. 임차부동산이 경매로 진행되었을 때 발생하는 임차권자의 대항력 범위는 경락인에게 대항할 수 있는 임차권자와 대항할 수 없는 임차권자로 구분할 수 있는데 그 기준은 등기부상에 설정되는 말소기준권리일자와[10] 임차권자의 대항요건일자에 따라 달라진다. 즉 임차권의 대항요건이 말소기준권리보다 앞선 일자로 갖춘 경우에는 일반적으로 경락인에게 대항력있는 임차권이라 하고 그렇지 않은 임차권은 대항력 없는 임차권이라 하는데, 경락인에게 대항력 있는 임차권자는 경락인에게 존속기간과 보증금의 인수를 주장할 수 있지만 그렇지 않은 임차권자는 경락인에게 대항할 수 없어 보호를 받지 못하는 문제가 발생하게 된다. 따라서 대항력의 범위를 정하는데 있어 말소기준권리의 종류와 그 내용은 임차권자의 권익보호에 있어 상당한 영향을 미치게 된다.

(2) 抹消基準權利

경락인에게 대항할 수 있는 임차인이란 일반적으로 최초근저당보다 앞선일자로 대항요건을 갖춘 임차인인 경우에 해당하고[11] 그 이후에 대항요건을 갖춘 중간임차인은 대항력을 인정하고 있지 않다. 판례는 "1번 저당권과 2번 저당권 사이에 대항요건을 갖추고

9) 大判 1987. 6. 23. 宣告, 86다카 2408 參照.

10) 抹消基準權利가 될 수 있는 권리의 종류에는 根抵當·抵當權·假押留·擔保假登記·競賣開始決定登記日(押留) 등이 있는데 이중 제일 빠른 날자를 기준으로 用益權에 대한 對抗力 유무의 基準을 삼고 있는 실정이다(全將憲, 民事訴訟에서 民事執行까지, 韓國司法行政學會 2002, 351面).

11) 林正平, 不動産私法, 汎論社 1986, 243面.

이후 2번 저당권실행으로 낙찰이 된 경우 비록 후순위저당권자에게는 대항할 수 있는 임차권이더라도 소멸된 선순위저당권보다 뒤에 등기되었거나 대항력을 갖춘 임차권은 함께 소멸하고 이와 같은 경우의 경락인은 주택임대차보호법 제3조에서 말하는 임차주택의 양수인 중에 포함되지 않는다"[12]고 판시하고 있다. 즉 임차인의 대항력 유무는 최초근저당일자와 비교하여 먼저 대항요건을 갖춘 경우에 인정하고 그렇지 않은 경우에는 인정하지 않는데 반드시 최초근저당 일자만을 임차인의 대항력 유무의 기준으로 삼아야 할 것인지 아니면 다른 권리도 대항력 유무의 기준권리가 될 수 있는지 논란의 소지가 있다. 이에 대하여 민사집행법 제91조 제3항은 "지상권·지역권·전세권 및 등기된 임차권은 저당권·압류채권·가압류채권에 대항할 수 없는 경우에는 매각으로 소멸한다" 고 라고 규정하여 저당권·근저당권·압류채권[13]·가압류채권을 경락으로 인한 인수·소멸되는 권리의 말소기준권리로 보고 있다. 그러나 위의 규정에는 등기하지 않은 임차인은 명시하지 않고 있다는 점에서 임차권의 대항력 유무의 기준권리로 삼을 수 있는지 또는 담보가등기나 전세권도 말소기준권리가 될 수 있는지 문제의 소지가 있다. 아래에서 살펴보도록 한다.

첫째, 최초근저당이나 최초 저당권에 대해 판례는 최초근저당은 임차인의 대항력 유무의 말소기준권리로 보아 "최초근저당보다 이후에 이루어진 대항요건을 갖춘 임차인은 경락인에게 대항할 수 없다"[14]고 보고 있다. 위와 같은 경우 임차인에게 대항력을 인정케 한다면 담보권자의 담보가치를 떨어뜨리게 되어 거래의 안전를 해치게 되고 선순위 저당권자는 불의의 손해를 당하는 문제가 발생할 수가 있다는 것이다. 결국 최초근저당을 임차권의 대항력유

12) 高翔龍, 이른바 中間賃借權者의 法的地位, 월간고시 1988. 10, 79面.
13) 국세체납에 의한 압류등기, 강제경매개시결정등기 등이 해당.
14) 大判 1987. 2. 24 宣告, 86다카 1936 參照.

무의 기준권리로 보고 있다. 여기서 근저당에는 저당권도 포함시키는 것으로 보고 있으며, 이중 먼저 설정되어 있는 권리가 말소기준권리가 된다.

둘째, 가압류는 제3자에 대하여 처분금지의 효력을 발생시키고 이를 공시함으로써 제3자로 하여금 그 등기 후에 권리를 취득한 경락인에게 대항할 수 없음을 경고하는 데 목적이 있다. 그러므로 부동산에 대하여 경매개시결정의 기입등기가[15] 되었거나 가압류등기가 경료 된 후 그 채무자로부터 그 부동산을 임차한 자는 가압류집행으로 인한 처분금지의 효력에 의하여 가압류사건의 본안 판결의 집행으로 그 부동산을 취득한 경락인에게 임대차의 효력을 주장할 수 없다.[16]

셋째, 가등기에 대해 판례는 "구 주택임대차보호법(1981.3.5 법률 제3379호) 시행 전에 부동산등기법 제2조 소정의 물권 등 취득에 관한 순위보전의 가등기를 경료한 자가 동법 시행 후 본등기를 경료한 경우에 물권 등 취득의 효력이 가등기 시에 소급하는 것은 아니지만 가등기의 순위보전의 효력에 의하여 중간처분이 실효되는 효과를 가져오므로 동법 부칙 제2항 단서에 규정된 동법시행 전에 물권을 취득한 자와 동일하게 보아 위 가등기 전에 동 건물에 관하여 임대차계약을 체결하고 입주하여 전입신고를 마친 임차

---

15) 任意競賣開始決定記入登記日(押留)이 根抵當보다 빠른 날자로 되어 있는 경우는 별로 없다. 왜냐하면 근저당이 설정되어 있는 물건이라면 임의경매개시결정 기입일자는 근저당설정일 이후에 이루어 지기 때문이다. 그리고 가압류가 근저당보다 앞선일자로 되어 있는 경우에는 물론 假押留일자를 기준으로 등기부상의 권리관계나 임차인의 대항력 유무를 분석해야 하겠지만 가압류라는 것은 말 그대로 임시 보전적인 처분이기 때문에 本案 訴訟에서 敗訴할 수도 있는 권리인 것이다. 그런데 이 가압류를 기준으로 임차인의 보증금을 인수하지 않아도 된다고 낙찰을 받았다가 가압류가 소멸하면 임차인은 결국 對抗力을 취득할 수도 있기 때문에 불안한 抹消基準權利가 된다고 할 수 있다. 그래서 가능한 根抵當이나 抵當權 중 제일 빠른 날자를 말소기준권리로 삼는 것이 제일 안정적인 방법이 될 것이다.

16) 大判 1983. 4. 26. 宣告, 83다카 116 參照.

인에 대해서는 대항력이 없으며, 만약 이와 달리 동 법 시행 전에 취득한 물권이라도 그 취득시기가 동 법 제3조 소정의 임대차 효력발생 시기보다 뒤인 때에는 임대차의 효력이 우선한다고 풀이하게 되면 위 부칙 제2항 단서의 후단을 둔 의미가 없다. 또한, 주택임대차보호법 시행 전에 있어서 등기가 없는 임대차의 임차인은 그 임대차 성립 후에 물권을 취득한 제3자에 대하여도 임대차의 효력을 주장할 수 없었던 것인데 위 법의 시행으로 위와 같은 물권자에 대하여 임대차의 효력을 주장할 수 있게 된다면 결과적으로 물권자는 미등기임차인에 대하여 가지고 있었던 우선적 효력을 상실하는 결과가 되어 부당하다고 본다. 따라서, 위 법시행 전에 이미 물권을 취득한 제3자에 대하여는 그 물권취득시기가 동법 제3조 소정의 임대차 효력발생 시기 보다 앞이거나 뒤이거나에 관계없이 임대차의 효력으로서 대항할 수 없기 때문에 이때는 가등기담보권이 임차인의 대항력 유무의 말소기준권리가 될 수는 없을 것이다. 그러나 이 법 시행후 가등기담보보다 이후에 대항요건을 갖춘 임차인에게는 가등기담보권이 임차인의 대항력 유무에 기준권리가 되는 것으로 해석하여야 할 것이다. 왜냐하면 가등기담보권은 민사집행법에 의한 경매절차가 진행될 때에 그 가등기담보는 저당권으로 보고 있기 때문이다.[17)]

만약 담보가등기 이후 대항요건을 갖춘 임차인이 경락인에게 대항할 수 있다고 해석한다면 경락대금은 가등기 이후의 임차보증금 인수금액 만큼 저감한 상태에서 입찰에 참여하여야 할 것이고 그것은 곧 가등기담보권자의 교환가치를 침해하게 되는 결과를 발생하게 될 것이다. 따라서 임차인이 대항력을 취득하기 전에 가등기가 경료되어 있으면 비롯 그 가등기에 기한 본등기가 임차권의 대항력 취득 후에 이루어졌다 하더라도 임차인은 그 가등기담보권자

17) 權龍雨, 物權法, 法文社 2001, 609面.

에 대하여 대항력을 행사할 수 없도록 하여 가등기담보권도 임차인의 대항력 유무를 결정하는 말소기준권리로 보아야 할 것이다.

넷째, 전세권에 대해 판례는 "건물의 일부를 목적으로 하는 전세권은 그 목적물인 건물 부분에 한하여 그 효력을 미치므로, 건물 중 일부(2층 부분)를 목적으로 하는 전세권이 임차인이 대항력을 취득하기 이전에 설정되었다가 경락으로 인하여 소멸하였다고 하더라도, 임차인의 임차권이 전세권의 목적물로 되어 있지 아니한 주택 부분(1층의 일부)을 그 목적물로 하고 있었던 이상 경락으로 인하여 소멸한다고 볼 수는 없다"[18]고 하고 있다. 본 판결에서 대법원은 소멸되는 선순위 전세권보다 후에 임차인이 대항요건을 갖춘 경우 전세권은 대항력 유무의 말소기준권리로 삼을 수 없다고 밝히고 있는데 그 근거는 임차권이 소멸하는 선순위 전세권의 목적물로 되어 있지 않기 때문인 것으로 보고 있다. 따라서 전세권의 목적물을 임차인이 목적물로 하고 있었던 경우라면 그 전세권은 담보물권적 효력에 따라 임차인의 대항력 유무의 말소기준권리로 보아야 할 것이다. 그러나 전세권의 목적물을 임차인이 목적물로 하고 있었던 경우는 결과적으로 임차인이 전세권 설정이후에 대항요건을 갖추고 있는 것이 되기 때문에 대항력을 갖추게 되는 경우는 없을 것이다. 같은 맥락에서 선순위 저당권이나 전세권은 없고, 1순위 확정일자부 임차권과 2순위 확정일자부 임차권이 있을 때 위 임차인들은 모두 서로 낙찰자에게 대항할 수 있을 것이다.[19] 그 근거는 2개의 임차권은 목적물을 달리하고 있기 때문에 2순위 확정일자부 임차인의 입장에서는 1순위 확정일자부 임차권을 경매에 의하여 소멸하는 선순위 저당권이나 전세권으로 볼 수 없기 때문이다.[20]

---

18) 大判 1997. 8. 22. 宣告, 96다 53628 參照.
19) 尹瓊, 前揭書, 354面.
20) 上揭書, 354面.

2. 消除主義와 剩餘主義의 理解

우리나라는 구 민사소송법 제608조에서 "인수주의와 소제주의의 선택"이라는 제목하에 제1항에서 제3항까지만 규정을 두고 있었다. 그러나 2002년 7월 1일 새로운 민사집행법을 제정하면서 위의 규정은 "인수주의와 잉여주의"로 개정하고 동법 제91조 제1항과 제102조 제1항, 제2항, 제3항에서는 잉여주의를 동법 제91조 제2항과 제3항은 소제주의를 동법 제4항은 제한적 인수주의를 동법 제5항은 인수주의를 제정하여 담보권과 용익권사이에 조화를 이루고자 하였다. 이하에서는 위의 규정들이 담보권과 용익권에 어떠한 영향을 미치는지, 적용상에 문제는 없는지를 살펴본다.

(1) 消除主義와 擔保權의 關係

1) 抵當權과 消除主義

소제주의란 경락허가에 의하여 부동산상의 모든 부담은 소멸되고 경락인은 완전한 소유권을 취득하여야 한다는 주의이다.[21] 그러나 소제주의는 부동산의 부담이 완전히 소멸되므로 경락인에게 유리한 것 같으나 소멸되는 부담에 대한 대금금액까지를 현금으로 준비하여 경락대금으로 지급하여야 하는 점에서는 경락인의 부담이 가중되는 원인이 되고 담보물권자의 입장에서는 자기가 생각지도 않은 시기에 다른 사람의 강제경매에 의하여 투자한 돈을 회수하도록 강요당하는 결과가 될 수도 있다. 따라서 소제주의는 근대적인 담보제도의 이상과 맞지 않는 제도일 뿐 아니라 용익물권에 대하여 적당한 가격을 산정하여 권리의 대가를 배당하여 준다고 하더라도 결과적으로는 그

21) 梁三承, 引受主義와 剩餘主義의 選擇等, 李時潤/金祥源/朴禹東/李在性編 註釋强制執行法(Ⅲ), 韓國司法行政學會 1993, 73面.

권리의 기한 이익의 포기를 강요하는 결과가 발생하게 된다. 그러나 우리나라에서는 경매에 참가하여 부동산을 취득하는 것 자체를 꺼리고 더욱이 경락에 의하여 복잡한 법률관계가 남는 부동산을 취득하기를 매우 싫어하는 경향이 있어 금전적인 부담이 일시에 많이 들더라도 아무런 부담이 없는, 즉 단순한 부동산을 취득하고 싶어한다는 경락인의 요구가 강하다는 점에서는 장점이 된다고 하는 견해도 있다.[22] 그리고 새로운 민사집행법 제91조 제2항에서는 "매각부동산 위의 모든 저당권은 매각으로 소멸한다"라고 규정하여 실질적으로 담보물권은 경매신청권자와의 순위에 관계없이 경락으로 모두 소멸케 하는 소제주의를 취하고 있다. 그러나 완전한 소멸주의를 취하고 있다고는 할 수가 없을 것이다. 왜냐히면 경매신청인에 우선하는 저당권이라도 이해관계인의 합의에 의하여 저당권을 경락인에게 인수시킨다고 하는 특별매각조건이 가능하고[23] 동법 제1항에 의한 잉여주의에 의하여 소제되지 않을 수도 있기 때문이다.

2) 留置權과 消除主義

유치권은 우선변제권이 인정되지 않고, 목적물을 유치하여 변제를 강요하는 법정 담보물권이며 민사집행법 제91조 제5항은 "매수인은 유치권에게 그 유치권으로 담보하는 채권을 변제할 책임이 있다"라고 규정하고 있다. 한편 소제주의는 경매절차의 반복과 복잡한 법률관계를 소멸시켜 경락인에게 유리한 목적물을 이전하여 주자는 것으로[24] 담보물권은 경매신청권자

22) 이균용, 부동산경매에서 중간임차권의 취급과 매각조건의 확정시기, 민사판례연구(XXⅡ), 민사판례연구회, 박영사 2000. 275면.

23) 金祥源, 合意에 의한 賣却條件의 變更, 李時潤/金祥源/朴禹東/李在性編 註釋强制執行法(Ⅲ), 韓國司法行政學會 1993, 253~259面

24) 梁三承, 引受主義와 剩餘主義의 選擇等, 李時潤/金祥源/朴禹東/李在性編 註釋

보다 이전에 설정되어 있건 이후에 설정되어 있건 관계없이 모두 소멸하는 것을 원칙으로 삼고 있다. 그런데 유치권은 담보물권이면서도 소멸하지 않는다고 규정한 것은 무엇 때문인가, 이것은 유치권이 우선변제권은 없고 명실상부한 담보물권이라 할 수 없기 때문이라는 것을 이유로 둔다.[25] 그 근거는 경매신청권자보다 우선하는 저당권자와 경매신청채권자에게도 유치권을 주장할 수 있는 자가 있다고 할 때 유치권도 저당권과 같이 매각으로 인하여 소멸하고 매각대금 중에서 변제받을 수 밖에 없다고 한다면 우선변제권이 있는 저당권는 자기 의사에 의하지 아니하고 담보권이 환가되었다는 점 이외에는 불평을 말할 근거가 없으나 우선변제권이 없는 유치권자는 담보물권을 갖고 있지 않는 일반채권자와 동일한 비율로 배당을 받을 수 밖에 없게 되어 담보물권이 완전히 무시당하는 결과가 된다는 것이다.[26] 결국 유치권은 담보물권인데도 불구하고 소제주의가 적용되지 않고 경락인이 인수해야 한다는[27] 문제가 발생하게 된다. 대법원은[28] 민사집행법 제91조 제5항의 "경락인이 유치권자에게 그 유치권을 담보하는 채권을 변제할 책임 있다"는 의미는 부동산상의 부담을 승계한다는 취지로서 인적채무까지 인수하여야 한다는 취지는 아니므로 유치권자는 경락인에게 대하여 그 피담보채권의 변제가 있을 때까지 유치목적물인 부동산의 인도를 거절할 수 있을 뿐이고 그 피담보채권의 변제를 청구할 수 없다고 해석하고 있다.[29]

强制執行法(Ⅲ), 韓國司法行政學會 1993, 85面.

25) 上揭論文, 85面.

26) 上揭論文, 86面.

27) 兼子一, 强制執行法(增補版), 酒井書店 1951, 239面.

28) 大判 1996. 8. 23. 宣告, 95다 8713 參照.

29) 李均龍, 前揭論文, 517面.

3) 剩餘主義와 擔保權의 關係

민사집행법 제91조 제1항은 "압류채권자의 채권에 우선하는 채권에 관한 부담을 경락인에게 인수하게 하거나 매각대금으로 그 부담을 변제함에 부족함이 없음이 인정된 경우가 아니면 매각하지 못한다"라고 규정하고 있다. 이는 매각대금이 경매신청채권자보다 우선하는 우선채권의[30] 금액을 변제하여 선순위 채권자에게 잉여가 있는 경우에 경락을 허가하여야 한다는 주의로 잉여주의라고 한다.

잉여주의는 두가지 방법을 적용하여 경매절차를 진행한다. 첫째는 낙찰금액이 선순위 채권자의 채권액을 변제할 수 없는 금액으로 낙찰이 된 경우 집행법원은 잉여주의에 의하여 불허가 결정을 한다. 만약 집행법원에서 위와 같은 경우에도 허가를 하였다면 이해관계인은 낙찰허가 확정일까지 민사집행법 제121조 제7호에 의하여 매각허가결정에 대한 이의신청을 할 수 있다. 둘째는 최저경매가격이 선 순위 채권자의 채권액을 변제할 수 없는 금액으로 유찰이 되어 있는 경우 집행법원은 경매신청권자에게 잉여주의에 저촉되지 않은 금액으로 부동산매수신청을 할 것을 통지한다(민사집행법 제102조 제1항). 경매신청채권자는 위 통지를 받은 날로부터 7일 내에 우선채권총액을 변제하고 잉여가 있을 가격을 정하여 그 가격에 응하는 매수신고가 없는 때에는 그 가격으로 매수할 것을 신청하고, 법원은 충분한 보증을 제공한 경우에 한하여 경매절차를 속행하며 충분한 보증을 제공하지 않으면 경매절차를 취소하여야 한다(민사집행법 제102조 제1항).[31] 경매신청채권자는 매수신청 및 보

30) 押留債權者의 債權에 優先하는 不動産상의 모든 負擔이란 競賣不動産의 落札代金에서 押留債權者(競賣申請權者)에 우선하여 변제 받을 수 있는 債權으로서 당해 競賣節次에서 밝혀진 것을 말한다.

31) 民事執行法 第102條 第1項, 第2項, 第3項의 "남을 가망이 없을 境遇의 競賣取

증제공을 하더라도 경매기일까지는 이를 철회할 수 있다. 철회를 한 경우에는 보증금의 반환을 요구할 수 있으며 매수신청을 함에 있어서는 최저경매가격과 매수신청액의 차액을 보증액으로 제공하여야 한다. 보증의 방법으로는 현금이나 법원이 인정하는 유가증권을 공탁하고 매수신청서와[32] 함께 공탁서 원본을 집행법원에 제출하여야 한다. 압류채권자가 매수신청을 한 경우에는 그 매수신청금액 이상의 가격이 아니면 경락허가가 되지 않는다는 점에서 최저경매가격과 비슷한 의미를 가지고 있다. 법원은 압류채권자로부터 매수신청이 있었다는 사실을 경매기일날 공고해야 한다. 압류채권자는 경매기일날 출석하여 매수신청금액보다 더 높은 금액으로 매수가격을 신고할 수 있다. 이때 제공한 보증금이 매수금액의 10분의 1이 되지 않으면

消" 규정과 동일함

32) <表 2-1> 競賣不動産買受申請

경매부동산매수신청

채권자 ○ ○ ○
채무자 ○ ○ ○

위 당사자의 귀원 200경 7000호 부동산경매사건에 대하여 귀원으로 부터 민사집행법 제102조 제1항에 의한 통지를 받았는바, 신청채권자의 채권에 우선하는 저당권자 박동수 가 가지는 채권은 이미 반 이상 변제되어 별지 증명서와 같이 현재 원리 합계금 2000만원이므로, 본건 부동산상의 부담 및 절차비용을 변제하고도 잉여가 있을 금 3000만원 이상으로 매각할 수가 있음.

따라서 이 가격으로 경매인이 없을 경우에는 신청채권자가 동 가격으로써 이를 매수하고자 별첨과 같이 충분한 담보를 제공하였으므로 위 경매절차를 속행하여 주시기를 신청함.

200. 7. 7.

채권자 ○ ○ ○ 인

○ ○ 지방법원 귀중

10분의 1이 달할 만큼 보증금을 추가로 제공하여야 한다. 경매기일에서 압류채권자의 매수신청금액 보다 이상의 매수가격의 신고가 없는 경우에는 압류채권자가 경매기일에 출석하였는지 여부를 불문하고 압류채권자를 최고가 매수신고인으로 정하여 그 성명과 가격을 호창한 후 경매를 종결한다. 압류채권자의 보증 제공액이 경락대금에 미달하는 경우에는 대금지급기일에 그 차액을 경락대금으로 납부해야 하는데 이를 하지 아니한 경우로서 차순위 매수신고인이 없는 경우에는 재경매를 할 것이 아니고 경매를 취소해야 한다. 경매절차의 취소결정이 확정되면 압류채권자는 앞서 제공한 보증금의 반환을 청구할 수 있다. 압류채권자가 잉여의 가망이 없다는 통지를 받고 7일 내에 적법한 매수신청 및 보증의 제공을 하지 않은 때에는 결정으로 경매를 취소한다.

[채권자우선매수신청서]

주식회사 ○○
대표이사 ○○○

135-010

[경매12계]

○○지방법원
결 정

사 건 20타경36143
채권자 주식회사 ○○○○
서울 강남구 논현동 ○○○-○○○○

채무자 홍 ○ ○
평택시 서정동 ○○아파트 ○○○-○○○
소유자 채무자와 같음

주 문

별지 기재 부동산에 대하여 당원이 2002. 10. 23자로 한 경매개시결정을 취소한다. 본건 경매 신청은 이를 기각한다.

이 유

채권자는 당원이 2003. 10. 09자로 한 민사집행법 제102조 제1항에 의한 통지를 받고서도 동조 제2항에 의한 신청을 하지 아니하므로 주문과 같이 결정한다.

정 본 입 니 다
20. 10. 30.
○○지방법원
법원주사　함○○

20. 10. 30.

판　사　○ ○ ○

부동산의 표시

200타경36143

[물건 1]

1. 경기도 남양주시 와부읍 ○○리 250-3

잡종지 2562㎡

매각지분 2562분지 24.92 이○○ 지분전부

2. 경기도 남양주시 와부읍 ○○리 250

1동의 건물의 표시

철근콘크리트벽식조 평슬래브지붕9층아파트

전유부분의 건물의 표시

건물의번호 : 제9층 제912호

구 조 : 철근콘크리트벽식조

면 적 : 36.05㎡

(2) 用益權과 剩餘主義의 關係

1) 用益權의 引受와 消滅의 決定基準

용익권에 관해서는 종래 인수와 소멸의 결정기준에 관하여 규정을 두고 있지 않아 그것이 경매로 인하여 소멸하는가의 여부는 오직 해석에 의하여 정할 수밖에 없었다. 그런데 새로운 민사집행법 제91조 제3항에서는 "지상권·지역권·전세권 및 등기된 임차권이 저당권·압류채권·가압류채권에게 대항할 수 없는 경우에는 매각으로 소멸한다"라고 규정을 두어 용익물권에 대한 소제주의를 인정하고 있다. 그리고 제4항에서는 "제3항의 경우 외의 지상권·지역권·전세권 및 등기된 임차권은 매수인이 인수한다. 다만 전세권은 제88조에 따라 배당요구신청을 하면 매각으로 소멸한다"라고 규정하고 있다. 민사집행법 제4항은 제3항과 달리 인수주의를 규정하고 있는데 전세권자가 첫 매각기일 이전까지 배당요구하면 집행법원으로부터 우선변제를 받고 소멸한다고 하여 용익물권이면서 담보물권적 성질을 가지고 있는 전세권자에게는 소제주의와 인수주의가 모두 적용하는 것으로 규정하고 있다. 본 규정은 구 민사소송법 제608조 제2항에서 "전세권자가 존속기간을 정하지 아니하고 전세권등기를 하였거나 경매개시결정일로부터 6개월 이내에 전세권의 존속기간이 만료하는 경우에는 말소기준권리 보다 앞선 일자로 되어 있는 전세권은 소멸한다"라는 규정이 있었는데 이를 삭제하고 "경락인에게 대항할 수 있는 전세권자는 존속기간이 만료하지 않았더라도 배당요구신청을 하면 집행법원에 우선변제권을 행사할 수 있고, 배당요구신청을 하지 않으면 경락인에게 용익물권으로서 인수를 주장할 수 있다"라고 규정한 것으로 해석된다. 따라서 배당요구신청을 하지 않은 전세권은 소멸하지 아니하므로 최선순위 전세권설정등기가 경료된 부동산에 대하여 경매법원이 최저경매가격을 결정하는 경우, 먼저 그 전세권에 대한 부담이 경락인에게 인수되는지 여부를 살펴보아 경락으로 인하여 전세권이 소멸되지 아니하는 부동산에 대하여는 경매절차에서 집행법원이 최저 경매가격 결정시에 감정평가금액에서 이에 대한 전세금을 공제하는 것이 타당하다는 견해와[33] 존속기간이 만료하지 않았다는 이유로 전세권자의 우선변제권을 배제하는 것은 전세권자와 전세권설정자와의 신뢰관계를 바탕으로 한 용익적 계약관계를 유지하기 어려운 중대한 사유가 발생하였다고 볼 수 있어, 이러한 전세권자를 보호한다는 측면에서 본 규정을 긍정적으로 받아들이는 입장도 있다.[34] 위의 견해 중 전 설은 집행법원에서 정확한 최선순위 전세권자의 유무를 파악한 후 최저경매가격을 정해야 하는 부담이 있을 것이다.

2) 剩餘主義와 用益權의 範圍

잉여주의의 정책적 기초는 무익한 집행의 배제라고 하는 집행법상의 합목적인 고려에 그치는 것이 아니고 압류채권자에 우선하는 용익권자와 담보물권자의 보호에 있다고 할 것이다. 앞에서 살펴보았듯이 부동산 경매에 있어 목적부동산의 물적 부담을 경락인에게 인수시키는 원칙을 인수주의라 하고 그러한 것을 모두 소멸시켜야 한다는 원칙을 소제주의라고 한다. 잉여주의는 선순위 담보권자에게 대하여는 경매신청권자가 인수주의를 채택하여 인수하든가 아니면 담보권자의 완전한 만족의 보장이 있는 경우에 한하여 소제주의를 취하여 낙찰허가를 결정하는 관계로 실체법상 우선적 지위를 가진 자를 절차법상에

33) 嚴英鎭, 不動産競賣節次에 있어서 傳貰權者의 地位에 대한 考察, 法曹協會(통권549호) 2002. 6, 72面.

34) 高翔龍, 前揭論文, 120面.

서도 우선시키는 방향으로 해결한 것이다.[35] 이러한 의미에서 소제주의는 선순위권리자와 후순위권리자와의 이해조정의 원칙이고 그 기도하는 바가 실체적 물권법 질서에 따라 실체법상 우선적 지위에 있는 자의 이익이 후순위자를 위한 경매 때문에 해쳐지는 것을 방지하는데 있다고 할 것이다.[36] 따라서 이 원칙은 선순위의 담보물권에 국한될 것이 아니라 선순위의 용익물권에게도 잉여주의가 적용되어야 할 것으로 보고 있다.[37] 비교법의 입장에서 보더라도 독일법은 이 원칙을 선순위의 담보권뿐만 아니라 선순위 용익권자에게도 적용하도록 법제화되어 있으며[38] 소제주의를 채택하지 않은 프랑스법 조차 신청채권자에 대항할 수 있는 용익물권은 경매 신청채권자가 그 용익물권이 설정되어 있는 상태에서 당해 부동산의 금전적 가치를 파악한 것이므로 그 용익물권은 후순위 경매신청권자에 의하여 소멸하지 않고 경락인이 인수토록 하고 있다.[39] 판례는[40] 중간용익권이 소멸하는 이유로서 경락인이 중간용익권을 인수하게 되면 부동산의 경락가격이 그 만큼 떨어질 수 밖에 없고 이는 중간의 용익권보다 선행한 담보권을 해치는 결과가 되고 설정당시의 교환가치를 담보하는 담보권의 취지에 맞지 않다는 지적을 하고 있다.[41] 그러나 본 판결은 우리 민사집행법이 제91조 제1항에서 잉여주의를 적용하고 있고 선순위 저당권자와 후순위의 용익권이 배당을 받고 소멸하거나 경락인에게 인수되느냐에 관계없이 경락대금에서 배당을 받을 수 있기 때문에 이러한

35) 梁三承, 前揭論文, 76面.
36) 李英俊, 註釋强制執行法(中), 博英社 1995, 311面.
37) 梁三承, 前揭論文, 76面.
38) 兼子一, 保全(上)(下), 判例 保全訴訟(上)(下), 酒井書店 1972, 343面.
39) 李均龍, 前揭論文, 523面.
40) 大判 1987. 2. 24. 宣告, 86다카 1936 參照.
41) 李均龍, 前揭論文, 523面.

선순위 저당권자를 보호하기 위해서 경매신청권자에 대항할 수 있는 용익권도 함께 소멸하여야 한다는 논리는 민사집행법이 규정한 잉여주의를 무시한 해석론으로 볼 수 있다.[42] 잉여주의는 배타성을 본질로 하는 물권상호간의 저촉을 그 등기의 선후를 기준으로 해서 해결하고 선순위인 권리가 후순위의 권리에 의하여 침해되어서는 안된다는 실체법 질서의 요청을 집행법적으로 실현한 것이라고 이해한다면[43] 그 취지는 선순위의 용익권자를 보호하기 위하여서도 활용되어야 할 것으로 본다.[44] 따라서 우리 법체계하에서도 용익권자의 보호를 독일과 같이 잉여주의로 적용하여 보호하는 방안도 검토해 볼 사항이고, 특히 등기되지 않은 임차권은 잉여주의 범위에 포함하여 보호하는 것도 고려해볼 사항이다. 구 민사소송법에서는 용익권자에게 대하여 잉여주의나 인수주의에 대한 규정을 두고 있지 않고 해석과 판례에 의존해 왔는데 새로운 민사집행법 제91조 제4항에서는 용익권을 인수주의에 포함시켜 경락인이 인수하도록 하고, 담보권은 소제주의와 잉여주의를 겸용한 것으로 해석할 수 있기 때문에(민사집행법 제91조 제1항 및 제2항)실질적으로 용익권은 잉여주의 범위에서 제외하고 경락인이 인수토록 한 것으로 해석할 수도 있다. 인수주의나 잉여주의는 선순위 권리자를 침해하지 않기 위하여 인정하는 제도이기 때문에는 동법 제4항의 용익물권을 잉여주의로 다루어도 관계는 없을 것으로 보인다. 다만 우리나라 임차부동산의 실정과 현행법 체계하에서는 독일과 같은 완전한 잉여주의를 적용하기 보다는 당분간 소제주의와 인수주의를 겸용한 잉여주의를 적용하는 것이 합리적이라고 본다.

---

42) 上掲論文, 524面.

43) 李英俊, 前掲書, 311面.

44) 梁三承, 前掲論文, 77面.

한편 동법 제3항과 제4항에서는 등기를 한 임차권자에 대하여는 인수주의와 소제주의에 관한 규정을 두고 있지만 등기를 하지 않은 임차권자에 대해서는 아무런 규정을 두고 있지 않아 이에 대한 해석을 두고, 경락인에게 대항할 수 있는 임차권자가 확정일자의 요건을 갖추고 우선변제권을 행사한 경우에는 잉여주의에 따라 낙찰허가 결정을 하여야 한다는 견해가 있는데[45]타당하다고 본다.

3. 종전 임대인의 地位

주택임대차보호법 제3조 제2항은 "임차주택의 양수인은 임대인의 지위를 승계한 것으로 본다"고 규정하고 있는바 종전 임대인과 임차인간에 존재한 임대차관계가 그대로 임차주택의 양수인과 임차인간에 존속하고 종전 임대인은 그 임대계약관계에서 완전히 이탈하는 관계로 보아야 할지, 아니면 종전 임대인과 양수인사이에 병존하는 관계로 보아야 할지 학설상 대립되어 있다.

(1) 外國의 立法例

주택임대차보호법 제3조 제2항에 의한 양수인의 임대인으로서의 지위승계는 법률의 규정에 의한 승계이므로 그 지위의 승계에 임차인의 동의·승낙은 필요하지 않을 뿐만 아니라 임차인에게 통지할 필요도 없으며 임차주택의 양도에 의하여 양도인인 임대인으로서의 지위는 면책적으로 소멸한 것으로 보아야 할 것이다. 일본의 통설 및 판례에 의하여 보증금의 반환채무는 보증금액수와 보증금 유무에 관한 양수인의 선의·악의, 양수인이 종전 임대인으로부터

45) 李均龍, 前揭論文, 88~89面.

보증금의 이른바 사전보상을 받았는지 여부 등을 묻지 않고 당연히 양수인에게 승계되는 면책적 채무승계로[46][47]보고 있는 반면 독일의 경우에는 "종전임대인은 양수인이 임대차계약의 의무를 이행하지 아니한 경우에 양수인이 배상하여야 할 그 채무불이행에 따른 손해에 대하여 최고·검색의 항변권을 포기한 보증인 즉 연대보증인과 같은 책임을 진다"라고 규정하고 있어[48] 병존적 채무승계의 입장을 취하고 있는 듯 한다. 강제집행법 (ZVG)[49]의 경우에도 병존적 채무승계의 입장을 취하고 있다. 강제집행법(ZVG)은 그 임대차목적물이 임차인에게 인도 된 후에는 독일 민법상의 임대차관계에 관한 일부 규정을 이에 준용하도록 규정하고 있다.[50] 따라서 경락인(Erstreher)은 통상의 양수인과 마찬가지로 종전임대인에 갈음하는 임대차계약상의 권리·의무를 법률상 당연히 부담하게 되며 경락인의 채무불이행에 관하여 종전임대인은 연대채무를 지게 된다. 한편 임차인은 양도사실을 통지 받은 후 임대차관계의 해지가 가능함에도 불구하고 이를 일정한 기간(최초의 해지기간) 동안 해지하지 않아 묵시적으로 양수인에 의한 종전 임대인 지위의 법정대위를 승낙하기까지는 종전 임대인은 임대차관계로부터

---

46) 機代通·廣中俊雄, 新版註釋民法(15), 有斐閣 1988, 67面.

47) 日本의 경우에는 保證金이 3개월 내외의 차임에 해당하여 讓受人의 當然承繼로 임차인은 충분히 보호되기 때문에 종전임대인을 면책시켜도 무방한 것으로 보인다.

48) §571 II S. 1 BGB.

49) 獨逸强制執行法은 獨逸民事訴訟法法典(ZPO)과는 별도로 "강제경매 및 관리에 관한 법률"(Gesetz über die Zwangsversteigerung ünd die Zwangsverwnltung)이라는 단행법으로 되어 있다. 동법은 1897년에 제정, 다음해에 공포되었고 獨逸民法의 시행과 동시에 시행되었다. 우리나라도 强制執行法을 구 민사소송법 제5편에서 규정하고 있던 것을 2002년 7월 1일자로 "民事執行法"이라는 단독법안을 신설하여 그곳에서 强制執行에 관한 내용을 다루고 있다.

50) §57. [Mieter, Pächter] Ist das Grundstück einem Mieter oder Pächter überlssen, so finden die Vorschriften der §§ 571, 572, des §573 Satz 1 und der §§ 574, 575 des Bürgerlichen Gesetzbuchs nach Maßbgabe der §§ 57a und 57b entsprechende Anwendung.

파생하는 책임에서 완전히 벗어날 수 없어 임차인이 보호받게 된다.[51)]

(2) 學說의 對立

1) 免責的 債務承繼說

이 설은 임차주택을 양수한 자가 주택임대차보호법 제3조 제2항의 규정에 따라 임대인의 지위를 승계함으로서 종전 임대인 즉 주택양도인은 면책된다는 견해이다.[52)] 즉 종전 임대인과 임차인간에 존재한 임대차관계가 그대로 임차주택의 양수인과 임차인간에 승계되어 종전 임대인은 임대차관계에서 완전히 이탈하고 당해 주택의 새로운 소유자가 종전 임대인의 보증금반환채무를 승계한다는 견해이다.[53)]

2) 竝存的 債務承繼說

이 설은 주택양도인의 면책을 인정할 수 없고 임차인은 종전 임대인에 대하여도 임차보증금의 반환을 청구할 수 있고, 전 임대인과 주택양수인 중 어느 한쪽에서 임차보증금을 반환받으면 다른 한쪽은 면책되는 관계 즉 임대차보증금반환채무를 주택양수인이 중첩적으로 인수한 것과 같은 상태가 된다고 한다.[54)]

---

51) 金鎭鉉, 우리住宅賃貸借制度의 問題點에 관한 比較法的 硏究, 民事法學, 제13~14호, 韓國民事法學會 編, 韓國司法行政學會 1996, 359面.

52) 郭潤直, 債權各論, 博英社 1995, 307面 ; 李宙興, 前揭 住宅賃貸借保證金回 收를 위한 優先辨濟權의 행사와 競賣節次上 取扱, 19面.

53) 郭潤直, 前揭 債權各論 308面 ; 李範柱, 前揭論文, 19面 ; 廣中俊雄, 債權各論講義, 有斐閣 1979, 162面 ; 安達三季生, 賃貸人地位讓渡, 現代契約法大系 3, 有斐閣 1983, 243面.

54) 李在性, 賃借住宅을 讓渡한 자의 賃借人에 대한 保證金返還義務, 判例評釋輯 Ⅶ, 法律文化院 1989, 506面.

3) 折衷說

이 설은 종전 임대인의 면책을 원칙적으로 긍정하면서도 주택임대차보호법 제3조 제2항의 당연규정으로 인하여 임차인이 입게 될 불이익을 방지하기 위하여 임차인이 당연승계를 원하지 아니할 경우에는 임차건물의 소유권이 이전될 사실을 알고 지체없이 종전의 임대인에게 이의를 제기함으로써 임대인의 지위가 새로운 소유자에게 승계되는 것을 부인하여야 한다고 한다.[55)]

(3) 判例의 態度

대법원은 "주택임대차보호법 제3조 제1항 및 제2항의 규정에 의하면 주택의 임차인은 건물에 입주하고 주민등록을 함으로써 제3자에 대하여 대항력을 갖추게 되며 대항력이 구비된 후에 임차건물이 양도되면 양수인은 임대인의 지위를 승계한 것으로 보고 있다. 이 경우 임대차보증금반환채무는 임대인의 지위를 승계한 양수인에게 이전되고 양도인의 보증금반환채무는 소멸한다"고 판시[56)]함으로써 면책적채무인수(면책적 승계설)을 취하고 있다. 그리고 임차주택을 경락 받은 자가 대항력 있는 임차인에게 보증금을 반환하고 종전 임대인에게 부당이득청구 내지 구상금청구를 한 사안에서 판례는 "주택의 임차인이 제3자에게 대한 대항력을 구비한 후 임차주택의 소유권이 양도된 경우에는 그 양수인이 임대인의 지위를 승계하게 되고, 임차보증금반환채무도 주택의 소유권과 결합하여 일체로서 이전하며, 이에 따라 양도인의 위 채무는 소멸한다 할 것이므로 주택 양수인이 임차인에게 임대차보증금을 반환하였다 하더라도 이는 자신의 채무를 변제한 것에 불과할 뿐 양도인

55) 吳容鎬, 前揭論文, 374面.

56) 大判 1987. 3. 10. 宣告, 86다카 1114 參照.

의 채무를 대위 변제한 것이라거나, 양도인이 위 금액 상당의 상환채무를 면함으로서 법률상 원인 없이 이익을 얻고 양수인이 그로 인하여 위 금액상당의 손해를 입었다고 할 수 없다"[57]고 하면서 주택양수인의 부당이득내지 구상청구권을 인정하지 않고 있다. 다만 판례는 "부동산의 매수인이 매매목적물에 관한 임대차보증금반환채무 등을 인수하는 한편 그 채무액을 매매대금에서 공제하기로 약정한 경우, 그 인수는 특별한 사정이 없는 이상 매도인을 면책시키는 면책적 채무인수가 아니라 이행인수로 본다"[58]고 판시하고 있다. 즉 면책적 채무인수로 보기 위하여는 채권자인 임차인의 승낙이 있어야 할 것을 요구하고 있다.[59]

(4) 檢討

우리나라의 경우에는 임대차보증금반환채무도 임차주택의 소유권과 결합하여 일체로서 이전되므로 양도인인 임대인의 보증금반환채무도 소멸하는 면책적 채무승계로 보고 있는데, 이에 대해서는 임차부동산이 일반매매로 이전된 경우에 해당하고, 경매로 진행된 경우에는 임차인이 경락인에게 대항할 수 있는 경우와 대항할 수 없는 중간임차인의 경우로 구분하여 면책적 채무승계를 인정해야 할 것으로 본다. 왜냐하면 전자의 경우에는 임차인이 경락인에게 대항하여 보증금의 인수와 존속기간도 주장할 수 있기 때문에 종전 임대인(채무자)에게는 채무의 인수를 주장할 수 없고 경락인에게만 주장할 수 있도록 해석하여야 할 것이다. 그렇게 하여도 경락인에게 손해가 발생하지 않기 때문이다. 즉 경락인에게 대항할 수 있는 임차인이 있는 경우 경락인은 이미 입찰가액에서

57) 大判 1993. 7. 17. 宣告, 1993다 17324 參照.
58) 大判 2001. 4. 27. 宣告, 2000다 68926 參照.
59) 金南根, 民法演習, 유스티니아누스 1996, 1133面.

그 금액만큼 제하고 입찰에 참여하기 때문에 임차인이 집행법원에서 전액변제 받지 못한 금액을 경락인에게 주장하여도 관계없다는 점이다. 그러나 경락인에게 대항할 수 없는 임차인은 오로지 확정일자나(주택임대차보호법 제3조의 2 제2항, 상가건물임대차보호법 제5조) 소액임차인의 최우선변제권(주택임대차보호법 제8조, 상가건물임대차보호법 제14조)의 행사에 의하여 집행법원으로부터 보증금의 변제만을 기대해야 하기 때문에 집행법원으로부터 전액변제 받지 못한 금액은 종전 임대인(채무자)에게도 주장할 수 있는 제한적 병존적 채무인수관계로 해석하는 것이 타당하다고 본다. 그렇게 해석하지 않으면 집행법원에 우선변제권을 행사하여 일부만 변제 받거나 전액 변제받지 못한 경우에 그 금액에 대해서는 임차부동산이 경매되었다는 사실만으로 임차인이 일방적인 손해를 당하거나 임대인과 낙찰자는 이러한 점을 악용하여 임차인에게 불의의 손해를 가하는 문제도 발생할 수 있기 때문이다.

Ⅱ. 中間賃借權者의 地位

주택임대차보호법 제3조 제1항 본문에서 "주택의 인도와 주민등록을 마친 때에는 그 익일부터 제3자에 대하여 효력이 생긴다"라고 규정하여 채권인 임대차에 대해서도 물권적 효력인 대항력을 인정하여 임차인을 보호하고 있다.[60] 그러나 본 목적물이 1순위 저당권과 2순위 저당권자 사이에 임차인이 대항요건을 갖춘 상태에서 2순위 저당권자가 임의경매 신청을 하여 낙찰이 된 경우에는 임차인이 그 경락대금으로부터 보증금의 반환을 받지 못한 채 소멸하게 되는가, 또는 경락 후에도 임차권은 그대로 존속하는 가에 대하여 논란이 일고 있다.

60) 權龍雨, 前揭 物權法, 29面.

경매 신청채권자에게는 대항할 수 있지만 경락에 의하여 소멸하는 선순위저당권 또는 압류나 가압류가 있는 경우에 그 최선순위의 권리에 대항할 수 없는 임차권자를 중간임차권자라고 하는데[61] 당해 주택이 서민용 아파트나 연립주택인 경우에는 분양당시에 이미 은행의 근저당권이 설정되어 있는 것이 대부분이고[62] 2번 저당권의 실행으로 인하여 1번 저당권과 함께 중간임차권도 함께 소멸하는 것으로 본다면 이는 이용권과 교환가치의 본질을 오해하고 임차인들의 보호에도 저촉된다고 보아 논란이 일고 있다.[63] 그래서 제2차 주택임대차보호법 개정으로 확정일자에 따른 우선변제권이 인정되고 있지만 여전히 문제의 소지와 논란이 일고 있다.

1. 外國의 立法例

(1) 獨 逸

독일 강제집행법은(ZVG)은 중간임차권에 대하여 인수주의에 의한 잉여주의를[64][65] 취하고 있다.[66] 이 원칙은 집행채권자의 권리

---

61) 權龍雨, 이른바 中間賃借權자의 法的地位, 月刊考試, 1989. 3, 190~191面 ; 高翔龍, 前揭論文, 1988. 10, 78~79面 ; 李均龍, 前揭論文, 518面.

62) 高翔龍, 前揭論文, 79面.

63) 權龍雨, 前揭論文, 191面 ; 同 前揭 物權法, 531~539面 ; 高翔龍, 前揭論文, 89面.

64) Rosenberg-Gaul-Schiken, Zwangsvollstreckungsrecht, 10. Aufl., München, 1987, S. 718.

65) §44 I ZVG; 잉여주의란 강제경매는 집행채권자의 권리에 우선하는 諸權利가 침해되어서는 아니된다는 것과 경매절차비용의 변제가 보장되어야 한다는 것 등의 두가지 최소한 요건이(geringstes Gebot)충족되어야 비로소 그 실시가 허용될 수 있다는 원칙을 말한다.

66) 유남석, 獨逸法上 執行債權者의 請求金額 擴張 與否와 强制執行節次에서의 配當 후 不當利得金 返還請求, 判例實務硏究, 博英社 1998, 614面 ; 김병학, 不動産競賣節次에 있어서 登記의 效力에 관한 硏究, 전주大學校大學院 博士論文 2001, 16面 ; 獨逸에서의 不動産에 대한 强制執行에 관한 규정은 민법(BGB)의 物權法 規定과 民事訴訟法(ZP0)·不動産强制競賣 및 强制管理法

에 우선하는 권리는 최저경매가격의 산정에 고려하여 산입하며[67] 그 권리는 낙찰자에게 인수되어 존속한 것으로 본다.[68] 독일 강제집행법 제44조 제1항은 잉여주의를 채택하여 경매신청인보다 선순위 권리들은 어떠한 경우에도 만족되어야 한다는 것이 경매의 조건으로 되어 있다. 그 실현방안으로 경매신청인보다 선순위자의 권리들은 경매에 의해 아무런 영향을 받지 않도록 하는 인수주의가 채택되고 있다.[69] 즉 독일강제집행법 제52조 제1항 제1문에 의하면 최저경매가격에 포함되는 권리들은 경락 후에도 그 부동산에 존속하기 때문에 경락인은 그 권리들을 인수하여야 하고 그때부터 그 권리 설정시의 합의에 따라 이자를 지급하고 변제를 하여야 한다는 것이다.[70] 이 권리 중 이미 변제기가 도래한 급부만 현금을 변제하면 된다. 따라서 독일법에서의 최저경매가격은 경매인들이 현실적으로 지급하여야 하는 최소한 금액을 나타내는 것이 아니고 경락인이 부담하여야 하는 채무액을 나타낸다. 잉여주의에 입각한 인수주의는 채권자와 경락인에게 긍정적인 경매진행절차라고 볼 수도 있을 것이다. 경락인은 선순위 권리자의 채권액을 현금으로 당장 지급하지 않아도 되기 때문에 결과적으로 그 권리자의 채권액만큼 금융혜택을 받는 것과 마찬가지의 효과가 있을 것이고 선순위 권리자에게는 존속기간 동안 안정적으로 그 권리를 경락인에게 주장할 수 있기 때문에 유리할 것이다. 위와 같이 잉여주의 및 인수주의에 따라서 소멸되지 아니하고 경락인에게 인수되는 집행채권자의 권리에 우선하는 선순위 권리에는 담보권은 물론 용익물

(ZVG; 强制執行法)등이 있다.

67) §44. I. ZVG.

68) Rosenberg-Gaul-Schiken, Zwangsvollstreckungsrecht, 10. Aufl., München, 1987, S. 718; § 52 I S.1 ZVG.

69) Zeller/Stober, Zwangsversieigerungsgesetz(Beck′sche Kurz-Kommentare), 1993, §44 Rz 4(1).

70) Baur, Lehrbuch des Sachenrechts, 15. Aufl., München 1989, S. 129.

권도 포함된다. 이에 반해 최저경매가격에 포함되지 아니한 권리, 즉 집행채권자의 권리, 그와 동순위 및 후순위 권리자들에 대하여는 소제주의가 적용되어 경락으로 소멸한다.[71] 즉 최저경매가격의 산정에 고려되지 못하여 인수·존속하지 못하고 소멸한 권리들은 그의 본래의 순위에 따라 경락대금으로부터 변제를 받고 소멸한다. 경락대금은 목적부동산의 대체물이 되며, 종래 부동산에 있던 권리는 경락 후에는 경락대금 위에 존속하게 된다.[72] 용익물권자도 그 순위에 따라 경락대금으로부터 가격보상을(Wertsatz) 받게 된다.[73] 결국 독일의 경우 강제집행에 있어서는 담보물권은 물론 용익물권도 설사 집행채권자의 권리보다 후순위라서 경락인에게 인수되지 않고 소멸된다고 하여도 잔여경매대금이 존재하는 한 그 대금으로부터 자신의 순위에 따라 배당을 받을 수 있도록 보장되어 있다.[74] 그리고 중간임차권자는 집행채권자의 권리에 우선하는 권리이므로 당연히 최저경매가격의 산정에 편입되어 경락인에게 인수되므로 우리나라와 같은 문제의 소지는 없다고 볼 것이다. 이는 우리나라와 달리 독일이 완전한 인수주의에 입각한 잉여주의를 채택하고 있기 때문인 것으로 보여진다.

우리나라는 민사집행법 91조 제1항에서 잉여주의를 규정하고 있고 동법 제91조는 제2항 및 제3항은 소제주의, 제91조 제4항은 제한적 인수주의, 제91조 5항은 인수주의를 규정하고 있는 것으로 해석 되어진다. 우리나라는 독일과 같이 완전한 인수주의에 의한 잉여주의를 적용하는 것이 아니고 제91조 제2항과 제3항은 담보권과 용익권인데 담보권은 말소기준권리보다 이전이나 이후에 되어

---

71) Stober, Z., Zwangsvollstreckung in das unbeweglichc Vermögen, München-Klöln, 1979, S.114; §53 I. ZVG.

72) Jaeckel/Güthe, Kommentar zum ZVG, 7. Aufl., (1937), § Anm. 1.

73) §92. I. ZVG.

74) K. Rebmann, F.J. Säker, Münchener Kommentar zum Bürgerlichen Gesetzbuch, Band 3 : Schuldrecht 1980, SS. 584~587.

있건 관계없이 소제주의를 취하고 있다. 이에 반해 제91조 제4항은 말소기준권리보다 앞선 일자로 설정되어 있는 지상권·지역권·전세권 및 등기된 임차권은 경락인이 인수하도록 규정하고 있다. 이는 독일법과 달리 우리나라는 경락인이 인수하는 권리는 용익권만을 인수주의를 취하고 교환가치에 비중을 두고 있는 담보권에 대해서는 경매 신청권자와의 선·후 관계없이 배당절차에 따라 말소케 하고 있다는 점에 차이가 있다. 위와 같은 규정에 대하여 담보권자의 입장에서 본다면 담보권은 채권의 변제가 본체적 효력이기 때문에 낙찰대금으로 우선변제 받을 수 있도록 배려한 점에서 유리하다고 볼 수도 있지만 선순위 담보권자 입장에서는 경락인이 그 담보물권을 인수하지 않아 그 존속기간 동안 담보권에 기한 임료청구권 까지 보장받지 못하는 불이익이 발생하는 단점이 있다.

독일에서 경매부동산의 임차권 취급의 문제는 독일강제집행법 제57조 이하에서 규정하고 있다. 독일강제집행법 제57조에 의하면,[75] 독일민법 제571조는 임대차목적물이 경매된 경우에 임차인과 경락인 사이의 법률관계에 준용되며, 경매에 의하여 소유권을 취득한 경락인은 그 취득이전에 임대차목적물을 이미 인도 받은 임대인에 대하여 종전임대인에 갈음하는 지위에 서게 된다고 규정하고 있다. 특히 주택임차권에[76] 있어서는 경매가 후순위 권리자의 신청에 의하여 이루어 진 경우뿐만 아니라, 선순위 권리자에

75) §57 ZVG Ist das Grundstück einem Mieter oder Pächter überlassen, so finden die Vorschriften der §§ 571, 572, des §573 Satz 1 und der §§574, 575 des Bürgerlichen Gesetzbuchs nach Maßgabe der §§ 57a und 57 entsprechende Anwendung.

76) 獨逸에서의 不動産賃貸借法 내지 借家制度 및 賃借人保護衣 沿革에 대해서는, Löning, George A, Die Grundstücksmiete als dingliches Recht, 1930, Rdnr.213~214; Wolgang Köhler, Handbuch der Wohnraummiete, 1983, Rdnr. B250; Udo Wloter, Mietrechtlicher Bestandschutz, München-Köln, 1984, Rdnr. 302.

의해서 경매신청이 된 경우에도 임차인이 경매 이전에 목적물의 인도를 받고 있기만 하면 경락인에게 대항할 수 있다. 여기서 임차인은 경락인이 낙찰허가 선고를 받기까지 목적물의 인도를 받으면 대항력이 인정된 것으로 본다. 독일민법 제571조는 임차인의 대항력 취득요건을 경락인이 목적물을 양도받을 때까지 갖출 것으로 요하고 있고 경락인의 소유권 이전시점은 경락허가선고시로 규정하고 있다.[77] 따라서 주택임차인은 경락인이 낙찰허가를 선고받을 때까지 목적물의 인도만 받고 있으면 경락인에게 대항할 수 있게 된다. 그러나 임차인 보호를 위하여 집행채권자의 우선순위를 무시하고 경매 허가시를 기준으로 임차인이 목적물의 인도만 갖추면 경락인에게 대항력을 부여하고 있는 독일법제는 임대차관계의 존속이 장기화되어 경락인에게 적절한 수익이 보장되지 못할 수 있다는 점과 경매신칭 기피로 공정한 경매절차를 해할 수 있다는 판단하에 경락인에게 임대차관계를 해지할 수 있는 권한을 부여하게 되었다. 즉 독일강제집행법 제57a조 제1문에서 "경락인은 법정해지기간의 준수하에 임대차관계를 해지할 수 있다"고 규정하고 있다.[78] 이는 경락인에게 독일민법 제565조에 규정되어 있는 법정해지 기간만 준수하면 기준 임대차계약의 기간 만료전에도 임대차관계를 예외적으로 해지할 수 있는 법정의 특별해지권을 부여한 것으로 보고 있으며[79] 해지기간은 차임을 월단위로 하든 주단위로 하든 관계없이 원칙적으로 3개월 이내 하여야 한다. 그러나 경락

---

77) § 87-90 ZVG.

78) Wörbelauer, Das kündigungstecht des Erstehers in der Zwangsversteingerung, NJW, 1953, S. 84; Roguette, Das Mietrecht des BGB, Kommentar, 1966, §556 a Rdnr 10.

79) Larenz. Karl., Lehrbuch des Schuldrechts, Bd. Ⅱ, Halbband 1, Besonderer Teil, 13. Aufl., München, 1986, S. 261 ;MünchKomm-Voelskow, §571 Rn 13; Staudinger-Emerrich, §571 Rn 86; Roquette, Hermann, Das Mietrecht des BGB, 1966 §556a BGB Rdnr. 21.

인에게 위와 같은 해지권을 무제한적으로 인정하게 되면 임차인보호에 저촉될 수 있어[80] 다시 강제집행법 제57a조 제2문에서 경락인은 경락후 가능한 첫 해지기간의 경과에 의해 임대차가 종료하도록 해지하여야 하고 그렇지 않으면 해지권은 소멸되는 것으로 규정을 하고 있다.[81] 이에 대하여 임차인에게는 경락인의 해지권에 의해 위협받는 자신의 이익을 지킬 수 있는 방안으로 독일강제집행법 재9조 제2호에 따라 임차권을 신고하고 경락인의 해지권 배제를[82] 요구하거나 사정에 따라서는 이중매수신고를[83] 할 수 있도록[84] 경락인과 임차권자간에 공평성을 기하고 있다.

---

80) Emmerich, Volkr/ Sonnenschein, Jürgen, Miete, 6. Aufl., Walter de Gruyter, Berlin New York, 1991,§556a BGB Rdnr 7; Erman-Bearbeiter, Handkommentar zum Bürgerlichen Gesetzbuch in zwei Bänden, Band 1, Herausgegeben von H. P. Westermamm, 8.Aufl., Aschendorffsche Verlagsbuchhandlung, Münster, 1989,Rdnr. 947; Jaurnig, O., Zwangsvollstreckungs -und Insolvenzrecht, 20. Aufl., Verlag C. H·Beck, München, 1996, §24 v 3; 계약에 성실한 임차인을 해지로부터 보호하고자 하는 해지보호입법의 목적에 독일강제집행법 제57조 a조에 기한 해지는 독일민법 제564b조의 요건에 따라 이루어 져야 한다는 견해가 있다.

81) Dassler-Schiffhauer, Zwangsversteingerungsgesetz, 10. Aufl, 1968, §57a, 6; Reinhard-Müeller, Zwangsversteingerungsgesetz, 9. aufl. 1958, §57a BEM, 6; § 57a S. 2 ZVG.

82) 梁彰洙, 獨逸民法典, 博英社 2001, 271面.

83) Wörbelauer, Das Kündigungsrecht des Erstehers in der Zwangsversteigerung, NJW, 1953, SS. 1729~1732; 변경된 매각조건에 의한 최고매수신고가격에 기해 경락이 허가되기 위해서는 그 최고매수신고가격이 법정매각조건에 따른 최고매수가격과 같거나 그 이상이어야 한다. 그러므로 독일강제집행법 제57a조에 의한 경락인의 경락인의 해지권을 배제한 조건하에서으 매수신고가격이 법정매각조건에 따른 매수신고가격보다 적은 때에는 경락인은 여전히 해지권을 보유한다. 다만 제59조 제1항에 의하여 경락인의 해지권을 해제함으로써 매각조건이 변경되는 경우는 매우 드물며, 보통 제2항의 중복매수신고(Doppelausgebot)가 이루어진다(李銀熙, 抵當權과 賃借權의 關係에 관한 硏究, 서울大學校 大學院 博士論文 1998. 33面).

84) 독일 강제집행법(ZVG) 제59조 제1항은 "각 이해관계인은 최경매신청가격 및 매각조건에 관하여 법률의 규정과 상이한 확정을 요구할 수 있다. 이에 의하여 다른 이해관계인의 권리를 해하게 될 경우에는 그 동의를 필요로 한다", 제2항은 "이에 의하여 권리가 침해되는가 않는가 하는 것이 명백하지 않은 경우에는 부동산은 요구된 차이를(Abweichung)를 가지고 그리고 그 차임없

(2) 프랑스

프랑스 저당권은 집행채권자의 권리보다 선순위인가 후순위인가를 불문하고 경락허가결정이 공시되면 모두 소멸하는 소제주의를 취하고 있다.[85] 이점은 우리민사집행법 제 91조 제2항과 동일하다. 경락허가결정에 의하여 소멸한 저당권자는 그 권리의 순위에 따라 경락대금으로부터 우선변제를 받고 말소된다.

프랑스에서도 임대차는 단지 채권에 불과하고 대항요건을 갖춘 경우에만 임차권에 대항력을 인정하고 있다. 다만 임차권의 대항요건은 임대차기간이 12년을 넘는가 넘지 않는가에 따라 다르며 12년을 넘지 않는 임차권의 대항력의 요건은 확정일자이고 12년을 넘는 임차권은 등기를 하여야 인정된다.[86] 프랑스에서 어떤 임대차가 경락인에게 대항할 수 있다는 것은 임대차의 무효가 인정되지 않는다는 의미이다. 임대차의 무효를 주장할 수 있는 자는 경락이 있기 전에 등기한 저당권나 경락후의 경락인이며[87] 경락인에게 대항할 수 있느냐 여부는 임대차 기간이 12년이 넘지 않는 임대차와 12년이 넘는 임대차에 따라서 달라진다. 기간이 12년이 넘지 않는 임차인이 경락인에게 대항하기 위해서는 이행최고의[88] 송달전에 확정일자를 갖추어야 하며 이행최고 전에 확정일자를 갖추지 않은 임대차는 채권자가 또는 매수인의 청구가 있으면 무효가

이 경매에 부친다", 제3항은 "제52조에 따라 소멸하는 권리가 매각조건에 의해 존속하고자 하는 경우에는 후순위 이해관계인의 동의를 얻을 필요가 없다"라고 규정하고 있다.

85) Vincent et Prévault, et Jacque prévault, Voies d'exécution et procédures de distribution 18e éd, Dalloz, 1995, n° 348.

86) Michel Dagot, La Publicités, Fonciére, 1°° éd., Presses Univeritaires de Franced, Paris, 1981, p. 137; Maurie, P. et Aynés, L., Cours de droit civil : Les contrats spéciaux civils et commerciaux, 6° éd., Édtions cujas, paris, 1992. n° 320.

87) Vincent et Prévault, op. cit., n°369.

88) Vincent et Prévault, op. cit., n°366 et 376.

될 수 있다. 이행최고 후에 체결된 임대차에 대하여는 채권자 또는 매수인의 청구가 있으면 법원은 무효를 선언하여야 한다.89) 따라서 이행최고의 송달전에 확정일자를 갖춘 임차인은 확정일자가 저당권등기 보다 앞선 것인지를 불문하고 경락인에게 대항할 수 있다.90) 이행최고 전에 임대차를 체결하였더라도 확정일자를 갖추지 아니한 임대차는 무효청구권자의 무효청구에 의하여 무효가 될 수 있으며, 무효를 선언할 것인지의 판단은 법원의 재량에 맡겨져 있다.91) 임대차가 이행최고의 송달 후에 체결된 것이면 법원은 무효를 선언하도록 하고 있다.92) 왜냐하면 이행의 최고 송달에 의해 채무자는 경매절차의 진행을 알 수 있는데, 이런 때도 임대차 계약을 유효로 한다면 채권자 및 매수인의 이익을 현저히 침해할 우려가 있기 때문이다. 임대차기간이 12년이 넘는 경우에는 임대차의 등기를 하고 저당권자의 등기보다 앞선 일자로 되어 있는 경우에만 저당권에게 대항할 수 있고 그렇지 않은 경우에는 12년이 넘는 부분에 대해서는 경락인에게 대항하지 못한다.93)

위와 같이 프랑스는 경매부동산의 모든 저당권이 경락에 의해 소멸하도록 하는 점은 우리나라와 동일하지만 임차인이 경락인에게 대항할 수 있는가의 여부는 임대차기간이 12년을 초과하였는지에 여부에 따라 12년 이전이면 이행최고의 송달에 이르기까지 확정일자를 취득하였으면 저당권 설정등기의 전후를 묻지 않고 경락인에게 대항할 수 있다. 그러나 임대차가 기간이 12년을 넘는 경우에는 저당권 설정등기에 앞서 등기를 하고 있는 경우에만 경락인에게 대항할 수 있고, 등기를 저당권 등기 후에 한 경우에는 경

89) Vincent et Prévault, op. cit., n°368.
90) Ex. : Civ. 1, 19 mars 1991, B. I, n. 90; D., 91. I.R., 99.
91) Civ. 3°, mai 1984, B. Ⅲ, n. 101, Rép. ciu., 2° éd., v° Publicitére fonciére par Alain Founier n° 79.
92) Vincent et Prévault, op. cit., n° 370.
93) Parjs 6° ch., 12 juill, 1985, Gaz. Pal., 1986. l, Somm. 130.

락인에게 대항할 수 없도록 하여 장기간 임대차를 체결하는 경우에는 등기를 하여야 제3자에게 대항할 수 있다는 점에서 우리나라와 차이가 있다.

(3) 英 國

먼저 영국에서는 물권과 채권사이에 대립하는 개념이 없으며, 주거용 건물의 임대차관계는 계약 자유를 원칙으로 하는 보통법(Common Law)하에서의 임대차 관계와 특별법적인 차가법(Rent Act)이 적용되는 임대차관계의 두가지 종류로 구분된다.[94] 따라서 물권개념은 존재하지 않으며, 다만 대륙법과 비교하여 볼 때 임차권은 성질상 물권적이라고 보는 수 밖에 없을 것이다. 왜냐하면 매수인으로부터 임차권이 보장되기 때문이다. 즉 근대 임차권의 물권화 경향은 영국법에 있어서는 획기적인 의의가 있는 것으로 임차권은 완전히 물권으로 지양되고 있어 주택임차권은 보통법에서 이미 물권으로 전환되어 대항력과 양도 및 전대의 자유가 인정되어 있었다.[95] 그러므로 임차인은 임대차계약기간 중에 특히 금지 또는 제한의 특약이 없는 한 자유로이 임차권을 양도 또는 전대할 수 있다. 특약을 위반한 양도·전대는 위법이지만 당연 무효는 아니고 다만 소유자로부터 임차권 폐기의 원인이 되었다. 그러나 존속기간이 약정되어 있는 임대차계약은 그 기간의 만료에 의하여 소멸하며, 임대인의 기간갱신의 승낙이 없는 한 임차인의 거주는 당연히 불법점유가 되며 비록 묵시적 합의에 의하여 거주하고 있다 할지라도 임대인이 임차인에게 퇴거의 통지를 하면 언제라도 퇴거해야만 했다. 판례가 주거용 가옥의 임대차기간이 만료하여도 임차인이 당해 가옥에 계속 거주하는 경우에 임차인을 보

94) 高翔龍, 傳貰制度의 再檢討, 現代民法學의 諸問題, 博英社 1981, 340面.
95) 水本 浩, 借地借家法現代的課題, 一粒社 1971, 3面.

호하려는 새로운 이론을 전개하면서 차가법이 특별법으로서 등장하게 되었다. 영국에 있어서 임차인 보호를 위한 특별법은 제1차 세계대전을 거치면서 주택난의 해결을 목적으로 1915년 제정된 "차임 및 저당인상(전시제한)법"을[96] 최초로 하여 수차의 개폐과정을 거쳐서 1968년 차가법에 의해 집대성 되었다. 이들 차가법은 일반적으로 경제적 약자인 임차인의 거주안정을 보호하고자 하는 사회법적 성격을 가지고 있으며 주요내용은 차임에 대한 통제와 해약고지의 제한을 중심으로 하는 임차권의 존속보호를 위주로 구성되어 있다.[97]

현행법인 1925년 재산권법 제99조는 저당부동산을 점유하고 있는 저당권설정자는 저당권자의 동의 없이 임대차계약을 체결할 권한을 부여하였다.[98] 그러나 제정법상의 권한에 기하여 저당권자에게 임차인이 대항하기 위해서는 저당권설정자가 체결한 임대차계약서의 사본을 계약체결일로부터 1개월 내에 저당권자 또는 1번 저당권자에게 교부하여야 한다. 이 요건들은 날인 증서에 의해 체결되어야 하며 구두 임대차계약에는 적용하지 않는다.[99] 제정법상의 임대권한은 저당증서에 의해 명시적으로 배제하거나 제한될 수 있으며(제99조 제13항) 그러한 취지를 등기한 이후의 임차권은 선순위 저당권에게 대항할 수 없다.[100]

---

96) 內田勝一, 外國の借家法の現狀1,イギリス, 現代借地借家法講座 3, 日本評論社 1986, 37面.

97) 金容漢, 不動産 賃借權에 관한 硏究, 行政硏究 제6집, 建國大學校 行政硏究所 1982, 122~123面.

98) Evans & Smith, The Law of Landlord and Tenant, 4. ed., Smith, P. F., Butterworths, London, Dublin, Edinburgh, 1993, S. 16.

99) Rhodes v Dalby (1971) 1 WLR 1325, 1331.

100) Cheshire & Smith, The Law of Landlord and Tenant, 4. ed., Smith, P. F., Butterworths, London, Dublin, Edinburgh, 1993, p. 16; Oakley, A. J., Prioriteies as Between Mortgages and Persons in Actual Occupation, The Cambridge Law Journal SS. 397~401, 1990; Evans & Smith, op. cit., S. 17.

(4) 日 本

1890년에 제정된 일본의 구 민법은 당시 프랑스의 임차권 물권론의 영향아래 임차권을 물권으로 구성하였으나 현대민법은 로마법의 원칙으로 돌아가 임차권을 채권으로 구성하여 스위스법의 경우와 같이 임대인의 협력을 받아 등기함으로써 대항력을 부여하였다. 그러나 그 후 1909년 '건물보호에 관한 법률'의 제정에 의하여 토지임차권의 등기가 없어도 차지권자가 차지상에 등기한 건물을 소유하는 때에는 임차권을 제3자에 대항할 수 있는 것으로 하였다.[101] 경제의 발전에 따른 인구의 도시집중으로 인한 주택문제에 대항하기 위하여 차가법(1921년)이 제정되어 동법은 건물 임차권에 대하여 인도에 의한 대항력을 인정하였다. 민법상 임차권의 대항력은 우리민법의 경우와 같이 등기함으로써 발생한다(일본민법 제605조). 그러나 임대인이 임차인의 등기청구에 응하지 않는 것이 보통이므로 특수한 경우를 제외하고는 유명무실한 제도가 되어 버렸다. 이에 차가법은 건물의 인도로써 임차권의 대항력을 인정하게 되었다(일본차가법 제1조). 건물의 인도는 현실의 인도에 한하지 않으며 점유개정에 의해서도 대항력이 발생한다는 견해가[102] 있었다.

차지법과 차가법을 통합한 차지차가법 제31조 제1항은 건물의 임대차는 등기를 하지 않아도 건물을 인도 받은 때에는 그 후 그 건물에 관하여 물권을 취득한 자에 대하여 효력이 생긴다고 규정하였고, 이 규정에 반하는 특약으로 건물의 임차인에게 불리한 약정은 제38조에 의하여 무효가 된다. 판례와 통설은 제31조 제1항의 의미가 임차인이 대항력을 갖춘 후 임대차 계속 중에 임차주택이 양도되면 양수인이 양도인인 임대인의 지위를 포괄적으로 승계

101) 稲葉威雄, 1日法の 新法 關係, シコリスト, 1006號, 1992. 8, 15面.
102) 我妻 榮, 債權各論(中卷一), 岩波書店 1984, 551面.

하는 것으로 해석하고 있다.[103] 일본의 차지임차권은 우리나라와 달리 강력한 존속보호를 받고 있다.[104] 기간의 정함이 있는 임대차에 있어서의 갱신거절 이나 기간의 정함이 없는 임대차에 있어서의 해지통고는 법률상 정당한 사유가 없는 한 인정되지 않는다.[105] 일본 민법 제395조는 "제602조에 정하는 기간[106]을 넘지 않는 임대차는 저당권의 등기 후에 등기된 것이라도 저당권에게 대항할 수 있다"고 하고 있다. 그러나 후순위 권리자의 경매신청에 의하여 중간임차권자에게 대항력을 인정하게 되면 그 기간동안 경락인이 목적물을 용이하게 인도 받아 사용·수익할 수 없다는 점을 들어 반대하는 견해도 있다.[107] 민법 제395조의 해석상 임차권의 대항력은 민법 제602조의 소정의 기간을 넘은 임대차와 기간을 넘지 않은 임대차로 구별할 수 있게 된다. 일본 최고재판소는 "민법 제602조에 정한 기간을 넘는 임대차가 저당권설정등기 후에 성립하면 등기하여도 저당권에 대항할 수 없다. 민법 제395조가 제602조 소정의 기간을 넘지 않는 임대차는 그 성질이 관리행위이기 때문이며, 그 기간을 넘는 임대차는 처분행위에 해당하여 저당권자에게 대항할 수 없다. 민법 제602조 소정의 기간을 넘는 임대차는 저당부동산에 대한 처분행위라고 하여 저당권자에게 대항할 수 없다고 한 이상 그 행위 중 민법 제602조 소정의 기간에 상당하는 부분의 범위에 대해서도 대항할 수 없다"고 판시하고 있다. 위와

---

103) 박해식, 賃貸借法 解說의 法律知識, 青林出版 2000, 121面.

104) 稻本洋地助·澤野 順彦 編, コソメンタール借地借家法, 日本評論社 1993, 80面.

105) 飯原一乘, "正當事由 明確化", シコリスト(1006號) 1992. 8, 45面.

106) 제602조: 처분의 능력 또는 권한 없는 자가 임대차를 하는 경우에는 그 임대차는 다음 기간을 넘지 못한다.

1. 수목의 식재 또는 벌채를 목적으로 한 산림의 임대차는 10년
2. 기타 토지의 임대차는 5년
3. 건물의 임대차는 3년
4. 동산의 임대차는 6개월

107) 上揭論文, 45面.

같이 민법 제602조에 따른 소정의 기간을 넘는 임대차는 경락인에게 대항할 수 없으며 제602조 기간내의 보호도 받지 못한다고 판시 하고 있는데[108] 최근의 학설은 민법 제395조는 단기인가 아닌가를 불문하고 저당권 실행시 임대차의 존속기간의 한계를 정한 것이라고 해석하고 있다. 우리나라와 달리 중간임차권자의 존속기간이 민법 제602조의 소정의 기간을 초과한 경우와 그렇지 않은 경우에 따라 중간임차권의 대항력 여부를 차별하고 있는데 이에 대해서는 일본에서 계속 논의가 일고 있다.

일본에서 중간임차권의 취급에 관한 최초의 판결은 대심원 1918(대정). 5. 18. 판결이다.[109] 대심원은 1번 저당권이후에 설정된 지상권은 경매목적물 위에 설정되어 있는 저당권이 소멸하게 되므로 2번 저당권의 신청으로 그 목적물이 경매되는 경우에도 그 부동산은 설정당시의 양태로서 경매에 부쳐지는 것이기 때문에 1번 저당권 설정등기 후에 지상권을 취득한 자는 이것을 경락인에게 주장할 수 없다고 판시하고 있다. 이후 판결에서도 계속 중간임차권자의 대항력을 부정하는 입장을 취하고 있다.[110] 이에 대해 학설에서는 대항력을 부정하는 설과[111] 긍정하는 설로[112] 대립되어 있다. 대항력을 부정하는 입장은 임차권이 경락에 의해 소멸하는 저당권자에게는 대항할 수 없지만 경매신청인의 선순위 저당권자

108) 最高裁判所 昭和 38(1963). 9. 17 判決, 民集 17卷 8號 955面.

109) 最高裁判所 昭和 38, 1963. 9. 17 判決, 民集 17卷 8號 955面.

110) 最高裁判所 昭和 38, 1963, 9. 17 判決, 民集 第17卷 第8號 955面 ; 最高裁判所 昭和 46, 1971. 3. 30, 判例時報 第628號 54面.

111) 我妻榮, 新訂擔保物權法 (民法講義3), 岩波書店 1995, 336面 ; 抽木, 擔保物權法(新版), 357面 ; 齋藤 委夫, 民事訴訟法(二)(有斐閣 全書), 有斐閣 1950, 260面 ; 菊井 雄大, 民事訴訟法(二)(有斐閣 全書), 有斐閣 1950, 260面 ; 齋藤 委夫, 競賣法(法律學全集), 有斐閣 1960, 175面.

112) 鈴木祿彌, 擔保物權法講義 (改訂版), 創文社 1994, 193面 ; 竹下守夫, 不動産執行法 硏究, 有斐閣 1977. 104面 ; 竹下守夫, 不動産執行法の硏究, 有斐閣 1977,202面 ; 宮脇 辛珍, 强制執行法(各論), 法律學全集, 有斐閣 1978, 197面 ; 兼子一, 强制執行법(增補版), 酒井書店 1951, 240~254面.

를 보호하기 위하여 대항력을 부정한다는 견해이다.[113] 이에 대해 대항력을 긍정하는 입장은 선순위 저당권이 소멸하는 것은 선순위 저당권이 실행된 것으로 보기 때문이 아니고 잉여주의를 취한 이상 소멸하여야 할 저당권이 완전한 만족을 얻을 가액으로만 경락이 허가되기 때문에 중간임차권까지 소멸시킬 필요는 없고 관계인 상호간의 이익을 형량하면 중간임차권은 인수되는 것으로 보는 것이 타당하기 때문인 것으로 보고 있다. 따라서 경락인이 중간임차권의 권리를 인수하든가 아니면 경락대금에서 가격보상을 하여 주어야 한다고 보고 있다. 한편 민사집행법 제59조 제1항은 부동산위에 존재하는 선취특권, 사용 및 수익을 하지 아니한다는 취지의 정함이 있는 질권, 그리고 저당권은 매각에 의하여 소멸한다고 규정하면서, 동조 제2항에서 전항의 규정에 의하여 소멸하는 권리를 가진자, 압류채권자 또는 가압류채권에게 대항할 수 없는 부동산에 관한 권리의 취득은 매각에 의하여 그 효력을 상실한다고 규정함으로써 실질적으로 중간임차권자가 민법 제602조의 단기임차권자가 아닌 경우에는 전항의 규정에 의하여 소멸하는 권리에 대항할 수 없는 권리라는 개념에 포함되어 이를 소멸시키며 이 규정은 다시 동법 제188조에 의하여 임의경매에 준용하고 있다. 위와 같이 우리나라와 달리 단기 임대차계약의 여부에 따라 중간임차권자에게 대항력을 인정케 하고 있는 것은 부동산의 담보권 이용과 용익권 이용의 조화와 조절을 위하여 인정하는 제도로 풀이되고 있다. 이는 부동산 이용에 의한 용익권 이용의 지나친 제약을 완화하여 양자의 조화를 기하기 위하여 인정되고 있으며 후순위 권리자에 의한 선순위 권리를 침해하는 물권질서의 근본을 뒤흔드는

---

113) 石川 明, 小島武司, 佐藤歳二 編, 註解 民事執行法(上卷), 青林書院 1991, 618面; 中野貞一朗, 民事執行法 제2판, 現代法律學全集, 青林書院 191, 373面 ; 坂原正夫, 不動産競賣 賃借權, 新黨辛司=竹下守夫編, 基本判例, 民事執行法, 有斐閣 1983, 185面.

정도에 이르면 용인하지 않는 것으로 보고 있다.[114)]

주택임대차는 채권으로서 당사자의 의사를 보충하거나 의사표시 해석의 기준이 되는 임의법규가 대부분을 차지하고 있는 점에서 대부분이 강행법규로 되어 있는 물권법과는 대조적이다.[115)] 주택임차권자의 물권화 강화의 핵심은 대항력인데[116)] 위와 같이 채권에 물권적 효력인 대항력을 인정하여 임차인을 보호하고 있는 이유는 주거생활 안정보호와 그 안정을 위해서는 , "간편한 방법에 의한 대항력취득", "임대차관계의 존속보호", 그리고 "차임인상의 적절한 규제"라는 세가지의 요소를 달성하는 것이 이상적이라고 보고 있기 때문이다.[117)] 그러나 각국의 법제는 국가적·시대적 상황에 따라 다를 수밖에 없다. 독일의 법제는 '존속 보호' 및 '가격 보호'에 중점을 두고 있으며, 일본의 법제는 '대항력' 특히 '임대차 보증금의 반환확보'에 최우선적 배려를 하고 있다. 독일의 경우에는 담보물권은 물론 용익물권도 설사 집행채권자의 권리보다 후순위라서 경락인에게 인수되지 않고 소멸된다고 하여도 잔여 경매대금이 존재하는 한 그 대금으로부터 자신의 순위에 따라 배당을 받을 수 있도록 보장되어 있다. 그리고 중간임차권자는 집행채권자의 권리에 우선하는 권리이므로 당연히 최저경매가격의 산정에 고려 편입되어 경락인에게 인수 존속되므로 우리나라와 같은 문제의 소지는 없다고 볼 것이다. 이는 우리나라와 달리 독일이 완전한 인수주의에 입각한 잉여주의를 채택하고 있기 때문일 것이다. 그

---

114) 金鎭鉉, 前揭論文, 375面.

115) Brox, H. Allgemeines Schuldrecht, München 1980, S. 4ff; Esser-Schmidt, Schuldrecht, Allgemeiner Teil, 1967, S72; Kohler, Lehrbuch des Bürgerlichen Rechts, Berlin, 1906, S. 14ff; Löwisch, Das Schuldverhältnis, München-Koln 1975. S. 121ff.

116) 韓三寅, 住宅賃貸借保護法의 判例分析-住宅賃借權의 對抗力을 中心으로-, 新世紀의 民事法課題, 仁齊 林正平教授華甲記念, 法元社 2001, 241面.

117) 金鎭鉉, 前揭論文, 349面.

리고 프랑스는 경매부동산의 모든 저당권이 경락에 의해 소멸하도록 하는 점은 우리나라와 동일하지만 경락인에게 대항할 수 있는가 여부는 임대차기간이 12년을 초과하였는지에 여부에 따라 12년 이전이면 이행최고의 송달에 이르기까지 확정일자를 취득하였으면 저당권 설정등기의 전후를 묻지 않고 경락인에게 대항할 수 있다. 그러나 임대차가 12년 이후이면 임대차는 저당권 설정등기에 앞서 등기를 하여야 경락인에게 대항할 수 있다. 영국법은 저당권설정자의 임대권한을 저당증서에 의해 명시적으로 배제하거나 제한할 수 있으며(제99조 제13항), 그러한 취지를 등기한 이후의 임차권은 선순위 저당권에게 대항할 수 없도록 하고 있다.[118] 일본은 이에 반해 우리나라와 유사한 점이 많다. 경매부동산의 저당권에 관하여 소제주의를 취하고 있는 점이나 대항력의 발생요건으로 등기를 원칙적으로 요하고 있는 점이 그러하다. 다만 우리나라와 달리 단기 임대차인 경우에는 민법 제 395조에 따라 중간임차권자에게도 대항력을 인정한다는 점이다. 위와 같이 외국의 입법례는 우리나와 달리 중간임차권자의 권리를 다양한 규정으로 더 보호하고 있으며 하나의 법체제로 일원화하여 규율하는 추세로 가고 있음을 알 수 있다.

2. 學說의 對立

(1) 對抗力 否定說

부동산 임차권자가 1번 저당권과 2번 저당권자 사이에 대항요건을 갖추고 있는 경우에는 자기의 임차권을 가지고 경락인에게 대항할 수 없다는 견해이다.[119] 본 견해에서 임차인에게 대항력을

118) Evans & Smith, op. cit., p. 17.
119) 郭潤直, 前揭 物權法(新訂版) 627面; 李英俊, 前揭書, 902面 ; 閔日榮, 住宅賃

부정하는 근거는 다음과 같다. 제1설은 후순위 저당권에 의한 경매신청의 경우 중간 임차권이 소멸하지 않는다고 해석한다면 경락인은 임차권을 승계하여야 하고 그 결과 목적부동산의 경매가격은 그 만큼 저감되어 1번 저당권자는 그가 저당권을 설정할 당시 파악한 담보가치 만큼 피 담보채권을 변제 받을 수 없게 되다는 것이다.[120] 즉 임차인보다 앞선순위의 담보가치를 보전하기 위하여 중간임차인은 경락인에게 대항할 수 없도록 하여야 한다는 견해이다. 그러나 위의 견해는 우리 민사집행법이 단순한 소제주의를 취하지 않고 잉여주의를 혼합한 소제주의를 취하고 있다는 점을 간과한 견해라고 보여진다. 즉 우리 민사집행법이 단순한 소제주의를 취하고 있다면 아무리 낮은 금액으로 낙찰이 되거나 최저경매금액으로 형성되어 있을 지라도 경매는 낙찰허가가 결정되어 위의 1설대로 선순위권리자의 권리를 침해하게 될 것이다. 그리나 우리 민사집행법은"최저매각가격으로 압류채권자의 채권에 우선하는 부동산의 모든 부담과 절차비용을 변제하면 남을 것이 없겠다고 인정한 때에는 압류채권자에게 이를 통지하여야 하며, 압류채권자는 위의 통지를 받은 날로부터 1주일 이내에 위의 부담과 비용을 변제하고 남을 만한 가격을 정하여 그 가격에 맞는 매수신고가 없을 때에는 자기가 그 가격으로 매수하겠다고 신청하면서 충분한 보증

賃借保證金의 優先辨濟를 둘러싼 問題點에 관하 小考-住宅賃貸借保護法 第3條의 2를 中心으로-,厚巖郭潤直先生古稀記念 民法學論業 第2輯, 博英社 1995. 381面 ; 朴在承, 不動産競賣節次에 있어서의 賃借人의 地位, 司法論集 제21집, 法院行政處 1990, 482面 ; 吳容鎬, 前揭論文, 377面 ; 尹弘根, 競賣節次에서 配當要求를 하지 않은 少額賃借人의 地位, 民事判例硏究 XIII, 民事判例硏究會編, 博英社 1991, 256面 ; 李玲愛, 抵當權設定登記와 强制競賣申請사이에 對抗力을 갖춘 賃借權의 對抗力, 大法院 判例解說通卷 7號, 法院行政處 1989, 172面 ; 崔鐘, 競賣節次에 있어서 賃借人, 司法論集 제18집, 1987, 445面.

120) 郭潤直, 前揭 物權法(新訂版) 627面 ; 金相容, 物權法, 法文社 2003, 784面 ; 黃迪仁, 現代民法論IV, 博英社 1989, 298面.

금을 제공하지 아니하면 법원은 경매절차를 취소하여야 한다"고 규정하고 있다(민사집행법 제102조 제1항, 제2항, 동법 제104조). 따라서 경매신청권자 보다 앞선 순위의 권리자가 우선변제 받을 수 없는 금액으로 낙찰이 되어 선 순위권리자를 침해한다는 위의 1설은 잉여주의에 따라 타당하지 않다. 제2설은 2번 저당권의 실행이 있으면 민사집행법 제91조 제2항에 따라 1번 저당권도 소멸하게 되므로 실질적으로 1번 저당권의 실행이 있었던 것과 마찬가지의 결과가 된다는 것이다.[121] 그러나 동 조항이 소제주의를 취하고 있는 것은 목적부동산의 부담을 경락인에게 인수시키는 것과 인수시키지 않고 競落代金으로부터 변제 또는 보상을 받도록 하는 것을 비교하여 어느 쪽이 경매의 목적 또는 전 이해관계인의 이익에 합당한가라는 순수한 합목적인 고려에서 유래된 것으로 보아야 할 것이다.[122] 따라서 경매신청권자 보다 선순위의 저당권이 소멸하는 것은 대항력 소멸설과 같이 그 저당권의 실행으로 소멸하는 것이 아니라 관계인 상호간의 이익을 비교하여 형량한 결과 인수주의 보다는 소제주의를 취하는 것이 합리적이기 때문이라고 보아야 할 것이다.

(2) 優先辨濟權認定說

이 설은 중간임차인은 제1순위 저당권자에게 배당하고 나머지가 있는 경우에는 제2순위 저당권자에 우선하여 경락대금으로부터 우선변제를 받을 수 있다고 보는 입장이다. 그 근거는 주택임대차보호법의 적용보호를 받는 물권화된 임차권은 실질적인 측면에서 보면 물권으로서의 전세권과 하등 다를 바가 없으므로 전세권과 같

121) 郭潤直, 前揭 物權法(新訂版), 627面 ; 金相容, 前揭 物權法, 784面 ; 李範柱, 住宅賃借權의 對抗力(下), 法曹 1983. 4, 30面.

122) 高翔龍, 前揭論文, 88面.

은 용익물권적 성질과 함께 담보물권 성질도 아울러 가지고 있기 때문이라고 한다.[123] 이러한 견해를 밝히고 있던 중 주택임대차보호법은 제2차 개정에서 "대항요건을 갖춘 임차인이 임대차계약서상에 확정일자를 갖춘 경우에는 후순위 권리자보다 우선하여 보증금을 우선변제 받을 수 있다"라고 제정하게 되었다(주택임대차보호법 제3조 제1항).

(3) 對抗力 肯定說

이 설은 경매신청권자의 권리에 앞서 대항요건을 갖춘 임차인은 경락인에게 대항할 수 있다는 견해이다.[124] 본 견해에서 임차인에게 대항력을 인정하는 근거는 다음과 같이 나누어 진다.

1) 剩餘主義

대항력 소멸설이 취하고 있는 입장은 우리 민사집행법이 잉여주의를 전제로 한 소멸주의를 택하고 있다는 점을 간과하고 있어 이론상 모순이 있다고 본다. 민사집행법 91조 제1항은 "압류채권자의 채권에 우선하는 채권에 관한 부동산의 부담을 매수인에게 인수하게 하거나 매각대금으로 그 부담을 변제하는데 부족하지 아니하다고 인정된 경우가 아니면 그 부동산을 매각하지 못한다"라고 하고 있으며, 동법 제102조는 이를 절차상으로 구체화하고 있다. 따라서 저당권은 저당물의 교환가치로

---

123) 高翔龍, 改正 住宅賃貸借保護法의 제문제, 判例月報 1984. 7, 13面 ; 趙容完, 賃貸借의 對抗力, 銀行去來・賃貸借事件의 諸問題(裁判 資料 第32輯) 1986, 474面.

124) 權龍雨, 住宅賃借權의 對抗力, 考試研究 1992. 7, 113面 ; 梁三承, 前揭書 86~88面 ; 金祥洙, 强制執行法상의 몇가지 問題點, 저스티스 1997. 7(제30권 제2호), 182面 ; 高翔龍, 前揭論文 改正住宅賃貸借保護法의 諸問題, 12~13面 ; 金鎭鉉, 中間賃借人의 保護에關한 比較法的 考察, 강원法學 第8卷, 강원大學校 比較法律研究所 1996, 112~116面 ; 李均龍, 前揭論文, 520~527面.

부터 피담보채권의 변제를 받는 것이 그 목적이므로 후순위 저당권의 실행으로 선순위 저당권도 민사집행법 제91조 제2항에 따라 소멸하고 그 경락대금으로부터 우선변제를 받아 담보목적이 실현되기[125] 때문에 잉여주의가 적용되는 한 선순위 저당권자는 자신보다 후순위의 임차권이 경락에 의하여 소멸하는가, 아니면 소멸되지 않는가에 관계없이 피담보채권을 변제 받을 수 있으므로 선순위 저당권자를 보호하기 위하여 신청채권자에게 대항할 수 있는 임차권이 함께 소멸한다고 할 필요는 없다고 본다.[126]

2) 利用權에 근거한 存續保障

가치권인 저당권은 목적물의 교환가치로부터 자기의 채권의 변제를 받는 것을 그 본체적 효력으로 하고 있기 때문에 후순위 권리자의 경매실행으로 선순위 담보권리도 소멸하고, 그 경락대금으로부터 우선변제를 받음으로써 담보의 목적을 충분히 실현할 수 있을 것이다. 그러나 이용권인 임차권은 그 존속기간 동안 목적물을 사용·수익하는 것을 그 본체적 효력으로 하는 것이기 때문에 그 존속보장이 무엇보다 우선되어야 할 것이다.[127] 그런데 저당권 실행으로 경락이 된 경우에는 중간임차권자가 이용권도 행사하지 못하고 소멸한다면, 이는 무주택서민의 주거를 보호한다는 주택임대차보호법의 입법취지에도 반할

125) 閔文基, 賃借住宅의 保護拒絶 -反 大法院 判例의 辯-, 法律新聞 第1755號, 1988. 6, 9面.

126) 金鎭鉉, 前揭論文 中間賃借人의 保護에關한 比較法的 考察, 104面 ; 梁祥勳, 1番 抵當權設定後에 對抗力을 取得한 住宅賃借權보다 후에 設定된 抵當權의 實行으로 目的物을 競落받은 자가 住宅賃貸借保護法 第3條 소정의 讓受人에 해당하는지 與否, 大法院判例解說 通卷 第7號, 法院行政處 1987, 108~109面.

127) 權龍雨, 前揭論文 住宅賃借權의 對抗力, 195面.

뿐만 아니라 2002년 11월 1일부터 시행되고 있는 상가건물임대차보호법에서도 더 큰 문제의 소지를 갖게 된다. 상가건물임대차보호법은 제3조 제1항, 제3조 제2항, 제3조 제3항에서 대항력에 관한 규정을 두어 임차인을 보호하고 있지만 본 목적물이 경매로 낙찰이 된 경우 중간임차권자는 이용권과 권리금의 인수도 주장할 수 도 없는 문제가 발생하게 된다. 상가건물은 주택과 달리 권리금과 이용권의 보장이 절실한데 이러한 중간임차권자의 권리를 위한 보호 방안이 없다면 임차인에게 손해를 가할 뿐만 아니라 임대인은 위와 같은 제도상의 흠결을 악용하여 임차인의 권리를 해할 수도 있을 것이다. 따라서 이에 대한 상가건물의 중간임차권자를 위한 입법적인 개선방안을 제3장 제4절에서 고찰하여 보았다.

3. 判例의 態度

중간임차권의 법적지위에 대하여 대법원은[128] "1번 저당권설정 후에 대항력을 취득한 주택임차권보다 후에 설정된 저당권의 실행으로 목적물을 경락 받은 자는 주택임대차보호법 제3조 소정의 양수인에 해당하지 않는다"고 판시하여 저당권의 소멸과 관련하여 중간임차인을 취급한 최초의 판결로 의미가 있다. 본 판결은 일반매매에서는 주택을 양수한 자에게 임차인이 대항할 수 있으나(주택임대차보호법 제3조 제1항, 제2항) 임차부동산이 경매로 진행된 경우에는 중간임차인이 낙찰자에게 대항할 수도 없고 후순위 저당권에게도 우선변제권을 행사할 수 없다고 하여 많은 논란의 대상이 되었던 판결이기도 한다. 판례는 (구) 경매법 제3조 제2항 단서(동지 민사소송법 제608조 2항: 1990. 1. 13. 개정)를 근거로 하여 중간임차권도 소멸한다고 하나 이

128) 大判 1987. 2. 24. 宣告, 86다카 1936 參照.

규정은 가치권 상호간의 규정이고, 가치권과 이용권과의 관계를 규정한 것은 아니라고 해석하여야 한다. 따라서 이용권은 그 존속기간 동안 목적물을 사용·수익하는 것을 그 본체적 효력으로 하는 것이기 때문에 그 존속보장이 무엇보다 우선되어야 되어야 할 것이다.[129] 따라서 대항력을 갖춘 임차권보다 뒤에 설정된 2번 저당권의 실행으로 1번 저당권이 소멸하므로 2번 저당권자에게는 대항할 수 있는 중간임차권도 소멸하는 것으로 새기는 판례의 태도는 옳지 않다고 본다.[130]

그리고 대법원은 "근저당권이 설정된 후 임차권이 취득되었고 이후 강제경매권자가 경매를 신청하여 낙찰이 된 경우 중간임차인이 경락인에게 대항할 수 있느냐와 관련하여 "임차인이 경락인에게 대항할 수 있다면 경락인은 임차권의 부담을 지게 되고 부동산의 경매가격은 그 만큼 떨어져서 임차인 보다 선순위의 담보권을 해치는 결과가 되어 설정당시의 교환가치를 담보하는 담보권의 취지에 맞지 않다"고 판시하고 있다.[131] 임차권과 담보권은 그 성질이 다른데도 불구하고 선순위 담보권을 위하여 이용권을 소멸시킨 판례이다. 생각건대 임차권 이후에 채권자가 강제경매를 신청한 경우에는 잉여주의설을 적용하여 임차인에게 대항력을 인정할 수도 있을 것인데 이를 감안하지 않은 판결로 적절하지 않다.

또한 대법원은 "민사소송법 제608조 제2항이 존속기간의 정함이 없거나 같은 법 제611조의 등기 후 6월 이내에 그 기간이 만료되는 전세권을 저당권과 함께 소멸하는 것으로 규정하고 있는 것은 전세권의 우선변제적 효력에 근거하여 담보물권처럼 취급한 결과이므로, 이는 선행하는 저당권이 없는 상태에서 존재하는 전세권에 관하여 규정한 것으로 보아야지, 선행하는 저당권이 있고 그것이 경매로 인하여 소멸하는 경우에도 당연히 적용된다고 볼 것은 아니고, 또한 위 조항은

129) 權龍雨, 前揭 物權法, 531面.
130) 上揭書, 531面 ; 高翔龍, 前揭 論文 이른바 中間賃借權者의 法的地位, 79面.
131) 大判 1987. 3. 10. 宣告, 86다카 1718 參照.

경락으로 인하여 용익물권이나 대항력을 갖춘 임차권이 소멸하는지 여부에 대하여 규정한 것도 아니므로, 경락으로 인한 용익물권이나 대항력을 갖춘 임차권의 소멸 여부는 민사소송법에 명문의 규정이 없다고 할 것이니 이는 결국 해석에 의하여 결정될 수밖에 없는데, 후순위 저당권의 실행으로 목적부동산이 경락된 경우에는 민사소송법 제728조, 제608조 제2항의 규정에 의하여 선순위 저당권까지도 당연히 소멸하는 것이므로, 이 경우 비록 후순위 저당권자에게는 대항할 수 있는 임차권이라 하더라도 소멸된 선순위 저당권보다 뒤에 등기되었거나 대항력을 갖춘 임차권은 함께 소멸하는 것이고, 따라서 그 경락인은 주택임대차보호법 제3조에서 말하는 임차주택의 양수인 중에 포함된다고 할 수 없을 것이므로 경락인에 대하여 그 임차권의 효력을 주장할 수 없다"고 판시하고 있다.132)

본 판결은 후순위저당권의 실행으로 주택이 경락된 경우, 선순위 저당권과 후순위저당권 사이에 대항력을 갖춘 임차인은 경락인에 대하여 그 임차권의 효력을 주장할 수 없는 대항력 부정설의 입장을 취하고 있다. 한편 구 민사소송법 제608조 제2항은 존속기간의 성함이 없거나 동법 제611조의 등기 후 6월 이내에 그 기간이 만료되는 전세권은 저당권과 함께 소멸하는 것으로 규정하고 있었는데 본조의 규정은 새로운 민사집행법 체계하에서는 효력이 없게 되었다. 왜냐하면 새로운 민사집행법에서는 위의 조항을 삭제하고 민사집행법 제84조 제2항, 제88조 제1항, 제91조 제3항에서 "소멸된 선순위 저당권보다 뒤에 등기되어 있는 전세권자가 첫 매각기일 이전까지 배당요구를 한 경우 매각으로 소멸한다"라고 규정하여 2002년 7월 1일 이후부터 시행하고 있기 때문이다. 따라서 현 민사집행법 체계하에서는 본 판결과 다른 판결이 내려져야 할 것으로 본다. 결과적으로 본 판결에서도 소멸된 선 순위 저당권보다 이후에 설정된 전세권이나 임차권이 되어 있는 목적물을

---

132) 大判 1999. 4. 23. 宣告, 98다 32939 參照.

낙찰받은 자는 주택임대차보호법 제3조 제2항의 양수인에 해당하지 않는다고 하여 임차부동산이 경매로 진행되었을 때 동 법 제3조 제1항 및 제2항에 따른 임차인 보호에 한계를 보여주고 있다.

4. 檢討

우리나라도 민법의 규정에 의해 임차권의 관계를 일원화하는 것이 법적 안정성이나 경매절차의 능률화를 위하여도 합리적이라 할 수 있으나 우리나라의 법 실정이나 부동산 특성에 비추어 당분간 외국의 입법예를 일부 수용한 현 체제대로 나아가는 것이 바람직 하다고 보여진다. 그러한 차원에서 민법상의 임차권자에 대해서도 일본과 프랑스처럼 단기임대차 계약을 체결하고 확정일자를 받은 중간 임차권자에게는 단계적으로 대항력과 우선변제권을 인정하여 주는 입법적인 방안이 검토되어 진다. 다만 그러한 관계도 선 순위 담보권자를 침해하지 않는 범위 내에서 부동산의 담보권과 용익권 사이의 권리조화를 이루는 방안이 바람직 할 것으로 보여진다.

Ⅲ. 代位辨濟로 인한 對抗力의 發生

대위변제는 제3자 또는 공동채무자 한 사람이 채무자를 위하여 변제하는 때에는 그 변제자에게 채권자가 채무자에 대하여 가지고 있던 권리가 이전하는 것을 말하며, 이 경우 변제자는 채무자에 대하여 구상권을 취득할 수 있다. 변제자는 원칙적으로 채권자의 승낙이 있어야 대위할 수 있지만 변제할 정당한 이익을 가지는 변제자는 그 승낙 없이도 당연히 대위 할 수 있다. 전자가 임의대위이고, 후자가 법정대위이다.[133] 여기서 법정대위란 변제를 하지 않으면 채권자로부터 집행을 받거나 또는 채무자에 대한 자기의 권리를 잃게 되는 지위에 있기 때문에 변제함으로써 당연히 대위의 보호를 받아야 할 법률상의 지위를 가지는 자를 말한다. 따라서 사실상의 이해관계를 가지는 것만으로는 이에 해당하지 않는다. 따라서 담보물의 후순위 담보권자나[134] 확정일자의 요건을 갖춘 임차권자는 자기의 권리를 잃게 될 지위에 있는 점에서 각각 변제할 정당한 이익을 가진다.

아래 각주에[135] 있는 내용을 살펴본다. 우선 본 물건을 입찰하고자 하는 자는 입찰에 참여해서는 안될 것이다. 왜냐하면 경락인이 임차인 보증금 2억 원을 인수할 수도 있기 때문이다. 본 물건은 후순위 저당권자인 국민은행이 경매를 신청하였는데 임차인인 정재석은 후순위 저당권자보다는 우선하지만 1순위인 주택은행보다 이후에 되어 있다. 따라서 임차인은 경락인에게 대항할 수 없고 확정일자는 받았지만 이 역시 2순위 국민은행보다 이후에 받았기 때문에 낙찰대금이 높게 되지 않는한 우선변제권도 기대하기 힘든 상황이다. 이때 '임차인은 1순위 근저당만 없다면 2순위 저당권보다 앞선일자가 되어 보증금 전액을 낙찰자에게 주상할 수 있을 것인데' 하는 생각을 가질 것이다. 그래서 임차인이 선 순위인 주택은행 근저당권의 피담보채권을 채무자를 대신하여 대위변제 한다면 원래 없던 대항력이 새로 발생하여 경락인에게 대항할 수 있는 것인지, 만약 대항할 수 있다면 언제까지 선순위 저당권이 소멸되어야 하는지에 대하여 논란이 있다. 대항력이

133) 金俊鎬, 民法講義, 法文社 2002, 1066面 ; 金亨培, 民法學講義, 新潮社 2003, 860面 ; 林正平, 債權總論, 法志社 1989, 451面.

134) 林正平, 前揭 債權總論, 451面 ; 金俊鎬, 前揭書, 1066面.

135) <表 2-2> 代位辨濟

용도	사건번호 00-55525	소 재 지	면적 (평방)	권리분석	임차관계	결 과	감정평가액 최저경매가
주택	국민은행 김동필 황진이	광진구구의동 293-24 한양아파트 101호	대29.3/3396 건45.99 (15평)방2개 91.9.25 준공 5층	임의 2002. 7. 7 국민은행 근저당 92. 2. 1 주택은행 1,000만원 저당권 98. 9. 5 국민은행 5,000만원	정재석97.1.1(전입+계약서). 확정일자 98. 10. 1. 2억원 배당요구신청	2002. 12. 7 유찰 2002. 1. 15 유찰	100,000,000 80,000,000 64,000,000

없던 임차인이 선순위 권리를 대위변제 하여 경락인에게 대항할 수 있다면 말소기준권리보다 이후에 대항요건을 갖춘 용익권자에게는 유리한 면도 있겠지만 그러한 사실을 모르고 낙찰을 받은 자는 뜻하지 않은 용익권의 인수로 불의의 손해를 당할 수 있는 양면성도 가지게 될 것이다. 이에 대한 학설과 판례의 견해를 살펴본다.

1. 學說의 對立

(1) 最高價 買受申告日說

이 설은[136] 매수신고당시에 용익물권의 소멸여부를 정확히 파악하여 입찰자와 이해관계인을 보호하자는 취지이다. 그 근거는 부동산에 선순위의 저당권과 후순위의 용익물권이 있는 경우에 그 용익물권이 소멸하는가 여부를 경락허가확정시를 기준으로 한다면 최고가매수신고일 당시에는 저당권이 여전히 존재한 것으로 알고 분석하였다가 이후 경락허가 사이에 용익물권을 대위변제하고 경락인은 그러한 사실의 여부를 정확히 알 수 없게 되어 결국 매수신고인으로서 단순히 말소기준권리보다 이후에 용익권이 설정되어 있어 인수하지 않는다고 생각하고 입찰을 보았다가 나중에 예상외의 손해를 보게 되고 소유자와 채권자는 부당한 이득을 취하는 결과가 된다는 이유로 대위변제는 최고매수신고일 이후에는 할 수 없다는 설이다.

(2) 競落許可日說

이 설은 경락기일까지도 선순위 근저당권이 존속하였다면 그 근저당권은 경락으로 인하여 소멸될 운명에 있는 것이고 그에 대항

136) 法院行政處, 民事訴訟法(强制執行編)改正 착안점, 法院行政處, 1996, 66面.

할 수 없는 임대차도 확정적으로 권리를 잃는다고 한다. 따라서 경락허가 결정이 선고되기 전에 선순위 근저당권이 소멸하였다면 후순위 임차권은 경락인이 인수해야 한다는 것이다.[137)]

(3) 競落代金 納付日說

이 설은 임차권을 경락인이 인수하느냐의 여부는 경락인이 소유권을 취득하는 경락대금납부시를 기준으로 결정하여야 한다는 견해로서[138)] 그 근거는 입찰절차에서 저당권이 소멸하는 시점은 경락인이 대금을 납부함으로써 소유권을 취득하는 때이고 그 결과 경락인의 소유권취득에 방해가 되는 저당권과 그 이후의 임차권 등 부동산상의 권리들이 소멸하는 것인데 경락인의 대금납부와는 무관하게 그 이전에 이미 제1순위의 저당권이 소멸하였다면 그 저당권보다 후순위인 임차권이 그 존속여하에 의하여 선순위 저당권을 해하는 결과는 결코 생기지 않기 때문에 후순위 임차권의 존속을 인정하여야 하고, 그렇게 하더라도 더 이상 선순위 저당권의 담보가치를 훼손하는 사태는 발생할 여지가 없다고 한다. 그리고 대금납부시까지는 언제든지 경매개시결정에 대한 이의를 하여 취소함으로써 경락인으로서의 지위를 상실할 수 있는 관계에 있고 이는 경락이 이루어지고 확정된다고 하여도 곧 경락인의 지위 내지 그가 취득하거나 인수할 권리관계가 확정되었다고 볼 수 없다는 것을 근거로 제시하고 있다.

137) 權永詳, 住宅賃借人의 對抗力·優先辨濟請求權, 창원地方辯護士會紙 1995, 185~186面 ; 여상조, 落札者 地位의 安定性 確保 不動産入札制度 實務上 諸問題 法院行政處 1997, 81~82面 ; 조병훈, 前揭論文, 93面.

138) 閔日榮, 不動産入札에 있어 賃借權 處理에 관한 실무상 諸問題, 不動産 入札制度 實務上 제문제, 法院行政處 1997, 294~297面; 徐基錫, 不動産入札에서의 配當에 관한 實務上 諸問題, 不動産 入札制度, 法院行政處 1997, 337~339面; 崔鐘, 前揭論文, 447~450面.

(4) 配當期日說

이 설은 경매절차에서 현실적으로 보증금반환청구권을 행사할 수 있는 최종시점인 배당기일을 기준시점으로 하는 견해이다.[139)]

2. 判例의 態度

대법원은 경락대금납부일설을 취하고 있는데[140)], 본 사건의 쟁점은 낙찰대금지급기일 이전에 선순위 근저당권이 소멸한 경우, 후순위 임차권의 대항력이 소멸하는가 하는 점이었다. 사실관계는 다음과 같다. 원고는 채권최고액 금 3,750,000원의 선순위 근저당권이 설정되고, 다음에 대항요건을 갖춘 임차보증금 50,000,000원의 임차권이 존속하고 있으며, 그 후에 채권최고액 금 45,000,000원의 후순위 근저당권이 설정된 다음, 후순위 근저당권자의 신청에 의하여 개시된 부동산 입찰절차에서 경락허가 결정을 받았으나 임차인이 대금지급기일이전에 선순위 근저당권을 말소하자 경매법원에 민사소송법 제639조 제1항을 이유로 경락허가결정의 취소신청을 하였다. 이에 대하여 경매법원(대구지법. 1998. 4. 14. 자 98타기 4425결정)은 임의경매절차에서 대항력 있는 임대차의 인수·소멸의 판단시점은 경락기일이라 할 것이므로 경락기일까지 선순위의 근저당권이 존속하였다면 그 근저당권은 경락으로 인하여 소멸될 운명에 있는 것이고 그에 대항할 수 없는 임대차도 확정적으로 권리를 잃는다고 보아야 할 것이라는 이유로 위 경락허가결정취소신청을 기각하였다. 이에 경락인이 항고하자 원심법원은(대구지법. 1998.5. 1.자 98라61결정)은 집행법원과 동일한 견해 아래 경락기일까지 임차권에 우선하는 선순위의 근저당권이 존속하는 경우

---

139) 金權澤, 强制競賣에 있어서의 각종 優先特權, 强制競賣·任意競賣에 관한 제문제(하), 裁判資料 제36집, 法院行政處 1987, 381~458面.

140) 大判 1998. 8. 24. 宣告, 98마 1031 參照.

에는 경락허가결정의 선고로 인하여 근저당권과 임차권은 모두 소멸하는 것으로 확정되기 때문에 경락허가결정이 선고된 후 선순위 근저당권이 소멸하였다고 하여 임차권의 대항력이 발생하는 것은 아니라는 이유로 경락인의 항고를 기각하였다. 경락인은 이에 재항고를 하였다. 대법원은 경락인의 항고를 받아들여 원심결정을 파기 환송하였다. 재판요지는 다음과 같다.

"담보권의 실행을 위한 부동산의 입찰절차에 있어서, 주택임대차보호법 제3조에 정한 대항요건을 갖춘 임차권보다 선 순위의 근저당권이 있는 경우에는, 낙찰로 인하여 선 순위 근저당권이 소멸하면 그보다 후순위의 임차권도 선순위 근저당권이 확보한 담보가치의 보장을 위하여 그 대항력을 상실하는 것이지만, 낙찰로 인하여 근저당권이 소멸하고 낙찰인이 소유권을 취득하게 되는 시점인 낙찰대금지급기일 이전에 선순위 근저당권이 다른 사유로 소멸한 경우에는, 대항력 있는 임차권의 존재로 인하여 담보가치의 손상을 받을 선순위 근저당권이 없게 되므로 임차권의 대항력이 소멸하지 아니한다"고 판시하고 있다. 경락기일설과 경락허가결정확정일설이 주장하는 강제경매이는 임의경매이든 간에 경매개시결정에 대한 이의는(민사집행법 제86조 제3항) 대금납부시까지 허용되는 것이어서 그 시기 이전에는 언제든지 이해관계인은 낙찰이 되었더라도 경매취하 내지 취소를 할 수 있다는 점에 대해서는 긍정적으로 생각한다. 낙찰대금완납일설은 입찰당일 대항력 없는 임차인으로 생각하고 낙찰을 받았다가 나중에 임차인이 선순위 말소기준권리를 소멸시키고 경락인에게 대항력을 주장하게 되면 그러한 대위변제 사실을 모르고 낙찰 받은 경락인은 불의의 손해를 당할 수는 있어 타당하지 않다고 보여진다. 그리고 배당기일설도 경락인이 잔금을 납부한 날로부터는 설사 절차상의 하자가 있더라고 경락인의 소유권 변동에 영향을 미치지 않다는 점을 간과한 입장으로 보여진다. 어느 설의 입장에 있더라도 장·단점은 있는 것 같다. 그러나 최고가 매수신고일설을 취하는 것이 양당사자의 공평성과 법적안정성 그리고 낙찰불허가[141] 방지를 위해서도 바람직하다고 보여지는데, 그보다 최선의 방법은 경락인이 대위변제가능성이 있는 물건인지 여부를 정확히 권리분석[142] 한 후 입찰에 참여하는 방법이 될 것이다.

Ⅳ. 擔保目的의 賃借權과 對抗力

임대인은 임차인에게 목적물을 사용·수익하게 할 것을 약정하고 임차인은 이에 대하여 차임을 지급할 것을 약정함으로써 성립하는 계약인데(민법 제618조), 전세권과 달리 대항력과 우선변제권이 원칙적으로 인정되지 않는다. 그래서 주거용건물과 상가건물의 사용·수익을 위한 용익권은 사회보장적인 차원에서 대항력과 우선변제권이라는 규정을(주택임대차보호법 제3조 제1항, 제3조의 2 제2항, 제8조, 상가건물임대차보호법 제3조 제1항, 제5조 제2항, 제14조) 두어 임차인을 보호하게 되었다.

그런데 최근에는 사용·수익을 위한 용익권 본래의 목적을 위한 것이 아닌 기존의 채권의 회수를 위한 방편으로 전세금·임대차보증금의 현실적인 수수 없이 기존의 채권을 전세보증금으로 전환함으로써 채권자가 전세권자가 또는 임차인의 지위를 취득하는 경향이 있다.[143] 여기서 특히 문제가 되는 것은 이러한 경우에도 경제적 약자인 세입

141) 大判 1998. 8. 24. 宣告, 98마 1031 參照.
142) 競落人이 中間用益權者의 代位辨濟로 불의의 손해를 당하지 않기 위해서는 첫째, 경매신청권자가 말소기준권리인 물건을 落札을 받거나 抹消基準權利의 채권액이 中間賃借權者의 채권액과 비슷한 물건을 落札받는 權利分析 방안을 제시하고 있다(全將憲, 前揭書, 367面).
143) 權龍雨·金永圭, 擔保目的의 住宅賃借權과 對抗力, 民事判例研究Ⅰ, 신양사 2002, 129面.

자의 주거와 상가생활의 안정을 위하여 사회보장적 고려에서 마련된 '대항력'을 임차인에게 인정할 수 있느냐의 여부라고 할 수 있다.

따라서 이하에서는 채권을 확보할 목적으로 현실적인 임대차보증금의 지급없이 기존의 채권으로 보증금에 갈음한 경우에도 주택과 상가건물 임차인에게 대항력을 인정할 수 있을지 고찰하여 보고자 한다.

1. 學說의 傾向

주거용 건물에 대한 사용·수익의 목적이 아닌 채권담보를 목적으로 한 주택임차권은 실질적으로 주거생활과는 상관이 없을 수도 있기 때문에 의문이 제기될 수 있다. 이에 관하여 논하는 학설은 없고[144] 다만 주택임차권과 동일한 목적을 갖는 전세권의 유효성과 관련하여 주택임차권의 경우에도 그 성질에 대하여 동격설을 취하게 되면 '담보목적의 주택임차권의 유효성'도 인정[145]하는 것으로 보고 있다. 따라서 이하에서는 전세권의 유효성에 관한 학설을 우선 살펴보도록 한다.

(1) 擔保物權說

전세권이 목적물의 사용·수익의 권능을 가지는 것은 담보제도로서의 부동산 질권의 속성에 의한 것이라고 이해하여 연혁적 측면에서 전세권을 파악하는 입장으로서, 이에 의하면 민법이 전세권에 우선변제권을 명문화한 것은 담보물권성을 입증한 것이라고 주장한다.[146] 이 견해에 의하면 전세권을 일종의 담보물권으로 파악하게 되므로 담보목적의 전세권의 유효성을 당연히 인정하게 된다.[147]

144) 權龍雨·金永圭, 前揭 擔保目的의 住宅賃借權과 對抗力, 131~132面.
145) 上揭論文, 132面.
146) 김기선, 韓國物權法(전정판), 法文社 1985, 299~301面.

(2) 同格說(用益物權인 동시에 擔保物權이라는 說)

대법원 판례의 입장[148]이면서 통설적 견해[149]인데 전세권은 목적부동산의 사용·수익을 그 본체로 하면서는 우선변제권이 인정되므로, 전세권은 용익물권과 담보물권이 동등한 지위에 있다고 보고 있다. 따라서 이 견해에 의하면 전세권은 용익물권의 성질과 담보물권의 성질은 서로 동등한 위치에서 전세권의 내용을 이룬다고 파악하므로 담보목적의 전세권의 유효성도 인정한다.[150]

(3) 特殊用益物權說(용익물권 위주설)

이 견해에 의하면 대체로 담보물권설이 주장하는 바와 같이 전세권의 특수성격을 강조함으로써 전세권은 용익물권인 동시에 담보물권으로서의 성질도 겸유하는 것이라고 한다. 그리고 전세권은 어디까지나 타인의 부동산을 그 용도에 좇아 사용·수익하는 것을 본체로 하는 용익물권이고, 전세금의 확보를 위하여 필요한 범위 안에서 담보물권성을 대유하는 특수한 용익물권이라고 주장한다.[151] 이 견해에 의하면 전세권의 본질적 성격을 용익물권으로 파악하게 되므로 채권담보를 목적으로 하는 전세권의 유효성을 인정하는데에도 소극적이라고 할 수 있다.[152]

---

147) 權龍雨·金永圭, 前揭 擔保目的의 住宅賃借權과 對抗力, 131面.
148) 大判 1995. 2. 10. 宣告, 94다 18508 參照.
149) 郭潤直, 物權法(新訂版), 博英社 2003, 467面 ; 權龍雨, 前揭 物權法, 409面 ; 이은영, 民法判例 20선 物權編, 人權과 正義 제290호 2000. 10, 86面.
150) 權龍雨·金永圭, 前揭 擔保目的의 住宅賃借權과 對抗力, 131面.
151) 金相容, 前揭 物權法, 569面 ; 李英俊, 物權法, 博英社 1996, 635~637面.
152) 權龍雨·金永圭, 前揭 擔保目的의 住宅賃借權과 對抗力, 131面.

2. 判例의 態度

(1) 肯定說

첫째, 담보목적의 임차권

대법원은 "주택임차인이 대항력을 갖는지 여부는, 법 제3조 제1항에서 정한 요건, 즉 임대차계약의 성립, 주택의 인도, 주민등록의 요건을 갖추었는지 여부에 의하여 결정되는 것이므로, 당해 임대차계약이 통정허위표시에 의한 계약이어서 무효라는 등의 특별한 사정이 있는 경우는 별론으로 하고 임대차계약 당사자가 기존 채권을 임대차보증금으로 전환하여 임대차계약을 체결하였다는 사정만으로 임차인이 법 제3조 제1항 소정의 대항력을 갖지 못한다고 볼 수는 없다"[153]라고 하여 기존 채권을 임대차보증금으로 전환하여 주택임대차계약을 체결한 경우에도, 그 사정만으로 임차인의 주택임대차보호법상의 대항력이 부정되지는 않는다고 보고 있다.

둘째, 담보목적의 전세권

① 대법원은 "전세권이 담보물권적 성격을 아울러 가지고 있는 이상 부종성과 수반성이 있기는 하지만, 다른 담보권과 마찬가지로 전세권자와 전세권설정자 및 제3자 사이에 합의가 있으면 그 전세권자의 명의를 제3자로 하는 것도 가능하므로, 임대차계약에 바탕을 두고 이에 기한 임차보증금반환채권을 담보할 목적으로 임대인, 임차인 및 제3자 사이의 합의에 따라 제3자 명의로 경료된 전세권설정등기는 유효하다 할 것이고, 비록 임대인과 임차인 또는 제3자 사이에 실제로 전세권설정계약이 체결되거나 전세금이 수수된 바 없다거나, 위 전세권설정등기의 피담보채권인 임차보증

153) 大判 2002. 1. 8. 宣告, 2001다 47535 參照.

금 반환채권의 귀속자는 임차인이고 제3자는 임대인에 대하여 직접 어떤 채권을 가지고 있지 아니하다 하더라도 달리 볼 것은 아니다. 즉 실제로는 전세권설정계약이 없음에도 불구하고 임대차계약에 기한 임차보증금 반환채권을 담보할 목적으로 임차인과 임대인, 제3자 사이의 합의에 따라 제3자 명의로 전세권설정등기를 경료한 후 그 전세권에 대하여 근저당권이 설정된 경우, 가사 위 전세권설정계약만 놓고 보아 그것이 통정허위표시에 해당하여 무효라고 한다 하더라도, 이로써 위 전세권설정계약에 의하여 형성된 법률관계를 토대로 별개의 법률원인에 의하여 새로운 법률상 이해관계를 갖게 된 근저당권자에 대해서는 그와 같은 사정을 알고 있었던 경우에만 그 무효를 주장할 수 있다"[154] 고 하여 임대차계약에 바탕을 두고 이에 기한 임차보증금 반환채권을 담보할 목적으로 임대인, 임차인 및 제3자 사이의 합의에 따라 제3자 명의로 경료된 전세권설정등기는 유효하다고 보고 있다.

② 대법원은 "전세권이 용익물권적 성격과 담보물권적 성격을 겸비하고 있다는 점 및목적물의 인도는 전세권의 성립요건이 아닌 점 등에 비추어 볼 때, 당사자가 주로 채권담보의 목적으로 전세권을 설정하였고, 그 설정과 동시에 목적물을 인도하지 아니한 경우라 하더라도, 장차 전세권자가 목적물을 사용·수익하는 것을 완전히 배제하는 것이 아니라면, 그 전세권의 효력을 부인할 수는 없다. 즉 전세금의 지급은 전세권 성립의 요소가 되는 것이지만 그렇다고 하여 전세금의 지급이 반드시 현실적으로 수수되어야만 하는 것은 아니고 기존의 채권으로 전세금의 지급에 갈음할 수도 있다"[155]라고 하여 실질적으로 전세권을 설정하면서 금전을 지급하지 않고 채권담보의 목적으로 전세권을 설정하였더라도 장차 전

154) 大判 1998. 9. 4. 宣告, 98다 20981 參照.
155) 大判 1995.2.10. 宣告, 94다 18508 參照.

세권자가 목적물을 사용·수익하는 것을 완전히 배제하는 것이 아니라면, 그 전세권의 효력을 인정하고 있다.

(2) 否定說

첫째, 대법원은 "주택임대차보호법의 입법목적은 주거용건물에 관하여 민법에 대한 특례를 규정함으로써 국민의 주거생활의 안정을 보장하려는 것이고(제1조), 주택임대차보호법 제8조 제1항에서 임차인이 보증금 중 일정액을 다른 담보물권자보다 우선하여 변제받을 수 있도록 한 것은, 소액임차인의 경우 그 임차보증금이 비록 소액이라고 하더라도 그에게는 큰 재산이므로 적어도 소액임차인의 경우에는 다른 담보권자의 지위를 해하게 되더라도 그 보증금의 회수를 보장하는 것이 타당하다는 사회보장적 고려에서 나온 것으로서 민법의 일반규정에 대한 예외규정인 바, 그러한 입법목적과 제도의 취지 등을 고려할 때, 채권자가 채무자 소유의 주택에 관하여 채무자와 임대차계약을 체결하고 전입신고를 마친 다음 그곳에 거주하였다고 하더라도 실제 임대차계약의 주된 목적이 주택을 사용·수익하려는 것에 있는 것이 아니고, 실제적으로는 소액임차인으로 보호받아 선순위 담보권자에 우선하여 채권을 회수하려는 것에 주된 목적이 있었던 경우에는 그러한 임차인을 주택임대차보호법상 소액임차인으로 보호할 수 없다[156]" 라고 하여 실제적으로 실제 임대차계약의 주된 목적이 주택을 사용·수익하려는 것에 있는 것이 아니고 소액임차인으로 보호받아 선순위 담보권자에 우선하여 채권을 회수하려는 것에 주된 목적이 있는 주택임차권의 유효성을 부정하고 있다.

둘째, 대법원은 "주택과 그 대지에 관한 자기의 공유지분을 다른 공유자에게 명의신탁한 공동소유자로서 그 주택의 일부분을 사

156) 大判 2001. 5. 8. 宣告, 2001다 14733 參照.

용·수익해 오던 자가 그 주택 등이 경매되는 경우 자기의 지분을 제3자에게 대항할 수 없게 되는 것에 대비하여 다른 공유자와 사이에 임대차계약서를 작성하고 확정일자를 받아두었을 뿐인 경우에는 주택임대차보호법이 정하고 있는 우선변제권이 인정되지 않는다"[157]고 하여 주택임대차로서의 우선변제권을 취득한 것처럼 외관을 만들었을 뿐 실제 주택을 주거용으로 사용·수익할 목적을 갖지 아니한 계약에는 주택임대차보호법이 정하고 있는 우선변제권을 부정하고 있다.

3. 檢討

주택임차권은 용익적인 성질이외 담보물권적 성질도 겸유하고 있기 때문에 임차인의 목적물에 대한 사용·수익성의 주안점에 따라 담보목적의 주택임차권에 대한 대항력 인정여부를 결정해야 할 것으로 본다. 대법원의 태도는 주택임대차의 형식을 빌려 소액임차인으로 선순위 담보권자에 우선하여 채권을 회수하려는 것에 주된 목적이 있거나, 우선변제권을 취득한 것처럼 외관을 만들었을 뿐 실제 주택을 주거용으로 사용·수익할 목적을 갖지 아니한 계약은 주택임대차보호법이 정하고 있는 대항력과 우선변제권의 부정하고 있는데 반면 기존채권을 보증금으로 전환한 주택임차권의 경우에도 실제로 목적물을 실질적으로 사용·수익하고 있는 경우에는 인정을 하는 것으로 볼 수 있다.

채권담보의 목적으로 체결한 임대차계약이 증가추세에 있고 임차보증금을 반드시 차임에 한하지 않고[158] 물건으로 지급하여도 용인하고 있기 때문에 임차인이 목적물에 대한 사용·수익을 완전히 배제하는

157) 大判 2003. 7. 22. 宣告, 2003다 21445 參照.

158) 林正平, 前揭 債權各論, 381面 ; 金亨培, 民法學講義, 新潮社, 2002, 1053面 ; 차임은 금전에 한하지 않으며 기타의 物件으로 지급하는 것도 용인된다.

것이 아니라면 채권담보로 체결한 임차권도 유효한 것으로 인정해야 할 것으로 본다.159) 그리고 임대인에게 지급하는 차임은 장래의 손해배상 의무를 담보하기 위한 수단으로 지급되기 때문에160) 설사 임차인이 목적물을 훼손 등을 하였더라도 임대인은 채권담보를 목적으로 체결한 임차권에서 상계하고 나머지 금액만 임차인이 목적물을 반환할 때 지급하면 될 것이다. 따라서 임차인이 임대인에게 기존에 가지고 있는 채권을 보증금으로 전환한 임차권의 경우에는 목적물을 실제로 사용·수익하고 있다면 주택임대차보호법과 상가건물임대차보호법에서 규정하고 있는 대항력(주택임대차보호법 제3조 제1항 및 제2항, 상가건물임대차보호법 제3조 제1항 및 제2항)과 우선변제권(주택임대차보호법 제3조의 2 제2항 및 제8조, 상가건물임대차보호법 제14조)을 인정하여 임차인을 보호해야 할 것으로 본다.

다만 채권담보를 목적으로 임대차계약을 체결하였더라도 목적물을 사용·수익하기 위한 목적으로 체결하지 않고 단순히 채권담보 목적으로 체결한 주택임차권과 상가임차권은 대항력과 우선변제권을 인정해서는 안될 것이다.161) 그 것은 전세권과 달리 주택과 상가건물은 영세한 임차인들의 기본적 생활보장을 위한 사회보장적 차원에서 인정한 특별법이기 때문에 더욱 목적물에 대한 사용·수익이 전제되어야 할 것이다.

궁극적으로 주택임차인과 상가건물임차인이 임대인에게 가지고 있는 기존의 채권을 담보할 목적으로 당사자의 합의에 의하여 기존의 채권을 보증금으로 전환한 임차권의 경우에는 실제로 임차인이 목적물 사용·수익하고 있다면 임차인의 보호를 위하여 대항력과 우선변제권을 인정해야 할 것으로 본다.

---

159) 權龍雨·金永圭, 前揭論文 擔保目的의 住宅賃借權과 對抗力, 137面.
160) 林正平, 前揭 債權各論, 400面 ; 金俊鎬, 民法學講義, 法文社, 2002, 1327面.
161) 裵龍範, 住宅賃貸借保護法上의 對抗力, 法律新聞(硏究論壇) 1987. 5. 4, 12面.

第2節 賃借人의 對抗力 行使와 賣渡人의 擔保責任

Ⅰ. 競落人의 賃借保證金 返還義務

임대차는 임대인이 임차인에게 목적물을 사용·수익하게 하여 주고 임차인은 그에 대한 대가로 차임을 지급할 것을 약정함으로써 계약이 발생하며 이후 계약이 종료되거나 임대차종료 후 목적물 명도시에 채무불이행이 없을 것을 조건으로 금전소유권을 이전하는 관계로 보는 것이 일반적인 통설이다.[162] 임대차는 그 본체적 효력이 목적물의 사용·수익인데 본 목적물이 낙찰되었을 때 경락인에게 대항할 수 있는 임차인은 경락인에게 존속기간만을 주장할 수 있는지, 아니면 보증금 반환청구도 행사할 수 있는지 학설상 논란이 있다.

1. 學說의 對立

(1) 다수설

다수설은 경락인이 인수하는 임차권의 내용은 임차보증금 반환청구권를 포함하며[163] 주택임대차보호법상의 대항요건을 구비한 임차인의 보증금은 등기한 여부와 관계없이 취득자와의 사이에 그대로 승계된다고 보고 있다.[164] 따라서 대항력 있는 임차인은 낙

162) 柳元奎, 住宅賃借人의 優先辨濟權行事의 一回性, 民事判例硏究會(XXⅡ), 博英社 2000, 147面.

163) 郭潤直, 前揭 債權各論, 354~355面 ; 金疇洙, 債權各論(上) 博英社 1986, 298面, 金曾漢, 債權各論, 民法講義(Ⅳ), 博英社 1988, 279面 ; 金容閣, 建物및 大地 賃借權의 對抗力, 司法論集 第1輯, 法院行政處 1970, 32面 ; 金錫宇, 債權法各論, 博英社 1978, 293面.

164) 郭潤直, 前揭 債權各論, 354~355面 ; 金疇洙, 前揭書, 298面 ; 金曾漢, 前揭書, 279面 ; 金容閣, 前揭論文, 32面 ; 金錫宇, 前揭書, 293面.

찰자에게 보증금반환청구를 행사할 수 있는 것으로 보게 된다.

(2) 소수설

이에 대해 소수설은 보증금은 원래 차임의 담보이므로 임대인의 은혜적인 조치여하에 따라 보증금이 있을 수도 있고 없을 수도 있어 임대보증금반환의무가 임대차계약의 본질적이며 기본적인 요소가 아니므로[165] 신 소유자가 반드시 인수하여야 할 논리적 근거는 없다고 보는 견해이다.[166] 그러나 임대차는 사용대차와 달리 차임지급을 요소로 하는 것이기 때문에 임대인의 은혜적 조치여하에 따라 체결 된다는 것은 무리라고 보며, 앞에서 논거 하였듯이 경락인에게 대항할 수 있는 임대차 관계에 있어 임차인과 경락인 그리고 종전 소유주 사이는 면책적 채무승계로 보아야 하기 때문에 더욱 소수설의 입장에 따를 수 없을 것이다.

경락인에게 대항할 수 있는 임차인이 보증금의 반환청구를 할 수 없을 때 임차인은 종전 소유자에게 보증금 반환청구를 행사할 수 있는가, 이에 대해 일반매매로 목적물이 양수인에게 이전한 경우에는 양도인의 임차인에 대한 권리와 의무는 면책적 채무승계가 되어 임차인은 오로지 양수인에 대해서만 청구할 수 있는 것으로

165) 獨逸의 賃貸借는 특별히 당사자들간의 합의가 없는 한 保證金은 賃借人의 채무에 대한 담보로 제공된다. 주거용건물 이든 영업용이든 보증금의 공통점은 賃料請求權 뿐만아니라 임대인의 모든 청구권 특히 임대물의 훼손에 따른 損害賠償請求權등을 擔保한다(Hrsg von Gerritt, Mûnchener, Vertragshandbuch, Band 4: Bûrgerlches Rechts, C. H. Beckksche Verlagsbuchhandlung, 1983, S. 66.). 따라서 임대인은 임대차가 지속되는 동안 賃料未支給 등에 대한 상환을 보증금에서 상계할 수 있으며 이러한 상환이 보증금에서 사용되어 지는 경우 임대인은 본래의 금액대로 올려달라고 요구할 수 있다(Medicus, Dieter, Schuldrecht Ⅱ: Besonderer Teil, C.H.Beck′sche Verlagsbuchh andlung, Mûnchen, 1983, S. 93; BGH WPM, 1972, S. 335).

166) 李宙興, 對抗力 있는 少額賃借人의 配當要求撤回와 競落人의 賃借保證金返還債務의 引受與否, 民事判例硏究Ⅹ, 民事判例硏究會 1991, 144面.

보고 있다. 그 이유는 임차인이 설사 현 소유자에게 보증금의 반환을 청구할 수 없다고 할지라도 이용권을 보증금 반환시까지 주장할 수 있는 것으로 보기 때문이다.

2. 判例의 態度

판례는[167] "주택임대차보호법상의 대항력을 갖춘 후 임대부동산의 소유권이 이전되어 그 양수인이 임대인의 지위를 승계하는 경우에는 임대차보증금반환채무도 부동산의 소유권과 결합하여 일체로서 이전하는 것이며 이에 따라 양도인의 보증금반환채무는 소멸한다"라고 하여 면책적 채무승계의 입장에 있다. 따라서 임차인은 종전 임대인에게 보증금의 반환을 청구할 수 없고 현 임대인을 상대로만 보증금의 반환을 주장할 수 있다고 보고 있다. 그렇게 해석하여도 보증금 반환시까지 이용권을 계속 행사할 수 있기 때문에 임차인에게는 크게 불리하지 않기 때문이다. 다만 그러한 목적물이 경매로 진행되어 낙찰이 되었을 때는 중간임차인은 경락인에게 대항할 수 없기 때문에 다른 견해를 밝혀야 할 것으로 본다. 이때는 경락인과 종전임대인사이의 관계는 면책적 채무승계로 보지 않고 제한적 병존적 채무승계로[168] 보아 종전임대인에게도 보증금반환청구를 할 수 있는 것으로 보아야 할 것이다. 그리고 경락인에게 대항할 수 있는 임차인은 확정일자를 받지 않았더라도 목적물에 대한 이용가치외에 교환가치인 임차보증금의 반환도 임대인의 지위를 승계한 경락인에게 주장할 수 있기 때문에 종전 임대인에게는 임차권을 주장할 수 없는 면책적 채무승계 관계로 보아야 할 것이다. 그리고 대법원은 "양수인이 임차보증

167) 大判 1987. 3. 10. 宣告, 86다카 1114 參照.

168) 競落人이 殘金을 납부할 때 中間賃借人에 대한 保證金返還義務는 소멸하지만 종전 임대인에 대한 관계에서는 여전히 채무가 존속하는 制限的 竝存的 債務承繼로 해석한다.

금반환채무를 부담하게 된 이후에는 임차인이 주민등록을 다른 곳으로 옮겼다 하여 이미 발생한 임차보증금반환채무가 소멸하는 것은 아니다"고 하고 있다.[169] 이는 이미 발생한 보증금반환청구권은 대항요건과는 별개의 권리로 보고 있지 않기 때문에 중간임차인이 목적물을 경락인에게 인도한 이후에도 계속 행사할 수 있는 것으로 해석하여야 할 것이다.

Ⅱ. 賣渡人의 擔保責任

1. 競賣에서 擔保責任의 要件과 內容

(1) 擔保責任의 要件

매도인의 담보책임이 발생하는 것은 경매한 물건, 권리의 전부, 일부가 타인에게 속하거나(민법 제570조 내지 573조), 수량부족이나 일부멸실(민법 제574조), 제한물권이 있는 경우(민법 제575조), 저당권 등이 행사된 경우(민법 제576조)에 발생하며, 민법 제580조의 하자담보책임 규정은 적용되지 않는다.[170] 그 이유는 본인의 의사에 반하여 경매를 당하는 채무자에게 하자담보책임까지 인정하는 것은 가혹하다는 점, 경매를 신청하는 채권자도 목적물에 하자가 있는지를 다 아는 것이 아니고 경매는 법원이라고 하는 공적기관이 개입하여 진행하므로 공적인 행위에 법적 안정성을 부여할 필요가 있는 점을 고려하여 인정하지 않고 있다. 즉 권리의 하자로 인한 담보책임에 대해서만 인정하는데 일부견해는 민법 제576

169) 大判 1993. 12. 7. 宣告, 93다36615 參照.
170) 法院行政處, 法院實務提要(民事執行Ⅱ), 法院行政處 2003, 301면 ; Kaser, Max, Römisches Privatrecht, München ; C. H. Beck, 1986, p. 194.

조와 민법 제577조를 경매의 경우에도 적용하는 것은 입법상의 잘못이라고 한다.[171] 그 이유는 저당권이나 전세권은 민사집행법 제91조 제1항에 의하여 소멸하게 되어 경락인은 아무런 부담이 없는 목적물을 취득하기 때문이라는 것이다. 그러나 민법 제576조는 경락으로 저당권이나 전세권이 소멸되어 경락인이 인수할 이유가 없다는 의미도 있지만 그 보다는 저당권자나 전세권자가 경매를 신청하였는데 그 목적물에 설정되어 있는 다른 권리의 행사로 소유권을 취득할 수 없거나 취득한 소유권을 잃은 때의 의미도 함축하고 있는 것이다. 즉 민법 제576조의 경우는 유치권자이나 법정지상권자의 행사로 말미암아 경락인이 취득한 권리를 상실한 경우에도 악의의 매수인에게 담보책임을 부담시킬 수가 있는 것이다.[172] 예컨대 악의의 매수인이 유치권자나 법정지상권자의 행사로 말미암아 사용하지 못하는 목적물을 경락 받았다고 하더라도 민법 제576조가 정하는 담보책임의 규정에 따라 계약을 해제할 수 있는 것이다. 물론 이때는 민법 제575조를 적용할 수 있겠지만 동법 제575조의 담보책임을 추궁하기 위해서 선의일 것을 요하고, 소유권을 상실하거나 소유권을 취득할 수 없는 경우에는 해당하지 않기 때문에 민법 제576조를 적용하는 것이 보다 타당하다고 본다. 대법원도 이에 대해 같은 취지의 판결을 하고 있다. "가등기의 목적이 된 부동산을 매수한 사람이 그 뒤 가등기에 기한 본등기가 경료됨으로써 그 부동산의 소유권을 상실하게 된 때에는 매매의 목적 부동산에 설정된 저당권 또는 전세권의 행사로 인하여 매수인이 취득한 소유권을 상실한 경우와 유사하므로, 이와 같은 경우 민법 제576조의 규정이 준용된다고 보아 같은 조 소정의 담보책임을 진다"고 하여 저당권실행으로 경락인이 소유권을 상실한 경우

171) 南孝淳, 民法注解(債權XIV), 郭潤直代表執筆, 博英社 1997, 460面 ; 朴斗換, 新强制執行法, 考試界 2002, 192面.

172) 金疇洙, 前揭書, 193面 ; 南孝淳, 前揭書, 426面.

민법 제576조를 적용하여 경락인을 보호하고 있다. 그리고 착오의 요건과 담보책임의 요건을 동시에 충족하는 경우는 특칙인 담보책임규정만이 적용된다[173]고 보아야 할 것이다. 그 근거는 담보책임은 현대 계약의 합리성·쾌속성의 요청을 고려한 특별규정의 성격을 갖는데 반해 착오는 법률행위의 일반규정의 성격을 갖기 때문이다.[174]

(2) 擔保責任의 內容

1) 債務者의 擔保責任

매수인은 제1차적으로 채무자에 대하여 법정책임으로[175] 각 해당 조문(민법 제570조내지 577조)이 규정하는 바에 따라 계약의 해제 또는 대금감액을 청구할 수 있다(민법 제578조 제1항)[176]. 이 경우 해제의 의사표시는 채무자에 대하여 하는 것이지 채권자나 집행법원에 하는 것은 아니라고 한다.[177] 경락인이 경매를 해제하면 해제의 일반원칙에 따라 당사자는 그 상내방에 대하여 민법 548조 제1항에 따라 원상회복의무를 부담한다. 그리고 주택임대차보호법 제3조 제3항은 "임대차의 목적물이 된 주택이 매매 또는 경매의 목적물이 된 경우에는 민법 제575조 제1항·제3항 및 제578조의규정을 준용한다"라고 하여 경매

173) 林正平, 前揭 債權各論, 268面 ; 金曾漢, 前揭書, 163面 ; 權五乘, 民法의 爭點,法元社, 1994, 448面 ; Larenz, K. Lehrbuch des Schuldrechts, allgemeiner Teil, 11., Aufl., München ; C. H. Beck, 1976, P.62 ; Esser, Josef · Weyers, H. L. : Schuldrecht, Besonderer Teil Teilband 1., 5., Aufl., Heidelberg ; C. F. Müller, 1977, p. 68.

174) 林正平, 前揭 債權各論, 268面.

175) Brox, Hans, Besonderes Schuldrecht, München 1993, S. 32.

176) 法院行政處, 前揭 法院實務提要(民事執行Ⅱ), 301面.

177) 金疇洙, 前揭書, 202面 ; 金曾漢, 前揭書, 161面 ; 五十嵐 清, 比較法學の諸問, 一粒社, 1976, 99~111面.

부동산에 대항력 있는 임차권이 존재하는 경우 이를 알지 못하고 이로 인하여 계약의 목적을 달성할 수 없는 경우에 한하여 경락인은 1차적으로 채무자를 상대로 계약의 전부 내지 일부를 해제할 수 있다고 규정하고 있다. 이때 경락인이 계약을 해제함이 없이 바로 대항력 있는 임차인에 대한 임차보증금에 상당하는 경락대금의 전부나 일부를 부당이득 하였다고 하여 그 반환을 구할 수는 없을 것이다. 대법원도 같은 취지의 판결로 "경매의 목적물에 대항력 있는 임대차가 존재하는 경우에 경락인이 이를 알지 못한 때에는 경락인은 이로 인하여 계약의 목적을 달성할 수 없는 경우에 한하여 계약을 해제하고 채무자에게 자력이 없는 때에는 배당을 받은 채권자에게 그 대금의 전부나 일부의 반환을 구하거나, 그 계약해제와 함께 그와 별도로 경매목적물에 위와 같은 흠결이 있음을 알고 고지하지 아니한 채무자나 이를 알고 경매를 신청한 채권자에게 손해배상을 청구할 수 있을 뿐, 계약을 해제함이 없이 채무자나 경락대금을 배당 받은 채권자들을 상대로 경매 목적물상의 대항력 있는 임차인에 대한 임대차보증금에 상당하는 경락대금의 전부나 일부를 부당이득 하였다고 하여 바로 그 반환을 구할 수 있는 것은 아니다"[178]고 하여 계약을 해제함이 없이 부당이득반환청구를 하는 것을 배제하고 있다. 이는 민법 제578조가 일반적인 부당이득반환청구권의 적용을 배제하기 때문이라고 보고 있다.[179]

① 부당이득을 인정한 판례

㉠ "경락인이 강제경매절차를 통하여 부동산을 경락받아 대금을 완납하고 그 앞으로 소유권이전등기까지 마쳤으나,

178) 大判 1996. 7. 12. 宣告, 96다 7106 參照.
179) 梁彰洙, 民法硏究 제2권, 博英社 1991, 238面.

그 후 강제경매절차의 기초가 된 채무자 명의의 소유권이전등기가 원인무효의 등기이어서 경매 부동산에 대한 소유권을 취득하지 못하게 된 경우, 이와 같은 강제경매는 무효라고 할 것이므로 경락인은 경매 채권자에게 경매대금 중 그가 배당받은 금액에 대하여 일반 부당이득의 법리에 따라 반환을 청구할 수 있고, 민법 제578조 제1항, 제2항에 따른 경매의 채무자나 채권자의 담보책임은 인정될 여지가 없다"고 판시하고 있다.

사실관계를 요약하여 보면 이 사건 건물 및 대지에 관한 강제경매절차에서 원고가 이를 경락받아 경락대금을 완납하고 소유권이전등기를 경료하였다. 이후 피고들이 강제경매절차에서 이 사건 건물 및 대지에 관한 근저당권자로서 채권최고액에 해당하는 9억 원을 배당받았으나, 그에 관한 이의가 제기됨에 따라 피고들에 대한 배당금이 공탁되었다. 그 후 강제경매절차의 채무자인 에버그린 주식회사 명의로 이 사건 건물에 관하여 경료된 소유권보존등기가 원인무효의 등기라는 이유로 원고에 대하여 그에 터잡아 경료된 원고 명의의 소유권이전등기를 말소하라는 내용의 판결이 확정되었다. 이 사건 건물에 대한 강제경매절차는 그 개시 당시부터 채무자 소유가 아닌 타인 소유의 부동산을 대상으로 한 것이어서 무효이므로, 강제경매절차에서 배당받은 피고들은 법률상 원인 없이 이득을 얻었다고 할 것이고, 따라서 피고들은 원고에게 공탁된 배당금 중 이 사건 건물에 관한 부분에 관한 899,929,624원의 청구권을 양도할 의무가 있다고 판단하였다.

또한, 원심은 이 사건 건물에 관하여 소유권보존등기말

소예고등기가 경료되어 있었다거나 원고가 에버그린 주식회사의 이사로서 이 사건 건물의 건축과정에 간여하였다는 등의 사정만으로는 원고의 부당이득반환청구가 신의성실의 원칙 내지 형평의 원칙에 반한다고 할 수 없다고 판단하였다.

㉡ 강제경매의 채무명의가 된 약속어음공정증서가 위조된 것이어서 그 절차에서의 경락인 앞으로 경료된 소유권이전등기의 말소를 명하는 판결이 확정된 경우에는 경락인이 경매목적물의 소유권을 취득할 수 없음은 물론이고, 이러한 경우는 제578조 및 제570조 내지 제577조에서 정하고 있는 담보책임은 발생하지 않고(대판 91.10.11, 91다21640)부당이득반환청구에 의하여 할 것이다.

㉢ 근저당권의 설정자가 목적물인 건물을 헐고 새로 건물을 지었는데 이에 대하여 소유권보존등기를 하지 않고 있던 중 원래의 근저당권자인 피고가 그에 기하여 신건물에 대하여 임의경매를 신청하여 그 경매절차에서 원고가 목적물을 경락받고 경락대금을 납부한 사안에 대한 것이다. 이 경우 피고의 근저당권은 동일성을 상실한 신건물에는 효력이 없고, 무효인 근저당권에 기한 임의경매절차에서 경락인은 물론 목적물의 소유권을 취득하지 못한다(대판 93.5.25, 92다15574) 이러한 경우도 담보책임이 발생하지 않는다(대판 2004. 6. 24. 선고 2003다59259).

② 담보책임을 인정한 판례

갑 소유의 부동산을 을이 서류를 위조하여 자기 앞으로 소유권등기를 이전하고 다시 병 앞으로 소유권이전등기를 경료하였다. 병은 다시 A를 위하여 근저당권을 설정하여 주었는데병이 이후 근저당권실행에 의하여 경락을 받아 소유권 이전을 하였다. 이후 병은 갑의 소유권이전등기 청구에 의하여 소유권을 취득하지 못하여 민법 제578조, 제570조의 담보책임에 기하여 병(물상보증인)을 상대로 계약해제에 따르는 원상회복으로서 경락대금 상당액의 지급을 청구하였다.대법원은원심판결을 파기하면서 물상보증인이 동조상의 채무자에 해당함을 긍정하고, "경락인이 그에게 계약해제권을 행사하였으면 물상보증인은 경락인에 대하여 원상회복의 의무를 진다"고 판시하였던 것이다(대판 88.4.12, 87다카2641).

③ 검토

부당이득반환청구의 소나 매도인의 담보책임에 따른 손해배상은 특수한 경우이외는 궁극적으로 채권자의 보호를 위해서는 동일한 결과를 발생할 수 있을 것이다. 왜냐하면 1차적인 담보책임자로서 채무자는 민사집행절차에서 이미 무자력할 것이고 결국은 부당이득반환청구와 같이 제578조 제2항에 의하여 대금의 배당을 받은 채권자를 상대로 그가 배당받은 금전의 반환을 청구하여야 하기 때문이다. 물론 채무자가 자력이 있는 경우에는 채무자를 상대로 매도인의 담보책임을 적용하여 경락인을 보호하는 것이 경매의 효용성과 안정성을 높이는 방안이 될 것이다.

2) 債權者의 擔保責任

채권자는 2차적 책임자로서 채무자가 자력이 없는 경우에만 민법 제578조 제2항에 따라 배당을 받은 한도에서만 대금반환책임을 보충적으로 부담한다.[180] 그리고 경락인의 채권자에 대한 위와 같은 청구는 제1차 책임자인 채무자에 대하여 해제권 또는 대금감액청구청구권을 행사한 뒤에 채무자가 무자력임을 증명한 때에만 할 수 있다고 해석하여야 할 것이다.[181] 이러한 반환청구권을 행사하기 위해서는 경매의 목적이 된 권리의 전부 또는 일부가 타인에게 속하는 등의 하자로 경락인이 완전한 소유권을 취득할 수 없거나 잃게 되는 경우에 인정되는 것이고,[182] 경매자체가 무효인 경우에는 담보책임을 인정할 여지가 없기 때문에 부당이득 반환청구권만을 행사할 수 있는 것으로 해석하고 있다.[183][184] 그리고 '채권자는 2차 책임자로서 채무자

180) 法院行政處, 前揭 法院實務提要(民事執行Ⅱ), 301面 ; 南孝淳, 前揭書, 467面 ; 金曾漢 編, 註解 債權各論(Ⅰ), 韓國司法行政學會 1985, 590面.

181) 南孝淳, 前揭書, 228面.

182) 大判 1986. 9. 23. 宣告, 86다카 560 參照 ; 債務名義에 기한 强制競賣申請에 의하여 경매목적 부동산에 대한 競落許可決定이 확정된 경우에는 비록 競賣開始決定 前에 경료된 제3자 명의의 가등기에 기하여 그 3者名義로 소유권이전 본등기가 경료됨으로써 競落人이 경락부동산의 所有權을 취득하지 못하게 되었다 하더라도 그 사유만으로 競落許可決定이 무효로 돌아가는 것은 아니므로 債權者가 競落 代金 중에서 債權의 변제조로 교부받은 配當金을 法律上 原因없이 취득한 부당이득이라고 할 수는 없다. 즉 假登記에 기하여 本登記가 경료되어 競落人이 所有權을 취득하지 못하게 되었다고 하더라도 競落人은 民法 第578條에 따라 채무자 또는 채권자를 상대로 擔保責任을 구할 수 있다는 판결이다. 이때 왜 不當利得返還請求를 할 수 없는가에 대하여는 判例는 다음과 같이 설시하고 있는데 "所有權移轉登記請求權 保全의 假登記가 경료된 부동산에 대하여 가등기가 되어 있는 사실을 간과한 채 競賣節次가 진행되었다 하더라도 그와 같은 사정만으로는 競落許可決定이 無效로 되는 것이 아니므로 債權者가 그 경락허가결정에 따라 납입된 競落代金 중에서 債權의 辨濟로 配當金을 교부받은 것을 법률상 원인 없이 이익을 얻었다고 볼 수 없다"(大判 1992. 10. 27. 92다 5065)라고 하여 배당자체가 法律上 原因 없이 이루어 진 것이 아니기 때문에 不當利得이라 할 수 없고 그에 따른 競落人의 債權者를 상대로 한 返還請求는 適法한 것으로 본다는 것이다.

183) 大判 91. 10. 11. 宣告, 91다 21640 參照.

184) 경락인이 강제경매절차를 통하여 부동산을 경락받아 대금을 완납하고 그 앞으로 소유권이전등기까지 마쳤으나, 그 후 강제경매절차의 기초가 된 채무자 명의의 소유권이전등기가 원인무효의 등기이어서 경매 부동산에 대한

가 자력이 없는 경우에만 보충적으로 그리고 배당받은 금액의 한도내 에서만 대금반환의 의무를 부담하는 것으로 보고 있다. 이를 분설하여 보면 다음과 같다.

① 補充責任

채권자는 채무자가 자력이 없는 때에만 책임을 지는 2차적인 책임자에 불과하므로 경락인은 먼저 채무자를 상대로 계약을 해제하거나 대금감액을 청구하여야 한다. 채권자는 경락인이 채무자로부터 만족을 받지 못 한 부분에 한해서만 책임을 진다. 이는 채권자의 책임이 보충책임이라는 성질상 당연하다고 할 수 있다. 민법 제578조 2항은 대금 전부나 일부를 반환하여야 한다고 규정하고 있는바 이는 채권자가 대금의 전부를 반환해야 하는 경우로는 경락인이 계약을 해제하였으나 채무자가 전혀 자력이 없는 경우를 말한다.[185] 이때에 채무자의 무자력의 입승책임은 청구자인 경락인이 부담하게 된다.[186] 그러면 이 경우 무자력의 시점은 언제를 기준으로 정해야 하는지 논란이 될 수 있을 것이다. 이에 대해서는 경락인이 경락부동산을 추탈 당한 시점에서 증명할 수 있으면 족 하다고 본다. 이처럼 채권자가 2차적으로 담보책임을 지게 되는 것은 경매의 목적인 재산에 흠결이 있음에도 불구하고 마치 흠결이 없는 재산인 것처럼 경매되고, 그러한 절차에 따라 상당한 경매대금이 납부되어 채권자가 그

소유권을 취득하지 못하게 된 경우, 이와 같은 강제경매는 무효라고 할 것이므로 경락인은 경매 채권자에게 경매대금 중 그가 배당받은 금액에 대하여 일반 부당이득의 법리에 따라 반환을 청구할 수 있고, 민법 제578조 제1항, 제2항에 따른 경매의 채무자나 채권자의 담보책임은 인정될 여지가 없다(대판 2004. 6. 24. 선고 2003다59259).

185) 南孝淳, 前揭書, 228面.

186) 金曾漢, 前揭 債權各論, 590面.

경락대금으로부터 변제를 받는 것은 부당하기 때문이라고 한다.[187)]

그리고 이러한 채권자의 대금반환의무의 성질에 대해서는 경매의 전부 또는 일부의 해제에 따른 원상회복이라고 보고 있기 때문에[188)] 경락인은 경매를 해제함이 없이 바로 채권자를 상대로 부당이득반환의 청구를 할 수 없다는 것이 판례[189)]의 입장이기도 한다. 따라서 경매절차가 무효인 경우는 민법 제578조는 적용될 여지가 없게 되고 경락인은 경락대금을 배당받은 채권자를 상대로 부당이득 반환청구권만을 행사할 수 있을 뿐이다[190)] 이에 대한 판결 요지를 "민법 제578조 1항 및 2항은 매매의 일종인 경매에 있어서 그 목적물의 하자로 인하여 경락인이 경락의 목적인 재산권을 완전히 취득할 수 없는 때에 매매의 경우에 준하여 매도인의 위치에 있는 경매의 채무자나 채권자에게 담보책임을 부담시켜 경락인을 보호하기 위한 규정으로서 그 담보책임은 매매의 경우와 마찬가지로 경매절차는 유효하게 이루어 졌으나 경매의 목적이 된 권리의 전부 또는 일부가 타인에게 속하는 등의 하자로 경락인이 완전한 소유권을 취득할 수 없거나 이를 잃게 되는 경우에 인정되는 것이고 경매절차가 무효인 경우에는 경매의 채무자나 채권자에게 담보책임은 인정될 여지가 없는 것이다"라고 판시 하고 있다. 따라서 강제집행의 채무명의가 되고 있는 약속어음공정증서가 위조된 것이어서 무효라는 이유로 그 소유권이전말소의 판결이 확

187) 上揭書, 590面.
188) 上揭揭, 590面.
189) 大判 1986. 9. 23. 宣告, 86다카 560 ; 서울高判 1978. 11. 22. 宣告, 78나 1248 參照.
190) 大判 1991. 10. 11. 宣告, 91다 21640 參照.

정됨으로써 소유권을 상실한 경우는 경락인은 경매채권자인 피고에게 그가 배당 받은 금액에 대하여 부당이득반환을 청구할 수 있을 뿐 민법 제578조 2항에 따라 담보책임을 물을 수는 없다고 보고 있다. 따라서 "형식상 적법한 경매절차에 의하여 경락된[191] 이상 채권자는 교부받은 경락 대금을 부당이득이라고 주장하여 반환을 구할 수는 없고 민법 제578조에 의하여 근저당권 설정자에 대하여 경매절차에 의한 매매계약을 해제하고 근저당설정자가 대금을 반환할 능력이 없는 때에 한하여 경락 대금을 교부 받은 채권자에 대하여 그 대금의 반환을 청구할 수 있고,부당이득이라고 하여 바로 반환 청구할 수는 없다.[192] 위와 같은 취지는 판례는 강제경매이든 담보권실행에 관한 경매에도 모두 적용된다고 볼 수 있다.

민법 제578조 제2항은 채무자가 자력이 없을 경우에만 채권자에 대하여 그 대금전부나 일부의 반환을 청구할 수 있다고 규정하고 있기 때문에 채무자는 경락인이 잔금을 납부

191) 매매의 일종인 경매에 있어서 목적물의 하자로 인하여 경락인이 경락의 목적인 재산권을 완전히 취득할 수 없을 때에 매매의 경우에 준하여 매도인의 위치에 있는 경매의 채무자나 채권자에게 담보책임을 부담시켜 경락인을 보호하기 위한 규정으로서 그 담보책임은 매매의 경우와 마찬가지로 경매절차는 유효하게 이루어졌으나 경매의 목적이 된 권리의 전부 또는 일부가 타인에게 속하는 등의 하자로 경락인이 완전한 소유권을 취득할 수 없거나 이를 잃게 되는 경우에 인정되는 것이고 경매절차 자체가 무효인 경우에는 경매의 채무자나 채권자의 담보책임은 인정될 여지가 없다(대판 1993.5.25. 선고 92다15574).

192) 大判 1993. 5. 25. 宣告, 92다 15574 ; 근저당권의 설정자가 목적물인 건물을 헐고 새로 건물을 지었는데 이에 대하여 소유권보존등기를 하지 않고 있던 중 원래의 근저당권자인 피고가 그에 기하여 新建物에 대하여 임의경매를 신청하여 그 경매절차에서 원고가 목적물을 경락받고 경락대금을 납부한 사안에서, 피고의 근저당권은 동일성을 상실한 신건물에는 효력이 없고, 무효인 근저당권에 기한 임의경매절차에서 경락을 받았기 때문에 경락인은 목적물의 소유권을 취득하지 못한다. 이러한 경우에도 담보책임은 발생할 수 없고 경락인은 부당이득반환청구에 의하여 구제받을 수 있을 것이다.

하기 전이면 대금감액청구에 응해야 할 것이다. 그러나 경락대금을 지불한 상태라면 경락인은 채무자가 무자력자인 것을 입증하고 2차 책임자인 채권자를 상대로 그 받은 금전의 전부나 일부의 반환을 청구할 수 있을 것이다.

② 有限責任

채권자는 배당 받은 금액의 한도내에서만 담보책임을 부담하다.[193] 이는 '민법 제578조 2항이 대금의 배당을 받은 채권자'라고 규정하고 있는 것으로 보아 명백하다. 채권자가 부담하는 대금반환의무는 계약의 해제로 인하여 발생하는 것이므로 반환의 범위는 배당을 받은 이후의 법정리자를 가산한 금액이 될 것이다.[194] 그리고 채권자가 수인인 경우에는 각자 독립하여 배당 받을 금액의 범위내에서 대금반환의무를 진다고 하는 견해와[195] 채권자가 받은 배당액의 비률에 따라 반환할 책임을 질뿐이라고 하는 견해[196]로 대립하고 있는데, 후설이 타당할 것이다. 왜냐하면 각 채권자가 배당금을 수령할 때에는 물권적 우선순위에 따라 배당금액이 달라지는데 반환할 때 일괄적으로 받은 금액의 한도에서 반환한다면 배당금액의 전액이 아닌 일부의 반환을 청구할 때는 배당금을 많이 받은 자는 반환금이 상대적으로 많기 때문에 형평의 원칙에 부합하지 않기 때문이다.

3) 債權者와 債務者의 擔保責任

경매의 목적물에 권리의 하자가 있더라도 손해배상은 청구할

193) 南孝淳, 前揭書, 228面 ; 金曾漢, 前揭書, 161面 ; 金疇洙, 前揭書, 202面.
194) 金曾漢, 前揭書, 590面.
195) 上揭書, 590面.
196) 俗幸 郞, 債權法論, 岩松唐書店, 1972, 396面.

수 없는 것이 원칙이다. 보통의 매매에 있어서와 같은 매도인과 같은 책임을 인정하는 것은 너무 가혹하기 때문이다. 그러나 다음의 경우에는 예외적으로 손해배상의 청구가 인정된다. 첫째, 채무자가 물건 또는 권리의 하자를 알고서도 이를 고지하지 아니한 때에 손해배상책임을 진다.197) 이때 고지의 상대방은 원칙적으로 법원이라고 할 수 있다. 그러나 경락인에게 고지한 경우도 고지의무를 이행한 것으로 볼 수 있는데 이를 알고 있는 악의의 경락인은 보호받지 못한다고 보아야 할 것이다. 고지의무는 민법 제584조가 규정하는 매도인의 고지의무와 그 성질을 같이 한다고 할 것이다. 둘째, 채권자가 물건이나 권리의 하자를 알고 있으면서도 경매를 청구한 때에 손해배상책임을 부담한다. 민법 제578조 2항이 채권자 일반에 대하여 고지의무를 인정하지 않는 것은 채권자는 경매에 있어서 매도인의 지위를 가지지 않기 때문이다. 따라서 배당에 참가한 채권자가 하자의 존재를 알았을 지라도 스스로 경매를 청구하지 않았을 때에는 손해배상책임을 부담하지 않는다. 그러나 경매를 청구한 채권자가 하자 있음을 알면서도 청구를 한 경우에는 채무자와 동일하게 손해배상을 부담하게 된다고 할 것이다. 위와 같이 채무자나 채권자가 경락인에게 손해배상책임을 부담하는 경우는 자신에게 귀책사유가 있는 경우에만 각각 책임을 진다고 할 것이고 만약 양자에게 모두 귀책사유가 있는 경우에는 연대

197) 大判 2003. 4. 25. 宣告, 2002다 70075 參照 ; 先順位 根抵當權의 존재로 후순위 임차권이 소멸하는 것으로 알고 부동산을 낙찰받았으나, 그 후 채무자가 후순위 임차권의 對抗力을 存續시킬 목적으로 先順位根抵當權의 피담보채무를 모두 변제하고 그 근저당권을 소멸시키고도 이 점에 대하여 낙찰자에게 아무런 고지도 하지 않아 落札者가 對抗力 있는 임차권이 존속하게 된다는 사정을 알지 못한 채 대금지급기일에 落札代金을 지급하였다면, 債務者는 民法 제578조 제3항 의 규정에 의하여 낙찰자가 입게 된 손해를 배상할 책임이 있다.

책임을 부담한다고 보아야 할 것이다.[198)]

2. 擔保責任의 行使와 限界

(1) 擔保責任의 行使方法

입찰자가 대항력 있는 임차인이 있다는 사실을 모르고 낙찰을 받아 계약의 목적을 달성할 수 없는 경우 입찰자는 담보책임에 의해서 보호 받을 수 있을 것이다. 다만 그 실현은 최고가 매수인 앞으로 낙찰허가가 난 이후에나 가능할 것이다. 왜냐하면 민법의 다수설이[199)] 경매의 성질에 관해서 담보책임을 일종의 매매로 보고 있는데 경락인이 매매계약을 체결한 시점은 최고가 매수신고를 할 때가 아니고 낙찰허가일로 보고 있기 때문이다. 즉 입찰에서 최고가 매수인으로 결정된 것은 청약[200)]에 해당하고[201)] 집행법원으로부터 낙찰허가가 결정된 경우에 경락인은 채무자와 계약을 체결한 것이 되기 때문에 설사 낙찰허가일 이전에 이행할 수 없는 사유가 발생하였다고 하여도 매도인의 담보책임은 적용할 수 없을 것이다. 이때는 매각허부에 대한 이의신청을 하거나 즉시항고를 하여야 할 것이다.

따라서 목적물 일부가 멸실 되거나 대항력 있는 임차인이 있음

198) 郭潤直, 前揭 債權各論(民法講義Ⅳ), 229面 ; 金相容, 債權各論(上), 法文社 1999, 243面 ; 金疇洙, 前揭書, 1986, 230面 ; 李銀榮, 前揭書, 225面.

199) 林正平, 前揭 債權各論, 287面 ; 郭潤直, 前揭 債權各論(民法講義Ⅳ), 227面 ; 權龍雨, 前揭 債權各論, 197面 ; 金疇洙, 前揭書 202面 ; 金曾漢, 前揭書, 180面.

200) 請約과 區別되는 請約의 유인은 자기에게 請約을 하게 하려는 행위, 즉 契約締結에 대한 희망의 意思表示로서 상대방의 청약을 유인하는 것에 불과하기 때문에 請約의 유인은 法律上 아무런 拘束을 받지 않으며 피유인자가 意思表示를 하더라도 契約은 성립하지 않고 다시 유인자가 承諾함으로써 계약이 성립하게 된다(林正平, 前揭 債權各論, 76~77面).

201) 林正平, 前揭 債權各論, 92面 ; 金亨培, 民法學講義-理論・判例・事例-, 新潮社 2002, 910面.

을 알지 못한 경락인이 민법 제578조 및 동법 제575조에 따른 매도인의 담보책임을 주장하여 보호받기 위해서는 낙찰허가 확정이후에 이러한 사실을 알게 된 경우 행사할 수 있을 것이다. 이때 경락인은 1차적으로 채무자를 상대로 대금감액을 청구할 수 있고 대금감액을 청구하여 계약의 목적을 달성할 수 없는 경우에는 계약을 해제할 수 있을 것이다(민법제575조 및 제578조). 그리고 경락인이 대금을 납부한 후 배당을 실시하기 전이거나[202] 배당을 한 이후에는 채권자를 상대로 대금 전부나 일부의 반환을 청구할 수 있게 된다(민법 제578조).[203]

그리고 경락인은 해제를 하지 않고 대금납부전이나[204] 납부한 후 배당실시 전까지는 감액분의 대금의 반환을 청구할 수 있을 것이다.[205] 위와 같은 담보책임은 매각절차 외에서 별소에 의하여 청구할 수도 있지만 매각절차 진행중에 담보책임의 사유가 발생할 수 있으므로 매각절차 내에서도 청구하는 것이 가능하다.[206]

(2) 擔保責任行使의 限界와 適用

---

202) 法院行政處, 前揭 法院實務提要(民事執行Ⅱ), 302面.

203) 大判 1996. 7. 12 宣告, 96다7106 參照; 競賣의 目的物에 對抗力 있는 임대차가 존재하는 경우에 경락인이 이를 알지 못한 때에는 경락인은 이로 인하여 계약의 목적을 달성할 수 없는 경우에 한하여 契約을 解除하고 채무자 또는 채무자에게 자력이 없는 때에는 배당을 받은 채권자에게 그 대금의 전부나 일부의 반환을 구하거나, 그 계약해제와 함께 또 는 그와 별도로 競賣目的物에 위와 같은 欠缺이 있음을 알고 고지하지 아니한 채무자나 이를 알고 경매를 신청한 채권자에게 손해배상을 청구할 수 있을 뿐, 계약을 해제함이 없이 債務者나 경락대금을 배당받은 債權者들을 상대로 경매 목적물상의 대항력 있는 임차인에 대한 賃貸借保證金에 상당하는 경락대금의 전부나 일부를 不當利得하였다고 하여 바로 그 반환을 구할 수 있는 것은 아니다.

204) 大判 1979. 7. 24. 宣告, 78마 248 參照.

205) 法院行政處, 前揭 法院實務提要(民事執行Ⅱ), 302面.

206) 法院行政處, 前揭 法院實務提要(民事執行Ⅱ), 301面.

민법 제578조에 따른 매도인의 담보책임은 대항력 있는 임차인이 있다는 사실을 모르고 낙찰 받은 경우 본조의 규정에 따라 해결하게 된다. 그러나 본 규정만으로는 경락인 보호에 한계가 있거나 적절하지 않은 경우가 있다.[207] 이때의 법리구성을 어떻게 적용할 것인지 다음에서 살펴본다.

1) 不當利得返還請求

담보책임에 의해 해결을 하는 것은 우선 주택임대차보호법의 법 문안에 충실하며, 손해를 입은 당사자의 의사에 의하여 계약의 해제가 아닌 대금감액의 방법도 인정된다는 점에서 민사집행법에 의한 불허가 또는 당사자의 의사를 물어 경락 허가여부를 결정하는 것보다 합리적일 것이다.[208] 그러나 다음과 같은 경우는 담보책임에 의하여 해결을 하는 데에 한계가 있다. 담보책임에 의하면 1차적으로 반환책임이 있는 자는 채무자라고 보아야 하는데 만일 채무자가 유자력일 경우에는 채무자가 반환책임을 지게 되고 이 경우 뜻하지 않게 추가배당을 받은 채권자가 사실상 이익을 보게 되는 문제가 발생한다. 그리고 채무자가 무자력자인 경우에는 추가로 배당받은 채권자가 반환책임을 지는데 이 경우 경락인이 채권자에 대하여 가지는 반환채권은 우선변제권이 없으므로 그 채권자에 대한 다른 채권자들이 있을 경우에는 불합리한 결과를 초래할 수 있다.[209] 따라서 위와 같은 경우에는 담보책임은 행사할 수 없고 부당이득을 취한자에게 반환청구권을 행사하여 손실자에게 반환하는 것으로 보아야 한다. 그리고 매수인이 입찰당시에는 대항력이 있는 것

207) 金濟完, 住宅賃貸借保護法에 있어서 對抗力과 優先辨濟權의 競合問題에 관한 考察, 성신대학교 학술연구소 1999, 257面.
208) 金濟完, 前揭論文, 259面.
209) 上揭論文, 260面.

으로 알고 낙찰 받았으나 임차인이 첫 매각기일 이전에 주민등록을 다른 곳으로 전출하여 대항력이 상실된 경우나[210] 임차인이 외형상 요건만 갖추고 실질적인 효력이 없다는 사실을 알고 낙찰자가 다른 사람보다 싸게 낙찰 받은 경우 경락인은 임차인의 보증금을 인수하지 않아 그 액수만큼 이득을 취하게 될 것이다. 이런 때는 담보책임으로 해결하기에 한계가 있을 것이다. 따라서 이런 경우에 채권자나 채무자는 민법 제741조에 따른 부당이득반환청구를 경락인에게 행사하여 그 이득액을 반환 청구하는 것이 바람직할 것이다.

2) 危險負擔

경락허가결정이 확정된 후 대금지급 진에 목적물의 일부가 양당사자의 귀책사유없이 멸실 된 경우에 대법원은 위험부담책인의 이론을 적용하여 대금감액의 청구를 인정하고 있다. 그 판결요지를[211] 보면 "임의경매절차가 신행되이 그 경락허가결

210) 구 민사소송법 판례에서는 임차인의 對抗力은 配當要求의 終期까지 존속하고 있는 경우 인정하고 있는데 현 민사집행법 하에서는 "배당요구의 종기가 이일주일 앞당겨진 첫 매각기일 이전까지 하되 執行法院에서 필요한 기간을 감안하여 정한다"라고 규정하고 있어 對抗力의 存續은 첫매각기일 이전까지 존속해야 인정하는 것으로 보아야 할 것이다. 구 민사소송법하의 판결요지를 보면 " 住宅賃貸借保護法 제8조에서 임차인에게 같은 법 제3조 제1항 소정의 주택의 인도와 주민등록을 요건으로 명시하여 그 보증금 중 일정액의 한도 내에서는 등기된 擔保物權자에게도 우선하여 辨濟받을 권리를 부여하고 있는 점, 위 임차인은 배당요구의 방법으로 우선변제권을 행사하는 점, 配當要求時까지만 위 요건을 구비하면 족하다고 한다면 동일한 임차주택에 대하여 주택임대차보호법 제8조 소정의 임차인 이외에 같은 법 제3조의2 소정의 임차인이 출현하여 配當要求를 하는 등 競賣節次上의 다른 利害關係人들에게 피해를 입힐 수도 있는 점 등에 비추어 볼 때, 공시방법이 없는 주택임대차에 있어서 주택의 인도와 주민등록이라는 우선변제의 요건은 그 優先辨濟權 取得時에만 구비하면 족한 것이 아니고, 配當要求의 終期인 競落期日까지 계속 존속하고 있어야 한다"라고 판시하고 있다(全將憲, 前揭書, 476面).

211) 大判 1979. 7. 24. 宣告, 78마 248 參照.

정이 확정되었는데 그 경락대금 지급기일이 지정되기 전에 그 경락목적물에 대한 소유자 내지 채무자 또는 그 경락인의 책임으로 돌릴 수 없는 사유로 말미암아 그 경락목적물의 일부가 멸실되었고, 그 경락인이 나머지 부분이라도 매수할 의사가 있어서 경매법원에 대하여 그 경락대금의 감액신청을 하여 왔을 때에는 경매법원으로서는 민법상의 쌍무계약에 있어서의 위험부담 내지 하자담보 책임의 이론을 적용하여 그 감액결정을 허용하는 것이 상당하다. 이 경우 경매법원으로서는 멸실 부분에 관하여 확정된 경락허가결정을 취소하고 경락을 불허하며 나아가 그 경매신청을 각하할 수 있는 것은 아니다"고 하여 민사집행법의 적용을 배제하고 실체법적인 입장을 취하고 있다.

3) 民事執行法에 의한 行使

담보책임제도가 민사집행법을 적용하는데에 취약점을 보완할 수 있어 유리한 점도 있지만 각 민사집행절차상의 단계에서 문제를 해결하는데는 한계를 나타내고 있어 있다. 예컨대 입찰물건명세서 "임차인이 없음"이라고 표시되어 최고가매수신고를 하였는데 이후 낙찰허가일 이전에 대항력 있는 임차인이 권리신고를 하여 경락인이 임차인 보증금을 낙찰대금외에 추가로 인수하여야 하는 경우 또는 낙찰허가와 확정일 사이에 임차인이 선순위 담보물권을 대위변제하여 대항력을 주장하는 경우 등은 담보책임을 적용할 수 없거나 할 수 있어도 시간상 또는 경제적인 측면에서 민사집행법에 의할 수밖에 없을 것이다.[212)]

---

212) 西村宏一・佐藤歳二, 註釋不動産法, 不動産執行 제9권, 青林書院, 1989, 369面; 伊藤進, 借地借家法 の 成立 と 銀行取扱, 民法論 下, 信山社, 1994 194面 ; 廣田民生, 買受人 の地位の 安定 と强化, 自由と正義 제38권 13호, 1987, 63面, 鈴木忠一・三 ヶ月章, 註釋民事執行法(3), 第一法規, 1984, 122面 ; 日本의 通說은 매수희망자가 답사를 마친 후에 不動産에 중대한 毁損이

그리고 담보책임의 채권을 가진자는 경매절차를 통한 배당과정에서 문제를 해결할 수 없고 별도로 소송을 제기하여야 하는 불이익과 담보책임에 의한 소를 제기할 경우에는 상당한 시간이 소요되어 그 과정 중 상대방이 무자력이 되어 집행이 사실상 불가능하거나 집행을 위해 많은 비용과 시간이 소요되게 되는 한계를 나타나게 된다. 따라서 이런 경우에는 민사집행법에 의한 규정에 의하여 해결을 하는 것이 타당할 것이다.

① 買受의 目的을 達成할 수 없는 경우

입찰자가 최고가 매수신고를 한 후 대항력 있는 임차인이 있다는 사실을 경락허가 결정일 이전이나 경락확정일 사이에 알게 된 경우에 경락인은 민사집행법 제121조 제6호에 규정에 따라 매각허가에 대한 이의신청을 하거나 동법 제129조에 의한 매각허가결정에 대한 항고를 할 수가 있고[213] 낙찰허가 확정 후 잔금을 납부할 때까지는 동법 제127조에 따라 매각허가결정에 때한 취소신청을 할 수 있을 것이다.[214] 그리고 최고가매수 신고 후 잔금을 납부하기 이전까지 낙찰로 말미암아 권리를 이전할 수 없는 사정이 명백하게 된 때에, 경락인은 동 법 제96조 제1항에 의하여 경매를

발생하였음에도 불구하고 매수인이나 집행법원이 그러한 훼손이 없다고 인식한 상태에서 賣却許可決定이 確定된 경우에도 제75조(우리 民事執行法 제127조)을 適用하여 取消할 수 있다고 보고 있다.

213) 法院行政處, 前揭 法院實務提要(民事執行Ⅱ), 298面 ; 全將憲, 前揭書, 313面.

214) 上揭書, 313面 ; 大法院은 "先順位 根抵當權의 존재로 후순위 賃借權의 대항력이 소멸하는 것으로 알고 不動産을 낙찰받았으나, 그 이후 先順位 根抵當權의 消滅로 인하여 賃借權의 對抗力이 존속하는 것으로 변경됨으로써 落札不動産의 負擔이 현저히 증가하는 경우에는, 낙찰인으로서는 民事訴訟法 제639조 제1항(民事執行法 127조 제1항)의 유추적용에 의하여 落札許可決定의 取消申請을 할 수 있다"고 보고 있다(大判 1998. 8. 24. 宣告, 98마 1031 參照).

취소할 수 있을 것이다. 다만 본 규정을 행사하기 위해서는 임차인의 보증금 인수가 현저한 경우이어야 하지 경미한 경우에는 신청 할 수 없을 것이다.

② 代金減額을 구할 경우

목적물 일부가 멸실 되거나 대항력 있는 임차인이 있지만 그 나머지 부분만이라도 감액청구를 하여 매수할 의사가 있는 경우에 경락인은 경락허가결정의 확정시까지는 항고를 제기하여 그 절차에서 집행법원 스스로의 경정결정을 통하여 감액을 받을 수 있을 것이다(민사집행법 제121조, 동법 제129조, 제130조).

第2章 競落人에게 對抗力 없는 賃借人의 保證金 優先辨濟權

주택임대차보호법은 제3조 제1항에서 채권인 임차권에 물권적 효력인 대항력을 인정하여 그 목적물을 매수한 자에게 대항할 수 있도록 규정하였고 이어 그 목적물을 매수한 자는 양도인의 권리와 의무를 승계하도록 규정하여(제3조 제2항) 임차인은 안심하고 주거생활을 할 수 있게 되었다. 그러나 임차부동산이 일반매매가 아닌 경매로 넘어가게 된 때에는 동 법 제3조 제1항의 대항력과 제3조 제2항의 임대인 지위 승계라는 임차권 보장이 제대로 이루어지지 않아 주택임대차보호법의 입법취지를 상실케 하는 문제가 발생하고 있다. 그래서 주택임대차보호법은 소액임차인 최우선 변제제도와(제8조) 확정일자에(제3조의 제2 제1항)[215] 의한 우선변제권 제도를 신설하였지만 그 타당성 여부와 적용상에 문제가 있다. 그리고 상가건물임대차보호법에 대한 논의가 계속 있던 차에 2002년 11월 1일 신설을 하였지만 동 법은 상가가 그 목적물 대상과 성질이 주택과 다른데도 불구하고 주택임대차보호법 제8조 및 제3조의 2 제2항의 내용을 그대로 따라 제정하였다.

215) 確定日字에 의한 優先辨濟權 制度는 1999. 1. 21. 住宅賃貸借保護法 제3차 改正시 제3조의 2의 제2항으로 改正하였다.

第1節 賃借保證金 優先辨濟請求權 制度의 導入

Ⅰ. 少額賃借人의 最優先辨濟權

1. 少額賃借人 最優先 辨濟權制度의 新設 經緯

주택임대차보호법은(1983년 12월 30일) 제1차 개정을 통하여 소액임차인 최우선변제권을 신설하였다. 그 동기는 소액임차인이 경제적 약자이기 때문에 특별히 임차보증금 반환청구권을 인정할 필요가 있었기 때문이다. 그런데 소액임차인 우선변제청구권이 일반채권자 뿐만 아니라 담보물권자에게도 우선하는 것은 임대 주택의 담보화를 제약하는 요인이 되어 서민금융을 어렵게 할 우려가 있다는 이유로 반대하는 논의가 있었다.[216] 반면 이 제도의 신설을 주장하는 입장에서는 임차인에게 인정되는 최우선변제권을 일정금액의 범위 임차보증금에 대해서 인정하면 그렇게 불합리한 점이 없다고 하면서, 이 문제는 영세임차인을 적극 보호하여 일상생활의 기반을 구축・유지하도록 하여야 한다는 사회법적 측면에서 다루어야 할 문제라고 하였다.[217] 결국 1984년 시행된 주택임대차보호법 제1차 개정 법은 제8조 제1항에서 "임차인은 소액의 보증금에 관하여 다른 담보물권자 보다 자기 채권의 우선변제를 받을 권리가 있다"고 규정하고 제2항은 "소액보증금의 범위와 기준은 주택 가액(대지의 가액을 포함한다)의 2분의 1의 범위 안에서 대통령으로 정한다"는 규정을 신설하게 되었다.

---

216) 高翔龍, 第3次 改正住宅賃貸借保護法의 몇가지 問題點, 考試界, 1994. 4, 133面 等 ; 조은래, 現行 住宅賃貸借保護法상의 問題點과 解說-大法院 判例 中心으로-, 釜山外國語大學校比較法硏究所 比較法學(제12집) 2001, 222面.

217) 高翔龍, 住宅賃貸借保護法의 問題點과 그 改正方向(中), 考試硏究 1982. 10, 88面.

2. 住宅賃借人의 最優先辨濟權 制度의 妥當性 與否

주택임차인 최우선변제권 규정의 시행 후에도 여러 가지 문제점이 지적되었다. 첫째 보호대상이 너무 협소하여 현실성이 떨어지고 시행령의 제한금액을 약간 넘는 금액으로 계약을 하면 전혀 보호를 받지 못하게 된다는 것이다. 예컨대 특별시 · 광역시의 지역은 5백만원이하, 기타지역은 3백만원 이하인 임차인이 담보권자보다 우선변제하여 변제받는 것을 회피하기 위하여 임대인과 채권자가 보증금액을 4백9십만원등으로 체결하여 임차인에게 그 적용을 하지 못하도록 하는 경우가 많았다. 둘째 소액보증금이 보호를 받기 위해서는 임대차계약이 동법 제3조 제1항의 대항요건을 구비하여야 하는지에 관해서 문제가 있다. 셋째는 소액보증금에 대한 우선변제권이 인정되기 위해서는 언제까지 대항요건이 성립해야 하는지에 관해 압류시설,[218] 소유권이전설[219] 등이 제기 되었다. 그래서 첫째 문제는 주택임대차보호법(1989. 12. 30.) 제 2차 개정 법률시에 임차인은 보증금 중 일정액을 다른 담보물권권자 보다 우선하여 변제 받을 권리가 있다고 규정하여 종전에 일정액 이하의 소액임차보증금에 최우선변제권을 부여하던 것을 바꾸어 그 보호되는 임대차의 범위를 늘리되 그 보증금 중 일정액에 대하여서만 담보권자보다 우선하여 변제받을 수 있는 권리를 인정하고 있다. 그리고 둘째 문제는 가장임차인의 출현을 방지하기 위하여 종전법과 다른 요건을 하나 추가하였는바, 임차인은 경매신청의 등기 전

---

218) 金聖萬, 少額賃借保證金의 우선辨濟權에 있어서 問題點, 判例月報 1985. 12 (通卷 製183號), 42面 ; 吳容鎬, 前揭論文, 352面 ; 李海鎭, 少額保證金에 관한 小考, 辯護士XV, 서울지방변호사회, 1985 243面 ; 崔鐘, 前揭論文, 452面.

219) 尹天熙, 住宅賃借權의 對抗力의 得失에 관한 問題(下) 大法院 1987. 2. 24. 선고 86다카 1695, 判例月報 201호 1987. 6, 51面 ; 趙誠洙, 不動産競賣節次에 있어서 몇가지 問題點, 司法論集 제16집, 法院行政處 1985, 489面 ; 金權澤, 强制競賣에 있어서의 각종 優先特權, 强制競賣 · 任意競賣에 관한 제문제(하), 裁判資料 제36집, 法院行政處 1987, 392面.

에 주택을 인도 받고 주민등록을 갖출 것을 요하도록 규정하였다(주택임대차보호법 제8조 제1항 단서). 그러나 소액임차인 최우선변제권에 관한 규정은 영세한 소액임차인을 보호하자는 취지하에 본 규정을 신설한 것인데 오히려 채무자나 임차인이 본 제도를 악용하여 담보권의 권리를 해하여 담보가치를 저하시키는 경우가 있다.[220]

(1) 學說對立

1) 肯定說

소액임차인 최우선변제권을 긍정하는 견해를 자세히 살펴보면 다음과 같다. 민법상의 기본원리인 구체적 타당성이 법적 안정성보다 우월한 경우에는 법적 안정성의 희생이 불가피하다고 하면서, 사회적 경제적 약자인 임차인의 보증금 반환의 확보, 특히 보증금이 전 재산이라고 할 수 있는 영세 임차인에게 있어서 일정 범위내의 보증금의 확보라는 구체적 타당성이 법적 안정성에 비하여 더 우월하므로 소액보증금의 최우선변제권의 존재를 긍정할 수 있다고 한다.[221]

2) 否定說

주택임대차보호법 제3조의 2 제2항에 의하여 인정되는 확정일자부 임차인의 우선변제권은 후순위 권리자 기타 채권자보다 우선하여 보증금을 변제받게 될 뿐 선순위담보권자의 권리를

---

220) 閔日榮, 少額保證金 優先辨濟權에 관하여, 곽윤직 편 民法註解(ⅩⅤ)債權(8), 博英社, 1997, 264面 ; 金相容, 住宅賃貸借에 있어서 順位에 의한 優先特權, 司法行政 1993. 3, 80面 ; 李相仁, 住宅賃貸借保護法 제8조의 少額保證金保護에 관련된 實務上 問題, 司法硏究資料 제16집, 法院行政處 1993, 408面 ; 李海鎭, 前揭論文, 243面.

221) 張誠元, 對抗力 있는 賃借人의 配當要求, 法曹協會 1997. 7(통권 제46권 제7호), 51面 ; 李相仁, 前揭論文, 409面.

해하지 않음에 반하여, 최우선변제권은 모든 담보권자나 일반 채권자보다 우선하여 변제 받을 수 있다는 점에서 법적 안정성을 크게 해하며, 특히 최우선변제권을 인정받기 위한 요건으로 비교적 용이한 주택의 인도와 주민등록만을 요구하고 있기 때문에 가장임차인이 쉽게 생길 수 있다는 점을 이 제도상의 큰 문제점으로 지적하고 있다.[222] 그리고 소규모의 주택을 소유하면서 그 일부를 타인에게 임대하고 있는 주택소유자도 국가의 보호를 받아야 할 서민들이 대부분인데 주택임대차보호법 제8조가 신설됨으로써 주택의 담보가치가 그만큼 하락하여 주택을 담보로 융자받고자 하는 주택 소유자 특히 주택을 담보로 융자받아 상공업을 경영하고자 하는 영세상공인들에게 까지 막대한 타격을 주게 될 수 있다는 점을 지적하고 있다.[223]

(2) 憲法裁判所의 決定

헌법재판소는 "소액임차인 및 보증금의 범위와 기준을 정함에 있어 특별시 및 광역시(군지역 제외)와 기타 지역에 차이를 두고, 광역시 내의 군지역에 관하여 기타 지역과 마찬가지로 보증금 2,000만원 이하의 임차인에 대하여 보증금 800만원의 범위 내로 정한 주택임대차보호법시행령 제3조 제1항, 제4조가 헌법상의 재산권이나 평등권을 침해하지 않는다"[224] 라고 보고 있다. 즉 소액의 보증금을 내고 입주한 영세한 임차인은 주택을 인도 받고 주민등록을 이전하기만 하면 일정범위내의 보증금에 관하여 저당권등 그 주택에 대한 담보권자보다 우선하는 권리를 가지도록 함으로써

---

222) 金大鳳, 少額保證金 최우선변제권의 違憲性, 法律新聞 2001, 10. 11, 14面 ; 辛東潤, 不動産競賣에 있어서의 配當에 관한 문제점, 司法論集 제23집, 法院行政處 1992, 301面.

223) 金相容, 前揭論文, 408面.

224) 憲法裁判所 2000. 6. 29. 宣告, 98헌마 36 參照.

담보물권자 등의 권리를 다소간 희생하더라도 소액임차인의 최소한의 생존권을 보장하려는 입법이라고 보고 있다.

(3) 檢討

주택임대차보호법 제1차 개정으로 최우선변제권제도가 도입된 것은 사회복지국가의 이념을 추구하는 헌법정신에 기초하여 경제적 약자인 임차인의 주거생활의 안정을 확보하기 위해서는 더욱 필요한 것으로 소액임차인의 최우선변제권을 긍정하고 있는데[225], 다른 한편으로는 위와 같은 제도를 악용하여 채권자에게 불의의 손해를 가하는 경우도 있기 때문에[226] 집행법원은 신중히 이를 인정해야 할 것으로 본다. 예컨대 채권자가 채무액을 변제하지 않아 강제경매을 신청하거나 임의경매를 신청할 때는 채무자에게 다시 한번 최고장을 보내는데 채무자는 오히려 이러한 일련의 과정을 악용하여 가장임차인를 만들고 채권자에게 손해를 가하는 경우가 있다는 점이다. 위와 같은 폐단이 계속 발생하는 것은 집행법원이 가장임차권의 실체를 파악하기 어렵다는 점과 변론절차를 거치지 않고 배당을 실시하고 있기 때문이기도 한다. 따라서 집행법원은

225) 金相容, 前揭 債權各論(上), 80面 ; 閔日榮, 前揭論文 少額保證金 優先辨濟權에 관하여, 264面 ; 박해식, 前揭書, 498面 ; 李相仁, 前揭論文, 408面 ; 李海鎭, 前揭論文, 243面 ; 林正平, 前揭 韓國不動産民法과 統一後 法律政策, 500面.

226) 일부 債務者는 賃借人의 최우선변제권 제도를 악용하여 擔保權者의 우선변제권을 해하고 있다. 예컨대 금융기관에서 저당권실행을 하기 실행하기 위해서는 다시 한번 辨濟의 기회를 주기 위해 최고장을 發送하는데 일부 악덕 채무자는 본 최고장을 받고 난 후 가장임차인을 만들어 놓고 이후 저당권자가 경매신청을 하면 배당요구신청를 하여 집행법원에서 최우선변제를 받아 가는 경우가 발생하고 있다. 그나마 1순위 抵當權者는 설정당시 최우선변제금액을 제한 나머지 금액을 감정평가 하여 저당권을 설정하여 주기 때문에 불의의 손해가 적지만 중간에 담보권을 설정한 자는 擔保價値를 파악하지 못하고 계약을 체결하는 경우가 많아 결국 우선변제권을 侵害받고 있다.

가장임차인 여부를 철저히 심리하여 배당을 실시하여야 할 것으로 본다.

3. 商街建物 賃貸借保護法 第14條의 評價

주택임차인의 임차보증금 최우선변제권(제8조제1항)은 상가건물임대차 최우선변제권(제14조)보다 소액보증금 최우선변제금액의 범위가 어느 정도까지 인지, 법인도 적용대상이 되는지에 차이가 있을 뿐 대항력이나 우선변제권의 본질적인 내용에는 차이가 없다.[227][228] 이런 차

---

227) 獨逸은 前後 住宅難으로 住宅賃借人을 특별히 보호하기 위하여 使用賃借人 保護法(Mieterschutzgesetz)을 제정, 시행하여 오다가 住居用 賃貸借와 營業用賃貸借의 差別化를 위하여 1952년 6월 25일자 營業用建物賃貸借法(Geschäftsraummietengesetz; BGB I .IS. 338)를 제정하였다(Roquette, Die Kliene Mietreform, 2. C.H. Beck, S. 14 ; Weitnauer, Das Geschäftsraummietengesetz, BAnz. Nr. 125 1952.S. 5 ; Roquette, Hermann, Das Mietrecht des Bürgerlichen Gesetzbuches, Tübingen, 1966, S. 382.

228) 英國 및 美國에서는 業務用 賃貸借는 계약의 자유 일반에 맡겨지고 있는데 대해서 주택임대차에 대해서는 州法이나 판례상에서 임차인 보호의 법리가 형성되어 있다. 그리고 독일민법 제535조 이하는 임대차에 관하여 Miete와 Pacht의 두 종류로 구별하고 있는데(金基洙, 建物賃貸借의 대상에 관한 比較法的 硏究, 연세대학교 法科大學 法律問題硏究所, 法律硏究 제5집, 1983.7, 33面)두 구별은 임차목적물의 성질에 의한 것이라기 보다 오히려 당사자의 계약목적에서 구별되어 진다(Larenz, K. Lehrbuch des Schuldrechts, Bd.Ⅱ, Halbband 1, Besonderer Teil,13. Aufl., Münnchen, 1986. S. 103). 이처럼 주거용과 영업용을 구별하여 주택임차인을 보호하려는 입장은 독일민법의 개정에 승계되어(제556조 a, b, c), 결국 주택과 상가를 일원화하는 형태를 취하지만 특별규정을 住居目的 이외의 건물에는 적용하지 않는 방법으로 양자를 구별하고 있다(Schmidt-Futterer/Blank,Wohnraumschutzgesetze, 5. Aufl., 1984, A1.) 즉 사회적 조항(Sozialklausel)이 상용되는 임차인 보호는 주거용에 한정되었고 겸용주택은 주거용과의 균형을 위하여 해석상 보호를 받고 있다(金基洙, 前揭論文, 40面). 그리고 프랑스에서도 민법전의 임대차법에 관한 규정과는 별도 거주용 건물임대차와 업무용 건물임대차의 각각에 대해서 특별법이 존재하고 있고 그 내용은 크게 다르다. 후자에 있어서는 차가권은 영업재산과 밀접한 관계에 있어서 財産的 性格을 강하게 띠고 있고 있다(李昌相, 住宅賃借人 保護에 관한 硏究, 慶星大學校 大學院 博士論

원에서 상가건물임대차보호법 제14조의 최우선변제권에 대하여 부정적인 견해를 밝히는 견해도 있다.[229] 즉 "위의 규정은 건물을 담보로 취득하고 대출을 해주는 금융기관의 금융관행에 큰 혼란을 초래하여 경제활동을 위축시킬 수 있으며, 임대인은 임차인과 담합하여 건물을 세분화함으로써 선순위권리자를 배제하는등 심각한 부작용과 최우선변제권의 인정으로 임대료를 크게 폭등시키는 결과를 초래한다"라고 하여 부정을 하고 있다.[230] 그러나 소액임차인 최우선변제권제도는 사회적인 차원이나 영세한 임차인을 위한 최소한의 생활권을 보호해 준다는차원에서 필요한 규정으로 보아야 할 것이다.

Ⅱ. 確定日字에 의한 優先辨濟權

1. 確定日字에 의한 優先辨濟權 制度의 新設經緯

(1) 優先辨濟權 制度의 新說

주택임대차보호법 제 1차 개정법으로 소액보증금에 대한 우선변제청구권을 규정하였지만 소액보증금으로 주택을 임차하기에는 어려운 실정이어서 실질적으로 소액임차인 최우선변제권의 보호를 받는 임차인은 매우 적은 실정이었다. 대부분 소액보증금을 초과하는 임대차계약을 체결하는 임차인이 대부분이고 임차보증금은 그들의 전 재산이나 마찬가지인데도 불구하고, 대항력으로(제3조 제1항) 모든 것을 해결하는 안이한 입법을 함으로써 주택임차인들

文 1997, 8面).

229) 蘇在先, 商街建物賃借人 保護法의 問題點과 改善方向, 건설교통저널 2002. 9, 30面.

230) 蘇在先, 前揭論文 店鋪賃貸借保護法案의 問題點과 올바른 立法方案, 38面.

의 피해가 속출하여 사회적으로 심각한 불안을 초래하여 주택임대차보호법은 제2차 개정시에는(1989. 12. 30.) 임차인이 주택을 임차한 다음 대항요건과 임대차계약증서상에 확정일자를 갖추게 되면 경매 또는 공매절차에서 임차주택의 환가대금으로 부터 후순위권리자 기타 채권자보다 우선하여 보증금을 변제 받을 수 있도록 우선변제권을 신설하여 임차인의 지위를 강화하였다고 보고 있다.[231]

(2) 對抗力 없는 賃借權者의 優先辨濟權 認定

주택임대차보호법은 임차인을 보호하기 위한 방안으로 대항력이란 규정을 두고 있지만(제3조 제1항) 실질적으로 본 목적물이 경매로 진행된 때에는 다른 형태를 나타나 문제가 제기되었다. 예컨대 1순위 저당권자가 1억원이고 이후 임차인이 대항요건을 갖추고 난 후 2순위 저당권이 설정되어 있는 목적물이 경매에 부쳐지게 되었을 때 2순위 저당권자에게까지 배당금액이 지급되고 남은 금액이 있다고 하여도 임차인에게 그 금액은 지급하지 않고 채무자(임대인)에게 지급하는 문제점이 발생하게 되었다.[232] 이에 대해 중간임차인은 주택의 인도와 주민등록이라는 공시방법을 갖추면 경매절차상 이해관계인에 해당하고 임차권의 대항력이라는 의미에는 보증금 반환청구권도 포함되어 있는 것으로 해석하여 1번 저당권자에 대해서는 대항할 수 없지만 2번 저당권자에 대해서는 대항할 수 있어 후순위 저당권자 보다 우선하여 배당금을 수령할 수 있다고 해석[233]하는 견해도 있었다. 그러나 위와 같은 해석도 무

---

231) 박해식, 前揭書, 238面.

232) 全將憲, 前揭書, 494~495面 ; 李在性, 賃借住宅을 讓渡한 자의 賃借人에 대한 保證金返還責任, 이재성판례평석집 Ⅶ, 法律文化院 1989, 503面.

233) 權龍雨, 住宅賃借權의 對抗力의 取得과 存續, 判例月報 1989. 9, 197面 ; 高翔龍, 前揭論文 이른바 中間賃借人의 法的 地位, 90面.

주택 서민의 주거를 목적으로 한 주택임대차보호법의 입법취지와 해석론으로는 가능하나 공시방법을 갖추지 않은 임차인에게 우선변제권을 인정하면 불의의 손해를 당하는 이해관계인이 발생할 수 있다고 하여 입법적인 방안으로 우선변제권을 신설할 것을 주장하였다.[234] 그런 논란중에 1989년 12월 30일 주택임대차보호법 제2차 개정으로 제3조의 2 제1항을 신설하게 되었다. 본 규정은 임차인이 계약서에 확정일자를 갖추어 놓고 있으면 배당에 있어 물권적인 우선변제적 효력을 인정받아 후순위권리자보다 먼저 보증금을 회수 할 수가 있게 된다. 즉 강제집행나 임의경매, 또는 임대인의 국세체납으로 인한 공매 등으로 임차인이 살고 있는 집이 경매로 넘어 가게 되는 경우, 임대차계약서에 확정일자를 받아두면 보증금에 물권적인 우선변제적 효력을 인정하여 후순위권리자보다 우선하여 변제를 받을 수 있도록 규정한 것이다.

(2) 傳貰權者의 優先辨濟權

전세권자는 타인의 부동산을 점유하여 그 부동산의 용도에 따라 사용·수익할 권리가 있으며(제303조) 전세권설정자가 전세금의 반환을 지체한 때에는 전세권자는 민사집행법의 정한 바에 의하여 전세권의 목적물의 경매를 청구할 수 있다고 규정하고 있다(제318조). 그리고 전세권자에게 우선변제권이 있다는 규정을 두고 있지

---

234) 權龍雨, 前揭 이른바 中間賃借人의 法的地位, 198面 ; 崔鐘, 前揭論文, 445面; 趙容完, 前揭論文, 482面 ; 大邱高法 1984. 9. 29. 宣告, 84나 798 參照; 高翔龍, 住宅賃貸借保護法의 改正에 관한 立法論, 法律新聞 1988. 10. 3, 10面 ; 주택임대차보호법 제3조 제3항을 신설하여 우선변제권을 부여하는 것이 적절할 것으로 보고 있다. 즉, 제3조 제3항은 "임차인은 그 부동산에 전부에 대하여 후순위 권리자 기타 채권자보다 보증금의 우선변제을 받을 권리가 있다"를 신설하여 1번 저당권이 설정된 뒤에 대항력을 갖춘 임차권(이른바 중간임차권)은 그 권리보다 뒤에 설정된 2번 저당권이 경매 실행된 경우에도 보호받을 수 있도록 신설할 것을 제안하였다.

는 않았었지만, 일부학설은 민사집행법 제91조 제4항에서 경락대금의 완납으로 전세권이 소멸하는 경우에 저당권자와 전세권자의 배당순위는 등기의 선후에 의하도록 규정하고 있으므로, 전세권자에게도 우선변제권이 있다는 견해가 있었다.[235] 그러나 주택임대차보호법이 소액인 임차인에게도 최우선변제권을 인정하고 있는데 전세권자인 물권자에게 우선변제권자을 인정하지 않는다는 것은 물권인 전세권보다 채권인 임차권을 우선하는 모순이 발생한다는 논의가 제기되어 1984. 4. 10. 민법개정을 통하여 전세권자에게도 우선변제권을 인정하는 규정을 도입하여(제318조)[236] 임차인의 우선변제권과(주택임대차보호법 제3조의 2 제2항) 동등한 효력을 인정하게 되었다.

2. 住宅賃貸借保護法 第3條의 2 新設에 대한 評價

(1) 批判論

우선변제권의 인정은 소액임차인 최우선변제권으로 족하지 확정일자에 의한 우선변제권을 인정할 필요가 없다고 한다.[237] 그 근거는 임차인을 강하게 보호하면 주택임대차시장이 동결되어 오히려 주거조건이 악화된다고 한다. 오히려 우선변제권의 인정보다는 최초차임 및 그 인상의 통제와 임대차기간의 장기화가 더 중요하며,[238] 임차인에게 우선변제권을 인정하게 되면 전세권 이용을 기

---

235) 金容漢, 物權法, 博英社 1994, 428~431面 ; 金曾漢, 物權法(下), 진일사 1972, 62~66면 ; 金顯泰, 物權法(下), 一潮閣 1964, 34~41面 ; 金基善, 韓國物權法, 法文社 1972, 299~301面.

236) 金容漢, 前揭 物權法, 414面.

237) 金相容, 前揭論文, 80面 ; 李起宅, 自治的 執行의 原則으로부터 본 執行實務, 法曹 1995. 3, 54面.

238) 上揭論文, 80面.

피하게 된다는 점을 지적하고 있다.[239] 즉 전세권등기를 하기 위해서는 등기를 공동으로 신청해야 하고 이에 따른 등록세등을 납부해야 하는데 이렇게 되면 구태여 전세권을 등기를 할 필요가 없어진다는 점을 들어 반대를 하였다.

(2) 贊成論

확정일자에 따른 임차인의 우선변제권을 찬성하는 견해는 이 제도는 임차인의 주거생활을 안정적으로 할 수 있다고 보는 입장이다.[240] 대항력만을 인정하게 될 경우 말소기준권리보다 이후에 대항요건을 갖춘 임차인은 주택이 경매된 경우 보증금을 회수할 수 있는 길이 막연하게 되는 문제점이 발생하게 된다는 것이다.[241]

(3) 檢討

비판론에서 지적하고 있는 확정일자에 따른 우선변제권을 인정하면 전세권등기를 기피한다는 점은 인정한다. 그러나 본 법이 제정되기 전에도 임대인은 담보가치의 하락등을 이유로 전세권 등기를 임차인이 하기에는 어려움이 있었다. 그리고 찬성론에서 제시하는 대항력만으로 임차인 보호에 한계가 있는 내용을 우선변제권을 인정함으로서[242] 주거생활을 안정적으로 할 수 있다는 점에서 타당하다고 본다.

---

239) 李宙興, 前揭論文 住宅賃貸借保證金回收를 위한 優先辨濟權의 행사와 競賣節次상 取扱, 41面 ; 上揭論文, 80面.

240) 徐政友, 民法註解Ⅶ 物權(4), 郭潤直 編, 博英社, 1996, 482面 ; 金忠源, 前揭論文, 162面.

241) 金濟完, 前揭論文, 242面 ; 金忠源, 前揭論文, 153面.

242) 閔日榮, 前揭論文 住宅賃貸借保護法 제3조의 2에 관한 一考, 6面 ; 金忠源, 前揭論文, 161面.

3. 商街建物賃貸借保護法 第5條 第2項의 制定에 대한 評價

주택임차인의 임차보증금 우선변제권(주택임대차보호법 제3조의 2 제2항)이나 상가건물 임차인의 우선변제권(상가건물임대차보호법 제5조 제2항)은 그 요건이나 효력이 대동소이하고, 다만 임차한 건물이 주거용건물인지, 상가건물인지, 보호대상인 임차보증금의 상한에 제한이 있는지 여부와, 법인도 적용대상이 되는지에 따라 차이가 있을 뿐 우선변제권의 효력에는 차이를 두지 않고 있다.[243] 그렇지만 주택과 상가는 그 용도나 가치를 달리하는데도 주택임대차보호법을 그대로 흡수하여 우선변제권의 규정을 제정한 것은 그 적용에 있어 문제의 소지가 나타날 수 있다. 상가인 경우 임대인에게는 임차인이외에도 더 열악한 지위에 있는 채권사등이 얼마든지 있을 수 있는데 그 중에서 우선적으로 상가의 보증금을 우선적으로 보호한다는 것은 다른 채권자 공평의 원칙에 반한다.[244] 그리고 주택 임대차의 경우에도 확정일자는 계약서의 존재자체만을 증명할 수 있고 보증금의 수수 내용을 증명할 수는 없어 주민등록 전입신고로 대체하고 있는데 상가건물임대차에도 주택의 경우와 같은 보호의 발상은 상가건물임대차보호법의 영역에 부합될 수 없다[245]고 비판을 가하고 있다. 그러나 상가건물임대차보호법이 대항력이란 규정을 두어 임차인을 보호하고 있지만(상가건물임대차보호법 제3조1항 및 제3조 2항) 대항력이란 규정은 앞에서도 살펴보았듯이 매매에서는 그 적용이 되지만 임차부동산이 경매되어 낙찰된 경우, 경락인에게 대항할 수 없는 임차인에게는 보호가 되지 않아 그러한 중간임차인을 보호하기 위한 방안으로 확정일자제도는 더욱 필요하다고 본다.

---

243) 法院行政處, 前揭 法院實務提要(民事執行Ⅱ), 459~475面.

244) 蘇在先, 店鋪賃貸借保護法案의 問題點과 올바른 立法方案, 比較私法(6), 1997. 6, 38面.

245) 蘇在先, 前揭論文 店鋪賃貸借保護法案의 問題點과 올바른 立法方案, 38面.

第2節 賃借保證金 優先辨濟請求權의 成立要件과 行使

Ⅰ. 優先辨濟權의 成立要件

1. 少額賃借人 最優先辨濟權

소액임차인이 집행법원으로부터 최우선변제권을 행사하여 제일 먼저 보증금을 배당 받기 위해서는 첫째, 주택임대차보호법 제3조 제1항에 따른 대항요건을 구비해야 하며 둘째, 소액에 해당하는 임대차보증금이어야 하며 셋째, 소액보증금액이 주택임대차보호법 시행령 부칙 2항에 따른 시행당시 담보물권자가 있어야 하며 넷째, 경매개시결정기입등기 이전에 대항요건을 구비해야 한다. 특히 주택임대차보호법이 1984. 1. 1 소액보증금액 최우선변제권을 제정한 이래 수 차례의 개정을 통하여 보증금액을 인상해 왔기 때문에 최우선변제권을 행사하기 위해서는 본 법(주택임대차보호법 제8조)시행 당시의 담보물권자가 있어야 한다는 점이다. 따라서 위와 같이 변동되기 전의 담보물권자에게는 종전의 규정에 의해야 하기 때문에 그 담보물권자에게 대하여는 소액임차인을 주장할 수 없게 된다.

특히 위와 같은 소액임차인의 최우선변제권 요건은 소액임차인의 보증금액이 향후 물가적인 상승 등으로 계속 인상하더라도 동일하기 때문에 아래에서 살펴보는 요건을 적용하여 소액임차인의 최우선변제권의 유무를 분석하면 될 것이다.

(1) 對抗要件의 具備

소액임차인이 집행법원에 최우선변제권을 주장하기 위해서는 주택임대차보호법 제3조 제 1항에 의한 주택의 인도와 주민등록이라는 대항요건을 구비하여야 집행법원으로부터 최우선변제권을 주장할 수 있다. 여기서 인도는 현실의 인도뿐만 아니라 민법상 점유의 이전으로 인정되는 간이인도, 목적물 반환청구권의 양도에 의한 인도등도 포함한다.[246] 다만 점유개정의 방법에 의한 인도도 포함되는지에 관해서는 점유개정의 경우에는 제3자가 임차권의 존재를 외부에서 용이하게 알 수 없는, 즉 공시방법으로서의 기능을 다하지 못하므로 제외하여야 한다는 견해[247]가 있는데 이에 대한 반대 견해로 인도이외에 주민등록을 또 하나의 요건으로 하고 있으므로 이를 제외할 필요가 없다는 견해도 있다.[248] 생각건대 점유개정에 의한 인도가 다른 방법에 비해 공시방법으로서의 기능이 떨어지는 것은 사실이나 현행법은 대항력의 취득요건으로서 주민등록도 함께 요구하고 있으므로 이를 제외할 필요는 없다고 본다.

대항력의 취득요건을 인도이외에 주민등록을 또 하나의 요건으로 하는 것은 인도가 공시방법으로 불완전하다고 보기 때문에 이를 추가한 것으로 볼 수 있나. 따리서 주민등록의 대상이 되지 아니하는 자나 주택임대차보호법의 세대주와 동거인으로 되어 있지 않는 자 또는 법인의 경우는 주민등록의 요건을 갖출 수 없기 때문에 최우선 변제권을 주장할 수 없다고 보고 있다.[249] 판례는 주

---

246) 金種律, 民法講義, 博英社 2000, 838面.

247) 李相仁, 前揭論文, 172面.

248) 高龍喆, 住宅賃貸借保護法에 관한 硏究, 忠南大 법률행정연구소 논문집 제16권, 1988, 388面; 金聖滿, 前揭論文, 40面 ; 李範柱, 住宅賃借權의 對抗力-住宅賃貸借保護法의 경우에 한정하여- 온산방순원 선생고희기념 民事法의 제문제, 박영사, 1984, 225面.

249) 주택 임차인이 주택임대차보호법 제3조의2 제1항 소정의 우선변제권을 주장하기 위하여는 같은 법 제3조 제1항 소정의 대항요건과 임대차계약증서상의 확정일자를 갖추어야 하고, 그 대항요건은 주택의 인도와 주민등록을 마친 때에 구비된다 할 것인바, 같은 법 제1조는 "이 법은 주거용 건물의 임대차에 관하여 민법에 대한 특례를 규정함으로써 국민의 주거생활의 안정을 보장함을 목적으로 한다."라고 규정하고 있어 위 법이 자연인인 서민들의 주거생활의 안정을 보호하려는 취지에서 제정된 것이지 법인을 그 보호 대상으

민등록의 요건을 반드시 임차인 자신의 주민등록일 필요는 없고 임차인의 배우자나 자녀의 주민등록도 충분한 것으로 보고 있으며[250] 임대인의 승낙을 얻은 경우에는 전차인의 인도와 주민등록으로도 임차인에게 대항력이 발생한다고 하고 있다.[251] 그리고[252] "건축중인 주택을 임차하여 주민등록을 마친 임차인의 주민등록이 그 후 소유권 보존등기가 경료되고 이를 바탕으로 저당권을 취득하여 등기부상 이해관계를 가지게 된 제3자에 대한 관계에서 임대차를 공시하는 효력이 있는지의 여부는 그 제3자의 입장에서 보아 일반 사회통념상 그 주민등록으로 당해 주택에 임차인이 주소 또는 거소를 가진 자로 등록되어 있다고 인식할 수 있는가의 여부에 따라 판단되어야 할 것이므로, 소유권보존등기가 경료되기 전에 마친 임차인의 주민등록상의 주소 기재가 그 당시의 주택의 현황과 일치한다 하더라도 그 후 사정변경으로 등기부상의 주택의 표시가 달라졌다면, 주민등록상의 주소가 주민등록법시행령 제5조 제5항에 따라 건축물관리대장의 기재에 근거하여 된 것이라는 등의 특별한 사정이 없는 한(대법원 1999. 5. 25. 선고 99다8322 판결 참조), 달라진 주택의 표시를 전제로 등기부상 이해관계를 가지게 된 제3자로서는 당초의 주민등록에 의하여 당해 주택에 임차인이 주소 또는 거소를 가진 자로 등록되어 있다고 인식하기 어렵다 할 것이므로 그 주민등록은 그 제3자에 대한 관계에서 유효한 임대차의 공시 방법이 될 수 없다"고 공시요건을 강화하고 있고 다른 판

로 삼고 있다고는 할 수 없는 점, 법인은 애당초 같은 법 제3조 제1항 소정의 대항요건의 하나인 주민등록을 구비할 수 없는 점 등에 비추어 보면, 법인의 직원이 주민등록을 마쳤다 하여 이를 법인의 주민등록으로 볼 수는 없으므로, 법인이 임차 주택을 인도받고 임대차계약서상의 확정일자를 구비하였다 하더라도 우선변제권을 주장할 수는 없다(大判 1997. 7. 11. 宣告, 96다 7236 參照 ; 林正平, 前揭 韓國不動産民法과 統一後 法律政策, 495面).

250) 大判 1996. 1. 26. 宣告, 95다 30338 參照.

251) 大判 1995. 6. 5. 宣告, 94마 2134 參照.

252) 大判 1999. 9. 3. 宣告, 99다 15597 參照.

례도 "주택임대차보호법 제3조 제1항에서 주택의 인도와 더불어 대항력의 요건으로 규정하고 있는 주민등록은 거래의 안전을 위하여 임대차의 존재를 제3자가 명백히 인식할 수 있게 하는 공시방법으로 마련된 것이고, 그 주민등록이 어떤 임대차를 공시하는 효력이 있는가의 여부는 일반사회통념상 그 주민등록이 당해 임대차건물에 임차인이 주소 또는 거소를 가진 자로 등록되어 있는지를 인식할 수 있는가의 여부에 따라 결정된다[253]"라고 하여 등기부상 동·호수 표시인 '디동 103호'와 불일치한 '라동 103'호로 된 주민등록은 그로써 당해 임대차건물에 임차인들이 주소 또는 거소를 가진 자로 등록되어 있는지를 인식할 수 있다고 유효한 공시방법으로 인정하지 않고 있다.

(2) 少額임차인에 해당할 것

소액임차인 최우선변제권을 행사하기 위해서는 아래 각주[254]에서 규정하고 있는 시행당시 보증금액 이하이어야 한다. 소액임차인에게 우선변제권을 인정하는 취지가 영세임차인을 보호하고자 하는 사회정책적인 차원에서 인정하는 것이라는 점에서 보증금의 액수가 위 한도를 초과하는 경우에는 인정하지 않고 그 제한범위 내에 드는 액수에 관해서만 우선변제권이 인정된다.[255] 또한 위 금액은 보증금계약상의 금액을 의미하는 것이며 임대차종료 후 피담보채무를 공제한 잔액을 의미하는 것은 아니라고 보고 있다.[256] 임차인의 최우선변제금액의 합계액이 낙찰대금의 1/2를 초과하는 경우에는 낙찰대금의 1/2를 가지고 임차인들이 안분 배당하여 최우선변제를 받는다. 한편 임차인으로부터 전차한 소액임차인에게도 우선변제권이 인정되는지가 문제되는데 이에 대해 1설은 전대

253) 大判 1999. 4. 13. 宣告, 99다 4207 參照.
254) <表 3-1> 少額賃借人 最優先辨濟權.

차의 경우에는 전차인이 임대인인 주택소유자에게 직접 보증금의 반환을 청구할 수 없는 점, 소액전차인에게도 우선변제를 인정하면 소액임차인의 요건에 해당하지 않는 임차인이 임차주택을 나누어 허위로 소액전차인을 양산한 후 그들로 하여금 배당요구를 하게 하는 탈법을 조장할 수 있는 점등을 고려하여 소액임차인에게는 우선변제권이 인정되지 않는다고 보는 견해가 있다.[257] 이에 대해 제2설은 전대인은 소액임차인이 아니더라도 임대인의 동의가

<table>
<tr><th>시 행</th><th colspan="2">특별시. 직할시</th><th colspan="2">기 타 지 역</th></tr>
<tr><td>‘81. 6.14</td><td colspan="4">주택의 인도와 주민등록이전시 임차인게게 대항력을 부여 한다.</td></tr>
<tr><td>‘84. 1. 1</td><td colspan="2">3백만원이하</td><td colspan="2">2백만원이하</td></tr>
<tr><td>‘87.12. 1</td><td colspan="2">5백만원이하</td><td colspan="2">3백만원이하</td></tr>
<tr><td>‘90. 2.19</td><td colspan="2">2천만원이하에서 7백만원까지</td><td colspan="2">1천5백만원이하에서 5백만원까지</td></tr>
<tr><td>‘95.10.19</td><td colspan="2">3천만원이하에서 1천2백만원까지</td><td colspan="2">2천만원이하에서 8백만원까지</td></tr>
<tr><td rowspan="2">2001. 9. 15</td><td colspan="2">수도권중 과밀억제권역
(서울 · 인천 · 의정부 · 구리시 · 남양주시 · 하남시 · 고양시 · 수원시 · 성남시 · 안양시 · 부천시 · 광명시 · 과천시 · 의왕시 · 군포시 · 시흥시)</td><td>광역시
(인천광역시는제외)</td><td>기타</td></tr>
<tr><td colspan="2">4천만원 이하에서
1천6백만원까지</td><td>3천5백만원 이하
1천4백만원까지</td><td>3천만원이하에서
1천2백원까지</td></tr>
<tr><td rowspan="2">2014. 1.1</td><td>서울</td><td>수도권중 과밀억제권역</td><td>·광역시·수도권과밀억제권역이 아닌 인천(군제외)등</td><td>그 밖의 지역</td></tr>
<tr><td>9,500만원 이하
3,200만원</td><td>8,000만원 이하
2,700만원</td><td>6,000만원 이하
2,000만원</td><td>4,500만원 이하
1,500만원</td></tr>
<tr><td rowspan="2">2016.3.31.</td><td>서울</td><td>수도권중 과밀억제권역</td><td>·광역시·수도권과밀억제권역이 아닌 인천(군제외)등</td><td>그 밖의 지역</td></tr>
<tr><td>1억원 이하
3,400만원</td><td>8,000만원 이하
2,700만원</td><td>6,000만원 이하
2,000만원</td><td>5,000만원 이하
1,700만원</td></tr>
</table>

255) 구 주택임대차보호법(1989.12.30. 법률 제4188호로 개정되기 전의 것)제8조 및 같은법시행령(1990.2.19. 대통령령 제12930호로 개정되기 전의 것) 제3조 제1항의 각 규정은 우선변제권이 인정되는 소액보증금의 기준을 정한 것이지 우선변제권의 효력이 미치는 범위를 정한 것은 아니라고 해석되므로 구 주택임대차보호법하에 있어서 서울특별시 및 직할시의 경우 임대보증금이 금 5,000,000원을 넘는 경우에는 그 전체에 대하여 우선변제권이 인정되지 아니한다(大判 1993. 9. 14. 宣告, 92다 49539 參照).

256) 金志映, 前揭論文, 15面.

257) 閔日榮, 前揭論文 少額保證金 優先辨濟權에 관하여, 274面.

있는 전대차가 이루어지고 그 전대차가 소액보증금일 경우에는 전차인에게 우선변제권을 인정하여야 한다는 견해도 있다.[258] 제3설은 전대차가 적법하게 이루어지고 전대인 자신이 우선변제권 있는 소액임차인일 경우에 한하여 전차인도 우선변제권을 인정하여야 한다는 견해[259]가 있다. 연구자는 제3설이 타당한 것으로 본다. 소액임차인의 최우선변제권은 소액에 해당하는 임차인에게 담보권자보다 우선하여 변제를 받을 수 있는 최강의 우선변제권을 인정하여 주고 있는데 이러한 점을 제한없이 전차인에게 인정하여 준다면 임차인은 이를 악용하여 담보권자의 권리를 해할 수 있기 때문이다.

(3) 이법 시행당시의 擔保權者에게 소액변제권의 효력을 주장할 수 있는 對抗要件을 具備할 것

소액임차인에 해당하기 위해서는 위의 소액보증금 요건외에 경매개시결정 이전에 대항요건을 갖추어야 하며 주택임대차보호법 및 시행령 부칙 제2항에 따라 이 법 시행당시 담보물권을 취득한 자가 있어야 한다. 즉 현행법하에서는 소액임차인에 해당하나 구법하에서는 소액임차인에 해당하지 아니하고 담보물권은 구법하에서 발생한 경우에는 구법을 기준으로 소액임차인 여부를 판단하여야 할 것이다[260]. 예컨대 선 순위근저당이 1989년 8월에 설정되어

258) 吳容鎬, 前揭論文, 357面 ; 李相仁, 前揭論文, 421面.

259) 姜信仲, 對抗力 있는 住宅賃借人의 優先辨濟權, 裁判實務, 光州地方法院 1997, 239面

260) 주택임대차보호법(1989.12.30. 법률 제4188호) 부칙 제3항에 의하면 이 법 시행 전에 임대주택에 대하여 담보물권을 취득한 자에 대하여는 종전의 규정에 의한다고 규정하고 있어 현행법 시행 전에 부동산에 대하여 근저당권을 취득한 자에 대한 관계에 있어서는 구 주택임대차보호법에 의하여 소액임차인에 해당하는지 여부를 가려야 한다(大判 1993. 9. 14. 宣告, 92다 49539 參照).

있는 주택을 전세보증금 1천만원에 임대차계약을 체결하고 살고 있는 경우 이 집이 8천 만원에 경락이 되었다고 가정 하여보자, 위의 경우 임차인은 최우선변제를 받을 수 있는가? 가능하지 않다는 것이다. 왜냐하면 최선순위저당이 1989년 7월에 설정되어 있기 때문이다. 최초근저당이 1987년 12월1일에서 1990년 2월 19일 이전에 설정되어 있다면 본 주택의 임차인은 보증금액이 500만원 이하로 계약을 체결하고 살고 있을 경우에만 소액임차인 최우선변제에 해당되어 최우선변제를 받을 수 있기 때문이다. 위와 같은 소액임차인 최우선변제권 제도에 대하여 그동안 정부는 소액임차인의 최우선변제금액을 사회적인 변동에 따라 탄력적으로 인상하여 왔다.[261] 한 예로 2001년 9월 15일에는 서울시 소액금액의 한도가 3,000만원이었던 것은 4,000만원으로 인상하여 최우선변제를 받을 수 있는 금액도 1,200만원에서 1,600만원으로 하였다. 그러나 소액임차인이 최우선변제의 적용을 받기 위해서는 앞에서도 설명하였듯이 우선 저당권이 2001년 9월 15일 이후에 설정되어 있어야 1,600만원을 최우선적으로 변제를 받을 수 있다는 점이다. 따라서 위와 같은 분석을 하지 않고 단순히 보증금을 각지역별로 해당하는 금액만 알고 경락인에게 대항력 있는 임차인 1,600만원을 최우선변제 받을 것을 예상하고 낙찰 받은 경우에는 1,600만원을 낙찰자가 추가로 인수해야 하는 경우도 발생하게 된다. 물론 이때 2001년 9월 15일 이후에 담보권을 취득한자가 배당을 받아 가는 경우에는 최우선변제권을 주장할 수 있을 것이나 상대적으로 중간에 담보권을 설정한 자는 충분한 담보가치를 평가하지 못하고 담보권을 설정하는 경우가 많기 때문에 가장임차인으로 손해를 당하게 되는 경우도 발생하게 될 것이다. 아래 각주[262]에 있는 표를

261) 각주의 표에서 나타내고 있듯이 그동안 소액보증금 인상은 6번이나 개정작업이 이루어져 왔다.

262) <表 3-2> 少額賃借人과 擔保物權의 關係

보면서 구체적인 내용을 살펴보도록 한다. 각주 표의 임차인 을은 95년 10월 19일 시행당시 3,000만원 이하의 1,200만원의 소액임차인에 해당하기 때문에 최우선 변제금액으로 1,200만원을 배당 받고, 이후 저당권자 갑은 2순위자로 1억원을 배당 받는다. 그리고 남은 금액이 1,500만원인데 이 금액은 임차인 을과 정이 확정일자를 받지 않았기 때문에 병이 저당권자로서 우선변제 받게 된다. 그런데 임차인 을과 정이 4,000만원 이하의 소액임차인에 해당하고 병의 담보물권 설정일은 2001. 9. 15일 이후에 설정되어 있기 때문에 1,600만원씩을 주장할 수 있게 될 것이다. 문제는 병이 배당 받을 금액을 소액임차인 을과 정이 어떻게 배분하여 받을 수 있는가? 하는 점이다. 우선 임차인 을은 1,200만원을 소액임차인으로 변제 받았고 400만원은 갑이 1995. 10. 19일 이후에 설정되어 있기 때문에 대항하지 못했다. 정은 1,600만원 전액을 못 받은 상태이다. 이제는 임차인 을과 정은 병이 배당받아 갈 금액 1,500만원에 대하여 최우선변제권을 행사해야 하는데 을과 정은 안분 배당을 받게 된다. 이하에서 을과 정의 소액 최우선변제금액을 계산하면 다음과 같다.

을 : $\left(\frac{1,500\text{만원} \times 400\text{만원}}{2,000\text{만원}} = 300\text{만원}\right) + 1,200\text{만원} = 1,500\text{만원}$

정 : $\frac{1,500\text{만원} \times 1,600\text{만원}}{2,000\text{만원}} = 1,200\text{만원}$

한편 위에서 말하는 담보물권에는 저당권이나 가등기담보권은 포함되나 가압류는 포함되지 않는다 확정일자를 갖춘 임차인이 포

부동산 낙찰대금 : 1억2천7백만원(서울시)			
갑	저당권	97. 1. 11	1억
을	임차인	98. 11. 11(전입+계약+인도+배당)	2,500만원
병	저당권	2001. 9. 20	1,500만원
정	임차인	99. 11. 11 (전입+계약+인도+배당)	3,500만원

함되는지 대해서는 견해의 대립이 있으나 확정일자를 갖춘 임차인은 부동산 담보권자에 유사한 지위에 있다는 점에서 포함된다고 본다.[263]

(4) 競賣開始決定 記入登記 이전에 對抗要件을 具備할 것

소액임차인에 해당하기 위해서는 경매개시결정 기입등기 이전에 대항요건을 갖추어야 하는데 그 소액보증금에 대하여 경매개시결정 기입등기일 이전까지 계약갱신에 의한 감액이 가능하다는 견해와[264] 압류의 효력발생 이후에 이루어진 감액까지 인정한다면 탈법행위의 가능성이 크고 경매 절차상 다른 이해관계인과의 이해조절을 위해서라도 압류의 효력발생이전에 감액합의을 위 제한 범위내로 한 경우에 우선변제권을 인정하여야 한다는 견해로[265] 대립하고 있다. 그런데 전 설은 임차인이 경매개시결정 기입등기 이전에 소액보증금을 그 법 시행당시의 금액으로 감액한 계약으로 갱신한 경우에도 인정한다면 그렇지 않아도 금융권에서 저당권 실행의 최고장을 받고 채무자가 임차인과 통모하여 우선변제권 주장하여 담보권을 침해하는 경우가 빈번한데 본 설을 합법화한다면 현행법체계하서 담보권자가 보호받지 못하게 된다는 점에서 바람직

---

263) 주택임대차보호법 제3조의 2 제1항은 대항요건(주택인도와 주민등록전입신고)과 임대차계약증서상의 확정일자를 갖춘 주택임차인은 후순위권리자 기타 일반채권자보다 우선하여 보증금을 변제받을 권리가 있음을 규정하고 있는바, 이는 임대차계약증서에 확정일자를 갖춘 경우에는 부동산 담보권에 유사한 권리를 인정한다는 취지이므로, 부동산 담보권자보다 선순위의 가압류채권자가 있는 경우에 그 담보권자가 선순위의 가압류채권자와 채권액에 비례한평등배당을 받을 수 있는 것과 마찬가지로 위 규정에 의하여 우선변제권을 갖게 되는 임차보증금채권자도 선순위의 가압류채권자와는 평등배당의 관계에 있게 된다(大判 1992. 10.13. 宣告, 92다 30597 參照).

264) 朴在承, 不動産競賣節次에 있어서의 賃借人의 地位, 司法論集 제21집, 法院行政處 1990, 485面.

265) 吳容鎬, 前揭論文, 335面 ; 李銀熙, 前揭論文, 17面.

하지 않을 것이다. 그리고 후설은 계약갱신에 의한 감액을 경매개시결정기입등기 이전까지 한 경우 인정해야 한다고 보고 있는데 위의 전설과 마찬가지로 현행법 체계하에서는 이 역시 가장임차인 때문에 담보권자가 침해가 될 수 있기 때문에 반대이다. 소액임차인이 제도가 영세한 임차인의 최소 주거환경과 사회경제적 안정을 위하여 바람직한 제도로 볼 수도 있지만 가장임차인을 양성하여 담보권자를 침해하는 제도로 나아가서는 안된다고 본다. 최근 소액임차인 최우선변제권과 확정일자에 따른 우선변제권의 요건을 악용하거나 이해관계인이 제대로 알지 못하여 손해를 당하는 경우가 많이 발생하고 있다.

본 규정이 보다 정착되고 안정적으로 시행되기 위해서는 가장임차인을 방지하기 위한 보완장치가 필요하리라고 본다. 따라서 집행법원은 경매개시결정 기입등기이전에 계약갱신에 따른 감액수장이나 경매개시결정 기입등기일 이전일로 부터 2개월 이전에 대항요건을 갖춘 경우에는 서류심사에만 의존할 것이 아니라 가장임차인 여부를 엄격히 심리하여 배당을 하여 주어야 할 것으로 본다. 그렇다고 공시방법을 갖출 수 없는 이 문제를 입법적으로 경매개시결정 기입등기일 2개월 이전에 대항요건 갖춘 임차인에게 최우선변제권을 인정하도록 입법화하기에는 어려움이 있다고 보여진다.

그리고 위와 같은 소액임차인 최우선변제권의 법리적인 요건은 향후 물가상승 등으로 소액보증금액이 계속 인상되더라도 동일하게 적용하여 분석을 하면 된다.

2. 確定日字에 의한 優先辨濟權

(1) 對抗要件의 具備

주택임대차보호법은 주택의 인도와 주민등록 전입을(제3조 제1항), 상가건물 임대차보호법은 상가의 인도와 관할세무서장으로부터 사업자등록의 요건을(제3조 제1항) 구비한 임차인들이 각각 확정일자를 받은 경우 우선변제적 효력을 인정하고 있다(주택임대차보호법 제3조의 2 세2항, 상가건물임대차보호법 제5조 제2항). 그런데 일부 견해는 확정일자에 따른 우선변제권은 소액보증금 최우선변제권의 경우와 달리 경매개시 결정등기 이후에 갖추어도 된다는 것이 견해가 있다.[266] 그 근거는 소액임차인이 최우선변제권이 인정되기 위해서는 경매개시결정 기입등기 이전에 대항요건을 구비해야 한다고 규정하고 있으나 확정일자에 따른 우선변제권은 그러한 규정이 없기 때문에 반드시 경매개시결정의 기입등기 전에 우선변제적 요건을 갖출 필요는 없다고 보는 것이다. 채권자가 채무자의 부동산에 대하여 담보권을 설정할 때는 주민등록 여부를 확인할 필요도 없이 방 한칸 당 최우선변제금액을, 상가건물은 감정 평가한 금액에서 1/3을 소액임차인 최우선변제금액으로 미리 제하고 담보 설정하는데, 확정일자는 그렇지 않고 이해관계인에게 불의의 피해를 발생케 하는 일이 없기 때문에 경매개시결정 등기를 한 이후에 갖추어도 타당하다고 본다.

(2) 確定日字를 구비할 것

주택임대차보호법 제3조의 2의 규정에 따른 확정일자제도는 일반 대중에게 있어서는 아무나 쉽게 접근할 수 있는 친숙한 일이

---

266) 法院行政處, 前揭 法院實務提要(民事執行Ⅱ), 460面 ; 李宙興, 前揭論文, 42面.

아니고, 주택의 인도와 주민등록 전입보다 전문적인 법률상식을 요하기 때문에 이를 갖추지 못한 경우를 감안한 해석이 필요하며 동조가 반드시 중간임차권에 대한 대항력 부정설을 전제로 그 보상의 차원에서 신설된 것이라고 해설할 필요는 없으며 이는 오히려 중간임차권에 한하지 않고 종래 대항요건을 갖춘 임차권에 인정하던 것에서 더 나아가 추가적으로 임대차계약서상에 확정일자를 갖추기만 하면 보증금 전액에 관한 순위에 따른 우선변제권을 인정하기로 함으로써 물권으로서의 전세권과 사실상 거의 동일한 사회적 작용을 담당하면서도 전액에 관하여 완전한 우선변제권을 인정받지 못하고 있던 종래의 주택임차권의 기능을 물권으로서의 전세권에 보다 근접시켜 임차인을 가일층 보호하기 위한 규정이라고 보아야 한다는 견해가 있다.[267] 즉 주택임대차보호법상 임차권의 대항력은 단순히 양수인의 목적물 반환청구권을 거절할 수 있는 권능에 불과한 것이 아니라 보증금반환청구권도 포함되어[268] 실질적으로 경락인에게 대항할 수 있는 임차인은 확정일자를 받지 않았더라도 경락인에게 보증금의 인수도 주장할 수 있는 것으로 보는 견해이다. 위에서 제시하는 후순위인 담보권자는 대항력 있는 임차인을 예측하여 담보권을 설정하였기 때문에 임차인이 우선변제권을 행사하여도 손해가 발생할 이유가 없다는 것인데, 실질적으로 확정일자를 받지 않고도 단순히 임차인의 전입과 계약서 작성만으로 인정케 한다면 채무자와 임차인이 짜고 채권인 임대차에 인정하고 있는 우선변제권을 악용하여 담보권자들에게 손해를 발생케 할 것이다. 따라서 중간임차인은 계약서를 공증할 수 있는 공시방법을 갖춘 경우 우선변제권을 인정하는 해석이 필요하리라 본다. 대법원도 "확정일자란 증서에 작성한 일자에 관하여 완전한

267) 金鎭鉉, 前揭論文 우리 住宅賃貸借 制度의 問題點에 관한 比較法的 研究 391~394面.

268) 上揭論文, 391~394面.

증거가 될 수 있는 것으로 법률상 인정되는 일자를 말하며 당사자가 나중에 변경하는 것이 불가능한 일자를 말한다"라고 판시하고 있다.[269] 위와 같이 확정일자 있는 증서는 임대인과 임차인 사이의 담합으로 임대계약일자를 사후에 변경하는 것을 방지하고자 함에 있다. 임대차계약서에 확정일자를 갖추는 방법은 공중인 사무소, 법무법인 또는 공증인가 합동법률사무소 등에서 임대차계약서를 공정증서로 작성하거나, 사문서로 된 임대차계약서에 위 공증기관에서 확정일자인을 받거나, 법원이나 등기소, 동사무소의 공무원으로부터 확정일자를 받은 경우 뿐 아니라, 임대차계약서 자체에 확정일자를 받지 않더라도 임대차계약서에 사서증서의 인증을 받아오면 위 요건을 갖춘 것으로 보고 있다.[270] 이중에서 사문서로 된 임대차계약서를 법원이나 등기소, 동사무소의 공무원으로부터 확정일자인을 받는 방법이 주로 이용된다. 확정일자 받은 사실은 받드시 임대차계약서로만 입증하여야 하는 것은 아니고 공정증서대장 등 다른 방법으로도 입증할 수 있다.[271] 주택의 임차인이 전세권 등기까지 한 경우에는 확정일자에 따른 우선변제적 효력뿐 아니라 전세권자로서도 보호를 받게 되는데[272] 확정일자의 개념을 위와 같이 보는 이상 집합건물이 아닌 지상건물과 그 부지 중 건물에만 전세권설정등기를 한 경우라도 전세권자가 위에서 설명한 우선변제권의 요건을 갖춘 경우에는 전세권설정계약서에 날인된 등기소의 일부인도 확정일자로 보아야 하므로 그 부지의 매각대금에서도 우선변제를 받을 수 있다고 보는 견해가 있다.[273] 한편 상

269) 大判 1998. 10. 2. 宣告, 98다 28879 參照.

270) 法院行政處, 前揭 法院實務提要(民事執行Ⅱ), 456面 ; 上揭判決.

271) 大判 1996. 6. 25. 宣告, 96다 12474 參照.

272) 大判 1993. 12. 24. 宣告, 93다 39676 參照.

273) 大判 2002. 11. 8. 宣告, 2001다 51725 判決에서 "주택에 관하여 임대차계약을 체결한 임차인이 자신의 지위를 강화하기 위한 방편으로 따로 전세권설정계약서를 작성하고 전세권설정등기를 한 경우에, 따로 작성된 전세권설정

가건물의 경우에는 주택임대차보호법과 달리 확정일자를 '관할 세무서장으로부터 받은 임차인'이라고 규정하고 있어, 이 취지가 상가는 주택의 경우와 달리 확정일자의 부여기관을 관할세무서장으로 한정한 것인지, 아니면 주택의 경우 전입신고를 받은 동사무소에서 확정일자를 받은 것과의 균형상 관할 동사무소에서도 확정일자를 받을 수 있도록 한 것인지가 명확하지가 않아 문제이다. 이에 대한 해석으로 확정일자의 부여기관은 관할세무서장으로 한정할 것이 아니라 주택임대차계약서와 동일하게 다른 기관에서 받은 증서도 유효한 것으로 해석하는 것이 임차인의 보호와 확정일자 제도를 저변하는 측면에서도 타당하다고 본다.

계약서가 원래의 임대차계약서와 계약일자가 다르다고 하여도 계약당사자, 계약목적물 및 보증금액(전세금액) 등에 비추어 동일성을 인정할 수 있다면 그 전세권설정계약서 또한 원래의 임대차계약에 관한 증서로 볼 수 있고, 등기필증에 찍힌 등기관의 접수인은 첨부된 등기원인계약서에 대하여 민법 부칙 제3조 제4항 후단에 의한 확정일자에 해당한다고 할 것이므로, 위와 같은 전세권설정계약서가 첨부된 등기필증에 등기관의 접수인이 찍혀 있다면 그 원래의 임대차에 관한 계약증서에 확정일자가 있는 것으로 보아야 할 것이고, 이 경우 원래의 임대차는 대지 및 건물 전부에 관한 것이나 사정에 의하여 전세권설정계약서는 건물에 관하여만 작성되고 전세권등기도 건물에 관하여만 마쳐졌다고 하더라도 전세금액이 임대차보증금액과 동일한 금액으로 기재된 이상 대지 및 건물 전부에 관한 임대차의 계약증서에 확정일자가 있는 것으로 봄이 상당하다"라고 판시하여 임대차계약서일자와 전세권일자가 다르다고 하여도 그 이외 내용이 동일하면 전세권설정계약서는 임대차계약서증서로, 등기필증에 찍힌 등기관의 접수인은 확정일자에 해당한다고 하여 확정일자를 반드시 임대차계약서에 받아야 하는 것은 아니고 공시방법이 가능한 경우에는 인정하고 있다(法院行政處, 前揭 法院實務提要(民事執行Ⅱ), 466面).

Ⅱ. 對抗要件의 具備와 存續

주택임차인이 민사집행법에 의한 경매 또는 국세징수법상 의한 공매절차에서 임차보증금에 대한 우선변제권을 행사하기 위해서 언제까지 대항요건을 존속하고 있어야 하는가에 관하여 논란이 있다. 그 이유는 주택임대차보호법 제3조의 2의 제2항과 상가건물임대차보호법 제5조의 제2항은 대항요건과 확정일자를 갖춘 임차인은 우선변제권이 있다고만 규정하고 있지 최종 존속시기에 대해서는 아무런 언급이 없기 때문이다.

1. 學說의 對立

(1) 存續必要說

존속필요설은 주택의 인도와 주민등록이라는 요건은 배당기일까지 계속 존속하고 있어야 우선변제권이 인정된다고 보는 견해이다.[274] 이 견해에 따르면 주택의 인도와 주민등록의 존속은 대항력의 취득요건일 뿐만 아니라 우선변제적 효력의 요건이기도 하므로, 주택임대차보호법상 임차권의 대항력을 갖춘 후 사정에 의하여 일시 다른 곳으로 주민등록을 이전하게 되면 그때부터 우선변제적 효력도 상실하게 된다는 것이다.[275] 즉 임대인이 도중에 주민등록을 다른 곳으로 옮기면 우선변제권은 상실되어 배당에서 제외된다.

274) 權龍雨, 住宅賃借權의 對抗力의 取得과 存續, 月刊考試 1989. 7, 236面 ; 민일영, 前揭論文 소액보증금 우선변제권에 관하여, 268面 ; 李宙興, 前揭論文 住宅賃貸借保證金回收를 위한 優先辨濟權의 行使와 競賣節次상 取扱, 39面 ; 李海鎭, 前揭論文, 249面.

275) 上揭論文, 236面 ; 李海鎭, 前揭論文, 249面.

(2) 存續 不要說

존속불요설은 대항요건의 구비가 우선변제권의 성립 요건이기는 하지만 일단 한번 구비된 이상 그 점유와 주민등록의 계속이 임대차 존속의 요건은 아니라고 한다.[276] 일단 대항요건을 구비하였으면 그 후 점유 또는 주민등록을 이전하였더라도 무방하다는 것이다. 그 근거는 경매신청에서부터 배당기일까지 많은 절차를 요하게 된다는 불편함을 들고 있다. 그러나 위와 같은 견해에 따르게 되면 가장임차인의 문제와 경매질서의 불안정으로 채권회수의 어려움과 담보권자에게는 불의의 피해를 끼치는 일이 발생하게 될 것이다. 예컨대 저당권을 설정할 당시에는 주민등록전입이 되어 있는 세대주가 없음을 확인하고 담보권을 설정하였는데 그 사이에 임차인이 주민등록을 일시 다른 곳으로 옮겼다가 다시 전입하여 우선변제권을 수장하거나 임대인이 가장임차인을 만들어 배당요구를 한다면 담보권자는 손해를 당하게 될 것이다. 따라서 경매신청의 기입등기 전에 임차인이 타 거주지로 주민등록을 전입 신고한 경우에는 우선변제권을 인정하지 않는 것이 타당할 것이다.[277]

2. 判例의 態度

(1) 사실관계

이 사건의 사실관계는 소외 갑이 소유이던 이 사건 주택에 관하여 근저당권자를 소외 을로 하여 1992. 1. 27. 채권최고액 금 1억원의, 1993. 1. 28. 채권최고액 금 5천만원 각 근저당권설정등기를 하였다. 그 후 이 사건 주택에 대하여 1993. 5. 22. 소외 병 앞으로

276) 朴聖哲, 소액보증금의 우선변제와 경매실무, 법률신문, 제1563호, 1984. 11. 5, 4面 ; 吳容鎬, 前揭論文, 360面.
277) 上揭論文, 360面.

소유권이전등기가 경료되었다. 원고 X_1 은 병으로 부터 같은 해 1993. 10. 20. 이사건 주택 중 방 1칸을 전세보증금 10,000,000원에 입주하고, 같은 해 1993. 11. 26. 이 사건 주택으로 주민등록 전입신고를 마쳤다가 1994. 6. 7. 전출하였다. 원고 X_2 는 병으로 부터 방 1칸을 전세보증금 13,000,000원, 1993. 11. 24. 이 사건 주택으로 주민등록 전입신고를 마쳤다가 1994. 7. 26. 전출하였다.

한편 위 각 근저당권에 관하여, 1993. 12. 24. 피고 Y_1 앞으로 일부 대위변제(변제액 금 50,000,000원과 금 2,837,670원)를 원인으로 한 근저당권 일부이전등기가, 1993. 12. 30. 피고 Y_2 앞으로 일부 대위변제(변제액 금 50,000,000원과 금 2,296,916원)를 원인으로 한 근저당권 일부이전등기가 각 경료되어 피고 피고 Y_2 의 담보권 실행을 위한 경매신청에 따라 1994. 3. 25. 서울지방법원 94타경 10048호로 이 사건 주택에 대하여 경매개시결정이 있었으며, 같은 해 4. 13. 이 사건 주택에 대하여 위 경매개시결정의 기입등기가 경료된 사실, 원고들은 1994. 4. 23. 위 각 전세보증금 반환채권에 기하여 위 각 전세보증금 상당의 우선 배당을 요구하는 배당요구서를 위 경매법원에 제출한 사실, 위 경매절차가 진행된 결과 이 사건 주택은 1994. 7. 22. 소유자인 위 병에게 금 72,200,000원에 낙찰되었는데, 위 병은 같은 해 8. 23. 위 낙찰대금을 납부하자, 위 경매법원이 같은 해 9. 8. 배당기일을 열어 배당을 실시함에 있어서 위 낙찰대금 중 배당할 금액 70,147,150원 전액을 X_1 , X_2 원고들보다 우선하여 근저당권자인 Y_1 , Y_2 피고들에게 동 순위로 각 금 35,073,575원씩 평등 배당하는 배당표를 작성하여 원고들은 이 사건 배당이의의 소를 제기하였다.

이에 원심법원은(서울지법 1995. 8. 30. 선고 95나 22268판결) 주택의 인도와 주민등록이라는 우선변제의 요건은 경매신청의 등기전에 구비된 것만으로 족하다고 보고 원고들 모두 각 그 보증금

중 법 시행령 제3조 제1항 소정의 금 7,000,000원의 한도 내에서는 피고들에 우선하여 변제 받을 수 있다고 하였다. 이에 대해 피고들이 상고하였는데 대법원은 원심판결 중 원고 X_2 에 대한 부분을 파기환송하고 피고들의 원고 X_1 에 대한 상고를 기각하였다.

(2) 판결 요지

주택임대차보호법 제8조에서 임차인에게 법 제3조 제1항 소정의 주택의 인도와 주민등록을 요건으로 명시하여 그 보증금 중 일정액의 한도 내에서는 등기된 담보물권자에게도 우선하여 변제받을 권리를 부여하고 있는 점, 위 임차인은 배당요구의 방법으로 우선변제권을 행사하는 점, 배당요구시까지만 위 요건을 구비하면 족하다고 한다면 동일한 임차주택에 대하여 법 제8조 소정의 임차인 이외에 법 제3조의2 소정의 임차인이 출현하여 배당요구를 하는 등 경매절차상의 다른 이해관계인들에게 피해를 입힐 수도 있는 점 등에 비추어 볼 때, 공시방법이 없는 주택임대차에 있어서 주택의 인도와 주민등록이라는 우선변제의 요건은 그 우선변제권 취득시에만 구비하면 족한 것이 아니고, 배당요구의 종기인 경락기일까지 계속 존속하고 있어야 한다고 봄이 상당하다고 하였다. 따라서 원고 X_1은 피고들에 우선하여 변제받을 수 있으나 원고 X_2은 낙찰허가결정이 선고된 후인 1994. 7. 26. 전출하였다는 이유로 피고들에 우선하여 변제받을 수 없다고 하였다.[278)]

대법원은 학설과 달리 배당요구의 종기일 까지[279)] 대항요건이 존속할 것을 요구하는 존속 필요설을 택하고 있다. 주택임대차보호법상 소액임차인의 주택점유(인도)의 존속기간 종기에 관하여

278) 大判 1997. 10. 10. 宣告, 95다 4597 參照.

279) 民事執行法 제84조 제1항에 따라 현행법 체계하에서는 첫 賣却期日 이전인 배당요구종기일까지 對抗要件이 存續하는 것으로 보아야 할 것이다.

구 민사소송법하에서는 매각 결정일이 배당요구의 종기였던 점을 고려해 보면 현행법하에서도 법원이 정한 배당요구의 종기까지 위 요건을 갖추어야 할 것이다. 이는 민사집행법에 의한 경매절차에서와 마찬가지로 국세징수법에 의한 공매절차에서도 대항요건은 우선변제권 행사의 존속요건으로 파악해야 할 것이다.[280] 다만 임차권등기는 그러하지 않을 것이다. 그리고 상가건물에 대해서도 위 판례의 취지를 원용할 수 있을 것이다. 상가건물임차인의 경우 대항요건을 사업자 등록을 한 때로 규정하지 않고 사업자등록을 신청한 때로 규정하고 있는데 여기서 신청이란 1회적이고 계속적인 행위나 사업을 개시한 자에게 사업장 관할세무서에 사업자등록을 하여야 할 의무를 부여하고 있다. 따라서 특별한 사정이 없는 한 사업자등록신청을 한 자는 사업자등록을 하게 될 것이기 때문에 사업자등록의 유지를 대항력의 존속요건으로 보는 것이 타당할 것이다. 생각건대 판례가 취하고 있는 존속필요설을 수정한 배당종기일에 대하여 긍정적으로 생각한다. 만일 대항요건을 갖춘 임차인이 경락기일 이전에 퇴거하고 그 목적물에 다른 대항요건을 갖춘 임차인이 확정일자 받고 배당요구신청을 할 수 있다면 경매절차상의 다른 이해관계인에게 피해를 줄 수 있고, 대항요건인 공시방법이 대외적으로 확연히 알 수 없는 현행법 체제하에서 존속불요설의 입장을 취한다면 불의의 손해를 당하는 담보권자들이 생기기 때문이다.

---

280) 박해식, 前揭書, 520面.

Ⅲ. 優先辨濟權 行使와 配當順位

부동산 경매절차에서 대항요건을 갖춘 임차인이 확정일자에 따른 우선변제권을 행사하거나 소액임차인 최우선변제권을 행사하기 위해서는 배당요구신청을 하여야 한다. 그런데 위와 같은 배당요구신청 자체는 이해관계인에게 상당한 영향을 미치기 때문에 구 민사소송법 제653조에서 배당요구 신청 종기를 낙찰허가일 까지로 규정하였고 새로운 민사집행법 제84조 제1항에서는 첫 매각기일 이전까지 배당요구를 하도록 규정을 하게 되었다. 그러나 현행법 체계하에서도 이에 대한 문제의 소지와 논란의 소지는 일고 있다. 그리고 대법원은 "배당순위와 관련하여 대항요건을 갖춘 임차인이 확정일자를 저당권과 동일 일자에 받은 경우에는 그 익일 날 우선변제적 효력이 발생한다"고 판시하고 있는데[281] 임차인 입장에서는 불측의 손해를 당하는 경우도 발생할 여지가 있다.

1. 優先辨濟權 行使

(1) 配當要求申請의 法的性質과 根據

1) 法的性質

배당요구란 채권자가 채무자의 특정재산을 환가하여 얻은 환가대금 중에서 자기의 채권액에 해당하는 금액의 지급을 구하고자 그 집행절차에 참가 신청하는 것을 가리켜 배당요구라고 하는데[282] 주택임대차법 제3차 개정 이전에 대항력 있는 임차인이 경매절차에서 배당요구를 하는 것은 자신의 대항력을 포

281) 大判 1997. 12. 12. 宣告, 97다 22393 參照.
282) 洪龍均, 執行法上의 配當要求에 대한 考察, 法曹 通卷 第499號, 1998, 197~198面.

기하고 더 이상 주장하지 않겠다는 의사표시로 해석하여 대항력 있는 임차인은 대항력 없는 임대차로 되고 임대차기간이 종료하지 않은 임차인은 경락인에게 대항할 수 없어 임대차의 승계를 주장할 수도 없고 단지 경매절차에서 우선변제만을 청구할 수 있다고 보는 견해와[283] 임차인의 배당요구는 장차 배당절차에서 전액배당을 받지 못할 것을 해제조건으로 한 대항력의 포기라는 설이 있었다.[284] 주택임대차보호법 제3차 개정 후에는 임대차법의 해석상 대항력 있는 임차인의 배당요구는 임대차계약해지의 의사표시라고 볼 수 있으나 대항력 포기의 의사로 볼 수는 없을 것이라는 견해가 주장되고 있다.[285] 그에 대한 근거는 종래와 같이 임대차의 종료를 배당요구의 전제요건으로 해석하는 한 제3차 개정 전 임대차법 제3조의 2 제1항 단서를 삭제하고, 임대차법 제3조의 5를 신설한 입법취지를 살릴 수 없기 때문에 배당요구를 임대차 종료와 직접 결부시키지 않은 해석방법이 필요하다고 보고 있다.[286] 따라서 대항력과 우선변제권을 갖춘 임차인이 임대차의 존속중에도 배당요구를 할 수 있는 것은 법률의 규정에 의하여 인정된 권리로서 배당요구를 임대차계약해지의 의사표시로 의제하여 보증금이 전액 변제되는 경우에는 임차권은 법률의 규정에 의하여 소멸하지만 보증금이 모두 변제되지 아니하는 경우에는 보증금이 변제되지 아니하는 범위 안에서는 처음부터 임대차가 소멸하지 않는 것이라고 단순하게 해석하여야 한다는 것이다.[287] 배당요구신청

283) 최성준, 양수인에 대하여 대항할 수 있는 주택임대차에 있어서 임차인의 경매절차에서의 우선변제권, 민사재판의 제문제(하),(이시윤회갑기념논문집) 1995, 477~478面.

284) 張誠元, 前揭論文, 77面.

285) 박해식, 前揭書, 278面.

286) 上揭書, 278面.

287) 上揭書, 279面.

자체는 임대차기간의 존속여부를 불문하고 기존의 임대차관계를 종료시킬 의사표시로 보고 그 의사표시의 효력은 배당절차에서 보증금을 모두 지급 받으면 확정적으로 발생하지만 전액배당 받지 못한 경우에는 그 금액범위 내에서 임대차는 존속하는 것으로 보아야 할 것이다(주택임대차보호법 제4조 제2항, 상가건물임대차보호법 제9조 제2항). 비슷한 예로 경락인에게 대항력 있는 전세권자도 배당요구신청을 한 후 전액배당 받지 못한 경우에는 전세권등기를 말소하지 않고 있다.

2) 根據

임대차가 기간만료 되지 아니하였음에도 중도 해지할 수 있는 근거는 계속적 채권관계인 임대차계약의 특성상 인간적인 신뢰관계가 중요하고, 특히 보증금이 고액인 우리나라의 임대차계약의 특성상 임대인의 변경은 계약의 이행에 있어서 중요한 사정인데도 임차인의 사전 동의 없이 임대차 목적물인 주택이나 상가가 경락으로 양도됨에 따라 임차인이 임대차의 승계를 원하지 아니할 경우에는 스스로 임대차를 종료시킬 수 있어야 한다는 공평의 원칙 및 신의성실의 원칙에 근거 한 것이라고 하는 대법원 판례의 태도이다.[288] 그러나 대법원이 "임차인이 경락으로 양도됨에 따라 임대차의 승계를 원하지 아니할 경우"라고 단정적으로 가정하는 것은 1993년 11월경 입찰방식이 구술주의에서 서면주의로 변경된 이후 많은 사람들이 법원경매도 일반매매와 마찬가지로 내 집 장만을 하거나 투자목적 또는 사업부지를 매입하는 단계로 자연스럽게 전환되었다는 점을 간과하고 있어 타당하지 않다고 본다.

288) 大判 1996. 7. 12. 宣告, 94다 37646 參照.

(2) 配當要求申請의 行使 여부

1) 配當要求申請을 行使하여야 配當을 받는 자

첫째, 배당요구를 하여야 배당을 받는 자는 집행력 있는 정본을 가진 채권자,[289] 국세등의 교부청구채권자[290], 경매개시결정이 등기된 뒤에 가압류를 한 채권자, 민법·상법, 그 밖의 법률에 의하여 우선변제청구권이 있는 채권자에 한한다[291](민사집행법 제88조 제1항).

둘째, 배당요구는 경매절차에서 압류채권자 이외의 채권자가

289) 유체동산 집행절차에서는 집행력 있는 정본을 가진 채권자는 자신이 별도의 강제집행을 신청하여야만 하고 배당요구를 할 수 없으나, 부동산집행절차에 있어서는 별도의 집행신청을 하든가 배당요구를 하든가를 선택할 수 있다(尹瓊, 前揭書, 21面).

290) 조세의 체납에 의한 압류등기가 되어 있는 경우에는 그 등기로써 교부청구의 효력이 있는 것이나, 그 경우에도 경락기일까지 교부청구나 그 세액을 알 수 있는 증빙서류가 전연 제출되어 있지 아니하다면 압류등기를 집행기록에 나타난 증빙서류에 준하는 것으로 취급하여 압류등기촉탁서에 의한 체납세액을 조사하여 배당할 수 있을 뿐이고 그 후 배당시까지의 사이에 비로소 교부청구된 세액은 그것이 실체법상 다른 채권보다 우선하는 것인지의 여부를 불문하고 이를 배당할 수 없다(大判 1993. 9.14. 宣告, 93다22210 參照) .

291) 우선변제권 있는 채권자란 주택임대차보호법 (제3조의 2 및 제8조 1항), 그리고 상가건물임대차보호법 (제5조의 제2항 및14조), 임금채권(근로기준법 제37조제1항 및 제2항, 제30조의 2), 사용인의 우선변제권(상법 제468조)등과 같이 우선변제청구권은 인정되고 있으나 등기가 되어 있지 않기 때문에 배당요구를 하지 않으면 그 채권의 존부나 액수를 알 수 없는 채권을 가진자라고 한다. 그리고 저당권, 전세권, 등기된 임차권등 등기는 되었으나 그 등기가 첫 경매개시결정등기 후에 되었기 때문에 민사집행법 제148조 4호에 따라 당연히 배당받을 수 있는 채권자에 해당되지 아니하는 채권자이다. 그리고 위의 등기가 뒤에 경매개시결정된 사건에 따라 절차가 진행되더라도 배당요구의 종기까지 배당요구하지 아니하면 배당받을 수 없으나 반면에 먼저 경매개시결정된 사건이 취하 또는 취소되어 존재하지 않게 된 경우에는 뒤에 경매개시결정된 사건의 경매개시결정등기가 민사집행법 제148조 4호의 첫 경매개시결정 등기가 되므로 그 전에 등기를 한 채권자는 배당요구를 하지 않더라도 배당을 받을 수 있다(法院行政處, 前揭 法院實務提要(民事執行Ⅱ), 425面).

경매절차에 참가하여 자기 채권의 만족을 구하는 것으로(민사집행법 제88조) 배당요구를 함으로서 경매부동산의 매각대금에서 우선변제를 받게 된다. 이에 대해 권리신고는 부동산 위의 권리자가 집행법원에 신고를 하고 그 권리를 신고함으로써 이해관계인이 된다는 점에 차이가 있다(민사집행법 제90조 제4호).[292)]일부 견해는 배당요구 대신 권리신고를 한 경우 또는 채권계산서만 제출한 경우에도 예외적으로 배당요구신청을 한 것으로 보아야 한다는 소극설의 견해가 있는 반면[293)] 다른 견해는 권리 신고가 있더라도 다시 배당요구를 해야 한다는 적극설의 견해로[294)] 대립하고 있다. 적극설에서 주장하는 근거는 대항력 있는 임차권자의 배당요구는 임차권의 소멸을 가져오는 의사표시이므로 단순히 이해관계인이 되기 위한 요건으로서의 사실행위에 불과한 권리신고와는 그 법적 의미나 효과에 있어 구별되어야 한다는 것이다.[295)]

사견으로는 임차인의 배당요구신청 여부에 따른 우선변제적 효력은 경락인에게 대항할 수 있는 임차인과 경락인에게 대항할 수 없는 임차인의 우선변제권 행사에 차이를 두어 경락인에게 대항할 수 있는 임차인은 배당요구신청서를 제출한 경우 우선변제권을 인정해야 할 것이지만 그렇지 않은 임차인은 권리신고 만으로도 배당금을 지급해야 주택임대차보호법 제3조의 2 제2항, 제8조, 상가건물임대법 제5조 제2항 또는 제14조를 제정한 입법취지에도 타당하다고 본다. 이에 대한 구체적인 내용은 제3장 제4절에서 살펴보도록 한다.

292) 尹瓊, 前揭書, 26面.
293) 上揭書, 24面.
294) 法院行政處, 前揭 法院實務提要(民事執行Ⅱ), 419面.
295) 李宙興, 前揭論文 住宅賃貸借保證金回收를 위한 優先辨濟權의 행사와 競賣節次상 취급, 59面.

① 배당요구는 채권의 원인과 수액을 기재한 서면에 의하여 집행법원에 배당을 요구하는 취지가 표시되면 되므로, 채권자가 경매목적 부동산에 관하여 가압류결정을 받은 다음 채권의 수액을 기재한 서면에 그 가압류결정을 첨부하여 경매법원에 제출하였다면 채권의 원인과 수액을 기재하여 배당을 요구하는 취지가 표시된 것으로 보아야 하고, 그 서면의 제목이 권리신고라고 되어 있다 하여 달리 볼 것이 아니다.[296)]

② 민사집행법 제88조 제1항에서 배당요구의 원인이라 함은 채권자가 채무자의 총재산으로부터 변제를 받을 수 있는 법률관계를 말하므로, 배당요구를 함에 있어서는 채무자에 대한 청구채권의 발생원인과 그 수액 등을 명시한 서면을 경매법원에 제출하면 족한바, 채무자, 배당요구채권자 기타 배당요구의 원인사실 및 수액 등을 특정하기에 충분한 정도의 내용을 기재한 채권계산서를 경락기일(배당요구종기일) 이전에 경매법원에 제출하였다면, 이로써 적법한 방식에 의한 배당요구를 하였다고 봄이 상당하고, 그 채권계산서에 배당요구신청서라는 제목을 달지 않았다거나 소정의 인지를 첩부하지 아니하였다는 사정만 가지고 적법한 방식에 의한 배당요구를 하지 아니한 것으로 볼 수는 없다.[297)]

2) 配當要求申請을 行使하지 않아도 配當을 받는 자

첫째, 우선변제청구권 있는 채권자 중 경매신청기입등기 전에 등기되어 있는 저당권나 매수인에게 대항할 수 없는 전세권자는 경락으로 소멸하기 때문에 배당요구를 하지 않아도 당연히 순위에 따라 배당을 받을 수 있다. 즉 경매부동산상의 저당

296) 大判 1999. 2. 9. 宣告, 98다 53547 參照.
297) 大判 1996. 6. 21. 宣告, 96가합 365 參照.

권등 압류채권자의 채권에 우선하는 채권에 관한 부동산의 부담은 경락대금에서 우선변제를 받으므로(민사집행법 제91조 제1항)이들 우선채권자는 법률상 당연히 배당요구를 한 것과 동일한 효력이 있다.[298)]

둘째, 경매신청의 등기 전에 가압류를 한 채권자에 대하여는 배당요구를 하지 않아도 당연히 배당을 하여야 하고(민사집행법 제148조 제3호), 이에 해당하는 가압류 채권자에 대해서는 채권계산서를 제출하지 않았다 하여 배당에서 제외하여서는 안된다.[299)] 그리고 선행사건의 배당요구의 종기까지 이중경매신청을 한 채권자는 별도의 배당요구를 하지 않아도 배당을 받는다(민사집행법 제148조 제1호).

셋째, 임차권등기를 한 주택임차인이나 상가 임차인은 우선변제권을 가지고 있는데 그 등기된 임차주택이나 상가건물이 경매가 행하여진 경우에는 경락에 의하여 임차권등기가 소멸하므로 이때는 당연히 배당요구를 한 것으로 보고 있는 견해이다.[300)] 임차권자가 강제경매를 신청한 경우에는 그 강제경매신청 자체를 임차인의 계약해지 따른 우선변제권의 주장으로 보아야 하듯이 임차권등기도 임차권 해지에 따른 우선변제권의 주장으로 보아 당연히 배당해주어야 할 것으로 본다.

(3) 配當要求申請의 終期와 提出하지 않은 경우의 效力

1) 配當要求申請 終期

새로운 민사집행법 제84조 제1항은 배당요구의 종기를 첫 매각기일 이전으로 정하도록 집행법원에 위임하고 있다. 이에 따

298) 尹瓊, 前揭論文, 25面.
299) 大判 1995. 7. 28. 宣告, 94다57718 參照.
300) 尹瓊, 前揭論文, 27面.

라 각급 집행법원은 배당요구의 종기를 연기하거나(민사집행법 제84조 제6항) 새로 정한 경우가(민사집행법 제87조 제3항) 아니면 첫 경매개시 결정된 사건이 정지되거나 취소되어 뒤에 개시 결정된 사건으로 진행되더라도 변함 없이 경매를 진행하고 있다.[301] 위와 같은 제도로 입찰자는 더욱 입찰산정에 있어 임차인의 배당요구 여부에 따라 입찰가액을 안정적으로 산정할 수 있게 되었고, 이해관계인은 구 민사소송법체제 하에서처럼 임차인과 경락인이 또는 임차인과 후순위 권리자들이 통모하여 최고가 매수신고일까지 배당요구를 하지 않았다가 낙찰허가일에 배당요구신청을 함으로서 이해관계인에게 불의의 손해를 당하게 하는 경우는 없게 되었다고 볼 수 있다. 그러나 일부 견해는 위와 같은 배당요구신청 종기로 인한 문제점을 실체법이 아닌 절차법의 측면에서[302] 입법적으로 해결하고 있다고 하여[303] 이를 지적하는 견해가 있으며[304] 배당요구의 종기가 구 민사소송법과 같이 경락기일까지 법정되어 있는 것은 그 자체가 부당한 것은 아니라고 보며 오히려 채권자들의 입장에서 살펴본다면 배당요구를 할 수 있는 기간이 넉넉하다는 큰 장점이 될 수 있었는데 단지 주택이나 상가임차인 일부를 위하여 그 밖의 다른 채권자들이 그 때까지 발생하지 않았거나, 변제기가 도래하지 않은 채권 또는 집행력 있는 정본을 아직 받지 못한 경우에 배당에 참여하지 못하는 결론에 도달한다고 하여 새로

301) 法院行政處, 前揭 法院實務提要(民事執行Ⅱ), 429面.

302) 주임법 제3조의 2 제2항, 제8조, 제3조의 5 또는 상임법에서는 확정일자에 따른 우선변제권이나 소액임차인, 경매에 의한 임차권 소멸등에 관한 규정만을 두고 있지 중요한 배당요구신청에 따른 우선변제권 여부에 대해서는 규정을 두고 있지 않다. 이에 대해서는 제3장 제4절에서 논하겠지만 중간임차인에 대한 배당요구신청 여부에 따른 우선변제권의 효력은 고려해 보아야 할 것이다.

303) 金濟完, 前揭論文, 274面.

304) 上揭論文, 274面.

운 민사집행법 제84조 제1항이 임차인 외의 채권자에게도 적용토록 하는 것은 문제의 소지가 있다고 비판하는 견해도 있다.[305] 사견으로는 우선변제적 효력은 주택임대차보호법(제3조의 2 제2항, 제8조 등), 상가건물임대차보호법(제5조 제2항, 제14조 등)의 효력에 따라 원칙적으로 해결해야 한다고 보는데, 다만 경락인에게 대항할 수 있는 임차권자와 경락인에게 대항할 수 없는 임차권자로 구분하여 경락인에게 대항할 수 있는 임차권자는 절차법의 측면에서 다루어야 하고, 경락인에게 대항할 수 없는 임차권자는 실정법의 규정에(주택임대차보호법 제3조의 2 제2항 및 8조 등, 상가건물임대차보호법 제5조 제2항 및 14조 등) 따라 당연히 우선변제권을 인정해야 할 것으로 본다. 구체적인 내용과 개선방안은 제3장 제4절에서 살펴보도록 한다.

2) 配當要求申請의 不 提出에 따른 效果

압류채권자니 민사집행빕 세148소 1, ,3, 4호의 당연히 배당받는 자에 해당하지 아니하여 배당요구가 필요한 채권자가 배당요구의 종기까지 배당요구하지 아니한 때에는 배당 받을 수 없고,[306] 나아가 압류채권자나 배당 요구한 채권자도 경매신청 또는 배당요구 당시 채권의 일부금액으로 압류 또는 배당 요구한 경우 배당요구의 종기 후에는 배당요구의 종기까지 배당요구하지 아니한 채권을 추가하거나 확장할 수 없다.[307] 즉 경매신청서등 서류나 증빙에 적힌 내용에 잘못이 있어 그곳에 적힌 채권액이 실제보다 소액이라 하더라도 배당요구의 종기가 지난

---

305) 上揭論文, 275面.
306) 法院行政處, 前揭 法院實務提要(民事執行Ⅱ), 433面.
307) 大判 2002. 1. 25. 宣告, 2001다 11055 參照.

후에는 채권액의 증액이나 비용도[308]지급 받지 못한다.[309]

2. 優先辨濟權과 抵當權의 配當順位

(1) 問題의 提起

임차인에게 인정되는 우선변제권은 부동산 담보권에 유사한 권리로서[310] 저당권과 동일한 취급을 하고 있다.[311] 따라서 임차인의 우선변제권과 저당권의 우선순위의 결정은 임차인이 대항요건과 확정일자를 구비한 날과 저당권의 설정일자의 선후에 의하여 정해야 할 것으로 보이는데, 주택임대차보호법과 상가건물임대차보호법은 대항력에 관하여 "주택은 그 인도와 전입신고를 한 익일날 상가는 인도와 사업자등록을 신청한 그 익일부터 대항력이 발생한다"라고 규정하고 있는 반면, 확정일자 받은 임차인의 우선변제권에 관해서는 "대항요건을 갖춘 임차인이 계약서에 확정일자를 갖춘 경우 민사소송법 또는 국세징수법에 의한 공매시 임차주택(대지포함)의 환가대금에서 후순위 권리자 기타 채권자보다 우선하여 보증금을 변제받을 권리가 있다"라고만 규정하고 있고 그 효력이 익일에 발생하는 것인지 아니면 당일에 생긴다는 것인지에 관하여는 밝히고 있지 않아, 이점에 관하여 논란이 일고 있다. 학설과 실무는 대항요건과 확정일자를 갖춘 당일에 우선변제권의 요건이 성립된 것으로 보는 입장이고, 대법원은 대항요건을 갖춘 익일날 우선변제권의 효력이 발생한다고 판시하고 있다.[312]

308) 執行準備費用, 執行實施費用 중의 當事者 費用.

309) 法院行政處, 前揭 法院實務提要(民事執行Ⅱ), 434面.

310) 大判 1992. 10.13. 宣告, 92다 30597 參照.

311) 閔日榮, 前揭論文 住宅賃貸借保護法 제3조의 2에 관한 一考, 24面.

312) 大判 1997. 12. 12. 宣告, 97다 22393 參照.

(2) 學說과 實務

본 논거를 다룬 견해는 별로 없는데 일부 견해와 실무에서는 다음과 같은 주장을 하고 있다. 주택임대차보호법 제3조 제1항의 대항력이 대항요건을 구비한 익일로 규정한데 비하여 동법 제3조의 제2항은 대항요건과 확정일자를 갖추면 우선변제권이 발생하는 것으로 규정함에 비추어 우선변제권과 대항력의 발생일을 꼭 결부시켜 판단할 것이 아니라고 할 것이고 우선변제권을 취득한 시점은 대항력을 갖춘 다음날이 아니라 확정일자와 대항력을 갖춘 당일이라고 해석하고 있다.[313]

경매실무에서도 대항요건과 확정일자를 모두 구비한 최종시점이 우선변제권 취득의 기준이 된다고 해석하여 대항요건과 확정일자 저당권설정일자가 모두가 같은 날인 경우 임차인과 저당권자는 채권액에 비례하여 평등배당을 받는다고 보고 있다.

(3) 判例의 態度

대법원은 "주택임대차보호법 제3조 제1항이 인도와 주민등록을 갖춘 다음날부터 대항력이 발생한다고 규정한 것은 인도나 주민등록이 등기와 달리 간이한 공시 방법이어서 인도 및 주민등록과 제3자 명의의 등기가 같은 날 이루어진 경우에 그 선후관계를 밝혀 선순위 권리자를 정하는 것이 사실상 곤란한 데다가, 제3자가 인도와 주민등록을 마친 임차인이 없음을 확인하고 등기까지 경료하였음에도 그 후 같은 날 임차인이 인도와 주민등록을 마침으로 인하여 입을 수 있는 불측의 피해를 방지하기 위하여 임차인보다 등기를 경료한 권리자를 우선시키고자 하는 취지이고, 같은 법 제3조의2 제1항에 규정된 우선변제적 효력은 대항력과 마찬가지로 주

---

313) 閔日榮, 前揭論文 주택임대차보호법 제3조의 2에 관한 일고, 25面.

택임차권의 제3자에 대한 물권적 효력으로서 임차인과 제3자 사이의 우선순위를 대항력과 달리 규율하여야 할 합리적인 근거도 없으므로, 법 제3조의2 제1항에 규정된 확정일자를 입주 및 주민등록일과 같은 날 또는 그 이전에 갖춘 경우에는 우선변제적 효력은 대항력과 마찬가지로 인도와 주민등록을 마친 다음날을 기준으로 발생한다"[314]라고 판시하고 있다. 확정일자에 따른 우선변제권 효력은 대항력과 마찬가지로 주택임차권의 제3자에 대한 물권적 효력으로서 임차인과 제3자 사이의 우선순위를 대항력과 달리 규율하여야 할 합리적인 근거가 없고, 동법 제3조 제1항이 인도와 주민등록을 갖춘 다음날로부터 대항력이 발생한다고 규정한 것은 인도나 주민등록이 등기와 달리 간이한 공시방법으로 인정한 것이기 때문에 등기를 경료한 권리자를 우선시키고자 것이 판례의 입장[315]인 것이다. 이하에서 판례의 입장을 구체적으로 살펴보도록 한다.

1) 住民登錄轉入 및 確定日字가 根抵當權 設定日字와 동일 날자인 경우

첫째, 아래 각주의[316] 근저당권와 임차인의 날자가 동일 일자인 경우에는 우선 임차인의 대항력과 확정일자의 요건을 구분하여 권리분석을 해야 할 것이다. 왜냐하면 임차인의 대항력과 우선변제적 효력은 각각의 요건을 갖춘 일자 중 제일 나중에

314) 大判 1997. 12. 12. 宣告, 97다 22393參照.

315) 大判 1998. 9. 8. 宣告, 98다 26002 參照 ; 同 1999. 3. 23. 宣告, 98다 46938 參照.

316) <表3-3> 根抵當權과 賃借人의 確定日字가 동일 일자

낙찰대금 : 8천만원				
순위	권리	권리내용	원인일자	채권최고액
1	A	근저당	1996. 7. 7	1억
2	B	임차인	1996. 7. 7(전입+확정일자)	5,000만원

받은 일자를 기준으로 효력이 발생하기 때문이다. 따라서 위의 경우 근저당권자는 1996. 7월 7일 09시부터 효력이 발생하고 임차인의 대항력은 1996. 7. 8일 0시부터 발생하게 된다. 양자의 시간상의 차이가 나는 이유는 근저당권은 등기소 업무가 9시부터 시작하는 반면 주택임대차보호법 제3조 제1항에 따른 대항력의 효력은 그 익일 날 효력이 발생하는데 그 익일이란 하루의 시작이 0시부터 시작되기 때문이다. 따라서 임차인은 경락인에게 대항할 수 없게 된다. 그리고 확정일자의 효력도 대항력과 마찬가지로 확정일자의 요건을 갖춘 익일 날 발생하기 때문에[317) 결국 근저당권자 보다 후순위자가 되어 배당금을 지급받게 된다.

둘째, 종합 분석한 아래 각주의 내용을 보면[318) 임차인의 대항력과 확정일자의 일자가 근저당권과 동일한 날자 인 경우에는 대항력도 익일날 발생하고, 확정일자도 익일날 발생하기 때문에 결국 임차인은 대항력도 없고, 확정일자 효력도 근저당권자보다 후 순위가 되기 때문에 배당금을 받아 갈 수 없는 위치에 놓이게 된다.

---

317) 확정일자의 우선변제적 효력은 대항력과 마찬가지로 주택임차권과 제3자에 대한 물권적 효력으로서 , 임차인과 제3자 사이의 우선순위를 대항력과 달리 규율하여야 할 합리적인 근거도 없으므로 법 3조의 2 제1항에 규정된 확정일자를 입주 및 주민등록일과 같은 날 또는 그 이전에 갖춘 경우에는 우선변제적 효력은 대항력과 마찬가지로 인도와 주민등록을 마친 다음날을 기준으로 발생한다(大判 1997. 12. 12.宣告, 97다 22393 參照).

318) <표 3-4> 優先辨濟權과 抵當權의 配當順位

순위	권리	권리내용	계산방법(안분비례): 낙찰대금X 해당채권액/총채권금액 = 안분배당금
1	A	근저당권	낙찰대금이 8천만원이므로 근저당권자가 1순위로 전액 배당을 받는다.
2	B	임차인	임차인은 확정일자의 효력이 그 익일날 발생하기 때문에 결국 근저당보다는 이후에 배당을 받을 수 있고 배당금액은 잔액이 없어 임차인은 배당금을 수령할 수 없다.

2) 住民登錄轉入과 確定日字를 根抵當權보다 이전에 要件을 갖추었을 때

첫째, 아래 각주의 사례에서도 임차인의 대항력과 확정일자에 따른 우선변제적 효력을 구분하여 권리분석 해야 할 것이다. 왜냐하면 대항력과 확정일자의 요건은 각각 다르기 때문이다.[319] 아래 각주에[320] 임차인의 대항력 발생일은 전입일 익일날 0시에 발생하기 때문에 1996. 7. 7일 0시에 효력이 발생한다. 그런대 근저당권은 1996. 7. 7일 오전 9시부터 효력이 발생하기 때문에 결국 임차인이 시간상 더 빨라 대항력이 인정되고 경락인에게 보증금의 인수와 계약기간까지 거주할 수 있게 된다. 결국 확정일자의 효력도 대항력과 마찬가지로 확정일자의 요건을 갖춘 익일날 발생하기 때문에 결국 근저당권자 보다 선순위가 되어 배당금을 수령하게 된다.

둘째, 종합 분석한 아래에 각주의 배당예상표[321]와 같이 임차인은 낙찰대금1억 전액을 배당 받게 된다. 그러나 임차인의 보증금이 2억이나 되기 때문에 못 받은 1억에서 대해서는 대항력을 주장하여 경락인에게 인수케 할 수 있다. 결국 임차인의 대항력과 확정일자의 일자가 근저당권설정일 보다 전일날 받은

319) <表 3-5> 住民登錄轉入과 確定日字를 根抵當權 設定이전에 체결

낙찰대금: 1억				
순위	권리	권리내용	원인일자	채권최고액
1	A	근저당	1996. 7. 7	5,000만원
2	B	임차인	1996. 7. 6(주민등록전입) 1996. 7. 6(확정일자)	2억원

320) <表 3-6> 住民登錄轉入과 確定日子를 根抵當權 日字와 동일일자에 체결

낙찰대금: 1억				
순위	권리	권리내용	원인일자	채권최고액
1	A	근저당	1996. 7. 7	5,000만원
2	B	임차인	1996. 7. 6(주민등록전입) 1996. 7. 6(확정일자)	2억원

321) <表 3-7> 配當豫想表

경우에는 대항력과 확정일자의 효력이 모두 익일날 발생하기 때문에 결국 대항력을 주장하여 경락인에게 보증금의 인수를 주장할 수 있고, 확정일자도 근저당권자보다 앞선일자로 되어 있기 때문에 우선배당을 받을 수 있게 된다. 여기서 주의할 점은 근저당권은 등기부상 제일 빨리 설정되어 있는 근저당을 기준으로 대항력을 인정한다는 점이다.

3) 確定日字와 根抵當權이 동일날자이고 住民登錄轉入日字는 根抵當權設定日 전일에 한 경우

첫째, 아래에 있는 각주322)의 사례에서와 같이 임차인의 확정일자와 근저당권 일자가 동일일자이고 주민등록 전입일자가 하루 빨리 되어 있는 경우에는 임차인의 대항력은 익일날 0시에 발생하기 때문에 인정되나 확정일자의 효력은 당일 날 발생하기 때분에 근저당권자와 안분배당에 따라 배당이 이루어 진다. 구체적으로 살펴보면 임차인의 대항력은: 1996. 7. 7일 0시, 근저당권: 1996. 7. 7일 9시부터 효력이 발생하기 때분에 임차인은

낙찰대금: 1억			
순위	권리	권리내용	계산방법(안분비례): 낙찰대금X $\frac{\text{해당채권액}}{\text{총채권금액}}$ = 안분배당금
1	A	근저당권 5,000만원	근저당권자는 임차인보다 순위가 밀려 배당금이 없다.
2	B	임차인 2억	임차인은 확정일자의 효력이 대항력과 마찬가지로 1996. 7. 6일 익일인 1996. 7. 7일 0시부터 발생하고,근저당권은 1996. 7. 7일 9시부터 효력이 발생하기 때문에 결국 임차인이 시간상 더 빨라 배당에서 우선한다.

322) <表 3-8> 配當分析表

낙찰대금: 1억				
순위	권리	권리내용	원인일자	채권최고액
1	A	근저당	1996. 7. 7	5,000만원
2	B	임차인	1996. 7. 6(주민등록전입) 1996. 7. 7(확정일자)	2억원

대항력을 경락인에게 주장할 수 있게 된다. 그리고 확정일자에 따른 효력은 : 1996. 7. 7일 9시, 근저당권: 1996. 7. 7일 9시, 보다시피 날자와 시간이 동일하다. 여기서 확정일자는 그 익일 날로 보지 않고 당일 날 9시부터 효력이 발생한다. 왜냐하면 위의 판례가[323] "확정일자를 주민등록전입 이전이나 당일 날 받은 경우에는 그 익일 날 효력이 발생한다"라고 판시하고 있는데 이를 반대 해석하면, 그렇지 않은 경우의 확정일자에 따른 효력은 당일 날 발생하는 것으로 보아야 하기 때문이다.

둘째, 이를 종합 분석하면 아래의 각주에 있는 배당 예상표에서와 같이 근저당권는 임차인의 확정일자 순위는 동순위이기 때문에 위와 같이 안분배당에 따라 근저당권자 2,000만 원을 배당받고, 임차인은 8,000만 원을 법원에서 배당을 받게 된다. 그리고 임차인은 확정일자에 의해서 8,000만 원을 배당받고 난 나머지 못 받은 보증금(1억 2천만 원)에 대해서는 경락인에게 대항력을 주장하여 변제 받을 수 있다. 낙찰자는 낙찰대금 1억 원외에 대항력으로 1억 2천만 원을 추가로 인수해야 하기 때문에 결국 2억 2천만 원을 주고 부동산을 낙찰 받게 된다.[324] 따라서 임차인의 주민등록전입일이 최초 근저당보다 하루 전날 받고 확정일자는 근저당권자와 동일날자로 갖춘 경우에는 대항력은 그 익일날 0시에 발생하기 때문에 인정되고, 확정일자는 최초근저당권과 동일한 일자로 보아 안분배당에 따라 배당이 이루어진다.

---

323) 확정일자의 우선변제적 효력은 대항력과 마찬가지로 주택임차권과 제3자에 대한 물권적 효력으로서 , 임차인과 제3자 사이의 우선순위를 대항력과 달리 규율하여야 할 합리적인 근거도 없으므로 법3조의 2 제1하에 규정된 확정일자를 입주 및 주민등록일과 같은 날 또는 그 이전에 갖춘 경우에는 우선변제적 효력은 대항력과 마찬가지로 인도와 주민등록을 마친 다음날을 기준으로 발생하다(大判 1997. 12. 12. 宣告, 97다 22393 參照).

324) <表3-9> 綜合分析表

3. 檢討

새로운 민사집행법 제84조 제1항은 배당요구의 종기를 첫 매각기일 이전에 하도록 규정하여 경락인에게 예측가능성에 입각하여 권리분석을 하고[325] 입찰에 참여하도록 규정하였다고 볼 수 있다. 그러나 배당요구 종기 결정제도를 두고 그 종기를 최초 매각기일 이전으로 결정하도록 하는 것은 경락인에게 대항할 수 없는 임차인으로서는 권리구제 수단을 잃게 되는 부당성의 소지도 있다. 이에 대한 관계는 내용의 중복성을 피하기 위하여 제3장 제4절에서 구체적으로 살펴보도록 한다.

그리고 대법원은 "확정일자를 주민등록 전입이전이나 당일 날 받은 경우에는 익일날 발생한다"고 판시하면서 그 근거로 "확정일자에 따른 우선변제권 효력은 대항력과 마찬가지로 주택임차권의 세3자에 대한 물권적 효력으로서 임차인과 제3자 사이의 우선순위를 대항력과 달리 규율하여야 할 합리적인 근거가 없고, 동법 제3조 제1항이 인도와 주민등록을 갖춘 다음날로부터 대항력이 발생한다고 규정한 것은 인도나 주민등록이 등기와 달리 간이한 공시방법으로 인정한 것이기 때문에 등기를 경료한 권리자를 우선시키고자 한다"라고 하고 있는

낙찰대금: 1억			
순위	권리	권리내용	계산방법(안분비례): 낙찰대금X $\frac{\text{해당채권액}}{\text{총채권금액}}$ = 안분배당금
1	A	근저당권 5,000만원	1억 X $\frac{\text{5,000만원}}{\text{2억5천만원}}$ = 2,000만원
2	B	임차인 2억	1억 X $\frac{\text{2억}}{\text{2억5천만원}}$ = 8,000만원+(1억2천만원)

325) 入札者가 豫測可能性에 입각한 權利分析을 하여야 한다는 내용에 대해서는 제4장 제3절에서 일명 "시이소" 原理로 설명하고 있음.

데, 한편으로 보면 긍정은 가지만 임차인에게는 불측의 손해를 가할 수 있는 소지도 않고 있다. 예컨대 임차인이 임대차계약을 체결하기 전에 권리분석을 한 결과, 임차부동산이 경매되더라도 경락인에게 대항할 수 있다라고 분석한 후[326] 임대차계약을 체결하였는데, 나중에 임대인과 담보권자가 통모를 하거나 아니면 우연히 같은 날 임대인이 임차부동산에 저당권을 설정한 후 변제를 하지 않아 경매가 된 경우에는, 위의 첫 번째 사례에서 보는 바와 같이 임차인은 대항력 뿐만 아니라 배당금도 한푼 못 받고 쫓겨나는 문제가 발생하게 된다. 그렇다고 임차인 보호를 위하여 '담보권자와 임차인이 같은 날 우선변제권의 효력이 발생한다'라고 해석하여도 문제의 소지는 있게 된다. 저당권설정 당시 임차인이 없음을 확인한 후 대출금을 지급하였는데 나중에 임차인이 같은 날 주민등록 전입신고가 되어 있는 상태에서, 위의 예처럼 같은 날 효력이 발생한다면 담보권자는 담보권설정계약을 해제해야 하는 문제가 발생할 것이다. 따라서 양 당사자의 위치나 형평성을 놓고 볼 때 그래도 임차인이 절차상의 비용이나 시간적인 측면에서 부담이 덜 가기 때문에 임차인이 대항요건을 갖춘 익일 날 부동산 등기부 등본을 확인하거나 잔금을 납부하는 방안으로 임대차계약을 체결하는 것이 바람직 할 것이다.

---

326) 競落人에게 대항할 수 있는 임차인의 優先辨濟請求權은 제4장에서 자세히 설명하고 있음.

第3節 配當節次 終了 후 配當異議訴와 不當利得返還請求

배당절차에 있어서 집행법원이 작성한 배당표에 대하여 이의가 있는 채권자는 이의를 진술할 수 있는 바, 다른 채권자가 이의를 정당하다고 인정하거나 이해관계인과 배당요구채권자 사이에 배당표와는 다른 합의가 성립되면 배당법원으로서는 그 이의나 합의된 내용에 따라 배당표를 경정하여 확정하여야 하고, 이의를 인정하지 아니하거나 다른 방법으로 합의가 이루어지지 아니할 경우에는 배당이의소송에 의하여 궁극적으로 이의가 제기된 배당액의 귀속을 정할 수 밖에 없을 것이다.

그런데 배당이의소송에서 패소의 확정판결을 받은 자가 또 다시 동일한 상대방에 대하여 별소로써 부당이득반환청구소송을 제기하는 경우, 배당이의판결의 기판력이 후소인 부당이득반환청구소송에 미친다고 할 것인가의 여부가 문제된다.

이에 관하여는 배당이의 소송의 법직성실 및 기판력의 문제로서 학설상 많은 대립이 있으며 특히 배당이의 판결을 소송법상 형성판결로 이해하는 입장에서는 배당이의 판결의 기판력이 집행법상 배당이의권의 존부에 관하여만 미칠뿐, 판결의 전제로 될 실체적 권리의 존부에 관하여는 기판력이 미치지 않는다고 함으로써 배당이의의 소로써 패소의 확정판결을 받은 경우라도 다시 부당이득반환을 청구할 수 있게 되어 똑같은 분쟁이 되풀이 될 수 있다는 비판이 있다. 한편 민법 제741조는 '법률상 원인없이 타인의 재산 또는 노무로 이익을 얻고 이로 인하여 타인에게 손해를 발생케 한 경우 양당사자의 공평과 정의를 위하여 이를 부당이득이라는 제도로 규율하고 있다.[327] 위와 같은 부당이득 제도를 배당절차가 종료된 후 집행절차 밖에서 실체법적 권

327) 李銀榮, 前揭書. 680面 ; 林正平, 前掲 債權各論, 586~589面.

리관계를 주장하여 배당받은 자를 상대로 주장할 수 있는지에 대해서도 논란이 되고 있다.

I. 配當異議訴의 旣判力

1. 性質

배당이의소송을 포함한 이른바 집행관계소송[328]의 법적성질에 관하여는 학설상 대립이 있다.[329] 과거에는 형성소송설과[330] 확인소송설로 양분되어 왔으나 그 후 집행관계소송을 종래의 소송 3유형(이행, 확인, 형성의 소)중 어느 것에도 속하지 않는 집행법상의 특수소송유형으로 파악하고자 하는 견지에서 구제소송설, 명령소송설등이 등장하였다.

이와 같은 논의의 실익은 주로 배당이의소송에서 패소한 당사자가 동일한 상대방에게 대하여 별소로써 부당이득반환청구소송을 제기하는 경우 전소 판결의(배당이의 판결) 기판력이 후소(부당이득반환청구소송)에 미친다고 볼 것인가의 여부에 있다 할 것이고, 다른 한편 위와 같은 견해의 대립에는 실체권과 집행권과의 관계를 어떻게 파악할 것인가 하는 구조적인 문제와도 밀접한 관련이 있다는 것이다.

배당이의소송을 제기하려면 먼저 배당기일에 적법한 실체상의 이의신청이 있어야 하는바 적법한 이의신청이 되기 위하여는 다른 채권자

---

328) 청구이의 소, 제3자 이의 소, 집행문 부여의 소, 집행문 부여에 대한 이의의 소, 집행판결을 구하는 訴 등.

329) 집행관계소송의 법적성질에 대한 논의는 주로 청구이의소송 및 제3자 이의의 소에 집중되었으나 이러한 논의는 배당이의소송을 포함한 여타 집행관계소송의 법적성질에 관하여도 대부분 그대로 통용된다.

330) 현재 독일과 일본의 다수설 및 판례의 입장

의 채권의 존재, 범위, 순위에 관하여 주장하는 것이어야 하며, 또한 그 이의가 인용되면 자기의 배당액의 증가를 가져오는 것이어야 한다. 그리고 배당이의소송은 배당기일에 다른 채권자가 이의를 정당하다고 인정하지 아니하거나 다른 방법으로 합의가 성립되지 않는 경우에 비로소 제기되는 것이므로 배당기일이 지난 후에라도 다른 채권자가 이의를 정당하다고 인정하거나 다른 방법으로 합의가 성립되면 그 당사자간에는 이의권이 소멸하여 소의 이의도 따라서 없어진다. 이의신청이 있으면 배당절차가 당연히 정지됨에도 불구하고 배당법원의 잘못으로 이의의 대상이 된 부분에 대하여서까지 이미 배당을 실시하여 버린 때에도 역시 소의 이익을 결하게 된다.[331]

2. 配當異議訴訟判決의 旣判力

기판력이란 확정된 종국판결에 있어서 청구에 대한 판단은 당사자간의 관계를 규율하는 표준으로서 구속력을 가진다. 즉 뒤에 동일사항이 문제되면 당사자는 그에 반하는 주장을 하여 다투는 것이 허용되지 않으며 법원도 그와 모순 저촉되는 판단을 해서는 안되는 것으로 본다.[332] 형성판결에도 기판력이 인정될 것인가의 여부에 관하여는 종래 기판력의 본질론과 관련하여 이를 부정하는 견해와 긍정하는 견해로 나뉘었는 바, 현재로서는 긍정설이 통설적인 지위를 차지하고 있으므로 이 점에 관하여는 사실상 논의의 실익이 없어졌다 할 것이다.

(1) 學說의 狀況

종래 형성소송설의 입장에서는 배당이의소송의 소송물을 '배당표변경청구권이라고 하는 소송법상의 형성권'으로 이해함으로써

331) 宋相現, 民事訴訟法, 博英社 1997, 249~278面.
332) 유택서, 確定判決의 形成力과 旣判力과의 相互關係, 율곡문화원 1985, 37面.

결과적으로 이의의 원인이 된 실체적 권리의 존부에 관하여는 판결의 기판력이 미치지 않는다고 보고 있다. 이는 배당이의판결 확정 후에도 별소로서 부당이득반환청구소송이 가능하게 된다는 점에서 많은 비판을 받아왔다. 그러나 현재는 형성소송성에 의하면서도 배당이의 소송의 소송물을 '배당표변경의 요건이 되는 실체적 배당수령권의 존부'라고 구성함으로써 '배당이의판결의 확정으로 실체적 배당수령권의 존부에 관하여 기판력이 미친다'고 보는 유력한 견해가 있다.[333)]

(2) 配當異議訴訟의 訴訟物

배당이의소송에서의 형성요건 즉 배당표변경의 요건은 무엇인가, 이에 관하여 간단히 말하자면 상대방 채권자에게 실체적 권리에 기한 배당수령권이 없다는 문제로 귀착된다 할 것이다.

배당이의 소송에 있어서는 일반의 실체법상의 형성소송에서 와는 달리 이의채권자가 상대방 채권자에게 대하여 직접 청구할 수 있는 어떠한 실체법상의 청구권을 가지고 있는 것은 아니다. 다만 자신의 실체적 권리에 기한 배당수령권의 존재와 상대방의 부 존재를 기초로 하여 배당표의 경정을 구할 수 있는 것뿐이다. 법원이 판결로써 배당표의 경정을 명하는 직접적인 근거는 상대방 채권자에게 실체적 권리에 기한 배당수령권이 존재하지 않기 때문인 것으로 본다. 따라서 배당이의소송에 있어서 배당표경정의 요건은 '배당이의가 있었던 배당액에 관한 실체적 배당 수령권의 존부'라고 보아야 할 것이고 배당이의 판결의 기판력은 소송물인 '실체적 배당수령권의 존부'에 관한 판단에 미친다 할 것이다.

---

333) 최영운, 配當異議訴訟의 效力과 不當利得返還, 대한법률구조공단 1999(겨울호), 14面.

(3) 判例의 態度

대상판결이전에는 이에 관한 대법원 판결은 없고 하급심 판결로서 고등법원 판결이 있을 뿐이다. 서울 고등법은 "배당이의의 소가 배당표에 대한 이의 자체를 목적으로 하는 소송이기는 하지만, 그 본안판결은 결국 실체적인 권리의 존부나 순위 등에 의하여 결말이 나게 되고, 그 본안소송에서 채권의 존재 또는 순위가 판가름난 뒤에 다시 동일 당사자 사이에 실체법상의 소라고 하는 이유로 이미 판가름난 채권의 존재나 순위를 다툴 수 있다고 하는 것은 부당하고 따라서 배당이의의 소의 본안판결이 있는 때에는 이의의 대상이 되었던 채권의 존부와 순위 등에 관한 다툼은 종국적으로 해결된 것으로 취급하여 실체법상의 소로도 다툴 수 없으므로, 배당이의의 소를 제기하여 패소 확정된 자가 다시 동일 당사자에 대하여 부당이득반환청구 소송을 제기할 수 없다"라고 판시하여[334] 배당이의의 소의 본안판결이 있는 때에는 이의의 대상이 되었던 채권의 존부와 순위 등에 관하여 다시 부당이득반환청구 소송을 제기할 수 없는 입장을 취하고 있다.

Ⅱ. 配當異議訴와 不當利得返還請求 關係

1. 配當異議 敗訴判決 후의 不當利得返還請求

배당절차가 종결되면, 배당이의소송은 더 이상 허용되지 않고 이미 계속중인 배당이의소송은 부당이득반환소송으로 변경할 수 있다. 그러나 배당이의의 소를 제기하여 수행한 결과 원고가 패소판결을 확정

334) 서울高法 1996. 10. 15. 宣告, 96나 22947 參照.

받은 이후에도 원고가 다시 실체법상의 권리를 주장하여 배당액에 관하여 부당이득반환청구를 할 수 있는지가 문제된다.

(1) 學說의 對立

1) 積極說

배당이의의 소의 판결은 배당에 관한 이의권의 확인 내지 형성에 그치는 것이고, 그에 따른 강제집행절차가 진행될 뿐 실체법상의 권리까지 변동시키는 것이 아니라는 입장이다. 그러므로 본안의 패소판결이 있은 후에도 다시 실체법상의 소를 제기할 수 있다는 것이다. 즉 채권자가 배당이의의 소를 제기하여 그 확정판결에 의거한 확정된 배당표에 의하여 배당이 실시된 경우에도 이의 판결 내지 배당표는 실체법상의 권리를 확정 및 형성한 것은 아니므로 채권자는 그 후에 실체법상의 부당이득반환청구의 소를 제기할 수 있다는 것이다.[335)]

2) 消極說

배당이의의 소가 배당표에 대한 이의 자체를 목적으로 하는 소송이기는 하지만 그 본안판결은 결국 실체적인 채권의 존부나 순위등에 의하여 결말이 나게 되고, 그 본안 소송에서 채권의 존부 또는 순위가 판가름 난 뒤에 다시 동일 당사자간에 '실체법상의 소'라고 하는 이유로 이미 판가름난 채권의 존부나 순위를 다툴 수 있다고 하는 것은 부당하다. 또한 배당이의의 소의 본안판결이 있는 때에는 이의의 대상이 되었던 채권의 존부나 순위 등에 관한 다툼은 종국적으로 해결된 것으로 취급하여 실체법상의 소로도 다툴 수 없다는 것이다.[336)]

335) 채영수, 配當異議와 不當利得返還請求, 大法院判例解說 10號 1989. 12, 100面.

(2) 判例의 態度

1) 事件의 概要

본 사건은 소외 갑 소유의 부동산에 관하여 1991. 7. 10. 채권최고액 20억원, 채무자 갑, 근저당권자 Y회사로 하는 근저당권 설정등기가 경료되었고, 1994. 9. 28. 원고 명의로 위 근저당권 일부 이전의 부기등기가 경료되었다. 그 후 Y회사의 신청에 의하여 부동산 임의경매절차가 진행될 결과 , 1995. 1. 5. 자로 위 부동산이 소외 을에게 금 510,900,000원에 낙찰됨에 따라 경매법원은 Y사에게 배당하기로 하는 내용의 배당표를 작성하여 1995. 3. 31. 배당을 실시하고자 하였으나, 원고가 배당기일에 출석하여 배당표에 대한 이의를 진술하고, 배당이의소송을 제기하였다. 그리고 원고는 위 배당이의 소송에서 Y사에서부터 피 담보채권 중 10억원에 해당하는 부분을 근저당권과 함께 양도받아 근저당권을 준 공유하고 있다고 주장하면서, 배당표상 Y사에게 배당하기로 된 금원중 원고의 피 담보채권에 비례하는 금 305,364,602원 부분을 취소하여 이를 원고에게 배당하는 것으로 배당표의 변경을 구하였으나, 원 · 피고사이에 근저당권을 실행할 경우 피고가 우선변제 받기로 하는 약정이 있었다는 이유로 패소판결을 선고받아 확정되었다. 그러자 원고는 위 근저당권의 준공유자로서 원고의 피 담보채권에 비례하여 배당 받을 실체법상의 권리가 있었음에도 Y가 배당이의소송에서 우선배당 받을 수 있는 확정판결을 선고받음으로써 결과적으로 Y사는 실체법상의 원고가 배당 받을 금 305, 364,602원 상당의 부당이득을 얻게 되었다고 주장하면서 재차 이 사건 부당이득반환청구소송을 제기하였다.

336) 閔日榮, 對抗力 있는 住宅賃借人의 賃借期間 滿了 前의 配當要求, 人權과正義 1996, 100~106面.

위의 사안에 관하여 1심 법원은 "배당이의의 소는 배당표에 대한 이의자체를 목적으로 하는 소송이기는 하지만, 그 본안판결은 결국 실체적인 권리의 존부나 손위등에 의하여 결말이 나게되고, 그 본안소송에서 채권의 존재 또는 순위가 판가름난 뒤에 다시 동일 당사자 사이에 실체법상의 소라고 하는 이유로 이미 판가름난 채권의 존재나 순위를 다툴 수 있다고 하는 것은 부당하고, 따라서 배당이의의 소의 본안 판결이 있는 때에는 이의의 대상이 되었던 채권의 존부와 순위등에 관한 다툼은 종국적으로 해결된 것으로 취급하여 실체법상의 소로도 다툴 수 없다"고 하면서...... "배당이의소송에 대한 원고 패소의 본안판결의 기판력은....... 피고의 배당액을 부당이득이라고 주장하는 이 사건 소송에도 미친다...." 라고 하여 원고의 청구를 기각하였다.[337] 이에 대해 원고과 항소를 하였는데 서울고법은 원고의 항소를 기각하면서 판시 이유는 1심 판결을 그대로 인용하였다.[338] 이후 원고가 다시 상고를 제기하면서 ① 배당이의소송의 기판력이 이 사건 부당이득반환청구에 미친다는 원심판결은 민사소송법 제202조 제1항에 위반된 것이라는 취지의 법리오해의 점을 상고이유로 주장하였으나 대법원은 다음의 판결요지와 같은 이유등으로 원고의 상고를 기각하였다.

2) 判決要旨

이 사건에 대한 대법원의 판결요지는[339] "채권자가 제기한 배당이의 소의 본안판결의 확정된 때에는 이의가 있었던 배당액에 관한 실체적 배당수령권의 존부의 판단에 기판력이 생긴

337) 仁川支院 1997. 10. 28. 宣告, 97 가합 6199 參照.
338) 서울高法 1998. 12. 8. 宣告, 97나 56668 參照.
339) 大判 2000. 1. 21. 宣告, 99다 3501 參照.

다. 당사자가 그 판결이 확정된 후 상대방에 대하여 위 본안판결에 의하여 확정된 배당액이 부당이득이라는 이유로 그 반환을 구하는 소송을 제기한 경우에는 전소인 배당이의 소의 본안판결에서 판단된 배당수령권의 존부가 부당이득반환청구권의 성립여부를 판단하는 데에 있어서 선결문제가 된다고 할 것이므로 당사자는 그 배당수령권의 존부에 관하여 위 배당이의의 소의 본안판결의 판단과 다른 주장을 할 수 없고, 법원도 이와 다른 판단을 할 수 없다"고 판시 하였다.

위와 같이 대법원은 배당이의소송의 법적 성질을 형성소송이라고 이해하면서도 그 판결의 기판력이 이의가 있었던 배당액에 관한 실체적 배당수령권 존부의 판단에 미친다고 판시 함으로서,[340] 배당이의소송에서 패소한 채권자의 부당이득반환 청구를 배척하였다. 원고의 청구를 인용하는 종국판결에 있어서 형성요건내지 형성원인이 되는 원고 또는 피고의 실체적 배당수령권의 존부에 대하여는 기판력이[341] 미친다고 생각한다. 따라서 배당이의 판결은 적어도 부당이득반환청구와 관련하여 패소한 당사자가 받을 배당수령권의 존부를 확정하는 한도에서는 기판력이 생긴다고 보아야 할 것이다.

---

340) 실체적 권리의 존부, 범위, 순위에 관한 판단에 기판력이 미친다는 것이 아니라 실체적 배당수령권의 존부에 관한 판단에 기판력이 미친다고 판시하였다는 점을 염두에 두어야 할 것이다.

341) 확정된 배당표에 의하여 배당을 실시하는 것은 실체법상의 권리를 확정하는 것이 아니므로, 배당을 받아야 할 채권자가 배당을 받지 못하고 배당을 받지 못할 자가 배당을 받은 경우에는 배당을 받지 못한 채권자로서는 배당에 관하여 이의를 한 여부에 관계없이 배당을 받지 못할 자이면서도 배당을 받았던 자를 상대로 부당이득반환청구권을 갖는다 할 것이고, 배당을 받지 못한 그 채권자가 일반채권자라고 하여 달리 볼 것은 아니다(大判 2001. 3. 13. 宣告, 99다 26948 參照).

2. 配當節次終了 후 不當利得返還請求

집행법원은 배당기일을 지정하여 각 채권자와 채무자를 소환하고 법원의 배당표에 불복이 있는 채권자는 배당기일에 출석하여 배당표에 대한 이의를 진술하게 할 수 있다(민사집행법 제151조). 그러나 배당표는 어디까지나 집행절차상의 제출된 계산서등을 기초로 하여 작성하는 것이므로 그것이 실체법상의 채권관계를 정확하게 일치하지 않을 수 있으므로 배당표에 따른 배당을 종료한 후에 실체법상의 권리를 주장하여 부당이득 반환청구를 할 수 있는가에 대하여 논란이 되고 있다.

(1) 學說對立

1) 肯定說

부당이득반환청구가 권리남용에 해당되지 않는 한 배당기일에서의 이의신청이나 배당이의 소 여부를 불문하고 이를 허용하여야 한다는 견해로서,[342] 배당표의 확정 및 그 실시는 단지 강제집행절차의 종료를 의미하는 것일 뿐이고 실체적인 권리관계의 존부까지 확정하는 것은 아니라는 이유로 배당금을 부당하게 수령한 다른 채권자에게 그 부당이득반환을 청구할 수 있다는 것이다. 이 견해에 의하면 채권자가 배당기일에 이의신청을 하지 않았거나 출석을 하지 아니하여 배당표에 동의한 것으로 간주되더라도 이는 기껏해야 배당절차에서 배당표에 따른 배당실시에 동의한 것으로 의제가 되는데 지나지 아니하고 다

---

342) 徐基錫, 配當節次 종료 후 不當利得返還請求 허용여부, 고시계 1997. 11(통권 제489호), 58面 ; 朴斗煥, 前揭書, 312-313面 ; 채영수, 配當異議와 不當利得返還請求, 大法院判例解說 10호, 1988. 12, 100~101面 ; 金敎昌, 임의경매절차상 청구금액의 확정시기, 민사재판의 제문제 제8권, 韓國司法行政學會 1994, 885~886面.

른 채권자의 실체법상의 권리를 승인하거나 자기가 가지는 실체법상의 부당이득반환청구권을 포기하는 아니기 때문에 자기가 받을 수 있었던 배당액을 부당하게 수령한 채권자에 대하여 부당이득반환을 청구할 수 있다고 보고 있다.[343)]

2) 否定說

이 견해[344)]에 따르면 채권자가 적법한 소환을 받아 배당기일에 출석하여 자기의 의견을 진술할 기회를 부여받았음에도 이러한 기회를 이용하지 아니한 경우에는 후일 부당이득반환청구의 소로써 자신의 실체상 권리를 주장할 수 없으므로 일단 배당표를 승인하고 나서 후일 그 배당이 잘못되었다고 주장하는 것은 금 반언의 원칙에 반하고 배당표상의 배당순위 또는 그 액수에 관하여 기판력이 인정되는 것은 아니지만 긍정설처럼 부당이득반환청구권을 널리 인정하는 것은 배당표에 의한 배당의 결과를 불안정하게 할 뿐만 아니라 배당절차를 실질적으로 헛수고에 그치게 한다. 그러므로 상대방에게 부당이득반환소송의 응소 부담을 가지게 되어 부당하므로 배당이 실시된 후에 부당이득반환청구를 부인한 것으로 보는 입장이다.

(2) 判例의 態度

1) 不當利得返還請求를 排斥한 大法院判決

첫째, 배당요구를 하지 아니한 배당요구채권자의 경우에 민

343) 李宙興, 配當節次와 관련된 不當利得返還請求, 判例實務硏究(I) 1997, 575面.
344) 閔日榮, 滯納處分과 配當要求 그리고 不當利得返還請求, 法曹 1997. 10月號(通卷 第493條), 186～196面 ; 吳鐘潤, 배당이의와 부당이득반환청구, 사법논집 제26집, 법원도서관 1995, 295～332面 ; 趙正來, 配當異議와 不當利得返還請求, 判例研究(Ⅰ), 부산판례연구회 편, 1991, 423～425面.

사집행법 제88조 제1항에서[345] 규정하는 배당요구채권자는 첫 매각기일까지[346] 배당요구를 한 경우에 한하여 비로소 배당을 받을 수 있고 적법한 배당요구를 하지 아니한 경우에는 실체법상 우선변제권이 있는 채권자라 하더라도 배당을 받을 수 없으므로 이러한 배당채권자가 직접 배당요구를 하지 아니하여 그를 배당에서 제외하는 것으로 배당표가 작성·확정되었다면 동 배당표에 어떠한 실체적 하자가 있다고 볼 수 없다.[347] 민법, 상법 기타 법률에 의하여 우선변제권이 있는 배당요구채권자에는 임금채권, 압류등기가 되어있지 아니한 조세채권과 주택 및 상가건물임대차보호법상의 우선변제청구권이 인정되는 임대차보증금 반환채권 또는 사용인의 우선변제권 등과 같이 우선변제청구권은 인정하고 있으나 등기가 되어 있지 아니한 관계로 배당요구를 하지 아니하면 그 채권의 존부나 수액을 알 수 없는 채권을 가진 자를 가리키며 배당요구를 하지 않아도 당연히 배당을 받을 수 있는 채권자는 이에 해당하지 않는다고 한다.[348]

① 賃金債權

대법원은 "확정된 배당표에 의하여 배당을 실시하는 것은 실체법상의 권리를 확정하는 것이 아니므로 배당을 받아야 할 자가 배당을 받지 못하고 배당을 받지 못할 자가 배당을

345) 구 민사소송법 제5편 강제집행편이 2002년 7월1일부터 민사집행법이라는 단독법안으로 시행되고 있다. 본 논고에서는 구 민사소송법하에 판결하면서 인용하였던 구 민사소송법을 새로운 민사집행법에 맞추었다.

346) 구 민사소송법에서는 競落期日까지 배당요구 하도록 규정하고 있다. 본 판례중에 "競落期日까지"라고 판시하고 있는 것은 현행 민사집행법하에서는 첫 매각기일로 이해하고 본고에서는 판례를 원문을 그대로 인용하는 차원에서 수정하지 않고 그대로 두기로 한다.

347) 大判 1998.7. 28. 宣告, 98다 7179 參照.

348) 法院行政處, 前揭 法院實務提要(民事執行Ⅱ), 424面.

받은 경우에는 배당을 받지 못한 우선채권자는 배당을 받은 자에 대하여 부당이득반환청구권이 있음은 소론과 같다"라고 판시[349]하고 있다. 그러나 "민사소송법 제728조에 의하여 담보권의 실행을 위한 경매절차에 준용되는 같은 법 제605조 제1항에서 규정하는 배당요구 채권자는 경락기일까지 배당요구를 한 경우에 한하여 비로소 배당을 받을 수 있고, 적법한 배당요구를 하지 아니한 경우에는 실체법상 우선변제청구권이 있는 채권자라 하더라도 배당을 받을 수 없으므로, 이러한 배당요구 채권자가 적법한 배당요구를 하지 아니하여 그를 배당에서 제외하는 것으로 배당표가 작성·확정되고 그 확정된 배당표에 따라 배당이 실시되었다면, 그가 적법한 배당요구를 한 경우에 배당받을 수 있었던 금액 상당의 금원이 후순위 채권자에게 배당되었다 하여 이를 법률상 원인이 없는 것이라고 볼 수는 없으며, 같은 취지에서 원심이 근로기준법에 의하여 우선변제청구권이 있는 원고들을 배당요구 채권자에 해당하는 것으로 보고 적법한 배당요구를 하지 아니한 원고들의 부당이득반환청구를 배척한 조치는 정당하며, 거기에 소론과 같이 부당이득반환청구권 등에 관한 법리를 오해한 위법이 있다고 할 수 없다"고 보고 있다.[350]

② 優先辨濟請求權이 있는 住宅賃貸借保護法상의 賃借保證金返還債權

대법원은 "민사소송법 제605조 제1항에서 규정하는 배당요구가 필요한 배당요구채권자는 경락기일까지 배당요구를

349) 大判 1997. 2. 25. 宣告, 96다 10263 參照.
350) 大判 1996. 12. 20. 宣告, 95다 28304 參照.

한 경우에 한하여 비로소 배당을 받을 수 있고, 적법한 배당요구를 하지 아니한 경우에는 비록 실체법상 우선변제청구권이 있다 하더라도 경락대금으로부터 배당을 받을 수는 없을 것이므로, 이러한 배당요구채권자가 적법한 배당요구를 하지 아니하여 그를 배당에서 제외하는 것으로 배당표가 작성·확정되고 그 확정된 배당표에 따라 배당이 실시되었다면 그가 적법한 배당요구를 한 경우에 배당받을 수 있었던 금액 상당의 금원이 후순위채권자에게 배당되었다고 하여 이를 법률상 원인이 없는 것이라고 할 수 없을 것이다. 따라서 주택임대차보호법에 의하여 우선변제청구권이 인정되는 소액임차인의 소액보증금반환채권은 현행법상 민사소송법 제605조 제1항에서 규정하는 배당요구가 필요한 배당요구채권에 해당한다"[351]고 보고 있다.

둘째, 피담보채권 중 일부만을 청구금액으로 기재한 경매신청채권자에 대하여 대법원은 "담보권의 실행을 위한 경매

351) 종래 大法院은 구 競賣法에 의한 任意競賣節次에 있어서는 강제경매에 관한 민사소송법상의 배당절차에 관한 규정, 예을 들면 채권자의 배당요구권 및 배당기일에서의 이의신청권 자체를 일관하여 부정하였으나 경매법이 폐지되고 경매법에 의한 임의경매에 관한 절차가 민사소송법에 흡수되면서 그 절차에도 강제경매에 관한 규정이 전면적으로 준용되는 결과 종래 구 경매법하에서 내려진 임의경매에 관한 대법원의 이론은 그대로 유지될 수 없게 되었다. 즉 주택에 관한 임의경매절차에서 개정 전의 임대차법(1990. 3. 5. 법률 3379호로 개정되기 전) 제8조 소정의 우선변제권 있는 소액임차인이 배당요구를 하지 아니하여 근저당권가 소액임차인이 배당받아야 할 임차보증금 상당의 금원까지 배당받았다면 이에 의하여 실체법상의 권리가 확정되는 것이 아니므로 소액임차인은 근저당권자에 대하여 소액보증금 상당의 부당이득반환청구권을 갖게 된다고 한 판결, 대법원 1990. 3. 27. 선고 90다카 315 判決은 현행 民事執行法하에서는 强制競賣節次이든 擔保權實行을 위한 競賣節次이든 불문하고 少額賃借人도 적법한 配當要求를 하지 아니한 경우에는 그가 적법한 배당요구를 한 경우에 배당받을 수 있었던 금원이 후순위 채권자에게 배당되었다고 하여 이를 법률상원인이 없는 것이라고 할 수 없으므로 부당이득으로 반환청구할 수 없다고 보고 있다(大判 1998. 10. 13. 宣告, 98다 12379 參照 ; 박해식, 前揭書, 267面).

에서 신청채권자가 경매를 신청함에 있어서 그 경매신청서에 피담보채권액 중 일부만을 청구금액으로 기재하였을 경우에는 다른 특별한 사정이 없는 한 신청채권자가 당해 경매절차에서 배당을 받을 금액이 기재된 청구금액을 한도로 확정되며, 신청채권자가 이중경매신청을 할 수 있는 것은 별론으로 하고, 청구금액확장신청서나 채권계산서를 제출하는 방법 등에 의하여 청구금액을 확장할 수는 없다"고 판시[352)]하고 있다.

2) 不當利得返還請求를 인정한 大法院 判決

첫째, 근저당권설정등기가 위법하게 말소된 경우에 등기는 물권의 효력 발생 요건이고 존속 요건은 아니어서 등기가 원인없이 말소된 경우에는 그 물권의 효력에 아무런 영향이 없고, 그 회복등기가 마쳐지기 전이라도 말소된 등기의 등기명의인은 적법한 권리자로 추정되므로, 근저당권설정등기가 위법하게 말소되어 아직 회복등기를 경료하지 못한 연유로 그 부동산에 대한 경매절차의 배당기일에서 피담보채권액에 해당하는 금액을 배당받지 못한 근저당권자는 배당기일에 출석하여 이의를 하고 배당이의의 소를 제기하여 구제를 받을 수 있고, 가사 배당기일에 출석하지 않음으로써 배당표가 확정되었다고 하더라도, 확정된 배당표에 의하여 배당을 실시하는 것은 실체법상의 권리를 확정하는 것이 아니기 때문에 위 경매절차에서 실제로 배당받은 자에 대하여 부당이득반환 청구로서 그 배당금의 한도내에서 그 근저당권설정등기가 말소되지 아니하였더라면 배당받았을 금액의 지급을 구할 수 있다.[353)]

352) 大判 1998. 7. 10. 宣告, 96다 39479 參照.
353) 大判 2002. 10. 22. 宣告, 2000다 59678 參照.

둘째, 경매신청채권자에 우선하는 근저당권자가 담보권의 실행을 위한 경매절차에서 경매신청채권자에 우선하는 근저당권자는 배당요구를 하지 아니하더라도 당연히 등기부상 기재된 채권최고액의 범위 내에서 그 순위에 따른 배당을 받을 수 있으므로, 그러한 근저당권자가 채권계산서를 제출하지 않았다고 하더라도 배당에서 제외할 수는 없고, 또한 위 근저당권자가 경락기일 전에 일응 피담보채권액을 기재한 채권계산서를 제출하였다고 하더라도 그 후 배당표가 작성될 때까지 피담보채권액을 보정하는 채권계산서를 다시 제출할 수 있다고 할 것이며, 이 경우 배당법원으로서는 특단의 사정이 없는 한 배당표 작성 당시까지 제출한 채권계산서와 증빙 등에 의하여 위 근저당권자가 등기부상 기재된 채권최고액의 범위 내에서 배당받을 채권액을 산정하여야 할 것이다.그럼에도 불구하고 이 사건에서 경매신청채권자에 우선하는 근저당권자인 원고에 대한 배당액을 경락기일 전에 제출된 채권계산서 기재의 피담보채권액만을 기초로 산정하여야 한다고 판단한 원심판결에는 경매신청채권자에 우선하는 근저당권자의 배당액 산정에 관한 법리를 오해한 위법이 있다고 할 것이고, 이러한 위법은 판결결과에 영향을 미쳤음이 명백하다.[354)]

셋째, 배당이의신청과 배당이의 기간을 초과한 경우에 배당표에 이의신청은 구술에 의해서만 가능하고 서면에 의한 이의신청은 허용되는 것이 아니므로 채권자가 미리 이의신청서를 집행법원에 제출하였다고 하더라도 배당기일에 출석하지 아니하거나 출석한 경우에도 그 이의신청서를 진술하지 아니하였다면 이의신청을 하지 않은 것으로 되어 배당표에 대한 이의의 소를 제기할 수 없다.[355)] 그리고 배당이 실시되어 배당절차가

354) 大判 1999. 1. 26. 宣告, 98다 21946 參照.

종결된 이상 배당법원의 잘못으로 배당을 실시하였다 하더라도 배당이의의 소를 제기할 이익이 없다.[356]

넷째, 체납처분의 압류등기가 되어 있는 조세채권에 대하여 세무서장이 국세징수법 제56조에 따라서 경매법원에 대하여 국세의 교부를 청구하는 것은 민사소송법에 규정된 부동산경매절차에서 하는 배당요구와 성질이 같은 것이므로 국세의 교부청구도 배당요구와 마찬가지로 경락기일까지만 할 수 있으나, 경매부동산에 관하여 국세체납처분의 절차로서 압류의 등기가 되어 있는 경우에는 교부청구를 한 효력이 있는 것으로 보아야 하고, 이 경우 세 무서장이 경락기일까지 체납된 국세의 세액을 계산할 수 있는 증빙서류를 제출 하지 아니한 때에는 경매법원으로서는 당해 압류등기촉탁서에 의한 체납세액을 조사하여 배당할 수 있다.[357]

다섯째, 경락기일이 경과한 후에 한 교부청구를 한 조세채권은 국세징수법 제56조에 규정된 교부청구는 과세관청이 이미 진행중인 강제환가절차에 가입하여 체납된 조세의 배당을 구하는 것으로서 강제집행에 있어서의 배당요구와 같은 성질의 것으로 볼 것이고 구 민사소송법(1990.1.13. 법률제4201호로 개정되기 전의 것) 제605조 제2항에서 부동산에 대한 강제경매절차에 있어 배당요구를 경락기일까지만 할 수 있다고 제한한 취지는 환가대금에서 추심하려고 하는 채권액을 환가 전에 확정하여 과잉경매를 막고 배당절차에서 채권액의 증가로 인하여 생기는 절차지연과 혼란을 피하고자 하는 이유 때문이며 이러한 필요성은 그 채권이 조세채권이라고 하여 달라지는 것은 아니므로, 부동산강제경매절차에서 조세채권의 교부청구도 배당요

355) 大判 1981. 1. 27. 宣告, 79다 1846 參照.
356) 大判 1965. 5. 31. 宣告, 65다 647 參照.
357) 大判 1997. 2. 14, 宣告, 96다 51585 參照.

구와 마찬가지로 경락기일까지만 할 수 있다.[358)]

여섯째, 배당요구를 한 우선변제청구권이 있는 주택임차인의 임차보증금반환채권 임차인의 보호를 위한 주택임대차보호법의 취지에 비추어 볼 때 우선변제권이 있는 임차인은 임차주택의 가액으로부터 다른 채권자보다 우선하여 보증금을 변제받음과 동시에 임차목적물을 명도할 수 있는 권리가 있다 할 것이다. 따라서 주택임대차보호법 제3조의2 제2항에서 임차인은 임차주택을 양수인에게 인도하지 아니하면 경매 또는 공매시 임차주택의 환가대금에서 보증금을 수령할 수 없다고 한 것은 경매 또는 공매 절차에서 임차인이 보증금을 수령하기 위하여 임차주택을 경락인에게 명도하였음을 증명하는 서류을 제출할 것을 요구하는 것은 임차인의 주택명도의무가 보증금반환의무보다 선이행되어야 하는 것은 아니라 할 것이다. 원심이 피고의 원고에 대한 나머지 보증금 8,000,000원의 부당이득반환의무와 원고의 이 사건 건물부분 명도의무 사이에는 동시이행관계에 있다고 한 것은 정당하고 거기에 소론과 같은 법리오해의 위법이 없으므로 논지는 이유 없다.[359)]

3. 檢討

이상에서 고찰한 내용을 검토하여 보면 배당이의 판결은 적어도 부당이득반환청구와 관련하여 패소한 당사자가 받은 배당액의 존재를 확정하는 한도에서는 기판력이 생긴다고 보아야 할 것이며[360)] 실체적

358) 大判 1993. 3. 26. 宣告, 92다 52733 參照.
359) 大判 1994. 2. 22. 宣告, 93다 55241 參照.
360) 실체적 하자 있는 배당표에 기한 배당으로 인하여 배당받을 권리를 침해당한 자는 원칙적으로 배당기일에 출석하여 이의를 하고 배당이의의 소를 제기하여 구제받을 수 있고, 가사 배당기일에 출석하여 이의를 하지 않음으로써 배당표가 확정되었다고 하더라도, 확정된 배당표에 의하여 배당을 실시

하자 있는 배당표에 기한 후순위채권자에게 대한 배당은 법률상 원인 없는 배당으로서 부당이득이 된다고 본다. 왜냐하면 우선 형성소송이라 함은 절차법상 법률관계의 변동을 목적으로 하는 소를 의미하는 것이나 확정판결이나 이에 준하는 효력이 있는 것(예컨대 화해조서, 중재판결등)에 대한 취소를 구하는 소만을 의미하는 것은 아니므로 형성소송설에 의할 경우 반드시 배당표에 확정판결과 같은 효력이 있을 것이 전제되어야 하는 것은 아니라고 보기 때문이다.

그리고 부당이득반환청구에 대하여 대법원은 사안에 따라 긍정설과 부정설을 취하고 있는데, 긍정설을 취하는 대법원의 취지는 경매법원이 작성·확정한 배당표에 실체적 하자가 있다고 본 것이고 따라서 실체적 하자 있는 배당표에 기한 후순위채권자에게 대한 배당은 법률상 원인 없는 배당으로서[361] 부당이득이 된다고 해석하고 있다. 경매절차에서의 배당이의는 절차법상의 문제라고 할 것이므로 배당기일에 불 출석하였다고 하여 실체법상의 권리를 박탈하는 것은 당사자에게 가혹하다. 그리고 배당절차는 재판절차와 같이 실체적 권리의 존부와 우선권의 유무등을 심리하여 확정하는 신중한 절차가 아니라 배당이의의 소를 전제로 하여 등기부상의 기재와 각 채권자등이 제출하는 채권계산서 등의 권리외관에 따라 배당표를 작성하고 이에 따라 배당하는 비교적 간소한 절차이다. 특히 임차부동산의 중간임차인은 현행법상 주임법 제3조제1항, 제2항 또는 상임법 제3조 제1항, 제2항에 따른 대항력을 행사하여 경락인에게 대항할 수 없고 오로지 확정일자에 따른 우선변제권만을 주장할 수 있는데 이와 같은 임차인이 배당요구신청서를 첫 매각기일 이전까지 제출하지 않았다는 이유 만으로 배당

하는 것은 실체법상의 권리를 확정하는 것이 아니기 때문에 부당이득금반환청구의 소를 제기할 수 있지만, 배당표가 정당하게 작성되어 배당표 자체에 실체적 하자가 없는 경우에는 그 확정된 배당표에 따른 배당액의 지급을 들어 법률상 원인이 없는 것이라고 할 수 없다(大判 2002. 10. 11. 先姑, 2001다 3054 參照).

361) 한삼인, 判例民法, 育書堂 1998, 471面.

에서 제외시킨다면 바람직하지 않다고 본다. 이때는 부당이득반환청구를 특히 인정해야 할 것으로 본다. 다만 부당이득반환청구를 널리 인정한 경우 여러 채권자로부터 부당이득반환청구의 소가 중복하여 제기됨에 따라 판결의 저촉이나 법적 불안정이 유발될 수 있기 때문에 사안에 따라 적절히 판단해야 할 것으로 본다.

第4節 優先辨濟權과 對抗力 없는 賃借人의 立法論的 課題

상가건물임대차보호법은 영세임차인의 보호라는 시민운동차원에서 시작하여 국회의원들이 주도한 의원입법이었고[362] 이러한 연유로 상가임차인의 문제에 대해 체계적이고 균형 있는 접근보다는 상가임차인의 보호에 치중한 입법이었다고 보고 있다.[363] 예컨대 상가임차인의 보호를 위해 상가임대차의 공시방법이나 임차인의 계약갱신요구권 등의 새로운 제도를 수용하고, 주택임대차보호법상의 핵심적인 요소인 대항력, 보증금의 회수, 최우선변제권, 임차권등기과 같은 제도를 채택하고 있는 것을 보면 알 수 있다. 그리고 본법은 상가가 주택과는 엄연히 그 용도나 성질이 다른데도 불구하고[364] 주택임대차보호법의

---

362) 국회법제사법위원회는 2001년 12월 6일 법제사법위원회 대안으로 이전의 입법안들을 수정하여 본회의에 상정하였고, 국회 본회의는 국회법제사법위원회가 마련한 법률안을 그대로 의결하여 2001년 12월 29일 상가건물임대차 보호법을 법률 제6542호로 공포하게 되었다(蘇在先, 前揭 商街建物賃借人 保護法의 問題點과 改善方向, 27~28面).

363) 尹喆洪, 商街建物賃貸借保護法의 問題點, 비교사법, 2002. 4, 6~7面.

364) 독일은 주거용임대차와 영업용임대차의 차별화를 위해 1952년 6월 25일 영업용 건물임대차보호법(Gesetz zur Regelung der Miet und Pachtverhältnisse über Geschäftsräume und gewerblich genutzte unbebaute Grundstücke; Geschäftsraummietengesetz; GRMG)제정하여 23년동안 특별법으로써 상가임대차를 규율하는 규정으로 존속하였다. 동법은 상가와 영업용미건축지의 임대차관계에 대하여 임차인 보호법에 의한 임대료통제에 의하지 않고 시장원리에 따라 수용와 공급에 의한 임대료 형성을 보장하는 것이 주된 내용이다(林正平, 前揭 韓國不動産民法과 統一後 法律政策, 508面 ; 이상혁, 부동산임대차의 현대적 법리, 법문사, 1987, 38面 ; 법무부, 각국의 영업용 건물임대차 법제, 법무부 법무실 1996, 91-92面). 따라서 동법하에서의 영업용임대차는 사적자치의 원칙이 전면적으로 지배되어 당사자간의 합의가 적용된다. 이후 영업용건물임대차법은 1975년 민법전으로 일원화되어 폐지하게 되었고 동법상의 개념은독일민법(BGB)제565조제1항3호에 규정하였으며(Weitnauer, Das,Geschäftsraummietengesetz, Banz. Nr. 125 vom 2.7. 1952, S. 5) 상가의 임대차계약은 민법상의 임대차규정과 계약자유의 원칙, 당사자이익을 등을 고려하여 성립하고 있다. 독일민법(BGB)에서의 상가임대차의 내용을 보

규정을 그대로 따라 입법화하여 경매로 낙찰이 된 경우에는 중간임차권자의 보호에 대한 문제가 제기된다. 특히 상가는 주택과 달리 고액의 권리금이 수수되고 있는데도 이에 대한 직접적인 규정이 없고 경락인에게 대항할 수 없는 임차인은 오로지 경매절차에서 우선변제권만을 행사하여 보증금의 구제만을 기대할 것인데 민사집행법 제84조 제1항 및 제88조 제1항에서 제한을 가하여 이에 대한 입법적 개선방안이 필요한 실정이다.

면 첫째, 임차인의 의무는 임대지급(제535조 2문)과 목적물의 감독의무에 근거한 사용의무가 있다. 또한 계약합의에 의한 보험가입의무를 부담하고(보통약관규제접 제9조 근거), 임대인의 목적물 유지조치에 대한 수인의무가 있다(제541조 b조). 임대인은 임대목적물의 수선유지의무(제536조)와 장애물제거 및 방해제거의무(제541 a조, 제541 b조), 경업보호의무가 있다(Wolk · Eckert, Handbuch des gewerblichen Mieteund Pachtrechts, 4. Aufl, München, 1984, Rn. 9.) 둘째 임대차기간이 정해진 경우 기간경과로 임대차관계가 종료하고, 임대차기간의 합의가 없는 경우에는 선택권을 계약기간이 만료한 때까지 행사할 수 있다. 해약고지와 관련하여서는 해약고지기간의 합의가 없고 1/4의 기간이 경과한 경우(제565조 제1항 3호), 임차인이 부담해야 할 주의의무를 해태하여 목적물을 위태롭게 한 경우(제533조), 임차인이 차임을 2기동안 연체한 경우, 임차인의 중대한 과실에 기인한 계약의 위반의 경우등에서 해약고지가 가능하다. 임대차계약에 있어서 임차인은 계약상의 부수의무로 보증금과 임대려의 선불 또는 건축비보증금에 대하여 약정할 수 있도록 하고 있으나 이는 주거용 건물에만 해당하는 것으로 상가의 경우 명시적 규정이 없으므로 당사자간에 자유롭게 약정할 수 있다(소재선, 점포임대차보호법안의 문제점과 올바른 입법방안, 비교사법 제4권 제1호, 한국비교사법학회, 1997, 194면). 즉 독일에서는 건물임대차에 대해서는 주거용건물의 임대차에 관한 특별규정을 적용하지 않는다는 방법으로 양자를 구별하고 있다. 그리고 영국과 프랑스의 경우에는 주거의 목적과 영업이라는 목적이 서로 다르다는 것을 전제로 하여, 주거용 임대차와 다른 영업용 건물에 대한 별도의 특별법을 두고 있으며 일본의 경우에도 차가법에서 적용대상에 대해 직접적으로 규정한 명문규정은 없으나 조문에 따라 영업용 건물임대차인 경우에도 차가법의 적용대상이 된다고 주장하고 있다(澤野順彦, 借地借家 現代的 展望, 住宅新報社 1990, 330面 ; 有泉 亨, 借地借家硏究 比較法的 考察, 東京出版部 1958, 2面).

Ⅰ. 商街賃貸借保護法 第8條에 의한 賃借權의 消滅

1. 權利金 認定의 問題

상가건물임대차보호법 제8조에 의하여 임차권이 소멸하면 경락인에게 대항할 수 있는 임차인과 달리 경락인에게 대항할 수 없는 임차인은 존속기간이 남아 있더라도 임차부동산을 명도하여 주어야 할 뿐만 아니라 권리금도 주장할 수 없어 이에 대한 문제가 심각 한다. 권리금이란 장소적 이익의 대가, 거래선확보의 이익, 설비나 개축등 비용의 이익, 허가권등의 이용에 대한 대가 등 임차인의 영업상의 지위를 승계하는 대가등의 의미로 사용되는 것이 일반적이나[365] 아직 그 개념자체도 명확하지 않으며 권리금 액수를 산출하는 근거도 없이 상당히 넓게 인정되고 있다. 일반주거용 건물과 달리 영업용 건물에는 임차인이 영업활동을 위한 시설비를 투자하였고 그 외에도 경제활동을 통하여 형성된 영업권 등에 관하여 임대인과 임차인 사이에 다툼이 많은 실정이다. 권리금은 사회경제상 그만한 이유와 필요에서 거래되는 것이고 그 수수액은 여러 의미에서 수요와 공급의 불균형에서 파생되는 것이다. 권리금은 우리 사회에 있어 그 거래가 음성적으로 이루어지고 있는데 임대인은 임대차계약을 체결할 때 임차인이 권리금을 받는 것을 허용하지 않는다는 취지의 단서조항을 거래계약서에 쓰는 것이 일반적이다. 이는 임대인이 미래에 발생할지 모를 권리금에 대한 임차인간의 분쟁을 미연에 방지하기 위한 조치로 이용하고 있다. 그러나 임대인은 임차인들의 권리금 수수행위를 묵인 내지 방관하고 있는 것이 현실이며 오히려 임대차종료시 원상회복의무를 단서

365) 林正平, 前揭 債權各論, 406面 ; 蘇在先, 前揭論文 商街建物賃借人 保護法의 問題點과 改善方向, 38面 ; 吳政烈, 營業用建物의 賃貸借保護에 관한 연구, 동의대 대학원 博士論文, 2000, 160面.

사항으로 요구하고 있다.[366] 그리고 임대인이 건물을 신축하여 임차인에게 교묘한 수법으로 권리금을 직·간접적으로 수수하는 사례나[367] 임차인이 거액의 권리금을 지급하고 입주한 건물을 임대차기간이 만료하였음을 이유로 명도 요구하면서 새로운 임차인에게 권리금을 수수하는 경우[368]나 임대인이 직접 임차인이 설치한 시설은 고스란히 이용하여 영업을 하는 경우 등으로 권리금에 대한 분쟁은 계속되고 있다. 위와 같은 권리금 문제는 임차인이 건축주에게 이의를 제기하여도 별로 법적인 항쟁사유는 못되므로 이런 경우 쟁송으로까지 비화하지 않으나 임차인은 이때 임대소득세 관계의 탈세 등을 근거로 진정 등을 하여 임대인으로부터 약간의 금액을 받고 퇴거하는 예가 많고 상가로 널리 알려진 곳에서는 임대인들이 권리금의 수수를 대부분 인정하고 있는 경우도 있다.[369] 권리금은 보증금액보다 오히려 고액인 경우가 많은데도 임차인이 청구할 권리가 없고 오히려 원상회복의무가 강하게 작용하고 있다. 이는 임차인 보호를 위한 상가건물임대차보호법의 입법취지에도 반할 뿐 아니라 임대인이 가장채권자를 만들어 경매로 진행시킬 다음 본 목적물을 낙찰받아 권리금을 소멸시킬 수 있는 문제의 소지도 있게 된다. 상가건물임대차보호법은 위와 같

366) 金榮一, 賃貸借에 있어서 權利金을 둘러싼 제 問題, 裁判資料 第32輯, 法院行政處 1986. 11, 349面.

367) 윤철홍, 營業用建物賃貸借法(안)의 提案理由와 그 法律案, 營業用建物 賃貸借保護法 制定方向, 經濟正義 實現市民聯合 市民立法委員 1996. 10, 6面 ; "장래발전이 예상되고 영업용 건물이 부족한 곳에서 신축하는 建築主가 인근지역의 영업용 건물에 형성되어 있는 권리금 정도의 利益을 취하고자 연고자나 신뢰할 수 있는 제3자에게 임대한 것처럼 假裝하여 그자에게 권리금을 수수케 하는 형식의 권리금을 바닥 권리금이라 한다"라고 하는데 위와 같은 權利金을 賃貸人으로 부터 인정받지 못하고 임대차 계약을 체결하였다가 이후 임대인에게 그 權利金을 請求할 수 없는 문제가 발생한다.

368) 林正平, 前揭 韓國不動産民法과 統一後 法律政策, 526面 ; 賃貸人이 契約解止 後 賃借人의 營業과 동일한 業種을 경영하고자 할 때에는 賃借人에게 일정한 金額의 權利金을 認定할 必要性이 있다.

369) 吳政烈, 前揭論文, 78面.

은 문제들을 간접적인 방안으로 보완하기 위해 주택임대차보호법과 달리 제10조 제1항의 계약갱신요구권과[370] 제2항의 존속기간이라는 규정을 두고 있다. 그러나 입주와 동시에 경매가 이루어진 경우에는 1년 이내에도 경매가 종결되기 때문에 보호를 받을 수 없고 실질적으로 경락인에게 대항할 수 없는 중간임차권자는 보호를 받을 수가 없는 문제가 있다. 주택과 달리 상가는 초기자본이 많이 들어가고 정착이 될 때까지는 상당한 기간이 소요되는데도 불구하고 이에 대한 보완조치 없이 일괄적으로 '낙찰이 되면 소멸한다'라고 규정하고(상가건물임대차보호법 제8조) 있는 것은 특히 상가건물에 있어서는 많은 문제점이 앞으로 대두될 것으로 보여진다.

2. 優先買受權과 優先辨濟權 行使의 制限

(1) 優先買受權 行使의 制限

상가건물임대차보호법 제3조 제1항은 "상가 임차인이 건물이 인도와 사업자등록을 신청한 때에는 그 다음날로부터 대항력이 발생한다"라고 규정하고 있고 제2항은 "상가를 양수한 자는 양도인의 지위를 승계한다"라고 하여 채권인 임대차계약에 물권적 효력인 대항력을 인정하여 임차인을 보호하고 있다. 그러나 본 규정은 임차부동산이 경매되어 낙찰이 되었을 때는 상가건물임대차보호법

370) 2001년 8월 28일 국회 법제사법위원회의 상가임대차법 제정을 위한 공평회가 개최되기까지 2001년 한해 동안 국회에 상가임대차법과 관련한 5개의 법안이 제안되었다. 이러한 법률안 중에서 새로운 특별법안으로 발의한 네 가지 법률안들의 핵심 쟁정은 거의 대동소이한 것으로 여겨지며, 특히 이 법안들은 주택임대차보호법의 핵심 내용들을 거의 포함하고 있다. 이러한 이유에서 모 의원은 새로운 특별법안 대신에 주택임대차보호법의 개정안을 제안하였다. 이러한 모든 법률안에서 가장 특징적인 내용이라 할 수 있는 것은 계약갱신요구권이라 할 수 있다(尹喆洪, 民事特別法硏究, 法元社 2003, 266面).

제8조의 규정에 따라 임차권은 소멸하고 경락인에게 대항할 수 없는 임차권자는 적용을 받을 수 없는 문제가 있게 된다. 임차인 입장에서는 이때 직접 낙찰을 받거나 말소기준을 대위변제 할 수만 있다면 경락인에게 대항하여 권리금을 간접적으로 보호받을 수 있을 것인데 하는 생각을 가질 것이다. 그러나 전 설과 같이 임차인이 직접 낙찰을 받는 방안은 경쟁입찰에 의해야 하기 때문에 많은 어려움이 있을 것이다. 그렇다고 민사집행법 제140조와 같은 공유자의 우선매수제도를 경락인에게 대항할 수 없는 임차권자에게 그대로 적용하기에도 무리가 있을 것이라고 본다.

(2) 優先辨濟權 認定의 問題

확정일자에 따른 우선변제권이나 소액임차인 최우선변제권의 제정 목적은 경락인에게 대항할 수 없는 임차인에게 집행법원으로부터 우선변제권을 인정하여 경제적 약자인 임차인을 보호하기 위하여 제정하였으며 위와 같은 중간임차인은 경락인에게 대항할 수 있는 임차인과 달리 오직 우선변제권만을 행사하여 집행법원으로부터 보증금의 배당만을 기대하게 될 것이다. 그러나 경락인에게 대항할 수 없는 임차권자가 민사집행법 제84조 제1항 및 제88조 제1항에 따라 첫 매각기일 이전까지 배당요구신청을(민사집행법 제84조 제1항) 하지 않으면 임차권은 상가건물임대차보호법 제8조, 주택임대차보호법 제3조의 5규정에 따라 소멸하기 때문에 설사 배당순위가 우선한 확정일자 받은 임차인이나 소액임차인일지라도 우선변제권을 인정하지 않아 나중에[371] 부당이득반환청구나 명도도 거절할 수 없는 문제가 발생하게 된다. 실질적으로 경락인

371) 주택이나 상가건물의 임차인은 반드시 배당요구를 하여야만 배당을 받을 수 있다. 임차인이 설사 利害關係人으로서 權利申告를 한 경우에도 이를 配當要求로 볼 수 없으므로 다시 配當要求하여야 한다(法院行政處, 前揭 法院實務提要(民事執行Ⅱ), 424~425面).

에게 대항할 수 있는 임차인보다는 경락인에게 대항할 수 없는 임차인이 더 많고 그러한 임차인은 주택임대차보호법(제3조의 2 제2항 및 제8조) 과 상가건물임대차보호법(제5조 2항 및 14조)의 규정에 따라 당연히 그 권리를 행사할 것인데도 불구하고 우선변제권과 부당이득반환청구권이 상실 당하고 있는 것이다.

Ⅱ. 權利金의 保障

1. 權利金 返還

(1) 權利金의 概念과 그 返還의 法律關係

임대차관계에 있어서 임대인과 임차인, 임차인과 전차인 그리고 임차권의 양도인과 양수인 사이에 임차보증금이나 차임 이외에 권리금이란 명목으로 금전 기타 유가물이 수수되고 있음은 우리의 주변에서 흔히 일어나고 있는 현실이다. 우리법제하에서는 민법 기타 어느 법령에서도 직접적으로나 간접적으로 권리금의 개념을 규정하거나 이를 규율하는 규정은 없다.[372] 권리금의 개념은 법률상의 개념보다 사회상의 개념으로서[373] 실제거래계약에서 관행적으로 널리 쓰이고 있음에도 불구하고 무엇이 권리금이냐 하는 것 자체가 불명확할 뿐만 아니라 같은 권리금이라도 내용이 단순하지 아니하고 권리금에 대한 개념을 다루는 판례도 많지 않아 권리금의 개념 정립이 큰 과제로 남아 있다.[374] 부동산 사전은 "부동산

372) 하양명, 賃借權의 承繼에 따른 權利金의 支給實態 -商街의 實態를 中心으로- 裁判資料 제7집 法院行政處 1980. 8, 10面.

373) 機代 通・廣中俊雄, 新版註釋民法(15) 債權(6), 有斐閣 1989, 337面.

374) Weitnauer, Das Geschäftsraummietengesetz, BAnz. Nr. 125 vom 2. 7. 1952, S. 5; 독일민법에 있어서 영업용건물에 대한 임대차계약의 개념은 동

임대차에 있어서 차주가 대주에게 지불하는 일시금 외에 차주가 전임차인이 부설해 놓은 설비 기타 개축비용을 전임차인에게 지불하는 금액을 말한다"라고 정의하고 있다.375) 즉 권리금이란 임대차 목적 부동산의 사용·수익과는 별개의 장소적 이익, 설비나 개축 등 비용의 이익, 장소와 결부된 허가권 이용의 이익등의 대가로써 지급되는 것이라고 볼 수 있다.376)

임대차계약 당사자와 권리금 수수 당사자가 같은 경우에 임대차계약이 중도에 해지됨으로써 임대기간이 단축된 경우 권리금 전액을 받은 자의 손에 남겨두거나, 임대차계약 당사자와 권리금 수수 당사자가 다른 경우에도 권리금을 받은 자로부터 이를 건네주는 자에게 임대차의 일정기간을 임대인 측으로부터 확약보장 받기로 하는 약정이 있는 경우 임대차계약이 중도 해지되어 권리금의 반환을 도출할 수 없는 문제가 발생하였다면 임차인이 임대차계약의 중도해지를 예견하고 권리금을 지급한 것이 아니므로 부당이득의 문제가 생길 것이다.377) 또한 임차인이 영업을 활성화를 시켜 놓아 무형적인 이익을 많이 증가 시켜놓았는데 임대인이 업종을 변경시키지 않고 자영을 하여 임차인이 만들어 놓았던 영업권을 사용하고 있다면 이 또한 부당이득을 취하고 있다고 할 수 있을 것이다.378)

법 제580조에서 "주거용건물과 다른 건물"이라고 규정하고 있을 뿐이다. 다만 1952년 시행되었던 영업용건물임대차법에서는 "건축물의 구조나 설비에 따라 일정한 기간동안 거주목적이 아닌 특히 사업목적이나 직업목적에 기여하도록 정하여 졌거나 이러한 목적에 기여하는 건물(동법 제2조 1항)"이라고 정의하고 있다. 하양명, 前揭論文, 11面.

375) 금병대, 不動産 辭典, 經營文化院 1993, 58面.

376) 金榮一, 賃貸借에 있어서 權利金을 둘러싼 제문제, 裁判資料 제32집, 法院行政處 1986. 11, 337~338面 ; 林正平, 前揭 韓國不動産民法과 統一後 法律政策, 477面 ; 西村信雄, 土地法·建物法, 有斐閣 1991, 231面.

377) 金榮一, 前揭論文, 347面.

378) 池田浩一, 保證金·權利金, 現代契約法大系 第3卷, 有斐閣 1984, 34面.

(2) 權利金의 返還

1) 權利金 返還의 當事者

권리금 반환의 당사자는 임대인 또는 경락인과 임차인, 임차인과 전차인, 임대인 또는 경락인과 전차인 관계로 구분할 수 있을 것이다. 각각의 관계를 살펴보면, 우선 임대인은 권리금과는 상관없으므로 임차인이나 전차인으로부터 권리금 수수를 알고 있었다고 하더라도 임대인은 권리금 수수계약에서 당사자가 아니므로 권리금의 반환을 청구할 수 없는 것으로 본다.[379] 다만 권리금의 형태가 임료의 전불적 성격을 띤 권리금이라면 임차인으로부터 임대인에게 직접 수수되는 것이므로 임대차기간 만료전에 임대차계약이 해지되는 경우에는 잔여기간에 안분 된 부분의 권리금은 반환하여야 할 것이다.[380] 경락으로 인한 경우에는 낙찰자에게 주장할 수는 없고 악의로 경매를 진행시킨 경우에는 채무자를 상대로 민법 제578조 제3항에 따라 손해배상을 청구할 수 있을 것이다. 그리고 임차인과 전차인 사이는 진대차계약의 당사자일 뿐만 아니라 전대차계약에 수반하는 권리금 수수계약의 당사자이므로 전대차계약 자체의 해지시나 임대차계약의 해지로 전대차계약이 종료할 때에 임차인은 전차인에 대하여 권리금을 반환할 책임이 있을 것이다. 임차권을 양수받은 전차인은 임차인에 대해 약정한 내용대로 양도의 승낙이나 임대차계약의 갱신 등 임차권자의 지위를 승계받을 수 있도록 해줄 것을 청구할 수 있을 것이다.[381] 그리고 임대인은 전차인으로부터 권리금을 지급 받는 경우가 없으므로 그 반환책임이 없다고 본다. 임대인이 임차인의 교체를 승낙하였거나 임차권

379) 金榮一, 前揭論文, 348面.
380) 上揭論文, 348面.
381) 李銀榮, 前揭書, 471面.

의 양도를 승낙한 것은 임대차계약 자체의 승낙이지 권리금 수수의 승낙이라고 볼 수 없으며 설사 임대인이 전차인과 전대인 사이에 권리금 수수사실을 알았다 하더라도 임대차계약 해지시 전차인은 임대인을 상대로 권리금의 반환을 청구할 수 없다고 보는 견해가 있다.[382] 위와 같은 경우에 임대인이 전대차 계약에 동의를 하였다면 전차인은 상가건물임대차보호법 제10조에 제1항 및 제2항에 의한 계약갱신요구와 존속기간을 주장할 수 있을 것이다. 그러나 본 내용도 일반매매로 인한 경우에 전차인이 임대인에게 청구할 수 있는 것이지 목적물이 경매로 부쳐지게 된 경우에는 주장할 수 있는 경우와 주장 수 없는 경우로 구분되어 진다. 즉 낙찰자에게 대항할 수 있는 임차인은 임차권이 소멸하지 않기 때문에 권리금의 인수를 직접적으로 경락인에게 직접 주장할 수 없다고 할지라도 존속기간은 경락인에게 주장할 수 있어 간접적인 방법으로 권리금을 보호받는 형태가 될 것이다. 그러나 경락인에게 대항할 수 없는 임차인은 존속기간이 남아 있더라도 상가건물임대차보호법 제8조에 따라 임차권은 소멸하기 때문에 나머지 존속기간을 주장할 수 없는 문제가 발생할 것이다. 따라서 이에 대한 개선방안은 현행법으로는 한계가 있어 입법적인 과제가 필요하다.

2) 權利金과 附屬物買受請求權

정당한 사유로 임대차관계가 종료한 경우 권리금의 반환문제에 대하여 임대인은 처음부터 권리금에 대하여 관여하지 않아 임대차 종료시 권리금의 반환을 부인하고 유형적 영업설비에 대하여 최소한의 보상을 염두에 두고 있을 뿐이며, 이 보상마저도 법적 의무라기 보다 실력으로 명도를 거부하는 임차인에

382) 吳政烈, 前揭論文, 65面.

대한 회유책으로써 법적 쟁송에로의 이행을 기피 하려는데서 비롯된다고 한다.[383] 임대인은 경제적 약자인 임차인으로부터 그 부속물을 싼 가격으로 사서 신 임차인에게 고가로 매도하여 부당한 이득을 얻게 되는 결과가 되기 쉽다.[384] 이런 폐해를 제거하기 위하여 임차권의 양수인이 임대인으로부터 권리금의 동의를 얻어 이에 부속한 물건이 있는 때에는 임대차의 종료시에 임대인에 대하여 그 부속물의 매수를 청구할 수 있다고 보아야 할 것이다(민법 제647조 제1항, 제2항). 임차인의 부속물매수청구권은 투하자본의 회수를 위한 보장책으로서 미흡하여 매수청구권을 형성권으로 인정하고 있는데[385] 위와 같은 부속물매수청구권을 유형적 영업설비와 어떻게 조화시키느냐, 유형적 시설이외에 영업의 신용, 고객관계, 명성 등 무형적 요소도 권리금으로써 가치가 있을 때 이에 포함하여야 할 것인지가 문제된다.[386] 이에 대해 임차인의 임대인에 대한 매수청구권에는 유형적 재산상의 이익만을 지칭할 뿐 무형적 이익은 제외시킨다고 보고 있다.[387]

3) 權利金 返還金額과 返還時期

차임의 전불적 성격을 가진 권리금에 대하여는 그 반환액수의 문제는 단순한 것으로 보고 있다.[388] 권리금의 형태가 복합적인 어느 유형의 권리금은 반환이 가능할 것이나 다른 유형의

---

383) 이송희, 營業用建物의 賃貸借에 관한 硏究, 全州大學校 大學院 博士論文 2000, 148~149面.

384) 이기중, 賃借人의 附屬物買受請求權, 司法論集 13집, 法院行政處 1983, 111面.

385) 丘在君, 賃借人의 債務不履行으로 인한 賃貸借契約의 解止와 買受請求權, 法學論叢, 檀國大學校附設法學硏究所 2000, 225面.

386) 吳政烈, 前揭論文, 69面.

387) 김기선, 不動産賃貸借에 있어서의 保證金 및 權利金, 考試界 제293호 1981. 7, 53面.

388) 吳政烈, 前揭論文, 73~74面.

권리금은 반환될 수 없는 경우도 있는 것으로 보고 있다. 이렇 때는 수수금 권리금 가운데 유형별로 권리금을 분류하여 각 유형에 맞는 권리금을 산출한 다음 반환할 액수를 정할 수 있는 것으로 보고 있다.[389] 이렇듯 권리금의 액수를 정하는데는 권리금 발생요소에 대한 평가만이 아니라 새로운 임차인측에서 볼 때 임대인과의 임대차 계약기간이 어느 정도 확보될 수 있는가 하는 점도 작용할 수 있는 것으로 보고 있다.[390] 경매로 인한 경우에는 두가지로 나누어 생각할 수 있을 것이다. 첫째, 경락인에게 대항할 수 있는 임차인은 임차권이 소멸하지 않기 때문에(상가건물임대차보호법 제8조 단서)잔금을 지급한 날로부터 나머지 존속기간을 경락인에게 주장하여 권리금에 상당하는 금액을 영업기간에 따른 수익으로 대체할 수 있을 것이다. 둘째, 경락인에게 대항할 수 없는 임차인은 존속기간이 남아 있더라도 임차권이 소멸하게 된다(상가건물임대차보호법 제8조). 그리고 권리금 반환시기와 관련해서 일부견해는 권리금 수수 당사자와 임대차계약의 당사자가 일치하는 경우에는 권리금 반환채무는 계약종료시에 이행기가 도래했다고 보고 있다.[391] 임대계약기간이 만료할 때는 그 기간 만료시에 임대계약이 해지된 때는 해지의 효력이 발생한 때를 이행기로 보고 있으나 권리금 수수 당사자와 임대차 계약 당사자가 상이한 경우로서 임대기간 만료 이전에 임대차계약이 해지되었을 때는 임대차계약이 해지된 후 바로 권리금반환의 이행기라 할 수 없고 임대계약 해지사실을 권리금 상대방에게 통고한 때를 이행기로 보는 입장이다.[392]

---

389) 김영일, 前揭論文, 350面.
390) 吳政烈, 前揭論文, 74面.
391) 金榮一, 前揭論文, 350面.
392) 上揭論文, 350面

2. 判例의 態度

권리금 자체가 민법에 전혀 규정되어 있지 않은 까닭에 권리금 반환에 관한 다수의 분쟁이 있음에도 이에 대한 판례는 흔치 않다. 그러나 제한적이나마 권리금에 관한 판례가 나와 있어 주목된다.

(1) 우리나라 判例

첫째, 대법원 판결요지로서[393] "영업용 건물의 임대차에 수반되어 행하여지는 권리금의 지급은 임대차계약의 내용을 이루는 것은 아니고 권리금 자체는 거기의 영업시설·비품 등 유형물이나 거래처, 신용, 영업상의 노하우(know-how) 혹은 점포 위치에 따른 영업상의 이점 등 무형의 재산적 가치의 양도 또는 일정 기간 동안의 이용대가라고 볼 것인바, 권리금이 그 수수 후 일정한 기간 이상으로 그 임대차를 존속시키기로 하는 임차권 보장의 약정하에 임차인으로부터 임대인에게 지급된 경우에는, 보장기간 동안의 이용이 유효하게 이루어진 이상 임대인은 그 권리금의 반환의무를 지지 아니하며, 다만 임차인은 당초의 임대차에서 반대되는 약정이 없는 한 임차권의 양도 또는 전대차 기회에 부수하여 자신도 일정 기간 이용할 수 있는 권리를 다른 사람에게 양도하거나 또는 다른 사람으로 하여금 일정기간 이용케 함으로써 권리금 상당액을 회수할 수 있을 것이지만, 반면 임대인의 사정으로 임대차계약이 중도 해지됨으로써 당초 보장된 기간 동안의 이용이 불가능하였다는 등의 특별한 사정이 있을 때에는 임대인은 임차인에 대하여 그 권리금의 반환의무를 진다고 할 것이고, 그 경우 임대인이 반환의무를 부담하는 권리금의 범위는, 지급된 권리금을 경과기간과 잔

393) 大判 2002. 7. 26. 宣告, 2002다 25013 參照.

존기간에 대응하는 것으로 나누어, 임대인은 임차인으로부터 수령한 권리금 중 임대차계약이 종료될 때까지의 기간에 대응하는 부분을 공제한 잔존기간에 대응하는 부분만을 반환할 의무를 부담한다고 봄이 공평의 원칙에 합치된다"고 판시하여 임대차계약서상에 설사 "임대인이 권리금을 인정하거나 점포를 요구할시 권리금을 임차인에게 변제한다" 기재하였다고 하여도 임대인이 기간만료 후 당연히 권리금을 임차인에게 지급한 것으로는 보지 않겠다는 것이다. 그러나 다른 대법원 판결은[394] "임대차계약서상의 권리금은 임대인이 인정하되, 임대인이 점포를 요구시는 권리금을 임차인에게 변제한다, 라는 기재에 관하여, 임대인이 임차인에게 점포의 명도를 요구하거나 특별한 사유도 없이 점포에 대한 임대차계약의 갱신을 거절하고 타에 처분하면서 권리금을 지급받지 못하도록 하는 등 점포에 대한 임차인의 권리금회수를 방해하는 경우에는 임대인이 임차인에게 직접 권리금을 지급하겠다는 취지로 보일 뿐이고, 점포의 임대차기간이 만료된다고 하여 당연히 임차인에게 권리금을 지급하겠다고 약정한 것으로는 볼 수 없다고 하여, 임대차기간 만료를 이유로 한 임차인의 권리금 청구를 배척"하였다. 본 판례는 임대차계약서상에 권리금은 임대인이 인정하되, 임대인이 점포를 요구시는 권리금을 임차인에게 변제한다, 라고 기재한 경우에도 임대차기간 만료시 임대인이 당연히 임차인에게 권리금을 지급하겠다고 약정한 것으로 볼 수 없다고 보고 있다.

둘째, 권리금인정을 긍정하고 있는 하급심 판결로 서울지법은[395] "상가건물의 소유주인 임대인이 임차인으로부터 상가시설의 조성과 분양, 홍보 등을 위하여 개발비 명목으로 금원을 지급받은 경우, 이는 원래 건물주인 임대인이 부담하여야 할 상가조성비용

394) 大判 1994. 9. 9. 宣告, 94다 28598 參照.

395) 서울地法 1997. 12. 11. 宣告, 96가합 16204 參照.

을 임차인이 부담한 것으로서 임대인이 자신의 비용으로 상가를 조성한 후 임차인으로부터 개발비 상당의 권리금을 지급받은 경우와 같다는 이유로, 임대차계약 종료시 임차인에게 개발비 상당의 금원을 반환하여야 한다" 라고 판시하여 개발비 상당액을 임차인이 지출한 경우에는 그에 해당하는 금액을 권리금으로 인정하고 있다. 그리고 지법 판결로[396] "건물 소유자가 건물 부지의 소유자에게 건물을 철거하기로 약속한 기한이 6개월 이내임에도 건물 임대차계약을 체결할 당시 임차인이 임차기간을 갱신하여 계속하여 그 건물에서 영업을 할 수 있을 것이라고 기대한 사정 및 전 임차인에 대한 권리금 지불 사실을 알고 있는 건물 소유주가 그 건물이 곧 철거될 사실을 고지하지 않은 채 그 임대차계약을 체결함으로써 임차기간 만료 전에 임차인이 그 건물에서 퇴거하게 된 데 대하여, 건물주에게 그 권리금 상당의 손해배상책임을 인정하였다. 본 판례는 임대인이 임차인의 전 임차인에 대한 권리금 지불 사실을 알면서 건물이 곧 철거될 사실을 고지하지 않은 채 건물을 임대한 건물주에게 그 권리금 상당의 손해배상책임을 인정하여 최근 '바닥권리금'이라 하여 개발홍보비 명목으로 대형상가의 임대인이나 대리인이 받은 비용의 반환을 인정하고, 임대인이 건물철거를 알고 있으면서 고지 하지 않아 권리금의 회수가 불가능해 진경우에도 권리금에 대해 임대인이 책임을 져야 한다"라고 판시하고 있다. 그리고 청주지법[397] "갑·을·병이 공동출자하여 여관건물을 임차하고 전임차인(여관영업주)에게 시설투자비 명목의 권리금을 주어 여관영업을 양수한 이래 공동으로 여관경영을 하여 오다가 갑이 동업관계에서 탈퇴하고 을·병이 여관영업을 계속하고 있는 경우, 위 시설투자비 내지 권리금과 대가관계에 있는 영업상의 이

396) 서울地法 1997. 6. 10. 宣告, 96가합 70734 參照.
397) 大判 1993. 9. 17. 宣告, 92가단 11084 參照.

익을 을·병이 향유하고 있다고 할 것이어서 을·병으로 구성된 조합에 시설투자비에 상응하는 무형적 조합재산이 그대로 남아 있다고 봄이 상당하므로 을·병은 이에 대한 갑의 몫을 반환할 의무가 있다"라고 판시하여 권리금 인정을 부정하고 있다.

셋째, 권리금인정을 부정하고 있는 하급심 판결로 서울지법은[398] "이른바 권리금이라고 하는 것은 점포의 임차인이 다른 사람에게 점포의 임차권을 양도하는 경우에 그때까지 그 점포를 터전으로 하여 쌓아온 고객관계, 신용 등 무형의 재산가치와 장소적 이익 등의 대가를 임차권의 양수인으로부터 지급받는 성질의 것으로서 일반적으로 임차인이 임대인에게 권리금을 지급하였다든가 하는 특단의 사정이 없는 한 설사 임대인이, 임차인이 점포를 양수할 때에 권리금을 지급한 사실 및 그 점포의 양도양수시에 관행적으로 권리금이 지급되는 사실을 알고 있다고 하여도 그 사실만으로 바로 임대차계약의 종료시에 임차인이 임대인에게 그 지급을 구할 권리는 없다"고 보고 있다. 그리고 춘천지법도 권리금인정을 부정하는 판결을 하였는데[399] "일반적으로 권리금 중 특정영업을 위한 내부설비 및 집기 등 시설에 대한 대가로서 수수되는 성격의 권리금이라 함은 임차인이 특정영업을 위해 직접 내부설비 등을 구입 또는 시설하는 데 비용을 들이기 보다는 이에 대한 사용대가를 지급함이 보다 경제적이라고 보여지는 영업부문에서 통상 수수되는 것으로 그 대상이 되는 시설이라는 것이 사용에 의하여 쉽게 훼손 또는 소모되는 동산이거나 특정한 영업에만 필요한 특수시설이 대부분인 점과 임차인이 나중에 임대인의 동의를 얻어 이를 전대하는 경우에는 전차인으로부터 원래의 권리금 이상의 대가를 직접 받는 점에 비추어 임차인이 임대인에게 지급하는 시설비 명목

398) 서울地法 1987. 5. 29. 宣告, 86가합 6621 參照.
399) 春川地法 1992. 4. 22. 宣告, 91가단 3362 參照.

의 권리금은 임차기간동안 이러한 설비를 사용함에 대한 '사용대가'를 일시에 보상하는 성질 또는 훼손 등으로 인한 해제권의 소멸을 예정한 설비 '매매'의 성질을 가지는 것으로 보아야 하고, 따라서 위 임대차가 약정기간의 도래 전에 종료되었다든가 또는 임대인이 임대차 종료시에 위 권리금을 반환하기로 특약하였다든가 하는 등의 특별한 사정이 없는 한 임차인은 임대인에게 그 반환을 구할 수 없다"라고 판시하여 권리금인정을 부정하고 있다.

전체적인 판례의 입장은 원칙적으로 권리금은 인정하지 않으나 다만 그 사안에 따라 탄력적으로 인정하는 동향으로 나아가는 것을 알 수 있다.

(2) 日本의 判例

첫째, 일본 판례는 "건물의 임대차계약에서 장소적 이익의 대가라고 인정된 권리금을 지급한 경우에 약정기간 만료전에 임대차가 종료한 때엔 임차인은 잔속기간에 안분한 금액의 반환을 구할 수가 있다. 따라서 임대차계약이 정한 경우는 권리금은 위 기간중의 장소적 이익의 대가로서 지급된 것은 명백하다. 따라서 임대차계약기간이 기간 도중에 종료한 경우에는 계약성립시 내지 계약종료시 권리금을 반환하지 않는다는 뜻의 합의가 성립한 경우를 제외하고는 권리금의 일부는 반환함이 마땅하다".400)라고 보아 임대인이 권리금을 반환하지 않게 되면 부당이득을 취하게 되는 결과가 되어 공평의 이념에 반한다고 본다. 한편 권리금 수수를 조건으로 하는 임대차계약을 불법조건부 법률행위로 보아 전부무효로 보는 판결에401) 대해 일부견해는 조건부분만 무효라고 해석하는 주장도 있다.402) 그리고 임차권의 양도 및 전대에 대해서도 당사자 사이

400) 東京地判 1974. 11. 28, タイムズ 第2868號, 267面.
401) 東京高判 1952. 8. 19, 下級審民事判決輯, 3卷 8號, 115面.

에 권리금지급 사실이 있다 해도 전대 또는 임차권의 양도를 미리 승낙한 것이라고 볼 수 없다고 보고 있다. 이에 대한 판결을[403] 보면 "임대차 계약체결시 임대인이 임차인으로부터 권리금을 받은 사실 자체가 임차인의 임차권 양도나 전대를 승낙한 것으로 아니므로 임대인의 무단전대나 무단양도로 인해 임대인이 계약을 해제할 수 있다"고 보고 있다.

둘째, 권리금에 대한 반환시기에 대하여 일본판례는 권리금 수수 당사자와 임대차계약의 당사자가 일치하는 경우에는 권리금 반환채무는 계약종료시에 이행기가 도래했다고 보고 있으며 임대계약기간이 만료할 때는 그 기간 만료시에 임대계약이 해지된 때는 해지의 효력이 발생 한 때를 이행기로 보고 있다. 그러나 권리금 수수 당사자와 임대차 계약 당사자가 상이한 경우 임대기간 만료 이전에 임대차계약이 해지되었을 때는 임대계약이 해지된 후 바로 권리금반환의 이행기라 할 수 없고 임대계약 해지 사실을 권리금 상대방에게 통고한 때를 이행기로 보고 있다.[404]

3. 立法的인 方案

상가임차인의 권리금 보장의 해결방안은 현행법 체계하에서는 한계가 있어 다음과 입법적인 개선방안을 제시한다.

(1) 契約更新要求權과 存續期間延長에 의한 立法的 方案

위에서 살려본 바와 같이 우리의 대법원은 권리금 수수의 특약이 없는 한[405] 임차인은 임대인에게 권리금을 주장할 수 없도록

402) 石外克喜, 一部無效 관する 一考察, 民商法雜誌, 49卷, 6號, 1989, 827面
403) 東京高判 1965. 9. 13, 1962(ネ) 第1001號, 202面.
404) 東京地判 1974. 1. 28, 判例 タイムズ 第208號, 240面.

하고 있음에도 불구하고 일반적인 임대차계약에서는 권리금 수수가 계속되고 있는 실정이다.[406] 권리금 수수에 대하여 임대기간이 단축되는 경우 또는 임대인이 고액의 권리금을 임차인으로부터 받은 임대차에 있어서는 임차인에게 임차권을 양도할 기능을 준 것으로 보고 있다.[407] 판례는[408] "영업용 건물의 임대차에 수반되어 행하여지는 권리금의 지급은 일정 기간 동안의 이용대가라고 볼 것인바, 권리금이 그 수수 후 일정한 기간 이상으로 그 임대차를 존속시키기로 하는 임차권 보장의 약정하에 임차인으로부터 임대인에게 지급된 경우에는, 보장기간 동안의 이용이 유효하게 이루어진 이상 임대인은 그 권리금의 반환의무를 지지 아니하며, 다만 임차인은 당초의 임대차에서 반대되는 약정이 없는 한 임차권의 양도 또는 전대차 기회에 부수하여 자신도 일정 기간 이용할 수 있는 권리를 다른 사람에게 양도하거나 또는 다른 사람으로 하여금 일성기간 이용케 함으로써 권리금 상당액을 회수할 수 있을 것이지만, 반면 임대인의 사정으로 임대차계약이 중도 해지됨으로써 당초 보장된 기간 동안의 이용이 불가능하였다는 등의 특별한 사정이 있을 때에는 임대인은 임차인에 대하여 그 권리금의 반환의무를 진다"고 보아 권리금의 지급은 일정 기간 동안의 이용대가라고[409] 보고 있다. 권리금 분쟁의 발단은 사회경제상 그만한 이유와 필요에서 비롯되는 것이고 그 수액은 여러 의미에서 수요와 공급의 불균형에서 조절되는 것이다. 종국적으로 임차인 측에서 볼 때 그가 투자한 권리금 또는 권리금 발생요소에 대한 비용만큼 회수할 수 있을 정도의 충분한 존속기간을 보장해 주지 못하기 때문

---

405) 大判 1989. 2. 28. 宣告, 87다카 828 參照.
406) 林正平, 前揭 韓國不動産民法과 統一後 法律政策, 523面.
407) 郭潤直, 前揭 債權各論(民法講義Ⅳ), 389面.
408) 大判 2002. 7. 26. 宣告, 2002다 25013 參照.
409) 大判 2002. 7. 26. 宣告, 2002다 25013 參照.

에 발생하게 되는 것이다. 즉 임대기간이 충분하면 그 기간동안 영업을 하여 투자한 자본을 회수할 수 있겠지만 그렇지 않으면 권리금 등 투자한 비용에 상응하는 임대기간을 충분히 누리지 못하여 결국 문제가 되는 것이다. 앞에서 살펴보았듯이 프랑스는 임대차기간이 12년 이전에 체결하였는가 이후에 체결하는가에 따라 중간임차권자의 대항력 여부를 인정하고 일본도 민법 제602의 단기임대차인 경우에는 동법 제395조에 따라 중간임차권에게 대항력을 인정하여 어느 정도 간접적인 방향으로 권리금 문제를 해결하고 있다고 볼 수 있다. 그러나 우리나라는 중간임차권자에게는 대항력이 인정되지 않고, 외국과 달리 그 존속기간이 너무 짧을 뿐만 아니라, 존속기간 보장을 위한 상가건물임대차보호법 제10조 제1항과 제2항도 경락으로 인한 경우에는 적용되지 않는 경우도 있어 문제가 되고 있는 실정이다. 그렇다고 그 수수액을 법적인 규제에서 정하는 것은 악의의 소지와 현실성도 희박하기 때문에 어려움이 있을 것으로 보인다.[410] 따라서 권리금에 관한 약자, 임차인측의 권리보호는 그 기대하는 영업기간을 보장하는 측면의[411] 개선방안이 필요하다고 보아, 이에 대한 입법적인 과제로 현행법 상가건물임대차보호법 제8조를 제1항으로 개정하고 이어서 제2항에 "제1항의 경우 대항력 없는 임차권자는 계약갱신을 요구할 수 있다"라고 제정한다. 그리고 외국의 입법예와 비교하여 보아도 우리

---

410) 賃貸借契約을 체결시에 임차인이 고액의 權利金을 부담하면서도 賃貸借契約을 체결하는 이유는 임대인이 권리금을 회수할 수 있을 정도의 장기간 동안 임차한다는데 묵시적으로 동의해 준 것을 신뢰하기 때문일 것이다. 그러나 이러한 장기간의 계약기간에 대한 존속보장을 묵시적인 방법이 아니라 실정법상 强行規定으로 임차인에게 契約更新要求權을 인정하는 대신 임대인은 이에 대해 거절하지 못하도록 하여 임차인이 안전하게 장기간 동안 영업을 통한 보장으로 권리금이나 시설투자비용을 회수하는 방안을 강구할 수 있는데 외국의 입법예에서도 채택하고 있다(尹喆洪, 前揭書, 267~268面).

411) 蘇在先, 商街建物賃貸借保護法의 課題와 立法方案, 慶熙行政論業 第14卷 第1號, 2001, 138~139面.

나라 존속기간은 너무 짧고 존속보장을 위한 규정도 미약하다고 볼 수 있어 "임차인의 계약갱신요구권은 최초의 임대차기간을 포함한 전체 임대차기간이 10년을 초과하지 않는 범위 내에서 행사할 수 있다"라고 동법 제 10조 제2항을 개정하여 현실성 있는 기간동안 영업을 통한 수익금으로 권리금을 대체할 수 있는 간접적인 입법적 방안을 제기한다.

(2) 賃借人의 優先買受權에 의한 立法的 提示

민사집행법 제140조와 같은 공유자의 우선매수권제도를 경락인에게 대항할 수 없는 상가임차인에게도 인정케 하여 임차인의 권리금을 보호할 수 있는 방안을 강구하여 본다. 다만 현행법 민사집행법 제140조를 그대로 임차인에게 적용하기에는 무리가 있기 때문에 다음과 같은 입법적인 방안이 필요하다고 본다. 민사집행법 제140조의 2를 신설하여 제1항은 "상가임차인은 매각기일까지 제113조에 따른 보증금을 제공하고 최고가 매수신고가격과 동일한 금액으로 우선 매수 신고를 할 수 있다" 라고 규정하고 제2항은 " 제1항의 경우에 법원은 최고가 매수신고인과 임차인이 다시 입찰을 실시하여 최고가 매수신고자를 결정할 수 있다, "제3항은 "다만 전항의 규정에 따른 매수신고를 상가임차인이 하기 위해서는 경매개시결정 이전에 대항요건을 갖추어야 한다"라고 규정하여 경매개시결정일 이전에 대항요건을 갖춘 임차인에게만 우선매수권을 인정케 하고 설사 경매당일 임차인이 우선 매수권을 행사하였더라도 최고가 매수신고를 한자와 동일한 경매가액을 써낸 경우에는 다시 임차인과 공정한 경쟁입찰을 실시하여 그 중 최고가 매수신고를 한자를 최고가 매수신고인으로 결정하는 방향으로 입법적 방안을 제시하고 싶다. 이외 방법으로 임차인이 잔금지급일까지 말소기준권리자의 금액을 대위 변제하여 대항력 있는 임차인으로서의 권리를 경락인에게 행사하는 방안도 생각할 수 있을 것이다. 그러나 임차인의 대위변제 방안은 다음과 같은 점에서 한계가 있다고 보여진다. 우선 선순위 말소기준권리의 금액이 고액인 경우에는 임차인이 대위변제 할 수 없다는 점과 임차인이 잔금지급일 이전에 대위변제를 한 경우에는 집행법원이 불허가 결정을 하여야 한다는 점이다(민사집행법 제127조). 판례도[412] "선순위 근저당권의 존재로 후순위 임차권의 대항력이 소멸하는 것으로 알고 부동산을 낙찰 받았으나, 이후 선순위 근저당권의 소멸로 임차권의 대항력이 존속하는 것으로 변경됨으로써 낙찰부동산의 부담이 현저히 증가하는 경우에는 경락인으로서는 민사소송법 제639조 제1항의(민사집행법 제127조)유추적용에 의하여 낙찰허가결정의 취소신청을 할 수 있다"고 판시하고 있어 그 실효성에 한계가 있다. 따라서 위에서 살펴본 중간임차권자의 계약갱신요구권과 존속기간의 연장 또는 우선매수권 제도등의 입법적 과제가 상가임차인에게 권리금을 보호해 줄 수 있는 합리적 방안이 될 것이다.

4. 신법하에서의 권리금에 대한 문제

(1) 개요

최근 상가건물임대차보호법은 권리금에 관한 규정을 법제화하여 "권리금이란 임대차 목적물인 상가건물에서 영업을 하는 자 또는 영업을 하려는 자가 영업시설·비품, 거래처, 신용, 영업상의 노하우, 상가건물의 위치에 따른 영업상의 이점 등 유형·무형의 재산적 가치의 양도 또는 이용대가로서 임대인, 임차인에게 보증금과 차임 이외에 지급하는 금전 등의 대가를 말한다"(상임법 제10조의

412) 大判 1998. 8. 24. 宣告, 98마 1031 參照.

3 제1항)라고 정의를 밝히고 있다.

그러나 권리금은 유형적인 자산의 형태보다는 무형적인 존재가 많이 있는데 이를 권리금이라는 명목으로 법으로 입법하는 것은 많은 악용의 여지와 부작용, 사유재산권 침해의 소지가 많다는 지적이 많이 제기되고 있다.

(2) 방해금지의무와 손해배상

1) 의의

임대인은 임대차기간이 끝나기 3개월 전부터 임대차 종료 시까지 다음 각 호의 어느 하나에 해당하는 행위를 함으로써 권리금 계약에 따라 임차인이 주선한 신규임차인이 되려는 자로부터 권리금을 지급받는 것을 방해하여서는 아니 된다. 다만, 제10조제1항 각 호의 어느 하나에 해당하는 사유가 있는 경우에는 그러하지 아니하다임대인이 제1항을 위반하여 임차인에게 손해를 발생하게 한 때에는 그 손해를 배상할 책임이 있도록(상임법 제10조의4제1항 동법 제3항)권리금에 대한 법적 근거를 마련하였다

2) 방해금지의무 사항(제10조의4 제1항)

① 임차인이 주선한 신규임차인이 되려는 자에게 권리금을 요구하거나 임차인이 주선한 신규임차인이 되려는 자로부터 권리금을 수수하는 행위

② 임차인이 주선한 신규임차인이 되려는 자로 하여금 임차인에게 권리금을 지급하지 못하게 하는 행위

③ 임차인이 주선한 신규임차인이 되려는 자에게 상가건물에 관한 조세, 공과금, 주변 상가건물의 차임 및 보증금, 그 밖

의 부담에 따른 금액에 비추어 현저히 고액의 차임과 보증금을 요구하는 행위

④ 그 밖에 정당한 사유 없이 임대인이 임차인이 주선한 신규 임차인이 되려는 자와 임대차계약의 체결을 거절하는 행위

(3) 방해금지의무 면제사유

1) 의의

임대인의 재산권과 계약체결의 자유를 과도하게 침해하지 않기 위하여 임대인의 협력의무가 면제되는 사유로 크게 갱신거절 사유가 있는 경우(상임법 제10조의 4항 제1항 단서)와 임대인이 계약체결을 거절할 수 있는 정당한 사유도(상임법 제10조의 4 제2항) 함께 규정하고 있다.

2) 갱신거절사유(제10조제1항: 계약갱신 요구 등)

임대인은 임차인이 임대차기간이 만료되기 6개월 전부터 1개월 전까지 사이에 계약갱신을 요구할 경우 정당한 사유 없이 거절하지 못한다. 다만, 다음 각 호의 어느 하나의 경우에는 그러하지 아니하다.

① 임차인이 3기의 차임액에 해당하는 금액에 이르도록 차임을 연체한 사실이 있는 경우

② 임차인이 거짓이나 그 밖의 부정한 방법으로 임차한 경우

③ 서로 합의하여 임대인이 임차인에게 상당한 보상을 제공한 경우

④ 임차인이 임대인의 동의 없이 목적 건물의 전부 또는 일부를 전대(轉貸)한 경우

3) 계약거절사유(제10조의4 제2항)

다음 각 호의 어느 하나에 해당하는 경우에는 제10조의4 제1항제 4호의 정당한 사유가 있는 것으로 본다.

① 임차인이 주선한 신규임차인이 되려는 자가 보증금 또는 차임을 지급할 자력이 없는 경우

② 임차인이 주선한 신규임차인이 되려는 자가 임차인으로서의 의무를 위반할 우려가 있거나 그 밖에 임대차를 유지하기 어려운 상당한 사유가 있는 경우

③ 임대차 목적물인 상가건물을 1년 6개월 이상 영리목적으로 사용하지 아니한 경우

④ 임대인이 선택한 신규임차인이 임차인과 권리금 계약을 체결하고 그 권리금을 지급한 경우

Ⅲ. 優先辨濟權 行使方法의 立法論的 課題

민법·상법, 그밖의 법률에 의하여 우선변제청구권이 있는 채권자 중 주택임대차보호법이나 상가건물임대차보호법이 적용되는 임대차보증금채권(주택임대차보호법 제3조의2 , 8조, 상가건물임대차보호법 제5조, 제14조)은 우선변제권은 인정되나 등기가 되어 있지 않기 때문에 배당요구하지 않으면 그 채권의 존부나 액수를 알 수 없어 배당에서 제외한다는 견해가[413] 있다. 그러나 임차인이 배당요구신청서를 제출하지 않더라도 임차인의 임대차계약서와 확정일자 그리고 주민등록등본을 제출하였다면 임차인의 보증금액수나 대항요건 및 확정일자에 따른 우선변제권의 여부를 알 수 있을 것이며 더구나 집행관의 임대차현황조사보고서에 의하여 임대차관계는 매각기일 이전에 공시가 가

413) 法院行政處, 前揭 法院實務提要(民事執行Ⅱ), 424面.

능할 것이다. 그런데도 불구하고 경락인에게 대항할 수 없는 임차인의 유일한 구제수단인 우선변제권의 효력을 배당요구신청서 제출여부에 따라 우선변제권을 인정한다(민사집행법 제 84조 제1항, 제88조 제1항, 재민 84-10)는 것은[414] 주택임대차보호법 제3조의2 제2항 및 제8조, 상가건물임대차보호법 제5조 및 제14조의 입법취지와도 상반되며 임차인에게는 치명적인 재산권 상실을 발생케 한다.

그리고 민사집행법 제84조 제1항은 "경매개시결정에 따른 압류의 효력이 생긴 때(그 경매개시결정전에 다른 경매개시결정이 있은 경우를 제외한다)에 집행법원은 배당요구를 할 수 있는 종기를 첫 매각기일 이전으로 정하되 절차에 필요한 기간을 감안하여 정한다"라고 규정하여 경락기일까지 배당 요구할 수 있다는 구 민사소송법 제653 제1항의 문제점을 많이 보완하였다고 할 수 있지만 다른 한편으로는 그보다 더 중요한 우선변제권을 상실시키는 문제가 있다. 왜냐하면 경매로 진행되는 물건은 일반적으로 첫 매각기일에 경락이 되는 물건보다는 2회 정도 유찰이 된 이후에 경락이 경우가 더 많고 다른 관계로 경매가 진행이 되지 않은 때는 몇 년 후에 경락이 되는 경우도 있는데 굳이 첫 매각기일 이전까지 배당요구신청을 하도록 규정을 하여(민사집행법 제84조 제1항) 임차인의 우선변제권 기회를 박탈할 필요는 없는 것이다. 경매인의 입장에서 보아도 마찬가지이다. 경매인이 경매가액을 결정하기 있기 위해서는 경매기일날[415] 임차인의 배당요구신청 여부를 확인해야 하는데 반드시 첫 매각기일 이전에 확인하고 경매에 참여하는 것은 아니다. 첫 매각기일 이전보다는 2회 정도 유찰이 된 후, 아니면 더 이후에 확인 후 경매에 참여하는 경우도 많다는 점이다. 중요한 것은 경매실시 이전에만 경락인에게 대항할 수 있

414) 大判 2001. 1.15. 宣告, 2001다 11055 參照.

415) 여기서 競賣期日이란 민사집행법 제84조 제1항에서 지칭하고 있는 "매각기일" 또는 본 논문에서 일부 지칭하고 있는 "입찰기일"로 "경매인"도 "입찰자"와 동일한 개념으로 편의상 보기로 한다.

는 임차인의 배당요구신청서를 확인할 수만 있다면 충분하다는 것이다. 그런데도 불구하고 본 법 제84조 제1항은…"첫 매각기일 이전까지 할 수 있다"라고 규정을 하고 있다. 물론 민사집행법 제84조 제6항은 '특별히 필요하다고 인정하는 경우에는 배당요구의 종기를 연기할 수 있다'라고 보충적인 규정을 두고 있지만 본 규정도 추상적인 규정으로서 어느 사항을 특별히 연기할 수 있다고 볼 것인지 집행법원의 주관적인 판단에 따라 임차인의 우선변제권 여부를 판단할 수 있어 바람직하지 않다고 본다.

따라서 다음과 같은 입법이 필요하다고 본다. 민사집행법 제88조 제1항의 '집행력 있는 정본을 가진 채권자, 경매개시결정이 등기된 뒤에 가압류를 한 채권자, 민법, 상법, 그 밖의 법률에 의하여 우선변제청구권이 있는 채권자는 배당요구를 할 수 있다'는 규정을 '집행력 있는 정본을 가진 채권자, 경매개시결정이 등기된 뒤에 가압류를 한 채권자, 민법, 상법........경락인에게 대항할 수 있는 우선변제권자는 배당요구할 수 있다'라고 개정하고, 동법 제 84조 1항의 규정은 "........ 집행법원은 배당요구를 할 수 있는 종기를 매각기일 이전으로 정하여 통지한다"라고 개정하여 경락인에게 대항할 수 있는 우선변제권자와 경락인에게 대항할 수 없는 우선변제권자를 우선 구별하고, 경락인에게 대항할 수 있는 우선변제권 있는 임차권자는 첫 매각기일 이전이 아닌 매각기일 이전까지 배당요구신청서를 제출하면 배당을 받을 수 있고, 경락인에게 대항할 수 없는 우선변제요건을 구비한 임차권자는 실정법의 규정에 따라 배당을 해 주는 관계로 보아야 할 것이다. 따라서 중간임차권자는 배당요구신청을 하지 않았더라도 나중에 배당이의 소나 부당이득반환청구에 의하여 보호받을 수 있어야 할 것이다.

第3章 競落人에게 對抗力 있는 賃借人의 保證金 優先辨濟權

임차인이 임차주택 및 상가건물에 관하여 대항요건을 구비하고 임대차계약서에 확정일자를 갖추거나(주임법제3조의2 제1항,상임법 제5조 제1항), 소액임차인(주임법 제8조, 상임법 제14조)의 요건을 갖추고 있는 경우 임차인은 우선변제청구권을 취득한다. 그런데 위와 같은 임차인이 경락인에게 대항할 수 있는 요건까지 갖추게 된 경우 두가지 권리가 병존할 수 있는지 또는 존속기간이 만료하기 전에 대항력과 우선변제권을 선택적으로 행사할 수 있는지 여부와 관련하여 많은 논란이 있어 왔다. 그리고 주택임대차보호법 제3조의 2 제1항 단서가 "임차인이 당해 주택의 양수인에게 대항할 수 있는 경우에는 임대차가 종료된 경우가 아니면 보증금의 우선변제를 청구하지 못한다"고 규정하고 있어 이 규정의 해석과 관련하여 임차인의 기간 만료 전 보증금 우선변제청구를 인정할 수 있는지, 인정한다면 그 근거는 어떻게 해석할 것인지가 문제가 되어 왔다.[416] 그런데 제3차 개정 주택임대차보호법은 위 조항을 삭제하고 대신 제3조의 5를 신설하여 "임차권은 임차주택에 대하여 민사소송법에 의한 경매가 행하여진 경우에는 그 임차주택의 경락에 의하여 소멸하다"고 규정하고 있다. 이러한 개정법 하에서 해석상 문제가 있는 내용은 없는지 아래에서 살펴보도록 한다.

---

416) 閔日榮, 前揭論文 對抗力 있는 住宅賃借人의 賃貸借期間 滿了 전의 配當要求, 137面 ; 張誠元, 前揭論文, 79面.

第1節 對抗力 있는 賃借人의 優先辨濟請求權 竝存 여부

Ⅰ. 槪說

주택임대차보호법 및 상가건물임대차보호법에 의하면 임차주택이나 상가건물에 임차인이 대항요건을 구비하고 확정일자를 갖추거나(주임법제3조의2 제1항, 상임법 제5조 제1항), 소액임차인의 최우선변제요건에(주임법 제8조, 상임법 제14조) 해당되면 집행법원에서 보증금을 배당 받을 수 있도록 하고 있다. 주택임대차보호법 제1차 개정으로 소액임차인에게 최우선 변제권을 인정한 후 학자들간에 대항력 있는 소액임차인에게도 대항력이 있는지, 대항력과 우선변제권이 모두 겸유하고 있다면 두 권리의 관계에서 선택적으로 행사할 수 있는지 많은 논란이 있었다.[417] 긍정설을 취하는 견해가 다수설적인 입장이었지만 제2차 주택임대차 보호법 제3조 2의 신설에 따른 확정일자 제도가 입법되면서 다시 부정설이 등장하였고, 이후 제3차 주택임대차보호법 제3조의 5가 입법되었다.

Ⅱ. 學說의 對立

1. 肯定說

이 설은 주택임대차보호법의 대항력에 관한 규정과 우선변제권에 관한 규정은 모두 임차인의 보호를 위한 것이므로 각 규정을 둔 취지에 비추어 볼 때 각각의 요건을 모두 갖춘 임차인은 두 권리를 병존

417) 閔日榮, 前揭論文 對抗力 있는 住宅賃借人의 賃貸借期間 滿了 전의 配當要求137面 ; 박해식, 前揭書, 503面.

하고 있는 것으로 보아야 한다는 설이다.[418] 이 견해에 의하면 소액임차인은 최우선변제권을 먼저 행사해야 하며, 임차인이 고의나 과실로 우선변제권을 행사하지 아니한 경우에는 대항력도 주장할 수 없다고 보는 견해이다.[419] 그 근거는 비록 주택임대차보호법이 소액보증금의 최우선변제권을 영세임차인 보호라는 정책적인 목적에서 인정하고 있으나 임차인이 그 권리행사를 해태하여 경락인에게 불측의 손해가 생기는 경우까지 임차인을 보호하는 것은 지나친 것이므로 신의성실의 원칙상 고의나 과실로 최우선변제권을 행사하지 아니한 경우 대항력을 배제하여야 하여야 한다는 견해이다.

제3차 주택임대차보호법이 개정된 이후에도 다양한 학설이 등장하고 있는데, 우선 제1설의 견해는 주택임대차보호법이 임차인에게 대항력 및 우선변제권을 인정하고 있는 취지와 그 요건이 서로 상이한데 두 요건을 모두 갖춘 경우에 어느 하나만 인정한다고 볼 합리적인 근거를 찾기 어렵고, 판례가 1986. 7. 22. 선고 86다카 466 이후 일관되게 긍정설을 취하고 있고, 제3차 주택임대차보호법이 개정되면서 "보증금이 전액변제되지 아니한 대항력 있는 임차권은 낙찰에 의하여 소멸하지 않는다"는 제3조의 5단서가 신설된 현행법 하에서는 양자가 더욱 병존한다고 보아야 한다고 주장하고 있다.[420] 그리고 제2설은 대항력과 우선변제권의 병존에 대해서는 긍정설을 취하지만 우선변제권은 없고 대항력만 있는 임차인"이 있을 경우 어떻게 될 것이냐를 문제삼고 있다.[421] 예컨대 우선변제권도 없는 임차인에게 배당요구를 할

418) 吳容鎬, 前揭論文, 353~354面 ; 李宙興, 주택임대차보증금 회수를 위한 우선변제권의 행사와 경매절차상 取扱, 법조 1994. 11, 47面 ; 河慶一, 실무 경매와 주택임대차보호법, 1987, 393面 ; 최한수, 경매절차에 있어서 임차인의 지위(주택임대차보호법 관한 판례), 사법행정 1997, 5, 57面.

419) 李在性, 住宅賃貸借保護法 제3조와 競落人의 住宅明渡請求, 辯護士ⅩⅦ, 大韓辯護士協會 1987, 261面.

417) 閔日榮, 住宅賃貸借保護法上의 對抗力과 優先辨濟權의 相互關係, 저스티스 韓國法學院(제33권 제2호) 2000, 39面.

421) 崔漢洙, 前揭論文, 58面.

것을 요구하는 것이 타당한 것인지, 설사 배당요구를 한다 하더라도 얼마에 낙찰을 받을 수 있을 것인지를 쉽사리 예상할 수 없기 때문에 경매에 응하려는 자로서는 여전히 합리적인 경매가격을 산출할 없다는 점을 제기하고 있다.422) 결국 이와 같은 해석은 대항력과 우선변제권의 관계에 관하여 병존설을 긍정하면서도 우선변제권을 먼저 행사하여야 하는 것으로 보는 입장이다.423) 제3설은 제3차 개정된 현행 법률에서는 경매에 의해서도 임차권이 소멸하지 않는 경우로서, "보증금 전액이 변제되지 아니한 대항력 있는 임차권"이라고 규정하고 있는데 여기서 "보증금이 전액 변제되지 않은 경우"란 임차인이 경매절차에서 적법한 배당요구를 하였으나 보증금 전액에 대해 배당을 받지 못한 경우를 의미하는 것인지, 또는 적법한 배당요구를 하였는지 여부와 관계없이 보증금 전액을 변제받지 못한 경우를 의미하는 것인지에 대하여는 이견을 제시하고 있다.424) 연혁적인 측면에서 살펴본다면 개정법은 전자와 같이 해석할 여지가 있기 때문에 임차권은 경락에 의하여 소멸하는 것으로 보아 비롯 대항력을 갖춘 경우에도 우선변제권을 먼저 행사하여야 하고 다만 우선변제권을 행사한 후에도 배당받지 못한 금원이 있을 경우 비로소 대항력을 행사할 수 있는 것으로 보아야 한다는 것이다.425) 배당요구를 하지 않아 배당을 받지 못한 경우라든가 배당요구를 철회한 경우 등에는 대항력도 행사할 수 없는 것이라고 보아야 한다는 것이다. 결국 이와 같이 해석을 하면 경매에 참여하려는 자로서는 대항력을 갖춘 임차인이 원칙적으로 우선변제권을 행사할 것을 예상할 수 있으므로 특단의 사정이 없는 한 경락 후 자신이 추가 부담하여야 할 임차보증금은 존재하지 않는 것으로 분석한 후 경매가격을 결정해야 한다는 것이다.426) 결국 대항력과 우선변

422) 上揭論文, 58面.
423) 上揭論文, 58面.
424) 金濟完, 前揭論文, 245面.
425) 上揭論文, 245~246面.

제권의 관계에 대해서 우선변제권을 먼저 행사해야 하는 것으로 보아야 하기 때문에 임차인으로서는 우선변제권과 대항력을 선택적으로 행사할 수 있다는 종전의 대법원 판례는[427] 변경되어야 하고[428] 이와 같이 상당기간 확립된 종전의 대법원 판례에 기초해 형성된 국민들의 상식 내지 거래관행에 혼란을 초래할 수 있다는 문제점이 개정 제3차 주택임대차보호법에도 내재하고 있어 대항력과 우선변제권의 경합문제는 여전히 대립이 하고 있다.[429]

2. 否定說

(1) 優先辨濟權 否定說

대항력 있는 소액임차인에게는 임대차계약의 종료여부를 불문하고 우선변제청구권을 부정하여야 하며 경락인에 대해 임차권의 인수를 주장할 수 있을 뿐이라는 견해이다.[430] 그 근거는 소액보증금 우선변제권 제도는 대항력 있는 임차인을 특별히 보호하고자 하는 것이 아니고 오히려 대항력 없는 소액임차인을 보호하고자

---

426) 金濟完, 前揭論文, 247面.

427) 大判 1993. 12.24. 宣告, 93다 39676 參照; 임차인의 보호를 위한 주택임대차보호법 제3조 제1항, 제2항, 제3조의2제1항, 제2항, 제4조 제2항, 제8조 제1항, 제2항 규정들의 취지에 비추어, 위 규정의 요건을 갖춘 임차인은 임차주택의 양수인에게 대항하여 보증금의 반환을 받을 때까지 임대차관계의 존속을 주장할 수 있는 권리와 보증금에 관하여 임차주택의 가액으로부터 우선변제를 받을 수 있는 권리를 겸유하고 있다고 해석되고, 이 두 가지 권리 중 하나를 선택하여 행사할 수 있다.

428) 對抗力을 갖춘 임차인이 배당요구를 한 경우대항력을 포기하는 것인가에 관하여 對抗力의 拋棄를 인정하되 이는 절대적 포기가 아니라 조건부 포기, 즉, 임차인이 배당절차에서 임차보증금을 전액 변제받지 못할 것을 解除條件으로 하는 條件附 拋棄라고 하여야 한다(金濟完, 前揭論文, 247面 ; 張誠元, 前揭論文, 85面).

429) 金濟完, 前揭論文, 245～247面.

430) 尹天熙, 前揭論文, 50面.

입법한 것이고, 소액임차인에 대하여 대항력이 인정되고 있고 대항력만으로 임차인의 보호에 지장이 없으므로 최우선변제권을 부정하고 대항력만을 인정해야 한다는 것이다. 즉 소액임차인에 대하여 최우선변제권을 인정하지 않아도 경락인에게 그 임차권이 인수됨으로써 임차인은 충분히 보호되고, 오히려 최우선변제권을 인정함으로써 다른 배당채권자들에게 예측하지 못한 손해를 입힐 우려가 있으므로 대항력만을 인정해야 한다는 것이다.

(2) 新 優先辨濟權 否定說

주택임대차보호법 제2차 개정에서는 "주택임차인이 대항요건과 임대차계약증서상의 확정일자를 갖춘 임차인은 임차부동산이 경매된 경우 임차주택(대지 포함)의 환가대금에서 후순위권리자 기타 채권자 보다 우선하여 보증금을 받을 권리가 있으며 이때 임차인이 당해 주택의 양수인에게 대항할 수 있는 경우에는 임대차가 종료된 후가 아니면 보증금의 우선변제를 청구하지 못한다"고 하여 제3소의 2 제1항을 신설하였고 이 후 등장한 학설이 대항력 있는 임대차는 그 종료여부에 관계없이 우선변제권을 부정하자는 견해이다.[431] 그 근거는 우선변제권은 임대차관계가 소멸된 것을 전제로 보증금의 반환을 구하는 권리임에 반하여, 경락인에 대한 대항력의 주장은 임대차관계의 존속을 전제로 경락에도 불구하고 목적물을 점유·사용하고 그 후 임대차관계가 종료되면, 경락인에게 임차보증금의 반환을 청구할 수 있는 권리로 양자는 서로 양립할 수 없는 관계에 서 있으므로 양자 중 어느 하나를 선택하여 이를 행사한 경우에는 다른 권리는 행사할 수 없도록 하여야 한다는 것이다.[432] 더 나아가 양 권리는 어느 것을 행사하느냐에 따라 이해

431) 李均釜, 대항력 있는 주택임차인의 우선변제권 행사, 민사판례연구 XIX, 1997, 144~204면 ; 李銀熙, 前掲論文, 155面.

관계인에게 상반된 영향을 미치는 바 임차권자가 우선변제권청구권을 주장하는 경우에는 임차권은 소멸되었으므로 경락인은 임차권의 부담이 없는 경매 목적물을 취득하게 되고 임차인이 우선변제 받아 간 보증금만큼 후순위권리자가 배당받지 못하는 부담을 받게 되고, 반대로 경락인에 대하여 임차권의 대항력을 주장하는 경우에는 경락인은 임차권의 부담을 인수하여 임대차가 존속하는 기간동안에는 당해 목적물을 사용할 수 없을 뿐만 아니라 임대차 종료된 후 임대보증금을 반환하여야 하는 부담을 인수하게 된다. 그러나 경매에 참가한 후순위 권리자들은 경매대금에서 보증금을 공제 당함이 없이 배당을 받을 수 있게 된다. 결국 임차인이 위 양 권리중 어느 것을 행사하는가에 따라 경락인과 후순위권리자는 반대의 이해관계를 갖게 된다는 점에서 우선변제권을 부정하고 있다.[433] 그리고 주택임대차보호법 제 2차 개정으로 제3조의 2의 1항이 입법된 것은 중간임차인이 경락인에게 대항할 수 없는 경우 경락대금에서 물권과 동등한 효력으로 우선변제권을 인정하고자 하는 취지에서 신설된 것인데[434] 임대차기간이 만료되지 아니한 임차권자에게 위 양자의 권리를 겸유할 수 있게 한다면 폐해의 폭

432) 李均釜, 前揭論文, 144~204面.

433) 李均釜, 前揭論文, 162面.

434) 예컨대 낙찰대금이 10억에 된 경우 1순위 저당권이 1억원 이후에 대항요건을 갖춘 임차인이 1억 그 이후에 담보권을 설정한 자가 1억원이 있는 경우 담보물권자 들은 모두 우선변제권이 있어 낙찰대금으로부터 변제를 받을 수 있지만 중간임차인은 우선변제권이 없기 때문에 낙찰금액이 위와 같이 높게 되었다고 하더라도 변제를 받지 못하고 결국 채무자가 나쁜 마음을 가지고 배당금을 수령하고 도망갔다면 임차인은 속수무책이 되어 버린다. 나중에 임차인은 경락인에게 보증금의 인수를 주장할 수 없어 집행관에게 의해 내쫓기는 문제가 발생하게 된다. 그런데 위와 같은 임차인이 경락인에게 대항력과 우선변제권이 있는 임차인보다 많다는 것이 더욱 문제가 되고 있는 것이다. 그래서 신설된 것이 제3조의 2의 제1항으로 임차인이 계약서에 확정일자를 받으면 물권과 동등한 순위로서 우선변제권을 인정하게 된 것이다. 즉 확정일자 제도는 원칙적으로 보면 위와 같은 경우 중간임차인을 보호하고 입법화 한 것으로 보아야 할 것이다.

이 크며[435] 제한적으로 해석하여야 할 임차인의 선택권을 오히려 확장 해석하여 재산법 체계를 흐트려 폐해를 자초하고 있으며, 대항력있는 임차권의 존재라는 부담을 인수하는가 아니면 그 부담이 소멸하는가 하는 문제는 경매절차에서 매각조건에 관한 것인데 기간 만료외의 사유로 임대차가 종료된 경우에 임차인의 일방적인 의사에 따라 우선변제권을 인정하게 한다면 매각조건변경에 관한 민사소송법 제622조[436]에도 위배된다고[437] 부정을 하고 있다.

---

435) 韓鎬亨, 競賣의 진행과 對抗力 있는 住宅賃借權의 관계, 民事判例研究(제12집), 博英社 1999, 307~308面 ; 대판 1996. 7. 12. 선고 94다 37646 공보 1996. 9. 1., 2458면; 임대차의 목적물인 주택이 경매되는 경우에 대항력을 갖춘 임차인이 임대차기간이 종료되지 아니하였음에도 경매법원에 배당요구를 하는 것은, 스스로 더 이상 임대차관계의 존속을 원하지 아니함을 명백히 표명하는 것이어서 다른 특별한 사정이 없는 한 이를 임대차해지의 의사표시로 볼 수 있고, 한편 민사소송법 제606조 제1항은 배당요구 사실을 경매법원이 채무자에게 통지하도록 규정하고 있고 제728조가 담보권실행을 위한 경매에도 준용하고 있으므로, 경매법원 이 위 법조에 정한 바에 따라 임대인에게 배당요구 사실의 통지를 하면 결국 임차인의 해지의사가 경매법원을 통하여 임대인에게 전달되어 그 때 해지통지가 임대인에게 도달된 것으로 볼 것이니, 임대차관계는 그 배당요구 통지의 임대인에 대한 도달 즉시 해지로 종료된다. 따라서 임차주택이 임대차기간의 만료전 에 경매되는 경우에 대항력 있는 임차인이 배당요구를 하고 그 배당요구의 통지가 임대인에게 도달하였다면 임대차관계는 이로써 종료되어 주택임대차보호법 제3조의2 제1항 단서에 해당하지 않게 되므로, 임차인에게 같은 법조 제1항 본 문 또는 제8조 제1항에 의한 우선변제권을 인정하여야 한다.

436) 구민사소송법 제5편 강행집행편은 2002년 7월1일부터 시행되고 있는 새로운 민사집행법으로 입법화되었고 구민사소송법 제622조의 내용은 새로운 민사집행법에 제110조에서 규정하고 있다. 구 민사소송법과 다른 내용은 제2항의 "합의에 의한 매각조건의 변경을 경매기일에서 배당요구의 종기"까지 할 수 있도록 변경하였다.

437) 李均釜, 前揭論文, 163面.

Ⅲ. 判例의 態度

대법원은 이와 관련하여 다음과 같은 판시를 하고 있다. 첫째, 대법원은 "주택임대차보호법 소정의 요건을 갖춘 임차인은 임차인의 보호를 위한 동법의 취지에 비추어 볼 때, 임차주택의 양수인에게 대항하여 보증금의 반환을 받을 때까지 임대차관계의 존속을 주장할 수 있는 권리와 소액의 보증금에 관하여 임차주택의 가액으로부터 우선변제를 받음과 동시에 임차목적물을 명도할 수 있는 권리를 겸유하고 있다고 해석된다"라고 판시하고 있다.[438)]

둘째, 대법원 판례에 의하면 "주택임대차보호법 제4조 제1항은 같은 법 제10조의 취지에 비추어 보면 임차인의 보호를 위한 규정이라고 할 것이므로, 위 규정에 위반되는 당사자의 약정을 모두 무효라고 할 것은 아니고 위 규정에 위반하는 약정이라도 임차인에게 불리하지 아니한 것은 유효하다고 풀이함이 상당한바, 임대차기간을 2년미만으로 정한 임대차의 임차인이 스스로 그 약정임대차기간이 만료되었음을 이유로 임차보증금의 반환을 구하는 경우에는 그 약정이 임차인에게 불리하다고 할 수 없으므로, 같은 법 제3조 제1항 소정의 대항요건(주택인도와 주민등록전입신고)과 임대차계약증서상의 확정일자를 갖춘 임차인으로서는 그 주택에 관한 저당권자의 신청에 의한 임의경매절차에서 2년 미만의 임대차기간이 만료되어 임대차가 종료되었음을 이유로 그 임차보증금에 관하여 우선변제를 청구할 수 있다"[439)]고 한다.

셋째, 대법원은 "임차 주택의 양수인에게 대항할 수 있는 임차권자라도 스스로 임대차 관 계의 승계를 원하지 아니할 때에는 승계되는 임대차관계의 구속을 면할 수 있다고 보아야 하므로, 임차주택이 임

---

438) 大判 1987. 2. 10. 宣告, 86다카 2076 參照.
439) 大判 1995. 5. 26. 宣告, 95다 13258 參照.

대차기간의 만료 전에 경매되는 경우 임대차 계약을 해지함으로써 종료시키고 우선변제를 청구할 수 있다. 그 경우 임차인에게 인정되는 해지권은 임차인의 사전 동의없이 임대차 목적물인 주택이 경락으로 양도됨에 따라 임차인이 임대차의 승계를 원하지 아니할 경우에는 스스로 임대차를 종료시킬 수 있어야 한다는 공평의 원칙 및 신의성실의 원칙에 근거한 것이므로, 해지통고 즉시 그 효력이 생긴다. 임대차의 목적물인 주택이 경매되는 경우에 대항력을 갖춘 임차인이 임대차기간이 종료되지 아니하였음에도 경매법원에 배당요구를 하는 것은, 스스로 더 이상 임대차관계의 존속을 원하지 아니함을 명백히 표명하는 것이어서 다른 특별한 사정이 없는 한 이를 임대차해지의 의사표시로 볼 수 있고, 한편 민사소송법 제606조 제1항은 배당요구 사실을 경매법원이 채무자에게 통지하도록 규정하고 있고 제728조가 담보권실행을 위한 경매에도 준용하고 있으므로, 경매법원이 위 법조에 정한 바에 따라 임대인에게 배당요구 사실의 통지를 하면 결국 임차인의 해지의사가 경매법원을 통하여 임대인에게 전달되어 그 때 해지통지가 임대인에게 도달된 것으로 볼 것이니, 임대차관계는 그 배당요구 통지의 임대인 에 대한 도달 즉시 해지로 종료된다. 따라서 임차주택이 임대차기간의 만료 전에 경매되는 경우에 대항력 있는 임차인이 배당요구를 하고 그 배당요구의 통지가 임대인에게 도달하였다면 임대차관계는 이로써 종료되어 주택임대차보호법 제3조의2 제1항 단서에 해당하지 않게 되므로, 임차인에게 같은 법조 제1항 본 문 또는 제8조 제1항에 의한 우선변제권을 인정하여야 한다"는 입장을 취하고 있다.[440]

---

440) 大判 1996. 7. 12. 宣告, 94다 37646 參照.

Ⅳ. 檢討

제 1차 주택임대차보호법이 개정되면서 등장한 우선변제권 부정설은 "대항력 있는 소액임차인에게는 임대차계약의 종료여부를 불문하고 우선변제청구권을 부정하고 대항력만 인정해야 한다[441]"라고 하지만, 경락인에게 대항할 수 있는 임차인이 소액임차인의 요건도 병존하고 있는데 그 자체를 부정할 근거도 없고, 그러한 임차인이 배당요구신청을 하느냐 여부에 따라 경락인이 경락대금을 달리 정하거나 이해관계인에게 손해를 발생케 하는 일도 없기 때문에 타당하지 않다고 본다. 그리고 제2차 주택임대차보호법이 개정되면서 등장한 신우선변제권 부정설은 "대항력 있는 임차인은 경락인에게 임차보증금의 반환을 청구할 수 있는 권리로 양자는 서로 양립할 수 없는 관계에 있으므로 양자 중 어느 하나를 선택하여 이를 행사한 경우에는 다른 권리는 행사할 수 없어야 한다"면서 그 근거로 위 "권리 중 어느 것을 행사하면 이해관계인에게 상반된 영향을 미치는 바, 임차권자가 우선변제권청구권을 주장하는 경우에는 임차권은 소멸되었으므로 경락인은 임차권의 부담이 없는 경매 목적물을 취득하게 되고 임차인이 우선변제 받아 간 보증금만큼 후순위권리자가 배당 받지 못하는 부담을 받게 되고 반대로 경락인에 대하여 임차권의 대항력을 주장하는 경우에는 경락인은 임차권의 부담을 인수하여 임대차가 존속하는 기간동안 당해 목적물을 사용할 수 없을 뿐만 아니라 임대차 종료된 후 임대보증금을 반환하여야 하는 부담을 인수하는 반면, 경매에 참가한 후순위 권리자들은 경매대금에서 보증금을 공제 당함이 없이 배당을 받을 수가 있게 됨으로써 임차인이 위 양 권리 중 어느 것을 선택하여 행사하는가에 따라 경락인과 후순위권리자는 반대의 이해관계를 갖게 된다" 논지에[442] 대해서는 다른 견해를 제시하고자 한다. 왜냐하면 경

441) 尹天熙, 前揭論文, 50面.

락인이 입찰금액을 산정 할 때에는 임차인의 보증금을 주임법 제3조1항 및 제2항 상임법 제3조1항 및 제2항에 따라 인수할 것인지 아니면 주임법 제3조의 2 제2항 및 상임법 제5조 제2항에 따른 확정일자에 의하여 집행법원에서 배당을 받아 갈 것인지, 배당을 받아 갔다면 얼마나 수령해 갈 것인지 경매에 참여하기 전에 미리 입찰물건명세서나 각종 서류를 분석하고 경매에 참여하기 때문에 경락인과 임차인 그리고 후순위 권리자에게 불측의 손해를 야기하는 문제는 발생하지 않는다는 것이다. 즉 경락인에게 대항할 수 있는 임차권자가 우선변제권도 병존하고 있는 경우에는 일명 "시이소"원리가 작용하기 때문에, 부정설에서 제시하는 문제는 발생하지 않게 된다는 것이다. 구체적인 예를 살펴보면 위의 경우 임차인이 우선변제권을 주장하여 집행법원에서 보증금을 배당 받아 간다면 경락인은 임차인의 보증금을 인수하지 않아도 되기 때문에 그에 해당하는 금액만큼 높은 금액으로 경매에 참여할 것이고 반대로 임차인이 우선변제권을 행사하지 않고 대항력을 행사한다면 경락인은 임차인의 보증금 인수금액 만큼 미리 제하고 경매에 참여하기 때문에 후순위 권리자나 임차인 그리고 경락인간에 이해가 대립되는 문제는 결과적으로 발생하지 않기 때문에 위와 같은 논란의 소지는 없다는 것이다. 만약 경락인이 위와 같은 "시이소"원리에 관한 분석을 정확히 하지 못하고 경매에 참여하여 경락대금외에 임차인의 보증금을 추가로 인수하였다면 그것은 경락인의 과실로 인한 손해로 감수해야 할 것이다. 그리고 제3차 주택임대차보호법이 개정되면서 등장한 "배당요구를 하지 않아 배당금을 받지 못한 경우라든가 배당요구를 철회 한 경우 등에는 대항력도 행사할 수 없는 것이기 때문에 경락인은 이에 따른 금액은 추가 부담하지 않는 것으로 입찰가격을 결정할 수 있다"는[443] 견해에 대해서도 입찰에 참

442) 李均釜, 前揭論文, 162面.
443) 金濟完, 前揭論文, 245~246面.

여하고자 하는 자는 앞에서 살펴본 "시이소"원리에 의하여 미리 경락금액을 산정하고 경매에 참여하기 때문에 배당요구 여부나 우선변제권 존부에 관계없이 실질적으로 경락인이 인수하는 금액은 동일하게 되기 때문에 위의 견해도 타당하지 않다고 본다.

위와 같이 경락인에게 대항할 수 있는 임차인이 우선변제권의 요건도 구비하고 있는 경우에 제1차 주택임대차보호법 개정때는 병존설을 부정하는 경향도 있었지만, 제2차 및 제3차 주택임대차보호법 개정때에는 양 권리는 병존하는 것으로 보고 선택적 행사와 관련해서는 부정설의 입장에 있는 것 같다. 그러나 선택적 행사와 관련해서도 임차인이 우선변제권을 먼저 행사하든 대항력을 행사하든 결과적으로 그 관계는 "시이소"원리가 작용하기 때문에 이해관계인에게 미치는 영향은 동일하고, 더욱이 임차인 보호를 위해서도 양 권리는 병존[444)]과 선택적 행사를 할 수 있는 관계로 해석해야 할 것으로 본다.

444) 閔日榮, 前揭論文 住宅賃貸借保護法上의 對抗力과 優先辨濟權의 相互關係, 39面 ; 池元林, 民法講義, 弘文社 2002, 270面.

第2節 對抗力 있는 賃貸借의 終了要件

Ⅰ. 槪說

주택임대차보호법은 확정일자제도를 제 2차 개정때 신설하여 임차인에게 물권과 동등한 순위로 우선변제권을 인정하였다. 본 규정은 앞서 살펴본 바와 같이 경락인에게 대항할 수 없는 임차인에게 우선변제권을 인정하여 집행법원에서 보증금을 변제받을 수 있도록 하고 있다. 원칙적으로 보증금은 그 본질상 임대차가 존속중인 경우에는 반환청구를 할 수 없기 때문에 그러한 경우 임차인은 남은 기간이 경과하여 임대차가 종료하여야 비로소 경락인에게 보증금의 인수를 주장할 수 있다고 보아야 할 것이다.[445] 그렇다면 경락인에게 대항할 수 있는 임차인이 임대차기간이 아직 남아 있음에도 불구하고 당해 주택의 경매절차에서 배당요구를 하여 우선변제권을 주장할 경우 집행법원이 그에 대하여 배당해 주어야 할 것인지가 문제가 된다. 특히 개정전 주택임대자보호법 제3조의 2 제1항은 "제3조 제1항의 대항요건과 임대차 계약증서상의 확정일자를 갖춘 임차인은 민사소송법 및 경매법에 의한 경매 또는 국세징수법상에 의한 공매시 임차주택(대지를 포함한다)의 환가대금에서 후순위권리자 기타 채권자보다 우선하여 보증금을 변제받을 권리가 있으며, 임차인이 당해 주택의 양수인에게 대항할 수 있는 경우에는 임대차가 종료된 후가 아니면 보증금의 우선변제를 청구하지 못한다"고 규정하고 있다. 그리고 동 법 제8조 제2항에서는 소액임차인 최우선변제권에 관해서도 이를 준용하고 있다. 이 규정의 해석과 관련하여 대항력 있는 임차인이 기간 만료 전 보증금 우선변제청구 행사한 경우에 이것을 인정해야 하는지 여부가 크게 논의가 되어 왔

---

445) 林正平, 雙務契約上 相換性의 小考, 檀國大學校 法科大學, 法學論叢(17) 1991. 11, 169~180面.

다. 원칙적으로 임대차보증금이란 임대차 종료시 또는 임대차 종료후 목적물을 반환하면서 임차인은 자신에게 채무불이행이 없음을 조건으로 하는 금전 등의 소유권을 임대인에게 양도하는 것이라는 이론구성이 종래의 통설이다.[446][447] 이러한 통설의 견해에 따르는 경우 보증금 반환청구권은 임대차가 종료된 이후가 아니면 청구할 수 없는 것이므로[448] 임차인이 우선변제권을 행사할 수 없음은 이론상 당연한 것으로 보아야 할 것이다. 이러한 논의는 곧 임차인의 "임대차계약 해지권"의 인정여부로 연결되었고, 급기야 제3자 개정 주택임대차보호법은 위 조항을 삭제하고 대신 제3조의 5를 신설하여 "임차권은 임차주택에 대하여 민사집행법에 의한 경매가 행하여진 경우에는 그 임차주택의 경락에 의하여 소멸한다"고 규정하고 있다.

Ⅱ. 學說의 對立

1. 解止權肯定說

대항력 있는 임차인은 새로운 양수인에게 임대인의 지위가 승계되는 것을 원하지 아니한 경우 이의를 제기함으로써 임대차관계의 구속력으로부터 벗어날 수 있을 것이므로, 임차주택에 대하여 경매가 진행된 경우에 임차인은 임대차계약을 해지함으로써 임대차관계를 종료시킬수 있다고 보고 있다.[449] 주거용으로 임차한 건물이 경매로 넘어

446) 郭潤直, 前揭 債權各論(民法講義Ⅳ), 268面 ; 金疇洙, 前揭書, 297面 ; 金曾漢, 前揭 債權各論, 278面 ; 林正平, 前揭 債權各論, 400面.

447) 임대차계약의 기간이 만료된 경우에 임차인이 임차목적물을 명도할 의무와 임대인이 보증금중 연체차임등 당해 임대차에 관하여 명도시까지 생긴 모든 채무를 청산한 나머지를 반환할 의무는 동시이행의 관계가 있다(大判 1977. 9. 28. 宣告, 77다 1241, 1242 參照).

448) 全將憲, 民法 및 民事特別法, 韓國考試會 2003, 588面.

간 경우 임차인들은 대항력의 여부를 불문하고 경락대금에서 우선변제를 받고 계쟁 건물에서 퇴거하기를 원하는데[450] 임대차기간이 언제 만료되는가, 또는 묵시적으로 갱신된 상태인가 아닌가, 경매절차의 종료까지 소요되는 기간이 얼마나 걸릴 것인가 하는 사정에 의해 임차인의 우선변제권이 긍정 또는 부정될 수 있는 것은 입법취지에 배치되기 때문에[451] 위와 같은 임차인이 우선변제권을 행사하기 위해 배당요구 신청을 하면 그것만으로써 임차인이 임대차관계를 종료시킬 의사표시한 것으로 보아 대항력과 확정일자를 갖춘 임차인 또는 대항력 있는 소액임차인에게 배당을 해 주는 것이 타당하다고 보는 입장이다.[452]

2. 解止權否定說

주택임대차 보호법 제3조 제2항의 취지에 비추어 목적물을 양수한 자는 양도인의 권리와 의무를 당연히 승계한 것으로 본다. 또한 임대인의 변경이라는 인적요소는 그렇게 중시하지 않으며 임대차가 경락인에게 인수된다 하여도 임대차 종료에 따른 우선변제권이 당해 경락으로 소멸하지는 않는다는 견해이다.[453] 해지권 부정설의 입장은 임대차의 성질에 따라 다음과 같은 학설상 다툼이 있다. 즉 기간의 정함이 있는 임대차가 묵시의 갱신으로 된 경우 또는 2년 미만으로 정함

---

449) 趙容完, 前揭論文, 487面 ; 金學東, 住宅賃貸借保護法上의 問題點, 判例月報 1986. 11.(통권 제194호), 22面 ; 金曾漢, 前揭 債權各論, 242面.

450) 閔日榮, 競賣不動産의 入札賣却制度, 民事判例硏究(XVII), 博英社 1996, 136面.

451) 金志映, 前揭論文, 35面.

452) 朴在承, 不動産競賣節次에 있어서의 賃借人의 地位, 司法論集 제21집, 法院行政處, 1990. 67~68面.

453) 李宙興, 前揭論文 住宅賃貸借保證金回收를 위한 優先辨濟權의 행사와 競賣節次상 取扱, 49~50面 ; 高翔龍, 住宅賃貸借保護法의 諸 問題(제2차 改正과정을 중심으로), 成均館 法學 제3호, 成均館大 法學硏究所 1990, 192~193面 ; 강신중, 前揭論文, 463面.

임대차기간이 만료한 경우에 따라 구분할 수 있다. 우선 기간의 정함이 있는 임대차가 묵시의 갱신이 이루어 진 경우 해지권 부정설의 논거는 다음과 같은 것이다. 임대차가 묵시적으로 갱신된 때에는 임차인은 해지통고에 의해 임대차관계를 종료시킬 수 있다고 보는 견해이다.[454] 그러나 이 견해는 임차인이 대항력과 우선변제권을 선택하여 행사할 수 있는데 대항력을 선택한 경우 2년의 기간을 의제하면서도 해지통고를 할 수 있다고 보는 것은 논리적으로 모순이라는 비판을 받고 있다. 그리고 2년 미만으로 정한 임대차기간이 만료한 경우 해지권부정설을 주장하는 학사는 1년으로 정한 임대차는 기간의 만료에 의하여 임대차 종료한다고 한다. 주택임대차보호법 제4조 제1항은 강행규정이기는 하지만 임차인의 보호를 위하여 마련한 규정이므로 기간을 1년으로 정한 임대차의 임차인이 1년의 기간이 만료되었음을 이유로 임대차보증금의 반환을 구하는 경우처럼 임차인에게 불리하지 않은 경우에는 적용하지 않아도 된다는 견해이다.[455]

3. 折衷說

주택임대차보호법 제3조의 제1항 단서가 대항력과 확정일자를 갖춘 임차인 또는 대항력 있는 소액임차인에 있어 임대차의 종료를 선행조건으로 규정한 것은 그 임차인으로 하여금 보증금의 우선변제를 행사하기 전에 먼저 임대차관계를 깨끗이 종료시키려는 데 그 규정의 취지가 있는 것으로 본다면서 아직 임대차 기간이 만료되지 아니하였어도 임대차계약을 해지할 수는 있되, 다만 경매청구권자, 후순위채권자 및 경락인의 보호를 위하여 보증금의 승계여부를 판단하여 응찰가를

---

454) 李宙興, 前揭論文 住宅賃貸借保證金回收를 위한 優先辨濟權의 행사와 競賣節次상 取扱, 51面.

455) 申東潤, 不動産競賣에 있어서의 配當에 관한 제문제, 司法論集 제23집, 法院行政處 1992, 273面.

결정할 수 있는 최초의 시기인 경매기일까지만 해지할 수 있게 제한하는 것으로 보아야 한다는 견해이다.456)

4. 對抗力 抛棄說

임차주택에 대하여 경매가 실시됨을 이유로 임차인이 임대차계약을 해지하여 임대차의 종료를 인정할 것이냐의 관점에서 주택임대차보호법 제3조의 2 제1항 단서의 문제에 접근하고 있다면, 대항력 있는 임차인이 경매절차에서 배당요구를 하는 것은 자신의 대항력을 포기하여 이를 더 이상 주장하지 않겠다는 의사를 표시한 것으로 볼 수 있고, 그러한 의사표시에 의하여 이제는 대항력 없는 임대차가 되므로 임차인은 임대차가 종료하지 않았어도 우선변제를 청구할 수 있다고 한다. 그리고 위 대항력 포기의 의사표시는 해지의 의사표시와는 달리 임대인에게 도달할 필요가 없다고 한다.457)

Ⅲ. 判例의 態度

첫째, 대법원은 “주택임대차보호법 제4조 제1항은 같은 법 제10조의 취지에 비추어 보면 임차인의 보호를 위한 규정이라고 할 것이므로, 위 규정에 위반되는 당사자의 약정을 모두 무효라고 할 것은 아니고 위 규정에 위반하는 약정이라도 임차인에게 불리하지 아니한 것은 유효하다고 풀이함이 상당 한바, 임대차기간을 2년미만으로 정한 임대차의 임차인이 스스로 그 약정임대차 기간이 만료되었음을 이유

456) 李銀熙, 前揭論文, 187面 ; 尹天熙, 改正 住宅賃貸借保護法의 問題點, 法律新聞, 1990. 2. 8, 10面.

457) 李宙興, 前揭論文, 138面 ; 崔成俊, 前揭論文, 472面.

로 임차보증금의 반환을 구하는 경우에는 그 약정이 임차인에게 불리하다고 할 수 없으므로, 같은 법 제3조 제1항 소정의 대항요건(주택인도와 주민등록전입신고)과 임대차계약증서상의 확정일자를 갖춘 임차인으로서는 그 주택에 관한 저당권자의 신청에 의한 임의경매절차에서 2년 미만의 임대차기간이 만료되어 임대차가 종료되었음을 이유로 그 임차보증금에 관하여 우선변제를 청구할 수 있다"고 판시하고 있다.[458] 이 판결은 임대차 종료 여부가 다투어진 최초의 판결이다. 임대차기간을 2년 미만으로 정한 임차인이 그 기간이 만료하였다는 이유로 경매에서 배당요구를 한 사안에서 그 배당청구들은 타당한 것으로 인정하였다. 대법원이 위 임차인의 우선변제청구권을 긍정한 이유는 기간을 2년 미만으로 정한 임대차는 그 기간을 2년으로 본다는 주택임대차보호법 제4조 제1항은 임차인의 보호를 위한 규정이므로, 기간을 2년 미만으로 정한 임대차의 임차인이 스스로 약정 임대차기간이 만료하였음을 이유로 보증금의 우선변제를 청구할 경우에는 임대차의 종료를 인정할 수 있다고 본 것이다.[459]

둘째, 대법원은 "임차주택이 임차기간의 만료 전에 경매되어 임대차기간이 종료되지 아니하였음에도 경매법원에 배당요구를 하는 것은, 스스로 더 이상 임대차관계의 존속을 원하지 아니함을 명백히 표명하는 것이어서 다른 특별한 사정이 없는 한 이를 임대차해지의 의사표시로 볼 수 있고, 한편 민사소송법 제606조 제1항은 배당요구 사실을 경매법원이 채무자에게 통지하도록 규정하고 있고 제728조가 담보권실행을 위한 경매에도 준용하고 있으므로, 경매법원은 이 위 법조에 정한 바에 따라 임대인에게 배당요구 사실의 통지를 하면 결국 임차인의 해지의사가 경매법원을 통하여 임대인에게 전달되어 그 때 해지통지가 임대인에게 도달된 것으로 볼 것이니, 임대차관계는 그

458) 大判 1995. 5. 26. 宣告, 95다 13258 參照.
459) 上揭判決 參照.

배당요구 통지가 임대인에게 도달되는 즉시 해지로 종료된다. 따라서 임차주택이 임대차기간의 만료 전에 경매되는 경우에 대항력 있는 임차인이 배당요구를 하고 그 배당요구의 통지가 임대인에게 도달하였다면 임대차관계는 이로써 종료되어 주택임대차보호법 제3조의2 제1항 단서에 해당하지 않게 되므로, 임차인에게 같은 법조 제1항 본 문 또는 제8조 제1항에 의한 우선변제권을 인정하여야 한다"고 판시하고 있다.[460] 본 판결에서 대법원은 임대차기간이 만료하지 않은 대항력 있는 임차인에게 해지권이 있음을 최초로 인정한 판결이다. 대항력 있는 임차인은 임대차기간이 만료되지 않았더라도 경매절차가 진행중이라는 이유로 해지할 수 있고, 해지권 인정의 근거는 공평의 원칙 및 신의성실의 원칙이며, 임차인의 그 해지의 의사표시가 배당요구통지의 송달방법으로 임대인에게 도달되면 임대차관계는 종료된 것으로 보아 우선변제권이 인정된다고 한다. 그러나 이러한 판결이론은 원래 단서의 입법취지와는 다르다. 그러나 단서를 엄격한 문리해석을 한다면 결국 임차인의 보증금확보가 어렵게 된다는 현실적인 문제가 생긴다. 이는 보증금회수의 확보라는 제3조의 2의 입법취지에 빈하게 된다고 보고 있다.[461] 그 근거는 매매의 경우와는 달리 경매 등을 거치는 경우에는 경락인과 임차인 사이의 신뢰관계가 파괴되는 것이 일반적으로 임차인을 합법적인 수단으로 괴롭히는 경우, 예컨대 수리를 한다든가 보일러를 수리한다는 등을 통하여 결국 임차인은 퇴거하게 된다고 보고 있다. 특히 임대차관계는 임대인과 임차인간의 신뢰관계를[462] 바탕으로 한 계속적 계약관계이므로 당사자의 변경이 임대인의

---

460) 大判 1996. 7. 12. 宣告, 94다 37646 參照.

461) 高翔龍, 改正住宅賃貸借保護法상 問題點에 관한 考察, 不動産學 硏究 제6집 제1호 1999, 119面.

462) 金容漢 債權法總論, 博英社 1988, 170面 ; 金顯泰, 新債權法總論, 一潮閣 1964, 148面 ; 李大裁, 債權法總論, 進明文化史 1981, 164面 ; 林正平, 債權者遲滯에 관한 小考, 法學論叢, 檀國大學校附設法學硏究所 1997, 31面 ; 玄勝鐘, 債權總論, 日新社 1982, 138面.

일방적인 사정에 의하여 이루어지고 임차인의 사정이 전혀 고려되지 않는다면 계속적 계약관계를 유지하기 어려운 중대한 사유가 발생하였다고 보고 있다. 이를 계속 유지한다는 것은 공평과 신의측에 반하기 때문에 임대차관계가 종료되어 있지 않더라도 임대차관계를 종료시킬 수 있는 해석론적 근거로서 민법 제2조 1항을 들 수 있으며, 이에 기하여 임차인은 임대차계약을 해지할 수 있다고 보고 있다.[463)]

Ⅳ. 住宅賃貸借保護法 第3次 改正後의 論議 및 檢討

해지권의 부정설과 긍정설의 대립은 결국 이해관계의 조정을 둘러싼 문제이다. 해지권부정설에 의한다고 하더라도 현행법상 임대차기간이 종료된 이후에는 대항력 있는 임차인도 배당요구를 할 수 있고, 묵시의 갱신에서도 배당요구가 가능함으로 결국 임대차 기간이 언제 종료되는가 또는 묵시적으로 갱신된 상태인가 아닌가 라는 등의 우연하고도 복잡한 사정에 의하여 임차인의 배당여부가 결정되어 지는데, 이는 결국 해지권 부정설에 의한다고 하더라도 임차인이나 경락인 기타 다른 채권자들과의 이해관계는 불안정할 수 밖에 없다. 해지권긍정설은 임차인에게 선택권을 주어 구체적인 사안에서 적절한 보호를 받을 수 있다는 장점이 있다. 그러나 경매절차가 진행중이라는 사실만으로 임차인이 대항력을 상실하거나 점유를 상실하는 것도 아니기 때문에 민법 제623조에 따른 임대인의 채무불이행으로 계약해지를 주장하는 것은 더욱 타당하지 않을 것이다. 또한 판례가 양수인에게 대항할 수 있는 임차권자라도 임차인이 임대차의 승계를 원하지 아니할 경우에는 스스로 임대차를 종료시킬 수 있어야 한다는 "공평의 원칙 및 신의성실"의 원칙에 근거하여 해지함으로써 종료시킬 수 있다[464)]

463) 高翔龍, 前揭 改正住宅賃貸借保護法상 問題點에 관한 考察, 120面.
464) 大判 1996. 7. 12. 宣告, 94다 38646參照.

는 태도를 취한다면 임차주택이 양도된 경우에도 종전의 인적관계가 소멸되었으므로 해지권을 인정하여야 할 것이나 판례는 이를 제한적으로 해석하고 있어 일관성이 결여되었다고 볼 수 있다. 또한 해지권 긍정설의 경우 다음과 같은 논리적 문제점이 있다. 배당요구는 경매법원에 대하여 하는 것인데, 여기에 임대인에 대한 임대차계약 해지의 의사표시가 포함한 것으로 보는 것은 어색하고 경매실무에서 임대인에게 언제나 배당요구의 통지가 도달하는 것도 아니다. 그렇다고 금융기관이 신청한 경매절차에서는 금융기관부실자산 등의 효율처리 및 한국자산관리공사의 설립에 관한 법률 제45조의 2에 따라 발송송달의 특례를 인정하고 있는데, 이와 같은 제도를 금융기관 이외의 경매신청권자에게 인정하는 것도 무리가 있다고 본다. 다음으로 절충설은 해지권 행사를 경매기일까지로 제한하자는 것인데 설사 경매기일까지라고 하더라도 경매물건명세서나 경매공고는 경매기일보다 이전에 작성 또는 공고되는 것이어서 그 사이에 배당요구가 이루어지면 여전히 이해관계인의 권리관계는 불안정할 수밖에 없을 것이다. 위와 같은 문제점을 해결하기 위하여 제 3차 개정 주택임대차보호법은 그 동안 논란이 되어 왔던 제3조의 2 제1항 단서조항 "다만, 임차인이 당해 주택의 양수인에게 대항할 수 있는 경우에는 임대차가 종료된 후가 아니면 보증금의 우선변제를 청구하지 못한다"를 삭제하고 대항력 있는 주택임차인의 기간 만료전의 임차보증금에 대한 우선변제을 인정하였던 대법원 판례를 입법화하여 제3조의 5를 신설하였다. 그러나 위와 같은 입법적 방법에 의해서도 문제점은 남고 있다. 임차인이 임대차기간 동안 임차주택의 경매와는 관계없이 계속 거주하기를 원할 경우에 본 규정은 그러한 임차인의 의사와는 관계없이 '임차권은 임차주택에 대하여 민사집행법에 의한 경매가 행하여진 경우에는 그 임차주택의 경락에 의하여 소멸한다'는 해석이 가능하게 된다.[465] 왜냐하면 임차인이 전세금반환청구의 소에 기하여 임차주택을 경매 신청하는 경우에는 문제가 되지 않지만, 임차인이 임대차기간 동안 계

465) 高翔龍, 註釋民法(債權各論3), 韓國司法行政學會, 1999, 552面.

속 거주하기를 원하고 있는데도 임차주택에 대한 다른 권리자의 경매신청에 의한 경락으로 임차권이 소멸하기 때문이다.[466] 또한 경락인에게 대항할 수 있는 임차권자가 우선변제권도 병존하고 있는 상태에서 우선변제권은 행사하지 않고 대항력을 주장하여 경락인에게 보증금 전액을 반환 받을려고 하는 경우에는 임차인이 배당요구를 하지 않았기 때문에 집행법원으로는 그러한 임차권을 소멸시킬 수 없게 된다. 그럼에도 불구하고 임차부동산이 경매로 진행되었다는 사실만 가지고 임차권은 소멸한다라고 규정하고(주택임대차보호법 제3조의 5, 상가건물임대차보호법 제8조) 있는 것은 설득력과 근거가 약하다. 용익물권인 동시에 담보물권인 성질을 병존하고 있는 전세권자에 관하여 구 민사소송법이(제608조 제2항) "존속기간의 정함이 없거나 경매개시결정의 기입등기 후 6개월 이내에 그 기간이 만료되는 전세권은 경락으로 인하여 소멸한다"라고 규정하였던 것을 새로운 민사집행법에서(제91조 제4항)에서 경락인이 인수하는 것으로 규정하면서 배당요구신청 여부에 따라 소멸케 하고 있다. 그런데 전세권과 유사한 양 권리를 병존하고 있는 임차권자는 그러한 제한 없이 일률적으로 소멸한다고 규정하고(주택임대차보호법 제3조의 5, 상가건물임대차보호법 제8조) 있는 것은 혼란의 문제와 상가건물의 중간임차권자 보호와 관련하여서는 더욱 구별할 필요성이 제기된다. 따라서 제3장 제4절에서 제시하였던 민사집행법 제88조 제1항, 상가건물임대차보호법 제8조의 입법적인 개정을 통하여 경락인에게 대항할 수 있는 임차인과 경락인에게 대항할 수 없는 임차인을 우선 구분하여, 경락인에게 대항할 수 있는 임차인은 배당요구신청 여부에 따라 존속기간 동안 거주할 수 있도록 확실히 하여 주고, 경락인에게 대항할 수 없는 임차인은 상가건물임대차보호법 제8조의 개정을 통한 계약갱신요구권으로 임차권이 존속기간 이전에 경락으로 소멸되지 않게 하여야 할 것이다. 이에 대한 구체적인 내용은 제3장 제4절에서 살펴본다.

---

466) 上揭書, 552面.

第3節 優先辨濟權의 行使와 對抗力의 關係

Ⅰ. 優先辨濟權 行事와 對抗力의 消滅

경락인에게 대항할 수 있는 임차인이 최선순위 우선변제청구권을 가지고 집행법원에 낙찰대금으로부터 보증금의 우선변제를 청구하면 그 임차인은 보증금의 전액을 배당 받기 쉬울 것이다. 그러나 그 임차인이 설정한 확정일자가 다른 담보물권자 보다 이후에 되어 있는 경우에는 배당절차에서 보증금의 전부 또는 일부의 배당을 받지 못하게 되는 경우도 발생할 것이다. 예컨대 첫 번째 사례로 임차인의 보증금액이 1억인 상태에서 대항요건은 91. 1. 1. 확정일자는 93. 3. 3이고, 저당권은 피담보채권액이 1억에 설정일은 92. 2. 2인 상태에서 1억원이나 1억원 5천만원에 낙찰된[467] 경우 임차인은 집행법원으로부터 전액 보증금을 배당 받지 못하거나 일부만 배당 받게 될 것이다. 왜냐하면 임차인의 대항력은 저당권보다 앞선 일자로 되어 있지만 확정일자는 저당권보다 이후에 되어 있기 때문에 경락이 1억 원에 된 경우에는 저당권자가 모두 배당 받게 될 것이고, 1억 5천만 원에 경락 된 경우에는 저당권자가 1억 원을 배당 받고 5천만 원은 남은 금액은 임차인이 배당 받기 때문이다. 두 번째 사례로 임차인의 보증금액이 1억 원에 대항요건과 확정일자는 91. 1. 1에 받고 저당권은 피담보채권액이 1억 원에 설정일은 92. 2. 2에 체결한 후 낙찰이 5천만 원에 된 경우 임차인은 1순위 우선변제권을 가지고 있지만 낙찰대금이 적어 일부만 배당금을 수령하고 나머지 보증금액은 수령하지 못하게 된다. 위의 사례에서 임차인이 집행법원에서 우선변제 받지 못한 보증금을 종전의 가지고 있던 대항력에 기하여 여전히 행사할 수 있는

467) 여기서 "競賣期日"은 "賣却期日" 또는 "入札期日"로, "競賣人"은 "入札者"로, "落札"은 "賣却"과 동일한 개념으로 편의상 보기로 한다.

가, 아니면 대항력은 소멸하여 경락인에게 이를 청구할 수 없고 종전에 임대인에게 청구할 수 밖 에 없는가, 즉 경락인에게 대항할 수 있는 임차인이 우선변제권도 병존하고 있는 경우 그 중 하나의 권리를 행사하면 다른 하나의 권리는 포기한 것으로 보아야 하는가 아니면 여전히 주장할 수 있는지에 관하여 많은 논란이 있다. 임차인에게 대항력을 인정하여 임차권을 주장할 수 있게 한다면 집행법원에서 변제받지 못한 보증금 잔액을 경락인에게 주장할 수 있겠지만, 우선변제권을 행사하면 대항력은 소멸하게 된다고 한다면 임차인은 보증금 잔액을 경락인으로부터 받을 수 없고 종전 임대인에게 받아야 하는 문제가 발생할 것이다.

1. 學說對立

(1) 消滅說

경락인에게 대항할 수 있는 임차인이 우선변제권을 행사하여 배당요구를 한 이상 보증금 전액을 변제받지 못한 경우에도 경락인에게 임차권의 존속을 주장할 수 없고 오로지 종전 임대인에게만 청구할 수 있을 뿐이라는 견해이다.468) 소멸설을 지지하는 학설은 여러 견해로 나뉘어 지는데 그 중 1설은 대항력 있는 임차인은 임차주택의 양수인에게 대항하여 임차보증금의 반환을 받을 때까지 임대차관계의 존속을 주장할 수 있는 권리와 임차주택의 가액으로부터 우선변제를 받을 수 있는 권리를 겸유하고 있고 이 두가지 권리 중 하나를 선택하여 행사할 수 있는데 대항력 있는 임대차가 종료되고 임차인이 배당요구를 함으로써 확정적으로 임차권 소멸

468) 李宙興, 住宅賃貸借保證金回收를 위한 優先辨濟權의 행사와 競賣節次상 취급, 法曹通卷458, 1994, 58面 ; 權永詳, 前揭論文, 150~162面 ; 李銀熙, 前揭論文, 194面; 申東潤, 前揭論文, 275~326面 ; 韓鎬亨, 前揭論文, 140~141面.

의 길로 들어선 단계에서는 여전히 임대차 존속을 주장할 수 있는 권리가 병존한다고 보기는 어려우므로, 경매신청의 경우 대항력 있는 임대차가 경락인에게 인수되는 때에는 임차권 본질인 사용수익권만 나타날 뿐 임대차 종료시 비로소 부수적으로 발생하는 임대차보증금반환청구권은 전혀 그 모습을 드러내지 않게 된다. 따라서 임차보증금회수를 위한 우선변제청구권이 행사되면 그때서야 대항력 있는 임대차는 대항력 없는 임대차로 전략되고 다만 보증금 회수를 위하여 경매대상인 임대인 소유 부동산에 그 존속이 의제한다고 보는 견해이다.[469] 즉 임대차관계의 종료로 임차보증금 회수를 위한 우선변제권이 행사되면 대항력 있는 임대차는 대항력 없는 임대차로 전략되고 다만 보증금회수를 위하여 그 존속이 의제될 뿐 경락으로 인하여 임차권의 사용수익권과 우선변제권이 모두 소멸하게 된다는 것이다. 제 2설은 담보물권적 성격의 우선변제권은 경매절차상의 인수소멸의 원리에 따라 경락으로 사용수익권과 우선변제권은 모두 소멸하는 바, 이와 같이 임대차 종료에 따른 우선변제권이 우선변제권 행사 당시 당해 목적부동산의 권리로서 경락으로 소멸하게 되면, 그 경매절차에서 전부 만족을 얻지 못하였다 하여 경락인에 대하여 다시 임차권의 존속을 주장하거나 경락인 소유의 부동산에 대한 경매절차에서 재차 우선변제권을 행사할 수 없다. 따라서 변제권이 행사된 당해 경매절차에서 경락으로 임대차보증금반환채무가 경락인에게 인수되지 않는 것으로 확정되고, 아울러 대항력 있는 임차권의 대항력도 상실된다.[470] 대항력 있는 임차인에게 우선변제권을 인정하여 대항력이냐를 선택할 수 있도록 한 것은 이미 임차인에게 선택가능성이라는 이익을 부여한 것이며 임차인 보호는 이것으로 충분하고 거기에 다시 임대

469) 權永詳, 前揭論文, 155面.

470) 李宙興, 前揭論文 住宅賃貸借保證金回收를 위한 優先辨濟權의 행사와 競賣節次상 취급, 58面 ; 姜永大, 前揭論文, 169面.

차관계의 존속을 주장할 수 있도록 하는 것은 경락인에게 불측의 손해를 끼치는 것이 되어 부당하다고 한다.471) 그리고 제3설은 우선변제청구권은 임대차관계가 소멸된 것을 전제로 보증금의 반환을 구하는 권리임에 반하여, 경락인에 대한 대항력의 주장은 임대차관계의 존속을 전제로 경락에도 불구하고 목적물을 점유사용하고 그 후 임대차관계가 종료되면 소유자 즉 경락인에게 임차보증금의 반환을 청구할 수 있는 권리로 양자는 서로 양립할 수 없는 관계에 있으므로 양 자 중 어느 하나를 선택하여 이를 행사 한 경우에는 다른 권리는 행사할 수 없다고 보는 견해이다.472)

(2) 存續說

대항력 있는 임차인이 임차보증금의 우선변제를 청구하였다가 보증금 전액을 반환 받지 못한 경우에 그 잔액을 낙찰자에게 대항하여 반환받을 수 있다는 견해이다.473) 그 근거는 임차인이 배당요구를 함으로써 임대차가 종료하긴 하였으나 보증금 전액을 배당받지 못하고 잔액이 남게 된다면 주택임대차보호법 제4조 제2항을 유추하여 임차인은 위 부족액을 경락인으로부터 수령할 때까지 임대차관계가 존속하는 것으로 간주하고 경락으로 주택의 소유권을 취득한 자는 동 법 제3조 제2항에 의하여 임대인의 지위를 승계한 것으로 보게 되므로 임차인은 보증금 잔액을 경락인으로부터 반환받을 때까지 임차주택의 명도를 거부할 수 있다474)고 한다.

---

471) 李銀熙, 前揭論文, 194面.
472) 韓鎬亨, 前揭論文, 305~306面.
473) 閔日榮, 住宅賃貸借保證金의 優先辨濟를 둘러싼 問題點에 관한 小考-住宅賃貸借保護法 第3條의 2를 中心으로-,厚巖郭潤直先生古稀記念 民法學 論業 第2, 博英社 1995, 391~392面 ; 徐基錫, 不動産入札에서의 배당에 관한 실무상 제문제, 不動産 入札制度, 法源行政處 1997, 348面 ; 成樂松, 優先辨濟權을 행사한 賃借人의 競落人에 대한 地位, 民事判例研究(XX), 民事判例研究會, 博英社 1998, 210面; 李憲淑, 前揭論文, 312面.

2. 判例態度

대법원은 1997년 판결[475] 이후 계속 존속설을 취하고 있는데 "주택임대차보호법상의 대항력과 우선변제권의 두 가지 권리를 인정하고 있는 취지가 보증금을 반환 받을 수 있도록 보장하기 위한 데에 있는 점, 경매절차의 안정성, 경매 이해관계인들의 예측가능성 등을 아울러 고려하여 볼 때, 두 가지 권리를 겸유하고 있는 임차인이 먼저 우선변제권을 선택하여 임차주택에 대하여 진행되고 있는 경매절차에서 보증금 전액에 대하여 배당요구를 하였다고 하더라도, 그 순위에 따른 배당이 실시될 경우 보증금 전액을 배당받을 수 없었던 때에는 보증금 중 경매절차에서 배당받을 수 있었던 금액을 공제한 잔액에 관하여 경락인에게 대항하여 이를 반환 받을 때까지 임대차관계의 존속을 주장할 수 있다고 봄이 상당하며, 이 경우 임차인의 배당요구에 의하여 임대차는 해지되어 종료되고, 다만 같은 법 제4조 제2항에 의하여 임차인이 보증금의 잔액을 반환 받을 때까지 임대차관계가 존속하는 것으로 의제될 뿐이므로, 경락인은 같은 법 제3조 제2항에 의하여 임대차가 종료된 상태에서의 임대인의 지위를 승계한다"라고 판시

474) 閔日榮, 前揭論文 住宅賃貸借保證金의 優先辨濟를 둘러싼 問題點에 관하 小考, 31面.

475) 南基正, 對抗要件을 갖춘 住宅賃借人의 執行法상 地位, 月刊 法務士(大韓法務士協會12月號) 2000, 35~36面 ; 大法院은 1997. 8. 22. 宣告, 96다 53628호 判決에서 "임차인의 배당요구에 의하여 그 시점에서 임대차는 해지되어 종료되고 그 이후는 다만 주임법 제4조 제2항에 의하여 임차인이 경락인으로부터 보증금 잔액의 반환을 받을 때까지 임대차관계가 존속하는 것으로 의제될 뿐이어서 경락인은 같은 법 제3조 제2항에 의하여 임대차가 종료된 상태에서의 임대인의 지위를 승계한다"고 판시하고 있다. 그러나 의제의 대상인 주택임차권은 실체상 이미 배당요구시점에서 해지되어 소멸하였는데도 불구하고, 마치 의제대상이 있는 것으로 보는 것은 좀 어색한 감이 있으므로 차라리 솔직하게 주임법 제4조 2항은 임차인 보호를 위하여 특례규정으로 보아 이 규정 때문에 실제상 소멸되었음에도 불구하고 보증금 반환까지 특별히 임대차관계의 존속을 인정한 것이라고 보는 견해도 있다.

하고 있다.

이후의 판례에서도 "주택임대차보호법상의 대항력과 우선변제권이라는 두 가지 권리를 병존하고 있는 임차인이 먼저 우선변제권을 선택하여 임차주택에 대하여 진행되고 있는 경매절차에서 보증금 전액에 대하여 배당요구를 하였다고 하더라도, 그 순위에 따른 배당이 실시된 경우 보증금 전액을 배당받을 수 없었던 때에는 보증금 중 경매절차에서 배당받을 수 있었던 금액을 공제한 잔액에 관하여 경락인에게 대항하여 이를 반환받을 때까지 임대차관계의 존속을 주장할 수 있다고 봄이 상당하고, 이 경우 임차인의 배당요구에 의하여 임대차는 해지되어 종료되고, 다만 같은 법 제4조 제2항에 의하여 임차인이 보증금의 잔액을 반환받을 때까지 임대차관계가 존속하는 것으로 의제될 뿐이므로, 경락인은 같은 법 제3조 제2항에 의하여 임대차가 종료된 상태에서의 임대인의 지위를 승계한다"[476]라고 판시하고 있다. 그리고 "주택임대차보호법상의 대항력과 우선변제권의 두 가지 권리를 병존하고 있는 임차인이 확정일자를 기재하여 배당요구를 하였다가 입찰기일 전날 경매법원에 "확정일자 없음"이라고 기재된 배당요구서를 다시 제출함으로서 경매법원이 최고가매수인에게 경락을 불허하고 신경매가 진행된 경우 신경매 절차에서의 경락자는 임차인의 보증금을 인수한다"[477]라고 판시하여 대항력 있는 임차권자가 우선변제권을 행사하였더라도 대항력은 계속 존속한 것으로 보고 있다.

3. 學說의 檢討

먼저 임차권의 소멸설에 의하면 임대차관계의 종료로 임차보증금 회수를 위한 우선변제권이 행사되면 대항력 있는 임대차는 대항력 없

---

476) 大判 1998. 6. 26. 宣告, 98다 2754 ; 同 1998. 7. 10. 宣告, 98다 15545 參照.
477) 大判 2002. 11. 8. 宣告, 2001다 51725 參照.

는 임대차로 전락되고 다만 보증금회수를 위하여 그 존속이 의제 될 뿐 경락으로 인하여 임차권의 사용수익권과 우선변제권이 모두 소멸하게 되고 종전 임대인에게 만 반환청구 할 수 있다는 견해에 대하여, 경매로 목적물이 경락인에게 이전된 상황에서 종전 소유자에게 임차보증금반환청구를 행사한다는 것은 임차인 보호를 위한 주택임대차보호법의 입법취지에도 반한다고 본다.

에 미약할 것이다. 그리고 임차인에게 인정되는 대항력과 우선변제권의 요건은 각각 법률에서 달리 규정하고 있고 그 성질이 사용권과 교환권으로 구분되고 있는데 우선변제권 행사로 사용수익권까지 모두 소멸토록 한다는 것은 부당하지 않은가 싶다. 그리고 존속설의 견해중 "주택임대차보호법 제4조 제2항은 임차인의 보증금 반환을 위하여 그 존속을 의제 한 규정인데 임대차에 대항력을 유지시키면서 우선변제권은 행사할 수 없기 때문에 대항력 있는 임차인이 보증금을 회수를 위하여 이러한 존속의제를 파기한 경우 배당요구는 바로 그러한 의사표현이며 보증금을 회수를 위하여 임대차계약을 종료시켰으면 더 이상 동법 제4조 제2항의 보호를 논할 필요가 없다[478]는 견해가 있나. 그러나 본 견해는 동법 제4조 제2항의 "보증금을 반환 받을 때까지 임대차관계가 존속하는 것으로 본다"라는 의미를 축소하거나 불필요한 해석으로 보아 타당하지 않다고 본다.

4. 立法論的 提案

주택임대차보호법은 위와 같은 논란을 해소하기 위하여 제3조의 5를 입법화하였지만 다음과 같은 점에서 여전히 비판의 논란이 일고 있다. 즉 과거 판례가 "임차주택에 관하여 경매가 진행되자 위험에 처한 주택임차인을 사후적으로 구제하려는 의도에서 우선변제청구권

---

478) 張誠元, 前揭論文, 74面.

을 행사하더라도 경락인에게 대항력을 행사할 수 있다"는 견해를 법률로까지 승격시킴으로써 주택임차인의 배당요구에 따라 경제적 이해관계가 엇갈리는 후순위 채권자와 경락인에게 예측하지 못한 피해를 주고 경매절차를 불안정하게 만들었다는 점이다.[479] 그리고 대법원은 "대항력 있는 임차인이 배당요구를 하였지만 전액 변제 받지 못한 경우 임차인은 주택임대차보호법 제4조 제2항에 따라 경락인과 사이에 의제임대차 관계가 존속한다"라고 판시하고[480] 있는데 현행법 제3조의 5의 단서는 "보증금이 전액 변제되지 아니한 대항력이 있는 임차권은 소멸하지 아니한다"라고 규정하고 있어 위의 판례와 현행법과의 해석상 모순점이 있지 않느냐 하는 점을 제기하고 있다.[481] 현행법 제3조의 5를 입법화 한 배경이 위의 판례를 기초로 입법화 것이라면[482] 더욱 그러하지 않은가 싶다. 주택임대차보호법 제3조의 5 단서 해석에 의하면 대항력 있는 임차권자가 전액 집행법원에서 배당을 받지 못하였다면 종전의 임차권은 소멸하지 않기 때문에 종전의 임차권과 동일한 내용이 존속하게 된다.[483] 그렇게 해석될 때 경락인 입장에서는 임차인 보증금액 만큼 담보권을 설정하지 않고 자동적으로 담보가 치화 되어 있는 목적물을 경락받게 되고, 임차인은 민사집행법 제84조 제1항에 따라 배당요구신청을 하여 임차권을 소멸시키고자 한 의사와도 상반되는 결과가 발생하게 된다. 이는 주택임대차보호법 제3조의 5 본문이 임차인은 존속기간이 남아 있더라도 그 이전에 보증금을 회수할 수 있도록 규정한 입법취지에도 상반되어 임차인의 보호에

479) 姜永大, 前揭論文, 171面.

480) 大判 1997. 8. 22. 宣告, 96다 53628 參照.

481) 上揭論文, 172面.

482) 國會法制司法委員會, 住宅賃貸借保護法 중 改正法律案 審査報告書, 1998, 15面; 國會事務處, 第198會 法制司法委員會 會議錄 第12號, 1998, 6面

483) 對抗力 있는 賃借人이 배당요구를 했더라도 보증금을 변제 받지 않는 한 임대차법 제3조의5에 의하여 임대차는 종료함이 存續하므로 優先辨濟權도 消滅할 여지가 없다고 보고 있다(박해식, 前揭書, 282面).

저촉하게 된다. 또한 계약기간 중이면 제4조 제2항에 의할 때와는 달리 거주 여부를 불문하고 차임을 지급해야 하는 문제와[484] 전세권과 비교하여도 형평성에 맞지 않게 된다. 전세권의 경우 배당요구를 하면 매각으로 소멸하게 되는데 대항력 있는 임차권자는 배당요구를 하여도 전액변제 받지 못하는 한 소멸되지 않는다고 한다면 전세권보다 임차권이 더 강력한 보호를 받게 된다는 이론상의 모순이 남게 된다.[485] 그리고 우선변제권 반복적 행사여부와 관련해서도 임대차는 소멸 없이 존속하게 되므로(주택임대차보호법 제3조의 5 단서, 상가건물 임대차보호법 제8조의 단서) 새로이 진행된 경매절차에서도 우선변제권을 계속 행사하게 되는 혼란의 문제가 발생하게 된다. 그동안 경매절차의 특수한 구조 때문에 경매절차의 기본원칙에 대하여 별로 논의가 활발하지 못하였지만[486] 최근에 이르러서는 경매절차에 관하여 극단적인 처분권주의[487] 이외의 경매절차에 관하여서는 기본원칙을 탐구하려는 시도가 활발하게 이루어지고 있는 실정이다.[488] 따라서 제3조의 5의 단서 조항은 삭제하고 전액배당 받지 못한 경우에는 제4조의 제2항에[489] 따라 보증금을 반환 받을 때까지 임차권을 주장할 수

484) 閔日榮, 前揭論文 住宅賃貸借保護法上의 對抗力과 優先辨濟權의 相互關係, 45面 ; 大判 1998. 7. 10. 宣告, 98다 15545 參照.

485) 金濟完, 前揭論文, 275面.

486) Rosenberg/Gaul/Schilken, Zwangsvollstreckungsrecht, 10.Aufl., 1987, §5VI; Stürner, Prinzipien der Einzelzwangsvollstreckung, ZZP 99(1986), S.291ff; Schlosser, Zivilprozessrecht Ⅱ: Zwangsvollstreckungs-und Insolvenzrecht. 1984, Rdnr. 29ff; Thomas/Putzo, ZPO, 14. Aufl,. München-Köln, 1986, §704 Vorbem. VI.

487) 당사자 처분권주의란 경매절차의 개시와 종료 및 집행의 종류·대상의 선택에 관하여 당사자에게 처분권이 주어여 있는 것을 말한다. 예컨대 경매신청은 채권자의 신청이 있어야 가능하며, 경매진행 중 채무자는 경매취하와 달리 경락인의 동의도 받지 않고 경매를 취소할 수 있다(정동윤, 우리나라 强制執行節次의 基本原則, 法曹 제40권 12호, 法曹協會 1991, 3面).

488) Gaul, Zur Reform des Zwangsvollstreckungsrecht, JZ 1973, S. 473.

489) 賃貸借가 종료한 경우에도 法定賃貸借 관계라 하여 임차인이 보증금을 반환받을 때까지는 임대차 관계가 계속 존속하는 것으로 본다. 이 법은 임차인이 保證金을 返還받을 때까지는 임대차관계가 존속하므로 임차인은 계속

있는 관계로 해석하는 것이 양당사자의 공평성과 기왕에 대법원 판례를[490] 기초로 동 법 제3조의 5가 입법화 된 것이라면 더욱 본문의 해석에도 충실하지 않은가 싶다. 따라서 상가건물임대차보호법 제8조 단서규정 역시 삭제하고 동법 제9조 제2항에 따라 해석하는 것이 타당하다고 본다.

Ⅱ. 優先辨濟權의 反復的 行使

대항력과 우선변제권을 모두 가지고 있는 대항력 있는 임차인이 우선변제권을 행사한 후 대항력이 계속 존속한다면 이를 바탕으로 다시 우선변제권을 반복 행사하는 것이 가능한가에 대한 문제이다. 우선변제청구권을 행사한 후 잔존보증금에 관한 우선변제권을 반복 행사 가능 여부를 둘러싼 문제는 그동안 크게 관심을 갖지 못하였다. 이는 한번 경매가 진행되어 경락이 된 후 다시 대항력 있는 임차인이 그 경매절차에서 확정일자에 따른 우선변제청구권을 행사하는 경우는 많지 않기 때문이다. 그렇지만 경매로 나오는 물건이 수도권 지역에서만 약 5만여 건이나 나온다고 볼 때 위와 같은 물건이 다시 나오지 않는다고 볼 수는 없을 것이다. 구체적인 예를 들다면 임차인이 최초근저당 보다 앞선일자로 주택이나 상가에 대항력 요건을 갖추고[491]

거주하는 한 借賃支給 義務를 여전히 부담하나, 그곳에 거주하지 않고 이사한 이상은 차임 지급의무를 부담하지 않는다. 이점에서 契約期間중이면 거주 여부를 불문하고 차임을 지급하여야 하는 본래의 임대차관계와 다르다(林正平, 前揭 韓國不動産民法과 統一後 法律政策, 499面 ; 高翔龍, 註釋民法(債權各論2), 韓國司法行政學會 1987, 301面).

490) 大判 1997. 8. 22. 宣告, 96다 53628 參照.

491) 주택의 경우 임차인이 경락인에게 대항력을 주장하기 위해서는 1번 저당권 보다 앞선일자로 주민등록전입과 계약서 그리고 인도를 갖추어야 하고, 상가임차인은 1번 저당권 보다 앞선일자로 사업자등록과 계약서 그리고 인도를 갖추어야 한다.

있었으나 확정일자는 최초근저당 보다 이후에 요건을 갖추고 있는 상태에서 경락대금으로부터 배당을 못 받는 경우, 또는 최초 근저당권자가 전액 배당 받고 일부 금액만 확정일자에 따라 배당 받은 경우 등이다. 이때 임차인은 나머지 금액을 변제받을 때까지 경락인에게 목적물의 명도를 거절할 수 있는데(주택임대차보호법 제4조 2항) 경락인이 그동안 새로운 채무액을 빌려쓰고 변제하지 않아 경매가 다시 진행되었을 때 임차인이 그 새로운 경매 진행절차에서도 우선변제청구권을 행사하여 배당을 받을 수 있겠냐 하는 것이다. 이하에서 살펴본다.

1. 學說의 對立

(1) 否定說

부정설 입장은 다음과 같다. 임대차관계의 종료로 임차보증금 회수를 위한 우선변제권이 행사되면 대항력 있는 임대차는 대항력 없는 임대차로 전락되고 다만 보증금 회수를 위하여 그 존속이 의제될 뿐 경락으로 인하여 임차권의 사용수익권과 우선변제청구권은 모두 소멸한다고 보는 입장이다.[492] 우선변제권이 임대차종료에 따른 권리행사 당시 당해 목적부동산의 경락으로 인하여 소멸하게 되면 그 경매절차에서 전부 만족을 얻지 못하였다고 하더라도 경락인에 대하여 다시 임차권의 존속을 주장하거나 경락인 소유의 부동산에 대한 경매절차에서 재차 우선변제권을 행사할 수 없다고 보는 입장이다. 임차인이 제1차 경매에서 우선변제권을 행사하여 전액 배당을 받지 못하였어도 그 경락인과의 사이에서는 주택임대차보호법 제4조 제2항의 규정에 의한 의제 임대차관계만

---

492) 李宙興, 前揭論文 住宅賃貸借保證金回收를 위한 優先辨濟權의 행사와 競賣節次상 취급, 220面.

이 존재하는 것으로 보고 있다. 의제임대차에 관하여 제2차 경매에서는 대항력은 구비하고 있지만 우선변제권의 요건은 구비하지 못한 것으로 보고 있다. 위 학설의 근거는 제1차 경매당시 경락인에게 대항력을 갖추고 있었으나 우선변제권은 후순위이었던 임차인이 제2차 경매에서도 우선변제청구권을 인정한다면 새로이 임대차계약을 체결한 임차인은 확정일자를 받지 않는 한 우선변제권을 인정하지 않는 반면 의제임차인은 우선변제권을 반복행사 할 수 있게 하는 결과가 되어 공평성 문제가 있다고 하여 부정설을 취하고 있다.493) 이는 상가건물 임대차라고 달리 볼 필요가 없다고 보고 있다. 즉 대항력과 우선변제권의 두가지 권리를 병존하고 있는 임차인이 우선변제권을 선택하여 제1경매절차에서 보증금 전액을 받을 수 없었던 때에는 매수인에게 대항하여 이를 반환 받을 때까지 임대차관계의 존속을 주장할 수 있을 뿐이고, 임차인의 우선변제권은 매각으로 인하여 소멸하는 것이므로 매각 후 새로 설정된 근저당권에 기한 제2경매절차에서는 우선변제권에 의한 배당을 받을 수 없다고 보는 것이다.494)

(2) 肯定說

임대차관계에서 가지는 임대차보증금 반환청구권과 의제임대차관계에서 가지는 임대차보증금 반환청구권은 별개의 권리가 아니다는 점, 즉 원래 임대차관계에서 발생한 임대차보증금 반환청구권은 소멸하고 의제임대차관계에서 새로운 임대차보증금 반환청구권이 발생하는 것은 아니다는 점이다. 주택임대차보호법이 의제임대차관계를 인정하는 취지가 원래 임대차관계에서 발생한 임대차보증금 반환청구권을 보장하기 위해서 라는 점을 고려한다면 우선

493) 上揭論文, 220面.
494) 法院行政處, 前揭 法院實務提要(民事執行Ⅱ), 470面.

변제권이 의제임대차관계에서 소멸한다고 해석하는 것은 부당하며 특히 제1차 경매이전에 이미 의제임대차관계에 들어간 경우에 있어서 제1차경매에서도 우선변제권이 없다고 해석할 수는 없다는 점과 공평의 관점에서 제1차 경매의 경락인이 새로운 임대차계약 체결에 쉽게 응하여 준다면 몰라도 그렇지 않은 경락인을 만난 임차인의 경우에 우선변제권을 행사할 수 없다면 공평의 원칙에 반한다는 점을 들고 있다.[495] 즉 종전 보증금 반환채권에 우선변제적 효력이 인정되었는데 경매절차에서 배당요구를 한번 하였다고 하여 갑자기 우선변제권 효력이 없어진다는 것은 무리라고 보는 견해이다.[496] 그리고 현행법 하에서는 임차인이 배당요구를 하였더라도 보증금을 전액 변제 받지 않는 한 임차권은 처음부터 소멸하지 않는 것이므로 대항력이나 우선변제권은 그대로 유지된다고 해석을 하고 있다.[497] 따라서 임차인은 새로이 경료된 근저당권 설정등기에 기한 경매절차에서도 그 경락대금으로부터 우선변제를 받을 권리가 있고, 또한 전액변제 받지 못한 경우에는 신 경락인에 대하여 보증금 잔액을 반을 때까지 임대차관계의 존속을 주상

495) 閔日榮, 同一住宅에 대한 2回의 競賣와 賃借人의 優先辨濟權에 관한 시론, 法曹 1999. 3.(48권 3호, 통권 제150호), 60~61面.

496) 柳元奎, 前揭論文, 156~157面.

497) 住宅賃貸借保護法 제3차 개정 전은 임차주택이 경락된 이상 임차인의 우선변제권은 소멸하며 다만 임차인은 보증금중 경매절차에서 우선변제 받을 수 있었던 금액을 뺀 나머지 금액에 관하여 반환 받을때까지 존속을 주장할 수 있는 것으로 보아 새로운 경매절차에서도 우선변제권을 행사할 수 없다고 본다. 그러나 제3차 개정 후 대항력 있는 임차인이 配當要求를 했더라도 보증금 전액을 配當 받지 않는 한 제3조의 5에 의하여 임대차는 종료함이 없이 존속하므로 優先辨濟權도 소멸할 여지가 없는 것이라도 보아 새로운 경매진행절차에서도 우선변제권을 거듭행사할 수 있는 것으로 보고 있다. 그러나 본 견해는 현행법하에서 전액배당 받지 못한 임차인이 소멸하지 않고 존속한다면 경락인이 나머지 금액을 변제하여도 수령하지 않고 임대차관계를 주장할 수 있는 해석이 가능하기 때문에 제4조의 제2항에 따라 解釋하는 것이 法의 安定性이나 衡平性에 타당하지 않은가 본다. 따라서 제3조의 5단서는 삭제하는 것이 타당하리라고 본다(박해식, 前揭書 370面).

할 수도 있다고 보고 있다.[498]

2. 判例의 態度

판례는 "주택임대차보호법상의 대항력과 우선변제권의 두 가지 권리를 겸유하고 있는 임차인이 먼저 우선변제권을 선택하여 임차주택에 대한 경매절차에서 보증금 전액에 대하여 배당요구를 하였으나 그 순위가 늦은 까닭으로 보증금 전액을 배당받을 수 없었던 때에는, 보증금 중 경매절차에서 배당받을 수 있었던 금액을 뺀 나머지에 관하여 경락인에게 대항하여 이를 반환받을 때까지 임대차관계의 존속을 주장할 수 있고, 이 경우 임차인의 배당요구에 의하여 임대차는 해지되어 종료되며, 다만 같은 법 제4조 제2항에 의하여 임차인이 보증금의 잔액을 반환 받을 때까지 임대차관계가 존속하는 것으로 의제될 뿐이어서, 경락인은 같은 법 제3조 제2항에 의하여 임대차가 종료된 상태에서의 임대인의 지위를 승계하고, 임차인의 우선변제권은 경락으로 인하여 소멸하는 것이다. 대항력과 우선변제권을 가진 임차인이 임차주택에 관한 경매절차에서 보증금에 대하여 배당요구를 함으로써 임대차계약이 해지되어 종료되고 그 주택이 경락 된 이상, 그 경락인이 마침 임대인의 지위에 있던 종전 소유자이고 임차인은 후순위 권리자이어서 전혀 배당을 받지 못한 채 계속하여 그 주택에 거주하고 있었다고 하더라도, 그 후 그 주택에 관하여 새로이 경료된 근저당권설정등기에 기한 경매절차에서 그 낙찰대금으로부터 우선변제를 받을 권리는 없고, 다만 경락인에 대하여 임차보증금을 반환 받을 때까지 임대차관계의 존속을 주장할 수 있을 뿐이다[499]고 판시하고 있다. 위의 판시에서와 같이 대법원 판결은 우선변제권의 거듭행사에 대하여

498) 上揭書, 370面.
499) 大判 1998. 6. 26. 宣告, 98다 2754 參照.

부정적인 입장을 취하고 있다. 학설보다는 판례가 더 부정적인 입장을 선도하고 있다.

3. 檢討

대법원은[500] 전술한 바와 같이 "대항력 있는 임차인이 배당요구 신청을 한 경우 우선변제권은 소멸하고 단지 제4조 제2항에 따라 보증금을 경락인으로부터 변제 받을 때까지 존속하는 것으로 의제될 뿐이어서, 경락인은 같은 법 제3조 제2항에 의하여 임대차가 종료된 상태에서의 임대인의 지위를 승계하고, 임차인의 우선변제권은 경락으로 인하여 소멸한다"라고 판시하고 있다. 연구자는 본 판례의 입장을 지지하는 바이다. 왜냐하면 새로운 경매절차에서 일부보증금을 수령한 임차인이 다시 우선변제권을 행사할 수 있다고 본다면 이해관계인에게는 불안정한 경매진행절차로 손해를 발생케 할 수 있기 때문이다. 주택임대차보호법 제4조 제2항에 의하여 법정임대차관계가 존속하는 상태에서 임차주택이 양도되면 임차인은 동법 제3조 제2항에 의하여 자기의 임차권을 여전히 주장하여 종전대로 임차주택을 사용할 수 있을 뿐만 아니라 경락인에게 보증금을 반환 받고 주택을 명도하여 주기 전까지 양자 사이의 관계는 일반매매에 따른 경매절차상의 임대차관계와 크게 다를바 없다고 보기 때문에 대항력 있는 임차권자가 우선변제권을 행사하여 전액 배당을 받지 못한 경우에는 대항력만 가지고 주택임대차보호법 제4조 제2항, 상가건물임대차보호법 제9조 제2항에 따라 경락인에게 대항력을 행사할 수 있는 것으로 보는 것이 타당할 것이다.[501] 물론 반대입장이 밝히고 있는 '주택임대차법 제3차 개정으로 임차인이 배당요구를 하였더라도 보증금을 전액 변제 받지

---

500) 大判 1998. 6. 26. 宣告, 98다 2754 參照.

501) 閔日榮, 前揭論文 同一住宅에 대한 2回의 競賣와 賃借人의 優先辨濟權에 관한 시론, 50面.

않은 한 임대차 법 제3조의 5에 의하여 임대차는 종료함이 없이 존속하므로 우선변제권도 소멸할 여지가 없고 따라서 새로이 경료된 근저당권설정등기에 기한 경매절차에서도 낙찰대금으로부터 우선변제 받을 권리가 있다' 는 견해에[502] 대해서도 일응 긍정은 간다. 그러나 그러한 입장은 한정적으로 해석해야 할 것으로 본다. 왜냐하면 일부만 우선변제 받은 임차인에게 종전의 확정일자를 가지고 우선변제권을 다시 행사할 수 있다고 한다면 그러한 관계를 공시할 수 없는 문제와 채무자와 임차인이 이러한 점을 악용하여 새로운 권리자에게 손해를 가할 우려가 있기 때문이다. 그렇기 때문에 전세권자나 등기를 한 임차권자가 경매절차에서 일부만 배당 받은 경우 그 등기는 말소하지 않고 있으며[503] 새로이 경료된 근저당권 설정등기에 기한 경매절차에서도 그 낙찰대금으로 부터 우선변제권을 인정하지 않고 경락인에게 보증금을 반환 받을 때까지 임대차관계의 존속을 주장할 수 있을 뿐이라고 보고 있다.[504] 이 역시 일반인으로서는 그 전세권등기나 임차권등기가 대항력만 갖춘 등기라거나 보증금의 일부가 이미 배당절차에서 지급되었다는 사실을 알기 어렵다는 문제점이 있기 때문이다. 따라서 위와 같은 상황에서 다시 경매가 진행된 경우에는 전세권등기나 임차권등기는 변경등기를 하는 입법론적 방안을 제시하고 있는 것이다.[505] 그렇지 않은 경우에는 우선변제권을 배제시키는 방안으로 처리해야 할 것으로 보고 있다.[506] 위와 같이 일부만 변제받은 전세권자나 임차권자도 전액변제 받지 못한 경우에는 새로운 경매절차에서 우선변제권 행사에 제한을 받고 있으며, 이에 대한 조치가 필요한 실정인데 등기를 하지 않은 임차권자는 더욱 어려움이 있지 않은가 본다. 물론 이러한 점에 대하여 방법이 전혀 없는 것은 아니다. 종전의 입

502) 박해식, 前揭書, 282面.
503) 大判 1998. 6. 26. 宣告, 98다 2754 參照.
504) 大判 1998. 6. 26. 宣告, 98다 2754 參照.
505) 尹瓊, 前揭論文, 32面.
506) 上揭論文, 32面.

찰절차에서 임차인이 얼마나 배당금을 수령하였는데 그 나머지 보증금액은 얼마이며 그 금액을 확정일자에 따라 이후 법원에서 배당금을 수령할 것인지, 아니면 경락인에게 나머지 금액을 인수하게 한 것인지 집행법원에서 공시만 할 수 있다면 가능할 수도 있을 것이다. 그러나 막대한 업무에 쫓기고 있는 집행법원에서 그러한 일들을 하기에는 현실적으로 한계가 있을 것으로 보인다. 따라서 1차 경매절차에서 일부만 우선변제 받은 임차인에게는 주택임대차보호법 제4조 제2항, 상가건물임대차보호법 제9조 제2항에 따라 대항력만을 인정케 하고 우선변제권은 소멸하는 관계로 해석하는 것이 바람직 할 것이다. 만약 새로운 경매절차에서 임차인이 우선변제권을 행사하고자 한다면 경락자와 임차인이 임대차계약서을 다시 체결하고 확정일자를 받은 경우에 인정하는 방안이 타당하리라 본다.

Ⅲ. 配當要求 撤回의 規制

경락인이 최고가 매수인으로 결정된 후 임차인이 후순위 권리자와 통모하거나 확정일자에 따른 우선변제액이 전액에 미치지 못할 것을 예상하여 임차인이 권리신고 및 배당요구신청 한 것을 철회하는 경우가 있다. 이런 경우 이해관계인에게는 상당히 복잡한 문제를 유발시키며 경매절차도 불안정하게 된다.

1. 舊 民事訴訟法 施行當時의 學說과 判例

(1) 學說의 對立

1) 肯定說

배당요구를 한 최선순위 임차인이 배당요구를 철회하는 경우 이를 인정하여야 하나, 다만 절차의 안정 및 다른 배당요구권자 등 이해관계인의 이익을 위하여 배당요구의 철회는 경락기일까지만 허용되어야 한다는 견해이다.[507] 그리고 배당요구를 철회하면 경락인에게 임차권의 존속을 주장할 수 없다는 견해도 있다. 이 견해는[508] 배당요구에 의해 임대차는 해지되어 종료되었고 그렇다면 배당요구를 하였다가 철회한 자는 임차보증금의 우선변제도 받지 못하고 경락인에게 대항할 수도 없는 처지가 된다는 것이다. 결국 임차보증금은 임대인으로부터 반환받아야 한다고 보는 견해이다.[509]

2) 否定說

해지권 부정설의 입장은 임차인이 배당요구 신청한 이상 확정적으로 임대차가 종료하므로 배당요구의 철회는 허용될 수 없다는 견해이다. 이를 허용하면 배당요구와 철회의 무분별한 반복의 허용으로 실체법적·절차법적 혼란을 야기 시킬 수 있다고 보고 있다.[510]

---

507) 閔日榮, 住宅賃貸借保證金의 優先辨濟를 둘러싼 問題點에 관한 小考 -住宅賃貸借保護法 第3條의 2를 中心으로-, 厚巖郭潤直先生古稀記念 民法學論業 第2, 博英社 1995. 384面.

508) 李銀熙, 前揭論文, 198面.

509) 權利者의 自由에 대하여 '配當要求 철회의 경우 배당요구의 경우와는 달리 당사자의 의사를 존중하는 근거로는 對抗力과 우선변제권이 있는 賃借人이 입찰기일 이후 落札기일전에 배당요구를 철회하는 경우는 대부분 最高價買受人이 낙찰을 받지 못하도록 하기 위한 것으로 고의적이고 악의적인 것이 대부분인데, 配當要求의 철회로 임대차보증금의 반환의무를 추가로 부담하게 된 買受人이 그 부담을 감수하고 낙찰을 받겠다는 것을 법원이 나서서 직권으로 不許可 할 필요는 없는 것이기 때문이라고 설명하고 있다(尹瓊, 前揭論文, 492面).

510) 李宙興, 前揭論文 民事判例硏究Ⅹ, 1991, 48面.

3) 解除條件 成就說

대항력 있는 임차인의 배당요구를 장차 배당절차에서 전액 배당을 받지 못할 것을 해제조건으로 하는 조건부 포기로 보는 전제하에 전액배당을 받지 못하였다면 배당절차에서 배당 받지 못한 보증금을 경락인으로부터 지급받을 수 있게 되므로 배당요구를 철회할 필요가 없다고 보는 입장이다.[511]

(2) 判例의 態度

대법원은 긍정설의 입장을 지지하여 임차인이 배당요구를 하였다가 그것을 철회하는 것은 가능하다고 보고 있다. 즉 대법원은 "주택임대차보호법 소정의 요건을 갖춘 임차인은 임차인의 보호를 위한 동법의 취지에 비추어 볼 때, 임차주택의 양수인에게 대항하여 보증금의 반환을 받을 때까지 임대차관계의 존속을 주장할 수 있는 권리와 소액의 보증금에 관하여 임차주택의 가액으로부터 우선변제를 받음과 동시에 임차목적물을 명도할 수 있는 권리를 겸유하고 있다고 해석되고 이 두가지 권리중 하나를 선택하여 행사할 수 있다고 보아야 하며 임차인이 경매절차에서 배당요구신청을 하였다가 이를 취하 하였다 하여 이를 그 권리의 포기라고 볼 수는 없다"고 판시 하여[512] 배당요구신청을 그 권리의 포기로 인식하지 않고 있다.

2. 民事執行法 제84조 제1항

민사집행법 제84조 제1항에서는 배당요구를 할 수 있는 종기를 '첫 매각기일 이전까지'로 규정하고 동 법 제88조 제2항에서는 '배당요구

511) 張誠元, 前揭論文, 78面.
512) 大判 1987. 2. 10. 宣告, 86다 2076 參照.

의 종기가 지난 뒤에 이를 철회하지 못한다'고 규정하고 있다. 위와 같은 규정을 제정한 근거는 그동안 구 민사소송법 제 605조 제1항에서 '경락기일까지 배당요구를 할 수 있다'고 규정을 하여 많은 문제점이 발생하였기 때문이다.[513] 동 법 제88조 제 2항은 배당요구는 채권자가 자유롭게 철회할 수 있으나 배당요구에 따라 매수인이 인수하여야 할 부담이 바뀌는 경우에는 배당요구 한 채권자는 "배당요구의 종기가 지난 뒤에 이를 철회하지 못하도록"(민사집행법 제88조 2항) 규정하고 있다. 이는 매수인이 인수하여야 할 부담이 새로 생기는 경우와 부담이 증가하는 경우를 모두 포함하며 전자는 최선순위의 전세권자나 대항력 있는 확정일자 받은 임차인[514]이 배당 요구하여 매수인이 위 권리를 인수할 필요가 없었는데 배당요구가 철회됨으로써 그 권리 자체를 그대로 인수하게 되는 경우를 들 수 있고 후자는 최선순위의 대항력 있는 임차인이 배당요구를 하였는데 확정일자를 받지 아니하여 배당절차에서 소액보증금만을 배당 받고 나머지 보증금을 매수인이 인수할 것으로 예상하였으나 소액임차인이 배당요구를 철회함으로써 소액보증금까지 추가로 인수하게 되는 경우를 들 수 있다. 어느 경우이든 종기가 지난 뒤에는 철회할 수 없으므로, 철회하더라도

---

513) 2002年 7月 1일부터 施行될 民事執行法이 제정되기 전의 民事訴訟法 第605條第1項은 債權者간의 平等主義를 철저하게 실현시키고 가능한 한 다수의 債權者에게 配當된 기회를 부여하기 위하여 配當要求의 終期를 경락기일까지로 규정하고 있었다. 그러나 입찰희망자들이 입찰 신고 당시 주택임대차보호법恚 의하여 배당요구를 할 수 있는 임차인이 배당요구를 할 것인지의 여부를 알 수 없고, 최종경매기일 이후 경락기일 사이에 위 賃借人이 配當要求를 하는지 여부에 따라 이해관계인의 이해가 엇갈리는 등 매수 신고시 매각조건이 확정되지 아니하는 문제가 발생하고 있기 때문에 民事執行法 제84조를 제정하여 배당요구의 終期를 競賣期日 以前으로 앞당기고, 傳貰權·住宅賃借權의 소멸여부를 경매기일 이전에 확정할 수 있게 함으로써 경매참가자들이 賣却條件이 確定된 상태에서 경매에 參與할 수 있게 되어 경매不動産도 安全하다는 인식과 競賣制度의 活性化를 도모할 수 있게 되었다(全將憲, 前揭書, 562面).

514) 商街 또는 住宅을 포함한 賃借人을 의미함.

집행법원은 배당요구가 있는 것으로 취급하여 배당하고, 또한 필요한 경우 말소촉탁 또는 변경등기의 촉탁도 하도록 하고 있다.[515)]

대법원은 "주택임대차보호법상의 대항력과 우선변제권의 두 가지 권리를 겸유하고 있는 임차인이 임차주택에 대하여 진행되고 있는 경매절차에서 먼저 우선변제권을 주장하여 보증금 전액에 대하여 배당요구를 하였으나 그 후 집행법원의 계약서 제출요구를 받고 다시 제출한 배당요구신청서에 확정일자가 없다고 명백히 밝혔고, 이에 집행법원이 임차권자가 우선변제권의 행사를 포기한 것으로 보고 종전의 낙찰을 불허가 한 다음 물건명세서에 위와 같은 사실을 기재하여 신경매를 진행한 결과 낙찰허가결정이 확정되었다면, 우선변제권을 포기한 것으로 처리된 위 임차인은 낙찰대금에서 그 보증금을 우선변제받을 수 없고(임차보증금의 우선변제청구권이 인정되는 주택임차인이라도 입찰기일 전에 적법한 배당요구를 하지 아니한 이상 그가 적법한 배당요구를 한 경우에 배당받을 수 있었던 금액 상당의 금원이 후순위채권자에게 배당되었다고 하여 이를 법률상 원인이 없는 것이라고 할 수도 없다.), 위와 같이 진행된 경매절차에서 낙찰 받은 낙찰자는 임대인의 지위를 승계하여 임차인의 보증금을 인수한다"라고 하여[516)] 배당요구의 철회를 부정하고 있다.

구 민사소송법 하에서는 배당요구 종기를 낙찰 허가일까지로 규정하여(제 605조에 제1항) 많은 문제점이 있었는데 현 민사집행법 제84조 1항 및 제88조 1항에서는 "배당요구 종기 이후 배당요구를 한 채권자는 이를 철회하지 못한다"라고 규정함으로써(민사집행법 제88조 제2항) 경락인과 임차인 그리고 후순위 권리자와의 이해대립을 어느 정도 조정하는 입법적인 조치로서 바람직하다고 볼 수 있다.

---

515) 法院行政處, 前揭 法院實務提要(民事執行Ⅱ), 434~435面.
516) 大判 2002. 11. 8. 宣告, 2001다 51725 參照.

3. 檢討

민사집행법 제88조 제2항은 "배당요구에 따라 매수인이 인수하여야 할 부담이 바뀌는 경우 배당요구를 한 채권자는 배당요구를 철회하지 못한다"라고 규정하고 있어 경락인에게 대항할 수 있는 임차인은 민사집행법 제84조 제1항에 따라 배당요구의 종기일 이후에는 배당요구를 철회하지 못하게 된다. 그러나 낙찰이 되는 물건은 일반적으로 첫 매각기일에 낙찰이 되는 물건보다는 2회 정도 유찰이 된 후에 낙찰이 되는 경우가 더 많고, 민사집행법 제88조 제2항의 "매수인이 인수하여야 할 부담이 바뀌는 경우" 도 첫 매각기일 이전보다 이후에 발생하는 경우가 더 많다. 따라서 민사집행법 제84조 제1항의 ".......첫 매각기일 이전..." 을 "....매각기일 이전.."으로 개정하여, 민사집행법 제88조 제2항의 배당요구철회를 매각기일 이후 철회하지 못하는 관계로 해석할 수 있어야 할 것이다.

Ⅳ. 商賃法上의 對抗力과 優先辨濟權의 適用範圍

1. 개요

상가건물임대차보호법은 제2조는 "이 법은 상가건물(제3조제1항에 따른 사업자등록의 대상이 되는 건물을 말한다)의 임대차(임대차 목적물의 주된 부분을 영업용으로 사용하는 경우를 포함한다)에 대하여 적용한다. 다만, 대통령령으로 정하는 보증금액을 초과하는 임대차에 대하여는 그러하지 아니한다"고 규정하고 있으며, "보증금액을 정할 때에는 해당 지역의 경제 여건 및 임대차 목적물의 규모 등을 고려하여 지역별로 구분하여 규정하되, 보증금 외에 차임이 있는 경우에는 그 차임액에 「은행법」에 따른 은행의 대출금리 등을 고려하여 대통령령으로 정하는 비율을 곱하여 환산한 금액을 포함하여야 한다"고 규정하고 있다.

그리고 2015년 5월13일 상임법을 제정할 때 "제3조, 제10조제1항, 제2항, 제3항 본문, 제10조의2부터 제10조의8까지의 규정 및 제19조는 제1항 단서에 따른 보증금액을 초과하는 임대차에 대하여도 적용한다"고 규정하였다. 그러므로 2015년5월13일부터는 대항력과 권리금에 관한 효력에 대해서는 금액에 대한 적용범위와 관계없이 주장할 수 있다. 그러나 확정일자에 따른 우선변제권은 이 법 시행당시의 적용금액을 분석하여 우선변제권의 효력을 판단하여야 한다.

2. 상가건물임차인의 보증금액 상한선

시 행	서울특별시	수도권중과밀억제권역	광역시(군 지역과 인천광역시 제외)	기타지역
2002.11.1	2억 4천만 원이하	1억9천만원이하	1억 5천만 원 이하	1억4천만원이하
2008.8.21	2억 6천만 원이하	2억1천만원이하	1억 6천만 원 이하	1억5천만원이하
2010.7.26	3억원이하	2억5천만원이하	광역시(인천, 군 제외) • 수도권과밀억제권역이 아닌 인천(군제외), 안산, 용인, 김포, 광주 1억 8천만 원 이하	1억5천만원이하
2014.1.1	4억원 이하	3억원이하	광역시(「수도권정비계획법」에 따른 과밀억제권역에 포함된 지역과 군지역은 제외한다), 안산시, 용인시, 김포시 및 광주시 2억 4천만원 이하	1억8천만원이하
2015.5.13	대항력(제3조1항),상가권리금(제10조의3)등 보증금액을 초과하는 임대차에 대하여도 적용함.			
2018.1.26	6억1천만 이하	5억이하	3억9천만이하	2억7천만이하

위의 보증금액을 초과하는 임대차에 대하여는 상임법을 적용하지 아니하다(상임법 제2조제2항). 다만 월세에 부가세가 포함이 되어 있는 경우나 부가세가 별도라고 임대차계약을 체결한 경우 에는 부가세

를 뺀 금액으로 환산보증금을 산정한다.

그리고 이 법은 이 법 시행후 체결되거나 갱신된 임대차부터 적용한다. 다만, 제3조 · 제5조 및 제14조의 규정은 이 법 시행당시 존속중인 임대차에 대하여도 이를 적용하되, 이 법 시행 전에 물권을 취득한 제3자에 대하여는 그 효력이 없다(2002년 11월 1일). 갱신요구권(제10조1항), 존속기간 5년(동법 제10조2항), 차임증감(동법 제10 조3항은) 위의 보 증 금액이 초과한 경우에도 적용한다.(2013년8월13일) 다만 제2조제3항의[517] 개정규정 중 제3조 대항력에 관한 규정은 이 법 시행 후 최초로 계약이 체결되거나 갱신되는 임대차부터 적용한다(2015년5월13일).

3. 사례분석

낙찰(갑): 5억원			
권리자		일자	금액
A	상가임차인	2015년5월15일 사업자등록+계약+인도 +확정일자+배당요구	서울시 : 보증금2억, 월세 300만원
B	근저당	2016년6월6일	5억
B	임의경매	2018년8월8일	

517) 상임법 제2조(적용범위) ① 이 법은 상가건물(제3조제1항에 따른 사업자등록의 대상이 되는 건물을 말한다)의 임대차(임대차 목적물의 주된 부분을 영업용으로 사용하는 경우를 포함한다)에 대하여 적용한다. 다만, 대통령령으로 정하는 보증금액을 초과하는 임대차에 대하여는 그러하지 아니하다. ② 제1항 단서에 따른 보증금액을 정할 때에는 해당 지역의 경제 여건 및 임대차 목적물의 규모 등을 고려하여 지역별로 구분하여 규정하되, 보증금 외에 차임이 있는 경우에는 그 차임액에 「은행법」에 따른 은행의 대출금리 등을 고려하여 대통령령으로 정하는 비율을 곱하여 환산한 금액을 포함하여야 한다. <개정 2010.5.17.>. ③ 제1항 단서에도 불구하고 제3조, 제10조제1항, 제2항, 제3항 본문, 제10조의2부터 제10조의8까지의 규정 및 제19조는 제1항 단서에 따른 보증금액을 초과하는 임대차에 대하여도 적용한다.<신설 2013.8.13., 2015.5.13.>

예컨대 위의 사례에서 상가임차인 'A'는 매수인(낙찰자) '갑'에게는 보증금액의 제한 없이 대항력을 주장할 수 있지만(상임법 제2조 제3항), 확정일자에 따른 우선변제권은 주장할 수 없다.

왜냐하면 2015년 5월13일 개정된 상임법 제2조제3항은 적용범위와 관련하여 대항력에 대해서는 보증금액의 제한 없이 인정하고 있지만 우선변제권에 대해서는 제한을 하고 있기 때문이다.

따라서 위의 사례에서 상가임차인은 대항력과 확정일자를 갖추고 민사집행법 제84조 제1항, 동법 제88조 제1항에 따라 배당요구를 하였더라도 배당을 받을 수 없고 대항력으로 2억원을[518] 매수인(낙찰자)에게 주장할 수 있게 된다. 그리고 낙찰대금 5억원에 대해서는 "B" 근저당권자가 5억원 전액 배당을 받고 종결된다.

위와 같은 관계는 결국 2002년11월1일부터 상임법에서 규정하고 있는 "임차권은 임차건물에 대하여 「민사집행법」에 따른 경매가 실시된 경우에는 그 임차건물이 매각되면 소멸한다. 다만, 보증금이 전액 변제되지 아니한 대항력이 있는 임차권은 그러하지 아니하다"(상임법 제8조)라는 법의 규정과 "매수인에게 대항력을 행사할 수 있는 임차인이 확정일자를 갖춘 경우에는 매수인에게 대항력도 행사할 수 있고 확정일자에 따른 우선변제권도 행사할 수 있다"[519]라는 판례의 내용과도 모순되는 문제가 있다. 즉 개정법률 이전의 법 규정에서는(2015년5월13일이전) 이법 시행당시의 보증금액의 적용금액에 따라 확정일자에 따른 순위로 배당을 받고 못 받은 금액에 대해서는 매수인에게 인수를 주장할 수 있었지만 2015년5월13일 시행된 법률은 적용보증금액이 초과된 경우 우선변제권은 행사할 수 없고 오직 매수인에게 대항력만을 행사할 수 있게 된다.[520]

---

518) 상가임차인의 보증금환산금 산정방법에 대해서는 월세에 100를 곱하게 되어 있다. 따라서 위의 사례에서 임차인 보증금 2억+(월세300만X100)을 하면 5억원이 환산임차보증금액이 된다.

519) 대법원 1997.8.29.선고 97다11195판결; 대법원 2006.2.10. 선고 2005다21166판결.

520) 전장헌, 전게논문, 198면.

第 3 編

核心 事例分析

1. 假裝賃借人과 競落人의 關係
2. 所有者 동생의 妻가 賃借人으로 認定받을 수 있는지
3. 전유부분과 대지 사용권의 관계
4. 법정지상권이 성립하기 이전에 건물을 부합(합체)시킨 경우

1. 假裝賃借人과 競落人의 關係

용도	사건번호 20-12345	소재지	면적(평방)	권리분석	임차관계	결과	감정평가액 최저경매가
아파트	중고기업 (주)우진 김철수	서울시 서초구 잠원동 신반포 아파트 제1107동1503호 · 철근콘크리트 · 다세대,근린상가 · 차량출입가능 · 버스정류장 및 반포역 도보5-7분 . 도시가스설비 . 3종일반주거지역	대74.68/85419. (28평) 건물135.97m2 48평형 (방4개) 15층 78.20 보존 *복도식, 남동향	가압류 .03.24 신용보증 15,600만 가압류 03.02.26 중소기업 7,800만 임의경매 03. 5. 13. 중소기업 근저당 02.8. 1. 중소기업 42,000만 소유자 김철수 97. 9. 16.	이칠성2억7천만 97.12.29(전입) 박정옥 2,000만 03. 1. 24일 전입, 배당요구	04.6.2 유찰	760,000,000 (태평양감정) 608,000,000

(1) 事件槪要

본 부동산은 채무자 (주) 우진이 중소기업은행으로 부터42,000만원을 차용하면서 김철수가 물상보증인으로 담보를 제공하였는데 변제를 하지 않자 중소기업은행이 임의경매를 신청하였다. 본 물건의 위치는 반포역과 상가, 학교들이 인근에 혼재하고 있어 양호한 편이다. 본 물건의 시세는 약 8억원 인데 감정가 76,000만원에, 1회 유찰되어 60,800만원이 최저금액으로 형성되어 있다. 건축년도가 78년도라 앞으로 재건축도 바라볼 수 있어 투자가치로도 양호한 편이다.

문제는 임차인이 2억7천만에 전입과 계약을 체결하고 있어 문제이다. 낙찰자가 임차인의 보증금을 인수하게 된다면 최저금액으로 입찰가액을 써 넣는다고 하여도 약 8억 8천만원 정도가 되어 실질적으로 시세보다 더 주고 사는 격이 된다. 그래서 이전에 유찰이 된 것이다. 그런데 어떤 사람이 6억8백만원을 쓰고 단독으로 낙찰을 받았다. 이유는 임차인이 가장임차인으로 경락인이 임차인의 보증금을 인수하지 않아도 된다고 판단하였기 때문이다. 그것이 사실이라면경락인은 2억원 정도를 싸게 매입할 있게 될 것이다. 경락인 생각대로 될 수 있을지 아래에서 살펴보도록 한다.

(2) 登記簿上 權利分析

* 가압류 .03.24 신용보증
  15,600만
* 가압류 03.02.26 중소기업
  7,800만
* 임의경매 03. 5. 13. 중소기업
* 근저당 02.8. 1. 중소기업
  42,000만

말소기준 권리인 중소기업은행 02.8. 1일을 기준으로 이것 보다 이후에 설정된 가압류 2건과 임의경매는 경락으로 모두 소멸하기 때문에 등기부상 경락인이 인수해야 할 권리는 없다.

(3) 賃借人 權利分析

1) 事件概要

이칠성은 말소기준권리인 중소기업은행 02년 8월1일부터 앞선일자로 (97년 10월 29일)주민등록 전입신고를 하고 있기 때문에 경락인에게 대항할 수 있는 임차인에 해당한다. 따라서 이칠성이 계약서와 인도를 정상적으로 갖추고 있다면 경락인이 2억 7천만원을 경락대금이외에 인수해야 한다. 다만 확정일자를 받지 않았기 때문에 낙찰대금으로부터 우선변제권은 행사할 수 없다. 문제는 임차인과 경락인 사이의 문제가 된다. 그런데 이 임차인은 도표에서도 나타나고 있지만 이상한 점이 많다.

[등기부상의 권리관계]

* 근저당 02.8. 1. 중소기업, 42,000만
* 소유자 김철수 97. 9. 12.
* 이칠성 97.12.29(전입) , 2억7천만

위의 권리관계에서 김철수는 소유권이전을 하면서 02.8.1 중소기업은행에게 근저당을 42,000만원에 설정하였다. 그런데 선순위 임차인 2억7천만원이나 되는데 42,000만원을 설정할 수 있느냐 하는 점이 첫 번째 의문이다. 그 당시 시세가 6억 5천만원 정도 밖에 나가지 않는데 확정일자도 받지 않았다.

그리고 임차인 박정옥이 03. 2. 12일 전입신고를 하고 2,000만으로 임대차계약을 체결하여 집행법원에 배당요구신청을 하였지만 임의경매개시결정일 바로 2개월 이전에 대항요건을 갖추고 있다. 일반적으로 금융기관에서는 임의경매신청을 하기 2개월에서 3개월 이전에 최고장을 보내는데 이 제도를 채무자가 악용하여 가장 소액임차인을 만들어 놓는 경우가 많다. 그것이 아니라도 방(Room) 4개를 2억7천만원에 임대차계약을 체결하고 여기에 2,000만원으로 또 소액임대차계약을 체결하는 것이 일반인의 상식으로 이해할 수 있느냐 하는 점이다.

여러 가지로 의문점이 많아 입찰에 들어가기 전 조사를 세부적으로 하였는데 90%이상이 가장임차인 일 가능성이 높았다.

그래서 단독으로 낙찰을 받고 이후 임차인에게 이사를 요구하였더니 임차인측에서는 "왜 우리가 그냥 나가야 하느냐" 우리는 경락인에게 대항할 수 있는 임차인이기 때문에 보증금을 받기 이전까지는 죽어도 나갈 수 없다고 하면서 완강하여 저항하였다. 그래서 잔금을 지급하자마자 바로 소송에 들어가게 되었다. 구체적인 내용은 아래에서 임차인들을 상대로 소송을 제기하는 방법과 진행과정을 구체적으로 살펴보도록 한다.(참고적으로 본 내용을 악용하여 선의의 피해자가 발생하지 않기를 바란다. 그런 차원에서 일부내용은 생략하기로 한다).

2) 引渡命令과 明渡訴訟의 差異

경락인에게 대항할 수 없는 임차인은 인도명령결정의 대상자이지만 경락인에게 대항할 수 있는 임차인은 명도소송의 대상자이다.[521]

경락인에게 대항할 수 없는 임차인도 구 민사소송법에서 명도소송의 대상자로 분류하였는데 새로운 민사집행법에서는 인도명령결정의 대상자로 입법하여 경락인을 보호하고 있다. 인도명령결정문은 특별한 사유가 없는 한 신청후 2주이내에 결정이 나오고 비용도 명도소송과는 비교도 되지 않는다. 본 사안에서 이칠성은 서류상으로 보면 분명 경락인에게 대항할 수 있는 임차인에 해당한다. 그러나 경락인의 입장에서 보면 불법점유자로 인도명령결정의 대상자에 해당한다. 굳이 비용도 많이 들고 기간이나 절차도 복잡한 명소소송을 할 필요는 없는 것이다. 그래서 인도명령결정을 신청하였는데 법원에서는 인도명령결정신청을 접수하여 진행을 하여 주었다. 아래에서 구체적인

521) 본서 2편의 경락인에게 대항할 수 있는 임차인과 경락인에게 대항할 수 없는 임차인에게 대하여 구체적으로 설명하고 있으니 참고, 중요한 내용임.

소송진행 과정과 일부방법을 살펴보도록 한다. 소송은 기술이며 전략이다. 얼마나 빠른 시간과 적은 비용으로 상대방을 공격하여 승소를 하느냐, 치밀하고 세부적인 전략과 준비가 필요하다.

3) 부동산인도명령신청서 제출

가장임차인을 내 보내어야 하는 문제인 데 우선 경락잔금지급과 동시에 인도명령결정신청을 바로 하였다. 인도명령결정은 특별한 사정이 없는 그 절차가 간단하고 2주일 이내에 결정문이 나오기 때문에 경락인의 입장에서는 인도명령결정을 이용하는 것이 유리한 것이다. 특별한 사정이 없는 한 인도명령결정은 2주이내에 나오지만 본 사안은 임차인이 2억7천만원의 보증금을 경락인에게 인수를 주장하고 있어 일반적인 소송절차에 따라 준비서면과 답변서가 오가게 된다. 새로운 민사소송 절차법에서는 소장을 법원에 제출하면 바로 변론기일을 열어 당사자를 법원에 출두시키지 않고 우선 준비서면으로(준비서면과 답변서)자신의 권리와 주장을 하도록 하고 이후 중요쟁점과 핵심내용이 정리되면 변론기일을 열어 법원에서 당사자가 증거서류와 최종적인 변론을 한다. 이후 판사가 선고를 하는 방식을 취하고 있는데 이는 민사소송의 이상에 맞는 제도라고 볼 수 있다.

부동산인도명령신청서

20타경 12085호 부동산 경매 사건

신청인(낙찰인) : 윤 ○ △
서울시 강남구 역삼동 ○○○-○○ ○○○호
(○○○-○○○-○○○)

피신청인 :
1. 소유주 오 ○ ○ (○○○○○○ - ○○○○○○○)
실제거주지 : 서초구 잠원동 ○○아파트 1107-1503
전출주소 : 서초구 반포동 ○○아파트 15동 1105
2. 가장임차인 한 ○ ○(○○○○○○ - ○○○○○○○)
전입주소 : 서초구 잠원동 ○○아파트 1107-1503
3. 가장임차인 윤 ○ ○(○○○○○○ - ○○○○○○○)
전입주소 : 서초구 잠원동 ○○아파트 1107-1503

신청취지

피신청인은 별지 목록 기재 부동산에 대한 피신청인의 점유를 풀고 이를 신청인에게 인도하라.

신청이유

위 당사자간 귀원 2003타경 12085호 부동산 경매 사건에 관하여 낙찰자는 2003년 11월 21일 경락허가에 기하여 2003. 12. 18일 경락대금을 완납하고 피신청인에게 이 건 부동산의 인도를 요구하였으나 대항력과 권원없는 점유자인 피신청인들은 이○○당한 이유 없이 불응하고 있는 바 귀원 집행관으로 하여금 별지 목록 기재 부동산에 대한 피신청인의 점유를 풀고 이를 신청인에게 인도하는 인도명령을 구하고자 이 건 신청에 이른 것입니다.

첨부서류

1. 부동산의 표시 : 별지 목록 기재
1. 대금완납증명원
1. 등기부등본
1. 오○○, 한○○, 윤○○ 주민등록등본 각 1통
1. 송달료 납부서
1. 신청이유서 및 별첨목록 각 1통

2003년 12월 19일

위 신청인 ○ ○ ○

○○ 민사 지방법원 귀중

부동산인도명령신청서

1. 인도명령신청취지

가. 본 경매 물건인 서울 서초구 잠원동 ○○아파트 1107-1503호는 소유주인 오○○ 가족들(처 ○○○, 자 ○○, 제 ○○)만이 1997. 11. 10일 입주한 이후 최근 2003. 11월 22일까지 거주하고 있었습니다. (별첨 증 1호 : 서초구 잠원동 ○○아파트 1105-1503 오○○, 이○○ 주민등록초본)

(1) 가장임차인 한○○ 과 윤○○ 등은 본 아파트 임대차 계약서를 소유주 오○○, 중개인 윤○□등과 통모에 의한 허위의 의사표시로 작성하여 계약서를 법원에 제출하고 아파트에 입주하지 아니하여 이 사건 주택의 인도를 받지 아니하였고 점유를 전혀 한 적이 없음에도 불구하고 그 주장의 임차보증금 1억 5천만원을 낙찰자에게 또는 배당받기위하여, 이 사건 아파트 임차인으로 형식만 갖추어 권리주장 하고 있는 가장임차인들입니다.

나. 법원의 집행관 현황조사시 위계에 의한 허위 임차인진술 하였고 본 신청인이 낙찰허가후 본 물건 방문해 만난 30대여성이 자신은 한○○의 처라고 소개하였으나 106동 수위에게 확인한 바로는 소유주의 처인 이○○ 였음에 비추어 실제 이 아파트의 거주자는 한○○이나 윤○○이 아닌 오○○ 가족임이 분명함.

(1) 집행관 현황조사시 집행관 ○○ 증언에 의하면 임차인이라고 주장하는 한○○의 주민등록증을 확인하지 않았고 이는 임차인이라고 주장하는 자가 실제는 소유자인 오○○입니다.

(2) ○○우체국 집배원 장○○ (○○○○-○○○○, ○○○-○○○-○○○○)이 법원의 임차인 송달서를 배달할시 송달증명원에는 윤○○이 수령, 서명했다고하나 사실은 이○○ 이름이 먼저 기재, 이○○이○○된점, (별점 증 2호 : 한○○,윤○○ 접수증명원 사본)

(3) ○○우체국 집배원 ○○○씨는 수령자가 30대 가량의 집주인(이○○)이 실제 수령, 서명자라고 진술한점.

(4) 법원에 제출한 한○○ 접수증명원 사본을 보면 한○○자신이 윤○○이름의 배당신청을 하였음은 사리에 맞지않음.(별첨 증3호 : 한○○, 윤○○ 접수증명원 사본)

다. 가장임차인 한○○은 전입일자가 선순위인 대항력있는 임차인으로 보이기 위하여 이 사건 아파트 임대차계약 통모에 의한 허위의 의사표시로 작성하여 계약서를 제출, 권리신고, 배당신청을 하였습니다.(별첨 증 4호 : 한○○ 임대차 1, 2차 계약서)

(1) 1997년 10월 19일자 작성된 오○○과의 1차 계약한 임대차계약서와 1999. 10. 30자 작성된 2차 임대차 계약서를 법원에 제출하고 97년 10월 30일부터 2003년 11월 현재까지 가장임차인 한○○이 점유하고 있다고 주장하며 2003년 9월 9일 법원에 임차보증금으로 다시 전세시세보다 1억이상이 넘는 무려 2억 5천만원을 임차보증금으로 권리신고(별첨 증 3호 한○○ 권리신고 및 배당요구서)를 제출한 자입니다.

라. 가장임차인 윤○○은 확정일자부 소액임차인으로 보이기 위해 ○○아파트 1107-1503호에는 전혀 거주한 사실이 없음에도 임대차 계약서(별첨 증 4호: 윤○○ 임대차 계약서)를 제출하여 2003. 9. 2법원에 임차보증금의 권리신고 및 배당신

청(별첨 증 5호 : 윤○○ 권리신고 및 배당요구서)하였으나 이 계약서에는 간인도 없고 연락처나 주소도 허위입니다.

(1) 2003년 2월에 체결한 오○○과 윤○○과의 계약서를 보면 가장임차인 한○○의 주장대로 97년 10월 20일 계약체결후 방3칸 전부 임차, 점유하였다면 방1칸에 대해 한○○과의 전전세 관계를 명시해야하며 방3칸의 아파트에 한○○은 방3칸의 권리신고를 하였고 윤○○ 역시 방1칸 권리신고한 것은 한○○, 윤○○의 임대차관계가 허위임이 분명합니다.

마. 가장 임차인 한○○, 윤○○등은 현재까지 대항력있는 선순위 세입자로 위장하고 있기에 권원없는 점유자이기에 인도명령신청을 하는 바입니다.

(1) 1107동 수위인(연락처 : ○○○-○○○-○○○○)가 증언한 바 대로 가장 임차인 한○○, 윤○○이 2003년 11월 22일 낙찰허가결정 이후 12월 초경 전혀 거주한바 없는 ○○아파트를 왕래하면서 그 동안 거주해온 것처럼 왕래하고 있는 상태이며 오○○과 그 가족들은 이사는 하지 않고 다른 곳으로 옮긴 상태라고 합니다.

2. 인도명령신청이유

가. 본 건 부동산의 실질적 점유자는 소유주 오○○입니다.

(1) 소유자 오○○은 1997년 10월 17일 서초구 잠원동 ○○아파트 1107-1503를 소유권 취득하고 가족(처 이○○, 자○○, 자○○)전부가 1997년 11월 10일 입주 하였으며 주민등록 전입은 1009년 11월 25일 전입하여 2003년 6월 5일 서초구 반포동 ○○아파트 1-1105로 전출하였습니다.

(가) 1107동 수위가 증언한 바대로 소유주 오○○가족등이 1997년 11월 10일 입주한 것으로, 오○○, 이○

○ 명의차량인 서울○○바○○○○ 역시 처분하기 전까지 본 아파트에 거주하면서 운행해온 것으로 현재까지 수위실 입주자 리스트에 기록 되있으며 본 경매사건 낙찰허가 결이○○ 직후인 2003. 11월 22일경까지도 잠원동 ○○아파트 1107-1503호에 오○○ 가족만이 거주해온 증거들이 명백합니다.

(2) 만일 가장임차인 한○○의 주장대로 97년 10월 18일 계약체결후 방3칸을 전부 임차, 점유하였다면 소유주인 오○○의 실제 거주지는 잠원동○○아파트 1107-1503호가 아닌 다른 장소여야 함에도 1997. 11. 10일 입주한 이후 최근 2003. 11월까지 거주한 사실이 수위실 입주자 리스트, 이○○ 명의의 전화번호, 오○○ 명의의 케이블 TV 구독, 오○○ 명의의 신문구독, 오○○ 명의의 도시가스 요금등을 보아도 소유주인 오○○가족만이 살았다는 증거가 명백한다.

(가) 만일 가장임차인 한○○의 주장대로 97년 10월 2003년 11월까지 6년간 계약체결후 방3칸을 전부 임차, 점유하였다면 1107동 수위들이 한○○의 존재를 알아야 함에도 전혀 모르며 본건 부동산을 사용수익한 흔적이 전혀없다.

(3) 가장 임차인 한○○과 처 조○○은 주민등록전입은 각자 다른 곳에 위장 전입해놓고 실제 거주지는 부천 원미구 중동 ○○아파트 1307-1901호 입주자명부)

(가) 가장 임차인 한○○ 계약일자인 1997년 10월 19일 11년 후인 1998. 10. 30일자로 ○○아파트에 전입신고하였으나 가장 임차인 한○○의 실제 거주는 경기도 부천 원미구 중동 ○○아파트 1307-1901(명

의자 박○○, ○○ 전 대표이사)에서 2002년경부터 현재까지 전 가족(모 이○▲, 처 조○○, 자 ○○, ○○)이 한○○의 모친 손○○이 입주자 대표로 한 ○○과 같이 거주하며

(나) 또한 모친 김○○이 작성한 이 아파트 수위실 입주자리스트에는 이전 거주한 주소지로 경기도 부천 원미구 ○○아파트 1902-1303에서 1997년 5월부터 한○○의 모친 김○○, 한○○과 처, 자녀들이 거주하다 2002년 ○○아파트 1307-1901호 이사 해온 것으로 입주자 카드에 기재되어 있음.(별첨 증 7호 : 부천 원미구 ○○아파트 1902-1303호 입주자명부)

(다) 가장임차인 한○○은 1994년 부도이후 신용불량인 상태에서 채무를 면탈키 위해 오○○집에 위장전입한 자로서 본인명의의 부동산등의 재산도 전혀없고 부인명의의 핸드폰, 그랜져 차량을 타고 다니며 자녀들 역시 부천소재 학교에 재학하는등 가장임차인 한○○의 실제거주지는 경기도 부천구 원미구 ○○아파트 1307-1901입니다.

(4) 가장임차인 윤○○은 ○○아파트 1107-1503호에는 전혀 거주한 사실이 없음에도 허위 임대차 계약서를 제출하여(계약서상 주소는 남양주 와부읍 ○○아파트 1208-1203, 조모 손○○명의, 세입자 거주) 확정일자부 소액임차인으로 2003. 9. 2.법원에 권리신고 및 배당 신청하였으나 이 계약서에는 간인도 없고 연락처나 주소도 허위입니다. 윤○○은 경기도 남양주시 와부읍 ○○아파트 1208-1203에(전화 ○○○-○○○○) 가족들과 실제 거주합니다.

나. 소유자 오○○ 가족의 97년 11월부터 최근까지의 잠원동 ○○

아파트 1107-1503호 占有 證據

(1) 1107동 수위에게 확인해 본바로는 2003년 11월 22일 낙찰허가후 이후 12월 초경부터 가장임차인 한○○이 ○○아파트에 왕래하면서 그 동안 임차인으로 거주해온 것처럼 가장하고 있는 상태이며 오○○과 그 가족들은 다른곳으로 이주한 상태라고 합니다. 또한 소유자인 오○○ 가족의 거주흔적을 지우는 각종 증거인멸, 명의변경, 면탈을 하고 있는 것으로 판단됩니다.

(가) 낙찰허가결정후 ○○아파트 1107동 수위의 진술를 통해 오○○이 한○○, 윤○○ 데리고 와서 사는것처럼 해달라고 부탁했다는 통화내용을 녹취하여 증거로 제출합니다(별첨 증 8호 1107동 수위와의 통화 녹취록).

(나) 특히 관리사무소의 입주자 카드가 오○○이 입주자로 기재되어있다는 수위의 증언과 수위실에 비치된 ○○아파트 1107동 입주자 명부에 오○○ 가족성명이 기재된 별첨 입주자 명부 사본도 제출합니다.(별첨 증 9호 : 잠원동 ○○아파트 1107 수위실 입주자 리스트)

(다) 1107동 수위의 녹취록에서 진술된바와 같이 오○○이 한○○, 윤○○ 데리고 와서 한○○이 사는 것처럼 해달라고 부탁했다는 물증으로 교대자인 성명미상의 수위가 작성한 별첨 "한○○로"메모를 증거로 제출합니다.(별첨 증 10호 : ○○아파트 1107동 수위가 작성한 "한○○로"메모 사본)

(라) ○○아파트 1107-1503호의 전화 ○○-○○○-○○○○는 오○○의 전 거주지인 잠원동 ○○아파트 1217-1201에서 오○○의 처 이○○ 명의로 1994년경 개통되어 1997년 11월 오○○ 가족의 이주와 함께

○○아파트 1107-1503로 이전되어 1997년부터 2003년 11월 24일까지도 114안내를 통해 이○○ 명의로 안내받을 수 있었으나 최근 안내거절 되었고 한○○으로 명의변경 되었음. (별첨 증 11호 : 전화 ○○-○○○-○○○○ 이○○ 명의 납부청구서 사본)

(마) 조선일보 반포지국(○○-○○○○-○○○)에 확인해 보니 2003. 11. 18일경 신문구독자 오○○에서 한○○으로 11월 29일 명의 변경했음.(별첨 증 12호 : 오○○ 명의 동아일보 구독청구내역서)

(바) ○○케이블 TV(○○-○○○○-○○○○, 담당 소○○)가 오○○ 명의로 1995년 오○○ 전 주소지인 신반포 ○○아파트 217동 201호에서 개통되어 2002년 6월 22일 현 거주지인 신반포 ○○아파트 1107-1503호에서 해지함. (별첨 증 13호 : 오○○ 명의 ○○케이블 TV 구독청구내역서)

(사) 서울○○바○○○○(쏘나타)역시 오○○과 이○○등이 사용한 차로서 단지내 잠원카센터 직원의 말에 의하면 이○○이 처분하기 2~3개월 전까지 직접 운행, 수리의뢰해 왔다는 잠원 카센터 직원의 증언.

(아) 1107-1503호의 수도, 가스등의 실제 납부자가 오○○ 명의(별첨 증 14호 : 오○○ 명의 수도, 가스 청구내역서)

(자) 오○○ 가족의 전출주소지는 2003. 6. 5일자로 서초구 반포동 ○○아파트 3동 105호(소유자 성○○)로 전출했으나 실제 입주자는 2002. 5. 11부터 전세입주자인 최○○(HP ○○○○○○○○, ○○○-○○○○)의 가족(강○○, 최○△, 최○▽)등이 거주 하고 있다는 ○○아파트 3동 수위의 증언.

다. 僞裝 賃貸借 契約書 嫌疑

(1) 가장임차인들인 한○○과 윤○○등이 법원에 제출한 임대차 계약서들은 급박하게 조작하여 작성된 진정한 임대차 계약서가 아님이 분명합니다.

(가) 1997년 10월 19일자 작성된 오○○과의 1차 계약한 임대차계약서(계약기간 : 1997년 10월 19일~1999년 10월 30일, 임차보증금 2억 5천만, 중개인 윤○□, 확정일자 없음)와 1999. 10. 30자 작성된 2차 임대차 계약서 (계약기간 : 1999년 10월 30일~2003년 10월 30일, 임차보증금 2억 8천만, 확정일자 없음, 쌍방합의)는 통모에 의한 허위의 의사표시로 작성되었음.

(나) 오○○과 한○○과의 1999. 10. 30일 작성됐다는 2차 계약서에는 한○○의 연락처로 ○○○-○○○○가 오○○의 처 이○○ 명의전화) 기재 됐으나, 2003년 2월 작성한 가장 임차인 윤○○과의 계약서에는 ○○○-○○○○가 오○○의 연락처로 기재된점.

(나) 부농산 114에 의하면 오○○과 한○○과의 97년 10월 1차 계약서 작성당시의 전세시세는 1억 5000만원이○○도이나 임치보증금으로 2억 오천만원으로 기재한 점,

(라) 1999. 10. 30일 작성됐다는 2차 계약서에는 당시 전세시세가 1억 2천만원 이○○도이나 2억 5천만원은 지나치게 과다함. (별첨 증 15호 : 부동산 114 과거 전세시세표)

(마) 윤○○의 연락처로 계약서에 기재한 ○○-○○○-○○○○는 실제로 오○○ 명의의 전화이며 역시 02-114 안내를 통해 2003년 11월 24일까지 오○○ 명의로 안내를 받을 수 있었음(KT 강서영업국 ○○○○-○○○○) 가장 임차인 윤○○의 집(남양주시

와부읍 ○○아파트 1208-1203)에 이전, 설치됐다가 이도 2003. 11. 24일 해지시킴. (별첨 증16호 : ○○-○○○-○○○○ 오○○ 명의의 전화청구서)

(바) 2003년 2월에 체결된 오○○과 윤○○과의 계약서를 보면 부동산 사무실을 통해 계약하였음에도 불구하고 간인도 없고 중개인 ○○○에게 계약서사본을 확인요청하였으나 분실했다라고 주장하는등 허위임대차 계약이 분명함.

(사) 2003년 2월에 체결된 오○○과 윤○○과의 계약서를 보면 가장임차인 한○○의 주장대로 97년 10월 20일 계약체결후 방3칸을 전부 임차, 점유하였다면 윤○○과 오○○사이의 계약한 방1칸에 대해 한○○과의 전전세 관계를 명시해야하며 보증금 반환을 누구에게 하는지가 명시되지 않는등 한○○과의 임대차 관계가 있다면 이런 계약서는 나올리 만무함.

라. 契約 當事者 關係의 僞裝賃貸借 嫌疑

(1) 소유자 오○○의 처 이○○ 는 가장임차인 윤○○의 이모로서 중개인 윤○□의 동생 윤○▲(윤○○의 부)의 처(이○△)와는 형제관계임.(별첨 증17호 : 오○○, 한○○, 윤○○ 호적등본 각 1통 사본)

(2) 가장임차인 한○○은 기업은행(○○지점, 유○○ 대리 ○○○-○○○○)에 제출한 명함에 의하면 ○○주식회사(대표 오○○)의 이사로 행세해왔고 이 회사의 법인등기부등본에 의하면 한○○의 처 조○○ 역시 1994년 11월부터 1995년 3월까지 이 회사 감사로 재직한 관계임. (별첨 증18호 : ○○주식회사 법인등기부 등본)

(3) 가장임차인 윤○○(○○○○○○-○○○○○○○, ○○○-○○○-○○○○)은 오○○과는 이모부-조카관계이며 중개인 윤○

□와는 숙부-조카관계임. 윤○○의 부는 윤○◇로 중개인 윤○□의 동생이며 모 이○△과 오○○의 이○○와는 자매간임.

3. 재판장님께 다음과 같은 증거조사와 문서 제출 명령을 신청합니다.
   가. 2000년 10월 대출당시 대출은행인 기업은행(○○지점, 유○○ 대리 ○○○-○○○○)의 감정평가서에도 "세입자 없음"으로 임대차가 조사되어 있고 이는 본 신청인이 기업은행 본점 여신관리부 차○○과장(○○-○○○-○○○○, ○○○-○○○-○○○○)이 열람케 한 당시 대출관련 서류에서도 입증이 되므로 기업은행 본점 여신관리부의 본 부동산 물건에 관한 감이○○평가서상의 세입자 조사내용의 문서제출 명령을 신청합니다.
   나. 별첨 오○○과 한○○과의 1차, 2차 계약서상 기재된 오○○의 연락처로 기재된 이동전화인 ○○○-○○○-○○○○가 계약당시인 97년 10월 20일과 99년 10월 30일 1, 2차 계약서 작성시 오○○의 명의로 개통이 되었는지 여부와 오○○ 명의의 전화가 아니라면 누구의 명의인지 sk telecom에 ○○○-○○○-○○○○의 97년 10월 19일 이후의 개통일자, 요금납부자, 명의변경내역, 자동이체현황등의 문서제출 명령을 신청합니다.
   다. 별첨 오○○과 한○○과의 2차 계약서상 기재된 ○○-○○○-○○○○(이○○ 명의의 전화)가 계약당시인 99년 10월 30일 당시는 이○○의 명의로 계약서에 한○○의 연락처로 기재되었으나 2003년 2월 윤○○과의 계약서에는 임대인 오○○의 연락처로 기재됨. 또한 ○○-○○○-○○○○은 계약서에는 임대인 오○○의 연락처로 기재됨. 또한 ○○-○○○-○○○○은 계약서에는 윤○○의 연락처로 기재되었으나 이는 오○○명의로 12월 초까지 114를 통해 안내받을 수 있었음. ○○-○○○-○○○○, ○○-○○○-○○○○가 당시 99년 10월과 2003년 2월 계약서 작성시 누구의 명의 였는지를 한국통신 전화가입시 명의자, 요금납부자, 명의변경내역, 자동이체현황등 문서제출 명령을 신청을 합니다.

라. 오○○ 가족의 잠원동 ○○아파트 1107-1503호 점유 증거인 관리사무소의 입주자 카드가 오○○이 입주자인지 여부를 확인하는 문서제출 명령을 신청을 합니다.

마. 오○○ 가족의 전출주소지는 (2003. 6. 5일 전출) 서초구 반포동 ○○아파트 15- 1105호(소유자 이○□)로 현 입주자는 2002. 5. 11부터 전세입주자인 최○○(HP ○○○-○○○-○○○, ○○○-○○○○)의 가족(강○○, 최○△, 최○▽)등이 거주하고 있으니 ○○아파트 입주자 명부가 오○○인지 여부를 확인하는 문서제출 명령 신청을 합니다.

바. 채무자 오○○의 처 이○○가 자신을 윤○○으로 행세하여 위계에 의해 수령, 서명한 별첨 2003. 7. 11일자 임차인 통지서 송달수령 사본의 필체가 누구의 필체인지에 관해 감정해주시기를 바랍니다.

4. 대항력과 권위없는 점유자인 오○○, 위장임차인들에 대해 인도명령을 하여 주시기 바랍니다.

가. 위 증거를 종합해보건대 잠원동 ○○아파트 1107-1503호에 소유주인 오○○ 가족들만이 1997. 11. 10일 입주한 이후 최근 2003. 11월까지 거주한 사실이 명백하며 특수한 신분관계인 소유주이자 채무자인 오○○, 이○○, 가장 임차인 한○○과 윤○○, 중개인 윤○□등이 통모에 의한 허위 임대차 계약서를 작성하여 가장임차인임에도 임차인으로 권리신고하여 법원에 배당신청을 하였고 법원의 송달서를 윤○○으로 행세하여 위계에 의한 임차인 통지서를 소유주 처인 이○○가 수령, 서명하는등 한○○과 윤○○을 가장임차인으로 위장하였습니다.

(1) 주택임대차보호법상 임차인으로서 대항력을 갖추려면 주민등록 전입과 목적물의 인도, 점유를 하여야 하나 가장임차인 한○○은 94년 부도이후 채무를 면탈키 위해 오○○ 소유인 잠원동 ○○아파트 1107-1503호로 1998년 위장전입을

하였고 이사를 한적도, 짐도 없으며, 전혀 거주한 사실이 없음에도 낙찰허가 결정이후 대항력있는 임차인으로 보이기 위하여 거주해 온 것처럼 위장 하고 있음.

(2) 따라서 본 신청인이 본 신청인이 인수 해야 하는 대항력 있는 선순위 세입자로 위장되어 있기에 대항력과 권원 없는 점유자인 오○○, 한○○, 윤○○등에 대해 인도명령신청을 하는 바입니다.

2003년 12월 19일

위 신청인 윤 ○ △

○○ 민사 지방법원 경매○계 귀하

별첨목록

별첨 증1호: 서초구 잠원동 ○○아파트 1107-1503 오○○, 이○○ 주민등록초본

별첨 증2호: 한○○,윤○○ 송달증명원 사본

별첨 증3호: 한○○,윤○○ 접수증명원 사본

별첨 증4호: 한○○ 임대차 1. 2차 계약서

별첨 증5호: 윤○○ 권리신고 및 배당요구서

별첨 증6호: 부천 원미구 중동 ○○아파트 1307-1901호 입주자명부

별첨 증7호: 부천 원미구 상동 ○○아파트 1902-1303호 입주자명부

별첨 증8호: 부천 원미구 중동 ○○아파트 1307-1901호 입주자명부

별첨 증9호: 잠원동 ○○아파트 1107동 수위실 입주자 리스트

별첨 증10호: ○○아파트 1107동 수위가 작성한 "한○○으로"메모 사본

별첨 증11호: 전화 ○○-○○○-○○○○ 이○○ 명의 납부청구서 사본

별첨 증12호: 오○○ 명의 동아일보 구독청구내역서

별첨 증13호: 오○○ 명의 ○○케이블 TV 구독청구내역서

별첨 증14호: 오○○ 명의 수도, 가스 청구내역서

별첨 증15호: 부동산 114 과거전세시세표

별첨 증16호: ○○-○○○-○○○○ 오○○ 명의의 전화 청구서

별첨 증17호: 오○○, 한○○, 윤○○ 호적등본 각 1통 사본

별첨 증18호: ○○주식회사 법인등기부 등본

4) 법원으로부터 보정명령서 받음

경락인은 법원으로 보정명령서를 받았다. 보정서는 인도명령 신청서 사유를 보강 및 요약하여 다시 제출하라는 내용이다. 그래서 아래와 같이 다시 제출하였다.

보 정 서

20타기 12345(부동산 인도 명령 신청)
신청인(낙찰인) : 윤 ○ △
서울시 강남구 역삼동 ○○○-○○ 1000호
(○○○-○○○-○○○○)

피신청인 :
1. 소유주, 채무자 : 오 ○ ○(○○○○○○-○○○○○○○)
실제거주지 : 서초구 잠원동 ○○아파트 ○○○-○○○
2. 가장임차인 한 ○ ○(○○○○○○-○○○○○○○)
전입주소 : 서초구 잠원동 ○○아파트 ○○○-○○○호
실제 거주지 : 부천 원미구 중동 ○○아파트 ○○○-○○○호
3. 가장임차인 윤 ○ ○(○○○○○○-○○○○○○○)
전입주소 : 서초구 잠원동 ○○아파트 ○○○-○○○호

귀원의 가장임차인 한○○의 위장임대차 소명 보정명령에 대해 다음과 같이 보정합니다.

첨부서류

1. 보정서 및 별첨목록 각 1통

20년 12월 27일

위 신청인 윤 ○ △

○○ 민사 지방법원 귀중

보 정 서

1. 通謀에 의한 僞裝 賃貸借 契約 嫌疑

가. 오○○과 한○○이 1차 계약한 임대차계약서에 따르면 1997년 10월 17일자로 오○○이 소유권을 취득한 직후 97년 10월 19일에 한○○과 1차 임대차계약을 체결하고 중도금지급도 없이 급박하게 잔금지급일과 주택의 인도등의 계약의 이행이 10일 후인 97년 10월 30일로 이루어 졌음은 통상적으로 계약의 체결로부터 단기간내에 이행을 완료하는 것은 매우 이례적이며

(1) 위 1차 계약한 임대차계약서에 의하면 "위 표시물건 등기부 등본상 설정 및 법적하자없는상태로 임대함"으로 계약조건에 단서가 있음에도 오○○은 임대차계약을 체결일자 직후인 1997년 10월 22일자로 국민은행 ○○동 지점에 주식회사 ○○를 채무자로 채권최고액 삼억오천만원의 근저당권을 설정하였음.(별첨 증1호 : 서초구 잠원동 ○○아파트 1107-1503호 등기부 등본)

나. 통상적인 임대차 계약관계라면 계약조건에 "위 표시물건 등기부 등본상 설정 및 법적하자없는 상태로 임대함"으로 계약 단서가 있기 때문에 잔금치를시 임차인 한○○은 근저당등의 설정이

없는 계약서 작성당시의 "등기부등본상 설정 및 법적하자없는 상태로 임대함"이라는 계약조건을 주장하며 임대인 오○○에 대해 계약조건위반으로 잔금지급을 하지 않고 계약금 2배반환 (위 임대차계약서 제6조) 및 계약취소를 요구함에도 불구하고 계약서 대로 이행되었다고 주장하고 있음은 통상적인 임대차 계약관계에서는 있을 수 없음.

(1) 또한 가장 임차인 한○○이 전입한 일자는 1998년 10월 30일 자로 계약서상 입주일자인 1997년 10월 30일 1년후이며 확정일자도 없으며 이 역시 통상적인 임대차 계약관계에서는 있을 수 없음.

다. 금융기관의 대출 관행에 따르면 국민은행 ○○동 지점에 1997년 10월 22일자로 세입자가 없었기 때문에 채권최고액 삼억오천만원의 근저당권설정이 가능하였으나 2000년 8월 3일 본 사건의 기업은행 근저당설정시는 한○○이라는 전입세대가 있고 2억 5천만원의 임차보증금의 임차인이 거주하는 동일 담보물건에 4억5천만원의 근저당설정은 상식에 맞지 않음.

(1) 주식회사 ○○에 97년부터 근무했던 곽○○과장(주식회사 ○○ 법인등부등본상 이사)에 의하면 기업은행 ○○ 지점에 근무했던 ○○과장이 오○○의 친구라는 진술이 있었고(추후 녹취록 제출예정) 따라서 이는 전입세대가 있음에도 은행직원의 묵인하에 임대차없음이라는 조사서를 근거로 동일 담보물건에 4억5천만원의 근저당설정이 가능하도록 하였음이 명백함.

라. 1999년 10월 30자 2차 임대차 계약서도 당시 전세시세에 맞지 않는 2억 5천만원의 보증금 증액 조건으로 작성되었으나 상식에 맞지 않는 보증금 2억 5천만원은 3년 임대차기간이지만 지나치게 과다함.

(1) 이미 1997년 10월 30일자로 국민은행 ○○동 지점에 채권최고액 삼억오천만원의 근저당권을 설정하였음에도 통상적인 임대차 계약관계라면 매매시세를 3억 5천만원으로 추정하여 근저당 3억 4천을 공제하면 임대차 계약관계가 성립할 수 없는 임대보증금 액수임.

(2) 부동산 114 과거시세, 전세표에 의하면 오○○과 한○○과의 97년 10월 19일 1차 계약서 작성당시의 매매시세는 3억 5천만원~3억 8천만원이며 전세시세는 1억 2000만원~2억정도임.

(3) 1999. 10. 30일 작성됐다는 2차 계약서에는 당시 매매시세는 3억 8천만원

(4) 4억 5천만원이며 전세시세는 1억 2천만원~1억 8천만원정도임.(별첨 증2호 : 부동산 114 과거전세시세표)

마. 2003년 2월에 체결된 오○○과 윤○○과의 계약서를 보면 가장임차인 한○○의 주장대로 97년 10월 20일 계약체결후 방3칸을 전부 임차, 점유하였다면 윤○○과 오○○사이의 계약한 방1칸에 대해 한○○과의 전전세 관계를 명시해야하며 윤○○의 보증금 반환을 누구에게 하는지가 명시되지 않는등 한○○과의 임대차 관계가 있다면 주택임대차보호법상 임차인으로서 한○○의 대항력이 상실되는 이런 계약서는 나올리 만무함.

바. 오○○과 한○○과의 1차, 2차 계약서상 기재된 오○○의 연락처로 기재된 이동전화인 ○○○-○○○-○○○○의 개통일자는 1999년 12월 21일로 계약서 작성당시인 97년 10월 20일과 99년 10월 30일 1, 2차 계약서 작성시 오○○의 명의로 개통이 되지 않은 이동전화인점에 비추어 오○○명의의 전화가 아니라면 계약서 작성시점은 1999년 12월 22일 그 이후임이 명백함.

2. 가장 임차인 한○○의 부천소재 ○○아파트 ○○○-○○○호에 거주 證據

가. 가장 임차인 한○○은 주민등록전입이 98년 10월 30일자로 본건 부동산 소재지(주식회사 ○○ 대표이사 오○○ 명의)로, 처 조○○은 주민등록전입이 경북 구미시 구평동 ○○아파트 ○○○-○○○호(전 주식회사 ○○ 대표이사 박○○ 명의) 로 각자 다른 곳에 위장전입해놓고 실제 거주지는 부천 원미구 중동 ○○아파트 ○○○-○○○호(주식회사 ○○ 전 대표이사 박○○ 명의)로 한○○의 모와 처, 자녀 2명이 이곳에 실제 거주하고 있습니다. (별첨 증 3호 : 경북 구미시 구평동 ○○아파트 ○○○동 ○○○호 등기부 등본)

나. 주식회사 ○○에 97년부터 근무했던 곽○○과장(주식회사 ○○ 법인등기부등본상 이사)에 의하면 1994년까지 (주)○○을 경영하다 부도이후 2002년까지 신용불량인 상태였으며 부천 원미구 중동 ○○아파트 ○○○-○○○호는 등기부 등본상 ○○주식회사 전 대표이사 박○○의 명의이나 실제는 한○○의 소유로서 모친 김○○이 작성한 이 아파트 수위실 입주자리스트에도 자가로 기재하고 있고 한○○은 오○○이 대표이사로 있는 주식회사 ○○의 국내영업담당 이사로서, 부인 조○○은 검사역과 감사로 활동을 해왔고, 1998년 1월 25일 박○○ 명의의 위장 소유권취득 후 주식회사 ○○을 채무자로 근저당을 설정을 위한 담보제공을 했음.

(1) 1998년 3월 14일자로 오○○이 잠원동 ○○아파트를 근저당설정한 국민은행 ○○동 지점에 주식회사 ○○을 채무자로 채권최고액 일억삼천만원의 근저당권과 1998년 10월 24일자로 주식회사 ○○을 채무자로 오○○이 잠원동 ○○아파트를 근저당설정한 기업은행 ○○지점에 일억 5천만원의 근저당을 설정하였음. (별첨 증 5호 : 부천 원미구 중동 ○○아파트 ○○○-○○○호 등기부 등본참조)

다. 또한 모친 김○○이 작성한 이 아파트 관리사무소 입주자리스트원본에는 이전 거주한 주소지로 경기도 부천 원미구 상동 ○○아파트 ○○○-○○○호에서 1997년 4월 8일부터 한○○의 모친 김○○, 한○○과 처 조○○, 자녀둘이 거주하다 2000년 4월 19일 ○○아파트 ○○○-○○○호 이사 해온 것으로 입주자 카드에 기재되어 있음. (별첨 증 6호 : 부천 원미구 중동 ○○아파트 ○○○-○○○호 관리사무소 입주자명부 원본)

(1) 가장임차인 한○○은 부천 원미구 중동 ○○아파트 ○○○-○○○호에 가족과 거주하면서 매일 침식을 하고 있으면서 한○○, 조○○등은 매일아침 교대로 자녀들을 등교시키며 조○○등은 ○○아파트 인근 경기도 부천시 원미구 ○○○-○에 소재하는 문화센터를 다니고 있음.

(2) 가장임차인 한○○은 부도이후 채무를 면탈키 위해 오○○집에 위장전입한 자로서 본인명의의 부동산등 재산도 전혀없고 부인명의의 핸드폰, 그랜져 차량을 타고 다니며 (별첨 증 7호 : 그랜져 차량 강남○○자○○○○자동차보험 영수증)

(3) 자녀들 2명 모두 부천소재 중,고등학교에 재학하는 등 가장임차인 한○○의 실제거주지는 경기도 부천 원미구 ○○아파트 ○○○-○○○호입니다. (별첨 증 8호: 그랜져 차량 강남○○자○○○○ ○○아파트 주차사진)

3. 대항력과 권원없는 점유자인 위장임차인 한○○에 대해 인도명령을 하여 주시기 바랍니다.

가. 위 증거를 종합해보건대 회사 대표와 임원이라는 특수한 신분관계인 소유주이자 채무자인 오○○과 가장임차인 한○○은 통모에 의한 허위 임대차 계약서를 작성하여 가장임차인임에도 임차인으로 권리신고하여 법원에 배당신청을 하였고 법원의 송달서를 소유주 처인 이○○가 윤○○으로 행세하여 위계에 의한 임차인 통지서를 수령, 서명하는등 한○○을 가장임차인으로 위장하였습니다.

나. 주택임대차보호법상 임차인으로서 대항력을 갖추려면 주민등록 전입과 목적물의 인도, 점유를 하여야 하나 가장임차인 한○○은 94년 부도이후 채무를 면탈키 위해 오○○소유인 잠원동 ○○아파트 1107-1503호로 1998년 위장전입을 하였고 이사를 한 적도, 짐도없으며, 전혀 거주한 사실이 없음에도 낙찰허가 결정 이후 대항력있는 임차인으로 보이기 위하여 거주해 온 것처럼 위장 하고 있음.

(1) 따라서 본 신청인이 본 신청인이 인수 해야 하는 대항력있는 선순위 세입자로 위장되어 있기에 대항력과 권원없는 점유자인 위장임차인 한○○에 대해 인도명령신청을 하는 바입니다.

20년 12월 27일

위 신청인 윤○ △ 인

○○ 민사 지방법원 경매○계 귀하

별지목록

1. 별첨 증 1호 : 부천 원미구 중동 ○○아파트 ○○○-○○○호 등기부 등본
1. 별첨 증 2호 : 부천 원미구 중동 ○○아파트 ○○○-○○○호 관리사무소 입주자명부 원본
1. 별첨 증 3호 : 한○○의 모 김○○, 한○○ 자 한○○, ○○주민등록 초본
1. 별첨 증 4호 : 그랜저 차량 강남○○자 ○○○○ 자동차보험 영수증
1. 별첨 증 5호 : 그랜저 차량 강남○○자 ○○○○ 차량 ○○아파트 주차사진

5) 임차인의 준비서면

법원으로부터 인도명령신청서 부분을 송달받은 임차인과 소유자가 이에 대하여 불복을 하고자 한다. 이때는 아래와 같이 준비서면을 작성하여 법원에 제출하면 된다.

준비서면

사 건 20타기2484 경락부동산 인도명령
신 청 인 윤 ○ △
피신청인 오 ○ ○ 외 2

위 사건에 관하여 피신청인 소송대리인은 다음과 같이 변론을 준비합니다.

다 음

1. 신청인 주장 요지
   신청인은 피신청인 오○○이 소유하던 이 사건 목적물(서울 서초구 잠원동 ○○아파트 1107동 1503호)의 임차인으로 되어 있는 피신청인 한○○과 윤○○은 모두 가장 임차인으로서 신청인에게 대항력과 권원 없이 점유하고 있는 자들이므로 신청인에게 점유를 이전하여야 한다고 합니다.

2. 위 목적물의 점유 현황
   현재 위 목적물은 피신청인 한○○과 윤○○이 점유하고 있습니다.

3. 신청인의 임대인으로서의 지위 승계

가. 이 사건 목적물은 2003. 5. 15.자 ○○지방법원 경매개시결정에 의하여 그 이튿날 등기가 되었고, 신청인은 2003. 11. 13. 경락받아 같은 해 12. 19. 경락대금을 완납하고 소유권을 취득하였습니다.

나. 한편, 신청인은 목적물의 경락인으로서 임대인의 지위를 승계하였습니다.(주택임대차보호법 제3조)

다. 위 법 규정에 따르면 만약 피신청인이 신청인에게 대항할 수 있는 정당한 임차인이라면 목적물의 인도와 보증금의 반환의 동시이행의 관계에 있게 됩니다.(주택임대차보호법 제3조 4항, 민법 제536조 참조)

그러므로 다음에서는 당사자 사이에 첨예하게 대립되어 있는 부분 - 즉 피신청인 한○○과 윤○○이 신청인의 주장과 같이 가장 임차인인지 여부에 대하여 살펴보겠습니다.

4. 피신청인 한○○, 윤○○의 이 사건 목적물 임차 현황

이 사건 목적물의 전 소유자인 피신청인 오○○과 사이에 이루어진 임대차 현황은 다음과 같습니다.

가. 피신청인 한○○

(1) 1997. 10. 19. 임대차계약 체결(보증금 2억 2,000만원)

(2) 1998. 10. 30. 전입신고

(3) 1999. 10. 30. 임대차계약 체결(보증금 2억 5,000만원)

(4) 2000. 6월경 거주 시작

나. 피신청인 윤○○

(1) 2003. 1. 21. 임대차계약 체결(보증금 1,000만원)

(2) 2003. 1. 15. 입주

(3) 2003. 1. 26. 전입신고 및 확정일자

다. 그런데 이에 관하여 신청인은 위 두 사람의 임대차계약이 허위라고 주장하고 있습니다.

5. 임대차계약 체결 경위

가. 피신청인 오○○과 한○○과의 계약 경위

(1) 소외 (주)○○의 양수

신청인이 보정서에 기재한 바와 같이 피신청인 한○○은 당시 서울 중구에 위치하고 있던 (주)○○을 실질적으로 운영(명목상 대표는 박○○임)하다가 경영난을 겪게 되자 1996. 10. 26. 그 회사를 오○○에게 양도하였습니다(소을 제1호증, 확인서).

(2) 1차 임대차계약 체결

한편, 오○○은 양수대금 명목으로 2억 5,000만원을 한○○에게 지급하기로 하였는바, 1년이 지나도록 변제하지 못하자 독촉을 받게 되었고 결국 1997. 10. 19. 한○○에게 자신 소유의 이 사건 목적물에 임대차계약을 해주고 사건을 무마하였습니다. 물론 임대차계약을 체결하기는 하였지만 이때에 한○○이 직접 입주를 한 것은 아니고 오○○으로 하여금 계속 거주하도록 허락하였습니다(간접점유).

그러나 다시 1년이 지나도록 오○○이 변제하지 않자 한○○은 다시 독촉을 하게 되었고 임차인으로서 압박하기 위하여 1998. 10. 30. 주민등록을 이 사건 목적물 소재지로 이전하였습니다.

(3) 2차 임대차계약 체결

그러함에도 불구하고 피신청인 오○○은 섬유업계 불황 여파로 대금은 물론 이자도 한 푼 변제하지 못하게 되자 보증금에 이자까지 포함하기로 하여 보증금을 2억 5,000만원으로 하는 임대차계약을 1999. 10. 30. 다시 체결하게 되었습니다.

(4) 피신청인 한○○의 입주

그러나 여전히 오○○이 2000. 6월이 지나도록 아무런 대책조차 마련하지 않은 채 변제를 하지 않자 그 문제로 불거진 처와의 갈등이 커져 반드시 돈을 받으리라 결심하고 그 즈음부터 이 사건 목적물에 입주하게 되었습니다.

물론 그 과정에서 소유주였던 피신청인 오○○이 경제적 궁핍으로 거처를 마련할 수 없는 점과 그의 자녀들의 학교문제 등 어려운 사정을 감안하여 오○○의 요청으로 가족도 거주할 수 있도록 허락하였기 때문에 외부에서는 한○○이 사건 목적물을 점유하고 있지 아니하는 것으로 오해할 수 있지만 분명 한○○은 이 사건 목적물을 직접 점유하고 있었습니다.

2000. 11월경 작성된 이 사건 목적물의 입주자카드를 보면 분명 피신청인 한○○이 포함되어 있는바, 한○○이 점유한 사실은 더욱 명백해진다 할 것입니다(소을 제2호증 집행관 표○○의 현황보고서 사본, 소을 제3호증 입주자카드 사본 참조).

(5) 대항력 취득

결국 한○○은 1997. 10월경부터 이 사건 목적물을 임차하여 1998. 10. 30. 전입신고를 마쳤고, 다시 1999. 10월경 그 계약을 갱신한 뒤 2000. 6월경 부터는 직접 점유함으로써 최소한 직접 점유한 시점부터는 대항요건을 갖추었다 할 것입니다.

(6) 기타

신청인은 피신청인 한○○의 실제 거주지가 가족들이 거주하는 부천이었다고 하면서 입주자 카드 및 주민등록표 등을 제출하고 한○○의 점유사실을 애써 부인하면서 가장 임차인이라 주장하고 있습니다.

그러나 자녀들이 중고등학교 학생인 점과 이 사건 목적물을 매수한 것이 아니라 임차한 점, 이 문제로 발생된 처와의 갈등이 증폭된 점, 한○○이 입주한 주된 이유가 채권만족에 있었던 점 등을 감안하면 굳이 가족들의 주민등록까지 이전하여야 할 필요성은 없었다 할 것입니다.

그렇지만 피신청인은 정당한 임차인으로서 이 사건 목적물을 점유한 것은 사실입니다.

한편, 신청인측이 제출한 증거에 따르면 피신청인 오○○은 물론 한○○의 과거 행적까지 조사하고 조사의 흔적을 남기고 있는바, 그들은 어떻게 해서든 오○○과 한○○이 통모하여 임대차계약을 하였다고 하여 한○○의 대항력을 무력화시키려고 도모하고 있습니다.

나. 피신청인 오○○과 윤○○과의 계약

피신청인 윤○○은 우선변제권은 별론으로 하고 대항력을 갖추지 못한 것으로 보여 자세한 주장을 하지 않겠습니다만 신청인의 주장과 같이 허위임차인은 결코 아닙니다.

한편, 윤○○은 이 사건 목적물에 대한 ○○지방법원 2003타경12085 경매사건에 배당신청을 하고 2004. 1. 8. 배당기일에 출석하였으나 배당표에서 제외되었는바, 법원에 이의하였고, 배당이의의 소를 제기하였습니다.

6. 신청인 주장에 대한 반박

가. 한○○에 대한 주장

(1) 신청인은 피신청인 한○○의 점유사실을 부인하기 위하여 ① 실제 거주지가 가족이 있는 부천이라고 하고, ② 이 사건 목적물에 피신청인 오○○과 그의 가족이 거주하였던 점 등을 주장하면서, 그 근거로 ㉠ 이 사건 목적물의 관리인인 정○○와의 통화내역을 녹취록을 제출하고 있고, ㉡ 전화와 신문을 오○○ 명의로 유지하고 있었던 점 등을 들고 있습니다.

(2) 피신청인 한○○의 가족이 부천에 거주하고 있는 것은 사실이지만 그가 부득이 이 사건 목적물에 입주할 수밖에 없었던 사정과 오○○의 가족이 동거할 수 있도록 허락한 경위에 대하여는 앞에서 본 바와 같습니다.

(3) 한편, 녹취의 대상이 된 관리인 정○○는 이 사건 목적

물의 관리인이 된지 불과 1년 3개월에 불과한 자입니다. 그러한 자와의 녹취내용을 가지고 한○○이 거주하지 않았다고 하는 것은 독단적인 견해일 뿐입니다. 더군다나 피신청인 오○○이 '한○○이 여기 사는 걸로 해달라'고 그에게 부탁한 사실이 전혀 없는바, 이미 거주하고 있는 사람을 두고 그러한 부탁을 할 이유가 전혀 없었기 때문입니다.

(4) 또한 신문과 전화 명의가 오○○ 명의로 되어 있었던 것은 사실입니다만 그것만으로 한○○이 점유하지 않았다고 하는 것 역시 무리한 주장입니다. 한○○은 2003. 4월경 경매개시가 된 사실을 알고 불안을 느껴 가능한 한 빨리 이사하여 줄 것을 강하게 요구하였습니다. 이 요구에 오○○은 견디기 어려워 이사를 하려 하였으나 돈이 없어 일단 2003. 6월 주민등록을 처의 친구집으로 이전한 다음 11월에야 겨우 월세를 얻어 이사하였던 것입니다. 그 과정에서 전화나 신문에 대하여 신경을 쓸 수도 없었던 것입니다.

나. 윤○○에 대한 주장

(1) 윤○○에 대하여도 신청인은 윤○○이 실제 입주하지 않았다는 사실을 주장하면 그 근거로 ① 윤○○의 계약서상 전화번호가 오○○ 명의라는 것, ② 계약서상 주소지가 허위라는 것, ③ 집배원의 송달보고서상 수령인이 오○○의 처인 이○○였다는 점 등을 들고 있습니다.

(2) 이에 대하여 일일이 답변하여야 하는지 의문이나 우선 계약서상 윤○○의 주소지가 허위라는 것은 사실을 왜곡한 주장입니다. 윤○○이 가족은 실제로 2000. 8월경부터 남양주 와부읍 ○○아파트 ○○○-○○○호에 거주하였고 윤○○이 이 사건 목적물에 입주한 이후인 2003. 5

월 같은 아파트 ○○○○동으로 모두 이사한 것이 사실입니다.

(3) 또한 계약서상 전화번호는 오○○이 신혼시절 윤○○의 가족과 함께 잠시 처가에 거주한 적이있는데, 당시 오○○ 명의로 받은 전화번호(최초에는 ○○○-○○○○이었으나 이사로 인하여 번호의 변경이 있었음)이고, 그 이후 오○○이 1988년 홍콩지사로 출국하면서 윤○○ 가족이 계속 사용하던 것이나 이는 2003. 11월 오○○의 요청으로 해지되었습니다.

(4) 또한 집배원 송달보고서상 수령인이 이○○인 것으로 주장하나 최초에 이○○가 수령하였다가 집배원이 당사자 본인이 수령할 것을 요구하여 윤○○이 나와 직접 서명한 것입니다.

7. 결어

가. 위와 같은 사정을 종합할 때 피신청이 한○○은 이 사건 목적물에 대한 정당한 임차인으로서 대항력을 갖추었다 할 것이므로 신청인의 피신청인 한○○에 대한 인도명령신청은 부당하다 할 것입니다.

나. 신청인은 이 사건 목적물을 경락받으면서 이미 권리신고된 한○○과 윤○○이 임차인이라는 사실과 그것이 감안되어 평가된 가액이 시세에 훨씬 미치지 못한다는 사실을 알고 낙찰(5억 2,000만원) 받았음에도 불구하고, 임차 보증금을 지급하지 않기 위하여 피신청이들은 물론 오○○의 처와 중개업자까지 형사고소까지 하고 있을 뿐만 아니라 집요한 방법(기업은행 직원 사칭, 한○○ 본인 사칭, 한○○ 자녀의 학교 직원 사칭 등)으로 뒷조사까지 하여 고통 속에 있는 피신청인 등에게 더 큰 아픔을 주고 있는바, 이 사건 인도명령을 기각하여 주시기 바랍니다.

입증방법

1. 소을 제1호증　　　　확인서(박○○)
1. 소을 제2호증　　　　부동산 현황 보고서(집행관 표○○)
1. 소을 제3호증　　　　입주자카드
1. 소을 제4호증　　　　주민등록표 등본(한○○)
1. 소을 제5호증의 1, 2　　각 아파트 임대차계약서 사본(한○○)
1. 소을 제6호증　　　　등기부 등본(주식회사 ○○)

20.　1.　.

위 피신청인 소송대리인 법률사무소 ○○
변호사 ○ ○ ○ (인)
○ ○ ○ (인)
○ ○ ○ (인)

○○지방법원 (경매○계) 귀중

확 인 서

1. 본인은 1994. 12월경부터 1996. 11월경까지 (주)○○의 명목상 대표이사였습니다.

2. 위 회사의 실질적인 소유주는 한○○이었고, 사실상 한○○이 운영하고 있었습니다.

3. 한편, 한○○은 1996. 10월경 위 회사를 사정에 의하여 오○○에게 양도하였습니다.

4. 오○○은 회사 양수의 대가로 2억5,000만원을 지급하기로 얘기하였었는데, 한○○은 지급받지 못한 것으로 알고 있습니다.

위 사실을 확인 합니다

20. 01. 09

주　　　소 : 경북 구미시 구평동 ○○아파트 110동 1802호
성　　　명 : 박 ○ ○
주민등록번호 : ○○○○○○-○○○○○○○

위 사본함
변호사 ○ ○ ○ (인)

소을 증 제3호

입 주 자 카-드

1107동 003호

세대주성명	오○○	생년월일 년 월 일생	성별	男	전화번호	○○○-○○○○	
본 적		입주구분	자가, 전세, 기타				
전 주 소		원소유자성명	오 ○ ○				
직 업	사업	직장명	주식회사○○	직위	대표	전화번호	○○○-○○○○
입주일자	200 년 월 일	원소유자주소					
전입신고일자	200 년 월 일	퇴거일자	200 년 월 일	원소유자전화			

가 족 현 황					차 량 현 황			
세대주 와관계	성명	성별	주민등록번호	년령	직업	차종	차량번호	비고
	오○○	남	○○○○○○-○○○○○○○	40	사업	쏘나타	서울○○ ○○○○	
	이○○	여	○○○○○○-○○○○○○○	35	·			
	오○○	남	○○○○○○-○○○○○○○	10	학생			
	오○○	여	○○○○○○-○○○○○○○	8	학생			
	한○○	남						
비상연락전화					전입확인자 (인)			
기 타 : 20년 11월중 제출								

○○아파트2차 관리사무소
서비스 아파트 관리

1107동 003호 당사자가 직접 제출한 기록카드임을 확인함

위 사본함
변호사 ○ ○ ○ (인)

6) 경락인이 임차인의 준비서면을 받고 답변서를 제출

답 변 서

사 건 : 20타기 2484 (부동산 인도 명령 신청)
신청인(낙찰인) : 윤 ○ △
서울시 강남구 역삼동 ○○○-○○ 1000호
(○○○-○○○-○○○○)

피신청인
1. 소유주, 채무자 : 오○○
실제거주지 : 서초구 잠원동 ○○아파트 1107-1503호
2. 가장임차인 한○○
전입주소 : 서초구 잠원동 ○○아파트 1107-1503호
실제거주지 : 부천시 원미구 중동 ○○아파트 ○○○-○○○
3. 가장임차원 윤○○
전입주소 : 서초구 잠원동 ○○아파트 1107-1503

위 사건에 관하여 피신청인의 준비서면에 대해 신청인은 다음과 같이 답변합니다.

첨부서류

1. 답변서 및 별첨목록 각 1통

20년 1월 15일

위 신청인 윤 ○ ○

○○ 민사 지방법원 귀중

답 변 서

1. 임대차계약서 작성시점이 허위입니다.

가. 피신청인들의 계약서 작성시점은 97년 10월 20일과 99년 10월 29일 1, 2차 계약서 작성당시가 아닌 1999년 12월 22일 이후 임이 명백하며 이는 통모에 의한 허위 임대차 계약서를 작성한 것입니다.

(1) 오○○과 한○○과의 계약서상 오○○의 연락처로 기재된 이동전화인 ○○○-○○○-○○○○의 개통일자는 1999년 12월 21일로 97년 10월 20일과 99년 10월 30일 1, 2차 계약서 작성당시 오○○의 명의로 개통이 되지 않은 이동전화로서 오○○과는 무관한 제3자의 전화인점에 비추어 피신청인들의 계약서는 허위입니다.(별첨 증1호 : 계약서상 오○○의 연락처로 기재된 이동전화인 ○○○-○○○-○○○○의 개통일자)

2. 임차인 송달서를 이○○가 허위 수령하였습니다.

가. 피시청인은 준비서면에서 집배원이 임차인 송달서를 배달할 시 송달증명원에 최초에는 이○○가 수령하였다가 집배원이 당사자 본인이 수령할 것을 요구하여 윤○○이 직접 나와 서명하였다고 주장하나 이는 사실과 다릅니다.

(1) ○○우체국 집배원 장○○이 법원에 제출한 2003. 12. 31 일자 확인서에 의하면 신분증을 확인하지 않았고 윤○○(추정)이 수령하면서 이○○ 이름으로 자필서명하자 이○○본인이냐고 물으니까 윤○○(추정)이라고해 재 자필 서명한 후 집배원 장○○이 우체국에 귀국한 후 송달보고서 작성시 집배원 본인이 삭제하였다고 진술하였

음(별첨 증2호 ○○우체국 집배원 장○○ 확인서)

(2) ○○우체국 집배원 장○○과의 통화내용에 의하면 법원의 임차인 송달서를 배달할시 송달증명원에는 윤○○이 수령, 서명했다고하나 사실은 이○○ 이름이 먼저 기재, 정정되었고 수령자가 30대 가량의 집주인(이○○)이 실제 수령, 서명자라고 진술 하였습니다.(별첨 증3호 : ○○우체국 집배원 장○○ 녹취록 사본)

3. 피신청인 한○○이 2000년 6월부터 직접점유하였다는 주장은 거짓입니다.

가. ○○경찰서 서○○ 경사가 수사한 1107동 수위인 정○○의 진술조서에 의하면

(1) 교대자인 1107동 수위 유○○에게 오○○이 한○○을 데리고 와서 사는것처럼 해달라고 부탁했으며 피신청인 한○○이 2000년 6월부터 직접점유했다고 주장하나 정○○는 2001년 6월부터 1107동 수위로 근무한 이후 한○○이 이사를 한적도 없으며 거주한 적이 전혀 없다고 진술하였습니다.

(2) 오○○이 한○○을 데리고 와서 사는것처럼 해달라고 부탁했다는 ○○아파트 1107동 수위 유○○이 작성한 "한○○로" 메모에 대한 정○○와의 통화내용을 녹취하여 증거로 제출합니다.(별첨 증4호 1107동 수위 정○○와의 통화 녹취록)

(3) 피신청인이 제출한 관리사무소의 입주자 카드는 2000년 11월경 피신청인인 1107동 1503호 당사자들이 직접 작성 제출한 것으로 오○○ 가족들은 가족현황란에 자세히 기재되어 있으나 한○○은 이름만이 있어 한○○이 입주자 라는 증거능력이 없으며 수위의 증언과 경비실에 비치된 ○○아파트 1107동 입주자 명부에는 오○○ 가

족성명만이 있습니다.

4. 피신청인들의 계약체결경위 주장은 거짓입니다.

가. 박○○에서 오○○으로 명의 변경된 주식회사 ○○의 양도채권이 피신청인 한○○의 전세계약금이라고 주장하는 것은 이치에 맞지않습니다.

(1) 명의가 회사대표도 아닌 한○○이 오○○에게 회사양도에 따른 채권을 주장할 수는 없으며 이는 당시 거액의 채무를 안고있는 신용불량자 한○○이 고의적으로 채무를 면탈할 목적으로 점유한 적이 전혀없는 오○○의 집에 위장전입하였다가 오○○과 통모하여 허위 임대차계약서를 작성하여 한○○을 가장임차인으로 위장하였습니다.

나. 피신청인 한○○이 오○○에게 회사양도대금명목의 채권 회수 목적의 임대차계약을 1997. 10. 19일, 1999. 10. 21일 체결하였다고 주장하나 이는 이치에 맞지않습니다.

(1) 피신청인들은 법원에 1차 임대차 계약서상 97년 10월 19일자로 계약금 1000만원, 97년 10월 30일자로 잔금 1억 5천만원을 수수한 것으로 계약서를 작성, 제출하였음에도 불구하고 실지로 오고간 전세보증금 수수내역도 없으며 이를 입증할 수 없게되자 궁여지책으로 박○○명의의 확인서를 최근에야 작성, 제출하였습니다.

다. 피신청인들의 주장대로 회사 양도대금 명목의 채권회수차 오○○과 한○○은 보증금 2억 일천만원의 임대차계약을 체결하였다하나 한○○은 오○○이 대표이사인 주식회사 ○○의 근저당 설정을 위한 담보제공을 했음을 보더라도 이는 피신청인의 주장이 허위임대차를 주장하기 위한 거짓주장입니다.

(1) 부천시 원미구 중동 ○○아파트 ○○○-○○○호의 명의자인 박○○과 거주자인 피신청인 한○○은 피신청인들이 주장하는 금 2억 일천만원의 채권이 있음에도 불구하고 이미 회사를 양도한 이후에도 오○○을 위해 주식회사 ○○을 채무자로 오○○이 잠원동 ○○아파트를 근저당설정한 국민은행 ○○동 지점에 1998년 3월 13일자로 채권최고액 일억이천만원의 근저당권과 오○○이 잠원동 ○○아파트를 근저당설정한 기업은행 ○○점에 1998년 10월 24일자로 채권 최고액 일억 오천만원의 근저당을 설정하여 주었습니다.

라. 피신청인들의 주장대로 1996년 10월 회사양도 대금명목의 채권회수차 1년 후인 1997년 10월 19일 전세 임대차계약을 체결하였다는 피신청인의 주장은 거짓입니다.

(1) 피신청인들의 주장대로라면 소유주 오○○은 한○○으로부터 빚독촉이 있음에도 불구하고 1997년 10월 17일자로 서초구 잠원동 ○○아파트 1107-1503호의 소유권을 취득한 직후 오히려 국민은행 ○○동 지점에 1997년 10월 22일자로 오○○이 대표이사인 주식회사 ○○을 채무자로 채권최고액 삼억오천만원의 근저당권을 설정하였습니다.

마. 주식회사 ○○의 전 대표이사 박○○의 확인서에 의하면 96년 10월경 피신청인 한○○이 오○○에게 회사양도를 하고 양도대금을 받지못했다고 하나 이는 사실과 다릅니다.

(1) 가장 임차인 한○○은 주식회사 ○○의 대표이사인 박○○과는 동서관계로서 특수한 신분관계이며 한○○의 처 조○○과 박○○의 처 조○◇는 자매로서 박○○의 진술은 거짓입니다.(별첨 증5호 조○○ 제적등본 첨부)

(2) 97년부터 2002녀 까지 근무했던 주식회사 ○○의 곽○○ 과장에 의하면 한○○은 오○○이 대표이사로 있는 주식

회사 ○○의 국내영업담당 이사로서, 부인 조○○은 대구지점의 검사역과 회사감사로 2002년 12월 회사 부도직전까지활동을 한 회사 대표와 임원이라는 특수한 신분관계입니다.

4. 대항력과 권원없는 점유자인 위장임차인 한○○에 대해 인도명령을 하여 주시기 바랍니다.

가. 위 증거를 종합해보건대 회사 대표와 임원이라는 특수한 신분관계인 소유주이자 채무자인 오○○과 가장 임차인 한○○은 허위의 회사양도 대금명목의 채권회수차 임대차계약을 체결하였다고 주장하나 이는 거짓입니다.

나. 피신청인들의 주장대로 회사양도 대금명목의 채권회수차 97년 10월 19일에 오○○과 한○○은 보증금 2억 일천만원의 임대차계약을 체결하였음에도 한○○은 오○○이 대표이사인 주시회사 ○○의 근저당 설정을 위한 담보제공을 했음을 보더라도 이는 피신청인의 주장이 허위임대차를 주장하기 위한 거짓입니다.

다. 통모에 의한 허위 임대차 계약서를 작성하여 가장임차인임에도 법원의 임차인으로 권리신고하여 배당신청을 하였고 법원의 송달서를 소유주 처인 이○○가 윤○○으로 행세하여 위계에 의한 임차인 통지서를 수령, 서명하는등 한○○을 가장임차인으로 위장하였습니다.

라. 주택임대차보호법상 임차인으로서 대항력을 갖추려면 주민등록 전입과 목적물의 인도, 점유를 하여야 하나 가장임차인 한○○은 94년도 부도이후 오○○소유인 잠원동 ○○아파트 1107-1503호로 1998년 위장전입을 하였고 이사를 한적

도, 전혀 거주한 사실이 없음에도 낙찰허가 결정이후 대항력있는 임차인으로 보이기 위하여 점유해 온 것처럼 위장하고 있습니다.

마. 따라서 본 신청인이 인수해야 하는 대항력있는 선순위 세입자로 위장되어 있기에 대항력과 권원없는 점유자인 가장임차인 한○○에 대해 인도명령신청을 하는 바입니다.

20년 1월 15일

위 신청인 윤 ○ △ (인)

○○ 민사 지방법원 경매○계 귀하

7) 경락인이 임차인의 2차 준비서면을 받고 답변서를 제출

답 변 서

사 건 : 20타기2484 부동산 인도명령
신 청 인 : 윤 ○ △
서울시 강남구 역삼동 ○○○-○○○
○○○-○○○-○○○○

피신청인 :
1. 소유주 오 ○ ○
2. 가장임차인 한 ○ ○
실제거주지 부천 원미구 중동 ○○아파트 ○○○-○○○○-호
3. 가장임차인 윤 ○ ○
실제거주지 남양주 와부읍 ○○아파트 ○○○-○○○

위 사건에 관하여 신청인은 2004년 1월 17일자 피신청인 변호인이 귀원에 제출한 순비서면에 대해 다음과 같이 답변합니다.

다 음

1. 피신청인 변호인이 귀원에 제출한 2회의 준비서면에 의하면 계약서 작성시점이 1차 1997년 10월 19일, 2차 1999년 10월 30일이라고 하나 피신청인 변호인은 계약서 작성시점에 대하여 민사사건의 변론서와 형사사건의 변론서를 이중으로 허위 작성하는 등 고의로 법원을 기망하고 있습니다.
   가. 한○○에 대한 고소사건과 관련하여 ○○경찰서 조사계 서 ○○경사(○○-○○○-○○○○) 에게 2003년 1월 14일 제출한 변호인 의견서에 의하면 계약서는 1999년 12월 29일경

일괄 작성했다고 주장한점에 비추어 동일사건의 동일 사안에 대하여 계약서 작성시점에 대한 명백한 사실을 왜곡하여 허위변론서를 작성하는등 피신청인 변호인의 거짓변론은 정의를 수호하는 변호사로서의 직분과 품위를 실추시키는 행위입니다.

2. 더욱이 오○○, 한○○에 대한 고소사건과 관련하여 ○○경찰서 조사계 서○○ 경사가 2004년 1월 17일, 1월 18일 조사한 피고소인 오○○, 한○○, 윤○○ 진술조서에서도 오○○, 한○○, 중개인 윤○○는 법원에 제출한 계약서 작성을 1999년 12월 29일 이후 일괄 작성했다고 시인하였습니다.
   가. 이는 본 신청인이 귀원에 이미 제출한 답변서 (별첨 증거 : 오○○의 연락처인 ○○○-○○○-○○○○의 개통일자와 명의자 내역)에 의하여 계약서에 기재된 오○○의 연락처인 ○○○-○○○-○○○○이 1, 2차 계약서 작성시 누구의 명의였는지가 확인되어 계약서 작성시기를 더 이상 속일수 없기 때문에 형사처벌을 피하고자 형사사건 변호인 의견서에서는 사실대로 사후에 일괄작성했다고 시인하고 귀원에 제출한 변로서에는 작성시점을 1차 1997년 10월 19일, 2차 1999년 10월 30일이라고 거짓 주장하고 있습니다.
   나. 오○○과 한○○과의 1, 2차 계약서상 기재된 ○○○-○○○-○○○○ (오○○명의 전화)가 계약당시는 오○○과 무관한 제3자의 명의였습니다.

3. 피신청인 변호인이 귀원에 제출한 2회의 준비서면에 의하면 소유주 오○○은 잠원동 ○○아파트 1107-1503호의 소유주인 오○○가족들이 1997. 11. 10일 입주한 이후 피신청인의 주장을 인정한다 하더라도 제3자에게 임대차 계약을 체결한 이후에도 2003. 11월까지 계속 점유, 거주한 사실이 명백하며 한○○이 인도받

은것처럼 주장하는 것은 대항력의 취득요건인 주택의 인도에 해당되지 않으므로 인도명령을 발하여 주시기 바랍니다.

20년 1월 21일

위 신청인 윤 ○ △ 인

○○ 민사 지방법원 경매○계 ○○○ 판사님 귀하

8) 경락인이 임차인을 상대로 고소장을 제출

고 소 장

고 소 인 : 윤 ○ △
서울시 강남구 역삼동 ○○○-○○ ○○○호
010-○○○-○○○○/ 02-○○○-○○○○

피고소인 :

1. 오 ○ ○(○○○○○○-○○○○○○○)
   실제거주지 : 서초구 잠원동 ○○아파트 1107-1503호
   전출주소 : 서초구 반포동 ○○아파트 15동
2. 가장임차인 한 ○ ○(○○○○○○-○○○○○○○)
   전입주소 : 서초구 잠원동 ○○아파트 1107-1503호
   실제거주지 : 부천 원미구 중동 ○○아파트 ○○○-○○○
3. 가장임차인 윤 ○ ○(○○○○○○-○○○○○○○)
   전입주소 : 서초구 잠원동 ○○아파트 1107-1503호
   실제거주지 : 남양주 와부읍 ○○아파트 ○○○-○○○
4. 중개인 윤 ○ □(○○○○○○-○○○○○○○)
   집 : 분당구 구미동 ○○아파트 ○○-○
   혜화부동산 소재지 : 잠원동 ○○-○○
5. 이 ○ ○ 소유자 오 ○ ○의 처
   실제거주지 : 서초구 잠원동 ○○아파트 1107-1503호
   전출주소 : 서초구 반포동 ○○아파트 15동

고소사실 :

1. 고소 경위
   가. 본 고소인은 2003년 11월 15일 ○○지방법원 본원 제2계에

서 입찰한 서울 서초구 잠원동 ○○아파트 1107-1503호를 입찰보증금 60,050,000을 납부하고 6억 2천 3백십만원에 응찰하여 낙찰되었고 11월 22일 낙찰허가결정후 현재 2003. 12. 18일 기한의 잔금납부를 준비중입니다.

나. 잠원동 ○○아파트 1107-1503호에 소유주인 오○○가족들(처 이○○, 자 ○○, ○○)등이 1997. 11. 10일 입주한 이후 최근 2003. 11월까지 거주하고 있고 가장임차인 한○○은 재산상 이득을 취하려고 임차보증금으로 당시 전세시세보다 1억원 이상이 넘는 무려 2억 5천만원을 임차보증금으로 권리신고하였고 이는 확정일자는 없어 배당에서 제외되더라도 전입일자가 선순위인 대항력있는 임차인이기 때문에 본 고소인이 잔금납부후 소유권을 취득하면 이는 말소되지 않는 인수해야할 금액으로서 본 고소인이 인수 해야하는 임차보증금이며 현재까지 선순위 세입자로 위장되어 있기에 은행 대출을 통한 잔금납부도 불가능하게 하고 있는등 막대한 재산상의 피해를 주고 있습니다.

다. 1107동 수위 정○○에게 확인해본바로는 2003년 11월 15일 낙찰후 가장임차인 한○○이 ○○아파트에 입후하여 그 동안 임차인으로 거주해온 것처럼 생활하고 있는 상태이며 오○○과 그 가족들은 다른곳으로 이주한 상태라고 합니다. 또한 소유자인 오○○ 가족의 거주흔적을 지우는 각종 증거인멸을 하고 있는 것으로 판단됩니다. (별첨 정○○ 통화내용 녹취록)

라. 이들과 대화로 해결하고자 하였으나 오히려 본 고소인을 형사고발하겠다고 하는등 각종 증거인멸을 하고 있기에 형사고소를 하오니 이들의 사기행위에 대해 엄정한 수사를 하여 엄벌에 처해주시기 바랍니다.

2. 고소 내용

가. 주민등록 위장 전출입 혐의

(1) 소유자 오○○은 1997년 10월 17일 서초구 잠원동 ○○아파트 1107-1503를 취득하고 가족(처 이○○, 자 ○○, 자 ○○)전부가 1997년 11월 10일 입주 하였으며(별첨 : 1107동 수의실 입주자 리스트 참조) 주민등록 전입은 1997년 12월 16일 전입하여 2003년 6월 3일 서초구 반포동 ○○아파트 15-1105로 전출하였습니다.

(가) 그러나 소유주인 오○○, 처 이○○, ○○, ○○등이 1997년 11월 10일 입주한 것으로 가족명단과 이○○ 명의 차량인 서울○○바○○○○역시 현재까지 수위실 입주자 리스트에 기록 되있고 2003. 11월 15일경까지 잠원동 ○○아파트 1107-1503호에 거주한 사실이 명백함.

(2) 가장 임차인 한○○은 1997년 10월 19일자 오○○과의 1차 계약한 계약서(계약기간 : 971030-991030, 임차보증금 2억 5천만, 중개인 윤○□ ○○부동산, 확정일자 없음)와 19990. 10. 30자 작성된 2차 임대차 계약서(계약기간 : 991030-031030, 임차보증금 2억 6천만, 쌍방합의)를 법원에 제출하여 - 98년 10월 30일 2003년 11월 현재까지 한○○이 점유하고 있다고 주장하며 2003년 9월 9일 법원에 임차보증금으로 당시 전세시세보다 1억 원 이상이 넘는 무려 2억 6천만원을 임차보증금으로 권리신고(별첨 권리신고 및 배당요구서)를 제출한 자입니다.

(가) 만일 가장 임차인 한○○의 주장대로 97년 10월 20일 계약체결후 점유하였다면 소유주인 오○○의 실제 거주지는 잠원동 ○○아파트 1107-1503호가 아닌 다른 장소여야 함에도 소유주인 오○○가족들(처 이○○, 자 ○○, 자○○)등이 1997. 11. 10일 입주한

이후 최근 2003. 11월까지 거주한 사실이 명백함.

(나) 가장 임차인 한○○은 1년이 지난 1998. 10. 30.일자로 전입 신고하였으나 가장 임차인 한○○의 실제 거주는 부천 원미구 중동 ○○아파트 ○○○-○○○에서 2002년경부터 현재까지 전 가족(모 김○○, 처 조○○, 자 ○○, 자 ○○)이 한○○과 같이 거주하며 이 아파트 수위실 입주자리스트에서 한○○의 모친 김○○이 입주자로 기재되어 있음.

(3) 가장임차인 윤○○은 ○○아파트 1107-1503호에는 전혀 거주한 사실이 없음에도 임대차 계약서를 제출하여(계약서상 주소는 남양주 와부읍 ○○아파트 ○○○-○○○, 조모 손○○ 명의, 세입자 거주) 확정일 자부 소액임차인으로 2003. 09. 02 법원에 권리신고 및 배당 신청하였으나 이 계약서에는 간인도 없고 연락처나 주소도 허위입니다. 윤○○은 경기도 남양주시 와부읍 ○○아파트 ○○○-○○○에 가족들과 실제 거주합니다.

나. 오○○가족의 97년 ~ 최근까지의 잠원동 ○○아파트 1107-1503호 점유 증거

(1) 오○○의 처 이○○명의의 전화○○-○○○-○○○○는 2003년 11월 24일까지도 114안내를 통해 이○○명의로 안내받을 수 있었으나 최근안내거절 되였음.

(2) 동아일보 ○○지국에 확인해보니 2003. 11. 18일 신문구독자가 오○○에서 한○○으로 최근 명의 변경했음.

(3) ○○케이블 TV(담당 소○○)가 오○○명의로 1995년 오○○ 전 주소지인 신반포 ○○아파트 257동 1201호에서 개통되어 2002년 6월 21일 현 거주지인 잠원동 ○○아파트 1107-1503호에서 해지함.

(4) 서울○○바○○○○(쏘나타)역시 오○○과 이○○등이 사

용한 차로서 단지내 카센터 직원의 말에 의하면 이○○가 2~3개월 전까지 직접 수리의뢰해왔다는 카센터 직원의 증언.

(5) 1107동 1503호의 수도, 가스등의 실제 납부자가 오○○이며 특히 관리사무소의 입주자 카드가 오○○이 입주자로 기재되어있다는 정○○의 증언.

(6) 오○○ 가족의 전출주소지는 2003. 6. 3일자로 서초구 반포동 ○○아파트 15-1105호(소유자 ○○○)로 전출했으나 실제 입주자는 2005. 5. 11부터 전세입주자인 최○○의 가족(강○○, 최○△, 최○▽)등이 거주 하고 있다는 5동 수위의 증언.

다. 위장 임대차 계약서 혐의

(1) 중개인 윤○□는 가장임차인들인 한○○과 윤○○이 법원에 제출한 임대차 계약서를 작성, 중개한자로서 이 계약서들은 진정한 임대차 계약서가 아님이 분명합니다.

(가) 오○○과 한○○과의 1999. 10. 30일 작성됐다는 2차 계약서에는 한○○의 연락차로 ○○○-○○○○가 (오○○의 처 이○○ 명의전화) 기재 됐으나, 2003년 2월에 작성한 가장 임차인 윤○○과의 계약서에는 ○○○-○○○○가 오○○의 연락처로 기재된점.

(나) 중개인 윤○□가 계약자 윤○○이와는 친인척관계가 아니라고 주장하나 윤○○과 오○○도 친인척관계가 분명함.

(다) 별첨 오○○과 한○○과의 1차, 2차 계약서상 기재된 오○○의 연락처로 기재된 이동전화인 ○○○-○○○-○○○○가 계약당시인 97년 10월 20일과 99년 10월 30일 1, 2차 계약서 작성시 오○○의 명의

가 아니라면 누구의 명의인지 의문임.

(라) 윤○○의 연락처로 계약서에 기재한 ○○○○-○○○○는 실제는 오○○ 명의의 전화이며 역시 02-114 안내를 통해 2003년 1월 24일까지 오○○ 명의로 안내를 받을 수 있었음.(KT ○○영업국 ○○○○-○○○○) 가장 임차인 윤○○의 집(남양주 와부읍 ○○아파트 ○○○-○○○)에 설치됐다가 이도 2003. 11. 24일 해지시킴.

라. 계약 당사자 관계의 위장임대차 혐의

(1) 소유자인 오○○의 처 이○○는 가장임차인 윤○○의 이모로서 중개인 윤○□의 동생 윤○▲, 윤○○의 부)의 처(이○▷)와는 형제관계임.

(2) 가장임차인 한○○은 기업은행(○○지점, 유○○ 대리)에 제출한 명함에 의하면 ○○주식회사(대표 오○○)의 이사로 행세해왔고 이 회사의 법인등부등본에 의하면 한○○의 처 조○○ 역시 1994년 11월부터 1995년 2월까지 이 회사 감사로 재직한 관계임.

(3) 가장임차인 윤○○은 오○○과는 이모부-조카관계이며 중개인 박○○와는 숙부-조카관계임. 윤○○의 부는 윤○▲로 중개인 윤○□의 동생이며 모 이○△과 오○○의 이○○와는 자매간임.

(4) 중개인 윤○□는 가장임차인 윤○○의 숙부임.

3. 수사 요청 내용

가. 오○○ 가족의 잠원동 ○○아파트 1107-1503호 점유 증거에 대해 수사요청 합니다.

(1) 낙찰받은후 사실확인차 ○○아파트 1107동 수위로 근무하는 정○○씨의 진술과 전화통화를 통해 오○○이 한

○○을 데리고 와서 사는것처럼 해달라고 부탁했다는 통화내용을 녹취함.(별첨 정○○씨 통화내용 녹취록)

(2) 수위실에 비치된 ○○아파트 1107동 입주자 명부에 오○○ 가족성명이 기재 된 별첨 입주자 명부복사본도 제출함.

(3) 정○○씨의 녹취록에서 진술된바와 같이 오○○이 한○○을 데리고 와서 한○○이 사는 것처럼 해달라고 부탁했다는 물증으로 교대자인 성명미상의 수위가 작성한 별첨 "한○○로"메모

(4) 2000년 10월 대출당시 대출은행인 기업은행(○○지점, 유○○ 대리)에서 감정평가원에 의뢰한 감정평가서에도 "세입자 없음"으로 임○○이 열람케 한 당시 대출관련 서류에서도 입증이 되며 추후 제출할 예정임.

(5) 채무자 오○○의 처 이○○는 자신을 행세하여 위계에 의해 수령, 서명한 별첨 2003. 7. 11일자 임차인 통지서 송달수령 사본

(6) 법원의 송달서가 ○○우체국 집배원(장○○, ○○○○○○-○○○○○○○) 이 수령자 30대가량의 집주인(이○○)이 실제 수령, 서명자라고 진술하였음.

나. 가장 임차인들의 실제 거주지에 대해 수사요청 합니다.

(1) 가장 임차인 한○○과 처 조○○은 주민등록전입은 다른 곳에 해놓고 실제 거주지가 부천 원미구 중동 ○○아파트 ○○○-○○○호로 한○○의 모와 처, 자녀 2명이 이 곳에 실제 거주함.

(2) 가장 임차인 윤○○ 역시 계약서상 주소는 남양주 와부읍 ○○아파트 ○○○-○○○(조모 손○○ 명의, 세입자 거주)이나 남양주 와부읍 ○○아파트 ○○○-○○○에 조모인 손○○과 실제 거주함.

다. 오○○, 한○○의 위장임대차 증거인멸에 대해 조속한 수사요청을 합니다.

(1) 오○○의 처 이○○명의의 전화 ○○-○○○-○○○○는 2003년 11월 24일까지도 114안내를 통해 이○○명의로 안내받을 수 있었으나 최근 안내거절 되였음. 이○○가 이 전화의 전 명의자 여부와 요금납부자 명의(자동이체 명의자 성명)에 대해 조속한 수사요청을 합니다.

(2) 동아일보 ○○지국에 확인해보니 2003. 11. 18일 신문구독자가 오○○에서 한○○으로 최근 명의 변경했음. 오○○이 전 구독자인지 여부와 구독기간, 요금납부자에 대해 조속한 수사요청을 합니다.

(3) ○○케이블 TV(○○○-○○○○, 담당 소○○)가 오○○ 명의로 1995년 오○○ 전 주소지인 신반포 ○○아파트 317-1201호에서 개통되어 2002년 6월 21일 현 거주지인 잠원동 ○○아파트 1107-1503호에서 해지함. 오○○이 전 가입자인지 여부와 이용기간, 요금납부자에 대해 조속한 수사요청을 합니다.

(4) 서울○○바○○○○(쏘나타)역시 오○○과 이○○등이 사용한 차로서 단지내 카센터 직원의 말에 의하면 이○○가 2~3개월 전까지 직접 수리의뢰해왔음.

(5) 윤○○의 연락처로 계약서에 기재한 ○○○○-○○○○는 실제로 오○○ 명의의 전화이며 역시 02-114 안내를 통해 2003년 11월 24일까지 오○○ 명의로 안내를 받을 수 있었음.(KT ○○영업국 ○○○○-○○○○)에 설치됐다가 이도 2003. 11. 24일 해지시킴. 오○○이 전 가입자인지 여부와 이용기간, 요금납부자

(6) 별첨 오○○과 한○○과의 1차, 2차 계약서상 기재된 ○○○-○○○-○○○○(오○○명의 전화)가 계약당시인 97년 10월 20일과 99년 10월 30일 당시는 오○○의 명의가

아니고 제3자나 신규가입가능성이 농후하니 1997. 10. 20일자와 1999. 10. 30일자 계약서에 기재된 오○○의 연락처인 ○○○-○○○-○○○○가 당시 1, 2차 계약서 작성시 누구의 명의 였는지를 확인하면 계약서작성시기가 확인돼오니 이점 수사요청을 합니다.

(7) 1107-1503호의 수도, 가스등의 실제 납부자가 확인하면 실제 점유, 사용자의 확인이 가능하며 특히 관리사무소의 입주자 카드가 오○○이 입주자인지 여부를 확인하는 수사요청 하옵니다.

(8) 오○○ 가족의 전출주소지는 (2003. 6. 3일 전출) 서초구 반포동 ○○아파트 15-1105호(소유자 이○□)로 현 입주자는 2002. 5. 11부터 전세입주자인 최○○(HP○○○-○○○-○○○○)의 가족(강○○, 최○△, 최○▽)등이 거주하고 있으나 11월 24일 누가 거주한지를 전화 확인해보니 입주자 최○○이라고 추정되는 사람이 오○○이 이 아파트의 소유주이며 현재 같이 거주한다고 거짓 주장하고 있으니 오○○, 이○○(등기부상소유자) 최○○의 관계에 대한 엄정한 수사를 요청합니다.

4. 관련자 전원을 엄정한 수사를 하여 엄벌에 처해주시기 바랍니다.

가. 위 증거를 종합해보건대 잠원동 ○○아파트 1107-1503호에 소유주인 오○○가족들(처 이○○, 자 ○○, 자 ○○)이 1997. 11. 10일 입주한 이후 최근 2003. 11월까지 거주한 사실이 명백하며

(1) 특수한 신분관계인 소유주이자 채무자인 오○○, 이○○, 가장 임차인 한○○과 윤○○, 중개인 윤○□등이 임대차 계약서를 작성하여 허위 임차인임에도 임차인으로 권리신고하여 법원에 배당신청을 하였고 이○○는 법원의 송달서를 윤○○으로 행세하여 수령, 서명하는 등 한○○과 윤○○을 가장임차인으로 위장하였습니다.

나. 오○○-윤○○의 계약서상 중개인 윤○□는 공인중개사가 아님에도 공인중개사로 기재하였고 또한 한○○과 윤○○등이 97년 10월 19일자, 99년 10월 30일자, 2003년 1월 21일자로 작성했다고 법원에 제출한 별첨 계약서를 부동산중개업법에 의하면 5년간 보관하여야 함에도 윤○○는 건물공사시 분실됐다고 하니 이는 부동산중개업법 위반이며 처벌하여 주시기 바랍니다.

(1) 1107동 수위인 정○○씨가 증언한 바 대로 전혀 거주한 바 없는 가장임차인 한○○이 2003년 11월 15일 낙찰이후 ○○아파트에 입주하여 그 동안 거주해온 것처럼 생활하고 있는 상태이며 오○○과 그 가족들은 다른곳으로 이주한 상태라고 합니다.

다. 또한 오○○ 가족 명의의 각종 거주흔적을 지우는 증거인멸을 하고 있으니 이들의 사기, 위계에 의한 공무집행방해, 강제집행면탈행위에 대해 엄정한 수사를 하여 그 죄를 엄벌에 처해주시기 바랍니다.

20년 11월 29일

위 고소인 윤 ○ △ 인

○○경찰서장 귀하

별첨1. 법원에 제출된 관련서류일체

1) 한○○의 권리신고겸 배당요구서 사본
2) 윤○○의 권리신고겸 배당요구서 사본
3) 오○○ - 한○○/1차계약서 사본
4) 오○○ - 한○○/1차계약서 사본
5) 오○○ - 윤○○ 계약서 사본
6) 법무사위임장(윤○○의 대리인) 사본
7) 한○○ 송달증명원(윤○○이 수령했다하나 이○○ 이름이 기재) 사본
8) 윤○○ 송달증명원(윤○○이 수령했다하나 이○○ 이름이 기재) 사본
9) 한○○ 접수증명원 사본
10) 윤○○ 접수증명원 사본
11) 오○○ 대출관련서류 사본 첫페이지
12) 오○○, 한○○, 윤○○주민등록초본 각 1통 사본
13) 서초구 잠원동 ○○아파트 1107-1503호(등기부)
14) 서초구 반포동 ○○아파트 15-1105(등기부)
15) 주식회사 ○○ 법인등기부 등본

별첨2 : 입찰보증금영수증 사본
별첨3 : ○○아파트 1107동 수위실에 비치된 입주자 명부 복사본
별첨4 : ○○아파트 1107동 수위가 작성한 "한○○로"메모 사본
별첨5 : ○○아파트 1107동 수위 정○○씨 통화녹취록(2회분) 사본
별첨6 : 부동산114의 2000년 10월 전세금액 조사표 사본

9) 인도명령결정문을 받다.

인도명령신청을 한지 2개월 후에 인도명령결정문이 상대방과 회사원에게 각각 송달되었다.

ㅇㅇ 지방법원

결 정

사건 20타기24834호 부동산 인도명령

신 청 인(윤문환) : ㅇㅇㅇ
서울시

피신청인(이칠성) : ㅇㅇㅇ
서울시

피신청인(바정욱) : ㅇㅇㅇ
서울시

주문 본원 소속 집행관은 별지 목록 기재 부동산에 대한 피신청인(채무자)의 점유를 풀고 이를 신청인(경락인)에게 인도하라

이유 본원 20타기 24834호 부동산 경매사건에 관하여 경락인의 인도명령신청이 이유 있다고 인정되므로 주문과 같이 결정한다.

20년 ㅇㅇ월 ㅇㅇ일

판사 ㅇㅇㅇ 인

(4) 배당관계

1) 등기부상의 내용

* 가압류 .03.24 신용보증 15,600만
* 가압류 03.02.26 중소기업 7,800만
* 임의경매 03. 5. 13. 중소기업
* 근저당 02.8. 1. 중소기업 42,000만

2) 배당분석

가장임차인 이칠성은 확정일자도 받지 않았기 때문에 우선변제권을 주장할 수가 없다. 다만 소액임차인에 해당하는 박정옥은 최우선변제권의 요건을 갖추고 있지만 경락인이 가장임차인으로 인도명령을 신청한 상태라서 나중에 배당금이 나오지 않았다. 그래서 박정옥이 배당이의 소를 제기하였는데 나중에 법원으로 인도명령결정문까지 받게 되었다. 결국 배당금을 한푼도 받지 못하게 되었다.

낙찰대금 약 6억원을 가지고 1순위 경매신청권자에게 약 1000만원을 배당하고 이후 중소기업은행이 42,000만원을 수령하였다. 그리고 신용보증 가압류 15,600만, 중소기업 가압류 7,800만원이 나머지 금액을 가지고 안분배당을 받았다.

(5) 綜合分析

가장임차인을 색출하는 방법이 정형화 되어 있는 것은 아니다. 그러나 대략적으로 다음과 같은 기준에 의하여 가장임차인을 가려낼 수 있다. 임대차계약서의 진정성 여부, 전화번호, 가장임차인의 점유현황, 감정평가서의 임대차내용, 임대차현황조사서의 통지수령서, 관리인의 증언, 녹취, 고소장(형사)병용, 입주자관리사항, 임대차금액과 시세대조 등이다.

인도명령신청을 한 후 약 2개월 후에 인도명령결정문이 나왔고 경락인과 임차인들에게 각각 송달되었다. 상대방은 일주일이 지난 후에 이사를 갔다. 경락인은 위의 가장 선순위 임차인으로 인하여 제2금융권으로부터 경락잔금대출을 받은 것을 제1금융권으로 전환하여 이자부담을 완화하고 도배와 수리를 한 후 전세를 주어 경락잔금의 대출금을 상환하였다. 현재는 재건축이 이루어져 상당한 Investment Value가 형성 되고 있다.

2. 所有者 동생의 妻가 賃借人으로 인정받을 수 있는지

용도	사건번호 20-56688	소재지	면적(평방)	권리분석	임차관계	결과	감정평가액 최저경매가
주택	군포농협 강인수	경기도 과천시 과천동 45-45 · 과천등기소인근 · 남태령역 인근 · 버스정류장 및 반포역 도보 5-7분	건물23평 지층4평 대지 약60평 (방6개) 78.20 보존 *벽돌조 세멘급평가건주택	가압류 삼성생명 98.11.20, 15,643,705원 가압류 삼성카드 98. 12.18. 12,385,214원 임의경매 군포농협 01. 8. 24. 근저당 군포농협 96. 9. 21. 140,000,000 근저당 황원경 98. 9. 14. 50,000,000 임차권 김경자 금70,000,000원 계약: 95. 4. 25. 전입: 95. 5. 25. 점유: 96. 5. 25 확정일자: 없음	김경자 7천만 계약: 95. 4. 25. 전입: 95. 5. 25. 점유: 96. 5. 25 확정일자: 없음 이상종 97.10.5 1500만 강철수 700만	01.1.2 유찰 01.2.4 낙찰 01.4.25 유찰	240,000,000 (태평양감정) 153,600,000

(1) 事件槪要

본 부동산은 강인재가 군포농협으로부터 차용한 금전을 변제하지 않자 군포농협에서 임의경매를 신청하였다.

위치는 과천시의 남태령인근에 있는 주택으로 인근에 전철과 대공원이 있어 양호한 편이다. 감정가는 약 2억4천만인데 왜 그런지 2번이나 유찰되었다가 다시 낙찰이 되고 이어 유찰이 거듭되고 있다. 낙찰이 되었는데 다시 진행하는 물건은 경락인이 보증금을 포기하면서 까지 잔금을 지급하지 않아 다시 진행하는 것이다. 따라서 낙찰이 되었다가 다시 나오는 물건은 일단 주의있게 살펴보아야 한다.

이유를 살펴본즉 임차인의 보증금에 대한 인수여부가 문제가 된 것이다. 본 건은 임차인이 소유자와는 처제관계인데 7000만원으로 임대차계약을 체결하고 경락인에게 대항력을 행사하고 있는 것이다.

그런데 세밀히 임차인의 대항력 여부를 조사하여 보았더니 소유자와 임차인이 짜고 임대차계약을 체결한 가능성이 높아 보였다. 그래서 입찰에 참여하여 단독으로 낙찰을 받았다. 만약 임차인의 보증금을 인수하지 않는다면 그만큼 싸게 매입하게 되는 것이다. 아래에서 구체적으로 이후의 법적논쟁을 살펴보도록 한다.

(2) 登記簿上 權利分析

가압류 삼성생명 98.11.20 , 15,643,705원
가압류 삼성카드 98. 12.18. 12,385,214원
임의경매 군포농협 01. 8. 24.
근저당 군포농협 96. 9. 21. 140,000,000
근저당 황원경 98. 9. 14. 50,000,000
임차권 김경자 금70,000,000원
계약: 95. 4. 25.
전입: 95. 5. 25.
점유: 96. 5. 25
확정일자: 없음

말소기준인 근저당의 군포농협 96. 9. 21일을 기준으로 이후에 설정된 등기부상의 권리는 경락인이 잔금 지급후 소유권이전등기를 할 때 모두 말소 촉탁대상이 된다.

다만 임차권자인 김경자는 확정일자를 받지 않았기 때문에 법원

에서 배당을 받을 수는 없고 경락인에게 대항할 수 있는 법적지위를 갖추었다면, 경락인으로부터 보증금을 수령하면서 임차권등기의 말소에 필요한 서류를 교부하고 경락인과 임차인이 임차권의 말소등기를 공동으로 신청하게 된다.

(3) 賃借人 權利分析

본 사건은 임차인이 순수히 경락인에게 목적물을 인도하여 주지 않을 가능성이 높았기 때문에 아예 경락인이 잔금을 납부한 후 소유권이전등기 촉탁을 할 때 인도명령결정문을 같이 신청하는 것이 좋다. 아래에서 구체적인 인도명령결정신청서와 준비서면, 답변서, 즉시항고의 법적분쟁을 살펴보도록 한다.

1) 인도명령신청서

인도명령신청

사　　건 20타경○○○○○
신 청 인(경락인) 박 ○ ○
경기도 용인시 풍덕천○동 ○○○
○○아파트 101- 302
피신청인(점유자) 최 ○ ○
과천시 과천동 405-3

신청취지

피신청인은 신청인에게 별지목록기재 부동산중 별지도면 1.2.3.4. 5.6.1의 각 점을 순차 연결하는 선내 방 3칸 및 거실 목욕탕 부엌을 인도하라.

신청이유

1. 신청인은 이사건 부동산의 매수인으로서 2005.2.1 대금전액을 납부한 소유자입니다.

2. 소유자(채무자)등이 이건 부동산을 담보로 채권자인 군포농업협동조합으로부터 대출받은 경위.
   가. 소유자(채무자) 이○○는 이사건 부동산을 담보로 1996.9.21 채권최고액금 140,000,000원으로 한 근저당권설정 계약을 체결하고 같은해 9.23 ○○지방법원 ○○○등기소 접수제 8891호로 근저당설정 등기를 경료하였으며,

나. 소유자(채무자) 이○○는 이건 부동산을 담보로 같은해 12. 16 소유자 이○○의 어머니인 김○○를 채무자로 하여 채권자인 군포농협협동조합으로부터 채권최고액금 70,000,000원으로 한 근저당권설정등기를 경료하고 군포농업협동조합으로부터 대출을 받아 사용하였으며,

다. 계속해서 소유자(채무자) 이○○는 이건 부동산을 담보로 하여 1997.6.28 역시 소유자의 어머니 김○○를 채무자로 하여 채권최고액금 42,000,000원으로 한 근저당권설정 등기를 경료하고 추가 대출을 받아 사용하는 등 총 합계금 252,000,000원을 대출받아 사용하는 등 건물가 보다도 초과한 돈을 대출받아 사용한 것입니다.

3. 점유자 최○○가 이사건 부동산의 대항력있는 임차인이라는 주장의 허구성.

가. 점유자 최○○ 및 그의 남편인 조○○의 주민등록이전 사항

(1) 점유자인 최○○는 소유자(채무자)인 이○○의 친동생인 이○□와 1995.5.23 혼인신고를 필한후 소유자(채무자)인 이○○와 이○□의 친동생 이○△가 살고 있는 이건 부동산 소재지로 주민등록을 옮긴후 최○○는 소유자(채무자)와 가족을 이루며 함께 살아 왔었습니다.

(2) 그후 최○○는 1997.10.2 경기도 김포군 월곶면 갈산리 478-1 이사를 갔습니다.

나. 주택 전세계약서 1통

7-9 의 입증취지

이건 문서들은 소유자의 어머니인 김○○(피신청인 최○○의 시어머니)가 작성한 문서들로서 당사자 조차 제대로 알지 못한다는 사실과 9호증의 주택전세계약서는 1995.4.25자에 작성된 것이

아니고 이 사건 발생후 소급해서 작성한 사실을 입증키 위함.
또한 같은 건물1층 방2칸에 대하여 신청외 ○○○에게는 1997. 10.5 임대보증금 1,500만원에 전세를 주면서, 그보다도 훨씬전인 1995.5.25 그것도 김○○의 새며느리(소유자의 처제)에게 방3칸을 7,000만원이라는 거액을 주고 임차한 계약서를 허위로 작성한 사실을 입증키 위함.

10. 부동산 현황조사보고서 1통

24평짜리 1층 건물에 방이 6개나 세를 주고도 주인인 이○○와 어머니 김○○가 함께 산다는 것은 경험측상 있을수 없는 일로서 위 부동산 현황조사보고서는 잘못 작성된 사실을 입증코저함.

11. 권리 배제 신청서(호적등본 첨부) 1통

채권자인 고포농입협동조합에서 소유자(채무자)의 형제 및 제수가 임차인이라 주장하면서 권리주장을 하고 있음은 잘못된 것으로서 이들의 주장을 배제하여야 할 것으로 봅니다.

12. 낙찰대금완납증명 1통

신청인이 이건 부동산의 매수인으로서 낙찰대금 전액을 납부하고 이건 부동산을 취득한 소유자라는 사실을 입증키 위함.

13. 민원회신 1통

14. 임대차 계약확인서 1통

13-14에 대한 입증취지

이건 부동산 소유자 및 채무자가 1996.9.23자 이건 부동산에 대하여 채권자 농협에 채권최고금액 140,000,000원으로 근저당설정 등기를 하고 대출을 받을 당시 이건 부동산 상에는 전세권자 또는 월세권자등 임차인이 한사람도 없었다는 내용의 확인서를 작성한 사실을 입증.

15. 판례(참고서류) 1통

16. 주택임차권등기명령신청서 1통
   가. 인감증명서 1통
   나. 위임장 1통
   다. 우편송달통지서 2통

입증취지

최○○의 시어머니인 김○○가 최○○ 명의로 임차권등기명령 신청을 하고 있습니다.

서기 20 년 2월 일

신청인(경락자) 박 ○ ○

○○지방법원 귀중

건물도면표시

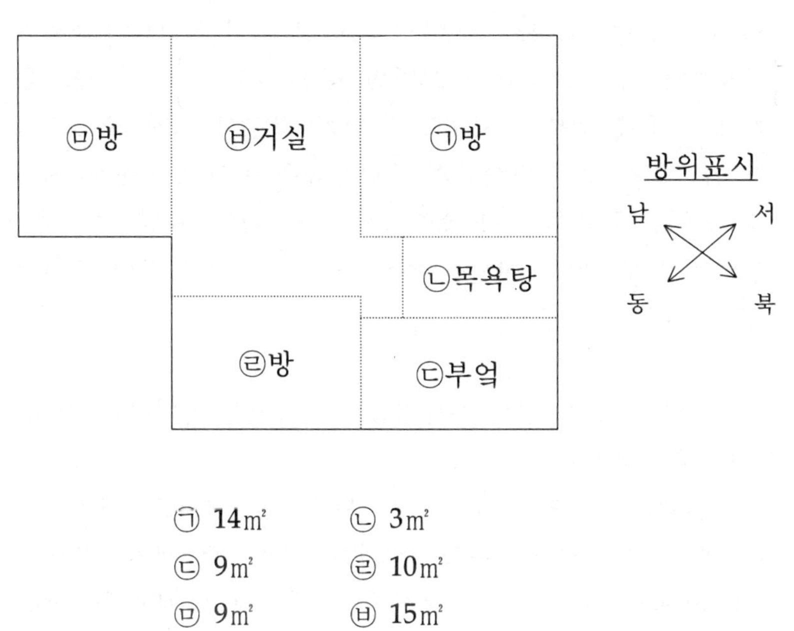

소유자겸 채무자의 친동생만 주민등록을 숨기고 최○○의 주민등록은 이건 부동산 소재지에 그대로 남겨 두었다가 동년 116 최○○의 남편인 소○○가 다시 이사건 부동산 소재지로 주민등록을 옮겨 최○○는 소○○와 세대 합가를 하였던 것입니다.

가. 그후 1998.10.9 최○○는 남편인 오○○와 함께 경기도 군포시 산본동 1167-3 한라아파트 56-127호로 이사를 가서 살면서도 최○○이 주민등록만 이건 부동산 주소지에 그대로 놓아둔채 남편인 오○○의 주민등록만 새로운 주소지로 옮겨 놓았었습니다.

나. 다시 최○○의 남편인 오○○는 1999.3.24 주민등록을 다시

이사건 부동산 소재지로 옮겼다가 같은해 12.6 성남시 분당구 분당동 345-17 으로 이사를 가면서 역시 주민등록을 주소지로 이전하고 다시 2001.7.26 충남 아산시 음봉면 산동리 567-1 삼일원양아파트 563-111로 이전 했다가 2002.1.18부터 지금까지 경기도 평택시 고덕면 해창리 123-5로 주소를 옮겨 그곳에서 부부와 자녀들이 함께 살면서 역시 오○○의 처 최○○와 그의 자녀들의 주민등록은 이건 부동산 소재지에 그대로 두고 있으나 소○○와 그의 처인 최○○는 이건 부동산 소재지에서 이사를 해서 딴데서 산지가 이미 오래된 것입니다.

2. 최○○가 이건 부동산 상에 대항력있는 임차인이 아니라는 증거.

가. 임대차계약 확인서

소유자(채무자) 오○○가 이건 부동산을 담보로 채권자인 군포농업협동조합으로부터 제1차로 1996.9.23 채권최고액금 140,000,000원정으로 근저당설정등기를 하고 대출을 받는 과정에서 소유자(채무자) 이○○는 채권자 농협에 제출한 임대차계약 확인서상에 전세 및 월세계약 내용상에 "해당 없음"이라고 기재하여 이건 부동산 상에 1996.9.23 당시 (이건 부동산상에 채권자인 군포농업협동조합 명의로 근저당설정등기를 경료한날)에는 전세든 월세든 임대차관계가 전혀 없었습니다.

나. 최○○의 임대차계약서 및 배당요구서

이 사건에 관하여 최○○의 명의로 2001.9.25일자 제출한 권리신고 및 배당요구신청서의 작성자는 최○○의 시어머니인 김○○ (소유자겸 채무자 이○○의 친 어머니)가 작성제출한 것으로서 동 배당요구서에 첨부된(주택전세계약서의 작성자 역시 소유자(채무자)의 어머니인 김○○의 필채입니다.

이는 집주인인 이○○와 갓시집온 집주인의 제수인 최○○와 간에 당시 실제시세보다는 비싼 금 70,000,000원이라는 거액을 전세보증금으로 지급하고 양당사자간 합의에 의하여 전세계약서가 작성된 것이 아니라, 이건 부동산에 대한 문제가 발생되자 최○○이 시어머니며 소유자(채무자) 이○○의 어머니인 김○○이 허위의 전세계약서를 작성하여 이사건 부동산에 대한 경매 법 이루어진 것이 아닙니다.

위와 같이 갓시집 오는 새색시인 최○○이 시숙인 소유자 이○○에게 당시 부동산 시가보다도 많은 전세보증금 70,000,000원을 지급하고 세들어 산다는 것은 경험측상 있을수 없는 일입니다.

다. 이건 부동산 상에 경료된 주택임차권 등기의 위법성

(1) 이사건 부동산에 대하여 최○○ 명의로 임차권등기가 경료된 경위
  이사건 부동산에 대하여 최○○명의로 임차권등기명령 신청을 함에 있어서 최○○는 인감증명의 발급신청을 남편인 ○○○(경기 성남시 분당구 분당동 145-56)에게 위임하여 최○○의 인감증명을 발급받아 시어머니인 김○○(소○○의 어머니에게 위임하여 ○○지방법원에 주택임차권등기명령 신청을 하였고 법원으로부터 송달한 신청인 최○○에 대한 결정정본은 물론 피신청인 이○○에 대한 결정정본은 모두 최○○의 시어머니인 김○○이 영수한 것입니다.

(2) 임차권자인 최○○는 1999.12.6 남편인 오○○와 함께 경기도 성남시 분당구 분당동 23-56으로 이사를 간후 임차권자인 최○○의 주민등록과 애들 주민등록은 그대로 놓아둔채 세대주인 이○○의 주민등록만 위 새로운 주소지로 이전하였습니다.
  부동산에 대한 점유를 상실하였다가 다시 주민등록을 옮기고 이사온 것처럼 꾸미였으나 최종적으로 이건 부동산 소재지에

서 이사를 가고 점유를 상실한 것은 1999.12.6일자입니다.

따라서 임차권자가 위와 같이 점유를 상실한후 임차권등기 명령신청을 하여 임차권등기를 한 것은 무효이며 이건 부동산의 매수인인 신청인에게 임차인으로서 대항력은 상실한 것입니다.

라. 임차관계조사서 1통

이사건에 관한 임대차 조사보고서에 의하면 이건 부동산 1층에 임차권자인 최○○(소유자의 제수)이 방3칸에 임차보증금 70,000,000원에 임차인 변○○(소유자의 동생)이 1층 방1칸에 임대보증금 9,000,000원에 임차인 전○○이 방2칸에 금 15,000,000원에 임차인 변○○(소유자의 동생)가 지하층에 임대차 보증금 7,000,000원에 임차하여 사는 것으로 조사 되었으나 이 사건 건물의 1층 평수는 23평6홉5작인데 어떻게 방을 5개나 세를 주고, 소유자인 이○○는 어디서 살며 이○○의 어머니인 김○○은 어디에서 산다는 것인지 이건 임대차관계조사는 소유자의 어머니인 김○○이 어떻게 해서라도 이건 부동산 경매과정에서 한푼이라도 더 챙기려고 허위로 진술한 것에 터잡아 작성된 것이 분명합니다.

마. 권리 배제 신청서

(1) 이사건의 채권자인 군포농업협동조합에서 2002.3.19자 제출한 권리배제 사건 부동산상에 주민등록을 옮긴 후 소액 임차인으로서 배당요구를 하고 있는바 이는 허위 임대차계약서를 작성하여 소액 임차인으로서 우선변제 요구를 하고 있음은 부당함으로 이를 배제하여 달라는 내용입니다.

바. 판례 2000.1.5 대법원 99마4307 부동산 강제경매

참조판례 86다카 2788(1987. 5. 12)
87다카 1708(1987.11. 24)
87다카 1738(1987.12. 8)
97다카 12211(1997.6.27)

소유자겸 채무자인 이○○가 이건 부동산에 관하여 1996.9.23 채권 최고액금 140,000,000원정으로 한 근저당권설정등기를 하고 대출을 받으면서 이사건 부동산상에는 다른 전세권자나 월세등 임차권자가 없다는 확인서까지 작성해준 후 소유자(채무자)가 어머니인 김○○ 및 동생들과 가족 공동체를 이루고 살면서 그후 동생을 결혼시켜 제수를 맞이하면서 소유자의 제수인 최○○ 대항력 있는 임차권자로서 내세우면서 시가 보다도 비싼 금 7,000만원(같은 임차인 변○○은 방1칸에900만원에 임대 하였다고 주장하면서 소액 임자인으로서 배당 요구까지 하였음에 임대차 계약을 제출하였다는 것은 사회 상규에 어긋난 억지 주장일뿐만 아니라 금반언 및 신의칙에 위배된 행위라 아니할 수 없습니다.

(2) 이사선 경매법원에 소액임차인이라면서 권리신고 및 배당요구신청을 제출한 한 임차인 변○○(소유자 이○○의 친동생) 및 채○○(소유자 이○○의 친동생)명의의 세입자는 이사건과는 무관한 세입자로 모두 신청인들의 생모인 김○○입니다.

3. 결어

위와 같은 사실을 종합해볼 때 이사건 부동산에 대하여는 소유자겸 채무자인 이○○가 채권자인 군포농업협동조합으로부터 한 번은 자기명의로 두 번은 자기 어머니인 김○○ 명의로 대출을 받아 집값보다도 많은 대출을 받아 쓴후 자기 어머니인 김○○을 시켜 소유자의 제수인 박○○의 주민등록이 이건 부동산 소재지에 있음을 기화로 제수인 박○○ 명의의 허위의 임대차 계약서를 작성하여 대항력있는 임차인이라고 하여 이를 모르는 법원을 기망하고 경락인으로 부터 재산상 이득을 취하려고 권리신고 및 배당요구신청과 주택임차권등기 명령등기 신청을 하였습니다. 그 뿐만 아니라 다른 아들들인 변○○ 이○○ 명으로 허위의 임대차계약서를 작성하여 소액임차인이라고 주장하고 있습니다.

위와 같이 피신청인 최○○는 이사건 부동산에 대하여 소유자인 이○○에게 단돈 한푼 임차보증금을 지급한 사실이 없으며, 임대차계약을 체결한 사실이 없음에도 불구하고 위에서 밝힌바와 같이 허위 임대차계약서를 작성하여 이사건의 대항력있는 주택임차인이라고 주장하고 있음은 억지부당한 주장으로서 마땅히 배척되어야 할 것으로 봅니다.

소명방법

1. 주민등록표등(초)본 (피신청인 최○○분) 1통
2. 〃 (피신청인 최○○의 남편인 조○○분) 1통
3. 〃 (피신청인 최○○의 시어머니인 김○○분) 1통
4. 〃 (피신청인 최○○의 시숙인 소유자 이○○분) 1통
5. 〃 (피신청인 최○○의 시숙인 소액임차인 채○○분) 1통
6. 〃 (피신처인 최○○의 시숙인 소액임차인 변○○분) 1통

이상 1내지 6의 입증취지

위사람들은 어머니인 김○○의 아들 며느리로서 이건 부동산 상에 가정공동체를 이루고 살다가 각자 다른데로 이사를 가서 살다 다시 이건 부동산 상에 주민등록만 옮기고 임차인이라 억지부당한 주장을 하는 사실을 입증.

7. 권리신고 및 배당요구 신청서 1통

2) 인도명령심문에 대한 답변서

인도명령심문에 대한 답변서

사　　건　20타기292 경락부동산인도명령
(20타경56638 부동산임의경매 경매14단계)

신 청 인(임차인)　최 ○ ○
경기도 과천시 과천동 ○○○-○

피신청인(매수인)　박 ○ ○
경기도 용인시 풍덕천동 ○○ ○○아파트 ○○○-○○○

제 목　경락부동산 인도명령에 대한 답변서

1. 임차인 최○○는 임대차보호법 제3조1항에 따라 주택의 인도와 주민등록을 마친때에는 1995. 5. 25. 이며 신순위 저당권이 없는 대항력을 갖춘 선순위 임차인입니다. 매수인 박○○이가 신청한 경락부동산 인도명령은 임차인 최○○가 대항력을 갖춘 선순위 임차인이기 때문에 부동산 인도명령에는 응할수가 없어 이에 답변서를 제출합니다.

민사집행법 제136조(부동산인도명령등)
①항 - 다만, 점유가 매수인에게 대항할 수 있는 권원에 의하여 점유하고 있는 것으로 인정되는 경우에는 그러하지 아니한다.

2. 위의 근거인 민사집행법 제136조 1항에 의거 임차인 최○○는 선순위 저당권이 없는 대항력을 갖춘 선순위 임차인으로 주택을 점유하고 경매시 법원의 조사에 의거 임차인 신고를 하였습니다.
이에 대항력을 갖춘 선순위 임차인 최○○에 대해서는 매수인 박○○이가 인도명령을 신청할 수가 없습니다.
따라서 매수인 박○○이가 신청한 경락부동산 인도명령에 대하여는 기각을 신청합니다.

첨부서류

1. 임대차계약서 사본 1통
2. 주민등록표 등본 1통
3. 주택 등기부등본 사본 1통
4. 답변서 1매
5. 확인서 2매
6. 1층건물구조도 1매

20년 3 월 일

신청인 최 ○ ○

○○지방법원 제48단독 귀중

3) 항고장

항 고 장

사 건 20타기 292 부동산인도명령
항고인(피신청인) 최 ○ ○
과천시 과천동 345-5
전화번호 02-578-2157,
상대방(신 청 인) 박 ○ ○
용인시 풍덕천○동 345 ○○아파트 ○○○-○○○

위 당사자간 ○○지방법원 20타경56368호 부동산임의경매에 관하여 상대방이 20타기292 부동산인도명령을 신청한 사건에 관하여 귀 법원이 20. 3. 12.한 결정은 전부 불복이므로 이에 항고를 신청합니다.

원결정의표시

피신청인은 신청인에게 별지목록기재 부동산중 별지도면 ㉠,㉡,㉢,㉣,㉤,㉥,㉠을 순차로 연결하는 선내 방 3칸 및 거실, 목욕탕, 부엌을 인도하라.

항고취지

원결정을 취소한다. 라는 재판을 구합니다.

항고이유

1. 이 사건 경매신청채권자인 신청외 군포농업협동조합은 ○○지방법원 과천등기소 접수 제8892호 근저당권설정등기에 터잡아 채무자겸 소유자인 이○○ 소유의 별지목록기재 부동산에 대하여 임의경매신청을 하였고, 이 경매사건은 진행된 결과 상대방인 박○○에게 낙찰이 되었으며 상대방은 2003. 2. 5. 낙찰대금을 완납하여 소유권자가 되었습니다.

2. 상대방은 항고인을 상대로 귀원 20타기 292호 부동산인도명령을 신청하여 귀원은 2003. 3. 12. 별지목록기재 부동산에 대한 항고인의 점유부분에 대하여 인도하라는 부동산인도명령을 결정하였습니다. 그러나, 항고인은 이에 대하여 전부 불복하므로 항고장을 제출합니다.

3. 항고인은 신청외 군포농업협동조합이 채무자의 별지목록 부동산에 대하여 근저당권을 설정하기전인 1995. 5. 25. 주민등록전입신고를 마쳤으며, 주택의 인도는 1995. 5. 25.부터 현재까지 점유를 하고 있으므로 '항고인이 대항력을 갖춘 후에 근저당권이 설정되고 그 저당권이 실행되어 매각허가가 되더라도 임차인인 항고인은 매수인인 상대방에 대하여 대항할 수 있으므로 매수인인 상대방은 주택임대차보호법 제3조 제2항의 승계인에 해당된다' 할 것입니다. 그러나, 원심법원은 상대방인 신청인의 일방적인 주장만을 인정하여 항고인이 채무자의 동생의 부인이고, 항고인이 주장하는 임대차는 가장임대차이어서 세대주인 채무자와 동거하는 가족의 범위에 포함시켜 채무자와 동일하게 취급하여 항고인에게 인도명령을 발하였습니다.

4. 항고인은 남편인 신청외 조○○와 1995. 4. 1. 결혼식을 올리고 1995. 5. 23.혼인신고를 한 법률상부부입니다. 당시 위 조○○는 애완견을 사육, 관리하는 전문가로서 개포동에 소재한 개포애완견

센타를 운영하고 있었으며, 항고인은 애완견 미용사로서 위 개포 애완견센타에 직원으로 일을 하고 있었습니다. 항고인과 위 조○○는 위 애완견센타에서 일하면서 서로간의 동질감으로 인하여 약 3년정도의 사귄후에 결혼을 하였습니다. 항고인 부부는 처음 결혼식을 올린 후에 위 애완견센타에서 숙식을 하며 지냈습니다. 결혼을 한 후 얼마 지나 사정이 생겨 항고인부부는 그동안 운영하던 애완견센타를 그만두게 되었습니다. 위 애완견센타를 그만둔후 항고인부부의 생업인 애완견 사육을 중단할 수 없어 애완견30마리를 기르면서 살림을 할 수 있는 장소를 임차하고져 여러 곳을 알아보았으나, 임차를 하지 못하였습니다.

5. 그러던중, 항고인부부는 채무자 이○○에게 항고인부부의 어려운 사정을 이야기하면서 '1층집이 비어 있고, 또한 뒷 뜰도 비어 있으니, 살림을 하면서 애완견을 기르는 것이 어떻겠냐고 제의를 하였더니 채무자 이○○는 흔쾌히 승낙을 하여 항고인이 임차하기로 하였습니다. 1995. 4. 25. 항고인은 그동안 항고인 부부가 저축하였던 돈중에서 계약금조로 700만원을 지급하고 1층 방 3칸을 전세보증금 7,000만원에 잔금 지불기일은 이사오는 날인 1995. 5. 25. 지불하기로하는 전세 계약서를 작성하였습니다. 항고인은 이사를 오면서 개포애완견센타 가게 월세보증금 2,000만원을 포함한 전세보증금 잔금을 채무자인 강인수를 통하여 항고인의 시어머니인 신청외 김○○에게 건네주었습니다. 이처럼 항고인은 정당하게 임차보증금을 건네주고 이 건 경매목적물인 건물에 정당하게 입중한 것이며, 채무자와 근친관계라는 이유만으로 가장임차인이라고 단정하고 상대방이 신청대로 인도명령을 발한 것은 잘못된 것이라 아니할 수 없습니다.

6. 상대방인 신청인의 주장에 대한 반박

가. 신청외 군포농업협동조합에서 부동산의 시세보다 많은대출을 받았다고 주장하고 있으나, 신청외 군포농업협동조합이

대출을 할 당시에는 부동산시가가 4억원정도 가는 시세이었고, 특히 이 지역은 수도권에 인접한 지역으로 그린벨트지역이었기 때문에 건물부분에 대한분양권(딱지 값)이 2억 2천만원에서 2억 3천만원씩 시세가 형성되고 있었고 토지부분을 포함하면 시세가 4억이 넘는 때이었습니다. 그런데 I.M.F로 인하여 그린벨트지역이 해제된다는 소식이 전해지면서 위 딱지값이 하락하면서 부동산시세가 하락되어 현재에 이른 것입니다.

나. 항고인 최○○가 이 사건 부동산의 대항력있는 임차인이 아니라고 하고 있으나, 항고인의 남편인 조○○가 수시로 주민등록을 옮기면서 주거를 자주 옮겼음에도 항고인은 주민등록만 이 사건 부동산에 남겨 둔체 실제로는 위 조○○를 따라 이사를 가서 함께 거주를 하여 대항력을 상실하였다고 주장하고 있으나, 조○○가 주민등록을 옮긴 것은 아파트 당첨권을 얻기 위하여 김포로 주민등록을 옮겼으며, 평택시 고덕면 해창리로 주소를 옮긴 것은 농지를 구입하기 위한 하나의 방편이었습니다. 항고인의 가족의 생업인 애완견 사육은 주위의 눈치를 보아가며 일을 하여야 할 형편이므로 함부로 이사를 다니면서 애완견을 사육할 입장이 되지 못합니다.항고인은 이사를 간 사실이 없습니다.

다. 군포농업협동조합에서 대출서류를 작성할 당시에 위 농협에서 작성된 서류에 임대차부분의 조사시에 "해당사항 없음"이라고 기재되어 대출당시에는 임대차관계가 없었는데도 항고인이 대항력있는 임차인이라고 주장하는 것은 허위의 임대차의 증거라고 하고 있으나, 위 군포농협은 대출시에 항고인이 거주하는 장소에 대하여 임대차 조사를 실시하지 아니하였습니다.

설사 은행직원이 근저당권 실행의 경매절차와는 아무런 관련도 없이 행한 담보건물에 임대차 조사에서 임차인이 그 사실을 숨겼다고 하더라도 그후의 임대차관계가 분명히 된 이상은 신의성실의 원칙에 반하는 것이라고는 할 수 없다 할 것입니다.(86다카1832 참조)

라. 상대방인 신청인은 이 사건 임대차조사시(현황조사서)에 항공인이 임대차하여 점유하고 있는 1층의 평수는 23평 6홉 5작인데 항고인이 방 3칸, 임차인 변○○이 방1칸, 임차인 전○○이 방2칸, 임차인 채○○가 지하층에 임차하는 것으로 조사되었으므로, 방을 5개나 세를 주고 이사건 채무자인 이○○와 그의 가족들은 어디에 산다는 것인지라면서 이사건 채무자인 건 경매과정에서 한푼이라도 더챙기려고 허위의 임차인을 설정하였다고 주장하면서 항고인의 임대차 역시 허위의 임대차라고 하고 있으나, 이사건 건물 1층의 평수는 23평6홉5작(방 4개), 지층의 평수 23평6홉5작--공부상 4평 4홉 5작(방6개)으로 방이 합하여 10개입니다. 1층에는 항고인이 방 3칸을 점유 사용하고 있으며, 임차인 한일이 방 1칸을 사용하고 있으며, 2층에는 임차인 전○○이 방2칸을, 문○○이 방2칸을, 변○○이 방1칸을, 채○○가 방1칸을 사용하고 있으며, 항고인이 임차를 할 때에는 지하층(문○○ 거주 방)이 비어 있어 지하층에는 채무자와 채무자의 어머니인 김○○이 5년정도 거주하고 있었습니다. 항고인이 점유하고 있는 방3칸중 1칸은 냉장고, 옷장, 사료등을 저장하는 방으로 사용되며, 다른 1칸은 중간방으로 아이들의 방으로 사용되고 있고, 또다른 방1칸은 항고인부부가 거주하는 공간으로 신청인이 주장하는 바와 같이 다른 가족이 함께 거주한 적이 없고 오직 항고인부부의 가족들만이 거주하고 있습니다.

7. 항고인은 정당하게 임차인의 지위로서 소유자인 채무자와 임대차계약을 맺었으며, 주민등록 전입 및 주택 인도를 마친 대항력을 갖춘 임차인임에도 원심법원은 신청인의 주장만을 믿고, 상대방이 명도소송을 제기하는 것은 별론으로 하더라도 항고인이

채무자와 근친자라는 이유로 인도명령을 발하였습니다.

8. 세대주인 채무자와 항고인이 동거가족으로서 독립성이 없어 채무자와 동일하게 취급하였다 하더라도 신의칙상 채무자와 동일하게 취급할 필요가 있는 경우에 해당하는지 여부에 관하여는 신중을 기하여야 함에도 이를 간과한 체 사실관계를 좀 더 살펴 보지도 않고 신청인의 주장만을 믿고서 인도명령을 발한 것은 사실을 오인한 잘못이 있다 사료되므로 본 항고에 이른 것입니다.

첨부서류

1. 임대차계약서	1통
2. 주민등록등본	1통
3. 확인서	3통
4. 재산세증명	1통
5. 영수증사본	1통
6. 사진(애완견시설동)	11매

20. 3. .

위 항고인 최 ○ ○

○○지방법원 항고부 귀중

4) 즉시항고에 따른 집행정지신청

즉시항고에 따른 집행정지 신청

신 청 인 최 ○ ○
과천시 과천동 ○○○-○
전화번호 ○○-○○○-○○○○
피신청인 박 ○ ○
용인시 풍덕천○동 680 ○○아파트 ○○동 ○○○호

신청취지

신청인과 피신청인간 ○○지방법원 2003타기292 부동산인도명령 결정정본에 기한 별지목록기재 부동산에 대한 집행은 항고심의 결정 선고시까지 이를 정지한다. 라는 재판을 구합니다.

신청이유

1. 신청인과 피신청인간의 ○○지방법원 20타기292 부동산인도명령에 관하여 20. 3. 19. 즉시항고를 제기하였습니다.
2. 신청인은 정당하게 임차인의 지위로서 소유자인 신청외 이○○와 임대차계약을 맺었으며, 주민등록 전입 및 주택 인도를 마친 대항력을 갖춘 임차인임에도 원심법원은 신청인의 주장만을 믿고, 신청인이 채무자와 근친자라는 이유로 인도명령을 발하였습니다. 이에 불복하여 신청인은 즉시항고를 제기하였습니다.
3. 신청인은 현재 경제적으로 상당한 어려움을 겪고 있습니다. 보증공탁에 대하여는 소액공탁이나 무공탁으로 결정하여 주시기 바랍니다.

첨부서류

1. 항고장부본 1통
2. 항고장 접수증명원 1통
3. 송달료 납부서 1통

20. 3. .

위 신청인 최 ○ ○

○○지방법원 귀중

부동산의 표시

1. 과천시 과천동 35-9
   전204㎡

2. 위 지 상
   벽돌조 세멘와즙평가건 주택
   건평 1층 23평 6홉 5작
   지층 4평 4홉 5작

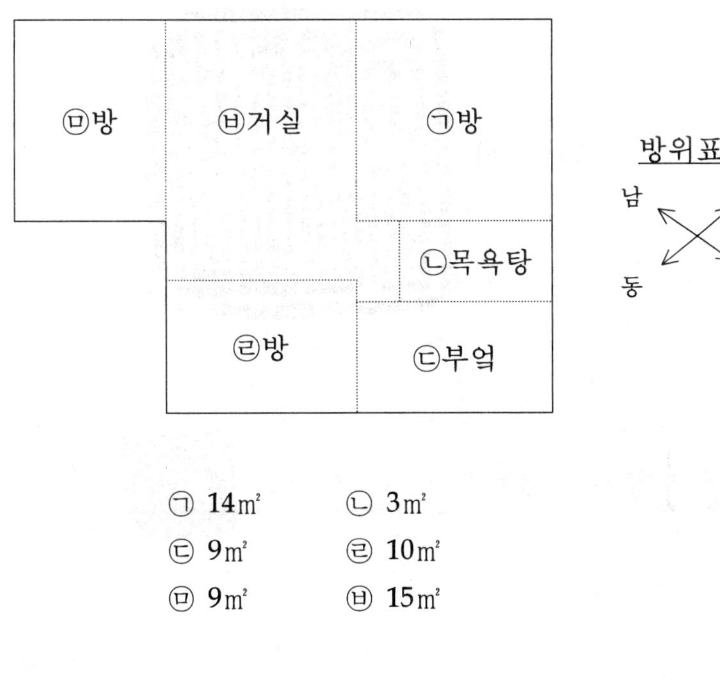

ㄱ 14㎡　　ㄴ 3㎡
ㄷ 9㎡　　ㄹ 10㎡
ㅁ 9㎡　　ㅂ 15㎡

5) 즉시항고기각

정본입니다

20 . . .

수 원 지

법원사무관(주사) 법원주사 ○ ○ ○ 

민소 151② 2-139

주 : 이 정본에는 법원의 인을 찍을 것

과천시 과천동 ○○○의○
신청인 최 ○ ○

427-061

○○지방법원
133단독
결 정

사 건 20기8290 강제집행정지
신 청 인 최 ○ ○
과천시 과천동 ○○○의 ○○
피신청인 박 ○ ○
용인시 풍덕천○동 ○○○ ○○아파트 ○○○동 ○○호

주 문

이 사건 신청을 각하한다.

이 유

이 사건에 관하여 당원은 신청인에게 담보제공명령을 하였으나, 신청인이 위 명령을 송달받고도 그 명령에서 정한 기간 내에 담보제공을 하지 아니하므로 주문과 같이 결정한다.

20. 5. 20.

판 사 ○ ○ ○

(4) 綜合分析

임차인(김경자)은 남편의 형님댁에서 주민등록을 단독세대로 전입신고를 하고 남편과 함께 보증금 7,000만원에 임대차계약을 체결하여 살고 있었다. 그러나 대항력을 인정 받지 못하고 인도명령결정을 받게 되었다. 준비서면에서도 나와 있듯이 작은 건물에 소액임차인이 너무 많이 거주하고 있는 것이 오히려 임차인(김경자)에게 불리하게 작용하게 된 것이다.

친·인척도 임차인으로 인정받아 경락인에게 대항하거나 낙찰대금으로부터 우선변제권을 행사할 수 있다. 그러나 임차인으로 인정받기 위해서는 주민등록전입신고를 단독세대로 해야 인정받을 수가 있다. 그리고 소유자와 친·인척이지만 다른 사람들이 볼 때도 임차인으로 인정받을 수 있는 객관적인 정황과 여건이 조성되어 있어야 한다.

3. 전유부분과 대지 사용권의 관계

(1) 구분소유자의 대지사용권

용　　도	대지	채무/소유자	조원희/한국자산신탁	다음예정	종결(기각)
감 정 가	10,769,070,000	청구액	700,000,000	경매개시일	02.12.06.
최 저 가	10,769,070,000(100%)	토지총면적	677.3㎡ (204.88평)	배당종기일	04.01.31.
입찰보증금	10% (1,076,907,000)	건물총면적	0㎡ (0평)	조 회 수	금일1공고후401 누적401
주의사항	• 입찰외 • 본 건 지상에 건물 1동(철근콘크리트구조 (철근)콘크리트평슬래브지붕 지하 3층/지상 5층)이 소재, 법정 지상권이 성립하는지 여부는 불분명함.				

우편번호및주소/감정서	물건번호/면적(㎡)	감정가/최저가/과정	임차조사	등기권리
110-300 서울 종로구	물건번호:단독물건 입찰외제시외건물 소재	감정가 10,769,070,000 최저가 10,769,070,000 (100%) • 경매진행과정 10,769,070,000 ① 유찰 2007-12-11 기각 2007-12-26	• 법원임차조사 • 종로구 집합건축물대장상 지하 3층, 지상5층 건물인사아트플라자가 존재하고 있음. 관리소장 진술에 의하면 처음에는 소유자 조원희가 부인 명의로 (주)프리빌을 만들어 건물을 지은 후 2001년경 분양을 하였으며 2004. 1. 3. 준공을 받았으나 분양받을 사람과 공사업자 등 약 140여명과 현재도 소송중이라 함.	저당권국 국민은행 1999.10.25. 3,120,000,000 지상권 국민은행 1999.10.25. 30년 저당권 김치묵 1999.10.28. 700,000,000 저당권 정인철 1999.10.28. 60,000,000 가압류 김창대 2000.03.14. 170,000,000 가압류 전재천,나대균 2000.05.08. 122,600,000

위의 사례는 대지만 경매로 진행되고 있는 물건이다. 문제는 위와 같이 대지만 진행되고 있는 물건을 경매나 공매로 매수를 한

경우 집합건물의 구분소유자에게 대항할 수 있는지 법률적인 검토가 필요하다.

집합건물법은 제20조에서, 구분소유자의 대지사용권은 그가 가지는 전유부분의 처분에 따르고(제1항), 구분소유자는 규약 또는 공정증서로써 달리 정하지 않는 한 그가 가지는 전유부분과 분리하여 대지사용권을 처분할 수 없으며(제2항, 제4항), 위 분리처분금지는 그 취지를 등기하지 아니하면 선의로 물권을 취득한 제3자에 대하여 대항하지 못한다(제3항)고 규정하고 있다. 위 규정의 취지는 집합건물의 전유부분과 대지사용권이 분리되는 것을 최대한 억제하여 대지사용권 없는 구분소유권의 발생을 방지함으로써 집합건물에 관한 법률관계의 안정과 합리적 규율을 도모하려는 데 있다. 따라서 이를 위반한 대지지분의 처분행위는 그 효력이 없다.

그러나 대지에 관하여 근저당권이 설정된 후에 비로소 집합건물의 구분소유관계가 성립된 경우는 집합건물의 성립 전에 이미 근저당권 설정이라는 처분행위가 존재하고 그 근저당권의 실행절차로서 경매가 진행되어 매각이 이루어지는 것이므로, 집합건물법 제20조에서 금지하고 있는 분리처분에 해당한다고 할 수 없다. 이외에도 기존 근저당권에 따른 매각을 집합건물 성립 후의 독립된 처분이라 할 수 없고, 기존의 근저당권자는 애초에 집합건물 성립 이전의 나대지로서의 교환가치를 담보로 취득한 것인데 이후에 집합건물이 신축되었다는 사정에 따라 신축된 집합건물과 대지의 분리처분을 금지할 경우 대지에 관한 기존의 근저당권자는 지상 건물로 인하여 대지의 이용·처분이 제한되어 집합건물의 대지사용권 가치만큼 감소된 대지의 교환가치를 담보로 가지게 되는 결과가 됨으로써 나대지로서의 토지의 교환가치 전체를 기대하여 담보를 취득한 근저당권자에게 불측의 손해를 입게 된다. 따라서 집합건물의 성립 이전에 이미 대지에 관하여 근저당권이 존재하고, 그 근저당권의 실행으로 인한 경매가 진행되어 매각된 경우에는 집합건물법 제20조 에서 금지하고 있는 분리처분에 해당한다고 할 수 없다.

사례정리

토지				건물		
갑	소유자	1998.2.1		을	소유권보존등기	2003.11.5
을	가등기(매매예약)	2001.5.31	25억		건축물관리대장	2004.1.3
정	근저당	1999.10.25	31억(배당)	병외7	수분양자	2004.1.3. 분양 2008.11.2.등기
무	압류	2004.6.12	06.12.4 공매실시			
A	낙찰자	2008.1.3				

위의 사례에서 정은 갑 소유의 토지에 대해서 1999년10월25일 근저당을 설정하였다. 이후 을은 갑 소유의 토지를 매매예약에 기한 가등기를 경료하였고 그 토지 위에 집합건물을 완공하여 2003년 11월 5일에 소유권보존등기를 하였다. 정이 갑 소유의 토지에 근저당을 설정할 당시에는 집합건물이 없는 상태이다. 위와 같은 상황에서 이후에 그 토지 위에 집합건물을 신축하여 그 전유부분을 분양받은 구분 소유자들은 집합건물관리에 관한 법률 제2조 6호에 따른 대지사용권이 인정되지 않는다.

왜냐하면 앞에서도 설명하고 있듯이 집합건물이 인정되기 이전에 토지에 담보권을 설정한 자를 보호하기 위해서이다. 따라서 이미 대지 소유자에 대하여 담보물권이 설정되었고 이후에 집합건물이 신축된 경우에는 담보권자들의 토지에 대한 교환가치를 보호하기 위해서 그 집합건물의 구분 소유자에게 대지사용권을 인정할 수 없다.

그리고 구분소유자 아닌 자가 집합건물 신축 전부터 그 집합건물의 대지로 된 토지에 대하여 가지고 있던 권리는 대지사용권이라 할 수 없으므로 집합건물의 소유 및 관리에 관한 법률 제20조에 정한 분리처분 금지의 제한을 받지 않는다. 대법원은 "토지에 대한 매매예약을 체결하고 이에 따른 소유권이전등기청구권 가등기만을 마친 상태에서 그 가등권자가 지상에 집합건물을 건축하였으나 매매예약에 따른 소유권이전등기 전에 국가가 그 토지를 체납처분에 의해 공매를 한 사안에서, 구분소유자 아닌 자가 집합건물의 건축 이전부터 전유부분의 소유와 무관하게 집합건물의 대지로 된 토지에 대하여 가지고 있던 권리는 구 집합건물의 소유 및 관리에 관한 법률상 대지사용권이라 할 수 없으므로 국가가 위 토지를 공매한 것은 같은 법 제20조의 분리처분 금지 규정에 반하지 않는다"고 판시하고 있다.[522] 즉 구 집합건물의 소유 및 관리에 관한 법률(2010. 3. 31. 법률 제10204호로 개정되기 전의 것) 제20조 에 의하여 분리처분이 금지되는 같은 법상 대지사용권이란 구분소유자가 전유부분을 소유하기 위하여 건물의 대지에 대하여 가지는 권리이므로(같은 법 제2조 제6호 참조), 구분소유자 아닌 자가 집합건물의 건축 전부터 전유부분의 소유와 무관하게 집합건물의 대지로 된 토지에 대하여 가지고 있던 권리는 같은 법 제20조에 규정된 분리처분금지의 제한을 받는다고 할 수 없기 때문에 그 토지에 대하여 공매나 경매로 진행되어 낙찰이 된 경우 집합건물의 구분소유자는 대지사용권에 대한 매수청구를 할 수 없다.

만약 대지 소유자가 집합건물을 신축하여 전유부분에 대해서만 수

522) 토지에 대한 매매예약을 체결하고 이에 따른 소유권이전등기청구권 가등기만을 마친 상태에서 그 지상에 집합건물을 건축하였으나 매매예약에 따른 소유권이전등기 전에 국가가 그 토지를 체납처분에 의해 공매한 사안에서, 구분소유자 아닌 자가 집합건물의 건축 이전부터 전유부분의 소유와 무관하게 집합건물의 대지로 된 토지에 대하여 가지고 있던 권리는 구 집합건물의 소유 및 관리에 관한 법률상 대지사용권이라 할 수 없으므로 국가가 위 토지를 공매한 것은 같은 법 제20조 의 분리처분 금지 규정에 반하지 않는다(대법원 2010.5.27. 선고 2010다6017 선고판결 소유권 말소등기)

분양자에게 양도하여 그 전유부분이 다시 강제경매가 이루어진 경우에는, 이미 그 건물에 대해서는 대지사용권이 성립하고 있으므로, 위 건물을 낙찰 받은 사람은 집합건물에 관한 법률에 의하여 토지에 대한 소유권 이전등기를 받을 수 있다.

결론적으로 위의 사례에서 토지만 낙찰을 받은 사람은 위와 같은 법리적인 관계에 따라 집합건물의 구분소유자에게 토지에 대한 이전등기를 하여 주지 않아도 되며, 토지에 대한 임료를 부당이득으로 청구할 수도 있다.

(2) 대지사용권의 존재를 모르는 제3자의 의미

경매구분	강제(기밀)	채권자	조용진	낙찰일시	99.10.19.(종결 :00.03.10.)
용 도	아파트	채무/소유자	홍승구/	낙찰가격	131,000,000
감 정 가	130,000,000	청구액	87,000,000	경매개시일	98.06.29.
최 저 가	104,000,000(80%)	토지총면적	0㎡ (0평)	배당종기일	
입찰보증금	응찰가의 10%	건물총면적	84..69㎡ (25.62평)	조회수	금일 : 공고후 26 누적0
주의사항	• 건물 만 입찰				

우편번호및주소/감정서	물건번호/면적(㎡)	감정가/최저가/과정	임차조사	등기권리
137-130 서울 서초구 양재동 • 감정평가서정리 -양재초등교북서측직선300m지점 -BUS(정)도보10분 -도시가스난방 -단지내아스팔트포장도로접합 -일반주거지역 12.01. 아세아가정	물건번호 : 단독물건 • 건 84,69 (25.62평) 33평형 방3)	감정가 130,000,000 최저가 104,000,000 (80.0%) • 경매진행과정 ① 변경 1999-07-06 ① 유찰 1999-08-17 ① 낙찰 1999-09-14 131,000,000 (100.8%) 104,000,000 ① 낙찰 1999-10-19 131,000,000 (100.8%) 종결 2000-03-10	• 법원임차조사 송진규 진입 1994.05.09 (보) 85,000,000 (권리신고 99.6.24.) 총 보증금 85,000,000	가압류 우성건설 1997.06.27. 4772만외2건 합:40218만 압류 서초구 1998.04.16. 강제 조용진 1998.06.30

집합건물의 소유 및 관리에 관한 법률 제20조의 규정 내용과 입법 취지 등을 종합하여 볼 때, 경매절차에서 전유부분을 낙찰 받은 사람은 대지사용권까지 취득하는 것이고, 규약이나 공정증서로 다르게 정하였다는 특별한 사정이 없는 한 대지사용권을 전유부분과 분리하여 처분할 수는 없으며, 이를 위반한 대지사용권의 처분은 법원의 강제경매절차에 의한 것이라 하더라도 무효이다. 또한, 대지사용권은 구분소유자가 전유부분을 소유하기 위하여 건물의 대지에 대하여 가지는 권리로서(같은 법 제2조 제6호) 그 성립을 위해서는 집합건물의 존재와 구분소유자가 전유부분 소유를 위하여 당해 대지를 사용할 수 있는 권리를 보유하는 것 이외에 다

른 특별한 요건이 필요치 않은 사정도 고려하면, “분리처분금지는 그 취지를 등기하지 아니하면 선의로 물권을 취득한 제3자에 대하여 대항하지 못한다”고 정한 같은 법 제20조 제3항 의 ‘선의’의 제3자는, 원칙적으로 집합건물의 대지로 되어 있는 사정을 모른 채 대지사용권의 목적이 되는 토지를 취득한 제3자를 의미한다.[523)]

따라서 이 때의 선의는 문언의 해석상 ‘대지사용권이 성립되었음을 알지 못하는 것’이 아니라, ‘분리처분금지 제약의 존재를 알지 못하는 것’을 의미한다고 봄이 상당하다. 그러므로 경매절차 진행 당시 등기부등본, 경매물건명세서, 현황조사보고서, 평가서 등을 통하여, 토지를 낙찰 받은 사람이 토지가 구분건물(예:아파트, 연립 등)에 속한 집합건물의 대지로 사용되고 있음을 알았다면, 집합건물의 전유부분(건물)만을 매수한 자(낙찰자)에게 소유권을 주장할 수 없다. 따라서 그 토지를 낙찰 받은 사람은 그 토지에 대한 소유권을 말소하고 집합건물의 구분소유자에게 소유권을 이전하여야 한다.

위의 사례에서 갑이 아파트에 관한 소유권보존등기를 경료하기 전에 미리 을(수인 조합원)에게, 전유부분과 함께 분양한 대지지분에 관하여 각 전유부분의 면적비율에 상응하는 대지지분의 소유권이전등기를 마쳐주었다. 이후 을 소유의 대지지분에 대하여 강제경매개시결정이 이루어져 병이 93년도에 1400만원에 낙찰을 받았다. 그리고 을 소유의 전유부분(건물)은 이후 대지권이 없는 상태에서 강제경매가 진행되어 위의 사례와 같이 정이 낙찰을 받은 경우 정은 토지를 낙찰 받은 병에게 토지에 대한 소유권의 이전을 주장할 수 있는가?

을은 이 토지 지분을 병에게 경매로 처분하기 전에 이미 아파트의 소유를 위한 대지사용권을 취득하였으므로[524)], 집합건물의 소

523) 대법원 2009.6.23. 선고 2009다26145 선고 판결,소유권이전등기말소

유 및 관리에 관한 법률(이하 '집합건물법'이라 한다) 제20조 의 규정에 따라, 이 토지는 이 사건 아파트와 분리처분이 불가능하게 된 토지이다.

따라서 토지 지분에 관하여 진행된 강제경매는 무효이고, 위 경매절차에서의 낙찰을 원인으로 병 앞으로 이루어진 소유권이전등기는 무효로서 말소가 되어야 한다.

따라서 위의 사례에서 갑이 을(조합원)에게 선 분양하였고, 아파트의 신축을 완료하여 임시사용승인을 받아 을이 위 아파트에 입주 하였다면 임시사용승인을 받은 무렵에는 집합건물로서 성립하였고, 위 토지에 대한 경매절차 진행 당시 등기부등본, 경매물건명세서, 현황조사보고서, 평가서 등을 통하여, 토지를 낙찰 받을 당시 병은 토지가 구분건물에(예:아파트, 연립 등)에 속한 집합건물의 대지로 사용되고 있음을 알 수 있었을 것이다. 그러므로 위 토지 지분에 대한 강제경매절차개시나 병의 낙찰 전에 이미 이 토지 지분은 을이 아파트의 대지사용권을 취득하였다고 볼 수 있고, 병은 집합건물법 제20조 제3항의 선의의 제3장에 해당하지 않으므로 낙찰을 원인으로 마쳐진 병 명의의 토지에 대한 소유권이전등기는 무효의 등기라 할 것이다. 그러므로 위 사례의 구분건물을 낙찰 받은 매수인(정)은 대지사용권에 기하여 병을 상대로 토지에 대한 소유권이전등기를 주장할 수 있다.

한편 건물을 낙찰 받은 정이 취득하는 대지사용권은 소유권이

---

524) 집합건물의 구분소유자가 전유부분에 대한 대지사용권을 취득하는 시기는 집합건물의 성립시기와 일치한다고 할 것이다. 집합건물의 어느 부분이 전유부분인지 공용부분인지 여부는 구분소유가 성립한 시점, 즉 원칙적으로 건물 전체가 완성되어 당해 건물에 관한 건축물대장에 구분건물로 등록된 시점을 기준으로 판단하여야 하나(대법원 1999. 9. 17. 선고 99다1345 판결 참조), 그렇다고 하여 반드시 건축물대장상의 등록시점을 절대적인 기준으로 삼을 수 없고 그 이전이라도 집합건물로서 신축되고 분양이 이루어진 경우에는 전유부분에 대한 대지사용권이 성립하였다고 볼 수 있다.

아닌 법정지상권 유사의 대지점유권이라고 할 것이다. 관습법상 법정지상권이 인정되지 않는 이유는 을 소유의 토지 일부에 대한 강제경매가 진행될 당시에 토지주는 을이고 건물주는 아직 을이 등기를 하기 이전이기 때문에 갑이 된다.

대지사용권에 기한 소유권이전등기 신청방법

위의 사례에서 구분건물을 낙찰 받은 매수인(정)은 위 건물을 위한 대지사용권에 기하여 병을 상대로 토지에 대한 소유권이전등기를 신청할 수 있다. 이에 때한 내용을 아래에서 살펴본다.
집합건물법 제2조 제6호는, '"대지사용권"이라 함은 구분소유자가 전유부분을 소유하기 위하여 건물의 대지에 대하여 가지는 권리를 말한다.', 제20조 제1항은 '구분소유자의 대지사용권은 그가 가지는 전유부분의 처분에 따른다.', 제2항은 '구분소유자는 그가 가지는 전유부분과 분리하여 대지사용권을 처분할 수 없다. 다만, 규약으로써 달리 정한 때에는 그러하지 아니하다.'라고 각 규정하고 있는바, 아파트와 같은 대규모 집합건물의 경우, 대지의 분·합필 및 환지절차의 지연, 각 세대당 지분비율 결정의 지연 등으로 인하여 전유부분에 대한 소유권보존등기 및 이전등기만 경료되고, 대지지분에 대한 소유권이전등기는 상당기간 지체되는 경우가 종종 생기고 있는데, 집합건물의 건축자가 그 대지를 매수하고도 아직 소유권이전등기를 경료받지 아니하였다 하여도 매매계약의 이행으로 대지를 인도받아 그 지상에 집합건물을 건축하였다면 매매계약의 효력으로서 이를 점유·사용할 권리가 생기게 된 것이고, 이러한 점유·사용권은 단순한 점유권과는 차원을 달리하는 본권으로서 집합건물법 제2조 제6호 소정의 구분소유자가 전유부분을 소유하기 위하여 건물의 대지에 대하여 가지는 권리인 대지사용권에 해당한다

할 것이다(대법원 2001. 1. 30. 선고 2000다10741 판결 참조).
나아가 (민법 제358조에 의하면 저당권의 효력은 저당부동산에 부합된 물건과 종물에 미치는바, 이에 의하더라도 원고들은 이 사건 전유부분과 그 종된 권리로서 대지사용권을 함께 취득하였다 할 것이다),
만약 을이 갑 소유의 토지를 매수하고 아직 소유권이전등기를 경료받지 아니하였다 하여도 매매계약의 이행으로 대지를 인도받아 그 지상에 집합건물을 건축하였다면 매매계약의 효력으로서 건물의 대지에 대하여 가지는 권리인 대지사용권을 취득한 것으로 본다. 위와 같은 상황에서 을 소유의 전유부분이 경락 등으로 병에게 이전된 경우 병은 을이 가지고 있는 대지사용권을 승계받는다. 왜냐하면 위와 같은 사정만으로 전유부분과 대지지분의 일체성을 부정할 수 없기 때문이다. 이때 병은 을에 대하여 대지권변경등기절차의 이행을 구할 수는 없고 병과 을이 공동으로 대지사용권에 관한 이전등기를 신청할 수 있다.[525]

525) 대법원 2008.9.11. 선고 2007다45777 판결, 대지권경정등기 ; 부동산등기법 제57조의3 제1항

(3) 대지사용권에 기한 임료산정과 구분소유권의 매도청구권

경매구분	임의(기일)	채 권 자	주택은행	낙찰일시	06.01.09.(종결:07.11.30.)
용 도	연립	채무/소유자	김길오/김길오외1	낙찰가격	70,100,000
감 정 가	165,000,000	청 구 액	303,258,080	경매개시일	00.05.24.
최 저 가	54,067,000 (33%)	토지총면적	36.91㎡ (11.17평)	배당종기일	
입찰보증금	응찰가의 10%	건물총면적	62.17㎡ (18.81평)	조 회 수	금일 1 공고후 21 누적 498
주의사항	• 재매각물건 • 토지별도등기				

우편번호및주소/감정서	물건번호/면적(㎡)	감정가/최저가/과정	임차조사	등기권리
143-190 서울 광진구 자양동 3층 303호 • 감정평가서정리 -철근콘크리트조슬래브(평) -북측건대부속고등교, 동측광진구청, 남동측자양사거리 소재 -일반주택및연립밀집 -차량진입및주차용이 -버스정류장도보3분소요 -부정형토지 -도시지역, 2층일반주거지역(7층이하) -(1차감정 91,000,000원) 00.06.03. 삼정감정	물건번호 : 11번 (총물건수 14건) 11)대지 36,91/541.1 (11.17평) 건물 62.17 (18.81평) (20.6평형) 방3 4층-99.05.25.보존 2001.5월낙찰후 새감정	감정가 165,000,000 • 대지 82,500,000 (50%) (평당 7,385,855) • 건물 82,500,000 (50%) (평당 4,385,965) 최저가 54,067,000 (32.8%) • 경매진행과정 ① 변경 2000-10-30 91,000,000 ① 유찰 2001-04-07 20% ⬇ 72,800,000 ② 낙찰 2001-05-07 73,890,000 (44.8%) - 응찰 : 1명 127% ⬆ 165,000,000 ① 유찰 2005-05-30	• 법원임차조사 박동철 진입 1999.06.23 배당 2000.11.07 (보) 100,000,000 총보증금 100,000,000 *경락인이소유권상실할수있는선순위가등기있음 *토지별도등기있음 (토지저당 :1998.06.18)	소유권 김길오외1 1999.05.25. 가압류 손병호 1999.06.09. 818,000,000 가등기 문장숙 소유가등 1999.06.23. 185,000,000 가압류 국민은행 주택가락동 1999.09.03. 300,850,000 임 의 국민은행 주택장안지원센타 2000.01.28. (저당권확인바랍니다) ※청구액:303,258,080원 압 류도봉세무서 2000.07.19. 강 제손병호 2000.11.03. 가압류국민은행 자산관리부 2001.05.14

사건번호		20 (임의경매)		물건번호		11	작성일자		2000.05.20.
점유자	점유부분	출처	권리	점유기간	보증금	차임	전입일자	확정일자	배당요구
박동철	303호	권리신고	임차인	199.02.30- 2001.02.30.	100,000,000		1999.06.23.		2000.11.07.
<비고>									
▶ 등기된 부동산에 관한 권리 또는 가처분으로 허가에 의하여 그 효력이 소멸되지 아니하는 것									
김충길의 공유지분에 대하여는 선순위 가등기가 있어, 이에 기해 본등기가 이루어질 경우 경락인이 소유권을 상실할 수 있음									
▶ 허가에 의하여 설정된 것으로 보는 지상권의 개요									
없음									
▶ 비고란									
민법 제365조에 의한 일괄									

[등기부 관계]

표시번호	접수	건물번호	건물내역	등기원인 및 기타사항
			59.83㎡	
(대지권의 표시)				
표시번호	대지권종류		대지권비율	등기원인 및 기타사항
1	1,2,3소유권대지권		541.1분의 35.4	1999년 5월 19일 대지권 1990년 5월 25일

【갑 구】 (소유권에 관한 사항)				
표시번호	등기목적	접수	등기원인	권리자 및 기타사항
1	소유권보전	1999년5월25일 제38312호		공유자 지분 2분의2 김길오 610830-1****** 서울 광진구 자양동 지분 2분의1 김중길 891022-1****** 서울 강북구 번동
2	1번김길오지분가압류	1999년6월9일 제41822호	1999년6월7일 서울지방법원북부지원의 가압류결정(99카합940)	청구금액 금 818,000,000원 채권자 손병호 서울 강북구
3	공유자전원지분전부 이전청구권가등기	1999년6월16일 제43603호	1999년5월2일 매매예약	권리자 문장숙 621110-2****** 남양주시 진건면

[사실관계]

A와 B(소유자)	1988.6.5	건물 및 토지 각1/2 지분등기	
C(공동저당권)	1998.6.18	건물 및 토지 공동근저당	4억
A와B(소유자)	1999.5.25	위건물신축 후 각1/2지분등기	
D(가압류)	1999.6.9	A의지분 가압류	8억
갑(가등기)	1999.6.16	가등기(매매예약)	
을(낙찰자)	2006.2.28	구분건물과 대지권(541.1분의 36.91)	
병(지분건물소유)	2006.5.12	B의지분중 건물: 본등기	

위의 사례에서 을이 토지전부와 구분건물을 낙찰 받을 당시 D가 이미 A의지분에 가압류를 한 상태에 있었기 때문에 갑이 A와 B의 집합건물에 대하여 가등기에 기하여 본등기를 하여도 A의 지분에 대해서는 소유권을 주장할 수 없다. 왜냐하면 D의 가압류는 가등기 보다 선순위로 되어 있기 때문에, 가압류권자가 이후 본안소송에 기하여 강제경매를 진행하면 가압류를 한 A의 지분권에 대해서는 갑이 소유권을 상실하기 때문이다. 그래서 가등기권자는 가압류를 한 A의 지분을 제외한 B의 지분에 대해서만 본등기를 할 수 있었고 이중 건물부분에 대해서만 본등기를 한 것이다. 이를 다시 병이 매수한 것이다.

위와 같은 사안에서 을은 가압류를 한 A의 1/2지분건물과 A와 B의 대지권 전체를 낙찰받았다. B의 1/2에 해당하는 대지지분에 대해서도 소유권을 주장할 수 있는 이유는 C가 가등기권자 보다 토지에 대하여 우선하여 근저당을 설정하였기 때문이다. 가등기권자는 토지에 선순위로 근저당을 설정한 C에게 대항할 수 없는 것이고 그로 인하여 B의 토지지분을 낙찰 받은 을에게도 대항할 수 없기 때문에 을은 A와 B의 토지전부를 낙찰 받을 수 있었던 것이다. 즉 D가 가압류를 한 지분은 A의 지분에 한정하여 낙찰자가 소유권을 주장해야 하지만 가등기 보다 토지에 선순위로 설정한 근저당이 있었기 때문에 B의 지분에 대해서도 소유권을 주장할 수 있는 것이다. 결국 을은 대지지분 전체와 건물은 A의 지분만 경락을 받을 수 있었던 것이다. 그리고 본 사례에서 토지별도는 토지지분에 해당하는 금액만큼 배당이 이루어지고 말소가 되기 때문에 경락인이 부담할 사안은 아니다.526)

위 사안에서 을은 대지사용권을 가지지 아니한 구분소유자(병)에 대하여 그 전유부분의 철거를 구할 권리를 가지며, 1/2에 해당하는 구분소유권을 시가로 매도할 것을 청구할 수 있다. 왜냐하면 을은 구분건물 중 2분의 1 지분과 그 대지권 전부를 소유하고 있고, 병은 구분건물의 2분의 1 지분만을 소유한 자로서 대지권이 없다. 따라서 을은 병에게 집합건물법에 터잡아 소유지분을 시가로 매도할 것을 청구할 수 있고, 을의 매도청구권행사의 의사표시가 기재된 내용증명이 병에게 송달된 날에 병의 소유지분에 관하여 시가를 매매대금으로 한 매매가 성립되었다.

이에 대한 매도금액의 산정 및 임료 등의 공제에 대하여 살펴본다.

본 전유부분의 감정가액은 82,000,000원인데, 을이 1/2만 경락받았기 때문에 41,000,000원이 되며 본 금액을 병에게 지불하고 소유권을 이전받을 수가 있다.

그리고 을은 구분건물 중 2분의 1 지분과 그 대지권 전부를 소유하고 있고, 병은 구분건물의 2분의 1 지분만을 소유하고 있으면

526) 구 민사소송법(2002. 1. 26. 법률 제6626호로 전문 개정되기 전의 것) 제608조 제2항 및 현행 민사집행법 제91조 제2항에 의하면 매각부동산 위의 모든 저당권은 경락으로 인하여 소멸한다고 규정되어 있으므로, 집합건물의 전유부분과 함께 그 대지사용권인 토지공유지분이 일체로서 경락되고 그 대금이 완납되면, 설사 대지권 성립 전부터 토지만에 관하여 별도등기로 설정되어 있던 근저당권이라 할지라도 경매과정에서 이를 존속시켜 경락인이 인수하게 한다는 취지의 특별매각조건이 정하여져 있지 않았던 이상 위 토지공유지분에 대한 범위에서는 매각부동산 위의 저당권에 해당하여 소멸한다(대법원 2008.3.13. 선고 2005다15048 판결 【토지사용료】).

서도 구분건물 전부를 점유·사용하고 있으므로 구분건물의 2분의 1과 대지권 전부에 상응하는 임료를 부당이득으로 청구할 수 있다. 이에 대한 감정평가액 대비한 구분건물의 2분의 1에 해당하는 월 임료는 142,000원이며, 구분건물의 대지지분에 해당하는 월 임료는 284,000원이다. 그 이후의 액수도 같을 것으로 예상되기 때문에 을은 병에게 0000년00월00일 부터 이 구분건물을 인도할 때까지 월 426,000원(= 284,000원 + 142,000원)의 비율로 계산한 임료를 부당이득으로서 청구할 수 있다. 따라서 병은 을에게 을로부터 41,000,000원 0000년 00월 00일 부터 이 구분건물을 인도할 때까지 월 426,000원씩으로 계산한 금액을 공제한 돈을 지급받음과 동시에 이 구분건물 중 2분의 1 지분에 관하여 내용증명이 송달된 0000년00월00일자 매매를 원인으로 한 소유권이전등기절차를 이행하고, 이 구분건물에 대한 인도를 해야 한다.

결론적으로 집합건물의 소유 및 관리에 관한 법률에 의하면, 대지사용권을 가지지 아니한 구분소유자가 있을 때에는 그 전유부분의 철거를 구할 권리를 가진 자는 그 구분소유사에 대하여 구분소유권을 시가로 매도할 것을 청구할 수 있다. 그리고 집합건물의 대지소유자는 대지사용권을 가지지 아니한 건물구분소유자에 대하여 그 전유부분의 철거를 구할 권리를 가진 자에 해당한다. 위의 사례에서 구분건물의 대지소유자 겸 구분건물 중 2분의 1 지분 소유자 을이 대지사용권을 가지지 아니한 구분건물 중 2분의 1 지분 소유자 병에 대하여 소유지분을 시가로 매도할 것을 청구하여 매매가 성립한 경우, 구분건물 중 2분의 1 지분만을 소유하고 있으면서도 구분건물 전부를 점유·사용하고 있는 병은 구분건물의 2분의 1과 대지권 전부에 상응하는 임료를 부당이득으로 반환하여야 한다.

(4) 토지별도등기

집합건물 구분소유자의 대지사용권은 전유부분과 분리처분이 가능하도록 규약으로 정하였다는 등의 특별한 사정이 없는 한 전유부분과 종속적 일체불가분성이 인정되므로, 구분건물의 전유부분에 대한 저당권 또는 경매개시결정과 압류의 효력은 당연히 종물 내지 종된 권리인 대지사용권에까지 미치고, 그에 터잡아 진행된 경매절차에서 전유부분을 경락받은 자는 그 대지사용권도 함께 취득한다.[527]특히 신축 당시부터 다세대주택의 각 세대 전부에 대하여 대지권등기를 하고 전유부분과 대지권이 같이 처분되어 옴으로써 각 전유부분과 해당 대지사용권(토지공유지분)이 상호대응관계를 유지하면서 일체불가분성을 갖고 있는 경우, 대지권의 성립 전에 대지에 관하여 별도등기로 설정되어 있던 근저당권이 실행됨에 따라 대지사용권(토지공유지분)이 전유부분으로부터 분리처분되었더라도, 경매개시결정부터 경락허가결정에 이르기까지 경매목적물인 토지지분이 특정 전유부분의 대지권에 해당하는 공유지분임이 충분히 공시되었다면, 이로써 대지권을 가지고 있는 구분건물 소유자들과 대지의 공유지분권자 사이에 공유물의 사용에 관한 합의의 일종으로서 구분건물에서 분리된 위 공유지분(위 경매목적물)을 분리되기 전의 전유부분을 위한 사용에 제공하여 상호관련성을 유지하기로 하는 묵시적 합의가 성립하였다고 보아야 한다. 따라서 위와 같이 대지사용권이 분리처분됨에 따라 대지권 없이 위 공유지분을 전유부분의 대지로 사용해 온 구분건물 소유자는 위 공유지분을 분리취득한 소유자에게 부당이득으로 위 공유지분에 상응하는 임료 상당액 전부를 지급해야 한다. 즉 토지별도등기에 따른 근저당권에 기하여 토지지분을 경락받은 경우 이에 대한 대지권한(소유권)을 인정해야 하며, 이에 토지지분의 전유부분의 구분

527) 대법원 2008.3.13. 선고 2005다15048 판결 【토지사용료】

소유자는 대지지분의 소유자에게 임료를 지급하여야 한다. 대법원은 위와 같은 사안에서 약 9평에 해당하는 토지지분이 2천만원에 낙찰이 되었는데 월 291,049원을 지급할 것을 명하였다.

한편 현행 민사집행법 제91조 제2항에 의하면 매각부동산 위의 모든 저당권은 경락으로 인하여 소멸한다고 규정되어 있으므로, 위와 같은 이유로 전유부분과 함께 그 대지사용권인 토지공유지분이 일체로서 경락되고 그 대금이 완납되면, 설사 대지권 성립 전부터 토지만에 관하여 설정되어 있던 별도등기로서의 근저당권이라 할지라도 경매과정에서 이를 존속시켜 경락인이 인수하게 한다는 취지의 특별매각조건이 정하여져 있지 않았던 이상 위 토지공유지분에 대한 범위에서는 매각부동산 위의 저당권에 해당하여 소멸하게 되는 것이라 할 것이다.[528] 따라서 경매로 전유부분을 낙찰받기 이전에 이미 건물에 대한 보존등기와 토지에 대하여 대지권의 목적인 취지의 등기가 마쳐진 상태에서 전유부분을 낙찰받았다면 이미 대지권은 전유부분에 속한다고 보아야 한다. 더구나 전유부분을 경락받을 당시 낙찰허가결정문에 입찰가격에 대지권의 가격이 포함된 것으로 낙찰을 받았다면 대지권은 전유부분의 구분소유자에게 귀속된다고 보아야 한다. 이와 같은 법리는 설사 집합건물이 신축되기 이전에 토지에 대한 근저당권이 설정되어 있는 경우에도 마찬가지이다.[529]

즉, 경락당시 경매목적물과 입찰가격 그리고 낙찰허가결정문에도 전유부분에 대한 대지권과 그 가격이 포함된 상태에서 낙찰대금이 완납되면 경매목적물인 부동산 위에 존재하던 저당권은(토지별도등기) 낙찰인이 인수하기로 된 경우 이외에는 낙찰대금을 완납한 때에, 대지권 지분에 관한 토지별도등기의 근저당권도 이미

528) 대법원 2008.3.13. 선고 2005다15048 판결 【토지사용료】
529) 대법원 2008.3.13. 선고 2005다15048 판결 【토지사용료】

소멸하였다고 할 것이며 대지권은 전유부분의 구분소유자에게 귀속한다. 반면 그와 같이 소멸한 근저당권에 기한 경매절차에서 이 토지 지분을 경락받은 경우 토지지분에 대한 소유권을 인정받을 수 없다.

4. 법정지상권이 성립하기 이전에 건물을 부합(합체)시킨 경우

이름	권리	부동산	년.월.일	기타
갑	소유권이전	토지, 등기건물(전주인:유연근),	1991.7.1	
		미등기건물(전주인:김철수)	2001.10.29	
A	근저당권자	토지, 등기건물	2001.11.6	미등기건물 존재
갑	소유권자	등기건물과 미등기건물을 개축하여 신 건물로 완성	2003.3. 10	합체됨
A	임의경매	토지(건물,미등기건물은 제외)	2005.3.5	
을	낙찰	토지	2007.7.6	

위와 같은 사례에서 갑이 2003. 3.경 종전 등기건물 및 미등기건물의 지붕을 하나의 판넬지붕으로 바꾸고, 두 건물이 서로 마주보는 쪽의 벽을 헐어낸 후 외부의 벽을 연결하여 두 건물을 하나의 건물로 합동·합체하는 공사를 실시함으로써 신건물이 만들어진 진 경우, 종전 등기건물과 종전 미등기건물은 각 그 구조상의 독립성을 잃고 연속한 1개의 건물로 관념되어질 수밖에 없다 할 것이다.

그러므로 위와 같은 합동·합체로 인하여 종전 미등기건물 부분은 민법 제256조의 규정에 따라 종전 등기건물 부분에 부합한 경우에 해당하며 종전 등기건물은 철거 또는 멸실된 후 새로 신건물이 신축된 것이라고 인정하기에 부족하고 종전 등기건물과 종전 미등기건물이 합동·합체되어 1개의 건물로 됨으로써 원래 근저당권의 목적이었던 종전 등기건물과 신건물 사이에 그 동일성이 인정된다고 볼 수 있다.

그리고 경매대상 건물이 인접한 다른 건물과 합동(합동)됨으로 인하여 건물로서의 독립성을 상실하게 되었다면 경매대상 건물만을 독립하여 양도하거나 경매의 대상으로 삼을 수는 없고, 이러한 경우 경매대상 건물에 대한 채권자의 저당권은 위 합동으로 인하여 생겨난 새로운 건물 중에서 위 경매대상 건물이 차지하는 비율에 상응하는 공유지분 위에 존속하게 된다. [530]

한편 판례는 채권의 일부에 대하여 대위변제가 있는 때에는 대위자는 민법 제483조 제1항에 의하여 그 변제한 가액에 비례하여 채권자의 권리를 행사할 수 있으므로, 수인이 시기를 달리하여 채권의 일부씩을 대위변제하고 근저당권 일부이전의 부기등기를 각 경료한 경우 그들은 각 일부대위자로서 그 변제한 가액에 비례하여 근저당권을 준공유하고 있다고 보아야 하고, 그 근저당권을 실행하여 배당함에 있어서는 다른 특별한 사정이 없는 한 각 변제채권액에 비례하여 안분배당하여야 한다.[531]고 한다. 따라서 종속관계에 있지 않은 구 건물의 소유자가 동일한 건물에 저당권을 설정한 자는 합체된 건물에 대하여 민법 제483조에 따른 안분배당을 주장할 수 방안도 고려하여 볼 수 있다.

530) 위와 같이 담보권이 합체된 건물의 공유지분에 존속한다고 하더라도 건물의 실체와 등기부가 일치하지 않아 담보권의 실행이 불가능하다. 따라서 건물의 합병에 관한 규정을(부동산 등기법 제105조 이하)을 유추준용하여 등기를 하여야 하는데 그 실효성을 거두기 어렵다. 그러므로 일본의 개정 부동산등기법과 같은 내용의 법 개정이 필요한 실정이다.

531) 대법원 2001. 1. 19. 선고 2000다37319

第 4 編

實務 및 例規·先例

第1節　押留申請

第2節　換　價

第3節　配　當

第4節　登　記

第5節　非金錢執行

第6節　民事執行節次 要約

第7節　民事法과 民事執行法의 權利關係

第1節　押留申請

◘ 이중경매개시결정과 경매신청의 취하

(재민 91-3, 예규 제866-29)

[질문] 민사집행법이 부동산에 관하여 압류의 경합에 의한 이중경매개시 결정을 인정하고 있는 바(민사집행법 제87조), 선행경매절차에 의한 최고가매수신고인 등이 출현한 이후에 후행경매신청인이 민사집행법 제93조 제2항의 동의 없이 경매신청을 취하할 수 있는가.

[답변] 취하할 수 있고, 그 취하후 선행경매 절차가 정지·취소 또는 취하되면 이후의 모든 절차를 정지 또는 종료하여야 한다.

◘ 미등기 건물의 처분제한등기에 관한 업무처리지침

(등기예규 제1065호)

1. 미등기건물에 대하여 집행법원으로부터 처분제한의 등기촉탁이 있는 경우 다음 각 호에 서면을 첨부한 때에 한하여 그 건물에 대한 소유권보존등기를 하고 처분제한에 의하여 소유권의 등기를 한다는 뜻을 기록한다.

   가. 소유자의 주소 및 주민등록번호(부동산등기용등록번호)를 증명하는 서면

   나. 집행법원에서 인정한 건물의 소재와 지번·구조·면적을 증명하

는 서면. 단, 구분건물의 일부 건물에 대한 처분제한의 등기촉탁 의 경우에는 1동 건물의 전부에 대한 구조·면적을 증명하는 서면 및 1동 건물의 소재도, 각 층의 평면도와 구분한 건물의 평면도를 첨부 하여야 한다.

2. 위 1. 나. 단서와 같이 1동 건물의 일부 구분건물에 대하여 처분제한등기 촉탁이 있는 경우 등기관은 처분제한의 목적물인 구분건물의 소유권보존등기와 나머지 구분건물의 표시에 관한 등기를 하여야 한다.

3. 처분제한등기촉탁서에 건축법상 사용승인을 받아야할 건물로서 사용승인을 받지 않았다는 취지가 기재된 등기촉탁이 있는 경우에는 별지 1. 기재례와 같이 등기하고, 이 후 사용승인이 이루어져 위 등기의 말소등기신청이 있는 경우에는 별지 2. 기재례와 같이 등기한다.

4. 위와 같은 처분제한등기의 촉탁에 의하여 등기관이 직권으로 소유권보존등기를 완료한 때에는 등기권리자에게 할 등기필의 통지와 지방세법 제151조의2의 규정에 의한 등록세미납통지를 누락하지 않도록 한다.

5. 이후 동일 지상에 다시 건물에 관한 소유권보존등기신청이 있는 경우에는 건물의 소재도 등 등기된 건물과 동일성이 인정되지 아니함을 소명하는 서면의 제출이 있는 경우에 한하여 등기한다.

6. 위 집행법원의 처분제한의 등기에는 경매개시결정의 등기, 가압류등기, 처분금지가처분등기 뿐만 아니라 회사정리절차개시결정·화의개시결정(보전처분 포함)의 기입등기 및 주택임차권등기 및 상가건물임차권등기가 포함된다.

➡ 부동산의 명도·인도와 임료 등을 병합하여 청구하는 경우의 소가 산정에 관한 업무처리지침

(재민 98-5)

1개의 소로써 부동산의 명도·인도와 그 부동산에 관한 임료 내지 임료 상당의 손해배상금 또는 부당이득금(이하 임료 등이라고 한다)을 병합하여 청구하는 경우, 그 임료 등 청구는 부동산의 명도·인도 소송의 부대목적이 된다 할 것이므로(민사소송법 제27조 제2항), 그 청구가 이미 발생한 임료 등인가, 장래 발생할 임료 등인가에 관계없이 그 임료 등의 값을 소가에 산입하지 않음. 다만 임료 등의 청구만을 독립하여 청구하는 경우에는 민사소송등인지규칙 제12조 제4호를 준용하여 기발생분 및 1년분의 임료 등 합산액을 그 소가로 한다.

➡ 수개의 집행권원에 기하여 1건으로 채권압류 및 전부명령을 신청할 경우 첩부할 인지액

(재민 87-9)

수개의 집행권원에 기하여 1건의 신청으로 채권압류 및 전부명령을 신청한 경우, 압류명령은 수개의 신청을 편의상 1건으로 신청한 것이므로 집행권원의 수에 상응하는 인지를 첩부하여야 하고, 전부명령은 수개의 압류된 채권 전체가 하나로써 채권자에게 전부되는 것이므로 1건으로 취급하여 2000원의 인지를 첩부하여야 함.

第2節 換 價

◘ 금융기관의 임의경매 신청시 발송송달에 관한 예규

(재판예규 제1349호)

다음 각호의 하나에 해당하는 자가 임의경매를 신청하는 경우에 금융회사부실자산 등의 효율적 처리 및 한국자산관리공사의 설립에 관한 법률 제45조의2 제1항에 규정된 것과 같은 발송송달 의 특례를 인정받기 위해서는 경매신청 전에 채무자 및 소유자에게 경매실행 예정사실을 통지하였다는 뜻의 확인서 [전산양식 A3503]를 임의경매신청서에 첨부하여야 한다. 다만, 채무자 또는 소유자의 주소가 외국에 있는 때에는 위 확인서 중 특수(내용증명) 우편물 수령증 첨부에 갈음하여 경매실행 예정사실을 등기우편으로 발송한 특수우편물 수령증과 경매실행 예정사실 통지서사본을 첨부할 수 있다.

1. 금융회사부실자산 등의 효율적 처리및 한국자산관리공사의 설립에 관한 법률이 정하는 한국자산관리공사
2. 농업협동조합의 구조개선에 관한 법률이 정하는 농업협동조합자산관리회사
3. 신용협동조합법이 정하는 신용협동조합
4. 신용협동조합법 제95조 제1항에 의하여 신용협동조합으로 간주되는 범위 내에서의 지역농업협동조합 · 지역축산업협동조합(신용사업을 실시하는 품목조합을 포함)·농업협동조합중앙회 · 지구별수산업협동조합 · 수산업협동조합중앙회 · 산림조합 · 산림조합중앙회
5. 새마을금고법이 정하는 새마을금고와 새마을금고연합회
6. 한국주택금융공사법이 정하는 한국주택금융공사
7. 예금자보호법이 정하는 예금보험공사, 정리금융기관, 청산인 · 파산

관재인으로 선임된 예금보험공사 또는 그 임 · 직원
8. 상호저축은행법이 정하는 상호저축은행 또는 저축은행

부동산 경매·입찰 절차에서 현황조사시 유의사항

(재민 97-8, 재판예규 제880호)

1. 야간·휴일 현황조사의 활용

집행관은 폐문 부재로 평일 주간에 현황조사를 할 수 없을 때에는 야간·휴일에 현황조사를 실시하고, 현황조사보고서에 야간·휴일에 현황조사를 실시한 사유를 기재하여 집행법원에 제출하여야 한다.

2. 현황조사시 건물의 현황과 등기부상 표시가 현저하게 상이한 경우의 현황조사보고서 기재방법·정도

집행관은 현황조사시에 조사대상 건물이 멸실되고 다른 건물이 신축되어 있는 경우에는 관계인의 진술을 청취하여 그 내용을 현황조사보고서에 기재하고(신·구 건물의 동일성 상실 여부에 대한 집행관의 의견을 부기한다), 구 건물에 관한 멸실등기가 경료되었으면 그 등기부 등본을 현황조사보고서에 첨부한다.

3. 현황조사의 대상 토지·건물에 부합물, 종물, 구성부분이 존재하는 경우

집행관은 현황조사의 대상인 토지·건물에 부합물, 종물, 구성부분이 될 수 있는 물건이 있고 그로 인하여 매각부동산의 감정평가에 중대한 영향을 미칠 것이라고 판단되는 경우(예컨대 고가의 정원석,

상당한 규모의 제시외 건물, 지하굴착공사에 의한 콘크리트 구조물, 건축 중인 건물 등)에는 이를 현황조사보고서에 기재하여야 한다.

4. 주민등록 등·초본 등의 첨부

(1) 현황조사의 대상이 주택인 경우, 집행관은 임대차관계의 확인을 위하여 매각부동산 소재지에 주민등록 전입신고된 세대주 전원에 대한 주민등록 등·초본을 발급받아 현황조사보고서에 첨부하여야 한다.

(2) 현황조사의 대상이 상가건물인 경우, 집행관은 상가건물임대차보호법시행령 제3조 제2항이 정하는 등록사항 등의 현황서 등본과 건물도면의 등본을 발급받아 현황조사보고서에 첨부하여야 한다.

5. 건물 내부구조도의 첨부

집행관은 현황조사의 대상인 주택 또는 상가건물에 임차인이 여러 명 있는 경우에는 각 임차인의 해당 임차부분과 입주 인원수를, 주민등록(또는 등록사항 등의 현황서)상의 동·호수와 등기부 등 공부상에 표시된 동·호수가 상이한 경우에는 실제 동·호수, 주민등록(또는 등록사항 등의 현황서)상의 동·호수와 공부상의 동·호수를, 임차목적물이 주택인 경우에는 임차인 본인 및 그 가족들의 전·출입 상황을 현황조사보고서에 기재하고, 건물의 내부구조와 각 부분별로 임차인을 표시한 도면을 현황조사보고서에 첨부하여야 한다.

6. 매각부동산의 사진의 첨부

민사집행규칙 제46조 제2항 소정의 사진은 조사의 대상 전체를 촬영한 것이 아니고 그 일부를 촬영한 것이라도 그 현황을 파악할 수 있을 정도면 충분하다. 다만 일부를 촬영한 사진을 첨부한 때에는 그 취지를 기재하고 촬영한 부분에 대한 설명을 부기하여야 한다.

◘ 과수원의 평가 방법

(재민 74-2)

[질문] 감귤밭등 과수원에 대한 감정평가에 있어 지상과목에 대한 수령과 본수 등을 정확히 표시하지 아니하여 매각허가결정이 확정된 후 인도명령 단계에서 이해관계인 간에 새로운 분쟁이 야기되는 사례가 있다.

[답변] 수종, 수령, 본수, 시설물등을 실상대로 개별적인 감정평가를 하여 그 지가에 대한 산출기초를 명확히 한 감정보고서를 받아 처리한다.

◘ 유치권에 기한 동산 경매시 채무자 표시등

(재민 81-16)

[질문] 가. 창고업자인 유치권자가 점유중에 있는 동산의 경매를 민사집행법 제274조에 의하여 집행관이 경매하고자 하는 바, 채무자를 누구로 할 것이냐에 관하여,

갑설 : 민법 제320조는 타인의 물건 또는 유가증권을 점유한 자라고 규정하고 있을 뿐이므로 물건의 소유자 여부를 가릴 것이 없이 물건의 보관을 위탁한 자를 채무자로 한다.

을설 : 물건의 보관을 위탁한 자가 소유자인 경우에만 그를 채무자로 한다.

나. 집행관이 경매를 실시할 때 이는 임의경매에 해당하는 것으로 사료되는 바, 집행관법시행규칙 부록 문서양식에는 이를 접수할 적절한 장부가 없으므로 어떻게 처리하여야 할 것인지.

갑설 : 다만 명칭 및 권원이 유치권에 의한 경매이므로 일반 동산 경매와 같이 본압류직무부에 접수 처리하는 것이 타당하다.

을설 : 문서양식이 없으므로 집행관법 시행규칙 부록 문서양식(1),(2),(3)과 같은 형식으로 만들 필요가 있다.

[답변] "가" 및 "나"에 대하여 각각 "갑설"이 옳다.

◘ 매각장소의 질서유지에 관한 예규

(재민 92-3, 예규 제943-34호)

제1조 (목적)

이 예규는 매각장소의 질서를 보다 효율적으로 유지하기 위하여 민사집행법 제108조 제4호 해당자에 대한 판결확정사실의 보고 및 통지, 위 조항 해당자명단의 작성, 송부, 비치 및 휴대, 위 조항 해당자의 매각장소에의 입장 및 매수신청의 금지, 기타 매각장소에 있어서의 질서 교란행위의 감시 등에 관한 사항을 정함을 목적으로 한다.

제2조 (판결확정사실의 보고 및 통지)

① 피고인에 대하여, 민사집행절차에서의 매각에 관하여 형법 제136조, 제137조, 제140조, 제140조의2, 제142조, 제315조 및 제323조 내지 제327조에 규정된 죄로 유죄의 판결이 선고되어 확정된 때에는, 당해 판결을 선고한 법원(제1심 판결이 항소되지 아니하고 확정된 때에는 그 제1심 법원, 항소심에서 항소기각 또는 파기자판으로 확정된 때에는 그 항소심 법원)의 법원장 또는 지원장은 그 확정일로부터 15일 이내에, 그 피고인의 주소, 성명, 주민등록번호, 직업, 범죄사실의 요지와 적용법조, 판결선고연월일 및 판결확정연월일을 판결등본을 첨부하여 법원행정처장(참조 송무국장)에게 보고하여야 한다.

② 법원행정처장(송무국장)은 제1항에 의하여 보고받은 내용 및 제1항 기재의 죄에 관하여 대법원에서 상고기각으로 확정된 경우에 있어서의 같은 항 기재의 각 사항을 전국의 각 지방법원(지방법원 지원을 포함한다. 이하 같다)에 통지한다.

제3조 (명단의 비치 등)

① 각 지방법원은 제2조 제2항에 의하여 통지받은 사항을 명단에 기재하여 비치하고, 그 부본을 소속 각 집행법원 및 집행관에게 송부하여야 한다.

② 집행법원이 매각허부의 결정을 함에 있어서는, 최고가매수신고인 또는 차순위매수신고인이 민사집행법 제108조 제4호의 사유에 해당하는 자인지의 여부를 제1항에 의하여 송부받은 명단과 대조하여 미리 확인하여야 한다.

제4조 (집행관의 조치)

① 집행관은 제3조의 규정에 의하여 송부받은 명단을 사무실에 비

치하고, 매각장소에서는 그 사본을 휴대하여야 한다.

② 집행관은 매각절차를 실시하기에 앞서 미리 제1항의 명단에 기재된 자에 대하여 매각장소에의 입장 및 매수의 신청을 금하여야 한다.

③ 집행관이 제2항의 조치를 취함에 있어서는 매각기일에 매각절차를 개시하기 전에 매각절차에 참여한 자들에게 그 뜻을 구두로 고지하는 외에, 매각장소의 출입구 기타 적당한 장소에 그 취지를 기재한 서면을 게시하여야 한다.

제5조 (매각장소에 있어서의 질서교란행위의 감시 등)

① 집행관은 매각장소에서 매각절차를 진행함에 있어서 경매에 참여한 자 가운데 위력으로 타인의 매수신청을 방해하거나 기타의 방법으로 매각장소의 질서를 어지럽히는 자가 있는지의 여부를 예의 감시하여야 한다.

② 집행관은 제4조 제2항의 조치를 위하여 필요하다고 인정하는 때에는 언제든지 매각장소에 입장하려는 자, 입장하여 있는 자 또는 매수신청을 하려는 자에게 주민등록증 기타 신분증명서의 제시를 요구할 수 있다. 이 경우, 신분증명서의 제시를 요구받은 자가 이에 불응하는 때에는 그 자의 매각장소에의 입장의 금지, 매각장소에서의 퇴장, 매수신청의 금지를 명할 수 있다.

제6조 (명단의 정리등)

① 각 지방법원은 제3조의 규정에 의하여 작성된 명단에 기재된 자에 대한 유죄판결이 확정된 날로부터 2년이 경과한 때에는 지체없이 그 자를 명단에서 삭제하여야 한다.

② 각 지방법원은 제3조의 규정에 의하여 작성된 명단의 기재사항에 추가, 삭제 기타 변경이 있을 때마다 그 부본을 소속 각 집

행법원 및 집행관에게 송부하여야 한다.

◘ 부동산에 대한 경매절차에서 기일 및 기간입찰 기일에 집행관의 개찰업무 처리지침

(행정예규 제913호, 시행 2011. 11. 26.)

부동산에 대한 경매절차에서 집행관이 기일 및 기간입찰 기일에 실시하는 개찰업무는 아래 지침에 따라 처리한다.

1. 매각기일에는 집행관 2인 이상이 경매법정에 참여하여야 한다. 다만, 집행관이 1인인 사무소는 그러하지 아니하다.
2. 집행관은 사건별로 입찰을 한 사람을 호명하여 앞으로 나오게 한 후, 그 면전에서 입찰봉투를 개봉한다. 다만, 입찰을 한 사람이 참여하지 아니하는 때에는 적당하다고 인정되는 사람을 참여시키고, 그 면전에서 입찰봉투를 개봉한다.
3. 집행관은 직접 입찰봉투를 개봉한 후, 입찰표에 의하여 사건번호, 입찰목적물, 입찰자의 이름 및 입찰가격을 부른다.

◘ 수회 매각 및 매각결정기일 일괄 지정방식에 의한 부동산매각절차 진행시 유의사항

(재민 98-11)

1. 목적

이 예규는 집행법원이 부동산 매각절차를 진행함에 있어 현재의 한 기일씩 매각 및 매각결정기일을 개별 지정하는 방식에 의하지 아니하고 수회 매각 및 매각결정기일을 일괄 지정하는 방식에 의하는 경우에 그 절차 진행에 관하여 유의할 사항을 규정함을 목적으로 한다.

2. 적용대상사건

집행법원은 당해 법원의 주된 매각부동산의 종류 등 지역적 특수성, 매각불능시 최저매각가격의 저감비율, 매각시까지의 평균 매각기일 횟수를 고려하여 부동산매각절차를 수회 매각 및 매각기일을 일괄 지정하는 방식에 의하여 진행하는 것이 부적절하다고 판단되는 경우에는 이 예규를 적용하지 아니할 수 있다.

3. 수회 매각 및 매각기일을 일괄 지정하는 부동산매각절차의 진행 방식 및 이해관계인에 대한 통지

가. 집행법원이 수회 매각 및 매각결정기일을 일괄 지정하는 방식에 의하여 부동산매각절차를 진행하는 경우에 두 번째 이후의 매각 및 매각결정기일은 선행 매각기일에서 매각불능이 된 경우에 한하여 실시한다.

나. 수회 매각 및 매각결정기일을 일괄 지정하는 경우의 민사집행법 제90조에서 정한 이해관계인(이하 "이해관계인"이라고만 한다)에 대한 매각 및 매각결정기일의 통지는 일괄하여 통지하고, 선행 매각기일에 매각불능이 되어 두 번째 이후의 매각 및 매각결정기일을 실시하는 경우에 다시 기일에 대한 통지를 하지 아니한다. 다만 수회 매각 및 매각결정기일을 일괄 지정한 이후에 새로 이해관계인의 지위를 취득한 자에 대하여는 즉시 아직 실시하지 아니한 기일에 대한 통지를 하여야 한다.

4. 일괄 지정할 매각 및 매각결정기일의 횟수

가. 일괄 지정할 매각 및 매각결정기일의 횟수는 현재 전국법원의 매각시까지의 평균매각기일 횟수, 너무 많은 횟수의 기일을 일괄 지정할 경우 발생할 수 있는 절차상 문제점 등을 참작할 때 3회 내지 4회 정도로 하는 것이 바람직하다.

나. 가.항에 의하여 일괄 지정할 수회 매각기일 중 특정 매각기일 이후 기일의 최저매각가격이 압류채권에 우선하는 매각부동산의 모든 부담과 절차비용을 변제하는 경우 잉여가 없을 것으로 판단되면 무잉여에 해당하지 않는 매각 및 매각결정기일까지만 지정하여야 한다(예 : 일괄 지정할 제1회 내지 제4회 매각기일 중 제3, 4회 매각기일이 무잉여에 해당하는 경우에는 제1회와 제2회 매각 및 매각결정기일만 지정한다).

5. 수회 매각 및 매각결정기일을 일괄하여 재 지정하여야 하는 경우

집행법원은 다음 각호의 1에 해당하는 경우에는 새로 수회 매각 및 매각결정기일을 일괄 지정하여야 한다.

가. 일괄 지정한 수회 기일 중 마지막 매각기일에 매각불능이 된 때

나. 매각불허가결정이 선고되거나 매각허가결정이 취소된 때(예 : 일괄 지정한 제1회 내지 제4회 매각기일 중 제2회 매각결정기일에 매각불허가결정이 선고되거나 제2회 매각결정기일에 선고된 매각허가결정이 취소된 경우에는 제3·4회 기일을 실시함이 없이 새로 수회 매각 및 매각결정기일을 일괄 지정하여야 한다)

다. 집행정지서류의 제출에 의하여 집행이 정지되었다가 그 후 정지된 매각절차가 속행되는 때(예 : 일괄 지정한 제1회 내지 제4회 매각기일 중 제3회 매각기일전에 집행이 정지되었다가 그후 정지된 매각절차가 속행되는 때에는 새로 수회 매각 및 매각결정기일을 일괄 지정하여야 한다)

라. 매각허가결정이 확정된 후 매수인이 매각대금지급의무를 불이행하여 재매각이 실시되는 때(예 : 일괄 지정한 제1회 내지 제4회 매각기일 중 제2회 매각기일에 최고가매수신고인이 된 매수인이 매각대금지급의무를 불이행하여 재매각을 실시하는 경우에는 새로 수회 매각 및 매각결정기일을 일괄 지정하여야 한다)

6. 기일의 변경과 수회 매각 및 매각결정기일의 일괄 지정

가. 수회 매각 및 매각결정기일을 일괄 지정하는 방식에 의하여 부동산매각절차를 진행하는 경우에는 부득이한 사유가 없는 한 당사자의 기일변경신청을 허용하여서는 아니된다.

나. 다만 부득이한 사유로 인하여 직권 또는 당사자의 신청에 의하여 일괄 지정된 기일을 변경하는 때에는 새로 수회 매각 및 매각결정기일을 지정하여야 한다.

▣ 매각허가결정에 대하여 보증의 제공이 있음을 증명하는 서류를 첨부하지 아니하고 항고를 한 경우의 업무처리요령

(재민 95-2, 재판예규 제866-17호)

제1조 (목적)

이 예규는 민사집행법 제130조 제1항의 규정에 의하여 매각허가결정에 대하여 항고를 함에 있어 같은조 제3항의 규정에 의한 보증의 제공이 있음을 증명하는 서류(이하 "보증제공 증명서류" 라고 한다)를 첨부하지 아니하여 같은조 제4항의 규정에 의하여 결정으로 항고장을 각하할 경우의 처리요령 및 그 항고장각하결정(이하 "보증제공 증명서류의 불첨부를 이유로 한 항고장각하결정" 이라 한다)에 대하여 불복신청(명칭에 구애받지 않는다)이 있는 경우의 기록송부방법 기타 필요한 사항을 정함을 목적으로 한다.

제2조 (적용범위)

이 예규는 강제경매절차 및 담보권의 실행등을 위한 경매절차 모두에 적용한다.

제3조 (매각허가결정에 대한 항고의 처리요령)

매각허가 결정에 대하여 항고를 함에 있어 보증제공 증명서류를 첨부하지 아니한 경우, 집행법원은 보증제공 증명서류가 제출되었는지의 여부를 다시 한번 확인한 다음 즉시항고기간이 도과된 직후 결정으로 항고장을 각하한다.

제4조 (항고장각하결정에 대하여 불복신청이 있는 경우)

① 보증제공 증명서류의 불첨부를 이유로 한 항고장각하결정에 대하여 불복신청이 있는 경우, 경매법원은 경매기록 일부의 등본등(이하 "기록등본" 이라고 한다)을 항고법원(지방법원 본원 합의부, 이하 같다)으로 송부한다.

② 제1항에 의하여 항고법원으로 송부할 기록등본은 "1책의 기록에 관하여 수개의 절차에서 동시에 소송이 계속하게 되는 때의 처리요령(재일 80-3)" 2항에 의하여 작성하되, 다음의 각 서류를 편철하여 작성한다.

1. 경매기록 표지의 등본
2. 매각허가결정의 등본
3. 항고장의 등본

4. 항고장각하결정의 등본 및 그 송달보고서의 등본
5. 항고장각하결정에 대한 불복신청서 및 그 불복신청에 대한 집행법원의 의견서
6. 항고인이 불복신청서 이후에 제출한 서류 중 당해 불복신청과 관련된 서류

③ 제1항에 의하여 기록등본을 송부하는 때에는, 경매기록 원본의 표지 오른쪽 위의 여백에 "재민 95-2 예규에 의하여 20 . . . 기록일부의 등본을 ○○지방법원으로 송부"라고 주서하고, 기록등본의 표시 오른쪽 위의 여백에 "재민 95-2 예규에 의한 기록등본임" 이라고 주서한다.

제5조 (경매절차의 진행)

보증제공 증명서류의 불첨부를 이유로 한 항고장각하결정에 대하여 불복신청이 있더라도, 집행법원은 제4조 제2항 제5호 및 제6호의 각 서류를 등본하여 경매기록 원본에 편철하고, 그 경매기록 원본에 의하여 이후의 경매절차를 그대로 진행한다.

제6조 (항고가 병존하는 경우)

① 보증제공 증명서류를 첨부한 자의 항고와 보증제공 증명서류를 첨부하지 않은 자의 항고가 병존하는 경우에도 집행법원은 보증제공 증명서류를 첨부하지 않은 자의 항고장을 각하하여야 한다.

② 보증제공 증명서류를 첨부한 자의 경락허가결정에 대한 항고와 보증제공 증명서류의 불첨부를 이유로 한 항고장각하결정에 대한 항고가 병존하는 경우, 집행법원은 매각허가결정에 대한 항고에 대하여는 경매기록 원본을, 항고장각하결정에 대한 항고에 대하여는 제4조를 준용하여 작성한 기록등본을 항고법원으로 각 송부한다.

③ 제1항에 있어서 보증제공 증명서류의 불첨부를 이유로 한 항고장각하결정의 고지가 송달불능 등으로 지연되는 경우 집행법원은 우선 보증제공 증명서류를 첨부할 필요가 없는 자 또는 보증제공 증명서류를 첨부한 자의 항고에 대하여 기록송부기간을 준수하여 경매기록 원본을 항고법원으로 송부한다.

④ 제3항에 의하여 경매기록 원본이 항고법원으로 이미 송부된 후 보증제공 증명서류의 불첨부를 이유로 한 항고장각하결정에 대한 불복신청이 있는 경우, 집행법원은 그 불복신청서 및 집행법원의 의견서 등을 항고법원으로 송부하고, 송부서의 하단에 "경매기록 원본은 경락허가결정에 대한 항고에 의하여 이미 19 . . . 귀 법원으로 송부하였음"이라고 주서한다.

⑤ 제4항에 의하여 서류를 송부받은 항고법원은 먼저 송부된 경매기록 원본에 의하여 제4조를 준용하여 기록등본을 작성한 다음 항고장각하결정에 대한 불복신청사건을 심리한다. 다만 경매기록 원본의 표지 오른쪽 위의 여백에 "재민 95-2 예규에 의하여 19 . . . 기록일부의 등본을 작성함" 이라고 주서한다.

⑥ 집행법원은 경락허가결정이 취소됨이 없이 항고법원 또는 대법원으로부터 경매기록 원본이 반송되어 온 때에는 경매절차를 속행한다.

제7조 (항고장각하결정이 있기 전에 보증제공이 있은 경우)

매각허가결정에 대한 항고에 대하여 집행법원이 보증제공 증명서류가 첨부되어 있지 않다는 이유로 결정으로 항고장을 각하하였으나, 항고인이 위 항고장각하결정이 있기 전에 보증제공을 하였고 이를 이유로 위 항고장각하결정에 대하여 불복신청을 한 경우, 집행법원은 스스로 위 항고장각하결정을 취소하고(재도의 고안) 경매기록 원본을 항고법원으로 송부한다. 이 경우 항고에 대한 결정이 확정될 때까지 경매절차를 정지한다.

제8조 (기록등본 반송시의 처리 등)

① 항고법원 또는 대법원으로부터 기록등본이 반송되어 온 때에는 그 기록등본을 경매기록 원본에 첨철한다.

② 경매기록을 보존할 단계에 이르렀으나 기록등본이 아직 반송되어 오지 않은 경우에는 그 기록등본이 반송되어 올 때까지 경매기록의 보존을 보류한다.

부 칙

제1조 "민사소송법 제642조 제5항의 규정에 의한 항고장각하결정에 대하여 불복신청이 있는 경우의 기록송부 등에 관한 예규(재민 91-7)"는 이를 폐지한다.

제2조 ① 경락인이 경락허가결정에 대하여 항고를 한 경우 이 예규는 1995. 4. 1. 이후 신청된 강제경매사건 및 담보권의 실행등을 위한 경매사건에 대하여만 이를 적용한다.

② 1995. 3. 31. 이전에 신청된 강제경매사건 및 담보권의 실행등을 위한 경매사건에 있어서 경락인이 경락허가결정에 대하여 항고를 하는 경우에는 이 예규의 규정에 불구하고 그 항고를 보증제공 증명서류를 첨부할 필요가 없는 자의 항고로 본다.

■ 경매절차완결후 매각허가결정이 취소되고 매각불허가 결정이 확정된 이후의 처리절차

(재민 66-3)

[질문] 부동산 강제경매 사건에서 매각허가결정이 확정되어 대금지급 및 배당까지 완료하여 경매절차가 완결된 후 소유권이전등 등기촉탁전에 채무자가 추완신청에 의한 항고를 제기하고 매각허가결정의 취소를 구하였으나 항고법원에서 항고기간 도과의 부적법한 항고로 인정하여 동 항고를 기각하였는데, 채무자가 재항고를 하여 재항고법원에서 재항고인(채무자)에게 경매법원의 공시송달의 명령이 없음에도 불구하고 법원서기가 매각기일을 공시송달의 법원게시장에 게시하였을 뿐이고 본건 강제경매개시결정 정본과 매각기일 통지서를 재항고인(채무자)에 송달한 흔적이 없다는 이유로 매각허가결정을 취소하고 본건 매각을 허가하지 아니한다는 결정(대법원 65. 7. 19. 자 65마 440 결정)이 있어 다음과 같은 의문이 있어 질의합니다.

① 매각허가결정이 취소되었으므로 새매각을 명하여 진행할 것인지, 만약 신경매를 진행하게 되는 경우 매수인이 지급한 매각대금의 회수 방법은?

② 본건은 매각허가결정이 확정되고 매수인이 매각대금을 지급한 이상 절차에 하자가 있다 하더라도 경매를 무효라 하여 그 효과를 부정할 수 없기 때문에 매수인이 부동산 소유권을 취득하였다고 인정되므로 법원에서는 매수인에게 소유권이전등기의 촉탁을 하여도 무방한지?

[답변] 귀문의 경우에는 매각허가 결정이 취소되고 매각불허가 결정이 확정되었으므로 새로 경매절차가 적법하게 속행되어야 할 것이다.

第3節 配 當

◘ 집행사건에 있어서 배당액등의 공탁 및 공탁배당액등의 관리절차에 관한 예규

(재민 92-2, 예규제943-33호)

제1조 (목적)

이 예규는 집행사건에 있어서 민사집행법 제160조, 제256조, 제268조등의 규정에 의하여(선박, 항공기, 자동차 및 건설기계에 준용되는 경우를 포함한다) 배당기일에 채권자에게 교부하지 아니하는 배당액 및 채무자 또는 소유자가 배당기일에 출석하지 아니하여 교부되지 아니한 배당잔여액의 공탁, 공탁 이후의 업무처리절차 및 잔고현황의 보고절차 등을 정함을 목적으로 한다.

제2조 (배당액등의 공탁)

집행사건에 있어서 사건담임법원서기관, 법원사무관, 법원주사 또는 법원주사보(이하 "담임법원사무관등"이라 한다)는 제1조에 정한 배당액 및 배당잔여액(이하 "배당액등"이라 한다)에 관하여 배당기일로부터 10일 이내에 각 배당 또는 교부받을 자별로 공탁절차를 취하여야 한다(부동산 경매사건의 진행기간등에 관한 예규(재민 91-5) 참조).

제3조 (공탁서등 보관책임자)

① 담임법원사무관등은 제2조의 규정에 의하여 배당액등에 관한 공탁절차를 취한 후 즉시 그 공탁서 사본과 배당표 원본은 사건기

록에 첨부하고, 따로 배당표 등본을 작성하여 이를 공탁서 원본과 함께 주무과장이 지정하는 보관책임자(이하 "공탁서등 보관책임자"라 한다)에게 인계한다.

② 공탁서등 보관책임자는 담임법원사무관등으로부터 공탁서 원본등을 인계받음에 있어 배당액등에 관한 공탁서등 보관대장에 해당사항을 기재한 후, 인계받은 공탁서 원본등은 연도별, 사건번호순으로 별도 보관한다.

③ 제2항의 규정에 의하여 공탁서등 보관책임자가 보관하는 공탁서 원본 등은 공탁서등 보관책임자의 사무인계인수시 철저히 인계, 인수하여야 한다(사무인계요령(총무 838) 및 참여사무관등의 사무인계요령(재일 76-3) 참조).

④ 제2조의 규정에 의하여 공탁된 배당액등(이하 "공탁배당액등"이라 한다)의 출급에 관련된 부수절차에 관한 업무(출급청구인에 대한 청구권의 존부확인, 지급위탁서의 송부, 지급증명서의 교부등 및 추가배당 관련업무등)는 공탁서등 보관책임자가 이를 담당한다.

⑤ 사건기록이 폐기된 후에 출급청구가 있는 경우에는 출급청구인이 제출한 소명자료중 채권자 또는 채무자에게 교부한 것을 제외하고는 6개월간 이를 별도 보관한다.

⑥ 공탁공무원은 공탁배당액등에 관하여 국고귀속절차를 취할 경우에는 집행 주무과장(참조:공탁서등 보관책임자)에게 그 사실을 통보하여야 한다.

제4조 (보고)

① 공탁서등 보관책임자는 공탁서 원본등을 인계받거나 공탁배당액등에 관한 출급절차를 취할 때에는 공탁배당액등 출납부에 해당사항을 기재하여 매월말에 그 잔고에 관하여 주무과장의 확인을

받아야 한다.

② 공탁공무원은 매월말 현재의 공탁배당액등의 잔고현황을 다음달 5일까지 집행 주무과장에게 통보한다.

③ 주무과장은 제1항의 공탁배당액등 출납부상의 매월말 현재의 잔고현황과 제2항의 규정에 의하여 공탁공무원으로부터 통보받은 공탁배당액등의 잔고현황을 대조하여 그 잔고현황 및 대조결과를 다음달 10일까지 법원장 또는 지원장에게 보고한다.

④ 법원장은 제3항의 규정에 의하여 보고받은 잔고현황 및 대조결과를 매년 말을 기준으로 하여 그 전년도말과 대비하여 다음해 1월말까지 법원행정처장에게 보고한다(지원장은 다음해 1.20.까지 법원장에게 보고한다).

채권등에 대한 배당절차사건의 처리기간 및 간이 배당절차에 관한 예규

(재민 2004-2)

제1조 (목적)

이 예규는 민사집행법 제2편 제2장 제4절 제4관에서 규정하는 배당절차사건의 처리기간 및 압류 채권자가 1인이거나 또는 여러 명이더라도 배당재단으로 채권자들의 채권과 집행비용을 변제할 수 있는 경우에 행하는 간이한 배당절차(이하 "간이 배당절차"라 한다)를 규정함을 목적으로 한다.

제2조 (처리기간)

배당절차사건은 단계별로 아래 기간 안에 진행하여야 한다.

종 류	기 산 일	기 간	비 고
배당절차 사건접수		접수 당일	법 252조, 규칙 183조
압류경합 여부 등에 관한 사실조회	접수일부터	2주 안	규칙 184조 1항
기록 송부촉탁	〃	2주 안	규칙 184조 2항
배당기일지정	〃	4주 안	법 255조
배당기일통지 및 채권계산서 제출 최고	배당기일 지정일부터	1주 안	법 253조, 255조
배당기일	〃	4주 안	법 255조
배당표의 작성비치		배당기일 3일 전까지	법 256조, 149조 1항
배당표의 확정 및 배당실시		배당기일	법 256조, 149조 2항
배상조서의 작성	배당기일부터	3일 안	법 256조, 159조 4항
배당금액의 공탁 또는 계좌입금	〃	10일 안	법 256조, 160조 규칙 185조, 82조
기록 인계	배당액의 출급, 공탁 또는 계좌입금 완료후	5일 안	

제3조 (사건의 분류)

① 집행법원의 법원서기관·법원사무관·법원주사 또는 법원주사보(이하 "법원사무관등"이라 한다)는 배당절차사건이 접수되면 압류 채권자의 수, 채권액 및 집행비용 등을 검토하여 배당절차로

진행할 사건과 간이 배당절차로 진행할 사건으로 분류하고, 간이 배당절차로 진행할 사건에 대하여는 기록표지의 우측 상단에 "간이배당"라는 고무인을 찍어 별도로 관리한다.

② 어느 절차로 진행할 것인지 명확하지 않은 사건에 대하여는 배당절차로 진행한다.

제4조 (배당기일의 지정·통지)

① 간이 배당절차사건에 대하여는 접수일부터 3일 안에 배당기일을 정하고, 그 배당기일은 접수일부터 4주 이내이어야 한다.

② 배당기일이 정하여지면 집행법원의 법원사무관등은 즉시 배당받을 채권자 및 채무자에게 그 일시 및 장소를 통지하여야 한다. 다만, 채무자가 외국에 있거나 있는 곳이 분명하지 아니한 때에는 통지하지 아니한다.

제5조 (계산서제출의 최고)

① 간이 배당절차에 있어서는 계산서제출의 최고를 생략할 수 있다.

② 계산서제출의 최고를 하는 경우에는 배당기일 통지와 함께 하여야 한다.

◘ 부동산경매에서 우선채권간의 배당순위

(재민 91-2)

부동산경매의 배당절차에 있어서 주택임차대보호법 제8조의 규정에 의한 보증금 중 일정액(동법 제3조 제1항의 요건을 갖춘 경우)과 근로기준법 제37조 제2항에 규정된 최종 3월분의 임금, 최종 3년간의 퇴직금 및 재해보상금채권이 서로 경합하는 경우, 두 채권은 모두 우선채권으로서 양법 다같이 상호간의 우열을 정하고 있지 아니하며 양쪽의 입법취지를 모두 존중할 필요가 있으므로 상호 동등한 순위의 채권으로 보아 배당을 실시하여야 할 것이니 업무에 착오없기 바랍니다.

◘ 임의경매절차에 있어 경락대금의 납부 전에 경매부동산이 수용되었다면 수용완료 후에 경락대금을 납부한 경락인은 수용보상금인 공탁금에 대하여 직접 권리행사를 할 수 없음

(1990. 12. 10. 법정 제1942호(공탁선례 1-149))

임의경매절차의 경락인은 경락대금 납부시에 경락부동산의 소유권을 취득하는 것이므로, 경매부동산이 경락대금 납부 전에 수용완료되었다면 경락인이 수용완료 후에 경락대금을 납부하였다고 하더라도 경매부동산의 소유권을 취득할 수 없고, 따라서 경매부동산에 대한 수용보상금인 공탁금에 대하여도 직접적인 권리행사는 할 수 없다.

또한, 수용완료 당시의 소유자를 피공탁자로 하여 수용보상금이 공탁된 이상 그 피공탁자 명의를 정정할 수는 없을 것이며, 경락대금을 납부한 경락인으로서는 경락의 하자에 따르는 청구권에 기하여 권리를 확보할 수밖에 없을 것이다.

▣ 제3취득자의 채권자가 신청한 경매절차에 의한 소유권이전등기촉탁시 전 소유자에 대한 가압류등기가 말소촉탁대상인지 여부

(2006. 10. 12. 부동산등기과－3061 질의회답)[532]

가압류등기 후 가압류부동산의 소유권이 제3자에게 이전된 경우, 제3취득자의 채권자가 신청한 경매절차에서 전 소유자에 대한 가압류채권자는 배당에 가입할 수 있으므로, 그 가압류등기는 말소촉탁의 대상이 될 것이다.

532) 2006. 7. 28. 선고 2006다19986 판결

第4節 登 記

▣ 경락을 원인으로 한 부동산 소유권이전등기촉탁시 등록세납부

(재민 99-4, 등기예규 제548호)

[답변] 경락에 의하여 취득한 부동산이라도 등기되지 아니하는 부동산(미등기가건물)이나 기계기구등은 등록세부과대상이 되지 아니하며, 경락을 원인으로 한 소유권이전 등기촉탁시 과세표준액은 등기되는 부동산의 사실상의 취득가격인 경매가격에 의하나(지방세법 제111조 제5항 제4호) 그 경매가격 중 미등기 부동산이나 기계기구의 가격이 포함된 경우에 그 구분이 명백한 때에는 그 금액은 등록세과세표준액에서 제외된다.

▣ 공동저당에 있어서의 차순위저당권자가 선순위자를 대위하여 하는 부기등기의 요건

(등기예규 제31호)

[답변] 민법 제368조 제1항, 제2항에 의한 차순위저당권자의 대위의 부기등기는 공동저당물의 경매대가에 비례하여 분담할 금액의 한도내에서 할 수 있는 것이므로 그 한도액을 정함이 없이 대위변제에 인한 대위의 부기등기절차를 명하는 판결주문은 등기의 요건에 흠결이 있는 것으로서 부당하다.

구분건물의 전유부분에 설정된 근저당권의 실행으로 경락된 경우 건물대지에 대한 소유권이전등기 등에 대한 사무처리지침

(등기예규 제1050호)

구분건물의 전유부분에만 설정된 근저당권의 실행으로 경락된 경우 건물대지에 대한 경락인 앞으로의 소유권이전등기 등은 다음 절차에 의한다.

1. 경락허가 결정(경정결정 포함)에 대지에 대한 표시가 있는 경우

가. 대지권 등기가 경료되지 않은 경우

(1) 전유부분에 대한 등기

전유부분만에 대하여 경락을 원인으로 한 소유권이전등기 촉탁이 있는 경우에는 통상의 절차에 따른다.

(2) 대지부분에 대한 등기

(가) 전유부분 소유자와 토지의 소유자가 일치한 경우

1) 등기촉탁서 및 경락허가 결정의 토지의 표시가 등기부와 동일하고, 등기의무자가 토지등기부의 소유자와 동일한 경우에는 토지에 대하여 경매기입등기가 경료되지 않았다 하더라도 토지 부분에 대한 소유권이전등기촉탁은 이를 수리한다.

2) 위 1)의 경우 토지 부분에 경료된 부담기입등기 또한 경매법원의 말소등기 촉탁이 있으면 이를 수리

한다.

3) 등기실행과 관련하여 등기원인은 전유부분의 등기와 동일하게 "○○년 ○○월 ○○일 경락"으로 기재한다.

(나) 전유부분 소유자와 토지의 소유자가 다른 경우

1) 전유부분과 토지부분에 대하여 동시에 소유권이전등기를 촉탁하였으나 등기촉탁서의 등기의무자와 토지등기부의 소유자가 다를 경우에는 전유부분에 대하여는 등기하고 토지부분에 대한 촉탁은 이를 각하한다(부동산등기법 제55조 제6호).

2) 토지부분에 대하여는 순차이전등기를 통하여 등기의무자가 일치된 후, 경매법원의 소유권이전등기 촉탁이 있으면 이를 수리한다.

3) 이 경우 등기실행절차는 위 (가)와 같이 처리한다.

나. 대지권등기가 경료된 경우

(1) 경매절차 진행 중 또는 대금납부 후에 대지권 등기가 경료된 경우, 경매법원으로부터 대지권까지 포함한 소유권이전등기촉탁이 있으면 이를 수리한다.

(2) 등기촉탁서와 경락허가결정(경정결정)의 부동산 표시는 등기부와 일치하여야 한다. 단, 토지의 이전할 지분이 대지권비율과 같으면 이는 동일한 것으로 본다.

(3) 등기실행과 관련하여 등기원인은 "○○년 ○○월 ○○일 경락(대지권 포함)″으로 기재한다.

(4) 토지 부분에 경료된 부담기입등기에 대한 경매법원의 말소등기 촉탁은 이를 수리한다.

2. 경락허가 결정에 대지에 대한 표시가 없는 경우

가. 대지권등기가 경료되지 않은 경우

경락허가 결정에 전유부분만 기재된 경우 형식적심사권밖에 없는 등기관은 토지까지 경매되었는지 여부를 판단할 수 없으므로 전유부분에 대하여는 통상의 절차에 의하여 이를 수리하고 토지부분에 대한 등기 촉탁은 각하한다(부동산등기법 제55조 제7호).

나. 대지권등기가 경료된 경우

(1) 대지권등기가 경료된 후에는 전유부분만에 대한 소유권이전등기 촉탁은 불가하므로 전유부분만에 대하여 경락인 앞으로 소유권이전등기를 실행하기 위하여는 대지권변경(대지권말소)등기 절차를 선행하여야 한다.

(2) 따라서 위 절차가 선행되지 않은 상태에서 경락인 앞으로 소유권이전등기 촉탁이 있는 경우에는 이를 전부 각하한다(부동산등기법 제55조 제2호, 제135조의2 제2항)

(3) 위 (1)의 경우 경락인의 대위 신청에 의한 대지권변경등기(대지권말소)는 부동산등기법 제102조 내지 제102조의5에서 정한 절차에 따라 처리하고, 이후 전유부분만에 대하여 경락을 원인으로 한 소유권이전등기 촉탁이 있으면 이를 수리한다.

다. 토지 소유권이전등기

(1) 이후 토지 부분에 대한 소유권이전등기는 경매법원의 촉탁에 의할 수 없고 통상의 절차에 의하여야 한다. 이 경우 전

유부분 취득을 원인으로 한 소유권이전등기신청(공동신청)이 있는 경우의 등기부의 기재는 "○○년 ○○월 ○○일 건물 ○동 ○○호 전유부분 취득〃으로 한다.

(2) 토지등기 위에 등기된 부담기입등기는 경매법원의 촉탁에 의할 수 없고 통상의 절차에 의하여 말소하여야 한다.

농지의 소유권이전등기에 관한 사무처리지침

(등기예규 제1635호, 시행 2018. 3. 7)

1. 대상토지

이 지침은 토지대장상 지목이 전·답·과수원인 토지(이하 "농지"라 한다)에 대하여 소유권이전등기를 신청하는 경우에 해당 농지가 어느 시기에 조성, 등록전환 또는 지목변경 되었는지를 불문하고 이를 적용한다.

2. 농지취득자격증명을 첨부하여야 하는 경우

가. 아래의 경우에는 「농지법」 제8조 제1항의 규정에 의하여 농지의 소재지를 관할하는 시장(도농복합형태의 시에 있어서는 농지의 소재지가 동지역인 경우에 한한다)·구청장(도농복합형태의 시의 구에 있어서는 농지의 소재지가 동지역인 경우에 한한다)·읍장 또는 면장이 발행하는 농지취득자격증명을 소유권이전등기신청서에 첨부하여야 한다.

(1) 자연인 또는 「농어업경영체 육성 및 지원에 관한 법률」 제16조에 따라 설립된 영농조합법인과 같은 법 제19조에 따라

설립되고 업무집행권을 가진 자 중 3분의 1 이상이 농업인인 농업회사법인이 농지에 대하여 매매, 증여, 교환, 양도담보, 명의신탁해지, 신탁법상의 신탁 또는 신탁해지, 사인증여, 계약해제, 공매, 상속인 이외의 자에 대한 특정적 유증 등을 등기원인으로 하여 소유권이전등기를 신청하는 경우. 다만, 아래 제3항에서 열거하고 있는 사유를 등기원인으로 하여 소유권이전등기를 신청하는 경우에는 그러하지 아니하다.

(2) 「초·중등교육법」 및 「고등교육법」에 의한 학교, 「농지법시행규칙」 제5조 관련 별표2에 해당하는 공공단체 등이 그 목적사업을 수행하기 위하여 농지를 취득하여 소유권이전등기를 신청하는 경우

(3) 「농지법」 제6조제2항제9호의2에 따른 영농여건불리농지를 취득하여 소유 권이전등기를 신청하는 경우

나. 국가나 지방자치단체로부터 농지를 매수하여 소유권이전등기를 신청하는 경우 및 농지전용허가를 받거나 농지전용신고를 한 농지에 대하여 소유권이전등기를 신청하는 경우와 동일 가구(세대)내 친족간의 매매등을 원인으로 하여 소유권이전등기를 신청하는 경우에도 농지취득자격증명을 첨부하여야 한다.

3. 농지취득자격증명을 첨부할 필요가 없는 경우

아래의 경우에는 농지취득자격증명을 첨부하지 아니하고 소유권이전등기를 신청할 수 있다.

가. 국가나 지방자치단체가 농지를 취득하여 소유권이전등기를 신청하는 경우

나. 상속 및 포괄유증, 상속인에 대한 특정적 유증, 취득시효완성, 공유물분할, 매각, 진정한 등기명의 회복, 농업법인의 합병을 원인으로 하여 소유권이전등기를 신청하는 경우

다. 「공익사업을 위한 토지 등의 취득 및 보상에 관한 법률」에 의한 수용 및 협의취득을 원인으로 하여 소유권이전등기를 신청하는 경우 및 「징발재산정리에 관한 특별조치법」제20조, 「공익사업을 위한 토지 등의 취득 및 보상에 관한 법률」제91조의 규정에 의한 환매권자가 환매권에 기하여 농지를 취득하여 소유권이전등기를 신청하는 경우

라. 「국가보위에 관한 특별조치법 제5조제4항에 의한 동원대상지역내의 토지의 수용·사용에 관한 특별조치령에 의하여 수용·사용된 토지의 정리에 관한 특별조치법」제2조 및 제3조의 규정에 의한 환매권자등이 환매권등에 의하여 농지를 취득하여 소유권이전등기를 신청하는 경우

마. 「농지법」제17조의 규정에 의한 농지이용증진사업시행계획에 의하여 농지를 취득하여 소유권이전등기를 신청하는 경우

바. 도시지역 내의 농지에 대한 소유권이전등기를 신청하는 경우, 다만 도시지역 중 녹지지역 안의 농지에 대하여는 도시계획시설사업에 필요한 농지에 한함(「국토의 계획 및 이용에 관한 법률」제83조 제3호 참조)

사. 「농지법」제34조 제2항에 의한 농지전용협의를 완료한 농지를 취득하여 소유권이전등기를 신청하는 경우 및 「부동산 거래신고 등에 관한 법률」 제11조의 규정에 의하여 토지거래계약 허가를 받은 농지에 대하여 소유권이전등기를 신청하는 경우(「부동산 거래신고 등에 관한 법률」 제20조제1항 참조)

4. 종중의 농지취득

종중은 원칙적으로 농지를 취득할 수 없으므로 위토를 목적으로 새로이 농지를 취득하는 것도 허용되지 아니하며, 다만 농지개혁 당시 위토대장에 등재된 기존 위토인 농지에 한하여 당해 농지가

위토대장에 종중 명의로 등재되어 있음을 확인하는 내용의 위토대장 소관청 발급의 증명서를 첨부하여 그 종중 명의로의 소유권이전등기를 신청할 수 있다.

농지법상 농지가 아님을 증명하는 서면

(2007. 5. 30. 부동산등기과－1802 질의회답)

지목이 농지인 토지의 실제 현황이 「농지법」 제2조 제1호의 규정에 의한 농지가 아닌 경우에는 그와 같은 사실을 증명하는 관할 시·구·읍·면의 장이 발행한 서면을 첨부하여 농지취득자격증명을 첨부하지 않고 소유권이전등기를 신청할 수 있는바, 농지가 아님을 증명하는 서면으로서 농지취득자격증명신청서반려통지서를 첨부하는 경우에는 그 반려사유가 "신청대상 토지가 「농지법」에 의한 농지에 해당되지 아니함"이라고 구체적으로 기재되어야 한다(농림부예규 제224호). 따라서, 그 반려사유로서 "오랫동안 농사를 짓지 않아 잡목이 있고 주변 일대에 석회광이 조업중이며 사실상 경작이 불가능함"이라고만 기재되었다면 농지가 아닌 토지인지 여부가 불명확하므로 이를 증명하는 서면으로 볼 수 없을 것이다.[533]

---

533) 대법원 2012. 7. 31. 자 2012마336 대결: 1)갑이 공부상 지목이 전(전)이나 답(답)인 부동산에 관한 소유권이전등기신청을 하면서 위 부동산이 농지가 아니라는 취지에서 농지취득자격증명을 대신하여 읍장의 토지 현황 사실조회에 대한 회시를 제출한 사안에서, 위 부동산이 지목에 불구하고 농지에 해당하지 아니한다는 점과 그에 관한 구체적인 사유가 기재되어 있지 않은 위 회시는 '농지가 아님을 증명하는 서면'에 해당하지 않는다. 2) 구 국토의 계획 및 이용에 관한 법률에 따라 지정된 도시지역 중 녹지지역의 농지로서 도시계획시설사업에 필요하지 아니한 농지에 대하여 농지법 제8조에 따른 농지취득자격증명에 관한 규정이 적용된다.

◘ 농지법 주요내용

(법률 제14985호, 시행 2018. 5. 1.)

제1장 총 칙

제1조 (목적)

이 법은 농지의 소유·이용 및 보전 등에 필요한 사항을 정함으로써 농지를 효율적으로 이용하고 관리하여 농업인의 경영 안정과 농업 생산성 향상을 바탕으로 농업 경쟁력 강화와 국민경제의 균형 있는 발전 및 국토 환경 보전에 이바지하는 것을 목적으로 한다.

제2조(정의)

이 법에서 사용하는 용어의 뜻은 다음과 같다.

1. "농지"란 다음 각 목의 어느 하나에 해당하는 토지를 말한다.
   가. 전·답, 과수원, 그 밖에 법적 지목(지목)을 불문하고 실제로 농작물 경작지 또는 다년생식물 재배지로 이용되는 토지. 다만, 「초지법」에 따라 조성된 초지 등 대통령령으로 정하는 토지는 제외한다.

제6조 (농지 소유 제한)

① 농지는 자기의 농업경영에 이용하거나 이용할 자가 아니면 소유하지 못한다.

② 다음 각 호의 어느 하나에 해당하는 경우에는 제1항에도 불구하고 자기의 농업경영에 이용하지 아니할지라도 농지를 소유할 수 있다.
   1. 국가나 지방자치단체가 농지를 소유하는 경우

2. 「초·중등교육법」 및 「고등교육법」에 따른 학교, 농림축산식품부령으로 정하는 공공단체·농업연구기관·농업생산자단체 또는 종묘나 그 밖의 농업 기자재 생산자가 그 목적사업을 수행하기 위하여 필요한 시험지·연구지·실습지·종묘생산지 또는 과수 인공수분용 꽃가루 생산지로 쓰기 위하여 농림축산식품부령으로 정하는 바에 따라 농지를 취득하여 소유하는 경우
3. 주말·체험영농(농업인이 아닌 개인이 주말 등을 이용하여 취미생활이나 여가활동으로 농작물을 경작하거나 다년생식물을 재배하는 것을 말한다. 이하 같다)을 하려고 농지를 소유하는 경우
4. 상속[상속인에게 한 유증(유증)을 포함한다. 이하 같다]으로 농지를 취득하여 소유하는 경우

제8조 (농지취득자격증명의 발급)

① 농지를 취득하려는 자는 농지 소재지를 관할하는 시장(구를 두지 아니한 시의 시장을 말하며, 도농 복합 형태의 시는 농지 소재지가 동지역인 경우만을 말한다), 구청장(도농 복합 형태의 시의 구에서는 농지 소재지가 동지역인 경우만을 말한다), 읍장 또는 면장(이하 "시·구·읍·면의 장"이라 한다)에게서 농지취득자격증명을 발급받아야 한다. 다만, 다음 각 호의 어느 하나에 해당하면 농지취득자격증명을 발급받지 아니하고 농지를 취득할 수 있다.

1. 제6조제2항제1호·제4호·제6호·제8호 또는 제10호(같은 호 바목은 제외한다)에 따라 농지를 취득하는 경우

제2절 농지의 임대차 등

제23조 (농지의 임대차 또는 사용대차)

① 다음 각 호의 어느 하나에 해당하는 경우 외에는 농지를 임대하거

나 사용대(사용대)할 수 없다.

1. 제6조제2항제1호 · 제4호부터 제9호까지 · 제9호의2 및 제10호의 규정에 해당하는 농지를 임대하거나 사용대하는 경우
2. 제17조에 따른 농지이용증진사업 시행계획에 따라 농지를 임대하거나 사용대하는 경우
3. 질병, 징집, 취학, 선거에 따른 공직취임, 그 밖에 대통령령으로 정하는 부득이한 사유로 인하여 일시적으로 농업경영에 종사하지 아니하게 된 자가 소유하고 있는 농지를 임대하거나 사용대하는 경우
4. 60세 이상이 되어 더 이상 농업경영에 종사하지 아니하게 된 자로서 대통령령으로 정하는 자가 소유하고 있는 농지 중에서 자기의 농업경영에 이용한 기간이 5년이 넘은 농지를 임대하거나 사용대하는 경우
5. 제6조제1항에 따라 소유하고 있는 농지를 주말 · 체험영농을 하려는 자에게 임대하거나 사용대하는 경우, 또는 주말 · 체험영농을 하려는 자에게 임대하는 것을 입(입)으로 하는 자에게 임대하거나 사용대하는 경우

제24조의2 (임대차 기간)

① 제23조제1항제8호를 제외한 임대차 기간은 3년 이상으로 하여야 한다.

② 임대차 기간을 정하지 아니하거나 3년보다 짧은 경우에는 3년으로 약정된 것으로 본다.

③ 제1항에도 불구하고 임대인은 질병, 징집 등 대통령령으로 정하는 불가피한 사유가 있는 경우에는 임대차 기간을 3년 미만으로 정할 수 있다. 이 경우 임차인은 3년 미만으로 정한 기간이 유효함을 주장할 수 있다. 임대인이 임대차 기간이 끝나기 3개월 전까지 임

차인에게 임대차계약을 갱신하지 아니한다는 뜻이나 임대차계약 조건을 변경한다는 뜻을 통지하지 아니하면 그 임대차 기간이 끝난 때에 이전의 임대차계약과 같은 조건으로 다시 임대차계약을 한 것으로 본다.

▣ 강제경매로 경락된 부동산에 관하여 강제경매등기 전에 경료된 가등기의 말소촉탁 가부 등 534)

(1992. 4. 23. 등기선례 제3-740호)

가. 소유권이전가등기가 가등기담보등에관한법률상의 담보가등기인 경우에는 경매에 의하여 소멸하므로 강제경매절차에서 경락허가 결정이 확정된 후 대금이 완납되면 경매법원이 말소촉탁을 하지만 위와 같은 담보가등기가 아닌 경우는 말소촉탁을 할 수 없다(위 법률 제15조, 제16조 제2항).

나. 소유권이전가등기가 위와 같은 담보가등기임에도 등기부상 일반가등기로 등기되어 있고, 등기권리자가 경매법원에 담보가등기임을 신고하지 않아 일반가등기로 취급되어 말소촉탁이 되지 않은 경우에는 경락인은 그 가등기가 담보가등기임을 입증하여 가등기권리자를 상대로 이의 말소등기절차의 이행을 구할 수 있다.

다. 소유권이전가등기에 기하여 본등기가 경료되면 경락인 명의의 소유권이전등기를 직권말소 하게 된다.

---

534) 강제경매로 인하여 가등기보다 선순위인 담보권이 소멸하는 경우가 아닌 한 경락으로 인한 소유권이전등기가 된 후에 있어서도 가등기권자는 그 가등기에 기한 소유권이전의 본등기를 신청할 수 있는 것이고, 등기공무원이 이 등기를 한 때에는 경락으로 인한 소유권이전등기를 직권말소하게 될 것이다.[등기선례 제1-632호]

가처분등기 이후에 경료된 경매신청등기의 말소 여부

(1999. 3. 2. 등기 3402-200 질의회답, 등기선례 제6-488호)

가처분권리자가 본안소송에서 승소하여 그 승소판결에 기한 소유권말소등기를 신청하는 경우, 가처분등기 이후에 경료된 제3자 명의의 경매신청기입등기가 있을 때에는 등기관은 소유권말소등기를 함과 동시에 경매신청등기 및 당해 가처분등기를 직권으로 말소하게 된다. 다만, 말소의 대상이 되는 경매신청등기는 가처분등기 이후에 경료된 근저당권에 기한 것만을 의미한다고 보아야 할 것이다.따라서 갑 소유의 부동산에 대하여 을 명의의 근저당권설정등기가 경료되고 이어 병에게 소유권이 이전된 후 가처분등기, 경매신청등기가 순차로 경료된 상태에서 가처분권리자가 본안소송에서 승소하여 병 명의의 소유권말소등기를 신청하는 경우 등기관은 위 경매신청등기를 직권으로 말소할 수는 없을 것이며, 만약 직권으로 말소하였다면 직권으로 그 말소등기를 회복하여야 할 것이나, 등기상 이해관계있는 제3자 있을 경우에는 그 승낙서 또는 이에 대항할 수 있는 재판의 등본이 있어야 한다.

第5節 非金錢執行

민사소송법 제496조 제2항(민사집행법 제5조)에 의한 집행관의 경찰에 대한 원조요청시 업무처리요령

(재민 99-1, 재판예규 제943-39호)

1. 목적

이 예규는 집행관이 집행에 관한 직무를 수행함에 있어 그 직무수행을 방해하는 저항을 받을 때에 그 저항을 배제하고 직무집행의 목적을 달성하기 위하여 민사집행법 제5조 제2항의 규정에 의한 경찰에 대한 원조요청을 하는데 필요한 사항을 규정함을 목적으로 한다.

2. 경찰에 대한 원조요청시 유의사항

가. 집행관이 집행에 관한 직무를 수행함에 있어 그 직무수행을 방해하는 채무자 또는 제3자의 저항을 받을 우려가 있다고 예상할 만한 상당한 사유가 존재하여 그 저항을 배제하고 직무집행의 목적을 달성하기 위하여 민사집행법 제5조 제2항의 규정에 의하여 경찰에 대한 원조요청을 할 필요가 있다고 판단되는 때에는 사전에 그 집행에 관한 직무의 수행장소를 관할하는 경찰서장에게 집행시 경찰의 원조가 필요한 사유를 통지하면서 원조를 요청할 수 있다. 다만 관할 경찰서장에게 사유를 통지하면서 경찰의 원조를 요청할 수 있는 시간적 여유가 없을 정도로 긴급을 요하는 때에는 집행장소에서 가장 가까운 곳에 있는 파출소 등의 경찰관에게 구두로 직접 원조를 요청할 수 있다.

나. 집행관이 해상에서 집행에 관한 직무를 수행함에 있어 경찰에 대한 원조요청을 할 필요가 있다고 판단되는 때에는 가장 가까운 곳에 있는 해양경찰서장에게 가. 항의 규정에 의한 통지 및 원조요청을 할 수 있다.

3. 집행조서상 저항배제를 위한 경찰원조사실의 기재

가. 집행관은 채무자 또는 제3자의 저항을 배제하기 위하여 2. 항의 규정과 같이 경찰의 원조를 요청하여 집행시에 그 원조를 받은 때에는 당해 집행에 관한 직무의 수행에 관하여 작성한 집행조서에 저항배제를 위한 경찰원조사실을 기재하여야 한다. 다만 부동산 현황조사 등과 같이 집행조서를 작성하지 아니하는 경우에는 위 사실을 명백히 기재하고 기명날인을 한 서면을 작성하여 집행기록에 가철하여야 한다.

나. 집행관의 원조요청에 기하여 출동한 경찰관은 집행관을 보조하는 입장에 있어 민사집행법 제6조에서 정한 집행참여자의 적격성이 없기 때문에 집행조서 작성시에 집행참여자로 기재하여서는 아니 된다.

第6節 民事執行節次 要約

■ 부동산경매사건의 진행기간 등에 관한 예규

(재민 91-5, 재판예규 제968호)

1. 부동산경매절차는 각 단계별로 아래 기간내에 진행하여야 한다.

[별 지]

종 류	기 산 일	기 간	비 고
경매신청서 접수		접수 당일	법§80, 264①
미등기건물 조사명령	신청일부터	3일 안 (조사기간은 2주 안)	법§81③④, 82
개시결정 및 등기촉탁	접수일부터	2일 안	법§83, 94, 268
채무자에 대한 개시결정 송달	임의경매 : 개시결정일부터 강제경매 : 등기완료통지를 받은 날부터	3일 안	법§83, 268
현황조사명령	임의경매 : 개시결정일부터 강제경매 : 등기완료통지를 받은 날부터	3일 안 (조사기간은 2주 안)	법§85, 268
평가명령	임의경매 : 개시결정일부터 강제경매 : 등기완료통지를 받은 날부터	3일 안 (평가기간은 2주 안)	법§97①, 268
배당요구종기결정 배당요구종기 등의 공고·고지	등기완료통지를 받은 날부터	3일 안	법§84①②③, 268
배당요구종기	배당요구종기결정일부터	2월 후 3월 안	법§84①⑥, 법§87③, 268
채권신고의 최고	배당요구종기결정일부터	3일 안 (최고기간은 배당요구종기까지)	법§84④
최초 매각기일·매각결정기일의 지정·공고(신문공고의뢰) 이해관계인에 대한 통지	배당요구종기부터	1월 안	법§104, 268

종 류	기 산 일	기 간	비 고
매각물건명세서의 작성, 그 사본 및 현황조사보고서· 평가서 사본의 비치		매각기일(입찰기간 개시일) 1주 전까지	법§105②, 268, 규§55
최초매각기일 또는 입찰기간 개시일	공고일부터	2주 후 20일 안	규§56
입찰기간		1주 이상 1월 이하	규§68
새매각기일·새매각결정기일 또는 재매각기일·재매각결정기일의 지정·공고 이해관계인에 대한 통지	사유발생일부터	1주 안	법§119, 138, 268
새매각 또는 재매각기일	공고일부터	2주 후 20일 안	법§119, 138, 268, 규§56
배당요구의 통지	배당요구일부터	3일 안	법§89, 268
채권신고의최고	배당요구종기결정일부터	3일안 (최고기간은 배당요구종기까지)	법 §84④
최초 매각기일·매각결정기일의 지정·공고(신문공고의뢰) 이해관계인에 대한 통지	배당요구종기부터	1월 안	법 §104, 268
매각물건명세서의 작성, 그 사본 및 현황조사 보고서·평가서 사본의 비치		매각기일(입찰기간 개시일) 1주 전까지	법 §105②, 268, 규 §55
최초매각기일 또는 입찰기간 개시일	공고일부터	2주 후 20일 안	규 §56
입찰기간		1주 이상 1월 이하	규 §68
새매각기일·새매각결정기일 또는 재매각기일·재매각결정 기일의 지정·공고 이해관계인에 대한 통지	사유발생일부터	1주 안	법 §119, 138, 268
새매각 또는 재매각기일	공고일부터	2주 후 20일 안	법 §119, 138, 268, 규 §56

<table>
<tr><th colspan="2">종 류</th><th>기 산 일</th><th>기 간</th><th>비 고</th></tr>
<tr><td colspan="2">배당요구의 통지</td><td>배당요구일부터</td><td>3일 안</td><td>법 §89, 268</td></tr>
<tr><td rowspan="2">매각 실시</td><td>기일입찰, 호가경매</td><td></td><td>매각기일</td><td>법 §112, 268</td></tr>
<tr><td>기간입찰</td><td>입찰기간종료일부터</td><td>2일 이상 1주일 안</td><td>규 §68</td></tr>
<tr><td colspan="2">매각기일조서 및 보증금 등의 인도</td><td>매각기일부터</td><td>1일 안</td><td>법 §117, 268</td></tr>
<tr><td colspan="2">매각결정기일</td><td>매각기일부터</td><td>1주 안</td><td>법 §109①, 268</td></tr>
<tr><td colspan="2">매각허부결정의 선고</td><td></td><td>매가결정기일</td><td>법 §109②, 126①, 268</td></tr>
<tr><td colspan="2">차순위매수신고인에 대한 매각결정기일의 지정 이해관계인에의 통지</td><td>최초의 대금지급기한 후</td><td>3일 안</td><td>법 §104①②, 137①, 268</td></tr>
<tr><td colspan="2">차순위매수신고인에 대한 매각결정기일</td><td>최초의 대금지급기한 후</td><td>2주 안</td><td>법 §109①, 137①, 268</td></tr>
<tr><td colspan="2">매각부동산 관리 명령</td><td>신청일부터</td><td>2일 안</td><td>법 §136②, 268</td></tr>
<tr><td colspan="2">대금지급기한의 지정 및 통지</td><td>매각허가결정확정일 또는 상소법원으로부터 기록송부를 받은 날부터</td><td>3일 안</td><td>법 §142①, 268
규 §78, 194</td></tr>
<tr><td colspan="2">대금지급기한</td><td>매각허가결정확정일 또는 상소법원으로부터 기록송부를 받은 날부터</td><td>1월 안</td><td>규 §78, 194</td></tr>
<tr><td colspan="2">매각부동산 인도 명령</td><td>신청일부터</td><td>3일 안</td><td>법 §136①, 268</td></tr>
<tr><td colspan="2">배당기일의 지정·통지계산서 제출의 최고</td><td>대금납부 후</td><td>3일 안</td><td>법 §146, 268
규 §81</td></tr>
<tr><td colspan="2">배당기일</td><td>대금납부 후</td><td>4주 안</td><td>법 §146, 268</td></tr>
<tr><td colspan="2">배당표의 작성 및 비치</td><td></td><td>배당기일 3일 전까지</td><td>법 §149①, 268</td></tr>
</table>

종 류	기 산 일	기 간	비 고
배당표의 확정 및 배당실시		배당기일	법 §149②, 159, 268
배당조서의 작성	배당기일부터	3일 안	법 §159④, 268
배당액의 공탁 또는 계좌입금	배당기일부터	10일 안	법 §160, 268 규 §82
매수인 앞으로 소유권 이전등기 등 촉탁	서류제출일부터	3일 안	법 §144, 268
기록 인계	배당액의 출급, 공탁 또는 계좌입금 완료 후	5일 안	

2. 경매담당 법관 및 담당 사법보좌관은 사건기록 등을 점검, 확인하여, 합리적인 이유없이 접수순서에 어긋나게 매각기일 지정에서 누락되는 사건이 생기지 않도록 유의하여야 한다.

부동산등에 대한 경매절차 처리지침

(재민 2004-3, 재판예규 제970호)

제1장 총 칙

제1조 (목적)

이 예규는 부동산에 대한 강제경매절차와 담보권실행을 위한 경매절차를 정함을 목적으로 한다.

제2조 (용어의 정의)

이 예규에서 사용하는 용어의 정의는 다음과 같다.

1. "보증서"라 함은 민사집행규칙 제64조 제3호, 제70조 제2호의 규

정에 따라 은행 등과 지급보증위탁계약을 체결한 문서(경매보증보험증권)를 말한다.

2. "입금증명서"라 함은 법원보관금취급규칙 제9조 제9항에 따라 법원보관금취급규칙의 별지 제3호 서식(법원보관금영수필통지서)이 첨부된 법원보관금취급규칙의 별지 제7-1호 서식을 말한다.
3. "입찰기간등"이라 함은 기간입찰에서의 입찰기간과 매각기일을 말한다.
4. "집행관등"이라 함은 집행관 또는 그 사무원을 말한다.
5. "법원사무관등"이라 함은 법원서기관·법원사무관·법원주사 또는 법원주사보를 말한다.
6. "보증금"이라 함은 지급보증위탁계약에 따라 은행 등이 지급하기로 표시한 금액(보험금액)을 말한다.

제3조 (부동산의 매각방법)

① 부동산은 기일입찰 또는 기간입찰의 방법으로 매각하는 것을 원칙으로 한다.

② 부동산의 호가경매에 관하여 필요한 사항 중 민사집행법과 민사집행규칙에 정하여지지 아니한 사항은 따로 대법원예규로 정한다.

제4조 (선박등에 대한 경매절차에서의 준용)

선박·항공기·자동차·건설기계 및 소형선박에 대한 강제집행절차와 담보권실행을 위한 경매절차에는 그 성질에 어긋나지 아니하는 범위 안에서 제2장 내지 제6장의 규정을 준용한다.

제2장 매각의 준비

제5조 (미등기건물의 조사)

① 미등기건물의 조사명령을 받은 집행관은 채무자 또는 제3자가 보관하는 관계 자료를 열람·복사하거나 제시하게 할 수 있다.
② 집행관은 건물의 지번·구조·면적을 실측하기 위하여 필요한 때에는 감정인, 그 밖에 필요한 사람으로부터 조력을 받을 수 있다.
③ 제1항과 제2항의 조사를 위하여 필요한 비용은 집행비용으로 하며, 집행관이 조사를 마친 때에는 그 비용 내역을 바로 법원에 신고하여야 한다.

제6조 (배당요구의 종기 결정 등)

① 배당요구의 종기는 특별한 사정이 없는 한 배당요구종기결정일부터 2월 이상 3월 이하의 범위 안에서 정하여야 한다. 다만, 자동차나 건설기계의 경우에는 1월 이상 2월 이하의 범위 안에서 정할 수 있다.
② 배당요구의 종기는 인터넷 법원경매공고란(www.courtauction.go.kr ; 이하 같다) 또는 법원게시판에 게시하는 방법으로 공고한다.
③ 법 제84조 제2항 후단에 규정된 전세권자 및 채권자에 대한 고지는 기록에 표시된 주소에 등기우편으로 발송하는 방법으로 한다.
④ 「민사집행법」 제84조제4항에 따라 최고하여야 할 조세, 그 밖의 공과금을 주관하는 공공기관은 다음 각 호와 같다.
1. 소유자의 주소지를 관할하는 세무서
2. 부동산 소재지의 시(자치구가 없는 경우), 자치구, 군, 읍, 면
3. 관세청 {공장저당법상 저당권자의 신청에 의한 담보권 실행을 위한 경매사건인 경우, 그 밖의 사건에 있어서 채무자(담보권 실행을 위한 경매에 있어서는 소유자)가 회사인 경우}
4. 소유자의 주소지를 관할하는 국민건강보험공단

⑤ 배당요구의 종기가 정하여진 때에는 법령에 정하여진 경우(예 :

법 제87조 제3항)나 특별한 사정이 있는 경우(예 : 채무자에 대하여 경매개시결정이 송달되지 아니하는 경우, 감정평가나 현황조사가 예상보다 늦어지는 경우 등)가 아니면 배당요구의 종기를 새로 정하거나 정하여진 종기를 연기하여서는 아니 된다. 이 경우 배당요구의 종기를 연기하는 때에는 배당요구의 종기를 최초의 배당요구종기결정일부터 6월 이후로 연기하여서는 아니 된다.

⑥ 배당요구의 종기를 새로 정하거나 정하여진 종기를 연기한 경우에는 제1항 내지 제3항의 규정을 준용한다. 다만, 이미 배당요구 또는 채권신고를 한 사람에 대하여는 새로 정하여지거나 연기된 배당요구의 종기를 고지할 필요가 없다.

제7조 (매각기일 또는 입찰기간등의 공고)

① 매각기일 또는 입찰기간등의 공고는 법원게시판에 게시하는 방법으로 한다. 이 경우 법원게시판에는 그 매각기일이 지정된 사건목록과 매각기일의 일시·장소 및 업무담당부서만을 게시하고 (기간입찰에서는 입찰기간도 게시) 이와 함께 전체 공고사항이 기재된 공고문은 ○○○에서 열람할 수 있다는 취지의 안내문을 붙이고, 그 공고문을 집행과 사무실(그 밖에 적당한 장소를 포함한다. 이하 같다)에 비치하여 열람에 제공하는 방식으로 공고할 수 있다.

② 첫 매각기일 또는 입찰기간등을 공고하는 때에는 제1항의 공고와는 별도로 공고사항의 요지를 신문에 게재하여야 하며, 그 게재방식과 게재절차는 다음의 기준을 따라야 한다.

가. 기일입찰의 신문공고 내용은 [전산양식 A3356]에 따라, 기간입찰의 신문공고 내용은 [전산양식 A3390]에 따라 알아보기 쉽게 작성하여야 한다.

나. 매각기일 또는 입찰기간등의 공고문은 아파트, 다세대주택,

단독주택, 상가, 대지, 전·답, 임야 등 용도별로 구분하여 작성하고, 감정평가액과 최저매각가격을 함께 표시하여야 하며, 아파트·상가 등의 경우에는 면적란에 등기부상의 면적과 함께 모델명(평형 등)을 표시할 수 있다.

다. 매각기일 또는 입찰기간등의 공고문에는 그 매각기일에 진행할 사건 중 첫 매각기일 또는 입찰기간등으로 진행되는 사건만을 신문으로 공고하며, 속행사건에 대하여는 인터넷 법원경매공고란에 게시되어 있다는 사실을 밝혀야 한다.

라. 신문공고비용은 공고비용 총액을 각 부동산이 차지하는 공고지면의 비율에 따라 나누어 각 사건의 경매예납금 중에서 지출하여야 한다.

③ 법원사무관등은 제1항과 제2항에 규정된 절차와는 별도로 공고사항의 요지를 매각기일 또는 입찰기간 개시일의 2주 전까지 인터넷 법원경매공고란에 게시하여야 한다.

제8조 (매각물건명세서의 작성·비치 등)

① 매각물건명세서는 매 매각기일 또는 입찰기간 개시일 1주 전까지 작성하여 그 원본을 경매기록에 가철하여야 하고, 이 경우 다른 문서의 내용을 인용하는 방법(예컨대, 현황조사보고서 기재와 같음)으로 작성하여서는 아니된다.

② 인수 여부가 불분명한 임차권에 관한 주장이 제기된 경우에는 매각물건명세서의 임대차 기재란에 그 임차권의 내용을 적고 비고란에 ○○○가 주장하는 임차권은 존부(또는 대항력 유무)가 불분명함이라고 적는다.

③ 매각물건명세서에는 최저매각가격과 함께 매각목적물의 감정평가액을 표시하여야 한다.

④ 매각물건명세서·현황조사보고서 및 감정평가서의 사본은 일괄

편철하여 매각기일 또는 입찰기간 개시일 1주 전까지 사건별·기일별로 구분한 후 집행과 사무실 등에 비치하여 매수희망자가 손쉽게 열람할 수 있게 하여야 한다. 다만, 현황조사보고서에 첨부한 주민등록 등·초본은 비치하지 아니한다.

⑤ 법원은 전자적으로 작성되거나 제출된 매각물건명세서·현황조사보고서 및 감정평가서의 기재내용을 전자통신매체로 열람하게 하거나 그 출력물을 비치함으로써 그 사본의 비치에 갈음할 수 있다.

제9조 (매각물건명세서의 정정·변경 등)

① 매각물건명세서의 사본을 비치한 이후에 그 기재 내용을 정정·변경하는 경우에 판사(사법보좌관)는 정정·변경된 부분에 날인하고 비고란에 "200○.○.○. 정정·변경"이라고 적는다. 권리관계의 변동이 발생하여 매각물건명세서를 재작성하는 때에는 기존의 매각물건명세서에 "200○.○.○. 변경전", 재작성된 매각물건명세서에 "200○.○.○. 변경 후"라고 적는다. 다만, 전자화된 매각물건명세서의 경우에는 새로 작성하는 매각물건명세서의 비고란에 정정·변경된 내용을 기재하고 "200○.○.○. 정정·변경"이라고 적고 날인은 사법전자서명으로 한다.

② 매각물건명세서의 정정·변경이 그 사본을 비치한 이후에 이루어진 경우에 정정·변경된 내용이 매수신청에 영향을 미칠 수 있는 사항(예컨대, 대항력 있는 임차인의 추가)이면 매각기일 또는 입찰기간등을 변경하여야 한다.

③ 매각물건명세서의 정정·변경이 매각물건명세서의 사본을 비치하기 전에 이루어져 당초 통지·공고된 매각기일에 매각을 실시하는 경우에 다음 각호와 같이 처리한다.

1. 기일입찰에서는 집행관이 매각기일에 매각을 실시하기 전에

그 정정 · 변경된 내용을 고지한다.

2. 기간입찰에서는 법원사무관등이 집행과 및 집행관 사무실 게시판에 그 정정 · 변경된 내용을 게시한다.

제10조 (사건목록 등의 작성)

① 법원사무관등은 매각기일이 지정된 때에는 매각할 사건의 사건번호를 적은 사건목록을 3부 작성하여, 1부는 제7조 제1항의 규정에 따른 공고시에 법원게시판에 게시하고(게시판에 게시하는 사건목록에는 공고일자를 적어야 한다), 1부는 담임법관(사법보좌관)에게, 나머지 1부는 집행관에게 보내야 한다.

② 법원사무관등은 기간입찰의 공고후 즉시 입찰기간 개시일 전까지 법원보관금 취급점(이하 "취급점"이라고 한다)에 매각물건의 표시 및 매각조건등에 관한 사항을 전송하여야 한다.

제11조 (경매사건기록의 인계)

① 매각기일이 지정되면 법원사무관등은 경매사건기록을 검토하여 매각기일을 여는 데 지장이 없는 사건기록은 매각기일 전날 일괄하여 집행관에게 인계하고 매각기일부(전산양식 A3355)의 기록인수란에 영수인을 받아야 한다. 다만, 기간입찰의 경우 법원사무관등은 입찰기간 개시일 이전에 매각명령의 사본을 집행관에게 송부하고 매각명령 영수증(전산양식 A3343)에 영수인을 받아 기록에 편철한다.

② 법원사무관등은 매각기일이 지정된 사건 중 제1항의 규정에 따라 집행관에게 인계된 사건기록 외의 사건기록은 즉시 담임법관(사법보좌관)에게 인계하고 그 사유를 보고한 뒤 담임법관(사법보좌관)의 지시에 따라 처리하여야 한다.

③ 전자기록사건에 있어서는 매각기일이 지정된 사건기록에 대하여

집행관은 매각기일 전날부터 5일간 열람할 수 있으며, 이 열람으로 경매사건기록의 집행관 인계에 갈음한다. 이 기간 이외에는 집행관은 일반 열람신청의 방법에 의하여 경매사건기록을 열람할 수 있다.

제12조 (매각명령의 확인)

집행관은 법원으로부터 인계받은 기록에 매각명령이 붙어 있는지를 확인한다. 기일입찰의 경우 기록에 매각명령이 붙어 있지 아니한 때에는 법원에 매각절차를 진행할지 여부를 확인하여야 한다.

제13조 (기일입찰에서의 매각사건목록과 매각물건명세서 비치)

① 집행관은 매각기일에 [전산양식 A3357]에 따라 매각사건목록을 작성하여 매각물건명세서·현황조사보고서 및 평가서의 사본과 함께 경매법정, 그 밖에 매각을 실시하는 장소(이하 "경매법정등"이라고 한다)에 비치 또는 게시하여야 한다.

② 제1항의 규정에 따라 비치하는 매각물건명세서·현황조사보고서 및 평가서의 사본은 사건 단위로 분책하여야 한다. 다만, 매각물건명세서·현황조사보고서 및 감정평가서의 기재내용을 전자통신매체로 열람하게 함으로써 그 사본의 비치에 갈음하는 경우에는 사건 단위로 열람할 수 있도록 한다.

제14조 (입찰표등의 비치)

① 기일입찰의 경우 집행과 사무실과 경매법정등에는 기일입찰표(전산양식 A3360), 매수신청보증봉투(전산양식 A3361), 기일입찰봉투(전산양식 A3362, A3363), 공동입찰신고서(전산양식 A3364), 공동입찰자목록(전산양식 A3365)을 비치하여야 한다.

② 기간입찰의 경우 집행과 및 집행관 사무실에 기간입찰표(전산양

식 A3392), 기간입찰봉투(전산양식 A3393, A3394), 법원보관금취급규칙의 별지 제7-1호 서식(입금증명서), 공동입찰신고서(전산양식 A3364), 공동입찰자목록(전산양식 A3365)을 비치하여야 한다.

③ 기간입찰의 경우 집행과 및 집행관 사무실에 주의사항(전산양식 A3400)과 필요사항을 적은 기간입찰표 견본을 비치하여야 한다.

제15조 (기일입찰에서의 기일입찰표 견본과 주의사항 게시)

기일입찰을 실시함에 있어서는 경매법정등의 후면에 제31조 제2호 내지 제13호의 주의사항을 게시하고, 기일입찰표 기재 장소에 필요사항을 적은 기일입찰표 견본을 비치하여야 한다.

제3장 기간입찰에서의 입찰 등

제16조 (매수신청보증)

① 기간입찰에서 매수신청보증의 제공은 입금증명서 또는 보증서에 의한다.

② 기간입찰봉투가 입찰함에 투입된 후에는 매수신청보증의 변경, 취소가 허용되지 않는다.

제17조 (매각기일의 연기)

매각기일의 연기는 허용되지 않는다. 다만, 연기신청이 입찰공고전까지 이루어지고, 특별한 사정이 있는 경우에 한하여 그러하지 아니하다.

제18조 (매수신청)

매수신청은 기간입찰표를 입금증명서 또는 보증서와 함께 기간입찰봉투에 넣어 봉인한 다음 집행관에게 직접 또는 등기우편으로 부치는 방식으로 제출되어야 한다.

제19조 (매수신청인의 자격증명등)

① 매수신청인의 자격 증명은 개인이 입찰하는 경우 주민등록표등·초본, 법인의 대표자 등이 입찰하는 경우 법인등기사항증명서, 법정대리인이 입찰하는 경우 가족관계증명서, 임의대리인이 입찰하는 경우 대리위임장, 인감증명서(「본인서명사실 확인 등에 관한 법률」에 따라「인감증명법」에 의한 인감증명을 갈음하여 사용할 수 있는 본인서명사실확인서와 전자본인서명확인서의 발급증을 포함한다. 이하 같다), 2인 이상이 공동입찰하는 경우 공동입찰신고서 및 공동입찰자목록으로 한다.

② 제1항의 서류등은 기간입찰봉투에 기간입찰표와 함께 넣어 제출되어야 한다.

제19조의2 (매수신청시 대리권을 증명하는 서면에 첨부되는 서면으로 전자본인서명확인서의 발급증이 제출된 경우의 특칙)

① 집행관이 제19조제1항에 따라 전자본인서명확인서의 발급증을 제출받았을 때에는 전자본인서명확인서 발급시스템에 발급번호를 입력하고 전자본인서명확인서를 확인하여야 한다.

② 전자본인서명확인서 발급시스템의 장애 등으로 인하여 집행관이 전자본인서명확인서를 확인할 수 없는 경우에는 해당입찰표를 개찰에 포함하여 매각절차를 진행하고, 매수신청인에게 매각기일의 다음날까지 인감증명서 또는 본인서명사실확인서를 제출할 것을 요구할 수 있다. 이 경우 매수신청인은 이미 제출된 위임장 등을 인감증명서 또는 본인서명사실확인서에 맞게 보정하여야 한다. 다만, 매각기일의 다음날까지 장애가 제거된 경우에는

제1항에 따른다.

③ 집행관 외의 기관, 법인 또는 단체에서 전자본인서명확인서를 열람한 사실이 확인된 경우에는 제2항에 따른다.

④ 매수신청인이 제2항에 따른 인감증명서 또는 본인서명사실확인서 제출 등을 이행하지 아니하는 경우에는 해당입찰표는 무효로 본다. 이 경우, 매수신청보증의 처리는 제5장(입찰절차 종결 후의 처리)에 따른다.

제19조의3 (준용규정)

본인서명사실확인서 또는 전자본인서명확인서의 발급증이 첨부된 소송서류 기타 사건관계서류가 제출된 경우의 처리절차는 이 예규에서 특별한 규정이 있는 경우를 제외하고는 그 성질에 반하지 아니하는 한 「본인서명사실 확인 등에 관한 법률에 따른 재판사무 등 처리지침(재일 2012-2)」의 규정을 준용한다.

제20조 (직접 제출)

① 집행관에 대한 직접 제출의 경우에는 입찰기간 중의 평일 09:00부터 12:00까지, 13:00부터 18:00까지 사이에 집행관 사무실에 접수하여야 한다.

② 입찰기간의 개시전 또는 종료 후에 제출된 경우 집행관등은 이를 수령하여서는 안된다.

③ 집행관등은 기간입찰봉투에 매각기일의 기재 여부를 확인하고, 기간입찰봉투의 앞면 여백에 접수일시가 명시된 접수인을 날인한 후 접수번호를 기재한다. 그후 집행관등은 기간입찰 접수부(전산양식 A3395)에 전산등록하고, 기간입찰봉투를 입찰함에 투입한다.

④ 집행관등은 제출자에게 입찰봉투접수증(전산양식 A3396)을 작성

하여 교부한다.

⑤ 매수신청인이 제1항의 접수시간 이외에는 기간입찰봉투를 당직근무자에게 제출할 수 있다. 이때 당직근무자는 주민등록증등으로 제출자를 확인한 다음, 기간입찰봉투에 매각기일의 기재 여부, 기간입찰봉투를 봉한 후 소정의 위치에 날인한 여부를 확인한 후 기간입찰봉투 앞면 여백에 제출자의 이름을 기재하고, 접수일시가 명시된 접수인을 날인한 후 문건으로 접수한다.

⑥ 당직근무자는 즉시 제출자에게 접수증(전산양식 A1173)을 교부하고, 다음 날 근무시작 전 집행관사무실에 기간입찰봉투를 인계하고 법원재판사무처리규칙의 별지 제2호 서식(문서사송부) 수령인란에 집행관등의 영수인을 받는다.

제21조 (우편 제출)

① 우편 제출의 경우 입찰기간 개시일 00:00시부터 종료일 24:00까지 접수되어야 한다.

② 집행관등은 기간입찰봉투에 매각기일의 기재 여부를 확인하고, 기간입찰봉투의 앞면 여백에 접수일시가 명시된 접수인을 날인한 후 접수번호를 기재한다. 그후 집행관등은 기간입찰접수부에 전산등록하고, 기간입찰봉투를 입찰함에 투입한다.

제22조 (입찰의 철회등)

기간입찰봉투가 입찰함에 투입된 후에는 입찰의 철회, 입찰표의 정정·변경등이 허용되지 않는다.

제23조 (기간입찰봉투등의 흠에 대한 처리)

① 집행관등은 기간입찰봉투와 첨부서류에 흠이 있는 경우 별지 1, 2 처리기준에 의하여 처리한다.

② 집행관등은 흠이 있는 경우 기간입찰봉투 앞면에 빨간색 펜으로 그 취지를 간략히 표기(기간도과, 밀봉안됨, 매각기일 미기재, 미등기우편, 집행관등이외의 자에 제출등)한 후 입찰함에 투입한다.

제24조 (기간입찰봉투의 보관)

① 집행관은 개찰기일별로 구분하여, 잠금장치가 되어 있는 입찰함에 기간입찰봉투를 넣어 보관하여야 한다. 잠금장치에는 봉인을 하고, 입찰기간의 종료후에는 투입구도 봉인한다.
② 집행관은 매각기일까지 입찰함의 봉인과 잠금상태를 유지하고, 입찰함을 캐비닛식 보관용기에 넣어 보관하여야 한다.
③ 집행관등은 입찰상황이 외부에 알려지지 않도록 주의하여야 한다.

제25조 (경매신청 취하등)

① 경매신청의 취하 또는 경매절차의 취소, 집행정지등의 서면이 제출된 경우 법원사무관등은 즉시 집행관에게 이를 교부하고, 인터넷 법원경매공고란에 그 사실을 게시하여야 한다.
② 집행관은 제1항에 관한 사건번호, 물건번호, 매각기일등을 집행관 사무실의 게시판에 게시하여야 한다.

제4장 매각기일의 절차

제1절 총 칙

제26조 (매각기일의 진행)

① 매각기일은 법원이 정한 매각방법에 따라 집행관이 진행한다.
② 집행관은 그 기일에 실시할 사건의 처리에 필요한 적절한 인원

의 집행관등을 미리 경매법정등에 배치하여 매각절차의 진행과 질서유지에 지장이 없도록 하여야 한다.

③ 법원은 매각절차의 감독과 질서유지를 위하여 법원사무관등으로 하여금 경매법정등에 참여하도록 할 수 있다.

제27조 (매각실시방법의 개요 설명)

집행관은 매각기일에 매각절차를 개시하기 전에 매각실시 방법의 개요를 설명하여야 한다.

제2절 기일입찰

제28조 (매수신청보증)

기일입찰에서 매수신청보증의 제공은 현금·자기앞수표 또는 보증서에 의한다.

제29조 (매각실시전 고지)

집행관은 특별매각조건이 있는 때에는 매수신고의 최고 전에 그 내용을 명확하게 고지하여야 한다.

제30조 (매수신청인의 자격 등)

① 집행관은 주민등록증, 그 밖의 신분을 증명하는 서면이나 대리권을 증명하는 서면에 의하여 매수신청인이 본인인지 여부, 행위능력 또는 정당한 대리권이 있는지 여부를 확인함으로써 매수신청인의 자격흠결로 인한 분쟁이 생기지 않도록 하여야 한다.

② 법인이 매수신청을 하는 때에는 제1항의 예에 따라 매수신청을 하는 사람의 자격을 확인하여야 한다.

③ 집행관은 채무자와 재매각절차에서 전의 매수인은 매수신청을 할 수 없음을 알려야 한다.

제30조의2 (준용규정)

기일입찰에서 매수신청시 대리권을 증명하는 서면에 첨부되는 서면으로 전자본인서명확인서의 발급증이 제출된 경우에는 제19조의2 및 제19조의3을 준용한다.

제31조 (입찰사항 · 입찰방법 및 주의사항 등의 고지)

집행관은 매각기일에 입찰을 개시하기 전에 참가자들에게 다음 각 호의 사항을 고지하여야 한다.

1. 매각사건의 번호, 사건명, 당사자(채권자, 채무자, 소유자), 매각물건의 개요 및 최저매각가격
2. 일괄매각결정이 있는 사건의 경우에는 일괄매각한다는 취지와 각 물건의 합계액
3. 매각사건목록 및 매각물건명세서의 비치 또는 게시장소
4. 기일입찰표의 기재방법 및 기일입찰표는 입찰표 기재대, 그 밖에 다른 사람이 엿보지 못하는 장소에서 적으라는 것
5. 현금(또는 자기앞수표)에 의한 매수신청보증은 매수신청보증봉투(흰색 작은 봉투)에 넣어 1차로 봉하고 날인한 다음 필요사항을 적은 기일입찰표와 함께 기일입찰봉투(황색 큰 봉투)에 넣어 다시 봉하여 날인한 후 입찰자용 수취증 절취선상에 집행관의 날인을 받고 집행관의 면전에서 입찰자용 수취증을 떼어 내 따로 보관하고 기일입찰봉투를 입찰함에 투입하라는 것, 보증서에 의한 매수신청보증은 보증서를 매수신청보증봉투(흰색 작은 봉투)에 넣지 않고 기일입찰표와 함께 기일입찰봉투(황색 큰 봉투)에 함께 넣어 봉하여 날인한 후 입찰자용

수취증 절취선상에 집행관의 날인을 받고 집행관의 면전에서 입찰자용 수취증을 떼어 내 따로 보관하고 기일입찰봉투를 입찰함에 투입하라는 것 및 매수신청보증은 법원이 달리 정하지 아니한 이상 최저매각가격의 1/10에 해당하는 금전, 은행법의 규정에 따른 금융기관이 발행한 자기앞수표로서 지급제시기간이 끝나는 날까지 5일 이상의 기간이 남아 있는 것, 은행등이 매수신청을 하려는 사람을 위하여 일정액의 금전을 법원의 최고에 따라 지급한다는 취지의 기한의 정함이 없는 지급보증위탁계약이 매수신청을 하려는 사람과 은행등 사이에 맺어진 사실을 증명하는 문서이어야 한다는 것

6. 기일입찰표의 취소, 변경, 교환은 허용되지 아니한다는 것
7. 입찰자는 같은 물건에 관하여 동시에 다른 입찰자의 대리인이 될 수 없으며, 한 사람이 공동입찰자의 대리인이 되는 경우 외에는 두 사람 이상의 다른 입찰자의 대리인으로 될 수 없다는 것 및 이에 위반한 입찰은 무효라는 것
8. 공동입찰을 하는 때에는 기일입찰표에 각자의 지분을 분명하게 표시하여야 한다는 것
9. 입찰을 마감한 후에는 매수신청을 받지 않는다는 것
10. 개찰할 때에는 입찰자가 참석하여야 하며, 참석하지 아니한 경우에는 법원사무관등 상당하다고 인정되는 사람을 대신 참석하게 하고 개찰한다는 것
11. 제34조에 규정된 최고가매수신고인등의 결정절차의 요지
12. 공유자는 집행관이 매각기일을 종결한다는 고지를 하기 전까지 매수신청보증을 제공하고 우선매수신고를 할 수 있으며, 우선매수신고에 따라 차순위매수인으로 간주되는 최고가매수신고인은 매각기일이 종결되기 전까지 그 지위를 포기할 수 있다는 것

13. 최고가매수신고인 및 차순위매수신고인 외의 입찰자에게는 입찰절차의 종료 즉시 매수신청보증을 반환하므로 입찰자용 수취증과 주민등록증을 갖고 반환신청 하라는 것
14. 이상의 주의사항을 장내에 게재하여 놓았으므로 잘 읽고 부주의로 인한 불이익을 받지 말라는 것

제32조 (입찰의 시작 및 마감)

① 입찰은 입찰의 개시를 알리는 종을 울린 후 집행관이 입찰표의 제출을 최고하고 입찰마감시각과 개찰시각을 고지함으로써 시작한다.

② 입찰은 입찰의 마감을 알리는 종을 울린 후 집행관이 이를 선언함으로써 마감한다. 다만, 입찰표의 제출을 최고한 후 1시간이 지나지 아니하면 입찰을 마감하지 못한다.

제33조 (개찰)

① 개찰은 입찰마감시각으로부터 10분 안에 시작하여야 한다.

② 개찰할 때에 입찰자가 한 사람도 출석하지 아니한 경우에는 법원사무관등 상당하다고 인정되는 사람을 참여하게 한다.

③ 개찰을 함에 있어서는 입찰자의 면전에서 먼저 기일입찰봉투만 개봉하여 기일입찰표에 의하여 사건번호(필요시에는 물건번호 포함), 입찰목적물, 입찰자의 이름 및 입찰가격을 부른다.

④ 집행관은 제출된 기일입찰표의 기재에 흠이 있는 경우에 별지 3 처리기준에 의하여 기일입찰표의 유·무효를 판단한다.

⑤ 현금·자기앞수표로 매수신청보증을 제공한 경우 매수신청보증 봉투는 최고의 가격으로 입찰한 사람의 것만 개봉하여 정하여진 보증금액에 해당하는 여부를 확인한다. 매수신청보증이 정하여진 보증금액에 미달하는 경우에는 그 입찰자의 입찰을 무효로 하

고, 차순위의 가격으로 입찰한 사람의 매수신청보증을 확인한다.

⑥ 보증서로 매수신청보증을 제공한 경우 보증서는 최고의 가격으로 입찰한 사람의 것만 정하여진 보증금액에 해당하는 여부를 확인한다. 보증서가 별지 5 무효사유에 해당하는 경우에는 그 입찰자의 입찰을 무효로 하고, 차순위 가격으로 입찰한 사람의 매수신청보증을 확인한다.

제34조 (최고가매수신고인등의 결정)

① 최고의 가격으로 입찰한 사람을 최고가매수신고인으로 한다. 다만, 최고의 가격으로 입찰한 사람이 두 사람 이상일 경우에는 그 입찰자들만을 상대로 추가입찰을 실시한다.

② 제1항 단서의 경우에는 입찰의 실시에 앞서 기일입찰표의 기재는 최초의 입찰표 기재방식과 같다.

③ 제1항 단서의 경우에 추가입찰의 자격이 있는 사람 모두가 추가입찰에 응하지 아니하거나 또는 종전 입찰가격보다 낮은 가격으로 입찰한 때에는 그들 중에서 추첨에 의하여 최고가매수신고인을 정하며, 두 사람 이상이 다시 최고의 가격으로 입찰한 때에는 그들 중에서 추첨에 의하여 최고가매수신고인을 정한다. 이때 입찰자 중 출석하지 아니한 사람 또는 추첨을 하지 아니한 사람이 있는 경우에는 법원사무관등 상당하다고 인정되는 사람으로 하여금 대신 추첨하게 된다.

④ 최고가매수신고액에서 매수신청보증을 뺀 금액을 넘는 금액으로 매수신고를 한 사람으로서 법 제114조의 규정에 따라 차순위매수신고를 한 사람을 차순위매수신고인으로 한다. 차순위매수신고를 한 사람이 두 사람 이상인 때에는 매수신고가격이 높은 사람을 차순위매수신고인으로 정하고, 신고한 매수가격이 같을 때에는 추첨으로 차순위매수신고인을 정한다.

제35조 (종결)

① 최고가매수신고인을 결정하고 입찰을 종결하는 때에는 집행관은 "○○○호 사건에 관한 최고가매수신고인은 매수가격 ○○○원을 신고한 ○○(주소)에 사는 ○○○(이름)입니다. 차순위매수신고를 할 사람은 신고하십시오"하고 차순위매수신고를 최고한 후, 차순위매수신고가 있으면 차순위매수신고인을 정하여 "차순위매수신고인은 매수가격 ○○○원을 신고한 ○○(주소)에 사는 ○○○(이름)입니다"라고 한 다음, "이로써 ○○○호 사건의 입찰절차가 종결되었습니다"라고 고지한다.

② 입찰을 마감할 때까지 허가할 매수가격의 신고가 없는 때에는 집행관은 즉시 매각기일의 마감을 취소하고 같은 방법으로 매수가격을 신고하도록 최고할 수 있다.

③ 매수가격의 신고가 없어 바로 매각기일을 마감하거나 제2항의 최고에 대하여 매수가격의 신고가 없어 매각기일을 최종적으로 종결하는 때에는 사건은 입찰불능으로 처리하고 "○○○호 사건은 입찰자가 없으므로 입찰절차를 종결합니다"라고 고지한다.

제3절 기간입찰

제36조 (입금내역통지)

취급점은 집행관의 요청에 따라 매각기일 전날 입금내역서(전산양식 A3397)를 출력하여 집행관에게 송부하여야 한다.

제37조 (개찰)

① 집행관은 매각기일에 입찰함을 경매법정에 옮긴 후, 입찰자의 면전에서 개함한다. 다만, 개찰할 때에 입찰자가 한 사람도 출석하지 아니한 경우에는 법원사무관등 상당하다고 인정되는 사람

을 참여하게 한다.

② 집행관은 개찰하기에 앞서 차순위매수신청인의 자격 및 신청절차를 설명한다. 개찰을 함에 있어서는 입찰자의 면전에서 먼저 기간입찰봉투를 개봉하여 기간입찰표에 의하여 사건번호(필요시에는 물건번호 포함), 입찰목적물, 입찰자의 이름 및 입찰가격을 부른다.

③ 집행관은 기간입찰표의 기재나 첨부서류에 흠이 있는 경우에는 별지 2, 4 처리기준에 의하여 기간입찰표의 유·무효를 판단한다.

④ 매수신청보증은 최고의 가격으로 입찰한 사람의 것만 정하여진 보증금액에 해당하는 여부를 확인한다. 입금증명서상 입금액이 정하여진 보증금액에 미달하거나 보증서가 별지 5 무효사유에 해당하는 경우에는 그 입찰자의 입찰을 무효로 하고, 차순위의 가격으로 입찰한 사람의 매수신청보증을 확인한다.

⑤ 집행관은 제23조에 의하여 입찰에 포함시키지 않는 기간입찰봉투도 개봉하여 그 입찰가액이 최고가 또는 차순위 가액인 경우 부적법 사유를 고지한다.

제38조 (최고가매수신고인등의 결정)

① 최고의 가격으로 입찰한 사람을 최고가매수신고인으로 한다. 다만, 최고의 가격으로 입찰한 사람이 두 사람 이상일 경우에는 그 입찰자들만을 상대로 기일입찰의 방법으로 추가입찰을 실시한다.

② 매각기일에 출석하지 아니한 사람에게는 추가입찰 자격을 부여하지 아니한다. 집행관은 출석한 사람들로 하여금 제1항 단서의 방법으로 입찰하게 하고, 출석한 사람이 1인인 경우 그 사람에 대하여만 추가입찰을 실시한다.

③ 제34조 제3항 및 제4항은 이를 준용한다.

제39조 (종결)

① 제35조 제1항은 이를 준용한다.

② 매수가격의 신고가 없는 경우 집행관은 매각기일을 마감하고, "○○○호 사건은 입찰자가 없으므로 입찰절차를 종결합니다"라고 고지한다.

제5장 입찰절차 종결 후의 처리

제1절 현금·자기앞수표인 매수신청보증의 처리

제40조 (반환절차)

① 입찰절차의종결을 고지한 때에는 최고가매수신고인 및 차순위매수신고인 외의 입찰자로부터 입찰자용 수취증을 교부받아 기일입찰봉투의 연결번호 및 간인과의 일치여부를 대조하고, 아울러 주민등록증을 제시받아 보증제출자 본인인지 여부를 확인한 후 그 입찰자에게 매수신청보증을 즉시 반환하고 기일입찰표 하단의 영수증란에서명 또는 날인을 받아 매각조서에 첨부한다.

② 법원이 정한 보증금액을 초과하여 매수신청보증이 제공된 경우 집행관과 법원사무관등은 다음 각 호와 같이 처리한다.

1. 집행관은 매각기일에 즉시 제1항의 규정에 따라 매수신청보증 중 초과금액을 반환하고 기일입찰표 하단 영수증란에 반환한 금액을 기재한다. 그러나 즉시 반환할 수 없는 경우(예컨대, 자기앞수표로 제출되어 즉시 반환할 수 없는 경우)에는 집행기록의 앞면 오른쪽 위에 "초과금반환필요"라고 기재한 부전지를 붙인다.
2. 법원사무관등은 매수인이 매각대금을 납부하지 않아 재매각되거나, 최고가매수신고인, 차순위매수신고인 또는 매수인이

매각대금 납부 전까지 반환을 요구한 때에는 취급점에 매수신청보증 중 초과금액을 분리하도록 분리요청을 전송하여야 한다.

제40조의2 (기간입찰에서의 반환절차)

① 매각기일에 매수신청인이 반환을 요구하는 때에는 집행관은 주민등록증등으로 본인인지 여부를 확인한 후 매수신청인에게 매수신청보증을 즉시 반환하고, 기간입찰표 하단의 보증의 제공방법란에 빨간색 펜등으로 "현금 또는 자기앞수표 제출"이라고 기재한 후 기간입찰표 하단의 영수인란에 서명 또는 날인을 받아 매각기일조서에 첨부한다.

② 매각기일에 매수신청인이 반환을 요구하지 아니한 때에는 집행관은 매각기일 당일 법원보관금취급규칙의 별지 1-4호 서식(법원보관금납부서)을 이용하여 "납부당사자 사용란"에 매수신청인의 이름·주민등록번호 등을 기재한 후 "납부당사자 기명날인란"에 대리인 집행관 ○○○라고 기명날인하고, 이를 제출된 현금 또는 자기앞수표와 함께 보관금 취급점에 제출한다.

제41조 (납부)

집행관은 입찰절차를 종결한 때에는 최고가매수신고인 및 차순위매수신고인이 제출한 매수신청보증을 즉시 취급점에 납부한다.

제2절 입금증명서인 매수신청보증의 처리

제42조 (반환절차)

① 집행관은 입찰절차의 종결 후 즉시 최고가매수신고인과 차순위매수신고인을 제외한 다른 매수신고인의 입금증명서 중 확인란

을 기재하여 세입세출외현금출납공무원(이하 출납공무원이라고 한다)에게 송부한다.

② 입금증명서를 제출하지 아니한 사람은 입금증명서를 작성한 후 법원사무관등에게 제출하고, 법원사무관등은 확인란을 기재하여 출납공무원에게 송부한다.

③ 입금증명서가 제출되지 아니한 경우 법원사무관등은 담임법관(사법보좌관)으로부터 법원보관금취급규칙의 별지 제7호 서식의 법원보관금출급명령서를 발부받아 출납공무원에게 송부한다.

④ 입금증명서에 법원이 정한 보증금액을 초과하여 매수신청보증이 제공된 경우 집행관과 법원사무관등은 제40조제2항의 규정에 따라 매수신청보증 중 초과금액을 처리한다.

제43조 (통지)

집행관은 입찰절차를 종결한 때에는 매각통지서(전산양식 A3398)를 작성하여 취급점에 통지하여야 한다.

제3절 보증서인 매수신청보증의 처리

제44조 (반환절차)

① 최고가매수신고인과 차순위매수신고인을 제외한 다른 매수신고인이 입찰절차 종결후 경매법정에서 보증서의 반환을 신청하는 경우 집행관은 다음 각호와 같이 처리한다.

1. 기일입찰에서는 신청인으로부터 입찰자용 수취증을 교부받아 기일입찰봉투의 연결번호 및 간인과의 일치 여부를 대조하고 아울러 주민등록증을 제시받아 보증의 제출자 본인인지 여부를 확인한 후 그 입찰자에게 보증서를 즉시 반환하고 기일입찰표 하단의 영수증란에 서명 또는 날인을 받아 매각조서에

첨부한다.

2. 기간입찰에서는 주민등록증을 제시받아 보증의 제출자 본인인지 여부를 확인한 후 그 입찰자에게 보증서를 즉시 반환하고 기간입찰표 하단의 영수증란에 서명 또는 날인을 받아 매각조서에 첨부한다.

② 최고가매수신고인과 차순위매수신고인을 제외한 다른 매수신고인이 기록이 법원에 송부된 후 보증서의 반환을 신청하는 경우 법원사무관등은 신청인으로부터 주민등록증을 제시받아 보증서의 제출자 본인인지 여부를 확인한 다음, 입찰표 하단의 영수증란에 서명 또는 날인을 받고, 그 입찰자에게 보증서를 반환한다.

제45조 (보증료 환급을 위한 확인)

다음 각호의 경우 입찰자로 하여금 보증료(보험료)의 전부 또는 일부를 환급받을 수 있도록, 기록이 집행관에 있는 때에는 집행관이, 법원에 있는 때에는 법원사무관등이 제출된 보증서 뒷면의 법원확인란 중 해당 항목에 √ 표시 및 기명날인을 한 다음 원본을 입찰자에게 교부하고, 그 사본을 기록에 편철한다.

1. 입찰에 참가하지 않은 경우
2. 매각기일전 경매신청의 취하 또는 경매절차의 취소가 있었던 경우
3. 별지 5 보증서의 무효사유에 해당하는 경우

제46조 (보증금의 납부최고)

① 법원은 다음 각호의 사유가 발생한 경우 보증금납부최고서(전산양식 A3399)를 작성한 다음 보증서 사본과 함께 보증서를 발급한 은행등에 보증금의 납부를 등기우편으로 최고하고, 그 사본을 작성하여 기록에 편철한다.

1. 매수인이 대금지급기한까지 그 매각대금 전액을 납입하지 아니하고, 차순위매수신고인에 대한 매각허가결정이 있는 경우
2. 차순위매수신고인이 없는 상태에서 매수인이 재매각기일 3일 전까지 매각대금 전액을 납입하지 아니한 경우
3. 매각조건불이행으로 매각불허가결정이 확정된 경우

② 매수인이 차액지급신고(전산양식 A3427) 또는 채무인수신고(전산양식 A3428)를 하고, 배당기일에 그 차액을 지급하지 아니하는 경우에 매수인이 납입해야 될 금액이 보증금의 한도내에 있을 때에는 배당기일을 연기하고, 법원은 즉시 보증금납부최고서를 작성한 다음 보증서의 사본과 함께 보증서를 발급한 은행등에 보증금의 납부를 등기우편으로 최고하고, 그 사본을 작성하여 기록에 편철한다.

제47조 (통지)

법원사무관등은 최고가매수신고인이 매각대금을 납입한 때에는 매각통지서(전산양식 A3398)를 작성하여 취급점에 통지하여야 한다.

제48조 (보증금의 반환통지)

은행등의 보증금 납입 후 경매신청의 취하 또는 경매절차의 취소(이중경매사건에서는 후행사건도 취하 또는 취소되어야 한다)가 있는 경우 법원사무관등은 은행등에 보증금의 반환을 통지한다.

제6장 보 칙

제49조 (기록인계등)

① 집행관은 매각절차를 종결한 때에는 최고가매수신고인 및 차순

위매수신고인에 대한 정보를 전산으로 입력·전송한 후 사건기록을 정리하여 법원에 보내야 한다.

② 집행관은 전자기록사건에 있어서 매각절차를 종결한 때에는 최고가매수신고인 및 차순위매수신고인에 대한 정보를 전산으로 입력·전송하고, 입찰표, 입찰조서를 전자화하여 대한민국법원 전자소송시스템을 통하여 제출한다. 이 경우 전자화한 입찰표 원본도 정리하여 함께 법원에 보내야 한다.

제50조 (매각허가결정의 공고방법)

매각허가결정은 법원게시판에 게시하는 방법으로 공고하여야 한다.

제51조 (매각불허가결정의 이유 기재)

매각불허가결정에는 불허가의 이유를 적어야 한다.

제52조 (소유권이전등기의 촉탁)

① 매수인이 매각대금을 모두 낸 후 법원사무관등이 매수인 앞으로 소유권이전등기를 촉탁하는 경우 그 등기촉탁서상의 등기원인은 강제경매(임의경매)로 인한 매각으로, 등기원인일자는 매각대금을 모두 낸 날로 적어야 한다[기재 예시 : 200○.○.○. 강제경매(임의경매)로 인한 매각].

② 등기촉탁서에는 매각허가결정 등본을 붙여야 한다.

제52조의2 (등기필증 우편송부신청)

① 매수인은 우편에 의하여 등기필정보를 송부받기 위해서는 등기필정보 우편송부신청서(전산양식 A3429)를 작성하여 등기촉탁신청서와 함께 법원에 제출하여야 한다.

② 매수인이 수인인 경우에는 매수인 중 1인을 등기필정보 수령인으로 지정하고, 나머지 매수인들의 위임장 및 인감증명서를 제출하여야 한다.

③ 법원사무관등은 등기촉탁서 오른쪽 상단에 "등기필정보 우편송부신청"이라는 표시를 하고, 등기촉탁서에 등기필정보 송부용 주소안내문, 송달통지서와 우표처리송달부를 첨부한다.

④ 법원사무관등은 등기필정보 우편송부신청서, 송달실시기관으로부터 수령한 송달통지서를 기록에 편철하여야 한다.

제53조 (경매기록의 열람·복사)

① 경매절차상의 이해관계인(민사집행법 제90조, 제268조) 외의 사람으로서 경매기록에 대한 열람·복사를 신청할 수 있는 이해관계인의 범위는 다음과 같다.

1. 파산관재인이 집행당사자가 된 경우의 파산자인 채무자와 소유자
2. 최고가매수신고인과 차순위매수신고인, 매수인, 자기가 적법한 최고가 매수신고인 또는 차순위매수신고인임을 주장하는 사람으로서 매수신고시 제공한 보증을 찾아가지 아니한 매수신고인
3. 민법·상법, 그 밖의 법률에 의하여 우선변제청구권이 있는 배당요구채권자
4. 대항요건을 구비하지 못한 임차인으로서 현황조사보고서에 표시되어 있는 사람
5. 건물을 매각하는 경우의 그 대지 소유자, 대지를 매각하는 경우의 그 지상 건물 소유자
6. 가압류채권자, 가처분채권자(점유이전금지가처분 채권자를 포함한다)

7. 「부도공공건설임대주택 임차인 보호를 위한 특별법」의 규정에 의하여 부도임대주택의 임차인대표회의 또는 임차인 등으로부터 부도임대주택의 매입을 요청받은 주택매입사업시행자

② 경매기록에 대한 열람·복사를 신청하는 사람은 제1항 각호에 규정된 이해관계인에 해당된다는 사실을 소명하여야 한다. 다만, 이해관계인에 해당한다는 사실이 기록상 분명한 때에는 그러하지 아니하다.

③ 경매기록에 대한 복사청구를 하는 때에는 경매기록 전체에 대한 복사청구를 하여서는 아니되고 경매기록 중 복사할 부분을 특정하여야 한다.

제54조 (등기촉탁서의 송부방법)

① 경매절차에서 등기촉탁서를 등기소로 송부하는 때에는 민사소송법에 규정된 송달의 방법으로 하여야 한다. 다만, 청사 내의 등기과로 송부할 때에는 법원직원에게 하도록 할 수 있으나, 이 경우에도 이해관계인이나 법무사 등에게 촉탁서를 교부하여 송달하도록 하여서는 아니 된다.

② 매수인과 부동산을 담보로 제공 받으려고 하는 사람이 등기촉탁공동신청 및 지정서[전산양식 A3430]를 제출한 때에는 법원사무관등은 피지정자에게 등기촉탁서 및 피지정자임을 증명할 수 있는 확인서[전산양식 A3431]를 교부하고 피지정자로부터 영수증[전산양식 A3432]을 제출받는다.

③ 등기과(소)에서 촉탁서를 접수할 때에는 제2항의 피지정자임을 증명할 수 있는 확인서를 제출받는다.

제54조의2 (경매개시결정등기촉탁서 작성시 유의사항)

① 부동산가압류채권자가 동일 채권에 기한 집행권원을 얻어 강제경매신청을 한 때에는 법원사무관등은 경매개시결정등기촉탁서 등기목적란에 '강제경매개시결정등기(○번 가압류의 본압류로의 이행)'이라고 기재한다.

② 부동산가압류채권자의 승계인이 강제경매를 신청하는 때에도 제1항의 규정을 준용하되, 괄호 안에 '○번 가압류 채권의 승계'라고 기재한다.

제55조 (매수신고 대리인 명단의 작성)

집행관은 매월 5일까지 전월 1개월간 실시된 매각기일에 매수신청의 대리를 한 사람의 성명, 주민등록번호, 주소, 직업, 본인과의 관계, 본인의 성명, 주민등록번호, 매수신청 대리를 한 횟수 등을 적은 매수신청대리인 명단(전산양식 A3370)을 작성하여 법원에 제출하여야 한다.

제56조 (지배인 등이 타인에게 경매배당금 수령을 위임한 경우 대리권 증명서면)

지배인 또는 이에 준하는 법률상 대리인으로부터 경매배당금 등의 수령을 위임받은 사람은 다음과 같은 서류를 제출하여야 한다.

1. 위임장
2. 법인등기사항증명서(지배인 또는 법률상 대리인에 관한 사항이 나타나야 함)
3. 「상업등기법」 제11조에 따라 발행한 인감증명서

제57조 (전자기록사건에서의 배당실시절차)

채권자가 민사소송등에서의 전자문서 이용 등에 관한 규칙 제44조 제1항에 따라 집행권원이나 그 집행력 있는 정본(이하 "집행권원 등

"이라 한다)을 전자문서로 변환하여 제출한 경우에도 민사집행법 제159조의 배당을 실시할 때에는 채권자에게 집행권원 등을 전자문서가 아닌 본래의 형태로 제출하게 하여야 한다.

제58조 (전자기록사건에서 기계기구목록 등 영구보존문서의 편철)

① 전자소송 동의를 한 부동산경매신청인은 전산정보처리조직에 의하여 등기소에서 영구보존하는 문서 중 도면, 신탁원부, 공동담보목록(공동전세목록을 포함한다), 「공장 및 광업재단 저당법」 제6조에 따른 목록, 공장(광업)재단목록(이하 "영구보존문서 "라 한다)을 첨부문서로 제출하는 것에 갈음하여 해당 영구보존문서의 번호를 경매신청서에 기재할 수 있다.

② 부동산경매신청인이 영구보존문서의 번호를 기재하여 경매신청서를 제출한 경우 법원사무관등은 부동산등기시스템으로부터 해당 영구보존문서를 전송받은 후 기록에 편철할 수 있다.

부 칙

제1조 (시행시기) 이 예규는 2002. 7. 1.부터 시행한다.

제2조 (구 예규의 폐지) 경매절차개선을 위한 사무처리지침(재민 83-5)(재민 84-1), 부동산등의경매지침(재민 84-12), 부동산등에 대한 입찰실시에 관한 처리지침(재민 93-2), 경매·입찰 물건명세서의 작성 및 비치시 유의사항(재민 97-9) 및 경락대금 완납후 소유권이전등기의 촉탁시 유의사항(재민 97-12)을 폐지한다. 다만, 민사집행법 부칙과 민사집행규칙 부칙의 규정에 따라 구민사소송법과 구민사소송규칙이 적용되는 집행사건에 대하여는 위 각 예규(재민 93-2 제2조 제1항 제외)를 적용한다.

부 칙 (2003.12.31 제943호)

이 예규는 2004. 1. 1.부터 시행한다.

부 칙 (2016.12.20 제1631호)

이 예규는 2017년 1월 1일부터 시행한다.

[별지 1] 기간입찰봉투에 흠이 있는 경우 처리기준

번호	흠결사항	처리기준	비고
1	기간입찰봉투(이하, "입찰봉투"라고 한다)가 입찰기간 개시 전 제출된 경우	①직접제출 : 접수하지 않는다.	입찰기간 개시 후에 제출하도록 한다.
		②우편제출 : 입찰기간 개시일까지 보관하다가 개시일에 접수한다.	입찰봉투 및 기간입찰 접수부(이하 "접수부"라고 한다)에 그 취지를 부기한다.
2	입찰봉투가 입찰기간 종료 후 제출된 경우	①직접제출 : 접수하지 않는다.	지체 이유를 불문한다.
		②우편제출 : 접수는 하되, 개찰에 포함시키지 않는다.	지체 이유를 불문한다. 입찰봉투 및 접수부에 그 취지를 부기한다.
3	입찰봉투가 봉인되지 아니한 경우	①직접제출 : 봉인하여 제출하도록 한다.	
		②우편제출 : 접수는 하되, 개찰에 포함시키지 않는다. 다만, 날인만 누락된 경우에는 개찰에 포함시킨다.	입찰봉투 및 접수부에 그 취지를 부기한다.
4	비치된 입찰봉투 이외의 봉투가 사용된 경우	①직접 제출 : 접수하지 않는다.	비치된 입찰봉투를 사용하여 제출하도록 한다.
		②우편제출 : 개찰에 포함시킨다.	
5	입찰봉투에 매각기일의 기재가 없는 경우	①직접제출 : 접수하지 않는다.	매각기일을 기재하여 제출하도록 한다.
		②우편제출 : 접수는 하되, 개찰에 포함시키지 않는다.	입찰봉투를 개봉하여 매각기일을 확인하여 입찰봉투에 매각기일을 기재하고, 접수부에 그 취지를 부기한다.

6	입찰봉투가 등기우편 이외의 방법으로 송부된 경우	접수는 하되, 개찰에는 포함시키지 않는다.	입찰봉투 및 접수부에 그 취지를 부기한다.
7	입찰표가 입찰봉투에 넣어지지 않고 우송된 경우	접수는 하되, 개찰에는 포함시키지 않는다.	접수부에 그 취지를 부기한다.
8	입찰봉투가 집행관 이외의 사람을 수취인으로 하여 우송된 경우	접수하고, 그 중 입찰봉투가 봉인된 채로 집행관에게 회부된 경우에 한하여 개찰에 포함시킨다.	
9	입찰봉투가 법원에 접수되어 집행관 등에게 회부된 경우	①법원에 접수된 일시가 입찰기간 내인 경우 개찰에 포함시킨다. ②법원에 접수된 일시가 입찰기간을 지난 경우 접수는 하되, 개찰에는 포함시키지 않는다.	입찰봉투 및 접수부에 그 취지를 부기한다.
10	집행관 등 또는 법원 직원이 입찰봉투를 착오로 개찰기일 전 개봉한 경우	즉시 다시 봉한 후 개찰에 포함시킨다.	입찰봉투 및 접수부에 그 취지를 부기한다.
11	집행관 등이나 법원 이외의 자에게 직접 제출된 경우	접수는 하되, 개찰에는 포함시키지 않는다.	입찰봉투 및 접수부에 그 취지를 부기한다.
12	접수인과 기간입찰접수부 등재 없이 입찰함에 투입된 경우	개찰에 포함시키지 않는다.	

[별지 2] 첨부서류 등에 흠이 있는 경우의 처리기준

<table>
<tr><th>번호</th><th>흠결사항</th><th>처리기준</th><th>비고</th></tr>
<tr><td rowspan="2">1</td><td rowspan="2">입금증명서 또는 보증서, 법인등기사항증명서, 가족관계증명서, 공동입찰자목록이 같은 입찰봉투에 함께 봉함되지 않고 별도로 제출된 경우</td><td>①직접제출 : 접수하지 않는다.</td><td>입찰봉투에 넣어 제출하도록 한다.</td></tr>
<tr><td>②우편제출 : 접수는 하되, 개찰에는 포함시키지 않는다.</td><td>클립 등으로 입찰봉투에 편철하고, 입찰봉투와 접수부에 그 취지를 부기한다.</td></tr>
<tr><td>2</td><td>입금증명서 또는 보증서, 법인등기사항증명서, 가족관계증명서, 공동입찰자목록이 누락된 경우</td><td>개찰에 포함시키지 않는다.</td><td></td></tr>
<tr><td>3</td><td>주민등록표등·초본이 누락되거나 발행일이 입찰기간 만료일 전 6월을 초과하는 경우</td><td>개찰에 포함시킨다.</td><td></td></tr>
<tr><td>4</td><td>대표자나 관리인의 자격 또는 대리인의 권한을 증명하는 서면으로서 관공서에서 작성하는 증명서, 대리위임장 및 인감증명서가 누락되거나 발행일이 입찰기간 만료일 전 6월을 초과하는 경우</td><td>개찰에 포함시키지 않는다.</td><td></td></tr>
</table>

※ 설립 중인 회사인 경우에는 발기인, 대표자, 준비행위 등의 소명자료를, 법인 아닌 사단이나 재단의 경우에는 정관 기타의 규약, 대표자 또는 관리인임을 증명하는 서면 등의 소명자료를 제출하여야 한다.

[별지 3] 기일입찰표의 유·무효 처리기준

번호	흠결사항	처리기준
1	입찰기일을 적지 아니하거나 잘못 적은 경우	입찰봉투의 기재에 의하여 그 매각기일의 것임을 특정할 수 있으면 개찰에 포함시킨다.
2	사건번호를 적지 아니한 경우	입찰봉투, 매수신청보증봉투, 위임장 등 첨부서류의 기재에 의하여 사건번호를 특정할 수 있으면 개찰에 포함시킨다.
3	매각물건이 여러 개인데, 물건번호를 적지 아니한 경우	개찰에서 제외한다. 다만, 물건의 지번·건물의 호수 등을 적거나 입찰봉투에 기재가 있어 매수신청 목적물을 특정할 수 있으면 개찰에 포함시킨다.
4	입찰자 본인 또는 대리인의 이름을 적지 아니한 경우	개찰에서 제외한다. 다만, 고무인·인장 등이 선명하여 용이하게 판독할 수 있거나, 대리인의 이름만 기재되어 있으나 위임장·인감증명서에 본인의 기재가 있는 경우에는 개찰에 포함시킨다.
5	입찰자 본인과 대리인의 주소·이름이 함께 적혀 있지만(이름 아래 날인이 있는 경우 포함) 위임장이 붙어 있지 아니한 경우	개찰에서 제외한다.
6	입찰자 본인의 주소·이름이 적혀 있고 위임장이 붙어 있지만, 대리인의 주소·이름이 적혀 있지 않은 경우	개찰에서 제외한다.
7	위임장이 붙어 있고 대리인의 주소·이름이 적혀 있으나 입찰자 본인의 주소·이름이 적혀 있지 아니한 경우	개찰에서 제외한다.

8	한 사건에서 동일인이 입찰자 본인인 동시에 다른 사람의 대리인이거나, 동일인이 2인 이상의 대리인을 겸하는 경우	쌍방의 입찰을 개찰에서 제외한다.
9	입찰자 본인 또는 대리인의 주소나 이름이 위임장 기재와 다른 경우	이름이 다른 경우에는 개찰에서 제외한다. 다만, 이름이 같고 주소만 다른 경우에는 개찰에 포함시킨다.
10	입찰자가 법인인 경우 대표자의 이름을 적지 아니한 경우(날인만 있는 경우도 포함)	개찰에서 제외한다. 다만, 법인등기사항증명서로 그 자리에서 자격을 확인할 수 있거나, 고무인·인장 등이 선명하며 용이하게 판독할 수 있는 경우에는 개찰에 포함시킨다.
11	입찰자 본인 또는 대리인의 이름 다음에 날인이 없는 경우	개찰에 포함시킨다.
12	입찰가격의 기재를 정정한 경우	정정인 날인 여부를 불문하고, 개찰에서 제외한다.
13	입찰가격의 기재가 불명확한 경우(예, 5와 8, 7과 9, 0과 6 등)	개찰에서 제외한다.
14	보증금액의 기재가 없거나 그 기재된 보증금액이 매수신청보증과 다른 경우	매수신청보증봉투 또는 보증서에 의해 정하여진 매수신청보증 이상의 보증제공이 확인되는 경우에는 개찰에 포함시킨다.
15	보증금액을 정정하고 정정인이 없는 경우	
16	하나의 물건에 대하여 같은 사람이 여러 장의 입찰표 또는 입찰봉투를 제출한 경우	입찰표 모두를 개찰에서 제외한다.
17	보증의 제공방법에 관한 기재가 없거나 기간입찰표를 작성·제출한 경우	개찰에 포함시킨다.
18	위임장은 붙어 있으나 위임장이 사문서로서 인감증명서가 붙어 있지 아니한 경우, 위임장과 인감증명서의 인영이 틀린 경우	개찰에서 제외한다.

[별지 4] 기간입찰표의 유·무효 처리기준

번호	흠결사항	처리기준
1	매각기일을 적지 아니하거나 잘못 적은 경우	입찰봉투의 기재에 의하여 그 매각기일의 것임을 특정할 수 있으면 개찰에 포함시킨다.
2	사건번호를 적지 아니한 경우	입찰봉투, 보증서, 입금증명서 등 첨부서류의 기재에 의하여 사건번호를 특정할 수 있으면 개찰에 포함시킨다.
3	매각물건이 여러 개인데, 물건번호를 적지 아니한 경우	개찰에서 제외한다. 다만, 물건의 지번·건물의 호수 등을 적거나 보증서, 입금증명서 등 첨부서류의 기재에 의하여 특정할 수 있는 경우에는 개찰에 포함시킨다.
4	입찰자 본인 또는 대리인의 이름을 적지 아니한 경우	개찰에서 제외한다. 다만, 고무인·인장 등이 선명하여 용이하게 판독할 수 있거나, 대리인의 이름만 기재되어 있으나 위임장·인감증명서에 본인의 기재가 있는 경우에는 개찰에 포함시킨다.
5	입찰자 본인과 대리인의 주소·이름이 함께 적혀 있지만(이름 아래 날인이 있는 경우 포함) 위임장이 붙어 있지 아니한 경우	개찰에서 제외한다.
6	입찰자 본인의 주소·이름이 적혀 있고 위임장이 붙어 있지만, 대리인의 주소·이름이 적혀 있지 않은 경우	개찰에서 제외한다.
7	위임장이 붙어 있고 대리인의 주소·이름이 적혀 있으나 입찰자 본인의 주소·이름이 적혀 있지 아니한 경우	개찰에서 제외한다.
8	한 사건에서 동일인이 입찰자 본인인 동시에 다른 사람의 대리인이거나, 동일인이 2인 이상의 대리인을 겸하는 경우	쌍방의 입찰을 개찰에서 제외한다.

9	입찰자 본인 또는 대리인의 주소나 이름이 위임장 기재와 다른 경우	이름이 다른 경우에는 개찰에서 제외한다. 이름이 같고 주소만 다른 경우에는 개찰에 포함시킨다.
10	입찰자가 법인인 경우 대표자의 이름을 적지 아니한 경우(날인만 있는 경우도 포함)	개찰에서 제외한다. 다만, 법인등기사항증명서로 그 자리에서 자격을 확인할 수 있거나, 고무인·인장 등이 선명하며 용이하게 판독할 수 있는 경우에는 개찰에 포함시킨다.
11	입찰자 본인 또는 대리인의 이름 다음에 날인이 없는 경우	개찰에 포함시킨다.
12	입찰가격의 기재를 정정한 경우	정정인 날인 여부를 불문하고, 개찰에서 제외한다.
13	입찰가격의 기재가 불명확한 경우 (예, 5와 8, 7과 9, 0과 6 등)	개찰에서 제외한다.
14	보증금액의 기재가 없거나 그 기재된 보증금액이 매수신청보증과 다른 경우	보증서 또는 입금증명서에 의해 정하여진 매수신청보증 이상의 보증제공이 확인되는 경우에는 개찰에 포함시킨다.
15	보증금액을 정정하고 정정인이 없는 경우	
16	하나의 물건에 대하여 같은 사람이 여러 장의 입찰표 또는 입찰봉투를 제출한 경우	입찰표 모두를 개찰에서 제외한다.
17	보증의 제공방법에 관한 기재가 없거나 기일입찰표를 작성·제출한 경우	개찰에 포함시킨다.
18	위임장은 붙어 있으나 위임장이 사문서로서 인감증명서가 붙어 있지 아니한 경우, 위임장과 인감증명서의 인영이 틀린 경우	개찰에서 제외한다.
19	매각물건이 여러 개인데 입찰표에는 물건번호를 특정하여 기재하였으나 보증서에는 물건번호 기재가 누락된 경우	집행법원이 정한 보증금액과 비교하여 당해 매각물건에 관하여 발행된 보증서라는 것이 명백한 경우 개찰에 포함시킨다.

20	입금증명서와 함께 붙어 있는 법원보관금 영수필통지서에 보관금종류가 기간입찰 매수신청보증금으로 기재되어 있지 않고 경매예납금 등으로 기재된 경우	개찰에 포함시키고, 집행관은 취급점에 법원보관금 종류 정정 통지서(전산양식 A1275)를 작성하여 즉시 통지하고 납입여부를 확인한다.

[별지 5] 보증서의 무효사유

번호	무효사유
1	보증서상 보험계약자의 이름과 입찰표상 입찰자 본인의 이름이 불일치하는 경우
2	보험가입금액이 매수신청보증액에 미달하는 경우
3	보증서상의 사건번호와 입찰표상의 사건번호가 불일치하는 경우
4	입찰자가 금융기관 또는 보험회사인 경우에 자기를 지급보증위탁계약의 쌍방 당사자로 하는 보증서를 제출한 경우
5	지급보증위탁계약상의 보증인이 「은행법」의 규정에 따른 금융기관 또는 보증보험업의 허가를 받은 보험회사가 아닌 경우

第7節 民事法과 民事執行法의 權利關係

■ 주택임대차보호법 제8조

(재민 84-10)

[질문 1] 소액임차권자는 민사집행법 제90조 제4호의 이해관계인에 해당되는지 여부.

[답변 1] 소액임차권자는 보증금반환청구권에 관하여 담보권자보다도 우선하는 일종의 선취특권과 같은 물권적 권리를 가지는 자이므로 그에 관한 권리신고를 하면 위 각 법조에 의한 이해관계인으로 됨이 이론상 당연하다.

[질문 2] 소액임차권자가 경매절차에서 소액보증금의 우선변제를 받기 위하여는 반드시 배당요구를 하여야 하는지 여부.

[답변 2] 임대차조사만으로 소액임차권의 여부를 분명히 알 수 없고, 달리 경매법원이 경매절차상 소액임차권의 존재를 확실히 알 수 있는 방법이 없고, 경매절차 진행 중에 소액임대차 관계가 소멸 또는 종료되는 경우도 많으며, 대항력 있는 소액임차권자는 임대차가 종료한 경우 보증금의 우선변제청구를 할 수도 있고 양수인에게 보증금의 반환청구를 할 수도 있으므로 소액임차권자도 배당요구를 하여야만 경매절차에서 우선배당을 받을 수 있다.

[질문 3] 이해관계인으로 권리신고를 한 경우에는 배당요구를 한 것으로 볼 수 있는지 여부.

[답변 3] 권리신고가 있더라도 다시 배당요구를 하여야 한다.

[질문 4] 소액임차인에게 배당액을 교부하는 방법 여하.

[답변 4] 임차보증금의 반환은 임차목적물의 인도와 동시이행관계에 있으므로 임차권자의 의무이행 전에 배당액을 지급할 수는 없고, 정지조건부 채권에 대한 배당액 교부 방법과 마찬가지로 임차물의 인도를 조건으로 배당액을 공탁하고 임차인이 목적물의 인도를 증명한 때에 이를 지급하도록 한다(임차인이 미리 목적물을 인도한 때에는 공탁함이 없이 바로 배당금을 지급할 수 있음은 물론임).

[질문 5] 소액보증금의 우선변제권의 한도가 되는 주택가액의 1/2의 산정기준 여하.

[답변 5] 주택가액은 매각대금에 입찰보증금에 대한 배당기일까지의 이자, 몰수된 입찰·항고보증금 등을 포함한 금액에서 집행비용을 공제한 실제 배당할 금액을 말한다.

[질문 6] 소액임차인은 임차건물의 대지의 매각대금에 대하여도 우선변제를 청구할 수 있는지 여부.

[답변 6] 입법취지 및 제8조가 소액보증금의 범위를 정함에 있어 대지의 가액을 포함하는 주택가액의 1/2을 기준으로 하도록 정한 명문의 취지에 비추어 주택과 대지의 소유자가 동일한 경우에는 주택뿐만 아니라 대지의 매각대금 중에서도 우선변제를 받을 수 있는 것으로 보아야 한다.

[질문 7] 대지의 매각대금 중에서도 우선변제를 받을 수 있다는 견해에 설 경우, 건물과 대지가 시기를 달리하여 따로 경매되는 경우에 소액임차권자는 각 경매절차에 모두 참가하여 우선변제를 받을 수 있는지 여부.

[답변 7] 만일 각 절차에 모두 참가할 수 없다면 건물과 대지중 어느 하나에 대하여 먼저 담보권실행 또는 강제집행을 함으로써 쉽게 소액임차권자의 권리를 무력화 또는 약화시킬 수 있으므로 건물과 대지에 대한 경매절차가 따로 진행되는 때에는 소액보증금반환청구권이 남아있는 한 소액임차권자는 각 경매절차에 모두 참가하여 우선변제를 구할 수 있다 할 것이다.

[질문 8] 소액임차권자가 경매절차에서 소액보증금의 우선변제를 받기 위하여는 반드시 배당요구를 하여야 하는지 여부.

[답변 8] 임대차조사만으로 소액임차권의 여부를 분명히 알 수 없고, 달리 경매법원이 경매절차상 소액임차권의 존재를 확실히 알 수 있는 방법이 없고, 경매절차 진행 중에 소액임대차 관계가 소멸 또는 종료되는 경우도 많으며, 대항력 있는 소액임차권자는 임대차가 종료한 경우 보증금의 우선변제청구를 할 수도 있고 양수인에게 보증금의 반환청구를 할 수도 있으므로 소액임차권자도 배당요구를 하여야만 경매절차에서 우선배당을 받을 수 있다.

➡ 저당권실행으로 인하여 경락한 부동산의 소유권이전등기와 가처분등기의 말소

(등기예규 제453호)

[질문] 저당권설정등기가 경료된 부동산에 대하여 제3자가 같은 부동산에 대하여 처분금지가처분의 등기를 하고 그 이후에 저당권에 기한 임의경매 개시결정이 되어 경락이 되었을 경우에 경

매 법원으로부터 경락으로 인한 소유권이전등기 촉탁과 동시에 처분금지가처분 등기의 말소촉탁이 있을 경우 등기공무원은 이를 수리하여 말소하여야 하는가?

[답변] 경매인의 권리보다 후에 등기된 권리는 경락대금의 완납으로 소멸한다고 규정되어 있어 저당권설정등기 후에 등기된 가처분은 저당권자에게 대항할 수 없고 경락으로 그 소유권취득을 가처분권자에게 대항할 수 있으므로 저당권설정등기 후 이루어진 가처분등기도 경매법원의 촉탁에 의하여 말소할 수 있다.

사항색인

사항색인

【ㄱ】

가장임차인과 경락인의 관계 ········ 353
가처분등기 이후에 경료된 경매신청등기의 말소 여부 ········ 501
강제경매 ········ 4
강제경매개시결정 ········ 22
강제경매로 경락된 부동산에 관하여 강제경매
　　등기 전에 경료된 가등기의 말소촉탁 가부 등 ········ 500
강제경매정지 및 취소 ········ 25
강제집행 실무 ········ 70
강제집행의 목적이 아닌 동산의 처리방법 ········ 77
개설 ········ 303, 315
개요 ········ 296, 346
갱신거절사유(제10조제1항. 계약갱신 요구 등) ········ 298
건물도면표시 ········ 421
검토 ········ 143, 168, 180, 210, 216, 253, 272, 312, 339, 346
결정문 ········ 132, 411, 439
경락기일 ········ 24
경락대금 납부일설 ········ 171
경락을 원인으로 한 부동산 소유권이전등기촉탁시 등록세납부 ········ 489
경락인과 채무자 ········ 18
경락인에게 대항력 없는 임차인의 보증금 우선변제권 ········ 205
경락인에게 대항력 있는 임차인의 보증금 우선변제권 ········ 302
경락인의 임차보증금 반환의무 ········ 182
경락인이 임차인을 상대로 고소장을 제출 ········ 400
경락인이 임차인의 2차 준비서면을 받고 답변서를 제출 ········ 397

경락인이 임차인의 준비서면을 받고 답변서를 제출 ········ 390
경락허가일설 ········ 170
경매개시결정 기입등기 이전에 대항요건을 구비할 것 ········ 226
경매개시결정에 대한 이의 ········ 23
경매개시결정에 대한 이의와 집행정지 ········ 24
경매기일 ········ 24
경매기일 및 경락기일의 지정·공고 및 통지 ········ 24
경매보증보험증권 ········ 44
경매에서 담보책임의 요건과 내용 ········ 185
경매의 법적 성질 ········ 4, 9
경매의 법적요건 ········ 3
경매의 의의 ········ 3
경매절차완결후 매각허가결정이 취소되고
매각불허가결정이 확정된 이후의 처리절차 ········ 481
경매절차의 개시 ········ 22
경매절차의 정지 취소 ········ 25
계약갱신요구권과 존속기간연장에 의한 입법적 방안 ········ 292
계약거절사유 ········ 299
계약해제 및 감액청구의 인정 ········ 94, 103
고소장 ········ 400
공동저당에 있어서의 차순위저당권자가 선순위자를
대위하여 하는 부기등기의 요건 ········ 489
공법설 ········ 18
과수원의 평가 방법 ········ 469
구 민사소송법 시행당시의 학설과 판례 ········ 341
구분건물의 전유부분에 설정된 근저당권의 실행으로
경락된 경우 건물대지에 대한 소유권이전등기 등에
대한 사무처리지침 ········ 490
구분소유자의 대지사용권 ········ 441

권리금 반환 ······ 281
권리금 반환금액과 반환시기 ······ 285
권리금 반환의 당사자 ······ 283
권리금 인정의 문제 ······ 277
권리금과 부속물매수청구권 ······ 284
권리금의 개념과 그 반환의 법률관계 ······ 281
권리금의 반환 ······ 283
권리금의 보장 ······ 281
권리분석 ······ 83
근거 ······ 239
금융기관의 임의경매 신청시 발송송달에 관한 예규 ······ 466
긍정설 ······ 177, 208, 264, 303, 336, 341
기간입찰 ······ 28
기간입찰봉투(황색 봉투) ······ 47
기간입찰시 유의사항 ······ 51
기간입찰절차 ······ 29
기간입찰제의 장·단점 ······ 61
기일입찰 ······ 27
기일입찰과 기간입찰의 차이점 ······ 60

【 ㄴ 】

낙찰대금의 납부시기 ······ 62
낙찰자의 대금지급의무와 법원의 조치 ······ 63
낙찰자의 잔금납부의 후의 지위 ······ 63
낙찰허가 ······ 62
낙찰허부에 대한 불복 ······ 62
낙찰허부에 대한 재판 ······ 62
노무자 사용 ······ 81

농지법 주요내용 ······ 497
농지법상 농지가 아님을 증명하는 서면 ······ 496
농지의 소유권이전등기에 관한 사무처리지침 ······ 493

【 ㄷ 】

다수설 ······ 182
담보목적의 임차권과 대항력 ······ 174
담보물권설 ······ 175
담보책임에 의한 구제 ······ 94
담보책임의 내용 ······ 187
담보책임의 요건 ······ 185
담보책임의 행사방법 ······ 198
담보책임의 행사와 한계 ······ 198
담보책임행사의 한계와 적용 ······ 199
답변서 ······ 390, 391, 397
대리에 있어서의 삼면관계 ······ 15
대리인행위설 ······ 13
대위변제로 인한 대항력의 발생 ······ 168
대지사용권에 기한 임료산정과 구분소유권의 매도청구권 ······ 451
대지사용권의 존재를 모르는 제3자의 의미 ······ 446
대항력 긍정설 ······ 163
대항력 부정설 ······ 160
대항력 없는 임차권자의 우선변제권 인정 ······ 213
대항력 있는 임대차의 종료요건 ······ 315
대항력 있는 임차인의 우선변제청구권 병존 여부 ······ 303
대항력 포기설 ······ 319
대항력의 범위 ······ 120
대항력의 인정범위와 말소기준권리 ······ 120

대항요건의 구비 ……… 218, 228
대항요건의 구비와 존속 ……… 232
독일 ……… 145
동격설(용익물권인 동시에 담보물권이라는 설) ……… 176
등기 ……… 489
등기부상 권리분석 ……… 354, 415
등기부상의 내용 ……… 412

【 ㅁ 】

말소기준권리 ……… 121
매각(개찰)기일의 진행 ……… 48
매각기일공고 ……… 33
매각명령 ……… 31
매각실시전 절차 ……… 29
매각장소의 질서유지에 관한 예규 ……… 470
매각조건(일괄경매와 합의 및 직권에 의한 매각조건) ……… 64
매각허가결정에 대하여 보증의 제공이 있음을 증명하는 서류를
첨부하지 아니하고 항고를 한 경우의 업무처리요령 ……… 476
매도인의 담보책임 ……… 185
매수신청보증의 반환 ……… 49
매수의 신청 ……… 42
면책적 채무승계설 ……… 141
명도소송 ……… 73
문제의 제기 ……… 246
미등기 건물의 처분제한등기에 관한 업무처리지침 ……… 463
민법 제 575조 1항 ……… 106
민법 제575조와 제578조의 관계 ……… 96, 108
민법 제578조의 담보책임 ……… 94

민법과 경매의 이론적 기초 ··· 3
민법과 민사집행법 ··· 1
민사법과 민사집행법의 권리관계 ··· 547
민사소송법 제496조 제2항(민사집행법 제5조)에 의한
집행관의 경찰에 대한 원조요청시 업무처리요령 ··· 502
민사집행법 제84조 제1항 ··· 343
민사집행법 제91조 제5항 ··· 106
민사집행법에 의한 행사 ··· 202
민사집행절차 요약 ··· 504
민사특별법과 민사집행법의 관계 ··· 115

【 ㅂ 】

방해금지의무 면제사유 ··· 298
방해금지의무 사항 ··· 297
방해금지의무와 손해배상 ··· 297
배당 ··· 65, 482
배당관계 ··· 412
배당기일설 ··· 172
배당분석 ··· 69, 412
배당순위 ··· 67
배당요구 철회의 규제 ··· 341
배당요구시 제출할 서류 ··· 66
배당요구신청 종기 ··· 243
배당요구신청을 행사하여야 배당을 받는 자 ··· 240
배당요구신청을 행사하지 않아도 배당을 받는 자 ··· 242
배당요구신청의 법적성질과 근거 ··· 237
배당요구신청의 부 제출에 따른 효과 ··· 245
배당요구신청의 종기와 제출하지 않은 경우의 효력 ··· 243

배당요구신청의 행사 여부 240
배당요구채권자 65
배당이의 패소판결 후의 부당이득반환청구 259
배당이의소송의 소송물 258
배당이의소송판결의 기판력 257
배당이의소와 부당이득반환청구 관계 259
배당이의소의 기판력 256
배당이의신청 66
배당절차 종료 후 배당이의소와 부당이득반환청구 255
배당절차종료 후 부당이득반환청구 264
법원으로부터 보정명령서 받음 373
법적성질 9, 237
법정지상권 · 유치권 88
법정지상권에 의한 손해의 발생 90
법정지상권을 부정한 판례 99
법정지상권을 인정한 판례 98
법정지상권이 성립하기 이전에 건물을 부합(합체)시킨 경우 459
병존적 채무승계설 141
보관동산의 매각 78
보정서 373, 374
보증서의 현금화 50
부당이득반환청구 200
부당이득반환청구를 배척한 대법원판결 265
부당이득반환청구를 인정한 대법원판결 269
부동산 경매·입찰 절차에서 현황조사시 유의사항 467
부동산 경매의 진행절차와 권리분석 21
부동산경매사건의 진행기간 등에 관한 예규 504
부동산경매에서 우선채권간의 배당순위 486
부동산등에 대한 경매절차 처리지침 507

부동산에 대한 경매절차에서 기일 및 기간입찰
기일에 집행관의 개찰업무 처리지침 ············ 473
부동산의 명도·인도와 임료 등을 병합하여 청구하는
경우의 소가 산정에 관한 업무처리지침 ············ 465
부동산의 표시 ············ 437
부동산인도명령신청서 ············ 358, 360
부동산인도명령신청서 제출 ············ 357
부정설 ············ 179, 208, 265, 306, 335, 342
비금전집행 ············ 502
비판론 ············ 215

【 ㅅ 】

사건개요 ············ 261, 353, 354, 414
사례분석 ············ 348
사례정리 ············ 443
사법상의 매매설 ············ 11
사실관계 ············ 233
상가건물 임대차보호법 제14조의 평가 ············ 211
상가건물임대차보호법 제5조 제2항의 제정에 대한 평가 ············ 217
상가건물임차인의 보증금액 상한선 ············ 347
상가임대차보호법 제8조에 의한 임차권의 소멸 ············ 277
상임법상의 대항력과 우선변제권의 적용범위 ············ 346
성질 ············ 256
소극설 ············ 260
소멸설 ············ 326
소수설 ············ 183
소액임차인 최우선변제권 ············ 206, 218
소액임차인 최우선변제권제도의 신설 경위 ············ 206

소액임차인에 해당할 것 ······ 221
소유자 동생의 처가 임차인으로 인정받을 수 있는지 ······ 414
소제주의 ······ 85
소제주의 사례분석 ······ 86
소제주의와 담보권의 관계 ······ 126
소제주의와 잉여주의의 이해 ······ 126
손해의 발생 ······ 90
수개의 집행권원에 기하여 1건으로 채권압류
및 전부명령을 신청할 경우 첩부할 인지액 ······ 465
수회 매각 및 매각결정기일 일괄 지정방식에
의한 부동산매각절차 진행시 유의사항 ······ 473
신 우선변제권 부정설 ······ 307
신문공고(기간입찰) ······ 35
신법하에서의 권리금에 대한 문제 ······ 296
실무 및 예규·선례 ······ 461
실체적요건 ······ 5, 6

【 ㅇ 】

압류 ······ 22
압류신청 ······ 463
영국 ······ 153
외국의 입법예 ······ 139, 145
용익권과 잉여주의의 관계 ······ 135
용익권의 인수와 소멸의 결정기준 ······ 135
우리나라 판례 ······ 287
우선매수권 행사의 제한 ······ 279
우선매수권과 우선변제권 행사의 제한 ······ 279
우선변제권 부정설 ······ 306

우선변제권 인정의 문제 ······ 280
우선변제권 제도의 신설 ······ 212
우선변제권 행사 ······ 237
우선변제권 행사방법의 입법론적 과제 ······ 299
우선변제권 행사와 대항력의 소멸 ······ 325
우선변제권 행사와 배당순위 ······ 237
우선변제권과 대항력 없는 임차인의 입법론적 과제 ······ 275
우선변제권과 저당권의 배당순위 ······ 246
우선변제권의 반복적 행사 ······ 334
우선변제권의 성립요건 ······ 218
우선변제권의 행사와 대항력의 관계 ······ 325
우선변제권인정설 ······ 162
위험부담 ······ 201
유치권 관련 법률 ······ 106
유치권 성립의 제한 ······ 106, 113
유치권과 소제주의 ······ 127
유치권에 기한 동산 경매시 채무자 표시등 ······ 469
유치권에 의한 손해의 발생 ······ 92
유치권을 부정한 판례 ······ 112
유치권을 인정한 판례 ······ 110
의의 ······ 4, 6, 28, 297, 298
이법 시행당시의 담보권자에게 소액변제권의
효력을 주장할 수 있는 대항요건을 구비할 것 ······ 223
이용권에 근거한 존속보장 ······ 164
이의사유 ······ 23
이의절차 ······ 23
이중경매개시결정과 경매신청의 취하 ······ 463
인도 및 명도 ······ 70
인도 및 명도의 유형 ······ 74

인도명령 ······ 70
인도명령결정문을 받다. ······ 411
인도명령과 명도소송의 차이 ······ 356
인도명령신청 ······ 417
인도명령신청서 ······ 417
인도명령심문에 대한 답변서 ······ 427
인수주의 ······ 83
인수주의 사례분석 ······ 84
인정범위 ······ 120
일본 ······ 155
일본의 판례 ······ 291
임의경매 ······ 6
임의경매개시결정 ······ 22
임의경매에 강제경매의 규정을 준용 ······ 8
임의경매절차에 있어 경락대금의 납부 전에 경매부동산이 수용 되었다면 수용완료 후에 경락대금을 납부한 경락인은 수용보상금인 공탁금에 대하여 직접 권리행사를 할 수 없음 ······ 487
임의경매정지 및 취소 ······ 26
임차보증금 우선변제청구권 제도의 도입 ······ 206
임차보증금 우선변제청구권의 성립요건과 행사 ······ 218
임차부동산의 경매와 임차인의 대항력 인정 ······ 120
임차인 권리분석 ······ 354, 416
임차인의 대항력 행사와 매도인의 담보책임 ······ 182
임차인의 대항력 ······ 117
임차인의 우선매수권에 의한 입법적 제시 ······ 295
임차인의 준비서면 ······ 380
입법론적 제안 ······ 331
입법적인 방안 ······ 292
입주자 카드 ······ 389

잉여주의 ········ 86, 163
잉여주의와 담보권의 관계 ········ 129
잉여주의와 용익권의 범위 ········ 136

【 ㅈ 】

잔금납부 ········ 62
저당권과 소제주의 ········ 126
저당권실행으로 인하여 경락한 부동산의
소유권이전등기와 가처분등기의 말소 ········ 549
저항 집행 ········ 81
적극설 ········ 260
적용 ········ 94
전세권자의 우선변제권 ········ 214
전유부분과 대지 사용권의 관계 ········ 441
절차적인 요건 ········ 5
절차적인 요건 ········ 7
절충설 ········ 19, 142, 318
정본 ········ 438
제3취득자의 채권자가 신청한 경매절차에 의한 소유권이전
등기촉탁시 전 소유자에 대한 가압류등기가 말소촉탁
대상인지 여부 ········ 488
존속 불요설 ········ 233
존속설 ········ 328
존속필요설 ········ 232
종전 임대인의 지위 ········ 139
종합분석 ········ 412, 440
주민등록전입 및 확정일자가 근저당권 설정일자와 동일 날자인 경우 ········ 248
주민등록전입과 확정일자를 근저당권보다

이전에 요건을 갖추었을 때 ………… 250
주택임대차보호법 제3조의 2 신설에 대한 평가 ………… 215
주택임대차보호법 제3차 개정후의 논의 및 검토 ………… 322
주택임대차보호법 제8조 ………… 547
주택임차인의 최우선변제권 제도의 타당성 여부 ………… 207
준비서면 ………… 380
중간임차권자의 지위 ………… 144
즉시항고 ………… 24
즉시항고기각 ………… 438
즉시항고에 따른 집행정지 신청 ………… 435
진행절차 ………… 21
집행관의 보관 ………… 77
집행기관과 경락인 ………… 16
집행사건에 있어서 배당액등의 공탁 및
공탁배당액등의 관리절차에 관한 예규 ………… 482
집행조서의 작성 ………… 79
집행현장에서의 설자 ………… 81

【 ㅊ 】

찬성론 ………… 216
채권등에 대한 배당절차사건의 처리기간
및 간이 배당절차에 관한 예규 ………… 484
채권자와 채무자의 담보책임 ………… 196
채권자와 채무자의 출석 ………… 76
채권자우선매수신청서 ………… 132
채권자의 담보책임 ………… 191
채무자 등에게 인도 ………… 77
채무자와 집행기관 ………… 15

채무자의 담보책임 ······ 187
최고가 매수신고일설 ······ 170

【 ㅌ 】

토지별도등기 ······ 456
특수용익물권설(용익물권 위주설) ······ 176

【 ㅍ 】

판결요지 ······ 235, 262
판례의 경향 ······ 98, 109
판례의 태도 ······ 142, 165, 172, 177, 184, 233, 247, 259, 261, 265, 287, 310, 319, 329, 338, 343
프랑스 ······ 151

【 ㅎ 】

학설과 실무 ······ 247
학설대립 ······
학설양태 ······ 11
학설의 검토 ······ 330
학설의 경향 ······ 175
학설의 대립 ······ 141, 160, 170, 182, 208, 264, 232, 260, 303, 316, 326, 335, 341
학설의 상황 ······ 257
학설의 성질 ······ 13
항고장 ······ 429
해제조건 성취설 ······ 343
해지권긍정설 ······ 316

해지권부정설 ······ 317
핵심 사례분석 ······ 351
헌법재판소의 결정 ······ 209
확인서 ······ 388
확정일자를 구비할 것 ······ 228
확정일자에 의한 우선변제권 ······ 212, 228
확정일자에 의한 우선변제권 제도의 신설경위 ······ 212
확정일자와 근저당권이 동일날자이고 주민등록
전입일자는 근저당권설정일 전일에 한 경우 ······ 251
환가 ······ 26, 466

參 考 文 獻

Ⅰ. 國內文獻

1. 單 行 本

郭潤直, 債權各論, 博英社 1995.
______, 民法總則, 博英社 1998.
______, 債權各論(民法講義Ⅳ), 博英社 1992.
______, 物權法(新訂版), 博英社 2003.
權五乘, 民法의 爭點, 法元社 1994.
權龍雨, 物權法, 法文社 2001.
______, 民法演習, 法文社 1996.
______, 債權各論(全訂版), 法文社 1996.
______, 民法總則(第5全訂版), 法文社 2001.
金基善, 韓國物權法, 法文社 1972.
金基善, 韓國債權法各論, 法文社 1982.
金南根, 民法演習, 유스티니아누스 1996.
金相容, 債權各論(上), 法文社 1999.
______, 物權法, 法文社 2003.
______, 不動産擔保法, 法元社 1991.
金容漢, 物權法, 博英社 1994.
______, 不動産私法(物權編), 每日經濟新聞社 1984.
_____, 財産法의 課題와 判例, 博英社 1989.
_____, 債權法總論, 博英社 1988.
金容閣, 建物 및 大地 賃借權의 對抗力, 司法論集 第1輯, 法院行政處 1970.

金錫宇, 債權法各論, 博英社 1978.

金疇洙, 債權各論(上), 博英社 1986.

金種律, 民法講義, 博英社 2000.

金俊鎬, 民法講義, 法文社 2002.

金曾漢, 債權各論, 民法講義(Ⅳ), 博英社 1988.

______, 債權總論, 진일사 1979.

______, 物權法(下), 진일사 1972.

金顯泰, 新債權法總論, 一湖閣 1964.

______, 物權法(下), 一湖閣 1964.

金亨培, 民法學 講義, 新潮社 2002.

金亨培, 民法學講義-理論・判例・事例-, 新潮社 2002.

金鼎鉉, 競賣實務要論, 韓國司法行政學會 1987.

高翔龍, 註釋民法(債權各論3), 韓國司法行政學會 1999.

______, 傳貰制度의 再檢討, 現代民法學의 제문제, 博英社 1981

______, 註釋民法(債權各論2), 韓國司法行政學會 1987

금병대, 不動産 辭典, 經營文化院 1993.

朴斗換, 新强制執行法, 考試界 2002.

박해식, 賃貸借法 解說의 法律知識, 靑林出版 2000.

法院行政處, 執行官 監督 實務便覽, 法院行政처, 2108.

宋相現, 民事訴訟法, 博英社, 1997.

尹瓊, 競賣(入札)에서의 住宅賃借權, 月刊法曹 2000. 4.

尹喆洪, 民事特別法硏究, 法元社 2003.

李太裁, 債權法總論, 進明文化史 1981.

李英俊, 註釋 强制執行法(中), 韓國司法行政學會 1989.

______, 物權法, 博英社 1996.

李銀榮, 債權各論, 博英社 2002.

이상혁, 不動産賃貸借의 現代的 法理, 法文社 1987.

梁彰洙, 獨逸民法典, 博英社 2001.
______, 民法研究 제2권, 博英社 1991.
林正平, 債權各論, 法志社 1997.
______, 債權總論, 法志社 1989.
______, 韓國不動産民法과 統一後 法律政策, 法律文化比較學會 2003.
______, 不動産私法, 汎論社 1981.
______, 仁齊法學論集, 法律文化比較學會 2001.
全將憲, 民事訴訟에서 民事執行까지, 韓國司法行政學會 2002.
______, 民法講義, 韓國考試會 2004.
______, 民法演習, 汎論社 2005.
池元林, 民法講義, 弘文社 2002.
河慶一, 實務競賣와 住宅賃貸借保護法, 가인 1987.
한삼인, 判例民法, 育書堂 1998.
玄勝鐘, 債權總論, 日新社 1982.
黃迪仁, 現代民法論Ⅳ, 博英社 1989.

2. 論 文

姜信仲, 對抗力 있는 住宅賃借人의 優先辨濟權, 裁判實務, 光州地方法院 1997.
姜永大, 法律相談을 위한 改正된 住宅賃貸借保護法상 對抗力과 優先辨濟權 考察, 空軍法律論集(第6輯,通卷20號) 2001.
丘在君, 賃借人의 債務不履行으로 인한 賃貸借契約의 解止와 買受請求權, 法學論叢, 檀國大學校附設法學研究所 2000.
權永詳, 住宅賃借人의 對抗力·優先辨濟請求權, 창원地方辯護士會紙 1995.
權龍雨, 住宅賃借權의 對抗力의 取得과 存續, 判例月報 1989. 8.

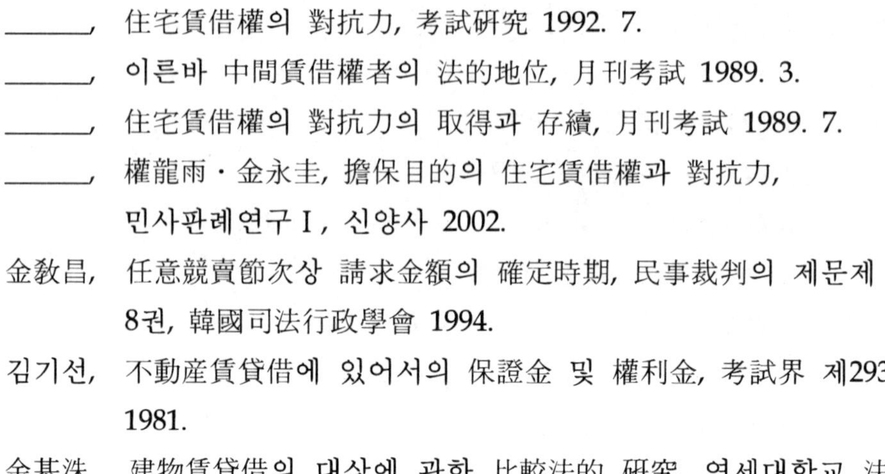

______, 住宅賃借權의 對抗力, 考試硏究 1992. 7.

______, 이른바 中間賃借權者의 法的地位, 月刊考試 1989. 3.

______, 住宅賃借權의 對抗力의 取得과 存續, 月刊考試 1989. 7.

______, 權龍雨 · 金永圭, 擔保目的의 住宅賃借權과 對抗力, 민사판례연구 I, 신양사 2002.

金敎昌, 任意競賣節次상 請求金額의 確定時期, 民事裁判의 제문제 제8권, 韓國司法行政學會 1994.

김기선, 不動産賃貸借에 있어서의 保證金 및 權利金, 考試界 제293호 1981.

金基洙, 建物賃貸借의 대상에 관한 比較法的 硏究, 연세대학교 法科大學法律問題硏究所, 法律硏究 제5집 1983. 7.

金權澤, 强制競賣에 있어서의 각종 優先特權, 强制競賣 · 任意競賣에 관한 제문제(하), 裁判資料 제36집, 法院行政處 1987.

金大鳳, 少額保證金 最優先辨劑權의 違憲性, 法律新聞 2001. 10.

김병학, 不動産競賣節次에 있어서 登記의 效力에 관한 硏究, 전주大學校大學院 博士論文 2001.

金相容, 住宅賃貸借에 있어서 順位에 의한 優先特權, 司法行政 1993. 3.

金祥洙, 强制執行法상의 몇가지 問題點, 저스티스 1997. 7.

金聖萬, 少額賃借保證金의 우선辨濟權에 있어서 問題點, 判例月報 1985. 12.

金榮一, 賃貸借에 있어서 權利金을 둘러싼 제 問題, 裁判資料 第32輯, 法院行政處 1986. 11.

金容漢, 不動産 賃借權에 관한 硏究, 行政硏究 제6집, 建國大學校 行政硏究 所 1982.

金鎭鉉, 우리 住宅賃貸借制度의 問題點에 관한 比較法的 硏究, 民事法學, 제13-14호, 韓國民事法學會 編, 韓國司法行政學會 1986.

______, 中間賃借人의 保護에관한 比較法的 考察, 江原法學 제8권,

江原大學校 比較法學硏究所 1996.

金濟完, 住宅賃貸借保護法에 있어서 對抗力과 優先辨濟權의 競合問題에 관한 考察, 성신대학교 학술연구소 1999.

金忠源, 住宅賃貸借保護法上의 優先辨濟權, 判例硏究 第9輯, 서울지방변호사회 1996.

金學東, 住宅賃貸借保護法上의 問題點, 判例月報 1986. 11.

高翔龍, 住宅賃貸借保護法의 問題點과 그 改正方向(中), 考試硏究 1982. 10.

______, 改正住宅賃貸借保護法상 問題點에 관한 考察, 不動産學 硏究 제6집 제1호 1999.

______, 住宅賃貸借保護法의 改正에 관한 立法論, 法律新聞 1988.10.

______, 이른바 中間賃借權者의 法的地位, 月刊考試 1988.10.

______, 住宅賃貸借保護法의 諸問題(제2차 改正과정을 중심으로), 成均館法學 제3호, 成均館大 法學硏究所 1990.

______, 第3次 改正住宅賃貸借保護法의 몇가지 問題點, 考試界 1999. 4.

高龍喆, 住宅賃貸借保護法에 관한 硏究, 忠南大 法律行政硏究所 論文集 제16권 1988.

南基正, 對抗要件을 갖춘 住宅賃借人의 執行法상 地位, 月刊 法務士(大韓法務士協會12月號 2000.

南孝淳, 民法注解(債權XIV), 郭潤直代表執筆, 博英社 1997.

閔文基, 賃借住宅의 保護拒絶 -反 大法院 判例의 辯-, 法律新聞 第1755號 1988. 6.

閔日榮, 對抗力 있는 住宅賃借人의 賃借期間 滿了 前의 配當要求, 人權과 正義 1996.

______, 賃貸借法上 對抗力과 優先辨濟請求權의 相互關係, 저스티스 제33권1호, 韓國法學院 2000.

______, 住宅賃貸借保護法上의 對抗力과 優先辨濟權의 相互關係, 韓

國法學院(제33권 제2호) 2000.

朴聖哲, 少額保證金의 優先辨濟와 競賣實務, 法律新聞, 제1563호 1984. 11.

朴在承, 不動産競賣節次에 있어서의 賃借人의 地位, 司法論集 제21집, 法院行政處 1990.

徐基錫, 不動産入札에서의 配當에 관한 實務上 諸 問題, 不動産 入札制度, 法院行政處 1997.

徐政友, 民法註解Ⅶ 物權(4), 郭潤直 編, 博英社 1996.

成樂松, 優先辨濟權을 행사한 賃借人의 競落人에 대한 地位, 民事判例研究(Ⅲ), 民事判例研究會(編), 博英社 1998.

蘇在先, 商街建物賃貸借保護法의 課題와 立法方案, 慶熙行政論業 第14卷 第1號 2001.

______, 店鋪賃貸借保護法案의 問題點과 올바른 立法方案, 比較私法(6) 1997.

______, 商街建物賃借人 保護法의 問題點과 改善方向, 건설교통저널 2002.

申東潤, 不動産競賣에 있어서의 配當에 관한 제문제, 司法論集 제23집, 法院行政處 1992.

梁三承, 引受主義와 剩餘主義의 選擇等, 李時潤/金祥源/朴禹東/李在性 編註釋强制執行法(Ⅲ), 韓國司法行政學會 1993.

梁祥勳, 1番 抵當權設定後에 對抗力을 取得한 住宅賃借權보다 후에 設定된 抵當權의 實行으로 目的物을 競落받은 자가 住宅賃貸借保護法 第3條 소정의 讓受人에 해당하는지 與否, 大法院判例解說 通卷 第7號, 法院行政處 1987.

여상조, 落札者 地位의 安定性 確保 不動産入札制度 實務上 제문제, 法院行政處 1997.

吳容鎬, 不動産競賣와 賃借權, 强制競賣·任意競賣에 관한 諸問題(下), 裁判資料 第36輯, 法院行政處 1987.

吳政烈, 營業用建物의 賃貸借保護에 관한 研究, 東義大學校 大學院 博士論文 2000.

吳鐘潤, 配當異議와 不當利得返還請求, 司法論集 제26집, 法院圖書館, 1995.

事判例研究會編, 博英社 2000.

유남석, 獨逸法上 執行債權者의 請求金額 擴張 與否와 强制執行節次에서의 配當 後 不當利得금 返還請求, 判例實務研究, 博英社 1998.

유택서, 確定判決의 形成力과 旣判力과의 相互關係, 율곡문화원 1985.

柳元奎, 住宅賃借人의 優先辨濟權行事의 一回性, 民事判例研究會(XXⅡ) 2000.

尹瓊, 競賣(入札)에서의 住宅賃借權, 月刊法曹 2000. 4.

尹弘根, 競賣節次에서 配當要求를 하지 않은 少額賃借人의 地位, 民事判例研究 XⅢ, 民事判例研究會編, 博英社 1991.

尹喆洪, 營業用建物賃貸借法(안)의 提案理由와 그 法律案, 營業用建物賃貸借保護法 制定方向,經濟正義 實現市民聯合 市民立法委員 1996. 10.

______, 商街建物賃貸借保護法의 問題點, 비교사법 2002.

尹天熙, 住宅賃借權의 對抗力의 得失에 관한 問題(下) 大法院 1987. 2. 24. 선고 86다카 1695, 判例月報 201호 1987. 6.

______, 改正 住宅賃貸借保護法의 問題點, 法律新聞 1990.

李均釜, 不動産競賣에서 中間賃借權의 取扱과 賣却條件의 確定視期, 民事判例研究(XXⅡ), 民事判例研究會, 博英社 2000.

______, 對抗力 있는 住宅賃借人의 優先辨濟權行使, 民事判例研究, 博英社 1997.

李起宅, 自治的 執行의 原則으로부터 본 執行實務, 法曹 1995. 3.

이기중, 賃借人의 附屬物買受請求權, 司法論集 13집, 法院行政處 1983.

李範桂, 住宅賃借權의 對抗力(下), 法曹 1983. 4.
______, 住宅賃借權의 對抗力, 온산 방순원 古稀 기념논문집, 博英社 1984.
李相仁, 住宅賃貸借保護法 제8조의 少額保證金保護에 관련된 實務上 問題, 司法硏究資料 제16집, 法院行政處 1993.
이송희, 營業用建物의 賃貸借에 관한 硏究, 全州大學校 大學院 博士 論文 2000.
李銀榮, 住宅賃貸借借保護法의 改正에 관한 硏究, 法曹 1982. 4.
李銀熙, 抵當權과 賃借權의 關係에 관한 硏究, 서울大學校 大學院博士 論文 1998.
李憲淑, 對抗力 있는 賃借人이 賃借目的物의 競賣節次에서 優先辨濟請求를 하였으나 換價代金이 保證金에 모자라게 되는 경우 競落人에 대한 地位, 재판과 判例 제7집, 대구判例硏究會 1998.
李玲愛, 抵當權設定登記와 强制競賣申請사이에 對抗力을 갖춘 賃借權의 對抗力, 大法院 判例解說通卷 7호, 法院行政處 1989.
李在性, 賃借住宅을 讓渡한 자의 賃借人에 대한 保證金返還責任, 李在性判例 評釋집 Ⅶ, 法律文化院 1989.
______, 住宅賃貸借保護法 제3조와 競落人의 住宅明渡請求, 辯護士 XⅦ, 대한辯護士協會 1987.
李宙興, 對抗力 있는 소액임차인의 配當要求撤回와 競落人의 賃借保證金返還債務의 引受與否, 民事判例硏究 X, 民事判例硏究會 1991.
______, 配當節次와 관련된 不當利得返還請求, 判例實務硏究(I) 1997.
______, 住宅賃貸借保證金回收를 위한 優先辨濟權의 행사와 競賣節次 상 취급, 法曹通卷458호 1994.
이진강, 주택임대차보호법령해설, 법령편찬보급회 1985.
李海鎭, 少額保證金保護에 관한 小考, 辯護士 XV(서울지방변호사회),

1985, 1995.

李昌相, 住宅賃貸借保護法에 관한 硏究, 京城大學校大學院 博士學位論文 1998.

林正平, 賣渡人의 擔保責任, 高凰法學(第1卷創刊號),高凰法學敎授會, 1994. 1.

______, 代理의 3面關係小考, 仁齊法學論集, 仁齊回甲紀念論文集, 法律文化比較學會, 法元社 2001.

______, 雙務契約上 相換性의 小考, 檀國大學校 法科大學, 法學論叢 17, 1991.

______, 債權者遲滯에 관한 小考, 法學論叢, 檀國大學校附設法學硏究所 1997.

정동윤, 우리나라 强制執行節次의 基本原則, 法曹 제40권 12호, 法曹協會 1991.

조병훈, 賣却條件의 確定·公示制度의 改善, 不動産 入札制度 實務上諸問題, 法院行政處 1997.

趙誠洙, 不動産競賣節次에 있어서 몇가지 問題點, 司法論集 제16집, 法院行政處 1985.

趙容完, 賃貸借의 對抗力, 銀行去來·賃貸借事件의 諸問題(裁判 資料 第32輯) 1986.

조은래, 現行 住宅賃貸借保護法상의 問題點과 解說-大法院 判例 中心으로 -, 釜山外國語大學校 比較法硏究所 比較法學(제12집) 2001.

張誠元, 對抗力 있는 賃借人의 配當要求, 法曹協會 1997. 7.

趙正來, 配當異議와 不當利得返還請求, 判例硏究(Ⅰ), 釜山判例硏究會編 1991.

崔成俊, 讓受人에 대하여 對抗할 수 있는 住宅賃貸借에 있어서 賃借人의 競賣節次에서의 優先辨濟權, 民事裁判의 제문제(하),(이시윤회갑기념논문집) 1995.

崔鐘, 競賣節次에 있어서 賃借人, 司法論集 제18집 1987.

최영운, 配當異議訴訟의 效力과 不當利得返還, 대한법률구조공단 1999.

崔漢洙, 競賣節次에 있어서 賃借人의 地位(住宅賃貸借保護法 관한 判例), 司法行政 1997.

하양명, 賃借權의 承繼에 따른 權利金의 支給實態 -商街의 實態를 中心으로 - 裁判資料 제7집 法院行政處 1980. 8.

韓三寅, 住宅賃貸借保護法의 判例分析-住宅賃借權의 對抗力을 中心으로-, 新世紀의 民事法課題, 仁齊林正平敎授華甲記念, 法元社 2001.

韓鎬亨, 競賣의 進行과 對抗力 있는 住宅賃借權의 關係, 民事判例硏究, 博英社 1999.

洪龍均, 執行法上의 配當要求에 대한 考察, 法曹通卷 第499號 1998.

3. 資　料

國會法制司法委員會, 住宅賃貸借保護法 중 改正法律案 審査報告書 1998.

國會事務處, 第198會 法制司法委員會 會議錄 第12號 1998.

大法院, http://www.scourt.go.kr.(例規 및 先例)

法務部, 각국의 營業用 建物賃貸借 법제, 法務部 法務室 1996.

法院行政處, 法院實務提要(民事執行Ⅰ), 法院行政處, 2003.

__________, 法院實務提要(民事執行Ⅱ), 法院行政處 2003.

__________, 民事訴訟法(强制執行編)改正 착안점, 法院行政處 1996.

__________, 不動産入札制度(實務上諸問題), 法院行政處 1997.

裵龍範, 住宅賃貸借保護法上의 對抗力, 法律新聞(硏究論壇) 1987. 5. 4.

全將憲,　成均館大學校 行政大學院 競賣專門課程敎材, 成均館大學校 行政大學院 2001. 3.

______,　韓國金融研修院, FP단기(Ⅱ) 2002.

______,　韓國金融研修院, 不動産投資相談士 2004.

______,　競賣權利分析士 2003.

홈코리아:　http://www.homekorea.co.kr.

Ⅱ. 外國文獻

1. 東洋文獻

加躙正治,　强制執行法 要論, 有斐閣 1975.

廣 田民生,　買受人 の地位の 安定 と强化, 自由と正義 제38권 13호, 1987.

壙中俊雄,　債權各論講義, 有斐閣 1979.

兼子一,　强制執行법(增補版), 酒井書店 1951.

______,　保全(上)(下), 判例 保全訴訟(上)(下), 酒井書店 1972.

菊井 雄大,　民事訴訟法(二)(有斐閣 全書), 有斐閣 1950.

宮脇 辛珍,　强制執行法 (各論), 法律學全集, 有斐閣 1978.

機代 通·　廣中俊雄, 新版註釋民法(15) 債權(6), 有斐閣 1989.

______,　壙中俊雄, 新版 註釋民法(15), 有斐閣 1988.

內田勝一,　外國の借家法の現狀1,イギリス, 現代借地借家法講座 3, 日本評論社 1986.

稻棄威雄,　1日法の 新法 關係, シコリスト　, 1006號 1992.

稻本洋地助·澤野 順彦 編, コソメンタール借地借家法, 日本評論社 1993.

飯原一乘,　正當事由 明確化, シコリスト(1006號) 1992. 8.

鈴木祿彌,　擔保物權法講義 (改訂版), 創文社 1994.

鈴木忠一・三 ヶ月章, 註釋民事執行法(3), 第一法規 1984
石田喜久夫, 抵當權と 短期賃貸借, 小野木常=濟臟秀夫環曆記念, 抵當權 實行 (下) 有斐閣 197. 2.
石川 明・小島武司, 佐藤歲二 編, 註解 民事執行法(上卷), 青林書院 1991.
西村信雄, 土地法・建物法, 有斐閣 1991.
西村宏一・佐藤歲二, 註釋不動産法, 不動産執行 제9권, 青林書院 1989.
石外克喜, 一部無效 する 一考察, 民商法雜誌, 49卷, 6號 1989.
星夜英一, 判例批評, 法學協會雜誌 86卷 11號 1968. 11.
水本浩, 借地借家法現代的課題, 一粒社 1971.
______, 抵當權 と借地・借家法, 民事硏修 No. 59 1962.
俗幸郎, 債權法論, 岩松唐書店 1972.
我妻榮, 債權各論(中卷一), 岩波書店 1984.
______, 新訂擔保物權法 (民法講義3), 岩波書店 1995.
安達三季生, 賃貸人 地位 讓渡, 現代契約法大系3, 有斐閣 1983.
五十嵐 淸, 比較法學の諸問題, 東京, 一粒社 1976.
有泉亭, 借地借家硏究 比較法的 考察, 東京出版部 1958.
伊藤進, 借地借家法 の 成立 と 銀行取扱, 民法論 下, 信山社 1994.
齋藤委夫, 民事訴訟法(2)(有斐閣 全書), 有斐閣 1950.
__________, 競賣法(法律學全集), 有斐閣 1960.
竹下守夫, 不動産執行法 硏究, 有斐閣 1977.
__________, 註解强制執行法(3), 有斐閣 1985.
中野貞一朗, 民事執行法 제2판, 現代法律學全集, 青林書院 1991.
__________, 換價としての 競賣法的性質, 强制執行・破産の硏究, 青林書院 1994.
池田浩一, 保證金・權利金, 現代契約法大系 第3卷 1984.
抽木, 擔保物權法(新版), 有斐閣 1982.
柚木・高木多喜男 編著, 新版 註釋民法(14), 有裵閣 1992.

坂原正夫, 不動産競賣 賃借權, 新黨辛司=竹下守夫編, 基本判例, 民事執行法, 有斐閣 1983.
澤野順彦, 借地借家 現代的 展望, 住宅新報社 1990.

2. 西歐文獻

Alfred, A.: Ring and Jerome Dasso, Real Estate Principl, Practices, Prentice-Hall, Inc., Englewood Cliffs, N. J., 1981.
Atiyah, P. S.: An Introduction to the Law of Contract. 3rd. Ed., Oxford University Press, 1981.
Baur, Lehrbuch des Sachenrechts, 15. Aufl. 1989.

Blomeyer, Arwed, Zivilprozeßrecht, Vollstreckungsverfahren Springer Verlag Berlin, Heidelberg 1975.
Brox, Hans/Walker, Wolf-D., Zwangsvollstreckungsrecht, 4. Aufl., Carl Heymanns Verlag, Köln, Berlin, Bonn, München, 1993.
______, Hans, Besonderes Schuldrecht, 20. Aufl., Verlag C · H · Beck, München, 1993.
______, H. Allgemeines Schuldrecht, München, 1980.
Cheshire, Smith, The Law of Landlord and Tenant, 4. ed., Smith, P. F., Butterworths, London, Dublin, Edinburgh, London 1993.
Dassler, Schiffhauer, Zwangsversteingerungsgesetz, 10. Aufl, 1968.
Dagot, Michel, La Publicités, Fonciére, 1°° éd., Presses Univeritaires de Franced, Paris 1981.

Douglas, J. Whalan, The Torrens System in Australin, Sydney, Melbourne: the Law Book Company Limited, London 1982.

Emmerich, Volkr/Sonnenschein, Jürgen, Miete, 6. Aufl., Walter de Gruyter, Berlin New York, 1991.

Erman, Bearbeiter, Handkommentar zum Bürgerlichen Gesetzbuch in zwei Bänden, Band 1, Herausgegeben von H.P. Westermamm 8. Aufl., Münster 1989.

Esser, Schmidt, Schuldrecht, Allgemeiner Teil, 1967.

_____, J osef · Weyers, H. L. : Schuldrecht Besonderer Teil Teilband 1., 5., Aufl., Heidelberg ; C. F. Müller, 1977.

_____, E. J. :Schmidt, Schuldrecht, Allgemeiner Teil, Teilband, 5., Aufl., Heidelberg ; C. F. Müller, 1976.

Evans, Smith, The Law of Landlord and Tenant, 4. ed., Smith, P. F., Butterworths, London, Dublin, Edinburgh, 1993.

Gaul, Zur, Reform des Zwangsvollstreckungsrecht, JZ 1973.

Gotthold, Eerlen, Englisches Grundbuchrecht, Bern, London 1986.

Jaeckel, Güthe, Kommentar zum ZVG, 7. Aufl., 1937.

Jaurnig, O., Zwangsvollstreckungs-und Insolvenzrecht, 20. Aufl., Verlag C H · Beck, München, 1996.

Kaser, Max, Römisches Privatrecht, München ; C. H. Beck, 1986.

Köhler, Wolgang, Handbuch der Wohnraummiete, München, 1983.

Larenz, Karl, Allgemeiner Teil des Deutschen Bürgerlichen Rechts. 7. Aufl., München, 1986.

_____, Lehrbuch des Schuldrechts, Bd. Ⅱ, Halbband 1, Besonderer Teil,13. Aufl., München, 1986.

______, K, Lehrbuch des Schuldrechts, allgemeiner Teil, 11., Aufl., Mϋnchen ; C. H. Beck, 1976.

Löwisch, H. Das Schuldverhältnis, Mϋnchen-Koln 1975.

Löning, George A, Die Grundstϋcksmiete als dingliches Recht, 1930.

Maurie, P. et Aynés, L., Cours de droit civil : Les contrats spéciaux civils et commerciaux, 6° éd., Édtions cujas, paris 1992.

Medicus, Dieter Schuldrecht Ⅱ: Besonderer Teil, C.H.Beck′sche Verlagsbuchhandlung, Mûnchen, 1983.

Maurie, P. et Aynés, L., Cours de droit civil : Les contrats spéciaux civils et commerciaux, 6° éd., Édtions cujas, paris 1992.

McKenzie, Dennis J. · Lowell Anderson · Frank Battino & Cecilia Hopkins :California Real Estate Principles, New Jersey; Prentice Hall Inc., 1994.

Nussbaum, P, Die Zwangsversteigerung und Zwangsverwaltung, 1916, Neudruck 1969.

Oakley, A. J., Prioriteies as Between Mortgages and Persons. in Actual Occupation, The Cambridge Law Journal 1990.

Rebmann, F.J. K, Säker, Mϋnchener Kommentar zum Bϋrgerlichen Gesetzbuch, Band 3 : Schuldrecht 1980.

Reinhard, Mϋeller, Zwangsversteingerungsgesetz, 9. aufl, 1958.

Roquette, Die Kliene Mietreform, 2. C.H. Beck, 1952.

______, Hermann, Das Mietrecht des Bϋrgerlichen Gesetzbuches, Tϋbingen, 1966.

Rosenberg, Gaul-Schiken, Zwangsvollstreckungsrecht, 10. Aufl., München, 1987.

Schmidt, Futterer/Blank, Wohnraumschutzgesetze, 5. Aufl. 1984.

Stober, Z., Zwangsvollstreckung in das unbewegliche Vermögen, München-Köln, 1979.

Steiner, Hagemann/Storz/, Zwangsversteigerung und Zwangsverwaltung, 9. Aufl., 1986.

Stürner, Prinzipien der Einzelzwangsvollstreckung, ZZP 99, 1986.

Schlosser, Zivilprozessrecht Ⅱ: Zwangsvollstreckungs und Insolvenzrecht. 1984.

Thomas, Putzo, ZPO, 14. Aufl,. München-Köln, 1986.

Theddore, B.F, Ruoff & Robert B. Roper, The Law and Practice of Registered Conveyancing, 4th ed.: Property and Conveyancing Litrary, N. 5, London: Stevens & Sons, 1979.

Vincent, Jean et Prévault, et Jacque prévault, Voies d'exécution et procédures de distribution 18° éd, Dalloz, paris 1995.

von Konrad, Gunter, Die Ersitzung im Liegenschaftsrechts der USA, Köln, 1963.

von Gerritt, Herausgegeben, Münchener, Vertragshandbuch, Band 4: Bûrgerlches Rechts, C. H. Beckḱsche, Verlagsbuchhandlung, 1983.

Westermamm, Herausgegeben von H. P. 8.Aufl., Aschendorffsche Verlagsbuchhandlung, Münster, 1989.

Wloter, Udo, Mietrechtlicher Bestandschutz, München-Köln, 1984.

Weitnauer, Das Geschäftsraummietengesetz, BAnz. Nr. 125, 1952.

Wolk, Eckert, Handbuch des gewerblichen Mieteund Pachtrechts, 4. Aufl. München, 1984.

Wörbelauer, H · Das Kündigungsrecht des Erstehers in der Zwangsversteigerung, NJW, 1953.

Wellings, V. G & Huskinson, G. N., Woodfall ′ s Lsw of Landlord and Tenant, 10. ed., Sweet & Maxwell, Stenvens & Sons, London, 1978.

Zeller, Stöber, Zwangsversieigerungsgesetz, Beck ′ sche Kurz-Kommentare, München, 1993.

__________, Zwangsverseingerungsgesetz, 15. Aufl., München, 1996.

□ 저자약력 □

- 단국대학교 일반대학원 법학박사 과정수료
  법학박사(민사법 전공)
- Northwestern University School of Law Master of Laws
- 한국금융연수원 민법 및 민사집행법 (노동부지원 자문교수)
- 한국고시정보 민법전문위원
- 경기대학교 법무사시험 민사집행법 강사
- KBS-2TV, 각 신문사 민사집행법 특강 및 논단
- 성균관대학교 행정대학원 민사집행법 강사
- 연세대학교 경영대학원 상남경영원 법학강사
- 사단법인 한국지적재산권 법제연구원 책임연구원
- 건국대학교 법과대학 법학과 강사
- 국민건강보험관리공단 소송실무 강사
- 법무부 법 교육 강사
- 태학관 법정연구회 민법 강사
- 한국산업인력관리공단 감정평가사 민법강사
- 소방공무원시험 면접위원 등
- 건대 · 중앙대 · 덕성여대 · 연세대 · 한양대 법학 강사
- 파주시 · 안양시 · 용인시 민법 강사
- 재) 건설산업교육원 초빙교수
- Visiting Scholar University of Washington
- 경민대학교 민법 겸임교수
- 한세대학교 민법 전임강사
- 한국대학협의회 출제위원 등
- 중앙대학교 법과대학 법학강사
- 한국부동산법학회 부회장
- 한국법학회 부회장
- 단국대학교 특수대학원 특수법무학과 주임교수
- 단국대학교 법정대학 법무행정학과 교수/학과장

□ 주요저술 및 논문 □

- 「민법강의」
- 「민법연습」
- 「민법총칙」
- 「객관식 민법 및 민사특별법」
- 「민법이론」
- 「법학원론」
- 「American Law」
- 「민사소송에서 민사집행까지」
- 「부동산경매의 투자와 함정」
- 「부동산경매 제1권, 제3권」
- 「부동산 사법」
- 「선의취득의 요건에 관한 연구」
- 「민법의 상린관계와 건축법의 접점에 관한 연구」
- 「불법행위에 따른 손해배상의 범위」
- 「저당권 실행에 관한 연구」

民法과 民事執行法의 關係

- 理論 · 事例 · 分析 -

2005年 5月 6日 初 版 一刷 發行
2005年 6月 29日 初 版 二刷 發行
2006年 1月 9日 初 版 三刷 發行
2018年 8月 1日 改 訂 版 發行

著 者 : 全 將 憲
發行處 : 법률정보센터

136-052 서울 성북구 동선동2가 62번지
전화 (02) 953-2112
등록 1993.7.26. NO.1-1554
www.lawbookcenter.co.kr

ISBN 978-89-6376-349-1 定價 : 50,000원